人 文 通 识

简明晚清史

姜萌 著

社会科学文献出版社
SOCIAL SCIENCES ACADEMIC PRESS (CHINA)

小　引

崩解，可能是形容清朝结束最恰当的词。

中国几十个大大小小的王朝，清朝的结束最为独特。在辛亥革命爆发前几个月，全国乃至全世界没有几个人能料到，这个已经平稳运行了两百多年的庞大王朝，会在两三个月内轰然崩解。

回首去看，一切好像命定的一样，清朝就这样一步一步走向崩解。再回首去想，一切好像并非注定如此，悲剧本可以一次一次避免。清朝究竟是如何崩解的？这个理解现代中国绕不开的核心问题，二十余年来一直吸引着我、困扰着我。

二十余年前，在大二“中国近现代史”课上，我首次注意到清朝灭亡的独特性。此后就逐渐把研究兴趣确定在中国近代史领域。2011 年，我在大学课堂上讲授“二十世纪中国的文化与社会”课程，开始直接思考这个问题。2015 年，我以“谁推倒了大清帝国”为题参加了中国人民大学青年教师基本功大赛，开始集中精力于这个问题。几年前，我产生了写这部小书的想法。最近三年，我的主要心思都花在围绕“清朝究竟是如何崩解的”这个核心问题来撰写这部小书。

可是，近代中国纷繁复杂，争议不断，我怎样把历史进程要言不烦地梳理出来，把重大关节有理有据地分析出来，把可供后人汲取的经验教训生动活泼地凝练出来？

经过思考，我想采取以下三个原则。

第一，既要坚持唯物史观和主流价值观念，也要尽量回到历史现场，从历史参与者的角度思考问题；

第二，既要以史料和已有研究成果为依据，也要尽量摆脱实证主义束缚，勇于提出自己的推理分析和主观认识；

第三，既要通过微观细节和故事来提升可读性，也要尽量化繁为简，在中国和世界的宏观视野中揭示历史因果链条。

历史没有必然的因果律，却有客观的因果链条。这部小书就是想通过对历史事件内部因果链条的梳理分析，用 30 余万字来回答“清朝究竟是如何崩解的”这个我思索了二十余年的问题。

为了帮助读者理解这部书，有必要提示一下写作时我关注的几对重要关系。

第一，传统与现代。清朝既是中国封建王朝的顶峰，也是中国走向现代化的开端。中国现代化进程中遇到的一切问题的“元问题”，都在清朝出现并被初步探讨实践。清朝的崩解，是传统中国和现代世界碰撞的必然产物！这是本书解释很多历史事件的着眼点。传统观念知识体系的维护与崩解、传统政治体系的维护与崩解、“朝贡体系”的维护与崩解是其中的核心。也正是基于这一点，要解释清朝的崩解，就需要从传统中国时期开始。也就是说，要把辛亥革命为什么那么快成功这样一个短时段问题，放在整个中国历史这个长时段和整个晚清这个中时段里才能解释清楚。这就是这部小书从嘉庆帝继位写起而不是从鸦片战争写起的原因。

第二，公心与私欲。我认为，理解传统中国政治与社会的四个关键字是公、私、远、近。一心为公，政通人和，一心为私，自毁长城。政通人和之时，人们心态宽容，对政府的信任度就高。内外交困，会放大问题，信任度越来越低，善意也会被误解。信任度不足，人与人之间便分出了远近。关系有了远近，就有了政治斗争和利益集团。从乾隆帝驾崩后嘉庆帝立即铲除和珅到辛亥革命时期载沣被迫退位，朝廷的政治斗争从未停止过。对官员因循怠玩的痛斥与打击贯穿了这一时期，各级官员的“糊弄学”也贯穿始终。起落浮沉，都绕不开人心中的公、私、远、近。这是这部小书比较重视历史人物心理分析的原因。

第三，平衡与失衡。故宫中和殿上悬挂的“允执厥中”匾额，体现了清朝皇权执掌者对传统政治精髓的理解和认可。有着满与汉二元分立体制的清朝，非常考验皇权执掌者平衡的智慧和技术。进入晚清以后，满与汉之外，又有了中与外、清与浊的问题，情况更加复杂。政治运行的平衡一次次被打破，又一次次重建。直到满与汉、中与外、清与浊的平衡全都被打破，清朝的崩解也就到来了。这是这部小书重点分析各时代政治运行结构的原因。

第四，理性与感性。政治需要理性，但政治人物作为一个拥有七情六欲的人，无法摆脱感性。理性通往历史必然，感性造就历史偶然，两者相互转化。通读晚清史，总能感觉到微妙而不可明说的情绪在政治运行的最关键处起了最重要的作用。比如戊戌变法中“围园劫后”事件给慈禧太后带来的情感创伤，深刻影响了此后十余年的朝廷政局变化和中国历史进程。关键人物在关键时刻的意气用事改写历史只是偶然吗？其实这是人性的必然。这就是为什么这部小书希望在历史进程中解释历史偶然事件。

本书的体例是通史、章节体和纪事本末体的融合。总体上，这本书是一部“晚清通史”，但是又按章节体编排，每一章又尽量聚焦在一两个重要的历史事件或人物上。任何历史书写都是“上帝视角”。想让人看清楚历史事件的始末与因果，就必须勇敢地“通古今之变”。章节体是现代产物，优点是能较好掌握写作节奏。“纪事本末体是历史的正宗方法”，有助于梳理历史事件因果链条。这样的体例融合，比较适合这部小书事实叙述和分析推理结合的风格。仅仅依靠证据不能复原历史，合理的推理和叙述是非常有必要的。

历史是建立在“具象真实”之上的，仅仅依靠文字不能真确理解历史。为了帮助读者更感性地了解晚清，建立具象认知，我在讲述重要事件和人物时，尽量配上必要的图片。这些图片，有的是历史资料，有的是现场考察时自己拍摄的。图片不仅为内容提供感性视觉证据，提供文字不能展现的空间信息，还能弥补正文内容的一些不足。

最后，还要再陈述三点写作立场，希望减少误会。

第一，历史既是过去时，又有当代性。过去时是本来面目，当代性是世道人心。把历史当历史，把人当人，是我写作时一直坚持的。

第二，历史学既是事实之学，又是价值之学。事实是价值的基础，价值是事实的灵魂。在事实基础上进行价值判断，是我写作时一直牢记的。

第三，史学工作者既是专业人员，也是社会中的人。作为专业人员，就要立足于“真”与“正”。作为社会中的人，有情感、有倾向才是正常的。以“真”与“正”来限制情感与倾向，是我写作时一直努力的。

· 目 录 ·

第一章　康乾盛世的结束 / 1

第二章　嘉庆帝的大苦恼 / 28

第三章　鸦片贸易与虎门销烟 / 57

第四章　武力与观念角力下的鸦片战争 / 82

第五章　英法联军进北京 / 114

第六章　辛酉政变与慈禧太后逆天改命 / 141

第七章　太平天国的天堂梦 / 166

第八章　曾国藩与湘淮系督抚崛起 / 190

第九章　“同光中兴”与最后的宁静时光 / 214

第十章　洋务运动的成与败 / 241

第十一章　边疆危机与收复新疆 / 265

第十二章　稀里糊涂的中法战争 / 289

第十三章　甲申易枢与“同光中兴”结束 / 311

第十四章　光绪帝亲政及其悲剧根源 / 331

第十五章　彻底改变中国的甲午战争 / 356

第十六章　贻害无穷的《马关条约》/ 380

第十七章　瓜分狂潮与救亡图存 / 401

第十八章　戊戌变法的是与非 / 422
第十九章　意料之外的庚子事变 / 451
第二十章　箭在弦上的清末新政 / 483
第二十一章　新兴阶层趁势崛起 / 510
第二十二章　革命已成燎原之势 / 532
第二十三章　日俄战争重伤清朝 / 554
第二十四章　预备立宪踉跄而行 / 577
第二十五章　丁未政潮满盘皆输 / 598
第二十六章　载沣摄政昏招迭出 / 626
第二十七章　请愿运动急湍澎湃 / 650
第二十八章　辛亥革命摧枯拉朽 / 675
结　语 / 702

资料引用说明 / 705
后　记 / 713

第一章　康乾盛世的结束

晚清史一般从鸦片战争讲起。可我认为要想把晚清讲清楚，非得从鸦片战争之前讲才行。[1]我想了想，决定从嘉庆四年正月初三日讲起。

嘉庆四年正月初三日，也就是公元 1799 年 2 月 7 日，正是清朝 276 年历史的分水岭。此前，是中国历史上文治武功难得一见的康乾盛世；此后，是三千年未有之变局的风雨飘摇。为什么这一天这么重要呢？因为这一天，太上皇乾隆帝在养心殿

1　有学者指出，中国是 19 世纪商战和全球化的失败者，东西方的“分叉”，实际是在 19 世纪初，因此中国近代史的起点也许定在 19 世纪初更合理（参见仲伟民《茶叶与鸦片：十九世纪经济全球化中的中国》，中华书局，2021，第 336~344 页）。“分叉”的这个判断确实提供了重新思考和解释中国近代化的一个视角。

驾崩了。

乾隆帝不仅是中国历史上最长寿的皇帝，而且是中国历史上真正行使权力时间最长的皇帝。他的祖父康熙帝虽然在位 61 年，但是 8 岁登基，14 岁亲政，实际行使权力只有五十余年；乾隆帝不仅在位的 60 年是自己行使权力，而且当太上皇的几年仍在行使绝对权力。他这一生，生杀予夺，东征西讨，南巡北游，风光无限，自誉为“十全老人”。但是，事情都有两面。晚年乾隆帝好大喜功、任人唯亲、奢侈无度、盲目闭关，也让国家陷入此起彼伏的麻烦中。留给他儿子嘉庆帝的清朝，实际上已经是山雨欲来。

一转眼，从康乾盛世进入嘉道危机。

对于乾隆帝的驾崩，国家上下，是有一些心理准备的。进入冬季后，乾隆帝的健康就出了问题。89 岁高龄，确实已经到了油尽灯枯的地步。死亡终究会到来，只不过是早一天晚一天的差别而已。真正让臣民上下感到巨大震惊的是嘉庆帝对乾隆帝第一宠臣和珅和第一宠幸家族傅恒家的果断处置。

俗话说，一朝天子一朝臣。轻描淡写的背后，是一次次权力重新洗牌的血雨腥风，是一代代从龙之人的浮沉悲欢。

雷厉风行查办和珅、福长安

正月初三日乾隆帝驾崩后，嘉庆帝下旨，命和珅为群臣之首，参与丧事筹备事宜。作为乾隆帝晚年最宠幸的大臣、领班军机，这是很正常的安排。第二天，风云突变。嘉庆帝突然下旨褫夺和珅军机大臣、步军统领等职，并令和珅、福长安二人

图 1-1　乾隆帝老年朝服像

中国历史上大大小小五百多位皇帝，论潇洒、享受、安逸、挥霍以及创作热情，乾隆帝毫无疑问应该排第一。画作时间不详，图片来自网络。

昼夜守灵，“不得任自出入”（《朝鲜李朝实录中的中国史料》）。

谕令一出，满朝上下大吃三惊！一惊，看起来蔫头耷脑的嘉庆帝原来是个狠角色，一出手就如此狠辣，毫不拖泥带水。二惊，嘉庆帝胆子如此之大，向太上皇的第一宠臣和第一宠幸家族同时动手。三惊，嘉庆帝在太上皇去世的第二天就动手，迫不及待，连基本的忠孝表演都不想等了。

从实行的效果来看，嘉庆帝这套突袭剧本应该是筹谋已久。也正是如此，运转起来才能够熟练自如，让所有人措手不及。此时大家注意力都在大丧上，完全没想到嘉庆帝突然来这一手。和珅和福长安被困在乾隆帝灵柩前，纵使千般能耐、万吨能量，也是一点儿都使不出来。除了祈求乾隆帝在阴间保佑他们外，没有任何反抗办法。

就在所有人都惊讶不已之际，嘉庆帝以迅雷不及掩耳之势打出了铲除和珅和傅恒家族的组合拳。

初五日，嘉庆帝发布求言诏，要求九卿科道“于用人行政一切事宜，皆得封章密奏”（《清仁宗实录》）。“九卿”是六部尚书、都察院左都御史、通政使司通政使、大理寺卿的合称，是中央核心机关的最高行政长官。“科道”是明清时期六科给事中与各道监察御史之合称，是高级监察官员的别称。只有涉及非常重大的政治问题或非常复杂难决的司法案件，才会“九卿科道”同时参与，比如召开“九卿科道会议”。嘉庆帝困住和珅和福长安后，再要求中央各部门最高行政长官和监察系统高级官员就此前人事行政等所有事务，秘密向自己奏报，一举两得。一得，这是明确要求高级行政和监察官员参劾和珅和福长安的种种不法行为，为根除两人提供更多的事实依据。二得，借此机会检验高级官员对他的忠诚度。

图 1-2　嘉庆帝中年朝服像

嘉庆帝不仅体形外貌等与雍正帝比较像，隐忍狠辣的政治风格也与雍正帝有一些类似。画作年份不详，本图来自网络。

树倒之后，绝不止于“猢狲散”。曾经好乘凉的“大树”，必然会先成为众矢之的，然后难逃斧钺之诛。

初八日，借王念孙等人的参劾，嘉庆帝下旨革除和珅大学士、福长安户部尚书等一切职务，并命令刑部逮捕二人。同时，命令仪亲王永璇、成亲王永瑆及大学士刘墉等人查抄二人财产，并由诸王大臣会同有关部门会审和珅。

十一日，嘉庆帝宣布和珅二十大罪状，条条都是弥天大罪。

十八日，嘉庆帝考虑到和珅曾经担任领班军机大臣，儿媳又是公主，加恩免去凌迟处死，赐他白绫一条，令其在家自尽。福长安也“宽大处理”，判为斩监候（类似今天死缓），其他相关人等均被削爵降职。

中国古代文人在面临死亡时大多会赋诗一首，感怀身世。和珅颇有才华，自然也不例外。临死时想起自己戏剧性的一生，真真假假，贫穷富贵，轮回流转，感慨莫名。遂赋诗一首：

五十年来梦幻真，今朝撒手谢红尘。
他时水泛含龙日，认取香烟是后身。

诗毕，系好白绫，伸入脑袋，闭上两眼，中国历史上最著名也是最富有的宠臣和权臣，就这样抱着与自己主子在阴间相见的期盼，结束了生命。

和珅已死，目标达到。十九日，嘉庆帝通谕全国，和珅案已经办结，与和珅有关系的大小官员“咸与维新”，不再牵连。不穷追猛打，又是另一个高明处。曾经走和珅和傅恒家族路线的大小官员实在太多，穷追猛打会动摇官僚队伍基础。现在公开宽恕态度，一方面让这些人都舒了一口气，对嘉庆帝感恩戴

图 1-3　恭王府展览的和珅像

和珅被赐死后，他的像流传下来的很少。这张恭王府展览用的和珅像，也不能确定出处。观其姿态，很可能是出自紫光阁功臣像。和珅曾因平定台湾、廓尔喀之乱，其像被选入紫光阁。作者自摄照片，2023 年 11 月。

德，另一方面也让嘉庆帝手里掌握着这些人把柄，不老实的话随时收拾。

查办和珅的原因

皇帝掌权后查办前朝宠臣权臣，在中国历史上屡见不鲜。但是如嘉庆帝在太上皇驾崩后就雷厉风行查办和珅和傅恒家族，则是比较少见。嘉庆帝为什么这样呢？要从公私两个角度来分析。

从私人角度说，嘉庆帝对和珅早已怀恨在心。《清史稿·和珅传》曾记载这样两件事。第一件事就是和珅二十大罪状第一条的“漏泄机密，居然以拥戴为功”。这是怎么回事呢？

乾隆六十年（1795）九月初三日，乾隆帝正式册封嘉庆帝为皇太子。虽然嘉庆帝此前就被秘密定为太子，但是根据清朝秘密立储制度，理论上在正式继位或册封前，除了老皇帝，不应该有人知道谁被立。但在九月初二日，和珅就给嘉庆帝递如意，暗示他将继承大统。彼时，嘉庆帝还不知道自己将被册封为皇太子，和珅的行为让册封后的嘉庆帝耿耿于怀。和珅提前告诉嘉庆帝他已被立为皇太子不是好事吗？他怎么还讨厌甚至记恨和珅呢？我们要从嘉庆帝的心理来考虑这个事。

皇帝本应有最高权威，自己的立储在很大程度上被父亲的宠臣影响，这会让皇帝像吃了苍蝇一样不舒服。更何况清代秘密立储制度的背后，是“乾纲独断”的家法。“乾纲独断”的一个核心内容就是老皇帝立储，与谁都不能商量，避免朝中形成党争和派系。和珅提前知道并透露消息，这是坏了“乾纲独断”家法！

很多时候，帮助了人，不一定非要让人知道你提供了帮助。如果很刻意强调你的帮助，显示出“恩主”心态，绝对是拉仇恨的行为，往往会出现恩将仇报、反目成仇的结果。

更让嘉庆帝愤怒的，估计是第二件事。嘉庆帝刚登基不久，乾隆帝想调两广总督朱珪进京，升任大学士。朱珪是谁呢？他是嘉庆帝最重要的老师，也是最信任的人之一，品德、能力皆为大家推重。乾隆帝调升朱珪进京，是出于让其辅佐嘉庆帝的考虑。老子对儿子，不仅“扶上马”，还要“送一程”。但是乾隆帝这个调令，却让和珅有些惊慌。和珅的私心作了

图 1-4 “正大光明”匾

清代秘密立储的诏书，藏在乾清宫“正大光明”匾额后面，待皇帝驾崩，众大臣一起看阅。秘密立储制度创于雍正帝，实际上只在乾隆、嘉庆、道光、咸丰四位皇帝身上实行了。正大光明是理想，而通往正大光明之路，是荆棘与黑暗编织的。作者自摄照片，2019年11月。

祟。他不是想着从公心出发去稳固新皇帝地位，而是想到朱珪进京，势必会成为嘉庆帝最依赖的人，对自己非常不利。为了固宠固权，和珅干了一件彻底昏头的事。

对于朱珪进京，嘉庆帝自然是喜出望外。不过此时的嘉庆帝，还欠缺一些政治智慧。他忍耐不住高兴，在谕旨公布前，拟写了一首诗给朱珪庆贺。为什么说是“拟”？因为这首诗写完之后没有寄送。但是这个行为，却给他带来了一个大麻烦。因为和珅早已在嘉庆帝身边安插了一名叫吴省兰的官员，名义上协助嘉庆帝处理文字工作，实际上是监视嘉庆帝。和珅知道嘉庆帝写贺诗后，就串通吴省兰，窃取了诗稿。和珅带着诗稿到乾隆帝面前打了一个小报告，说嘉庆帝“欲市恩于师傅”（《清史稿·董诰传》）。就是说，嘉庆帝向自己的老师买好。要知道，此时的太上皇，可能比过去当皇帝时更看重自己的控制力，恩威必须己出。乾隆帝这种心态有多强烈呢？有两件事可见一斑。一件是他对即将归国的朝鲜使臣说，“朕虽然归政，大事还是我办”（《朝鲜李朝实录中的中国史料》）；另一件是他要求对外用嘉庆年号，宫内则继续用乾隆年号。

和珅是最了解乾隆帝的人，而且有掌控乾隆帝好恶和情绪的能力，所以这个小报告一下子就打到了要害。乾隆帝听完小报告后勃然大怒，幸赖军机大臣董诰等人直言劝谏，嘉庆帝和朱珪才得免大祸。虽然嘉庆帝这个时候已经是皇帝了，但毕竟是儿皇帝，在乾隆帝面前毫无招架之力。簌簌发抖的嘉庆帝，估计将和珅千刀万剐的心都有。一方面，和珅为了自己固宠，竟然手段卑劣地致新皇帝于危难之中；另一方面，和珅竟然安插人监视皇帝，胆大包天到了疯狂的地步。所以，从个人的角度来看，嘉庆帝对和珅有咬牙切齿之恨，并不为过。这也解释了嘉庆帝为什么迫不及待，在乾隆帝去世第二天就动手。

从公的角度来说，至少有两个原因让嘉庆帝必须铲除和珅。第一，和珅贪污非常严重，严重到影响国家财政安全的地步。第二，和珅势力庞大，庞大到具有控制京师发动政变的实力。

和珅作为乾隆帝晚年的第一宠臣，有"贪污之王"之称。和珅被查抄的财产数额有几种不同说法。有人说是白银 8 亿两，有人说是白银 2.2 亿两。可能由于和珅案牵涉乾隆帝和嘉庆帝很多机密，和珅相关档案记录非常少。因此，和珅到底贪污多少，今天已经很难计算出准确数字。不管怎样，和珅拥有的财产数量是非常大的。根据官方公布的罪证，除了古玩珍宝和不动产外，贪污数量确实惊人，如"藏银衣服数逾千万"，"夹墙藏金二万六千余两，私库藏金六千余两，地窖埋银三百余万两"。官方公布这些财产用的都是模糊表达，估计也尽量降低了数额，即使如此也是很惊人的。查抄和珅之后，民间很快就有了"和珅跌倒，嘉庆吃饱"的传言。虽然是戏谑，但的确反映了和珅贪腐金额之大。

从国家运作来说，贪污腐化如此，已经是极为严重之事，而拉帮结派、严重污染全国政治生态，导致政治机制运作不畅，皇帝不安，绝对是更大的危害。和珅的权力有多大呢？跟随马戛尔尼来访的斯当东曾说，当时很多中国人私下称和珅为"二皇帝"。和珅为何能当"二皇帝"？除了长相俊俏、才华横溢外，更重要的是情商高超、手腕灵活。史称，和珅"善伺高宗意，因以弄窃作威福"（《清史稿·和珅传》）。也就是说，和珅之所以能够成为"二皇帝"，是因为他对乾隆帝的好恶和情绪变化具有很深的领悟，并善于利用。逆我者、不行贿的，即

图 1-5　恭王府后罩楼

恭王府后罩楼是和珅旧宅“三绝”之一，长 180 多米，上下两层共 111 个房间。所有导游都会领着游客观看后罩楼后墙并重点讲解 44 扇什锦窗。讲解员说，有一种未经证实的说法是，后罩楼是和珅专门用来藏宝的，这些窗户是和珅为区分文玩字画等不同类型财产存放而发明的。作者自摄照片，2023 年 11 月。

使无罪或小错，也会严厉查办，并故意挑选乾隆帝不高兴时添油加醋地汇报，无罪变有罪，小事变大事；顺我者、行贿的，即使罪行严重，也拖延查办，等乾隆帝高兴时巧为解释，大事化小，小事化了。和珅不仅控制盐政等专卖事务，还控制河工这些国家重大工程，从中牟利。更为严重的是，军队将帅也多投靠和珅。这些将帅在战争中不是想着如何打胜仗，而是“惟思玩兵养寇，借以冒功升赏”（《清仁宗实录》）。将帅们不专心打仗，而是想着发战争财，虚假报功，巴结贿赂和珅，以求升迁。这已不仅仅是寡廉鲜耻、糜饷奢侈的罪名了，而是动摇国家根基的行为。和珅不仅在军队中影响很大，还兼任着步兵统领（俗称九门提督）的职务。这是个名义上地位不高，但却把京师安危捏在手中的职务。换言之，如果和珅真的有野心，他具备向嘉庆帝发动突袭的实力。

如果说和珅罪大恶极，嘉庆帝早就预谋铲除他，那为何也要对福长安动手呢？民间老百姓代代流传嘉庆帝查办和珅的故事，而不大注意同时查办傅恒家族的事儿。嘉庆帝坚决查办傅恒家族的原因，我想至少有三个。

第一，福长安确实与和珅狼狈为奸，对皇帝不忠。嘉庆帝查办福长安，表面上看是因为福长安和和珅狼狈为奸，实际上却别有深意。嘉庆帝曾说，拿究福长安，“乃出朕意，非由他人举发”（《清仁宗实录》）。说得很明白，我就是要办了福长安，和别人没关系！在过去四五年时间里，嘉庆帝一直希望福长安能够利用召对或随行的机会检举和珅，但是福长安无一语道及。给你表忠心站队的机会，你不珍惜，那就别怪我无情！由此可见和珅和福长安被严厉查办，嘉庆帝确实是早有预谋。嘉庆帝为什么心中很希望福长安能主动向自己表忠心呢？因为福长安所在的傅恒家族太特别了。

第二，傅恒家族过大的权势，对国家的运转早就产生了不良影响。这里必须简单介绍一下傅恒家族。于私，傅恒是乾隆帝孝贤纯皇后（沙济富察氏）的弟弟。沙济富察氏是乾隆帝第一位皇后，一生的“白月光”，可怜早逝。于公，傅恒很能干，先后率兵平定大小金川、准噶尔部叛乱和入缅作战。乾隆帝对傅恒是又疼爱又信任，让其担任领班军机大臣、保和殿大学士，并授予一等忠勇公爵位。傅恒担任军机大臣和大学士长达二十三年，乾隆帝为了显示对傅恒的尊崇，于乾隆十三年将保和殿大学士定为诸殿阁大学士之首，且傅恒之后，不再授人。

乾隆帝对傅恒家族的恩宠直接延续到第二代。傅恒有四个儿子——福灵安、福隆安、福康安、福长安，均受乾隆重用，身居要职。乾隆三十三年（1768）二月，乾隆帝命令傅恒前往云南经略军务，同时命令福隆安入军机处。三十五年，傅恒去世，按照规定，福隆安要丁忧三年，但是乾隆帝却命令“穿孝给假”，愣是强留福隆安在军机处。三十七年，派遣福隆安去四川，同时命福康安入军机处。到了四十五年，福长安也进入军机处学习行走。此后福隆安、福康安、福长安三兄弟出则为帅，入则为相，成为官场一大奇景。四十八年，甚至出现了三兄弟同时担任军机大臣的盛况。不要说是乾隆朝，就是整个清朝，都找不出第二个这样的家族。

四人中，福康安最为显赫。年幼时以勋戚之子入宫养育，乾隆帝亲加教诲，最终官至武英殿大学士兼军机大臣。乾隆帝本来想借战功授予福康安王爵，后来担心被人非议而作罢。乾隆六十年，他仍力排众议破格授予福康安贝子衔。嘉庆元年去世后，福康安被追赠郡王衔。清朝对爵位极为看重。除了早期的三藩外，只有爱新觉罗家和蒙古世袭王公能获得王爵。曾国藩平定太平天国，也只是被授予“一等勇毅侯”。福康安的荣宠，整个清朝独一份！福康安也是广为大众知晓的人物，是金庸先生《书剑恩仇录》《雪山飞狐》《飞狐外传》里的大反派。就冲着乾隆帝给予福康安的这份荣宠，民间传说福康安是乾隆帝的私生子，还真是有点合情合理。

福长安虽然不如傅恒、福康安那样深受乾隆帝信任，不如和珅那样权势熏天，但由于父兄的关系和自己的能力，他 20 岁就担任军机大臣，27 岁担任户部尚书，后任镶白旗满洲都统兼军机大臣，是傅恒家族此时的掌门人。到了乾隆帝晚年，由于和珅的快速升迁，福长安逐渐与和珅狼狈为奸。

嘉庆帝的成长期，恰恰是傅恒家族权势走向顶峰的时候。他对福康安等人对国家的负面影响应该是有清醒的认识。乾隆

图 1-6　福康安像

人红是非多。金庸将福康安写入小说，可谓有眼光；福康安得遇金庸，也是缘分。清人绘，纸本，着色。脸上的颜色应该是画作保存时出现的污染。图片选自朱诚如主编《清史图典》第 6 册，第 107 页。

朝后期政治的一系列问题，除了乾隆帝本人的责任外，可以说是“内坏于和珅，外坏于福康安”（萧一山：《清代通史》）。在嘉庆帝看来，朝政败坏，内部主要是坏在和珅手里，外部主要是坏在福康安手里。由于傅恒、福康安等人久统大军，在军队中影响极大，所以嘉庆帝亲政之后，“屡下诏戒诸将帅毋滥赏，必斥福康安”（《清史稿·福康安传》）。就是说嘉庆帝每次教育批评军队将领要按规定奖赏官兵时，必定会提到并严厉批评福康安。

第三，惩办和珅一人不能满足以凌厉手段重塑“乾纲独断”家法之需要。和珅是太上皇的第一宠臣，福长安代表的是太上皇时期第一宠幸家族，只有两个一起严厉查办，才能最迅速地树立新皇帝的权威。乾隆帝曾说：“乾纲独断，乃本朝家法。自皇祖、皇考以来，一切用人听言，大权从无旁假。即左右亲信大臣，亦未有能荣辱人、能生死人者。”（《清高宗实录》）意思是无论是人事安排还是听取建议，康熙帝、雍正帝都做到了独断专行，从未出现过能决定人生死的权臣。乾隆帝说得如此明白，显然是自认为已经继承了这个家法。嘉庆帝作为继承者，显然对这个家法也是必须继承的。对于和珅和傅恒家族在政治运转中产生的巨大破坏作用，嘉庆帝看得一清二楚，对于“乾纲独断”的家法，嘉庆帝也早已熟记于心。他要做的，就是蓄势待发，等到乾隆帝一去世，就像猎豹一样扑向和珅和福长安，使其毫无反抗和逃脱机会。和珅和傅恒家族，成了嘉庆帝树立皇权的祭品。这也是贡献。

“和珅现象”的根源

纵观中国历史，乾隆帝是能力和才华都比较出众的皇帝。为什么在他的中后期会出现和珅这样一位危及国家根基的宠臣、权臣和贪污之王呢？是和珅先天就很卑鄙无耻，还是有其他原因？

虽然和珅被查办后，有弹劾和珅的人将其比喻为王莽、曹操，但是和珅一开始并不是一个卑鄙无耻之徒。史载和珅本来“少贫无藉”（《清史稿·和珅传》）。和珅年轻时，既没钱也没有后台。和珅 23 岁从三等侍卫干起，此后迅速崛起，几年时间里就获得了乾隆帝的信任和重用，27 岁就被任命为军机大臣，并任户部侍郎、内务府大臣等重要职务。和珅为什么能够获得火箭速度一样的提拔呢？两个原因非常重要。第一，和珅出身上三旗，还有很强的上进心。他本来就是“文生员”，在担任侍卫后继续用功用心，学习了不少本领。第二，他有能让乾隆帝宠信的能力。和珅长相俊秀，机敏灵活，聪明伶俐，深得乾隆帝喜爱。影视剧中王刚扮演的和珅形象深入人心，但是和真实的和珅形象相差甚远。和珅在获得提拔后，除了认真办公外，更能揣摩乾隆帝的脾气和秉性，说话办事无不让乾隆帝满意。乾隆帝对和珅的宠爱自然是有增无减，不断加官晋爵，和珅即使犯了错也能被宽恕。到了嘉庆初年，和珅不仅是领班军机大臣，还兼管吏部、户部、刑部，还是翰林院掌院学士、步军统领。职务之多，权力之大，整个清朝都罕见，被人称为“二皇帝”，并不是无凭无据。

图 1-7　恭王府后花园入口的西洋楼

恭王府的解说员说这座西洋楼很可能是和珅仿照圆明园造的，只有他有这么大胆儿。恭亲王小心谨慎，不敢这么做。我觉得解说员的推测比较合理。解说员还说，和珅这辈子，荣华富贵要啥有啥，皇帝有的他都有，皇帝没有的他也有，死得一点儿也不亏。这句话体现出了民间人物评价的导向。拍照片时，晨光正好，后花园仿佛金光普照。作者自摄照片，2023 年 11 月。

显然，仅仅从和珅个人的品行能力角度来解释他为何能如此位极人臣，是不通的。放眼中国历史，和珅其实代表了中国古代官员的一种类型，是传统中国政治运行中的一种独特现象。

从秦始皇建立皇权社会后，一切权力的合法来源就是皇帝。皇帝也是有着七情六欲的人，对人也有感性的喜爱憎恶。皇帝或因为成长时的特殊经历，或因为性情相近，或因为相貌符合自己的审美，对一些人产生信任喜爱，并进而提拔重用，可以说是人性的自然流露。正是因为如此，两千余年的皇权社会，“宠臣”就一直是一类重要官员。和珅只不过是最有代表性的一个。在明清时期，由于皇权高度加强，像和珅这样的“宠臣”就不断出现。“宠臣”和“权臣”有什么区别呢？应该说“宠臣”是“权臣”的一种。“宠臣”必然是“权臣”。

从制度角度来说，存在和珅这种一人之下万人之上的权臣，是丞相制度被废除后的必然结果。从秦朝到明朝这一段时间，虽然皇帝有至高的权力，地位可以做到“五独”——天下独占，地位独尊，势位独一，权力独操，决事独断，但是其权力在运行执行过程中，大多数时候绕不过“相”。“相”无论是一个、两个还是几个，都是有明确职责的职位，都是要担任者对其职位负责任的。从制度设计上来说，“相”可以对皇帝的意见或决定提出不同意见，也可以在执行时对皇帝的决定或意见有所偏重。这就逐渐形成了中国传统政治运作中相权对皇权的制约，在一定程度上限制了政治运行中“恶政”的出现。

朱元璋废除“相”后，中国政治运行出现了很大的改变。“相”作为制约平衡皇权的一个力量被消灭了，皇权极大加强。虽然实际的政治运作中还有隐形的类似“相”的存在，比如明朝的内阁首辅、清朝的领班军机大臣。但是，所谓名不正则言不顺，言不顺则事不成。有名义的“相”和没名义的“相”，差别很大。一方面，没有名义的“相”地位更卑，行使职权的合法性不足。无论是明朝的“阁老”还是清朝的军机大臣，都不是有明确制度保障的职位。特别是军机大臣，更像是皇帝的私人秘书，即使是领班军机大臣，皇权执掌者也可以相对随意进退之。担任这一角色的人就更要看皇权执掌者的脸色行事，小心讨皇权执掌者的欢心，否则随时都可能会被解职。到了同治、光绪时期，皇权实际上被削弱了，但是位高权重者如恭亲王奕䜣、庆亲王奕劻等人，仍然要小心看慈禧太后的脸色行事，原因就在此。

另一方面，没有名义的“相”，职责和荣誉感都降低了。其无明确的岗位职责，实质是皇权执掌者的差遣，所以这些人不会有过去明确的“丞相”的荣誉感，很少为了职责或荣誉，对皇帝的不良决策和举措进行大胆纠谬匡正。到了雍正、乾隆时期，文字狱等因素使皇权集权到了顶峰，政治宽容度大大降低，军机大臣们更是一切唯皇帝“圣裁”。对于皇帝的决定，除了喊“皇上圣明”外，基本上很少有反对的行为。像乾隆帝这样火箭式地提拔和珅，纵容和珅，其他军机大臣即使觉得不合理，也无人提出抗议或表达不满。即使是与和珅不相容的领班军机大臣阿桂，也只能长期韬光养晦，寄望于嘉庆帝亲政之后收拾和珅。

因此，和珅之所以成为和珅，除他个人的独特因素外，更多的是时代的产物，是皇权到达顶峰必然会出现的负面事物。没有和珅，也会有其他的人。这也就是为什么，和珅之后有曹振镛，曹振镛之后有穆彰阿，穆彰阿之后有肃顺。所不同的仅

图 1–8　朱珪像

在晚清的政治运行中，“帝师”是一个非常独特的存在。皇帝在皇子年幼时选择学问与德行优良的汉人师傅教导皇子四书五经，满人师傅教导皇子清语骑射。一旦皇子成为皇帝，帝师就成了最值得信任的人之一，在政治运行中有举足轻重的地位。比较知名的有朱珪、杜受田、李鸿藻、翁同龢等。图片选自朱诚如主编《清史图典》第 8 册，第 8 页。

是程度轻重而已。理解了这一层，就理解了清朝中晚期为何人才辈出，却没有力挽狂澜的“良相”。

稳定政局的措施及其问题

嘉庆帝以迅雷之势查办了和珅和福长安，展示了他作为帝王的政治才华和智慧，一扫儿皇帝的委屈，迅速树立了政治权威，为亲政开了个好头。但是和珅专权二十余年，树大根深。嘉庆帝要查办和珅，远不是关起来、宣布罪状、赐死这么简单。福长安执掌的傅恒家族，权势贯穿整个乾隆朝，尤其是在军队中影响很大。如果处理不好，将给政治稳定带来严重的冲击。如何在快速查办和珅和傅恒家族的同时，还能维持政治稳定，是嘉庆帝必须深思熟虑的。从查办的过程来看，他是有备而来，分四个措施组合开展。

第一，立即提拔自己信任的人。他迅速任命自己的亲兄弟、侄子和师傅等信任的人担任核心官员，更换了中枢关键岗位的官员，确保政治运作稳定和自身安全。在乾隆帝去世的当天，嘉庆就谕令他的师傅、时任署理安徽巡抚的朱珪迅速来京供职。朱珪到京后，立即在南书房值班，兼管户部三库，凡用人行政大事悉以咨询，不必事先关照军机大臣。正月初八日，嘉庆帝任命了成亲王永瑆、董诰、庆桂等人为军机大臣；任命哥哥仪亲王永璇管理吏部，掌握人事任命权；任命另一个哥哥成亲王永瑆兼管户部三库，掌握财政权；任命亲侄子定亲王绵恩为步军统领，负责保卫京师。同时还对兵部、内阁、八旗统领等关键部门和岗位进行了人员调整。在初八日任命哥哥永璇、侄子绵懿担任领侍卫内大臣护卫皇宫后，初十日又任命姐夫拉旺多尔济担任领侍卫内大臣。拉旺多尔济后来多次救驾。

第二，控制信息传递系统，削减军机大臣权力。初八日，嘉庆帝一方面正式宣布和珅和福长安下狱治罪，一方面谕令各部院堂官、督抚等文武大臣及军营带兵大臣等，取消和珅时期奏事副封军机处的惯例，“中外陈奏，直达朕前”（《清史稿·仁宗本纪》）。这句话的意思是内外大臣给皇帝的奏折，要直接送给皇帝，不要再抄送一份给军机处。权力运行，最重要的事务之一就是控制信息传递系统。新皇帝亲政后立即取消“副封”之事，在汉宣帝继位后打击霍光家族时就出现过。不仅如此，嘉庆帝还特别强调：第一，各大臣不得预先将所奏之事告诉军机大臣；第二，奏章呈递以后，皇帝可以直接召见各大臣，及给各衙门交办事务，“不关军机大臣指示也”（《清仁宗实录》）。这句话的意思是各衙门归皇帝直接领导，皇帝不经过军机处就可以召见大臣，布置任务。嘉庆帝的这两个举措，达到了两个效果：一是完全控制了信息传递渠道，保证自己尽可能掌握关键信息；二是削减了和珅时期不断扩大的军机处权力，重新树立了皇帝的至高权威。

第三，迅速结案，宽厚处理相关人员。由于和珅弄权太久，通过他的关系当上官员或提拔升迁的人实在太多了，如果全面追查，极有可能会动摇整个官僚体系，引发政治动荡。这对刚刚亲政的嘉庆帝来说，实在是不能不特别考虑的事情。所以，他对与和珅有牵连的相关人员总体上采取了宽大处理的方针，并在正月十八日处理了涉案相关人员。如和琳、苏凌阿、吴省钦、吴省兰、伊江阿、景安等少数人，这些人或被查办解职，或被降职削爵，并无人被杀。至于福长安，嘉庆帝明确指出，他与和珅“朋比为奸”，“不法已极”，不过对他的处理却比较温柔，先是从“正法”改为“斩监候”，到了八月又加恩释放，遣往裕陵充当办事人员，后来又逐渐恢复官职。傅恒家族的其他人，也多是被降低爵位或职位，无人被过度牵连。对全国其他与和珅有关的大小官员，嘉庆帝在十九日通谕全国，和珅案已经办结，“凡为和珅荐举及奔走其门者，悉不深究”，与和珅有牵连的官员要“迁善改过”“痛改前非”，好好为国家出力办事。原本惶恐不安的众多官员，在看到谕旨后，都长长出了一口气。

第四，及时引导舆论，避免民间无端猜测。在乾隆帝去世的第二天，嘉庆帝就发布谕旨，不仅严厉批评军机大臣是“不忠之辈”，而且将川楚白莲教起义的原因明确判定为“官逼民反”。明眼人一看谕旨就会明白，新皇帝已经将白莲教起义及迟迟不能镇压的责任，算到了和珅等人的头上，等于是给天下臣工提前打了个招呼。在正式逮捕和珅的第七天，嘉庆帝就正式公布了和珅的二十大罪状和福长安的问题，使尚在震惊中的天下臣民从权威渠道了解了皇帝为何查办和珅与福长安，避免了过度的议论揣度。

此后，嘉庆帝多次颁发谕旨或批示奏折，针对查办和珅等事及时进行解释。其中最直白的一句话出现在给江西巡抚张诚基的朱批中：“朕若不除和珅，天下人只知有和珅，不知有朕。”（《清宫档案揭秘》）在“和珅跌倒，嘉庆吃饱”的流言出现以后，颇为烦恼的嘉庆帝在四月下旬公开惩处了多次向皇帝奏陈和珅还有更多财产可查抄的内阁学士兼副都统萨彬图，并且连续两日申明自己并非“贪利之主”，查办和珅主要是为维护国

家纲纪，而非贪图钱财，要求大小臣工不得再以和珅资产妄行渎奏。此后他又多次阐释了自己为何查办和珅、福长安等人，关于和珅案的各种议论，逐渐平息。

嘉庆帝雷厉风行地铲除和珅与傅恒家族的行为，仅仅就是树立了自己的权威和获得一些财产吗？看历史还要眼光宏大一些。

如果在历史进程中定位这个行为，我认为有两点值得肯定：一是虽然没有止住清朝下滑的趋势，但是降低了下滑的速度；二是重新树立了皇帝和中央权威，部分恢复了官吏的敬畏心，为此后应对大变局保留了更多元气。

其实对于以雷霆手段查办和珅和福长安，及宽大处置与和珅有关的大小官员，嘉庆帝自己心里也有些没谱。《清史稿·和珅传》有一段记载非常值得玩味。嘉庆帝在查办和珅之后，趁直隶布政使吴熊光觐见时，问吴熊光查办和珅是不是太急了？吴熊光是个有智慧的人，显然意识到了嘉庆帝的

图 1-9　嘉乐堂里的两层金丝楠木仙楼

金丝楠木只能皇家使用，和珅却用大量珍贵金丝楠木建造了这个楠木殿。地面和房檐下铺的是火山岩，经过打磨，呈现出金黄色花纹，与精雕细琢的金丝楠木殿相衬，满目华丽。这是和珅二十大罪中第十三条“僭侈逾制”的铁证。僭越礼制是死罪，这一条最能安抚舆论。导游会告诉游客，目前这里面的金丝楠木柱子，一根就值二十多亿元。作者自摄照片，2023 年 11 月。

忐忑。吴熊光立即奏对，和珅管理各部时间很久，如果不速治其罪，则“无识之徒”会观望生事，故以雷霆手段查办和珅，然后迅速结案，对和珅及其他官员都是仁至义尽。吴熊光曾经长期被和珅压制，又担任直隶布政使，比较了解京师动向，嘉庆帝通过他了解情况，一定是有意选择的。吴熊光这样回答，不仅肯定鼓励嘉庆帝于无形，也显示了自己的人品。从此，吴熊光获得信任，迅速被提拔为河南巡抚，位列封疆大吏。

应该说，嘉庆帝在处理和珅和福长安的时候，确实体现了成熟的政治手腕，能够迅速稳定政局，树立自己的权威。但是，成功查办和珅，就像是嘉庆帝迅速掌控了大清这辆汽车的方向盘，并不表明今后就会一帆风顺。乾隆帝给他儿子留下的汽车看起来很豪华，但是发动机故障已经很多了。嘉庆帝在亲政第四年开始驾驶着这辆早已需要大修的汽车，在危机四伏的道路上，坎坷颠簸地缓慢前行。此时的情形，可谓盛世已过，变局已来，危机四伏。

关于吴熊光，此处要补几句。吴熊光被提拔为河南巡抚后，处在镇压川陕白莲教起义的前线。吴熊光屡立战功，两年后被提拔为湖广总督。嘉庆十三年（1808），英国舰队到达澳门，威胁广州。时任两广总督的吴熊光意识到，英国人真正的目的在于贸易，而且英国舰船很先进，真要打起来，清军肯定战败，东南沿海将受其害，于是就采取绥靖和拖延策略。等过了一个多月，才把事情奏报，说是采取了措施，要求英国舰队退出澳门后才能继续贸易。结果嘉庆帝很生气，严厉批评他“示弱”。可是英国舰队“不识相”，拖延到十月才陆续退出。此事传到朝廷中，导致吴熊光被撤职。取代吴熊光的百龄弹劾吴熊光胆小懦弱。嘉庆帝更生气，将其遣戍伊犁。吴熊光可能是最早意识到打不过英国的清朝高级官员，但是他却选择了“糊弄”的方式，而不是尽忠职守诚恳诚挚地给嘉庆帝说真话、实话。

面对前所未有的大变局，“乾纲独断”的嘉庆帝毫无意识（或意识严重滞后于现实），有些大臣（如吴熊光）虽然对真实情况很了解，虽然可谓德才兼备，但往往也以“糊弄过去”为目标。

这就是晚清一百多年政治运行的基本状况，也是理解一百多年晚清史的一把钥匙。

图 1–10　恭王府正门

和珅以公主府为名，修建了这座豪华的府邸。后来这座府邸成了晚清最重要的恭亲王奕䜣的府邸，又演绎了很多故事。今天的恭王府，可能是故宫之外北京第二热的旅游景点。每天人流汹涌。虽然名字是恭王府，但是人们说得最多的却是和珅的功名利禄、是非成败。作者自摄照片，2023 年 11 月。

第二章　嘉庆帝的大苦恼

在中国历史上几十个大小王朝中，清朝的统治质量最高。在历史上数百位大大小小的帝王中，清朝的这12位，除了最后的宣统帝和早逝的同治帝，才能与德行都不错。嘉庆帝被认为是守文之主，没有雄才大略，这主要是与康熙帝、雍正帝、乾隆帝三位相比而言。要是放在整个中国历史长河中，他还是很能“打”的。继位后忍气吞声四年，终于熬到亲政，然后以雷霆手段“锄奸登善”，树立权威，接着励精图治，先后平定了川楚白莲教起义，扫荡了东南海盗，前几年屡屡出现的水患和漕运问题也阶段性解决，国家的“健康度”大幅提高。但是嘉庆帝却有个长久的大苦恼，就是盛行“糊弄学”的庞大官僚集团，跟不上他励精图治的要求！

嘉庆帝的一生，一直有个大有为的梦想。但是中国几千年历史，凡是想在王朝中期推行大有为之政的帝王，都有很强的悲剧性。比如宋神宗，比如嘉庆帝。嘉庆帝亲政后励精图治，但是各种意想不到的事情断断续续，没有消停过。他就有点像救火队长一样，总是临时处理各种事情。在他看来，国家积累的问题如此之多，根本原因是这些大大小小的官员都不尽职尽责、报效朝廷。前面讲的他很严厉地惩处吴熊光，其实就有这种心理。吴熊光是他很信任的人，最后也糊弄他，如何不让人愤怒？换句话说，嘉庆帝的一生，把自己摆在了贪官庸吏的对立面。可是即便如此，国家还是不断出事，甚至出大事。在这些事情中，我认为最有意思也最能反映嘉庆朝政治与社会情势的就是“天理教事变”。

嘉庆十八年九月十五日（1813 年 10 月 8 日）中午，庄严肃穆的紫禁城突然传出了刀枪搏斗的声音，而且逐渐变得激烈。警卫森严、庄严肃穆的紫禁城内怎么会突然传出杀喊搏击声？原来是几十名天理教徒在几个太监的接应下，分别从东华门和西华门攻入了紫禁城！紫禁城内的侍卫、在紫禁城里的皇子和攻入紫禁城的天理教徒发生了激烈战斗。这就是著名的“天理教事变”，又称“禁门之变”。虽然从战斗规模、战斗经历来说，天理教事变与之前的川楚白莲教起义、之后的太平天国起义完全无法相提并论，但是它对朝野的震动比白莲教起义和太平天国起义还要大。它也非常深刻地折射了嘉庆时期的各种危机，历来为史家重视。

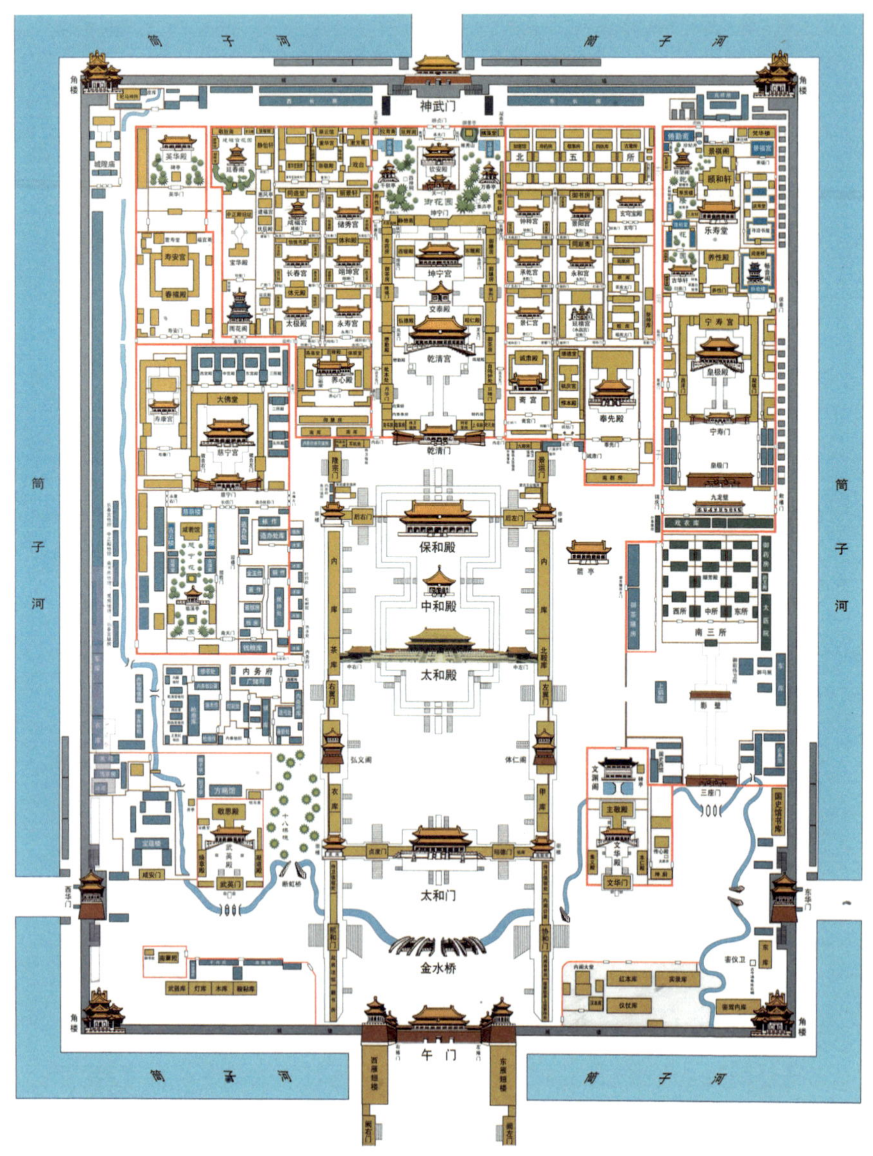

图 2-1　紫禁城平面示意

朱棣在永乐四年（1406）下诏营建紫禁城，永乐十八年建成。明清两代它一直是皇帝官方的办公和生活地。天上五宫的中宫居于中央，中宫分为三垣，上垣太极、中垣紫薇、下垣天市。中垣紫薇处于中宫中央，为宇宙最中心之位置，天帝居所。天帝之子为皇帝，居天下中心，有无上尊严，因此皇帝居住的正式宫城称为紫禁城。1925 年 10 月 10 日故宫博物院成立，紫禁城改名故宫。由于是最高等级的宫城，故宫实际是一座防卫森严的城堡，四周有宽阔的护城河，护城河边有高大的城墙，四角有高耸的角楼。图片来自网络。

天理教密谋

“变起一时，祸积有日”。天理教徒攻击紫禁城，并不是临时起意的。天理教徒为发动这次直捣紫禁城的突袭，实际上已经进行了两年细密的谋划。按照历法，嘉庆十八年会出现闰八月。在中国古代文化中，向来有“闰八月不祥”之说。早在嘉庆十六年，天理教的首领李文成、林清等人发现天理教宝卷中有“八月中秋，中秋八月，黄花满地开放”（《康雍乾时期城乡人民反抗斗争资料》）等谶语后，就开始谋划在嘉庆十八年闰八月造反。

对于“闰八月”，嘉庆帝也比较忌讳，决定修改历法。[1] 由于牵涉祭祀等一系列问题，嘉庆帝最终决定将十八年的闰八月改为十九年的闰二月。但是这并没有阻挡林清等人谋划起义，坚持在这年的九月十五日举事。天理教原计划在九月十五日这天，除了派一支精兵直攻紫禁城外，还要同时在直隶、河南、山东发动起义，以牵制三省官兵。但是在此之前，河南、山东、直隶等地的教徒先后被抓，只有准备攻打紫禁城的教徒没有被抓，这些教徒也不知道他们的同党陆续被抓。十五日这天，陈爽率领一部分教徒从东华门进攻，在太监接应下一路攻打到熙和门，由于进入东华门的教徒太少，很快被宫廷守卫扑杀。陈文魁率几十位教众从西华门攻入，在太监引领下最终攻到隆宗门，在经过激烈战斗后也被捕杀。现在隆宗门上方匾额

1　张瑞龙认为“闰八月不祥”之说是天理教起事失败后穿凿附会而来，修改历法也不是为避开闰八月。参见张瑞龙《天理教事件与清中叶的政治、学术与社会》，中华书局，2014，第 301~302 页。

图 2-2　带箭头的隆宗门

“宗”字左侧有一个小黑点，就是那个铁质箭头。一般认为这就是天理教徒猛攻隆宗门时留下的。为何只留下箭头以及为何未被及时清理，还没有很好的解释。作者自摄照片，2019 年 11 月。

上，有一个箭头。传说是当时双方激斗时留下的。

天理教徒为何猛攻隆宗门？这里稍微解释一下。东边的景运门、西边的隆宗门、南边的保和殿、北边的乾清门，构成了一个小广场。这个小广场，是前朝和内廷的分界处。在这个小广场里，隆宗门右侧是军机处军机章京（秘书）值房，左侧是军机大臣和内务府大臣值房。军机大臣值房与乾清门之间，是内右门。内右门进去就是南书房，是皇子们读书的地方。南书房后边就是养心殿，是皇帝日常办公的地方。养心殿东边就是乾清宫、坤宁宫，是皇帝、皇后的正式住所。也就是说，隆宗门里面这一块，才是整个紫禁城最为核心的地方。

隆宗门和它对面的景运门，被称为禁门，是紫禁城内防卫最为森严的地方。除了王公大臣特殊规定允许的护卫官员外，其他王公以下至文官三品以上、武官二品以上大员和内廷行走各官所带仆从人等在景运门、隆宗门外须台阶下二十步外停步。除允许内廷行走或奉旨觐见的官员，就是王公贵族也不得私入。一般

图 2-3　隆宗门、军机处和乾清门

如果说紫禁城是国家心脏的话，照片里的这块区域就是右心房。最右边拍照一半的是乾清门，曾是御门听政之所。乾清门后就是南书房和乾清宫。居于照片中心位置的小门就是通往南书房和养心殿的内右门。内右门左边那几间墙边小房子，依次是军机处大臣和内务府大臣值房。值房左边那座稍高的门楼就是隆宗门，隆宗门内左侧露出屋脊的小房子是军机处章京值房。作者自摄照片，2024 年 11 月。

人等经过这两道门更是不能停留。如果有人攻入隆宗门，首先被杀的就是军机处所有官员。军机处瘫痪，意味着朝廷中枢被破坏了。攻入军机处后，从内右门攻入南书房和养心殿，皇帝、皇子就危险了。如果再攻入乾清宫、坤宁宫，皇后就危险了。

几十名贩夫走卒组成的队伍，居然从两路突进了层层防卫的紫禁城，并且目标明确，直扑隆宗门、景运门，还差一点儿得手。这太匪夷所思了！但是如果我们了解整个事情，就会明白，紫禁城最终没有被攻陷，实属天大幸运。综合各种记录来看，至少有四个偶然的因素影响了天理教攻打紫禁城的效果。

第一是林清拘泥于谶语，没有听从建议将举事时间从十五日调整到十七日。独石口都司曹纶是四品武官，正黄旗汉军，家里世代为官。他和他儿子曹福昌都被林清拉拢，加入了天理教。曹福昌非常了解官场运转规矩，探听得知十七日京城内王公大臣均要前往白涧行宫迎接嘉庆帝回京。因此建议将起义日期从十五日调整到十七日。那个时候，紫禁城的守卫会更加松懈，也不会有王公贵族能迅速带兵赶到紫禁城。但是林清坚持认为谶语是在十五日起兵，不能改动。

第二是皇次子绵宁（即后来的道光帝）、皇三子绵恺提前回京回宫。嘉庆帝本来带着他二人在进行木兰秋狝，但是连日阴雨，秋狝不能顺利进行，嘉庆皇帝命二人于九月初一日提前返京。这两人在天理教进攻紫禁城时，恰好已经回京，并在紫禁城的南书房内读书。他俩是为数不多能进入内宫的成年男性。在教徒试图冲击养心殿时，皇次子绵宁用鸟枪击毙两人，阻止了天理教徒对养心殿的冲击。

第三是天理教徒纪律性较差，没按计划行事。本来计划两路教徒从东华门和西华门同时动手，东西夹攻。但是攻打东华门的教徒由于纪律性较差，在东华门外和卖煤人争夺道路发生争执，露出兵刃，被东华门守卫觉察，紧急关闭东华门，导致只有陈爽等五六人冲入东华门，势单力薄，很快被扑灭，两路夹攻计划落空。

第四是西华门接应太监杨进忠临时改变计划，贻误了攻打隆宗门的时间。天理教徒之所以能直扑隆宗门，是因为有太监加入了天理教，将宫中情形告诉了林清等人，起事后又在宫中接应向导。杨进忠是茶房太监，此前因为想不掏钱修衣服，和尚衣监太监有过节。将天理教徒从西华门引入宫中后，杨进忠领着这队人马首先跑到内务府，把尚衣监的太监都杀了，然后才扑向隆宗门。此时隆宗门等处的守卫已经得到紫禁城被攻击的信息，关闭了大门，进入防御战斗状态。

如果不是有以上四个偶然因素，“禁门之变”的损失估计要大得多。不过即使如此，也已经让所有人目瞪口呆。最震惊的毫无疑问是嘉庆帝。“禁门之变”成为嘉庆帝心中永远的痛。

嘉庆帝获知九月十五日紫禁城发生事变消息时，正在从木兰围场回京的路上。十六日抵达白涧行宫后，皇次子绵宁以六百里加急将消息送到。这一消息给他的震惊，我们很难体会一二，但毫无疑问是他一生中最震惊的时刻。出了趟门儿，全国守卫最森严的老窝差点儿就被端了，老婆孩子差点儿死于非命。史载，他看完绵宁等人的奏报后，当众泪流满面。随行王公大臣也慌了手脚，不知如何是好。大臣们出现了意见分歧，有人劝皇帝先到奉天调大兵入京，董诰等人力劝皇帝迅速还京，以定人心。在接到京城情势基本稳定的消息后，嘉庆帝决定尽快回京。

虽然京城的形势稳定住了，但是禁门之变的消息迅速向全国各地散播，人心惶惶。为了应对危机，防止不安的情绪在国

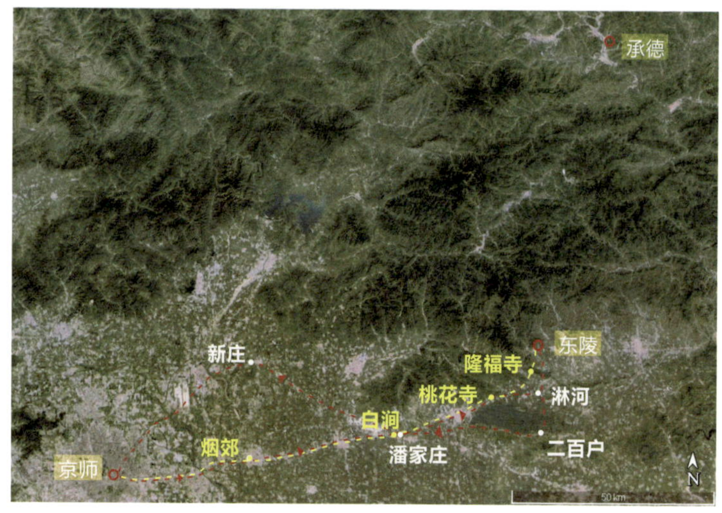

图 2-4　京师至东陵路线

烟郊行宫即今天三河市燕郊行宫，是清朝皇帝去东陵祭拜出京后第一个住宿休息处。此处距紫禁城大约 80 里，马车刚好一天路程。烟郊行宫本不在去承德避暑山庄最近的路上，嘉庆帝选择停留在此，或许是为显示一种态度。路线图由陈路制作。

内扩大，嘉庆帝在九月十七日抵达烟郊（也作“燕郊”）行宫后，向天下颁布了沉痛的《朱笔遇变罪己诏》。

《朱笔遇变罪己诏》

《朱笔遇变罪己诏》意味着啥？这个得解释一下。要理解透彻，需要从“罪己诏”和“朱笔”两个层次说起。

罪己诏是中国传统政治文化中一种非常独特的诏书。出现了这个，就说明出了天大的坏事。按照常规解释，“罪己诏”就是皇帝认为自己的过错导致了严重的天灾人祸，为公开向天下百姓进行自我批评而写的检讨书，主要目的是“罪己以收人心”。实际上，“罪己诏”背后的思想观念是对传统中国帝王有最大约束和令其有敬畏感的天命观。“天命有常”，帝王不好好干，触发天帝之怒，天命就会转移到别家去，王朝就垮台了。一旦上天示警，帝王若有自省之心，就需要公开向上天、臣民承认错误，祈求上天、臣民原谅。皇帝颁布“罪己诏”，在中国传统政治中，绝对是非常大的事情。有研究者以比较宽泛的口径对历史记载进行了统计分析，认为中国历代共有 79 位皇帝颁布过“罪己诏”，差不多占了中国皇帝数量的六分之一。但是要知道，有些皇帝虽然颁布了“罪己诏”，充其量是在诏书中进行了自我批评，不仅诏书中没有公开用“罪己”的字眼，更没有直接以“罪己”命名。嘉庆帝之前就有过两次“罪己诏”，都是这种有自我批评的内容，均没有用“罪己”之名。这一次的《朱笔遇变罪己诏》，是大清国第一道明确以“罪己”命名的诏书。由此可见这个诏书的分量了。这还不够，因为这份诏书还是“朱笔”写就。

嘉庆帝颁布“罪己诏”，也许有“罪己以收人心”的目的，但是我想他颁布这个诏书的时候，更多的是真的感到了万蚁蚀骨般的惊恐悔恨。因为如果不足够惊恐悔恨，他就不会去颁布“罪己诏”，把自己钉在“耻辱柱”上。他颁布这个诏书的时候，也一定是怀揣着敬畏虔诚之心的。因为如果不足够敬畏虔诚，他就不会亲自用朱笔写。什么是朱笔？朱笔就是皇帝批阅奏章的红色专用笔，一般是在奏疏上简单批几个字而已。在传统中国政治公文处理系统中，一般颁发的诏书，都是秘书机构秉承帝王口谕草拟书写，中枢机构主要官员审核后发出，不需要帝王动笔。嘉庆帝颁发的这个《朱笔遇变罪己诏》，很可能意味着从拟稿到书写，全部不假他人之手。毫无疑问，这是最高级的“自我检讨”。

嘉庆帝这个《朱笔遇变罪已诏》，真可谓词真意切，既反映出他关于禁门之变的认识，也反映了他执政以后的困境和苦恼。若不是处于这样一个位置，若不是心心念念励精图治，若不是处于极度惊惧、愤恨、敬畏情绪之中，绝对写不出来。

首先，罪已诏反映了嘉庆帝的震惊和悲愤。他在“罪已诏”中指出，自己“兢兢业业十有八年”，不敢有丝毫懈怠，但是没想到居然出现了“汉、唐、宋、明未有之事”。如果不是皇次子绵宁率领众皇子宗室拼死抵抗，紫禁城可能就不保。其次，嘉庆帝毫无保留地表达了对臣下的极度不满。在他看来，这样的奇耻大辱，根本原因不是作为皇帝的他不勤政爱民，而是大小官员“因循怠玩”。虽然他一而再、再而三地提醒告诫大小臣工要忠君爱民，但就是不起作用。最后，他在诏书中感性地呼吁，如果大小臣工还自认为大清国的忠臣，就当赤心报国，如果自认为无德无能，就主动辞职回家，不要尸位素餐。写到这里，嘉庆皇帝用了“笔随泪洒”四个字，一位皇帝的悲痛欲绝跃然纸上。

历史一再证明，皇帝掏心掏肺的呼吁并不会对现实政治的运作产生多大实质性影响。满朝文武没有一位官员看到诏书后，承认自己是尸位素餐，主动请辞。在此后的政治运作中，除了少部分官员忠心报国外，大部分还是在因循敷衍，自私自利，甚至贪污腐化。有一个例子很好地说明了这一点。

这年十一月十二日，嘉庆帝召见新授内阁侍读学士汪鐈时，发现他“老迈龙钟，两耳重听”，甚至连自己的年岁履历都不能清楚奏对。这让两月来雷厉风行整顿吏治而不见成效的嘉庆帝瞬间崩了，勃然大怒！两个月的掏心掏肺和吏治整顿并没有让各级官员重视，“因循怠玩”看来并没有多大改善。他不仅

图 2-5　嘉庆帝吉服像

目前能够看到的画像中的嘉庆帝，很少有他爹那样的风流倜傥，大多是严肃中透露出沉重的气息。他脸上好像写着五个大字：皇帝不好当！图片来自网络。

颁谕汪鐳“以六品主事衔”退休，而且又一次痛骂各负责官员，要求宗人府、内务府、六部和地方督抚从“天良”出发，参劾“衰颓庸劣”官员。但是，嘉庆帝这样的呼吁和要求，对于已经出现严重危机的官僚系统来说，意义并不大。

统治阶层的危机

“禁门之变”这件事实在是太超出嘉庆帝认知了。时间过了一二十天，他还没缓过劲来。本来十月初六日是他的54岁寿辰，乃举国同庆的万寿节，可是他实在无心欢庆，直接下谕旨说，大臣们不要递如意了，“今遇大不如意之事”，看到这个东西“益增烦闷”。他在于万寿节前颁布的《朱笔报天恩肃吏治修武备谕》里又说“朕遭非常之大变，受非常之天恩，惊惧之余，益深乾惕”。这段时间，他还写出了“玩愒政无纪，疲庸俗敝凋。从来未有事，竟出大清朝”的诗句（《清仁宗御制诗三集》）。在禁门之变后，嘉庆帝多次指责天下臣工“因循怠玩”，并提出宗室和高级官员应“各发天良”效忠皇帝，反映了清朝统治的两大支柱——各级官员和宗室八旗，均已出现了严重的危机。

嘉庆帝在罪己诏中将“禁门之变”发生的根源认定为大小臣工的“因循怠玩”是有一定道理的。清朝中后期最大的统治危机，确实是吏治崩坏。

嘉庆帝的成长期，也就是乾隆中后期，正是清朝吏治崩坏最激烈的时期。作为一个也需要应对吃喝拉撒事务的亲王，他对此认识很深。他在惩治和珅的同时，就多次发布涉及吏治整顿的谕令。在嘉庆四年正月初四日的谕旨中，他就指出他父亲乾隆帝最大的遗憾是未能将川楚白莲教起义镇压下去，而根源就在于“内而军机大臣，外而领兵诸臣，同为不忠之辈”（《清仁宗实录》）。就是说，朝廷用兵不能成功的关键就是在中央的军机大臣和珅、福长安等人，在外带兵打仗的将领，都是奸臣，贪污腐化，不能为朝廷鞠躬尽瘁。他更是指出，川楚百姓造反，根源在于各级官员贪得无厌，官逼民反。二十日，他又进一步指出，由于和珅专权贪腐，国中出现了州县官员盘剥小民、督抚大吏又盘剥州县官员以巴结和珅的系统性腐败，最终导致“官逼民反”。

为了要各级官吏剪除积习，爱惜百姓，嘉庆帝采取了很多行动。在公开层面，一方面反复谕令天下臣工要勤政爱民、廉洁自律；另一方面对官员的言行等进行指导，比如规范官员的迎送馈赠等行为，严厉惩处出问题的官员。在私下层面，一方面利用批阅臣下奏折等机会，单独晓之以理，动之以情，甚至进行威胁；另一方面要求高级官员特别注意察访弹劾贪官污吏，甚至到街巷中微服私访。他曾说，“安民首在任贤，移弊必先去贪”（《清仁宗实录》）。为了整顿吏治，所有能用的办法，他都采用了。效果怎么样呢？应该说他的这些措施，是见了一些成效，官员们不敢再明目张胆地贪污腐化了。但是对于整个官僚体系的腐化僵化、因循怠玩，只能说是治标不治本。神武门遇刺案、淮安赈灾委员李毓昌被杀案、禁门之变等，隔一段时间，就会发生一件让嘉庆皇帝非常生气并严厉整顿吏治的案件，但是效果并不理想。直到嘉庆帝去世之前，还在发生一些匪夷所思的事情。其中最不可思议的就是兵部行印丢失案。

兵部印信有两枚，一枚是堂印，留在兵部衙门中，供日常事务使用，一枚是行印，专随皇帝出巡。皇帝出巡时，兵部

图 2-6　道光帝御笔“清正良臣”匾额

无论是嘉庆帝、道光帝，还是其他希望励精图治的帝王，对于臣下最大的希望都是这四个字。对于大臣来说，要做良臣而不是忠臣。良臣的背后是天下安然，忠臣的背后是四海鼎沸。该匾额是道光帝于道光十八年十二月二十三日赐予陈孚恩的。陈孚恩在辛酉政变时担任军机大臣等要职，因支持肃顺被抄家。图片选自朱诚如主编《清史图典》第 9 册，第 14 页。

官员要携带兵部行印跟随皇帝，以备军务需要。行印是调动兵力、撤换军事将领、批准军需之凭证。这样重要的印信居然能丢失，绝对是匪夷所思。而更让人匪夷所思的是，整个案件的侦破和处理过程充分体现了什么叫“因循怠玩”。

嘉庆二十五年三月初八日，嘉庆帝赴东陵谒陵。初七日，兵部监印吏鲍干入库取行印时，发现印匣里空空如也。兵部行印丢失了！如此重要的兵部大印，要是让居心不良的人盗用，乱发军令，后果可想而知。兵部行印丢失只不过是一连串匪夷所思的开始。第二个让人匪夷所思的是，兵部发现丢失了行印，没有立即上报皇帝，而是等初八日皇帝启程后，才正式上报。这显然是经过考虑后的行为。一个可能是寄希望于兵部自己能找到，二是皇帝已经出发谒陵，可能不会立即返京深究，可以给后续弥补或处理争取时间。第三个让人匪夷所思的是，嘉庆帝接报后，立即命令留京王大臣会同刑部严查，但是历时一个多月，没查出任何线索。第四个匪夷所思的是，在查办兵部行印丢失案的时候，又查出兵部部吏互相勾结，盗用盖有兵部堂印的空白信札，且这种盖了兵部大印的信札已经到了一位把总的手中。至此，兵部印信丢失一案，越滚越大。到了四月十七日，嘉庆帝非常生气，在谕旨中说，兵部关防丢失，“实属奇事”，发现丢失之后，他谕令王大臣和刑部、兵部尚书立即严查，但是这些官员“因循怠玩，疲懒成性，迟至数日，始将兵部吏役传齐到案”，此时相关涉案人员已经“串就供词，众口如一”。愤怒之下的嘉庆帝，将相关管部王大臣、军机大臣、兵部官员、查案官员等分别革职、降职。在皇帝震怒和查办了一批官员之后，相关部门才查清兵部行印于上年木兰秋狝时，于八月二十日在巴克什营已经丢失，后来相关官吏运用行贿等手段让兵部监印吏接收，相关主管官员并未按照程序开匣核验就入了库。这就是说，兵部行印丢了大半年才败露！

面对此情此景，嘉庆帝深深地感受到无可奈何。在处理了相关官吏后，他感慨地说：“辇毂之下，尚有如此情弊，其直省地方官回护规避，久成结习，牢不可破！”（《清仁宗实录》）意思是说，在我眼皮子底下，还发生这样匪夷所思的事情，可见地方上官员互相勾结，欺下瞒上，早已成为牢不可破的官场规则。兵部行印丢失案是在他多年以来持续严厉打击官员“因循怠玩”的政治氛围之下发生的。当他说这句话时，很可能会有一种天地苍凉、无可奈何的悲哀弥漫心间。

“牢不可破”，可以说是他对自己一生需要依赖又一生视为斗争对象的官僚队伍最深刻的认知和最后的妥协。他说这番话的时候，已经是嘉庆二十五年五月初一日。83 天之后，他就在承德溘然长逝。据说他是在即将到达避暑山庄时，突然来了兴致，决定弃轿骑马。策马飞奔之后，脑出血而亡，终年 61 岁。

图 2-7　避暑山庄

避暑山庄按中国地理形貌选址设计，以西北山区、东南湖区、北部平原区之地形地貌构成中国版图的缩影。山庄造园取法自然，不假雕饰，120 余组建筑掩映于山水草木之间，融合我国南北园林风格，既富江南水乡婀娜多姿的情调，又具有北方山川雄浑开阔的气概。山庄周围寺庙环绕，庄严肃穆。或许只有在这里，勤劳又烦躁的嘉庆帝才能真正感受到身心放松吧。图片来自承德避暑山庄官网（www.bishushanzhuang.com.cn）。

最后时刻的忘情疾驰和没有痛苦的死亡，或许是对他勤勉一生的奖赏吧。

纵观嘉庆帝一生，他是个头脑清楚又励精图治的人，他最大的悲哀也正在于此。国家江河日下的根源他看得一清二楚，却始终找不到灵丹妙药。整个官僚体系运行了一百多年，特别

是经过和珅等人二十余年的腐蚀，已经到了整个体制运转困难的地步。在他亲政的二十一年里，他像堂吉诃德一样，手持长矛，向这个国家的官吏系统一次次发起冲击，无论是苦口婆心的劝谕，还是痛心疾首的斥责，甚至严厉查办打击，都无济于事，一次次败下阵来。稍微可以让嘉庆帝感到欣慰的是，他特别信任的朱珪、王杰、董诰等人，都是安贫乐道的清廉之士。比如朱珪，在嘉庆十一年去世时，房间里除了一些衣被图书和几件家具外，别无他物。嘉庆帝吊丧看到这种清寒之状，忍不住放声大哭，并在悼亡诗中说朱珪“半生惟独宿，一世不贪

钱”(《大清畿辅先哲传》)。

与吏治崩坏关系紧密的第二个统治危机是统治基础的腐朽。众所周知，清朝的统治基础是宗室和八旗。为了保持这一基础的质量，避免腐化堕落，清廷采取了两个措施。一个措施是非常重视宗室和满人的“满语骑射”教育。另一个措施是公开采用满汉双轨的策略，为满人保留独特的军事和政治地位，把全体满人养起来，并规定八旗子弟只能当兵或做官，不能自由从事其他行业。经过一百多年的养尊处优，宗室和八旗子弟质量严重下降。宗室和满人竞相奢华攀比、提笼架鸟、违法乱纪，而且八旗兵的战斗力严重下降，满人官员贪污庸劣最为突出。针对这一现象，嘉庆帝亲政后，采取了一系列纠正措施。首先，他从打击满人的不良生活作风入手，比如为了刹住满人听戏成风的习惯，嘉庆四年四月就命令北京城内永远禁止开设戏园，此后又严禁满人赌博、信教等。其次，加强对宗室和满人的教育引导。嘉庆帝先后颁发了《宗室训》《训谕八旗戒赌》等，要求宗室八旗认真学习，体谅皇帝苦心，同时要求八旗都统等“敦崇节俭，保我满洲淳朴旧风”(《清仁宗实录》)。为了敦促宗室和八旗子弟“肄武习劳”，嘉庆帝每年都坚持木兰秋狝。此外，他还试图树立榜样，表彰先进。一个八旗兵捡到一百七十两白银交官，嘉庆帝称赞“甚属体面，不愧满洲淳风……着加恩即挑补领催，赏戴金顶，赏银五十两”，并命通谕八旗，言行卑劣者必严惩，性行笃诚者必优加奖赏(《清仁宗实录》)。再次，加强对违法违纪的宗室和满人的惩处。对于作奸犯科、违法乱纪的宗室和八旗子弟，轻则责罚夺官，中则圈禁发配边疆，重则削爵杀头。

如同整顿吏治一样，嘉庆帝对宗室和满人的教导与整顿，也是治标不治本。很多宗室和满人对皇帝阳奉阴违、明哲保身，牢骚满腹。嘉庆帝亲政后，出现多次遇刺或闲杂人等潜入皇宫之事，均与皇宫侍卫或当差者纪律松弛等有关。在禁门之变发生之前，林清等人的密谋早已泄露。豫亲王裕丰早已获悉，但是由于自己的庄头是林清同谋，而且他也曾寓宿林清家中，所以不敢将消息告诉嘉庆帝。负责京城防务的步军统领吉伦早已获悉禁门之变密谋，居然装作不知，不肯查办，甚至在有参将警示的情况下仍然托言到白涧行宫迎接皇帝而离开京城。林清的一个同党曹纶，更是正黄旗汉军，以四品都司参与叛乱。亲自参加与天理教徒战斗的礼亲王昭梿指出，在天理教徒攻击紫禁城后，诸王大臣中竟然有日落始至者，有逍遥雅步于御河岸边者，"以天潢贵胄之近，而漠然如越人之视，亦可谓无心肝人矣"（《啸亭杂录》）。

随着嘉庆帝对相关情况的掌握，特别是对宗室及皇宫护卫在事变中的表现愈发了解，其心中的悲凉愤恨愈发增加。九月二十日，嘉庆帝在乾清宫召见诸皇子及王公大臣等"面加训谕"，其中说"诸王大臣同国休戚，今使皇子亲执火器御贼于禁御之中，诸臣其何以为颜？返而思之，更何以为心乎？"（《清文宗圣训》）你们这些王公宗室，本来都是一家子，大家本应同甘共苦，现在居然坐观天理教徒围攻紫禁城，让皇子亲自拿着鸟枪去打仗，你们到底有没有脸面？到底有没有良心？这可以说是对全体王公宗室最严厉的斥责和控诉！后来他发现六百多名八旗皇宫护军，竟然被几十名教徒打得措手不及，又以"军威不振，毫无纪律"等理由对官兵大臣、护军统领等进行惩处。当他得知豫亲王等宗室和八旗人员或是早已知晓，或是参与其中，更是异常愤怒，又一次对相关人员进行了严厉惩处。

如果说各级官员的因循怠玩和宗室八旗的腐化堕落是统治阶层的危机的话，那么发动叛乱的天理教徒则反映了被统治阶层的危机。通俗地讲，嘉庆朝的王公大臣、文武百官是天天挨骂，最底层的老百姓则是天天挨饿。

图 2-8　官员与仆役

马戛尔尼使团随行画师威廉·亚历山大所绘。原图说明称这是一位满人高级官员，帽子上有红顶子和三眼孔雀翎。据史籍，马戛尔尼访华时，能够佩戴三眼花翎并且与使团有接触的只有福康安。或许这是福康安晚年的真容。图片选自刘潞、吴芳思编译《帝国掠影：英国访华使团画笔下的清代中国》，第 55 页。

被统治阶层的危机

“禁门之变”中攻入紫禁城的天理教徒只有七十多人，参与的有二百多人。如果我们仅仅将眼光聚焦在这些人身上，难免会觉得他们是精神失常。但是如果我们将视野放大，就会明白“禁门之变”的发生有其必然性。虽然参与攻击紫禁城的教徒只有两百多人，但是天理教实际上早已在直隶、河南、山东等地流传开来，并密谋同时举事，只不过由于首领李文成等人在举事前被捕，教众先后被官兵弹压而已。当时信仰天理教的教众具体有多少，已不能确切统计。仅在滑县等处在和官兵对峙与战斗中死亡的就有数万名，可知天理教当时在中国北方地区的教众数量绝对不少。

如果我们把视野再放大一些，就会发现嘉庆朝的各种秘密宗教或秘密结社异常兴盛。嘉庆朝的秘密教门或秘密会社有记录的有几十个，除了传统的天地会、三合会、八卦教等，还有一些名字听起来挺奇怪的教门或会社，比如明灵教、悄悄会、无为老祖、情义会等。在形形色色的秘密宗教和会党中，影响最大的是白莲教和义和拳。嘉庆元年（1796），白莲教在湖北地区爆发起义，此后席卷四川、河南、陕西等地。嘉庆帝用了八年时间，几乎调遣了大半个国家的军队，耗费了两亿多两白银才将其镇压下去。义和拳在天理教被镇压后，仍然在山东、直隶等地秘密发展，到了光绪二十六年（1900），引发了震惊世界的庚子事变。如果我们再注意到在咸丰朝爆发的太平天国起义，以及辛亥革命与三合会等秘密会社的关系，就一定会意识到，秘密教门和结社是清朝中晚期社会中一个绝对不能忽视的历史现象。

秘密宗教或秘密结社是中国社会文化的一个重要组成部分，源远流长。由于独特的政治情势，以“反清复明”为旗帜的秘密结社在清初就出现了。再加上此前的龙华会、八卦教、闻香教等秘密教门仍在继续传教，这些都为乾隆、嘉庆朝民间秘密信仰和秘密结社的大规模兴起提供了基础。秘密教门或秘密结社的参与者主要是底层民众。为什么这些贫苦大众会在乾隆、嘉庆朝大规模信仰秘密教门呢？原因是人民过于贫苦，希望能够“弥勒转世”，化解现世的痛苦，改变命运。为什么这些贫苦大众会在乾隆、嘉庆朝大规模地秘密结社呢？根本原因是人民过于弱势，希望通过秘密结社来缓解生活困苦，对抗遭遇的种种欺压。

乾隆、嘉庆朝底层大众贫苦弱势的根源又在哪儿？除了政治治理等主观因素外，也必须承认有客观因素。最大的客观因素就是中国的人口在清代有一个爆炸式的增长，在乾隆和嘉庆朝尤其突出。根据一些学者的研究，在康熙十八年（1679），中国的人口是1.6亿人左右，到了乾隆四十一年（1776），人口已经超过了3.1亿人。在近一百年的时间里，人口增加了约一倍，对粮食的需求可想而知。到了嘉庆二十五年（1820），近五十年的时间里，人口又增加了七千多万人，达到3.8亿多人。人口不断增加，耕地并未明显增加，就业机会没有明显增加，意味着在一百多年里，每个人的生存竞争压力至少增加了一倍。生存不易，势必会激发人们生存的潜能，想尽办法争取资源活下去。也就是说，激增的人口给整个社会和政治带来严重的挑战，并引发了连锁反应。

图 2–9　湖北宜昌归州正在劳作的矿工

英国人约翰・汤姆逊于 1871 年 2 月从湖北宜昌沿着长江上行四川考察。这是他拍摄的正在煤矿工作的矿工。每个人每天大约可得到 300 文铜钱的报酬。这些人与几十年前的矿工和贫苦农民应该差别不大。这一地区就是川楚白莲教大起义的主要地区，他们的祖父辈应该是主要的参加者。图片选自 John Thomson，"Coal Miners，" *Illustrations of China and Its People*，Vol.3，20–44。

陷入恶性循环的社会与政治

底层人民在只要从事农业生产或出卖劳动力便能够生存的时候，还相对平安。如果不能生存，就会信仰秘密教门，加入秘密会社，在冒险主义思想的刺激下，或作奸犯科，遇到官府的盘剥敲诈，就可能激发为民变。面对激增的人口压力，嘉庆帝是有一定认识的，但是应对的办法不是尽力增加开垦土地或就业机会，而是为了政治稳定继续坚持重农抑商的政策，采取了很多限制性措施。

在巨大的生存压力下，人口稠密地区的民众会背井离乡，向人口稀少的边疆或山区迁徙，进行垦殖或开矿活动。康乾时期，汉民就开始大规模向山区或少数民族地区迁徙。这种迁徙和垦殖、开矿活动又带来新的矛盾，不是激化与原世居居民的矛盾，就是产生大量参加秘密结社的流民。清中晚期此起彼伏的民变或秘密教门举事，比如林爽文起义、苗民起义、川楚白莲教起义、天理教事变、两广的土客械斗等，都有着移民或流民的影子。俗话说靠山吃山，靠海吃海。海边的居民在生存压力下，自然会走向大海讨生活，或打鱼，或经商，甚至有人成为海盗，严重威胁治安。

面对这些问题，嘉庆帝没有采用开放式的疏导来解决，而是采取了内收式的封堵。一是禁止民众自由迁徙，特别是为了保护“龙兴之地”，坚持禁止内地人向地广人稀的东北移民。二是为了遏制海盗和维护海疆稳定，坚持海禁政策，禁止民众出海打鱼经商。三是为了避免出现民间纠纷和政治风险，禁止绅民私自开矿。这么一封堵，广大底层民众无地可种、无海可出、无矿可采、无商可经，只能在煎熬中寻找一切可能的机会，包括和朝廷对抗。

既然不让扩展生存空间，老百姓就只能想尽一切办法让家乡有限的土地生产出更多粮食。于是，恶性循环就这样形成了。第一，为了增加粮食供给，民众就会想尽一切办法开辟新耕地，并扩大玉米、番薯等高产量粗粮的种植。第二，大规模无序垦殖，引发了森林植被的大面积破坏，加速了水土流失。第三，水土流失又导致下游河流湖泊泥沙淤积日益严重，水灾频发。第四，淤塞等水利生态系统问题导致黄河时常决堤，进而影响了京杭大运河的漕运畅通。第五，漕运不畅通又影响了北京物资供给量，导致本来就不足的粮食更加缺乏。第六，粮食供不应求必然导致粮价等不断上涨，进一步加剧了底层民众的生存困难。第七，底层民众生存困难，就会想尽一切办法，甚至不惜作奸犯科来获得生存资源。第八，为了解决困局，政府在赈灾、维修水利设施和打击犯罪等方面的财政投入不断增加，特别是此起彼伏的民变，又耗费了朝廷亿万的钱财。第九，在急需用钱又没有开源办法的情况下，为了弥补财政缺口，就只能通过卖官鬻爵快速获得资金。第十，卖官鬻爵又直接降低了官员队伍的品质，导致政务运行质量下降。第十一，吏治腐败，官员“因循怠玩”，官民矛盾不断激化，增加了民众对朝廷的怨恨失望。第十二，求生存的民众大规模加入秘密教门或会社，形成隐形的力量，有胆大者自然伺机举事，自己成为王侯将相。可以说，清朝的运行在嘉庆朝彻底走上了恶性循环的道路，再也无法重塑辉煌。

关于这个恶性循环，有三点需要略做解释。一是漕运因为淤塞越来越困难时，朝廷就没想过别的办法吗？想过当然是想过，但是因为政治考量放弃了。人类早就认识到，水运是大宗货物运输成本最低的方式，因此才去修运河。现在运河不好走了，人们就会想到走海运。在当时，海运在技术和路线上也是可行的，快捷便宜，为什么不采取呢？因为几百年来漕运已经造就了人员众多的生存系统，从漕运改海运，将会带来数量巨大的失业人口，可能形成严重的政治冲击。到了道光朝，漕运实在走不通了，才开始改用海运。

二是关于清朝的卖官鬻爵。经过康熙、雍正两朝的永不加赋和摊丁入亩，清朝合法的财政收入基本就固定了，大约每年四千多万两白银。风调雨顺、天下太平，收支是平衡的，甚至略有盈余，但是遇到用兵等朝廷急用钱、用大钱的情况，正常财政收入肯定是不够。在这种情况下，为了弥补财政缺口，就只能通过卖官鬻爵快速获得资金。清朝的卖官鬻爵，其实主要是卖官，鬻爵的少。为啥呢？一方面是清朝皇帝都很爱“面子”，对荣誉性的爵位看得很重，不轻易给人。另一方面是老百姓都很重“里子”，主要是对有实职实权的官职感兴趣。捐纳官中除了一小部分确实是为了提高自己社会政治地位外，不少是要收回成本的。这些人获得实授官职后，不仅要通过贪腐搜刮来将捐官的成本收回，还要进一步获得回报。

三是民众加入秘密会社在当时的乡村中不是什么丢人现眼的事。活着，更好地活着，是几千年来中国底层人民最高的信念。如果说走科举之路是光明正大地希望阶层向上跃升，那么加入秘密会社就是在光明之路走不通的情况下向下找路。在巨大的生存压力下，大家都在“内卷”，体面或不体面，光鲜或灰暗，虽有高下之分，但并无贵贱之别。

最后让我们再来看看嘉庆帝。无论是《清史稿》还是史家的研究，对嘉庆帝的评价都不高。我个人对嘉庆帝是比较同情的。纵观嘉庆帝一生，时刻以“勤”“俭”“仁”“慎”要求自己，几十年“未明求衣，灯下办事”，真的是做到了勤政爱民。就个人言行来说，嘉庆帝的品德在中国历史上几百位皇帝中绝对可以名列前茅。但是在这位“仁宗睿皇帝”亲政的二十几年里，其虽然殚精竭虑，却鲜有安稳日子，也没能挽救国家的衰退之势。这是为什么呢？因为嘉庆帝始终是个传统皇帝，以“守成继业”为最高目标，谨遵“乾纲独断”家法，相信道德万能，采用重农抑商和闭关自守的方略，既不能从根本上解决吏治崩坏，也不能正确应对激增人口的生存压力，更没有注意到世界局势的大变动。

嘉庆帝就像是一辆老爷车的驾驶员和维修员一样，发现一个坏掉的零件，就换一个，甚至局部更换。他从来没有意识到，既有思路下的小修小补已经无济于事了，他正在错误的道路上驾车前进。反过来说，嘉庆帝即使意识到小修小补已经无济于事，他又能怎样呢？进行根本性大修，他既没有观念意识，也没有技术。放眼整个国家，也没有这样的人才。

嘉庆帝的幸运是，当时只是内政很麻烦，外患尚未显现。他的儿子道光帝就没有这么走运了。内政的麻烦日益严重，外患又掀起了滔天巨浪。

大厦将倾，独木难支，这是中国皇权政治发展的铁律，并不会因为一个人的良好操守和努力奋斗而改变。

贪与庸，源自人性。这是人类社会组织生活的永恒难题。

图 2-10　晨曦下的紫禁城（神武门）

晨曦或夕阳之中，景山万春亭中，是从整体上观看这座恢宏壮丽的紫禁城的最佳地点。几年前，还能在万春亭台阶上发历史之幽思。2020 年后万春亭关闭，只能在万春亭下了。作者自摄照片，2023 年 12 月。

第三章　鸦片贸易与虎门销烟

嘉庆二十五年七月二十五日（1820年9月2日），刚刚抵达承德避暑山庄的嘉庆帝突然驾崩。民间多传说他是遭雷击而死，这可能反映了严厉肃贪和管束八旗后社会上产生的某种情绪或舆论。从官方记载来看，嘉庆帝像是突发脑出血而死。从他的体态看，脑出血的可能性不小。

在一片惊慌失措中，道光帝继位。

道光帝，爱新觉罗·旻宁，是嘉庆帝的皇次子。他第一次为全国人知道，就是因为天理教事变。嘉庆帝在《朱笔遇变罪己诏》中这样写道："天理教逆匪七十余众，犯禁门，入大内，戕害兵役。进宫四贼，立即困缚，有执旗上墙三贼，欲入养心门。朕之皇次子亲执鸟枪，连毙二贼，贝勒绵

图 3-1　道光帝朝服像

从清朝各位帝王的朝服或吉服像看，到了道光帝，相貌有一个较大变化。顺治、康熙、雍正、乾隆和嘉庆五位皇帝，都是方面大耳，颇威严。从道光帝开始，道光、咸丰、同治、光绪四位皇帝，颧骨以下都比较尖瘦。这是一个比较有趣的现象。图片来自网络。

志，续击一贼，始行退下。大内平定，实皇次子之力也。”（《朱笔遇变罪己诏》）危机危机，危中有机。道光帝在这次大危机中的勇猛沉稳，是唯一一缕让嘉庆帝感到欣喜温暖的阳光。道光帝也从诸皇子中脱颖而出，特被封为智亲王，连所用的枪都被赐号“威烈”。不过根据《清史稿·宣宗本纪》记载，道光帝并不是因为天理教事变被立为皇太子的，早在嘉庆四年，也就是嘉庆帝刚亲政时，他就已经被秘密立储了。天理教事变只是进一步稳固了他的地位，向嘉庆帝证明了这个选择的明智正确。

说起道光帝，大家最耳熟能详的，就是他的抠搜节俭。其实嘉庆帝已经比较节俭了，但是道光帝的节俭比他父亲升级了很多。多到帝王该有的基本体面都不要了。

继位不久，他就向全国颁布了《御制声色货利谕》，要求各级官员认真学习，厉行节俭。他自己？当然身体力行、率先垂范！个人生活上，节俭到衣服破了还要一补再补，甚至为了节省餐费，晚上啃烧饼。想象一下：掌灯时分，威严的紫禁城，典雅的养心殿，饥饿的道光帝一边命令太监传御膳房不用供膳，一边摸索出两个铜子儿给太监，交代去买俩烧饼，在怀里揣好，别被人看见。滑不滑稽？可不可笑？这要是被他那肆意挥霍的爷爷看到，不得嫌弃死？

到了后来，一些事关国家体制礼制的事情也都以节省为最高原则。比如他规定，万寿节（皇帝的生日）及除夕、元旦等过去都要大摆筵席的重要节日，都不摆筵席了。要知道，皇帝生日的万寿节，在当时是整个天下的重大节日，按照传统，那是应该普天同庆、大摆筵席的。皇后一看这阵势，也说那我的生日（千秋节）也不摆筵席了。道光帝也顺水推舟同意了。

生活上能省则省，国家事务上，自然也是能省则省。勤俭节约当然是好品质，对于皇帝来说尤其难得。不过评价皇帝最重要的标准，是他能不能带领国家繁荣富强，让人民安居乐业，而不是其他，尤其不是抠搜。道光帝的节俭最终成了历史笑话，根本在于他执政的失败，抠搜形象又增强了效果。换句话说，在西方列强已经武装扩张到中国大门口的时候，中国正好赶上一位极度节俭内敛型的皇帝，这可真不是什么好事情。

嘉庆帝的执政理念，是以“守成继业”为最高目标，谨遵“乾纲独断”家法，相信道德万能，采用重农抑商和闭关自守的方略。作为嘉庆帝的好儿子，道光帝差不多全盘接受了他父亲的政治遗产，希望沿着他父亲的道路继续前行。应该说，道

图 3-2　1800 年前后的广州城与十三行

康熙二十三年（1684）设立粤海关作为海外贸易管理机构。乾隆二十二年（1757）粤海关成为清政府唯一对外通商口岸。此时鸦片贸易还未兴盛，交易的主要是茶叶、瓷器、丝绸等物品。这幅画作于 1800 年前后，作者摄于广州十三行博物馆，2023 年 3 月。

光帝在内政处理上并不是太糟糕，他成功平定了张格尔叛乱，用海运解决了漕运困局，并大刀阔斧地改革了盐政，保持了国家的平稳运行。但是很不幸，他赶上了急剧变化的世界。迅速崛起的英国正在向东方快速殖民，并且明确了以武力打开中国大门的方针。所以，虽然道光帝有着“恭俭之德，宽仁之量”（《清史稿·宣宗本纪》），最终还是遭遇了鸦片战争的惨败，并让中国一步步陷入了帝国主义侵略的泥沼中。

道光朝发生了很多事，但是只有鸦片贸易及由此引发的鸦片战争才是历史枢纽。要把鸦片战争的来龙去脉梳理清楚，我们有必要先把鸦片进入中国的情况梳理一下。

嘉庆、道光朝的鸦片问题

鸦片是用罂粟汁提取的一种麻醉品，有一定的药用价值，但是一旦成瘾，就是一种摧残身心的毒品，很难摆脱。明朝时，鸦片原本是南洋一些国家的贡品之一，主要是医用。明万历十七年（1589），开始对鸦片按药材征收进口税。此后鸦片在中外贸易中多多少少都还存在一些，但是总量非常少，而且在中国也没有大规模蔓延。为什么这个时候鸦片没有大规模蔓延呢？很可能的原因是人们不知道如何吸食。17 世纪时，吸食鸦片的陋习开始传入中国，进口也在增加。有研究认为，鸦片吸食方法最早可能是 16 世纪末至 17 世纪初产生于荷兰殖民地印度尼西亚，并在 17 世纪荷兰人占领中国台湾时传到了那里，经台湾传到中国内地。

鸦片吸食开始成为一个社会问题，是在嘉庆朝（19 世纪初）。乾隆朝后期，鸦片从药用品向日常吸食品转变，贩运开始增速。在嘉庆朝，每年贩运到中国的鸦片平均四千多箱，国内的吸食人口数直线上升。这一情况也引起了朝廷的注意。为了遏制鸦片泛滥，嘉庆四年（1799），开始禁止鸦片进口，并逐渐查禁处罚吸食者。十五年、十六年、十八年，嘉庆帝多次颁布命令，将贩卖、吸食鸦片者治罪，并命沿海海关严厉稽查鸦片走私贩运。十九年重申严禁西洋人在华销售鸦片烟，一旦查获，按例治罪。二十年，正式颁布《查禁鸦片烟章程》，如西洋商人商船夹带鸦片，即将一船货物全行驳回，不准贸易，并对打击鸦片贩运成绩显著者进行奖励。

作为成瘾性吸食物，鸦片不仅可以让沾染者上瘾，还会在社会上迅速扩散。因此，嘉庆朝对鸦片的严厉查禁，并没有产生良好的效果，进入道光朝，吸食者越来越多，鸦片走私数量呈加速增长趋势。这种加速可以用数字体现出来：道光元年（1821）接近 6000 箱，第二年就接近 8000 箱，第三年超过 9000 箱，第四年超过 12000 箱，到了道光十三年，超过了 20000 箱，到了道光十五年，超过了 30000 箱，到了道光十八年，也就是鸦片战争爆发前两年的 1838 年，超过了 40000 箱。

道光帝对于鸦片的查禁力度并不比嘉庆帝小。他从道光元年开始就不断加码查禁措施，推行让十三行的行商担保西洋商船不贩卖鸦片的办法。道光二年再次命令严查走私和吸食，三年颁布官员失察鸦片烟惩处条例，十年又颁布严禁内地种鸦片烟章程，十一年又颁布买食鸦片惩处条例。至此，清政府不仅已经颁布了关于鸦片走私、贩运、吸食、种植等的一系列惩处办法，还颁布了督促官员稽查鸦片的管理办法。这些规定不可谓不细密，不可谓不严厉，为何鸦片的泛滥仍然呈现加速增长的趋势呢？鸦片泛滥对国家产生了哪些严重的影响呢？要解答这些问题，我们得先从英国贩卖鸦片这件事说起。

图 3-3　鸦片战争博物馆展示的鸦片模型

这种形态的鸦片丸只是为了方便运输的最初形态。这种形态的鸦片运到中国后，再进行终端分切等加工处理，吸食者还要用专门的烟灯和烟枪等进行烧制吸食。直接吞服大剂量鸦片会致人死亡。近代文献中的“吞烟自杀”即为直接吞服大剂量鸦片。照片为陈路拍摄，2023 年 1 月。

英国人为什么贩卖鸦片

鸦片贸易在嘉庆、道光朝加速增长，首要原因是英国的鼓励。中英贸易长期存在着不平衡现象，即英国每年需要从中国进口大量的茶叶、瓷器等商品，但是中国人穿不惯毛纺品，对英国生产的纺织品的需求并不显著，东印度公司每年都要拿出很多钱来购买中国商品。到了 18 世纪 80 年代，英国东印度公司为了解决巨大的贸易逆差问题，开始将鸦片贸易纳入对中国的贸易中。

鸦片贸易利润惊人，很快发展出了著名的“三角贸易”：东印度公司在印度种植加工鸦片，然后将鸦片偷运到广州一带销售；鸦片商人将鸦片货款交给广州的英国公司，用于支付购买茶叶、瓷器等中国货物；英国商人将中国商品运到英国销售赚取利润；鸦片商人拿着英国公司广州代表签发的票据，到伦敦兑换英镑。也就是说，英国商人用卖给中国人鸦片的钱，购买了中国的茶叶和瓷器等商品，运到英国销售，销售获得的利润用来支付鸦片商人。就这样，贸易就成了完整的链条。英国人通过鸦片贸易，将其在印度殖民掠夺的财富转移回国内，支撑着“日不落帝国”。一位学者指出：“印度鸦片输给中国，中国茶叶输给英国，英国统治印度。”［Tan Chung, “The Britain-China-India Trade Triangle（1771–1840）”］他少说了一点，那就是鸦片祸害中国。

三角贸易丝滑运行，让英国大获其利。尝到甜头的英国政府，对这个三角贸易高度重视。因此，英国贩运的鸦片数量快速增加，利润也越来越高，很快逆转了中英贸易的不对等，导致中国从每年流入数百万两白银到每年流出数百万两白银。有史料显示，到了1830年，东印度公司和英国每年从以鸦片为基础的中

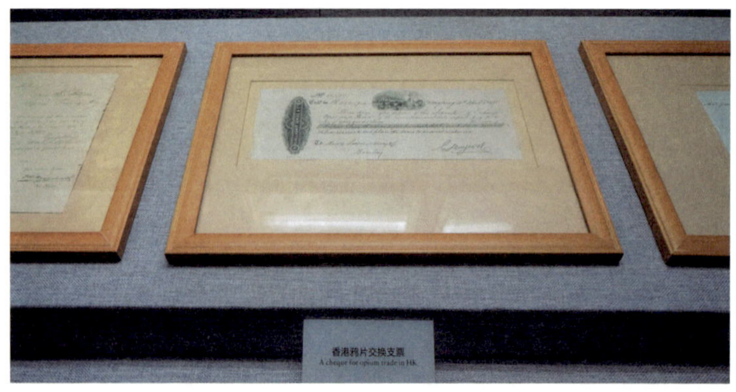

图 3-4　鸦片战争博物馆展出的鸦片交换支票

创新的国际金融支付体系，对英国三角贸易的发展起了非常重要的促进作用。作者自摄照片，2023 年 3 月。

英贸易中获益超过700万镑。为了满足不断扩大的贸易需要，商号还建立了银行和保险公司，形成一套复杂的国际支付体系。

马克思曾说，东印度公司对中国鸦片和茶叶贸易的垄断，“是财富的用之不绝的矿藏”，“原始积累在不垫付一个铜板的情形下进行”。他还引用一位评论者的话说：“一旦有适当的利润，资本就胆大起来。如果有百分之十的利润，它就保证到处被使用；有百分之二十的利润，它就活跃起来；有百分之五十的利润，它就铤而走险；为了百分之一百的利润，它就敢践踏一切人间法律；有百分之三百的利润，它就敢犯任何罪行，甚至冒绞首的危险。如果动乱和纷争能带来利润，它就会鼓励动乱和纷争。走私和贩卖奴隶就是证明。”（《资本论》）这段话用以概括鸦片战争前后英国商人的鸦片走私贸易，太传神了！

英国人难道就没有意识到鸦片贸易的罪恶吗？当然不是。当时英国人深知鸦片走私是非常不道德的，但是由于丰厚的利润回报，不仅英国商人想尽一切办法规避清政府的查禁，甚至英国政府也在或明或暗地保护英国的鸦片走私。道光十一年（1831）广东官员奏报，虎门外有鸦片趸船停泊走私，洋人兵船亦同泊一处，进行保护。林则徐收缴英美鸦片贩子鸦片时，英国驻华商务总监义律更是直接介入，要求鸦片商将鸦片交给他来上交中国，最后以英国政府名义索赔。本来东印度公司为了避免鸦片走私影响正常的中英贸易，是躲在背后，把鸦片交给散商进行走私。1833年东印度公司垄断权被废除，鸦片贸易更加猖獗，英国政府也走向前台。道光十四年广东官员奏报，英国商人的鸦片趸船在伶仃洋常年停泊，进行鸦片走私。

不断扩大的鸦片贸易推动了印度鸦片产量提升，猖狂的走私活动又降低了交易成本，输入中国的鸦片数量大增，价格降

图 3-5　鸦片战争博物馆复原的鸦片趸船模型

英国人用远洋货船将鸦片从印度运到广州近海，然后放置到鸦片趸船上进行转销。这种船没有什么机动性，但是存储量比较大。作者自摄照片，2023 年 3 月。

图 3-6　鸦片战争博物馆复原的扒龙快船模型

鸦片是怎样完成“最后一公里”上岸的？主要是由清朝不法商人用这种速度很快的扒龙快船运送到岸上，进行走私分销。广东水师也想打击，但是扒龙快船速度很快，水师船只很难追上。作者自摄照片，2023 年 3 月。

低，这样就进一步刺激了吸食的泛滥。尤其是中国的奸商在嗅到鸦片贸易的巨大利润后，主动成为英美等国鸦片走私商人的帮凶和内地经销商，鸦片吸食犹如一阵风一样，从南到北席卷全国。

鸦片泛滥对中国的影响

鸦片泛滥对清政府而言，是前所未有的挑战，对国家的健康运行有多方面的影响。首先是鸦片非常容易成瘾，严重摧残吸食者的身心健康。道光十一年（1831）有官员在上奏中说，“倘过瘾之时不得食烟，则四肢委顿，涕泗交下，刻不可支。吸烟数口，则精神倍异寻常”（《兵科给事中刘光三奏请酌加食鸦片烟罪名等情折》）。吸食鸦片上瘾的人，以鸦片续命，会不计后果获得鸦片，为此倾家荡产，贪赃枉法，甚至卖儿鬻女也在所不惜。鸦片甚至逐渐成了一种上层人士社交的工具，互相引诱他人吸食上瘾。道光朝以后，吸食者急剧增加，吸食鸦片就不再是个人的事情，而对整个国家的良好运行产生了严重的阻碍。

民众大量吸食鸦片，直接导致大量白银外流，造成银荒。道光朝留心实政的包世臣曾记载，嘉道之际，苏州一城“吃鸦片者不下十数万人。鸦片之价较银四倍，牵算每人每日至少需银一钱。则苏城每日即费银万余两，每岁即费银三四百万两。统各省名城大镇，每年所费不下万万”（《安吴四种》）。在包世臣看来，政府各项税赋收入差不多每年四千万两，仅仅鸦片一项，每年流向外国的白银，数倍于国家正规税收，“近年来银价日高，市银日少”，关键就在于此。包世臣是从宏观经济的角度给鸦片算了一笔账，并直指当时经济困局所在。如果说他用演绎推理的方式得出来的结论并不严谨的话，那么当时也有外国人估计中国鸦片吸食者占全国总人口的5%左右，人数超过千万人。

读者可能不太明白，吸食鸦片和银价有什么关系呢？这里需要简单解释一下清朝的货币和财税政策。清朝采用的是复本位币制，白银和铜钱并行，人民日常生活大多用铜钱，但是大宗贸易、税收结算及国家的财政运行，一般使用白银。经济运行最佳时期，白银和铜钱处于比较恰当的兑换比值，比如 1 两白银兑换 1000 文铜钱。但是随着鸦片泛滥，白银大量外流，人民就要用更多的铜钱来兑换白银。道光元年（1821），1 两白银大约兑换 1226 文铜钱；到了道光十年，1 两白银就能够兑换 1364 文铜钱；到了道光十五年，1 两白银能够兑换 1420 文铜钱；到了道光二十年，1 两白银可以兑换 1643 文铜钱。

白银价格在二十年的时间里上涨了三分之一强。其中虽然有铜钱质量变劣及铸造量增加等因素，但关键还是白银大量外流。当时农民缴纳赋税都是用铜钱折算成白银缴纳，意味着农民必须拿出越来越多的钱缴纳赋税，同时政府收入并没有增加。前面我们已经讲了，嘉庆朝时人口仍然在爆炸式增长，粮食供应不足，人民生活日益艰辛。到了道光朝，鸦片泛滥带来的银荒又加剧了人民大众的生活困苦程度，严重损伤了国家的统治根基。

鸦片泛滥不仅在经济上损伤了国家的根基，在政治上的损伤也是多方面的。首先，鸦片走私利润巨大，走私链条很长，除了西洋商人，国内的“奸民”收买串通缉私官兵和各衙门办事人员，使其或纵容鸦片走私贩运，或开设鸦片烟馆时充当保护伞，加剧了吏治腐败。其次，吸食鸦片已经泛滥到军营中，军队腐化严重，战斗力下降明显。早在道光十二年，就有御史向皇帝参奏，广东、福建等省兵丁吸食鸦片者甚多，甚至军队将领吸食者也不少，将士手脚疲软，纪律废弛。再次，嘉

图 3-7　鸦片战争博物馆复原的高级鸦片烟馆场景

鸦片是成瘾性毒品。一旦上瘾，非有极强毅力，便戒不掉。吸鸦片不仅严重损害人的身心健康，而且是一个高消费行为。在鸦片烟馆抽烟，除了烟钱，还有人侍候，花费很高。这造成中国本来就人数很少的有产阶级规模进一步缩小。作者自摄照片，2023 年 3 月。

庆、道光朝一直推崇道德至上，但是鸦片泛滥导致道德水准急剧下滑。在嘉庆十五年要求步军统领于京城各门严查鸦片的谕令中，嘉庆帝就指出吸食鸦片“大为风俗人心之害”。道光十四年，御史袁玉麟在奏折中说，如果鸦片弛禁则会导致更大的泛滥，出现“父不能教其子，夫不能戒其妻，主不能约其仆，师不能训其弟”的局面（《江南道监察御史袁玉麟奏陈鸦片弛禁将有妨国计民生折》）。虽然这句话有假设的成分，但确实也反映了鸦片泛滥对道德秩序的冲击。如此泛滥的鸦片，如此严重的后果，到底该怎么办？这道超级难题摆在了道光朝君臣面前。

图 3-8　鸦片战争博物馆陈列的吸食者照片

摄影技术在鸦片战争时期就已经进入中国，因此不少鸦片吸食者的照片保留了下来，让后人知道当时人们是如何吸食鸦片的。由于当时摄影价格不菲，因此保留下来的鸦片吸食场景大多还比较体面。实际上，很多人因为鸦片吸食瘦弱不堪。作者自摄照片，2023 年 3 月。

弛与禁的辩论

面对如此泛滥的鸦片，清政府首先想到的是严厉查禁。前面讲了，从嘉庆朝开始，清廷就不断加码惩处力度，查禁范围扩及走私、贩卖、吸食、种植各环节，后来还成了官员考核的一个主要内容。但是，道光帝也承认，不断加码的禁烟措施，并没有收到什么效果，反而是愈禁愈烈。为什么越禁反而越厉害呢？因为鸦片已经快速形成全国性的产业链，而且是黑色 + 灰色的。小政府的政治传统、因循怠玩的官员作风及靠盘剥生存的胥吏阶层，让国家治理体系布满了大大小小的蚀洞，灰色的公权力和黑色的私权力，在其中肆意运行，朝廷严禁措施都落不了地。

面对这一局面，是把洞尽力都堵上，还是直接把黑色和灰色变成白色？面对这一问题，道光帝和官员们围绕鸦片究竟是该严禁还是弛禁进行了一场辩论。

道光十六年（1836），太常寺少卿许乃济奏称，鸦片查禁越严，流弊越大，不如效仿乾隆以前的政策，对鸦片进口抽取关税，将鸦片贸易合法化，并允许内地民众种植鸦片。许乃济认为这样可以增加政府税收，减少白银外流，有效缓解政府面临的困境。道光帝看到奏折后，有些拿不定主意，命令两广总督邓廷桢等人就许乃济的意见发表看法。邓廷桢和广东巡抚祁𡎴、粤海关监督文祥比较熟悉广东鸦片走私和查禁的情形，三人经过认真调研和讨论后连衔上奏，赞同许乃济的建议。他们认为，"禁令愈严，私贩愈巧，每年所耗内地银两，为数愈益不赀"，与其如此，不如因时制宜，仍按乾隆以前海关则例定额征收进口税。为了杜绝鸦片泛滥的影响，不禁止普通老百姓吸食，但是官员、士子、兵丁仍然禁止吸食，一经发现，立即革职查办。三人在奏折中说，弛禁可以解决走私、行贿等一系列难题，还能增加国家税收，无伤于政体，所以"如蒙俞允，弛禁通行，实于国计民生均有裨益"（《两广总督邓廷桢等奏复应准许许乃济所奏弛鸦片之禁并拟章程九条折》）。对弛禁派和严禁派的评价曾经有争论。我们可以换一个角度来看，现实利害与道义取舍从来都是一对紧张的关系，两者无法融合，只能调和。吸食鸦片的问题，直到 1949 年新中国成立后才根除。

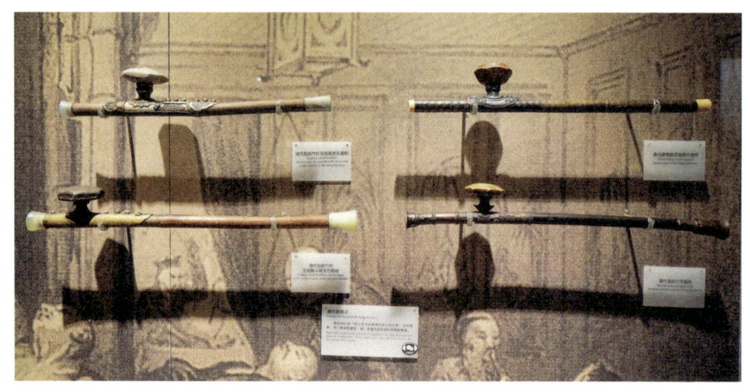

图 3-9　鸦片战争博物馆展出的鸦片烟具

这几杆鸦片烟枪做工精细，应该是达官贵人或富商使用的。在道光朝，不仅已有达官贵人吸食鸦片，而且不少士兵也开始吸食。作者自摄照片，2023 年 3 月。

尽管邓廷桢等人的奏折写得认真细密，但是弛禁鸦片兹事体大，这不仅仅是经济问题、政治问题，还是道德问题。道光帝作为领导者的缺点这个时候就显露出来了，他是一个以守成继业为目标的皇帝，缺少果断刚毅之气，遇到大事总是优柔寡断。道光帝并没有根据许乃济、邓廷桢等人的建议谕令弛禁鸦片，而是谕令军机大臣，说这事意见不一致，需要通盘筹划研究。大家都知道，什么事一研究研究，就是一种态度了。此后又有御史袁玉麟从是非利害的角度上奏反对弛禁，并指责地方官员以“办不动”为借口敷衍皇帝，实际是未能实心办事。这一篇奏折，可以说非常有力量，打动了道光帝。为什么呢？一是符合道光帝认为官员“因循怠玩”不能实心办事的判断，二是符合道光帝“道德万能”的思想倾向。至此，鸦片弛禁就没有了可能性。

既然弛禁不行，那就更加严厉地禁止吧。道光十八年（1838），吏科给事中陶士霖和鸿胪寺卿黄爵滋更加严厉地处罚鸦片贩运吸食者的建议，引起了更大范围的讨论。黄爵滋认为因为吸食鸦片，道光三年以前每年流失白银百万两，道光三年到十三年，每年白银流失两千余万两，十四年以后，达到三千万两。查禁鸦片走私虽然严厉，但是海疆万里，实在难以全部盘查，因此要改变思路，从鸦片吸食者身上下功夫。他建议限定现在的吸食者一年内戒烟，一年后对继续吸食者处以死刑。黄爵滋还在奏折中援引英国、安南等国对吸食鸦片者处以死刑的例子，证明此举是非常有效果的。道光帝看到奏折后，要求各封疆大吏讨论。

这里要插一句，道光帝要求重要官员就鸦片是弛是禁发表意见的行为，其实传递了一个政治运行微妙但极其重要的变化信号。康雍乾嘉时期，帝王都秉持“乾纲独断”的家法，国家内外大事都是皇帝一人拍板，很少搞这种广泛征求意见的事。道光朝以后，清朝的政治运行越来越多地征求中央官员和地方督抚意见，一方面反映了政务越来越复杂，需要集思广益来应对，另一方面也反映“乾纲独断”的家法有些式微，皇帝专制程度有些下降。

两年前关于鸦片弛禁的讨论无疾而终，这次又换了思路。各地督抚和将军在揣摩皇帝心思后，纷纷回奏表达意见。一共29份奏折，基本上赞同严厉查禁鸦片的贩卖吸食，但是同意判处吸食者死刑的只有8份，有19份都是强调查禁鸦片的关键不在诛杀吸食者，而在于更高效率和更严格地查禁海口，杜绝鸦片流入。有研究者认为，大多数地方督抚将军反对诛杀吸食者，是担心劝导戒烟、诛杀如此之多的瘾君子引起的系列麻烦，会给地方官吏带来无穷无尽的工作量；而将责任推向海口所在地方，是最佳处理办法。

图 3-10　1874 年上海的鸦片吸食者

这是一张真实生活场景中吸食鸦片的照片，由俄罗斯考察团摄影师博亚尔斯基在上海拍摄。此处不是专门的鸦片烟馆，因此显得有些简陋。最前面一个年轻人正在吃饭，中间一个相对年轻的人在抽水烟，最后两个年龄大的人躺在床上抽鸦片。图片来自 https://www.loc.gov/item/2021669582/。

实际上，道光帝自己也曾认为鸦片泛滥的根本原因在于广东等沿海官员缉私不力。早在道光九年（1829），道光帝在给军机大臣的谕令中就指出，东南沿海鸦片走私屡禁不止的根本原因在于巡洋兵丁和书吏差役与鸦片贩子勾结，从中渔利。十一年，他又在谕令中指出，鸦片烟主要来自西洋商人走私，如果仅仅内地严格查禁而不杜绝来源，是本末倒置，于事无补。江南道监察御史袁玉麟在道光十六年反对鸦片弛禁的奏折中也说，鸦片屡禁不止，关键就在于沿海的封疆大吏没有实心办事，他认为："诚得海疆大吏洁己奉公，忠诚体国，必能雷厉风

行，力清弊源。”(《江南道监察御史袁玉麟奏陈鸦片弛禁将有妨国计民生折》)

至此，大多数封疆大吏认为处理鸦片泛滥问题的关键还在于严查沿海鸦片走私，而不是吸食问题。由此，讨论重心从对内更加严厉地惩处吸食者，转到对外更严厉地查禁鸦片走私问题，转换到官员“因循怠玩”问题上。两广总督邓廷桢等负责海疆和海关守卫的官员们心里苦啊。

就在道光帝即将决策之际，发生了两件对此有直接影响的事。第一件是王公吸食鸦片案。该年十月，和硕庄亲王奕賨、奉恩辅国公溥喜等人被发现躲在尼姑广真的灵官庙里吸食鸦片、“挟妓弹唱”。王公贵胄 + 鸦片 + 尼姑 + 妓女，组合在一起，相当的炸裂，极大地刺激了崇尚节俭和道德的道光帝的神经。道光帝真切地意识到，鸦片烟已经浸染到了京城的宗室皇族和官员士兵中，到了必须铲除的地步。这件事还让道光帝想起了两年前许乃济弛禁鸦片的建议，他不是认为许乃济讲得有道理，而是非常生气地勒令许乃济以六品官员立即退休。第二件是直隶总督琦善的一个奏折。琦善此时奏报表功，在天津大沽一带认真执法，共截获走私鸦片 131536 两。这件事坚定了道光帝此前的一个判断：只要督抚和各级官员认真办事，走私鸦片是有可能净绝根株的。哪个地方鸦片走私最严重？广东！督抚之中谁最实心办事？林则徐！道光帝有了决断！

道光十八年九月二十三日（1838 年 11 月 9 日），道光帝命令湖广总督林则徐立即进京陛见。对于鸦片泛滥问题，道光帝终于下了决心，那就是选派实心办事的信任之人林则徐，到广东去严厉打击鸦片走私，根绝祸患！

图 3-11　虎门林则徐纪念馆陈列的林则徐油画像

这幅油画像是当时广东油画家林官所画。原画藏在美国波士顿美术馆。这可能最接近禁烟时期林则徐的容貌。陈路摄于虎门林则徐纪念馆，2023 年 1 月。

虎门销烟

就禁烟的主张而言，林则徐比较倾向于黄爵滋的观点，严惩吸食者，而对于查禁海口并不是特别强调。既然如此，为什么道光帝还会选择林则徐到广东去查禁鸦片呢？这就得从道光帝的心理进行分析了。

无论是嘉庆帝还是道光帝，他们对于整个官僚体系的问题一直有着比较清晰的认识，同时也一直存在着深深的不信任感。在他们看来，国家运行中的问题，关键就在于大小官僚“因循怠玩”，不仅不能实心办事，反而处处贪赃枉法，官官相护。川楚白莲教起义如此，张格尔叛乱如此，鸦片屡禁不止也是如此。在对整个官僚体系明显不信任的同时，无论是嘉庆帝还是道光帝，对少数高级官员的操守还是比较欣赏的，并由此有一种信任感。比如嘉庆朝的朱珪、吴熊光，道光朝的曹振镛、林则徐。林则徐科举出身，为官清廉，实心办事，深得道光帝信任。在国家如此危急的关口，在皇帝对广东官员非常不信任的情况下，德行能力俱佳的林则徐是道光帝派往广东收拾局面非常合适的人选。

在经过道光帝八次召见之后，林则徐于道光十八年十一月二十三日启用钦差大臣关防，出正阳门南下广东，去完成道光帝一劳永逸解决鸦片问题的使命。汉人官员担任正式的钦差大臣，在清朝一共也没几个人。对于这份沉甸甸的托付，林则徐感到前所未有的压力，在途中就开始认真研究如何根除鸦片问题，并寻找有助于查禁鸦片的人员。尚未进入广东，他就下令密拿汉奸，逮捕了一批进行鸦片走私的中国人。此时广东的官员，也前所未有地紧张起来。两广总督邓廷桢一直承受着查禁鸦片走私不力的压力，因此对钦差大臣林则徐来粤查禁鸦片，那是非常欢迎，表示一定“合力同心，除中国大患之源”（《两广总督邓廷桢等奏为遵旨会同林则徐力除鸦片毒害片》）。

道光十九年正月二十五日（1839 年 3 月 10 日），林则徐到达广州，迅速投入禁烟工作中。面对复杂的局面，林则徐采取了双管齐下的思路。对内，严厉打击参与鸦片走私的中国人，不仅严厉惩处中国的鸦片走私贩子，而且责成十三行的行商，

要求西洋商人上缴鸦片。对外，要求西洋商人将鸦片悉数上缴，并传讯英国大鸦片贩子颠地。林则徐公开宣示：“若鸦片一日不绝，本大臣一日不回，誓与此事相始终，断无中止之理。”（《谕各国商人呈缴烟土稿》）由于英国鸦片贩子有英国政府的撑腰，对林则徐上缴鸦片的命令并不重视。林则徐在道光十九年二月初十日（1839 年 3 月 24 日）下令终止一切中外贸易，封锁商馆，撤走所有中国仆役。

三天后，英国驻华商务总监查理·义律表示屈服。义律以英国政府的名义劝告英国鸦片贩子将鸦片交给他，然后由他交

图 3-12　鸦片战争博物馆复原的封锁十三行商馆情形

停止交易、封锁商馆是对外国商人最重的惩罚，是清政府最激烈、强硬的行为。这一措施确实起到了震慑效果，但是负面效果也很明显，给义律添油加醋污蔑中国惨无人道地对待英国商人提供了借口。作者自摄照片，2023 年 3 月。

给中国政府。义律一共上交了 20283 箱超过 200 万斤的鸦片。过去看到这里，我们感觉到林则徐的强硬政策取得了显著的成绩，非常振奋人心。后来才慢慢体会到，义律实际上在这里玩弄了一个“偷梁换柱”的诡计，并最终成功地实施了他武装侵略中国的野心。

怎么个“偷梁换柱”法呢？当时清政府对鸦片采取严查政策，严厉查禁鸦片走私合理合法，没收销毁走私的鸦片也完全符合国际法。林则徐等人遵循清朝的传统思维，并没有与英国政府进行交涉，而是着眼于国内的鸦片走私问题。虽然鸦片走私的核心是英国商人，但是这些问题仍然是商业问题，而不是国与国之间的交涉，更不是针对英国。但是，当二月十三日英国驻华商务总监查理・义律决定以英国政府的名义将鸦片悉数上缴的时候，就已经改变了交涉的性质。查理・义律以英国政府代表的身份交出鸦片，并不意味着他对中国政府的禁烟运动是认同的，也不意味着他要遵守中国法律，而是巧妙地将中国反走私活动转化为国与国的交涉。经过这个转化，林则徐等人的工作就不再是清政府没收、销毁各国商人走私的鸦片，而是没收销毁了英国政府的财产。这实际上就是义律为发动战争寻找理由。帝国主义列强在世界各地侵略扩张时就是这么伪善险恶，但是当时的中国人包括林则徐在内，完全不懂国际法，就这样稀里糊涂中了义律的圈套。[1]

道光帝在看到林则徐等人的成绩后，非常高兴。为了彰显

1　关于林则徐是不是中了圈套，学术界一直有争议。批评“圈套说”的学者认为这是倒果为因的谬论。本书依然部分采用“圈套说”，并不是要否定林则徐的功绩，而是认为历史分析要实事求是。林则徐确实没看出来义律转一手的背后用意，确实没有做到“知己知彼”。肯定归肯定，分析教训归分析教训，两者不矛盾。

严厉禁烟的效果，道光帝指令林则徐要大张旗鼓地销毁鸦片，让当地的文武官员、沿海居民和在粤洋人看到，以示朝廷禁烟的决心。林则徐在虎门炮台所在的虎门海滩开挖了两个长宽各46.5米的销烟池，采用盐卤水和石灰浸化的办法销毁收缴的鸦片。从道光十九年四月二十二日起至五月十五日（1839年6月3~25日），林则徐在虎门公开销毁了2376254斤鸦片，这就是中国历史上著名的“虎门销烟”。

虎门销烟显示了清政府对禁烟的坚决态度，对全国查禁鸦片有着显著的推动作用。但是这一举动也切断了英国鸦片贩子和英国政府的重要财源，对这些以追求利益为最高原则的殖民主义者来说，为了迫使清政府停止禁烟运动，即使发动战争也在所不惜。虎门销烟的滚滚浓烟，凝聚成了战争的阴云。

图3-13　鸦片战争博物馆前的销烟池

鸦片战争博物馆前还保留有硝烟池遗址。榕树苍翠，不容易看到全貌。现场看，还是比较大的。不管怎样，这两个大池子，永远铭刻在中国历史上了。作者自摄照片，2023年3月。

第四章　武力与观念角力下的鸦片战争

鸦片战争是中国历史上最重要的事件之一。有多重要？它是中国历史最重要的六个关键节点之一：王朝政治建立（文明趋于成熟）—周公制礼作乐（文化基因趋于成熟）—秦始皇一统六国（大一统皇权社会成熟）—鸦片战争（中国与西方冲突竞争正式开始）—民国成立（进入民主共和国时代）—新中国成立（中华儿女重新站起来了）。

如此重要的历史事件，自然一定出现在初中、高中和大学的历史教科书中。可是我从初中时期阅读教科书后，就对鸦片战争有很多疑惑。对于如此罪恶的事情，英国人难道一点儿廉耻都没有吗？英国舰队为何能够轻易地从广州驶到天津？中国那么多军队，士兵和将领都很英勇，为何未尝一胜？这些问题困扰了我很久。随着阅读的增加，我才逐渐找到答案，更加明白了鸦片战争的意义。

这场战争之所以是中国历史的关键转折点之一，是因为这是中国与西方冲突竞争的开始。中国以小农经济为基础的大一统皇权国家形态，已经非常成熟自洽，可以一直良好运行。最大的问题是“世袭”的“司机”一定会驾驶技术退化，导致改朝换代。如果没有遇到比它效率更高、更具有扩张性的以工业经济为基础的西方现代国家形态，它仍然会继续运行。

很不幸，进入 19 世纪，西方列强殖民触角已经伸向中国。在殖民扩张丰厚回报中成长起来的强硬派殖民主义者走到了一线。其中的代表人物就是查理 · 义律。

义律的扩张政策

俗话说，“事在人为”。鸦片战争的爆发，确实与查理 · 义律这个人是分不开的。查理 · 义律出生于英国贵族家庭，他的伯父因为殖民侵略有功从男爵晋升子爵，曾经担任印度总督。他的父亲也从事与殖民和外交有关的工作，担任过马德拉斯总督等职务。此时英国贵族子弟都把参加海军和从事海外殖民活动视为升官发财的捷径。义律的家族本就是海外殖民活动的受益者，当然不例外。查理 · 义律伯父的儿子就是乔治 · 懿律，担任过鸦片战争时期的英军总司令。

义律是在中英斗争中逐渐成长起来的。1834 年，英属东印度公司对华贸易垄断权正式取消，英国政府任命律劳卑担任驻华商务总监。义律作为其随从来华，担任船务总管，管理虎门口内英国的船只和水手事务。律劳卑到澳门后，想要武力对抗清政府的管理规定，但最终因为船少兵单而失败，于10月病死。

先后接替律劳卑担任商务总监的德庇时和罗宾逊鉴于此前的失败，对清政府采取“沉默政策”，避免发生冲突。但是这个政策引起了希望打开中国市场的英国商人的强烈不满。于1835年底升任第二监督的查理·义律利用自己的关系，将英国商人的不满意见报告给了外交部，建议大胆采取扩张政策。此时英国正陷入经济危机，但是国力处于极盛之际，外交大臣巴麦尊（又译帕默斯顿）醉心强权霸权，殖民活动不断取得成果。1836年6月6日，也就是他接到义律报告的第二天，就将罗宾逊解职。15日，巴麦尊正式任命义律为驻华商务总监，而且取消了第二、三监督。从此，获得了巴麦尊支持的义律开始放手推行他的扩张政策。

查理·义律和前任不一样，“身段”灵活，诡计多端。在看到清政府准备严厉禁烟后，他就请求巴麦尊向中国增派舰队，保持对华武力压力。1838年7月，新任东印度和中国舰队司令率领一艘兵舰和补给船到达广州，但是由于舰船数量不够，最终在中国要求下离开。义律对此感到失望，认为这次没能起到震动中国人的效果。几个月后，林则徐南下严厉查缴鸦片，给义律的诡计提供了可乘之机。他一方面向林则徐保证将英国人的鸦片如数缴送，另一方面阻止鸦片走私商人将鸦片直接交给清政府，而是由自己转交，并保证烟价由英国政府赔偿。在交出鸦片后，义律就开始歪曲事实，向英国外交部报告中国政府使用武力强迫他上缴英国人的财产、英国商人如何受到虐待等。他还提出了较为详细的作战计划，呼唤武力报复。

图 4-1　查理 · 义律

以对华强硬起家的义律，在 1841 年 5 月逼迫奕山签订《广州和约》后却被英国政府以对华软弱和没有依从训令为由撤职回国。后来被派往北美等地任职。图片选自张剑《1840 年：被轰出中世纪》，第 120 页。

虽然义律不断呼吁战争，但是英国政府对远涉重洋与世界上最大的国家进行一场战争还是颇为犹豫。这个时候，义律进一步火上浇油，最终促成了战争。先是道光十九年五月二十七日（1839 年 7 月 7 日），英国水手在尖沙咀打死了村民林维喜，引发了冲突。这本来是一个涉外治安案件，不是特别复杂，但是义律拒不遵守中国法令，不但不交出凶手，反而激发矛盾、挑衅清政府。七月二十七日（9 月 4 日），义律命令 3 艘武装帆船向九龙炮台发动攻击，结果清军击沉了一艘船，导致 50 名英军伤亡。这就是“九龙之战”。鸦片战争其实从这一天就开始了。[1]

1　关于鸦片战争开始的时间，主要有两种说法，一种是目前采用较多的 1840 年 6 月英军封锁珠江口，一种是九龙之战。本书采用的是后一种。从英国人的角度看，九龙之战后其实已经进入战争状态了。

图 4-2　英军火炮（左）与清军火炮

鸦片战争期间，英军的火炮和清军的火炮还没有本质性的差异，但是制造技术领先优势已经显现。英军火炮主要有早期的加农炮、榴弹炮、臼炮等。这些炮是现代钢铁工业的产物，内膛光滑坚固，射速约 1 发 / 分钟，有效射程 1500 米，最大射程 4500 千米，射击精度高。舰上火炮在双轮炮架和四轮滑车配合下机动性强。清军火炮有早期加农炮、子母炮、臼炮等，还是泥模铸造，钢铁纯度不够，内膛不规整，装弹量小，射速慢，精度低，容易炸膛。虎门海战博物馆将鸦片战争时期两国火炮进行对比性陈列，很直接地反映了这种差别。作者自摄照片，2023 年 3 月。

图 4-3　虎门海战博物馆展示的鸦片战争时期英军（左）、清军使用的炮弹

鸦片战争时期英军和清军真正拉开科技差距的是炮弹。英军炮弹不仅种类多，更重要的是普遍使用了杀伤力巨大的爆炸弹和燃烧弹，而清军使用的还是传统的铸铁实心弹。在海战中，中国军舰还是传统的木船，英军军舰部分已是早期铁甲舰。爆炸弹和燃烧弹对中国木制传统军舰，实心弹对铁甲舰。战果可想而知。作者自摄照片，2023 年 3 月。

此时中英两国对形势的估计和准备正在朝着相反的方向进行。此时的义律和英国政府，正在加紧备战。九龙之战失败后，义律大耍两面派手腕，一方面对华暂时妥协实行缓兵之计，另一方面向政府报告情况，加紧武力准备。10 月 1 日，英国内阁决定派遣一支舰队前往中国，并训令印度总督予以配合。10 月 18 日，巴麦尊训令查理·义律做好战争准备。为了阻止英国商船遵守清政府行商规定，义律在 11 月 3 日发动了“穿鼻之战”。此后又在九龙的官涌发动了 6 次袭击。

就在英国紧锣密鼓地准备对中国作战的时候，包括林则徐在内的中国官员，完全没有意识到战争正在逼近。虎门销烟当年，林则徐多次向道光帝表示，英国并不会因为鸦片被收缴而发动战争。一来是英国非常遥远，发动战争非常困难，二来是英国的坚船利炮不适合在内河作战，三来是英国与中国正常的

图 4-4 虎门海战博物馆展示的广东水师米艇模型与船载冷兵器

米艇系从运米船改装而来，木制，主要用于捕盗。大米艇长 30.4 米，深 3 米，载重 151 吨，配炮 17~18 门、兵 60 名。同时期闽、浙、苏水师使用的主力战舰也是从民船改装而来的同安梭船，比米艇还小，最长的 25 米左右，8 门炮。作者自摄照片，2023 年 3 月。

图 4-5　虎门海战博物馆展示的英国东印度公司“复仇女神”号模型

这是东印度公司第一艘武装铁甲蒸汽轮船，载重 660 吨，6 门炮，火箭发射架 1 个，曾参与沙角之战、镇江之战等历次主要战斗。该舰主要是武装运输船，并非英军主力战舰，因此火炮装配少。英国皇家海军主力战舰“威理士厘”号三级战列舰船长 53.7 米，配炮 74 门。作者自摄照片，2023 年 3 月。

贸易获利可达三倍，不会贸然发动战争影响贸易。林则徐在道光十九年七月二十四日（1839 年 9 月 1 日），也就是九龙之战 3 天前，向道光帝报告说“臣等细察夷情，略窥底蕴，知彼万不敢以侵凌他国之术窥伺中华”（《钦差大臣林则徐等奏为英国非不可制请严谕将英船新烟查明全缴片》）。

战争第一阶段

当英国决定对中国动武后，一方面紧锣密鼓地准备远征军，一方面加紧“办手续”。1840 年 2 月 20 日，巴麦尊给远征军总司令兼全权代表乔治·懿律等人下发了《巴麦尊外相致中国宰相书》。查理·义律和乔治·懿律兄弟俩，开始联手祸害中国。

《巴麦尊外相致中国宰相书》是很值得重视的文献。这封信先说英国人远渡重洋来中国经商，但是遭到了林则徐的“强行残害”和“凌辱亵渎”，林则徐等广东官员纵容包庇鸦片走私等不法行为，接着说英国人如何遵守法律，英国要保护国民，然后提出赔偿烟价和军费、将一岛或数岛作为英国商人根据地等一系列强盗要求。这封信看起来是为英国人“昭雪申冤”的御状，实际上是对华宣战书，其中明白指出英国舰队要封锁中国海口，不达目的不罢休。4 月 10 日，英国议会以 271 票对 262 票微弱多数，通过了内阁对华作战的提议。侵略者的伪善狡猾一览无余，既让自己的侵略战争看起来是“正义”的，还让战争是“合法”的。

即使到了今天，一些外国学者仍然认为英国人发动战争是合理合法的。在西方学术界，鸦片战争被称为“通商战争”。他们的逻辑是，英国人一直想追求与清政府的平等交往，但是清政府不同意（完全无视中国政府有权决定是否与英国交往）；鸦片进口过去是合法的，中国人特别喜欢吸食，即使英国不贩卖，中国人也会大量吸食（完全不提此前允许进口是作为少量的医药用途和清政府在自己国内有权查禁鸦片走私的违法行为）；林则徐肆意羞辱英国官员，没收和毁坏商人的财产，英国被迫派遣军队为自己的国民争取正当的待遇，甚至是帮助中国人打破孤立（完全不顾基本事实，强行为侵略行径开脱）。

与英国侵略者相比，林则徐等中国官员就过于单纯了。1840 年 2 月和 4 月，林则徐从葡萄牙人和美国人处听说英国即将发动战争的消息后，依然认为是谣言。实际上，1840 年 4

月，福建已经出现了一些不一样的苗头。当时福建水师两次在沿海发现英国船只，但是英国船只抗拒拦截，开炮回击。过去只有我追你跑，现在居然敢公开反击，这是前所未有之事，可惜当时没有引起相关官员的警觉。5 月，两广总督林则徐、闽浙总督邓廷桢为了进一步打击走私，防备英军，也着手加强海防。但是他们都还没意识到大规模的战争即将打响。甚至在 1840 年 6 月 4 艘英国军舰到达广东沿海后，林则徐仍然没有意识到战争即将到来，而是认为这仍然是大规模的鸦片武装走私。

时间来到 6 月底，英国远征军主力兵船 16 艘、武装轮船 4 艘、运输舰 28 艘全部抵达广东海面。林则徐等人这才真正意识到情形非同寻常。六月初五日（7 月 3 日），林则徐奏报道光帝，英军舰队已经抵达广东，可能要发生战争。林则徐等人完全没意识到，英军很“鸡贼”，并不打算在广东动手，而是挥军北上，计划直接冲到大沽口。整个沿海的官员和驻防官兵，都不知道战争已经到来。有研究者指出：“战争到来了！前方主帅没有发出战争警报！林则徐犯下了他一生最大的错误。”（茅海建：《天朝的崩溃——鸦片战争再研究》）

就在林则徐给道光帝奏报可能发生战争的 7 月 3 日，英军已经在厦门与清军发生了炮战。这次炮战有一定戏剧性。当时一艘英国军舰受命给厦门清朝官员递送《巴麦尊外相致中国宰相书》。在靠近厦门后，派翻译驾驶一艘悬挂白旗的小艇登岸。但是当时清军完全不明白“白旗休战”的含义，开炮轰击，结果英舰也反击。中国学者往往将这一次炮击看作鸦片战争中的第一次战斗。

7 月 6 日，定海（现在的舟山）失陷。英军在攻占定海后没有停留，继续挥军北上。七月十四日（8月11日），乔治·懿律率舰队到达天津大沽口。乔治·懿律到达天津后，并没有立即向清军发动进攻，而是向直隶总督琦善递交了《巴麦尊外相致中国宰相书》。英国舰队抵达天津的消息，引起清廷巨大震动。此前对查禁鸦片态度非常坚决的道光帝更是意想不到。《巴麦尊外相致中国宰相书》中对林则徐等官员的污蔑，严重影响了道光帝对林则徐的信任。道光帝命令琦善照会英军统帅乔治·懿律，林则徐等人查禁鸦片，措置失当，应该查明治罪，但是此事发生在广东，在天津无法处理，皇帝会派遣钦差大臣驰赴广东，秉公办理，同时要求乔治·懿律带领军舰立即返回广东。乔治·懿律在得到明确答复后，带领军队南返。这可以说是鸦片战争的第一阶段。

图4-6 乔治·懿律

鸦片战争首任侵华远征军司令。懿律时为英国皇家海军少将，1841年底因病返回英国，后来以海军上将退休。图片选自张剑《1840年：被轰出中世纪》，第132页。

对战争第一阶段的解读

要理解鸦片战争的第一阶段，有几个问题需要解释。第一，英军舰队为什么不首先攻击广州，而是占据舟山？第二，为什么英军舰队北上天津并能够如此准确快速地抵达？第三，为什么英国舰队没有攻击天津，而是在获得琦善的答复后返回南方？第四，英国外交大臣为什么要求中英官员平等相待？这些问题需要回溯到鸦片战争前中英的交往史、英军的侵华计划和双方战前准备等情况来回答。

清朝虽然闭关自守，但是对于安全的海外贸易并不反对。康熙二十三年（1684）解除海禁后，允许广东、福建、浙江、江苏沿海地区的民众从事海外贸易，并在四地设置了四个海关，其中浙海关在宁波，江海关在上海。也就是说，此前的西洋商人，在康雍乾时期是熟悉到上海的海上航道的。到了乾隆二十二年（1757），乾隆帝颁布“口岸定于广州”的谕旨后，相关国际贸易只能在广州进行。这一规定引发了一场风波，就是著名的“洪仁辉案”。乾隆二十四年，英国东印度公司为了恢复宁波等口岸，派遣职员洪仁辉驾船“告御状”，一直开到了大沽口，引起皇帝震怒。此后由于清政府严厉执行“一口通商”政策，西洋商人的活动就主要限制在广州附近。此后马戛尔尼和阿美士德代表英国政府访华，皆由海上抵达天津，一路上得到各主要海口官员的热情招待。这两个使团虽然主要目的是与中国建立外交关系，但是使团中有海陆军官和测绘人员，进行情报搜集和测绘工作。他们一路上不仅注意到了清朝内部

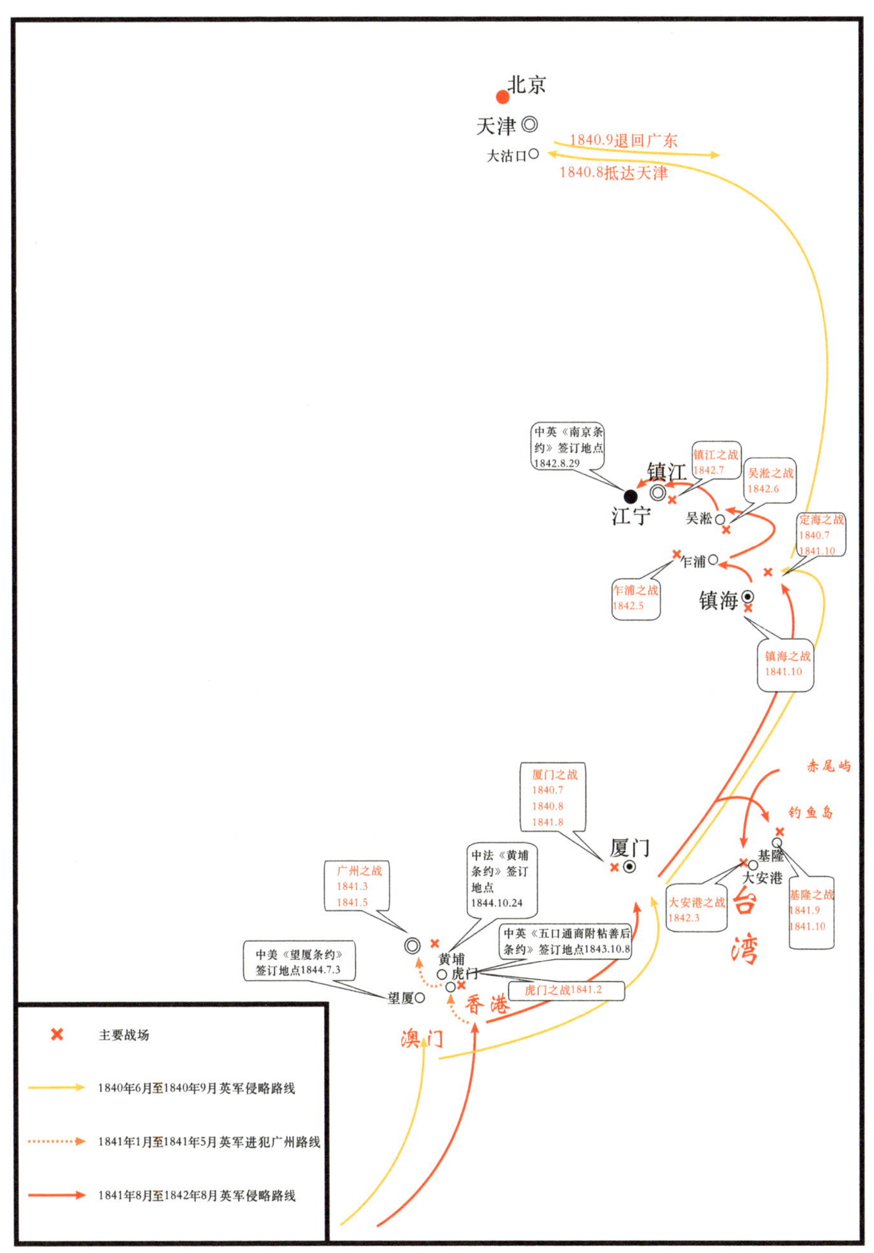

图 4-7 第一次鸦片战争形势

洪嘉珑根据郭利民编著《中国近代史地图集》之《第一次鸦片战争形势图》(第 11 页)改绘。

的腐化落后，也积累了航行的经验。马戛尔尼访华时，就非分地要求在舟山划出一个岛并在广州附近划出一块地，作为英国商人的居留地，停泊船只和存放货物。这也是鸦片战争爆发后，英军舰队为何首先挥军北上、占领舟山的原因之一，也是后来强租香港的原因。

除了以上情况，更重要的是1832年（道光十二年）东印度公司派遣了一只伪装成商船的间谍船从广东沿海北上，以经商为名测量沿海的海湾和水道深浅。印度公司广东商馆高级职员林德赛冒充船主，化名胡夏米，主持侦察活动。船上还有一位普鲁士的著名传教士郭实腊（又译郭实猎、郭士立），化名甲利，冒充翻译和医生，以给人治病为名从事调查和传教活动。该船一路调查北上，最终开到了山东威海，后折往朝鲜，经琉球返回澳门。这次调查不仅测绘了沿海的水道等信息，还深入了解了清朝军队的设防情况等。他们认为清朝政治非常腐败，军备废弛，军械落后，50人的英军就可彻底消灭500人的清军，一千艘清军战舰也抵御不了一艘英国战舰。此次重点侦查的厦门、福州、宁波和上海，就是英军在鸦片战争中重点进攻的地方。1838年，查理·义律向外交大臣巴麦尊报告测绘数据时，认为英国必须使用武力才能取得想要的利权。义律开列了详细的作战计划，认为12艘战舰和2900名士兵就可封锁控制中国沿海地区，实现战略目标。事实证明，鸦片战争基本上是按照这个计划开展的。此时的中国，还在懵懂混沌中，更别提战争计划了。

这里提到的郭实腊，虽说身份是传教士，却是个狠角色。他不仅是冒险家，还是殖民主义者，是当时在中国生活的外国人中公开鼓励对中国采取强硬措施的意见领袖之一。1833年，

图 4-8　天津附近的军堡

马戛尔尼使团随团画家威廉·亚历山大在 1793 年绘制的天津附近的军堡。画家还附有位置、形制等说明。这种军事堡垒对初步现代化的英军来说，太容易攻克了。图片选自刘潞、吴芳思编译《帝国掠影：英国访华使团画笔下的清代中国》，第 11 页。

在他对东南沿海进行间谍活动的第二年，他再次跟随鸦片走私船来到天津，对天津进行侦察。英国人在此前的各种试探中，感觉清政府官员似乎特别担心外国人北上进京，所以乔治·懿律的思路是要引起清政府的重视和注意，就根据此前测绘的数据和积累的经验，率领舰队一路北上至天津。这一招儿非常好使，果然引起了皇帝的高度重视。当乔治·懿律在天津得到皇帝和琦善的回复和保证之后，战略目的已经达成，加上他们对天津的海口和内河情况并不了解，军队瘟疫流行，秋冬天即将来临，所以同意回到广州进行交涉。

图 4-9 虎门海战博物馆展示的"阿美士德"号模型、测量工具和郭实腊像

"阿美士德"号是英国东印度公司的商船，载重 506 吨，船上装载有毛呢、棉花等货物和医药，以出售货物的名义来掩护侦察活动。郭实腊撰写了《中国沿海三次航行记》，记录侦察到的中国沿海海防情况。这些情报为之后的英国舰队提供了向导信息。作者自摄照片，2023 年 3 月。

关于英国外交大臣要求中英官员平等相待这一条，也有较为久远的背景。英国工业革命后急于开拓世界市场，再加上对中国茶叶、丝绸和瓷器的需求巨大，英国一直希望与中国建立较为平等的外交关系，开拓巨大的中国市场。曼彻斯特的商人甚至认为，只要每个中国人的衬衣下摆长一英寸，就够他们的工厂忙上数十年。所以英国政府于乾隆五十八年（1793）派出马戛尔尼访华。当时的中国正处于乾隆晚期，朝贡体系运行良好，乾隆帝自认为国力昌盛，而且他在看到马戛尔尼提出的居留地及在北京传教等要求后颇感不悦，在批驳拒绝马戛尔尼的要求后，给英国国王回复了一个充满天下中心观的敕谕。其中说，英国的要求与“天朝”体制不合，“天朝德威远被，万国来王，种种贵重之物，梯航毕集，无所不有”(《敕谕英吉利国王（第一道）》)。这封敕谕一百多年来被认为是清朝闭关的铁证。其实里面说的是实话。难道当时不是这样吗？当时中国国内生产总值确实是世界第一，确实地大物博，确实物产丰盈，确实是各国需要中国的货物。

嘉庆二十一年（1816），英国政府再度派出阿美士德访华，希望建立平等的外交关系。但是阿美士德访华的结果比马戛尔尼还要糟糕。阿美士德虽然到了紫禁城，但是因为跪拜皇帝问题及清朝相关官员的暗中阻挠，他在嘉庆帝发出召见谕令后也没能顺利见到皇帝而返回。马戛尔尼访华时是否按照藩属国使臣礼仪跪拜乾隆帝，就是一个问题。阿美士德来，依然是个麻烦问题。乾隆帝和嘉庆帝坚持英国使臣跪拜等，也一直被认为是僵化的表现。从后来人的角度看，这种认识确实有一定道理。但是回到历史场景中，我们也要承认这在当时是最自然的处理方式。坚持让英国使臣跪拜，是朝贡体系的内在要求，是“天朝”上国的尊严。咱们今天看起来觉得可笑，当时可能不是这样认为的。想一想，如果英国使臣要求平等外交可以不跪拜，其他藩属国也要求平等不跪拜怎么办？整个朝贡体系就危险了。

乾隆帝、嘉庆帝及其大臣的问题在哪儿？一在于他们没有真正了解到老百姓的贫穷，国内生产总值被三四亿人一平均就很低了，更没意识到老百姓的受教育程度低。二在于他们完全没意识到清朝的行政体系和军事体系非常落后，效能低下。乾隆帝和嘉庆帝始终认为是官员不行，但是又拿不出具体有效的改进办法。三在于他们对外部世界失去了兴趣和警惕，马戛尔尼使团和阿美士德使团都没引起他们的警惕。马戛

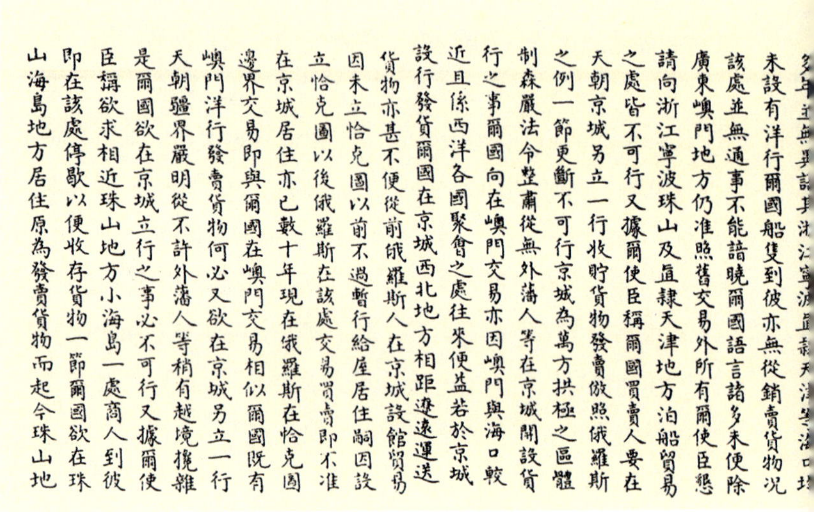

未設有洋行爾國船隻到彼亦無從銷賣貨物況該處並無通事不能諳曉爾國語言諸多未便除廣東嶴門地方仍准照舊交易外所有爾使臣懇請向浙江寧波珠山及直隸天津地方泊船貿易之處皆不可行又據爾使臣稱爾國買賣人要在天朝京城另立一行收貯貨物發賣做照俄羅斯之例一節更斷不可行京城為萬方拱極之區體制森嚴法令整肅從無外藩人等在京城開設貨行之事爾國向在嶴門交易亦因嶴門與海口較近且係西洋各國聚會之處往來便益若於京城設行發貨爾國在京城西北地方相距遼遠運送貨物亦甚不便從前俄羅斯人在京城設館貿易因未立恰克圖以前不過暫行給屋居住嗣因設立恰克圖以後俄羅斯在該處交易買賣即不准在京城居住亦已數十年現在俄羅斯在恰克圖邊界交易即與爾國在嶴門交易相似爾國既有嶴門洋行發賣貨物何必又欲在京城另立一行天朝疆界嚴明從不許外藩人等稍有越境攙雜是爾國欲在京城立行之事必不可行又據爾使臣稱欲求相近珠山地方小海島一處商人到彼即在該處停歇以便收存貨物一節爾國欲在珠山海島地方居住原為發賣貨物而起今珠山地

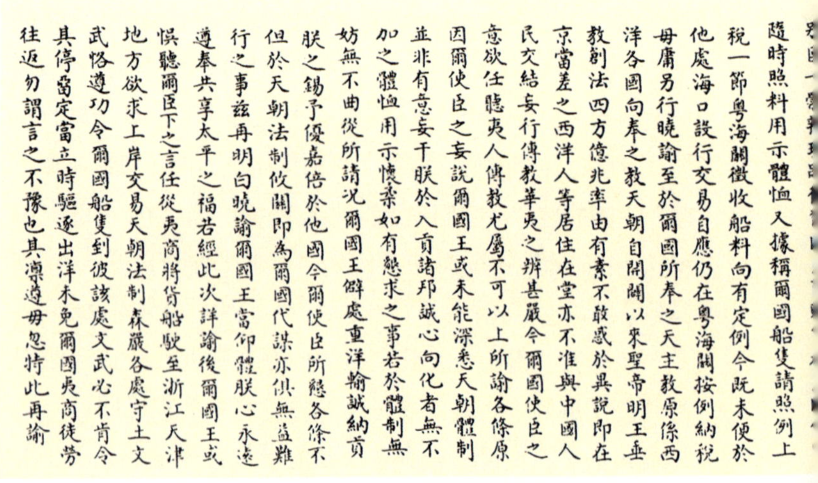

隨時照料用示體恤又據稱爾國船隻請照例上稅一節粵海關徵收船料向有定例今既未便於他處海口設行交易自應仍在粵海關按例納稅毋庸另行曉諭至於爾國所奉之天主教原係西洋各國向奉之教天朝自開闢以來聖帝明王垂教創法四方億兆率由有素不敢惑於異說即在京當差之西洋人等居住在堂亦不准與中國人民交結妄行傳教華夷之辨甚嚴今爾國使臣之意欲任聽夷人傳教尤屬不可以上所諭各條原因爾使臣之妄說爾國王或未能深悉天朝體制並非有意妄干朕於入貢諸邦誠心向化者無不加之體恤用示懷柔如有懇求之事若於體制無妨無不曲從所請況爾國王僻處重洋輸誠納貢朕之錫予優嘉倍於他國今爾使臣所懇各條不但於天朝法制攸關即為爾國代謀亦俱無益難行之事茲再明白曉諭爾國王當仰體朕心永遠遵奉共享太平之福若經此次詳諭後爾國王或悞聽爾臣下之言任從夷商將貨船駛至浙江天津地方欲求上岸交易天朝法制森嚴各處守土文武恪遵功令爾國船隻到彼該處文武必不肯令其停留定當立時驅逐出洋未免爾國夷商徒勞往返勿謂言之不豫也其凜遵毋忽特此再諭

图 4-10　乾隆帝致英吉利国王敕谕（第二道）

就具体内容来说，这篇敕谕水平不低，语言、逻辑都不错。这篇敕谕被批评的主要一点是“天朝上国”的自大和闭关的观念。撰写者或许想不到，这篇敕谕将会被这样批评。从认识论角度看，这种批评是“今之视昔”式的质问。当时要是不这样写，才有问题。图片选自中国第一历史档案馆编《御笔诏令说清史——影响清朝历史进程的重要档案文献》，第 130~131 页。

奉
天承運
皇帝勅諭唊咭唎國王知悉爾國王遠慕聲教嚮化
維殷遣使恭賫表貢航海祝釐朕鑒爾國王恭順
之誠令大臣帶領使臣等瞻覲錫之筵宴賚予駢
蕃業已頒給勅諭賜爾國王文綺珍玩用示懷柔
昨據爾使臣以爾國貿易之事稟請大臣等轉奏
皆係更張定制不便准行向來西洋各國及爾國
夷商赴天朝貿易悉於嶴門互市歷久相沿已非
一日天朝物產豐盈無所不有原不藉外夷貨物
以通有無特因天朝所產茶葉磁器絲觔為西洋
各國及爾國必需之物是以加恩體恤在嶴門開
設洋行俾得日用有資並沾餘潤今爾國使臣於
定例之外多有陳乞大乖仰體天朝加惠遠人撫
育四夷之道且天朝統馭萬國一視同仁即在廣
東貿易者亦不僅爾唊咭唎一國若俱紛紛效尤
以難行之事妄行干瀆豈能曲徇所請念爾國僻
居荒遠間隔重瀛於天朝體制原未諳悉是以命
大臣等向使臣等詳加開導遣令回國恐爾使臣
等回國後稟達未能明晰復將所請各條繕勅逐
一曉諭想能領悉據爾使臣稱爾國貨船將來或
到浙江寧波珠山及天津廣東地方收泊交易一
節向來西洋各國前赴天朝地方貿易俱在嶴門

方既無洋行又無通事爾國船隻已不在彼停泊
爾國要此海島地方亦屬無用天朝尺土皆歸版
籍疆址森然即島嶼沙洲亦必畫界分疆各有專
屬況外夷向化天朝交易貨物者亦不僅爾唊咭
唎一國若別國紛紛效尤懇請賞給地方居住買
賣之人豈能各應所求且天朝亦無此體制此事
尤不便准行又據稱撥給附近廣東省城小地方
一處居住爾國夷商或准令嶴門居住之人出入
自便一節向來西洋各國夷商居住嶴門貿易畫
定住址地界不得逾越尺寸其赴洋行發貨夷商
亦不得擅入省城原以杜民夷之爭論立中外之
大防今欲於附近省城地方另撥一處給爾國夷
商居住已非西洋夷商歷來在嶴門定例況西洋
各國在廣東貿易多年獲利豐厚來者日衆豈能
一一撥給地方分住耶至於夷商等出入往來悉
由地方官督率洋行商人隨時稽察若竟毫無限
制恐內地民人與爾國夷人間有爭論轉非體恤
之意核之事理自應仍照定例在嶴門居住方為
妥善又據稱唊咭唎國夷商自廣東下嶴門由內
河行走貨物或不上稅或少上稅一節夷商貿易
往來納稅皆有定則西洋各國均屬相同此時既
不能因爾國船隻較多徵收稍有溢額亦不便將
爾國上稅之例爲減少惟應照例公平抽收與

尔尼等人带来的礼品中，包括当时英国先进的科学仪器、枪炮及舰船图样等，乾隆帝把玩这些“贡品”之后就交给各部门放到仓库中。马戛尔尼甚至表示，如果乾隆帝喜欢看西洋炮法，可以在御前试演。和珅等人对此并无兴趣。四在于他们忘了“知己知彼”的中国智慧，沉浸在“天下中心”观念中，不去主动了解世界大势，甚至送上门来的都不看。五在于官员群体中“糊弄学”盛行，大家都想把这些人糊弄走完事。看到实情的不敢上报给皇帝，皇帝或是看不到，或是看到的都是装饰和表演，完全意识不到世界巨变和国内忧患。

英国政府谋求与中国建立平等外交关系的努力接连受挫。英国与中国的交涉，只能局限在广州，由粤海关和两广总督等处理。英国政府对此非常不满，决定单方面派遣官员，派遣武装力量。英国派来的官员有了武装力量撑腰，开始挑事找碴。

1833 年英国政府废除东印度公司的垄断权后，开始由官方派出驻广州商务总监督。道光十四年六月（1834 年 7 月），英国政府第一任官方商务总监律劳卑到达广州。律劳卑不想遵守清政府过去的规定，拒不返回澳门，并在广州成立广州英国商人公所。两广总督卢坤将律劳卑的行为视为严重挑衅，于是在 1834 年 9 月 2 日下令停止中英贸易，撤出英国商馆中的华人买办和仆役，并在 9 月 4 日派兵包围英国商馆，断绝交通。初来乍到的律劳卑没想到是这种局面，他心有不甘，决定进一步显示强硬。9 月 7 日，命令两艘英国兵船进入珠江，攻击炮台。此时卢坤也得到道光帝的批准，准备武力应对律劳卑的挑衅，命令封锁珠江，并集合了战舰准备作战。此时由于中英贸易断绝，英国舰队也未到来，英国商人亦不支持律劳卑影响贸易的挑衅行为。在内外交困的情形下，律劳卑又得了疟疾，身体虚弱，于 9 月 21 日率兵船离开广州，返回澳门。9 月 29 日，卢坤解除封仓令，恢复中英贸易。律劳卑于 10 月 11 日带着灰暗的心情病死于澳门。

律劳卑事件虽然历时比较短暂，也未引起很大的冲突，但却有许多值得分析之处。第一，卢坤的对策是“照例封仓”并派兵包围英国商馆。以停止贸易和让英国商人陷入生活困难境地来迫使试图挑战“旧制”的英国商人就范，这是清朝对付西洋商人的一贯措施。卢坤如此，后来林则徐也是如此。第二，英国两艘兵船打到黄埔，卢坤在给道光帝的奏折中也提到英国

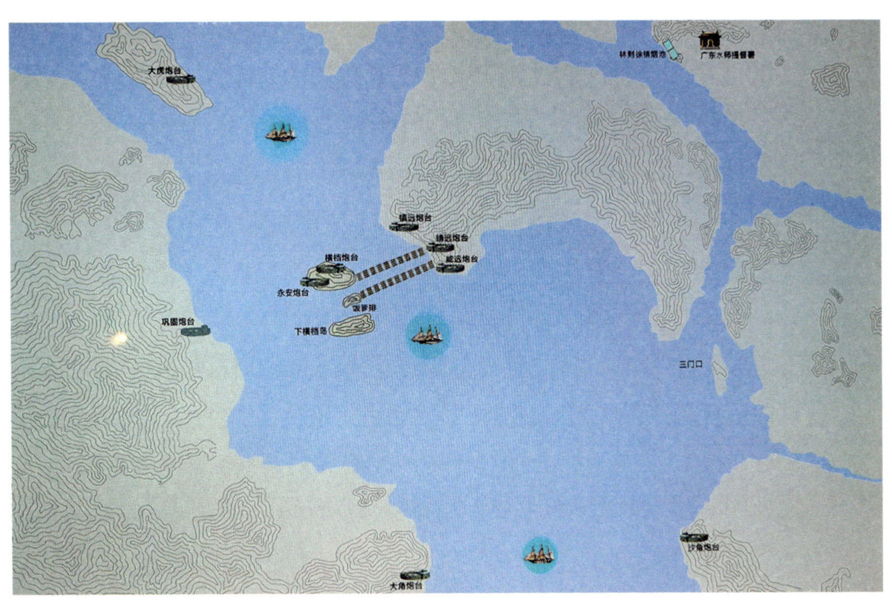

图 4-11　虎门海战博物馆展示的虎门三道防线示意

穿鼻洋至珠江黄埔这片海域，英国和中国斗争了很多年，最终兵戎相见。第一次鸦片战争第二阶段就是从这里开始的。清军修建的防御工事基本被摧毁。由于沙角炮台和大角炮台之间距离约 3562 米，当时清军火炮射程不够，第一道防线很容易被突破。清军的主要防守力量布置在第二道防线威远炮台附近。陈路摄于虎门海战博物馆，2023 年 1 月。

的炮火威力，但无论是皇帝还是军机大臣，居然毫无警觉、毫无反应。卢坤也仅仅指出而已，没有进一步动作。第三，英国政府看到了仅仅要求建立平等外交关系来改变贸易规则的办法行不通，而在没有稳妥战争计划的情况下就向清朝挑战也是非常愚蠢的事情。这种认识带来了几年平静，但对几年后的大规模战争爆发产生了重要的推动作用。

战争第二阶段

直隶总督琦善对英军远征军总司令兼全权代表乔治·懿律的回复，让他对完成外交大臣巴麦尊交付的任务产生了希望，决定率领舰队南返。道光帝和琦善为什么会对乔治·懿律有较为明晰的回复呢？有研究者认为，是因为巴麦尊的照会被按照中文语境进行了翻译，措辞严厉的照会被翻译成中国官员扰害英国商人，亵渎英国威仪，因此“大英国主调派水陆军师，前往中国海境，求讨皇帝昭雪申冤”(《筹办夷务始末·道光朝》)。这个致命的翻译让道光帝和琦善误以为英国人此次前来的主要目的是“告御状”，用过去的安抚和羁縻办法仍然可以奏效。于是道光帝一改强硬的立场，将林则徐撤职，派琦善为钦差大臣到广州处理对英交涉。

道光二十年九月初八日（1840 年 10 月 3 日），琦善带着道光帝“上不可以失国体，下不可以开边衅”的旨意启程南下。他于十一月初六日（11 月 29 日）抵达广州后，形势有了变化。此时乔治·懿律因为身体原因去职，他的堂弟，就是本章开头提到的冒险家查理·义律成了唯一的全权代表。琦善开始和查理·义律谈判后，才真正了解到情况远非他以为的那样简单。琦善便大搞“糊弄学”，采取拖延和敷衍的办法，拒绝和查理·义律当面会谈。但是查理·义律已经在中国6年，比较熟悉中国的政治运作，对琦善的行为早有了解，看透了中国官员的“糊弄学”。更重要的是，他一直主张对华发动战争。现在他掌控了英国侵华舰队，当然不吃琦善这一套，更不会客气！查理·义律于十二月十三日（1841年1月5日）照会琦善，英国将要再次进行战争。琦善的拖延和敷衍战略失败了。

两天后，英军采用海军正面炮击、陆军背后迂回包抄的战术，攻占了虎门的沙角、大角炮台，清军大败。在第二阶段的战斗中，英国军队几乎全部是采用这种战术，而且屡屡得手。英军的作战战术在今天看来非常简单，但是当时为什么会有这样的效果呢？

第一是当时清军的战术水平确实很落后，完全不了解这种战法。第二是中国的炮台还是很落后的圆形或半圆形设计，观察和射击死角多，材质主要是石头等，英军爆炸弹可造成更大的二次伤害。第三是当时流行一种误解，认为英国军队腿脚僵硬，不善陆战，因此中国的陆上炮台背面防御很弱。林则徐在鸦片战争爆发后给道光帝的奏折中说“（英军）无他技能，且其浑身裹缠，腰腿僵硬，一仆不能复起”。英国人腿脚僵硬的说法，很可能是在马戛尔尼、阿美士德访华关于跪拜争执时出现的，或许是当时相关官员给皇帝解释英国使臣不下跪的原因时编造的。但是这一说法影响很大，包括道光帝在内的人都一直认为英国人确实不善陆战。

也有读者朋友会问了，如果一次不知道，第二次不就知道并告诉其他守军了吗？实际上不大可能。一是当时一开战，清军就稀里糊涂战败了，都搞不清楚英国人什么战术，如何说？二是前方将领都是谎报军情的高手，即使知道了也不敢写清军是如何溃败的。三是即使写了，以当时的通信条件，也不能及时向兄弟部队传送。

经历这次战败，琦善认识到确实打不过，接受英国的谈判条件是不可避免的事情。他一咬牙，做出重大让步，接受了查理·义律的大部分要求。但是，接到琦善报告的道光帝非常生气，严厉斥责琦善软弱无能，并再次决定要全力攻灭英军。

正月初八日（1 月 30 日），道光帝授宗室奕山为靖逆将军，隆文、杨芳为参赞大臣，从全国调集大军赴广东“剿夷”。英军在获得胜利后，继续向广州进攻，战争进一步升级。二月初

图 4-12　威远炮台遗址

当时中国海防堡垒基本是圆形或半圆形炮台，以石头为主要建筑材料，优点是坚固耐腐蚀，缺点是不利于炮台自身的防御。另外炮弹爆炸后炸飞的碎石会造成较大的二次伤害。西方列强在世界各地殖民时，修建的多为西班牙式城堡，折角多，无观察和射击死角。作者自摄照片，2023 年 3 月。

图 4-13　威远炮台的炮位视角

当时威远炮台等装配了八千司马斤大炮（4800 公斤）等巨炮，但是由于炮位固定，射击时可调整范围很有限，面对机动船只，实战中能开炮的次数并不多。作者自摄照片，2023 年 3 月。

五日（2 月 25 日），虎门大战爆发。英军继续采用水陆结合的方式对清军炮台发动猛烈攻击。虽然广东水师提督关天培一直在加紧战备，并在丢失沙角和大角炮台后重新进行了布防和准备，但是落后的军事装备水平、战术差距和人员劣势，使清军再次大败，关天培英勇战死，虎门要塞丢失。

虎门战败之后，英军进入珠江，威胁广州。二月十三日（3 月 5 日），身经百战的嘉道两朝名将杨芳抵达广州，开始全面负责对英作战。但是面对现代化的陌生敌人，曾经战功赫赫的老将也束手无策，甚至闹出了“购买马桶御炮”等荒诞行为。此时的英军节节胜利，不断进逼广州，并于二十六日重新占领了广州西南角的英国商馆。本来果勇侯杨芳是奉命前来歼灭英军的，在束手无策的情况下居然一方面开始和英军交涉，一方面也大搞“糊弄学”，向道光帝谎报战绩。二十八日，杨芳与查理·义律达成停战协定，英军停止进攻广州，广州也于该日恢复通商。停战协议虽然避免了广州被攻陷，但也让杨芳和广东巡抚怡良付出了代价，被革职留任。然而与鸦片战争时期其他高级官员的命运相比，这种处罚已是最好的结局了。

以皇侄身份出任靖逆将军的奕山于三月二十三日（4 月 14 日）到达广州。义律决定先发制人，给这个傲慢的皇亲贵胄来个下马威。奕山为了给道光帝有所交代，也在秘密布置。他想到的战术是来一个国际版的“火烧赤壁”——火烧英国军舰。现在大家可能会觉得很好笑，这都什么年代了，还学诸葛亮那一招儿。实际上，这还真有可能是学诸葛亮的。有研究者已经指出,《三国演义》是满族人的政治和军事教科书，皇帝和贵族都是“三国迷”。

四月初一日（5 月 21 日），得到查理·义律即将对广州发起攻击的情报后，在从广东、福建等地募集的水勇尚未到达的情况下，甚至没和老将杨芳商量一下，奕山仓促下达攻击命令。初一日晚至初二日，广州之战爆发。奕山的火攻战法不仅未能伤及英舰，反而引发了岸上居民区大火。初四日晚英军开始登陆，并对广州城展开攻击。初六日，广州守军投降，与英军达成停战协定，奕山的“靖逆”使命以惨败告终。广州之战唯一值得提到的亮点，是停战协定达成之后三元里人民的英勇抗英活动。

道光帝在接到奕山等人关于英军在同意通商后已经撤出虎门，并将占领的各炮台交还的奏报后，以为战争已经结束，遂决定将调往广东、福建、浙江等地加强海防的官兵撤回。殊不知，英国政府的目的并未达到，显然不会罢休。新任英方全权代表璞鼎查再次挥军北上，要求清政府按照去年在天津协商的各条款办理善后事宜，如果不能则继续进行战争。

七月初十日（8 月 26 日），英军攻陷厦门。清军英勇抵抗，伤亡惨重。道光帝得到英军再次挥军北上的消息后，立即下令各地撤防的军队再次回防。八月十七日（10 月 1 日），定海再次失陷，清军损失惨重。二十六日镇海失陷，最坚决主战的署理两江总督裕谦投水自尽。二十九日，浙江提督余步云不战而

图 4-14　虎门海战

虎门之战清军约 1 万人，火炮 450 门，英军约 2000 人，战舰 10 艘，火炮 394 门。最终清军约 500 人阵亡，其中包括广东水师提督关天培，大量人员受伤，1300 人被俘，英军仅 5 人受伤。数据来自虎门海战博物馆。图片选自朱诚如主编《清史图典》第 9 册，第 79 页。

逃，宁波陷落。此后英军扫荡附近县城，未遭遇抵抗。九月初四日（10 月 18 日），道光帝在得知裕谦殉国消息后，授协办大学士吏部尚书奕经为扬威将军，驰赴浙江督办军务。一看名字就知道，这是道光帝侄子辈儿的。但是奕经并未“驰赴”“扬威”，而是在苏州停留了两个月，观望不前，吃喝玩乐。最后在迷信思想下指挥宁波、镇海、定海反攻，希望“五虎制敌”，再来一个火烧连营，结果注定一败涂地。1842 年 5 月天气转暖，英军再次发动攻击。四月二十二日（31 日），军事重镇乍浦陷落，英军遭遇了驻防八旗兵的拼死抵抗。五月初八日（6 月 16 日），英舰闯入吴淞口，宝山县城陷落，清军英勇抵抗，江南提督陈化成战死。十一日，上海县城陷落。六月十四日（7 月 21 日），英军攻击镇江，京口副都统海龄率领城内 1600 名八旗兵英勇战斗，给英军造成了战争爆发以来最严重的伤亡。镇江陷落，海龄举家自杀殉国。

在得到镇江陷落、江宁（南京）和扬州危急、漕运中断等信息后，道光帝终于服软了。他于六月二十日命令耆英和伊里布“便宜行事”，与英军商谈和议事宜。在得知英军准备攻击江宁后，道光帝谕令耆英和伊里布“仍遵前旨，设法羁縻，迅速将此事了结，一切不为遥控”（《着钦差大臣耆英等设法羁縻英军并妥筹攻剿事上谕》）。在“剿”“抚”之间多次游移摇摆的道光帝，此时已经彻底无心恋战。后来他儿子咸丰帝在北京陷落后，也来了个“不为遥控”。

七月二十四日（8 月 29 日），清政府代表耆英、伊里布、牛鉴和英国全权代表璞鼎查在南京下关江面上的英国“皋华丽”号军舰上签订了屈辱的中英《江宁条约》，即《南京条约》。

中国的“百年屈辱”正式开始了。

图 4-15　1842 年 8 月 29 日《南京条约》签订现场

《南京条约》签订后，割地赔款让道光帝深感对不起祖宗，死后连功德碑都不让立。但是，这并没有触及他的灵魂，更没有让他产生派人去英国看看的念头。图片选自 H. B. Morse，*International Relations of the Chinese Empire*，Vol.1，*The Period of Conflict 1834-1860*，1。

《南京条约》解析

《南京条约》是近代中国签订的第一个不平等条约，不平等处主要体现在三点：第一是割地，香港岛被割占；第二是赔款，不仅要赔偿之前销毁的鸦片，还要赔偿战争费用；第三是赦免“汉奸”，严重干预了中国的内政。另外，五口通商、废除行商制度、新定税则，也是强迫中国接受。

过去我们比较注重《南京条约》的危害，实际上，对中国危害更大的是作为《南京条约》补充的《虎门条约》。在《南京条约》之前，道光帝谕令耆英等人，与英国的谈判“必应斩钉截铁，事事皆当着实，毋得稍留罅隙”(《着扬威将军奕经移驻常州候接耆英知照即率兵应援事上谕》)。在道光帝批准《南京条约》的二十七日，他再次谕令耆英“此外一切紧要事件必应筹及者，均着责成该大臣等一一分晰妥议，不厌反复详明，务须永绝后患”(《着钦差大臣耆英等照所奏各条与英迅速定议并令英船全数退出大江等事上谕》)。道光帝“勉从下策之中力求弭患未然之计”的要求，让耆英开始思考如何一劳永逸地解决与英国的交往问题。毫无国际知识的道光帝和他的大臣们，又一次犯下了致命的错误。

耆英在二十七日又给璞鼎查一道照会，提出了十二项交涉内容，希望永绝后患。在耆英照会的基础上，耆英与璞鼎查于九月初五日（10 月 8 日）签订了《五口通商附粘善后条约》，又称《虎门条约》。该条约让中国失去了关税自主权、对英国人的司法审判权，英国获得片面最惠国待遇、军舰进泊通商口岸之权。丧失关税自主权造成了惊人的经济损失，治外法权和片面最惠国待遇更是给中国带来了不可估量的危害。读者朋友们会问，治外法权好理解，就是洋人在中国犯了法，中国官员不能独立审了，那片面最惠国待遇是什么意思？简单说，就是清政府今后和其他国家签订了条约，给予其他国家的权益，英国可以自动获得。此后清政府又把这个片面最惠国待遇给了美国、法国等西方列强，中国只要和一个国家签订条约，就等于和所有有了最惠国待遇的国家签了条约。为什么晚清时期帝国列强在侵略中国时这么团结，原因就在这儿！“片面最惠国待遇”成为一个紧紧勒住中国脖子的绳索！

鸦片战争和《南京条约》就像魔鬼打开了潘多拉的盒子，让其他新兴的西方国家看到了中国的虚弱和他们可以攫取的利益。美国人看到英国通过战争取得了惊人的利益后，也以战争为要挟，尤其是要进京觐见皇帝并谈判签订条约。耆英等人为阻止美国人进京并防止战争，于道光二十四年五月十八日（1844 年 7 月 3 日）与美国签订了中美《望厦条约》。这个条约规定的协定关税、领事裁判权及十二年修约等内容，在中英条约中是没有的。由于英国“片面最惠国”条款的存在及清政府将片面最惠国待遇也给予了其他西洋国家，这些条款也适用于它们。十二年修约的规定，也给英国发动第二次鸦片战争提供了理由。

英国和美国的成功刺激了另一个帝国主义国家法国。法国受到英国和美国的启发，也以进京觐见皇帝施压耆英，最终于道光二十四年九月十三日（1844 年 10 月 24 日）中法签订了仿照中英、中美条约的《黄埔条约》，法国获得了与英国和美国一样的待遇。与法国签订条约时，耆英还在基督教弛禁问题上松了口。在不断施压下，道光帝于道光二十六年正月二十五日

（1846 年 2 月 20 日）宣布弛禁，引出了晚清接连不断的教案。正是因为有了这个弛禁，才有了西林教案，促成法国与英国组成英法联军。

看到美法毫不费力地获得了惊人的利益，比利时、荷兰、瑞典和挪威等一些小国也来谋求利益。清政府也均给予了与英、法、美一样的权益。

道光帝及其大臣，战争期间完全忘记了“知己知彼，百战不殆”的古训，闭目塞听，对世界局势完全不知，又不能及时了解学习，最终一败涂地。在签订条约时，完全不了解国际公法，争所不当争之事，放弃万不能放弃之事，让“天朝上国”一下子坠入半殖民地的噩梦之中。

比鸦片战争惨败更致命的是，付出巨大代价的君臣们以为已经一劳永逸地解决了问题，既不反省，也不力图改革，很快就付出了更大的代价，这就是英法联军攻陷北京的第二次鸦片战争。

最后要补一点儿关于英军和清军战术的解释。英军实际主要采用的战术是游击战加迂回包抄。英军到某地后，作为进攻方，正面海上炮击清军炮台吸引火力，同时派遣陆战队从别处登陆，从背后迂回包抄炮台等清军阵地。攻克之后，稍作休整，除了一些临时保障基地，其他地方不固守，集合最大力量攻击下一个。

清军作为防守方，海岸线漫长，虽然总兵力几十万人，但是分布在全国各地，即使前线有一些军队，要分散防守，每个地方的人数也很少。另外就是当时通信和运输能力都很差，清军很被动，不知道英军要攻击哪个地方，各地形不成合力。清军前线将领和官员又没有随机调动军队的权力，很难根据

图 4-16 威远炮台露天炮位

威远炮台、沙角炮台在第一次鸦片战争被摧毁后，清军曾予以修复。在第二次鸦片战争中又被摧毁，后来又被修复。今日所见炮台遗址，在开放参观前又有所修复。炮台面对的已经是今日中国最发达的珠江沿岸。江上船只穿梭，参观遗址的人络绎不绝，大炮也成了儿童玩耍之处。此情此景，可告慰牺牲在此的英烈们。作者自摄照片，2023 年 3 月。

形势灵活配置军队。这就造成了每次与英军作战时，清军总是以劣势装备和少数人对抗英军优势装备和多数人。焉能不败？

需要注意的是，在此后的第二次鸦片战争、中法战争、甲午战争中，这种情况一再上演。

第五章　英法联军进北京

道光三十年正月十四日（1850 年 2 月 25 日），道光帝驾崩。皇四子奕詝继位，年号咸丰。咸丰帝是清朝第 9 位皇帝，是中国倒数第 4 位皇帝，也是最后一位成年继位的皇帝。这个顺序一摆，读者朋友们就能体会到悲凉气息。

咸丰帝确实是个悲剧人物。

咸丰帝继位虽然没有刀光剑影，但也是有些故事的。他有一个强劲的对手，就是小他一岁半的弟弟皇六子奕䜣。奕詝虽然持重，但是让人觉得才干稍逊。奕䜣虽然才干过人，但是让人觉得锋芒外露。道光帝在这两个儿子之间，并无明显偏爱，因此在立储问题上一直犹豫不决。在乾纲独断家法和秘密立储制度约束下，此事完全不能咨询他人。

到底该立谁当太子，成了一道超级难题。一直拖到道光二十六（1846），在道光帝感觉身体大不如前的64岁时，他才下了最后决心，写了一道颇为独特的立储密诏，右起第一行是“皇六子奕䜣封为亲王”，右起第二行是“皇四子奕詝立为皇太子”。一份立储密诏上写两个人的名字，在清朝历史上前所未有，也显示了道光帝在立储时的犹豫徘徊。

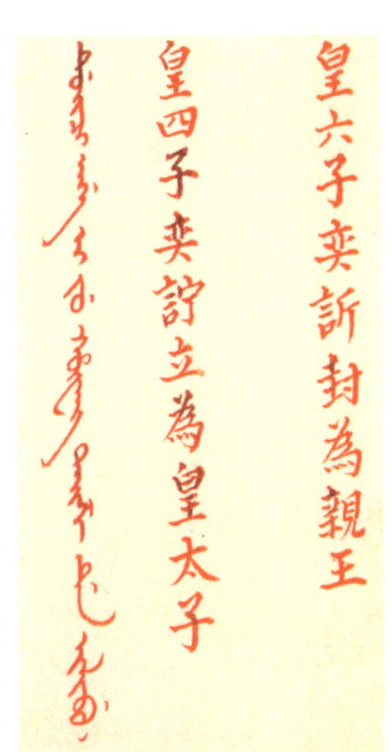

图5-1　道光帝秘密立储诏书及匣子

雍正帝经历了残酷的皇位争夺后，决定不再立太子，改以秘密立储制度。这封秘密立储诏书最独特处是先写了封奕䜣为亲王，体现了道光帝的艰难取舍与复杂心理。图片选自中国第一历史档案馆编《御笔诏令说清史——影响清朝历史进程的重要档案文献》，第150页。

熟悉晚清史的人总会去假设，如果道光帝选择了奕䜣而不是奕詝当皇帝，近代中国会是怎样一种情形呢？历史不能假设，但是人们总会用假设来表达遗憾之情。皇权专制时代，皇帝是天下根本。皇位继承者选择，是重中之重。一个决定，就改写了历史。

为什么道光帝不选择才干出众的奕䜣，而选择奕詝呢？这里至少有两个原因。

一是清朝以儒家仁孝为治国根本，德行是比才干更重要的皇帝素养。奕詝在老师杜受田的教育和指导下，处处体现出仁孝，而奕䜣则处处显示出才干。二是道光帝本人亦是才干不足但老成持重，只想着守成继业，可以说与奕詝是同类型的人，因此也会更倾向于奕詝。这也说明，道光帝显然没有被鸦片战争的割地赔款惊醒，没有意识到世界已经是列强环伺的世界。在内忧外困的局势下，最需要的是才干过人，而不是老成持重。面对咄咄逼人的帝国主义列强，需要领导者破釜沉舟地改革，而不是继续保守。实际上，咸丰帝在处理内政外交时，并没有老成持重，而是轻忽冒进。道光帝的这一决定，不仅为清朝崩解埋下了伏笔，也造成了包括奕詝、奕䜣在内的子孙们的悲剧。

按照中国传统的年龄计算方法，奕詝 20 岁当皇帝，31 岁病死，执政 11 年 5 个月 27 天。这 11 年中，主要有两件大事，一件是太平天国起义，一件是第二次鸦片战争。太平天国起义发生于前结束于后，第二次鸦片战争发生于后结束于前。为了更好地让读者朋友了解晚清历史发展的来龙去脉，我们先讲第二次鸦片战争及由此引发的辛酉政变，然后回过头来讲太平天国起义及其影响。

为什么要先讲第二次鸦片战争呢？这要从本书第四章所谓的“万年合约”说起。

图 5-2　咸丰帝朝服像

道光帝二十七岁时才得长子，此后近二十年未再生子。1827 年、1829 年次子和三子先后夭折。1831 年道光帝踹死了不用功学习的大儿子，五十岁的道光帝没有儿子了，心甚恐惧。两个多月后咸丰帝出生，他才长出一口气。咸丰帝因为幼年生病，略微有点儿跛脚。选皇帝对外形没有要求，但肯定要注意皇帝威仪。咸丰帝最终继位，说明他跛脚不会太严重。不知道光帝是否了解咸丰帝跛脚的问题，估计知道咸丰帝跛脚的人，也不敢给道光帝报告。图片来自网络。

修约问题

在签订《南京条约》时，道光帝反反复复要求一个“斩钉截铁”“永绝后患”的合约。但是中方负责签约的耆英由于缺乏现代国际知识，很轻易地就上了敌人的套儿。“万年合约”很快就成了帝国主义列强扩大侵略的理由。

咸丰帝是个“苦命天子”。[1]道光三十年十二月初十日（1851年1月11日），咸丰帝继位还不到1年，洪秀全等人就在广西金田村誓师起义。此后太平军迅速壮大，并在三年后攻占武昌、南京，对清朝统治提出了前所未有的挑战。就在内政风雨飘摇之际，列强也趁机扩大侵略。太平天国的快速发展，让英国和法国在华人员看到了进一步扩大在华利益的绝佳机会。早在1851年1月13日，英国领事阿礼国就向英国驻华公使文翰提出，趁清王朝危机，派一支小型舰队到镇江封锁运河口，掐断漕粮北上路线，迫使清政府答应鸦片贸易合法化，并扩展英国在华贸易权力。这一建议虽然没有被立即执行，却显示了英法等列强此后十几年对华侵略的思路，即趁中国之危，扩大侵略果实。第二个看到侵略中国良机的是俄国。1852年初，俄国开始在黑龙江、库页岛等地进行活动，并向中国提出领土要求。

随着太平天国形势的发展，英国政府决定在不影响自己利益的前提下在中国内政问题上采取中立态度。中立归中立，却

1　本书吸收了茅海建《天朝的崩溃——鸦片战争再研究》和《苦命天子：咸丰皇帝奕詝》的部分观点。

没有忘了要扩大在华利益。他们找到的机会就是《南京条约》快到了修约时间。上一章讲了，其实《南京条约》及《虎门条约》中并没有满 12 年修约的条文。1844 年 7 月签订的中美《望厦条约》第 34 条说，各通商口岸情形不一，条约中可能存在需要变通之处，待该条约满 12 年后，两国派员公平酌办。本来这没英国什么事，但是中英《虎门条约》第 8 条有这样一个内容："设将来大皇帝有新恩施及各国，亦应准英人一体均沾，用示平允。"(《五口通商附粘善后条约》) 英国政府据此认为《南京条约》也应在满 12 年后重修。从国际法来看，"英人"和"英国政府"也不是一回事，修约也不在"最惠国待遇"包括内，但是当时中国完全没有人懂国际法，无人知晓，英国政府为了借机扩大利益，揣着明白当糊涂，故意歪曲解释。

1853 年 5 月，英国政府分别照会法国、俄国和美国，希望一起向清政府寻求修约。同月，美国驻华公使向美国国务院报告，准备利用中国战乱，为美国谋取更多利益。经过沟通协商，英、法、俄、美四国虽然在具体行动上有所差异，但在协作侵华问题上基本达成一致。

仅仅看这一点，可能觉得这比较正常，但是如果我们把视野扩展到当时的世界史，就会发现很不正常了。1853 年，一场英法联手对付俄国的欧洲大战——克里米亚战争爆发了。再向前一点看，英法之间、英美之间都有战争等历史恩怨。但是四个国家为了谋求更大的在华利益，放下了他们之间的矛盾和敌对关系，沆瀣一气，对中国开始了新一轮侵略。

另外，面对中国这个"黄种人"的绝对"他者"，英、美、法、俄就是"白种人"的"自我"，大家都是中国人口中的"洋鬼子"。此处不是要宣扬种族主义，而是指出当时西方列强及在华外国人真实的族群和心理认同。以生物特性为基础的“人种论”在当时影响很大。

咸丰四年闰七月（1854 年 8 月），英、法、美三国正式联合向中国提出修约要求。在与两广总督叶名琛接触后，三国公使借口叶名琛不允修约，先后率舰队到达天津大沽，直接向朝廷提出修约要求。英、法、美要求不一样，但概括起来说，主要有以下几点：（1）派公使驻京，直接和中国建立平等外交关系；（2）中国全境开放；（3）废除进口商品的内地税；（4）承认鸦片贸易合法化；（5）开放长江及沿岸城市；（6）允许外国在华开矿等。英、法、美的胃口之大，怎么理解呢？这些要求的基本实现，是在光绪二十七年（1901）《辛丑条约》之后。

咸丰帝认为已经修了“万年和约”，英、法、美又提这么多新要求，而且狮子大开口，非常荒谬，必须逐条驳斥予以拒绝，以杜贪念。三国公使失望南返，修约斗争第一回合以清政府的胜利结束。

对于贪婪的英、法、美来说，此事不可能就这样结束。三国公使随后分别向本国政府报告，只有果断采取联合武力示威，甚至战争，才能获得他们想要的利益。但是要对中国发动武装侵略，需要有适当的借口。借口嘛，只要想找，总会有的。到了咸丰六年（1856），英法都找到了在国内具有很强煽动力的借口。

马神甫事件和“亚罗”号事件

法国发动战争的借口是马神甫事件，又称西林教案。

教会力量在法国影响很大，因此在道光二十四年签订中法

《黄埔条约》时，其强烈要求解除传教禁令。耆英不明就里，在基督教传教问题上松了口。松口的时候，他一定想不到这事很快就给他自己和国家带来大麻烦，并成为法国发动第二次鸦片战争的借口。

咸丰六年，法国天主教传教士马赖被广西省西林县知县正法。西林县归广西省管辖，但是处在广西最西端，是广西、云南和贵州三省结合之处。如此偏僻的内陆乡村，怎么会发生教案？这事要捋清楚，还得从明末清初说起。南明永历皇室逃到广西后，太后、皇后等人曾信奉天主教。南明覆亡后，教徒四散到广西和贵州边界地区，其中有几十户彝族教民迁徙到西林定居。在第一次鸦片战争后，清政府在传教问题上松了口，法国外方传教会香港总会多次派神父秘密潜到广西和贵州边界寻找明末天主教教民的后代。马赖就是其中一个重要神父。咸丰五年，有天主教徒白三状告马赖借“洗礼”之名侮辱其女儿和侄女，致使其侄女自杀。西林县知县张鸣凤随后将马赖逮捕并处死。马赖为何被处死？有研究指出根本原因是他传播的“基督教”引起了张鸣凤等人对“拜上帝教”的警觉，以为是“纠伙拜会”，准备造反。当然，马赖被处死，于法有据。《黄埔条约》只是同意传教士在通商口岸传教，内地禁教政策仍然在执行。

一直希望扩大在中国传教事业的法国外方传教会迅速将此事扩大为中法两国之间的纠纷。法国外方传教会隐瞒违反条约规定向中国内地派遣传教士的行为，并将马赖之死描述为传教士为了传播上帝福音而遭中国地方官员镇压，最后受酷刑而死。这个故事在法国广泛传播，法国天主教徒群情激愤。强大的舆情给依靠天主教力量且有天主教海外保护责任的拿破仑三世造成了不小压力。他很快发出指示，法国政府要为保护圣教而战，

图 5-3　武汉辛亥革命博物馆展览入口处的“条约墙”

当时没有中国人懂国际法，也没有专业的外语人才，签订的这些条约布满大坑。这些条约在我们看来是屈辱的不平等条约，在外国列强看来这都是公平谈判的结果，具有必须执行的法律效力。作者自摄照片，2024 年 1 月。

并希望与英国联手。咸丰六年八月二十九日（1856 年 9 月 27 日），法国外交部部长会晤英国驻法大使，准备派遣远征军到中国，希望英美与法国联合一致行动。好巧不巧，就在此时，“亚罗”号事件发生了。

九月初十日（10 月 8 日），广东水师在海珠炮台附近查办走私时，搜查了“亚罗”号货船。据货主交代，该船有船员与一起劫案有关。广东水师遂将十二名中国水手全部逮捕。这本来是中国军方的正常执法行为，但却遇到了又一个冒险者——英国驻广州领事巴夏礼。巴夏礼是郭实腊妻子的亲戚，也正是这个机缘让巴夏礼来到中国。他是在第一次鸦片战争期间到达中国的，并在 14 岁时见证了《南京条约》的签订。随后他担任英国第一任香港总督璞鼎查的秘书兼翻译，福州、厦门领事等职。“亚罗”号事件发生时，他正担任驻广州领事。可以说，巴夏礼是在对华强硬的环境中成长起来的一个对华强硬派。

“亚罗”号水手被逮捕就是巴夏礼强硬和冒险的机会。他声称此船系英国船只，要求带走全部人犯。在被广东方面拒绝后，他趁机制造事端，一方面向英国公使包令报告，一方面照会两广总督叶名琛，咬定“亚罗”号是英国船，中国官兵在“亚罗”号捕人，破坏了英国的治外法权。“治外法权”，这也是中英《南京条约》及其附属条件埋下的祸根。巴夏礼还诬陷中国官兵扯下并侮辱了“亚罗”号上悬挂的英国国旗，要求立即释放人犯并书面道歉。尽管两广总督叶名琛在十二日就将未涉劫案的 9 名水手释放，但被巴夏礼拒收。几天后，英国驻华公使包令照会叶名琛，要求迅速答应英国的全部条件，否则将升级事态。二十三日，巴夏礼给叶名琛最后通牒，如果二十四小时内不答应所有条件，将率舰队攻击广州城。二十四日，叶名琛遣还全部被捕水手，但是巴夏礼借口礼貌不周且没有正式道歉文书，不仅拒收人犯，而且坚持诉诸武力。二十五日，英国东印度和中国舰队司令率舰队突入广州内河，占领炮台，攻击广州城，第二次鸦片战争正式爆发。

“亚罗”号事件，完完全全是英国殖民者为了侵略中国强行寻找的借口，在事实上和法律上都完全站不住脚。对于这一情况，巴夏礼、包令和英国政府是完全清楚的。九月十三日（10 月 11 日）包令在给巴夏礼的信中就指出，经过调查，“亚罗”号在香港注册日期已过，无权寻求英国保护，无权悬挂英国国旗。但是他又指出，中国人并不知道这一情况，巴夏礼可以采取强硬措施。包令在给英国政府的报告中也说：“船不在我们的保护之下，不过中国人并不知道这一点，看在上帝的面上，千万不要把这一点透露给他们。”（马克思：《议会关于对华军事行动的辩论》）尽管英国政府和议会都知道这一事实，但还是通过了武装侵华的决议。

只要可以谋取更大的利益，事实、道德和法律，在殖民主义者眼中，一钱不值！马克思对这一历史真相的揭露，并不能阻止帝国主义列强坚定又血腥的殖民扩张步伐。18~19 世纪的世界，是最不讲道理的时候。

清政府官员当时虽然不知道“亚罗”号注册日期失效了，但是知道“亚罗”号实际是中国人的船，英方是在借机生事。两广总督叶名琛在事件发生后多次照会英方，直接指出英方行为的实质。比如他在十月二十日（11 月 17 日）致英国公使包令的照会中指出：“（亚罗号）系中国人假借之旗号，巴领事官何必代为出头理论，不过欲借端生事耳。”（《丙辰粤事公牍要略》）

图 5–4　巴夏礼

在第一次鸦片战争中成长起来的巴夏礼，一直是对华鹰派，胆大手黑。联军攻占广州后，组成了以巴夏礼为首的英法三人委员会，统治广州 4 年。英法联军进攻北京时，他是英国全权代表额尔金的翻译，被扣押在北京，最终引发了英法联军攻破北京。他极力支持烧毁圆明园。图片选自朱诚如主编《清史图典》第 10 册，第 90 页。

马神甫事件和“亚罗”号事件，推动了英、法、美、俄侵华同盟的快速形成。10 月 31 日，英国外交大臣答应法国将在马赖赔偿问题上进行协作，并在对中国采取行动方面进一步合作。12 月 16 日，英法两国达成派遣联合舰队的协议，英法远征联军形成。在此后对广州城的攻击中，美国军舰也主动参加了战斗，而且英、法、美在外交上加紧了协调，三国侵略同盟在 1856 年底基本形成。此时正与英法两国在克里米亚大战的俄国，也看到了机会，主动向英、法、美靠拢。1857 年 6 月，俄国外交大臣正式决定对英法在中国即将进行的行动提供支持，英、法、美、俄四个当时世界上最强大的国家形成了侵华同盟。

英、法、美、俄联合侵华，尤其是英、法、美联军武装侵华，将中国的危机推到了新的层次：列强联合起来对付中国。此后中国很难抵抗列强侵略的原因之一，就是中国面对的不是一个，而是一群西方国家。英、法、美、俄四国联盟，在四十多年后的 1900 年，演变成八国联军。

在西方列强殖民史上，被西方列强以同盟方式进行殖民侵略的国家，只有中国。为什么？因为西方列强都意识到，中国地大物博，综合实力一直在线，又有精神支柱，单一西方国家对付不了。

广州攻防与叶名琛被俘

面对英、法、美联军的攻击，两广总督叶名琛采取了一个“奇怪”的应对措施。当英国舰队开始攻击广州内河炮台时，叶名琛颇为镇定，要求官兵不可反击。待到英军炮轰广州城和总督衙门时，叶名琛仍然危坐二堂之上，全无惧色。在和谈无望的情况下，叶名琛开始反击。关闭海关，停止贸易，鼓励百姓杀敌并下令清军反击，收复失陷炮台。在叶名琛的领导下，广东军民团结一致，不仅让英军处处受敌，而且在海战中获得了胜利，迫使英军撤退到香港。1857 年 7 月，在反击取得胜利后，叶名琛派人和包令联络，希望继续议和，但是包令已经被英国政府解职了。

也就是在这一时期，世界局势又发生了新的变化，广州有了大约半年的安静期。在包令被解职一个月后，英国特使额尔金到达中国。额尔金决定先攻占广州，然后率兵北上到天津，逼迫中国谈判。但是由于此时英国军队被调到印度镇压印度民族大起义，额尔金的计划未能立即执行。到了该年 11 月中旬，俄国公使到达香港，向英法公使献策，认为只有对北京直接施加压力，才是最有效的办法，这为此后英法联军北上进一步提供了支持。

到了 1857 年底，镇压印度民族大起义的英军逐渐抽身，并赶赴广东，英法联军在广州完成集结。咸丰七年十月二十七日（1857年12月12日），英法两国特使照会两广总督叶名琛，要求：（1）英法联军进入广州城；（2）赔偿咸丰六年被战争焚毁的商馆、栈房和货物；（3）将西林县知县问罪及赔偿马赖家族；（4）重新修约；（5）将广州各炮台交给英法联军驻扎，修约完成之后撤兵。如果十日内不能答复，英法联军将再次进攻广州城。

从事实和法理上说，以上各项要求均为蛮横无理，也完全超出了叶名琛的职权。叶名琛深知此时朝廷正深陷与太平天国的苦战，不能再与列强开战，但是过去处理外交事务形成的自信以及此时从香港获得的错误情报，使他在面对英法两国通牒时，依然采用了较为强硬的态度，以及试图说服英法公使的策略。他还没有充分认识到，侵略者是不讲道理的。这一错误的决定不仅导致广州再次被攻占，还让他自己成为英军俘虏，沦为历史“笑话”。

十一月十四日（12月29日），广州再次沦陷。十一月二十一日（1858年1月5日）叶名琛被俘。叶名琛被俘后依然保持着两广总督的威仪，希望与英法特使面对面谈判。但是英法特使对此已完全不感兴趣。被送到印度加尔各答的叶名琛，以“海上苏武”自诩，在携带的食物吃完后，绝食而死。据仆从说，临死前他别无他语，只说辜负皇上天恩，死不瞑目。

被囚在加尔各答时，叶名琛写下这样的诗句：任他日把丹青绘，恨态愁容下笔难。这句话与其说是叶名琛在有人给他画像时的感悟，不如说是他已经意识到后人对自己进行历史评价

图 5-5　叶名琛

从叶名琛坐的椅子等物品和“恨态愁容”来看，照片应该是拍于被囚期间。图片选自泰瑞·贝内特《中国摄影史（1842~1860）》，第81页。

将会比较困难。

任何人讲第二次鸦片战争，都绕不开两广总督叶名琛，但是评价叶名琛何其难也。在叶名琛死后，很快就有一个著名的评价："不战不和不守，不死不降不走。相臣度量，疆臣抱负，古之所无，今亦罕有。"（薛福成：《书汉阳叶相广州之变》）此后叶名琛就被冠以"六不总督"，为人耻笑嘲讽。随着研究的深入，人们越来越认识到叶名琛的不容易。笔者行文至此，也忍不住为他辩白几句。

历史要善待那些努力负责的人，无论成败！

叶名琛其实是个干才。从道光二十八年（1848）担任广东巡抚，到咸丰二年（1852）担任两广总督，再到咸丰八年被俘，叶名琛面临的局面是外有英、法、美列强步步紧逼，内有太平军、洪兵、天地会起义此起彼伏。他左接右挡，不仅长时间稳住了外国侵略者，一一镇压了国内起义者，还应咸丰帝的要求源源不断地向镇压太平军的前线输送军队、军饷和军械，成为国家名副其实的"南天一柱"。如果不是他在两广苦苦支撑，或许清朝历史早已改写了。面对英法联军大举入侵，他固然有谎报军情或轻视敌情等问题，但也应辩证地看待他的应对策略。谎报和轻视，其中有"糊弄学"的经验依赖和情报误导等因素。换个角度，即使他不谎报军情、高度重视英法联军，又能如何呢？战守无兵，民气已竭，除了全盘接受英、法、美列强的侵略要求，别无他法。弃城逃跑或投降，依照大清律，都是抄家灭族的重罪，对于恪守忠孝之义的叶名琛来说，是绝不可能选择的。虽然他有一定的议和权力，但是英法列强提出的公使长驻北京、内地开放等要求，在咸丰帝看来有动摇国本的危害，他又无权决定。另外，从权益代价牺牲最小的角度来说，在英法最初提出修约的时候就应该全部接受。但是，蛮横不讲理的侵略者一亮出刺刀，就迅速举手投降，太不符合儒家信条了。从政权合法性和情感角度来说，对于侵略不做抵抗地照单全收，损失也可能最大。另外，对于蛮横且有意趁火打劫的英、法、美、俄来说，大概只有将中国彻底征服，才能满足他们的侵略野心。第二次鸦片战争后来的发展轨迹，也证明了这一点。

《天津条约》与换约风波

咸丰八年三月初（1858 年 4 月），英、法、美、俄四国公使携英法联军舰队抵达天津大沽，要求清政府委派全权钦差大臣来谈判修约问题。在清政府拒绝公使进京要求后，英法联军决定占领大沽炮台。四月初八日（5 月 20 日）大沽炮台失守，清政府被迫再次让步，在 6 月与英、法、美、俄先后签订了《天津条约》。虽然各国条约内容不一，但是由于各国均享有"片面最惠国待遇"，实际上四个条约中一国所得利益，其他国家也都享有。概括起来说，条约主要内容包括：（1）公使驻京，并用西方礼节觐见皇帝；（2）增开包括长江沿岸城市在内的 11 处通商口岸；（3）外国人可以在内地游历、通商、传教；（4）修改海关税则，减少税收；（5）赔偿英法六百万两白银；（6）对片面最惠国待遇、领事裁判权、协定关税、保护传教等内容进行细化。《天津条约》还有两条规定，一是清政府应派人到上海商谈关税税则修订事宜，降低关税；二是条约批准一年后，在北京换约。事情发展到这儿，基本应该画上了句号。但是这两条规定又给形势恶化埋下了伏笔。

图 5-6　第二次鸦片战争时期的大沽炮台白河南岸清军阵地

滩涂、圆形炮台、防御墙和驻军营房在照片中依稀可见。从营房就可以看出来，清军对现代战争几无所知。照片中炮台左上角有一些白色处，即为海河入海口的航道。现在此处是天津港所在。如今炮台遗址处已经建了大沽口炮台遗址博物馆，两岸布满了工业设施和交通要道。图片选自泰瑞・贝内特《中国摄影史（1842~1860）》，第 114 页。

这个条约对中国虽然有损害，但是尚不严重。如能从此警醒，顺势而为，奋发图强，也可能是中国现代化的开始。但是对世界形势完全不了解，对中国实际形势了解也不太透彻的咸丰帝，咽不下这口恶气。他的感性战胜了理性，随后把与英、法、美、俄的冲突进一步扩大了，中国也付出了比《天津条约》大得多的代价，咸丰帝自己也命丧于此。

从现代眼光来看，《天津条约》中规定的公使驻京、允许外国人通商游历等对中国权益的损伤并不大，反而是片面最惠国待遇、领事裁判权、关税不能自主等损害最大。但是对于尚被传统观念笼罩的咸丰帝来说，完全反过来了。他最为担心的是公使驻京，其次是外国人内地游历和增设通商口岸。前面讲过，马戛尔尼和阿美士德使团失败的直接原因，就是访华礼仪问题。清朝皇帝之所以抗拒西方国家使节驻京和觐见，主要担心外国使臣破坏“天朝上国”礼仪，并进而对朝廷的政治合法性和“朝贡体系”产生冲击。除去侵略与反侵略这层因素，也可以看出来这时候是完全不同的外交模式的交锋，双方互不了解，尤其是中国完全不了解西方，而西方又很强势，结果可想而知。

《天津条约》签订后，英、法、美、俄四国先后率舰队南返，咸丰帝也很快派签订条约的钦差大臣桂良和花沙纳到上海，与四国公使商谈关税税则等事宜。但是咸丰帝指示的重点不是关税税则讨论，而是如何让英、法、美、俄取消公使进京的要求。他甚至为了“一劳永逸之计”，希望用关税全免和鸦片合法等条件换取列强放弃公使驻京和外国人内地通商游历等条款。在两江总督等人的反对下才作罢。

咸丰帝要求修改条约，就像是打架吃了亏，伤口都包扎了，心中却还愤愤不平，找到凶手说，你不能把我伤得这么狠。及时止损、忍辱负重、卧薪尝胆、励精图治这些词，他估计都没想起来。

对清政府取消公使驻京等提议，英法公使毫不理睬，坚持进京换约。面对不退让的英法公使，咸丰帝再次妥协，于 1859 年 4 月同意四国公使进京换约，但是坚持让公使从北塘登陆而不是从大沽登陆。这一坚持引起了新一轮冲突，并最终导致英法联军进攻北京。

1859 年 6 月，换约日期将近，英、法、美公使再次率领舰队抵达大沽。五月十七日（17 日），英国东印度和中国舰队司令何柏看到清军在大沽海口设置的铁戗等防守设施后，限令清军三日内撤去。但是兵骄将傲的英军没有等三天，而是第二天就派军舰驶入内河，拉拽拦江铁戗，结果一艘轮船被刺伤搁浅。僧格林沁等人劝谕英法使臣从北塘进京，但是英法坚持从大沽登陆，并要求清军撤去内河防务设施，否则将采取行动。二十五日，何柏率领舰队强闯大沽，并开炮轰击炮台，僧格林沁下令炮台回击。[1]结果清军大胜，敌舰四沉六伤，英、法、美军死伤四百余人，何柏重伤。清军获胜后，咸丰帝指示直隶总督继续劝说英、法、美公使从北塘进京换约，但是英法公使毫不理睬，率舰队南返上海，准备调兵再战。俄美两国公使从北塘进京，完成了换约。

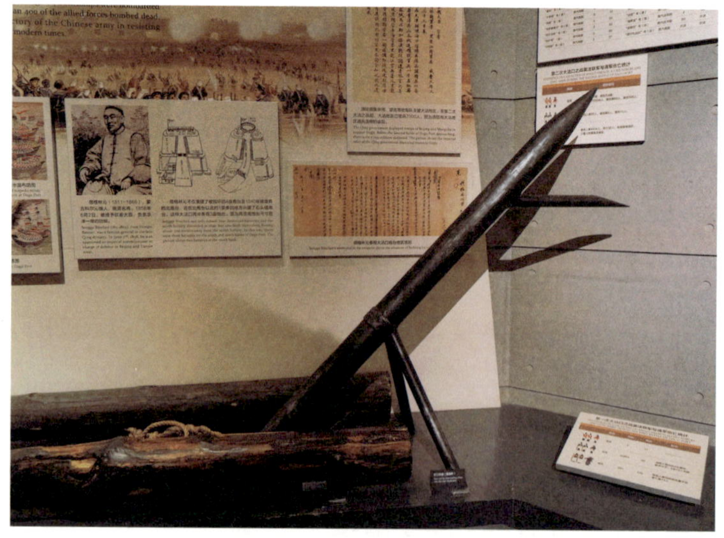

图 5-7　虎门海战博物馆复制的拦江铁戗

海河入海口处地势平坦，河道不深，这种铁戗对当时并非纯钢铁制造的船只确实具有一定的破坏作用。尤其是迎面驶来，船舱很容易被刺穿。作者自摄照片，2023 年 3 月。

1　关于谁先开炮的问题，存在一些争议。

咸丰帝为什么坚持必须走北塘进京？英法列强为什么坚决不走北塘？这种博弈固然有军事的因素，但是也有情绪在内。《天津条约》签订后，咸丰帝命令科尔沁亲王僧格林沁节制京津一带军务，重金重建了大沽防务。在咸丰帝心中，始终憋着一口“夷人”欺我太甚的恶气。反过来，对于英法列强来说，就是要用实力让中国“心服口服”。不让从大沽走，说明中国皇帝还是不服气，那就偏偏要从大沽走。其实北塘就在大沽旁边不远处，从北塘也能到北京。但是，走北塘显示了对中国皇帝命令的服从，走大沽则显示出对中国的征服。问题不是能不能到北京，而是以何种姿态和心情到北京。

英法联军进北京

英法是当时世界上最强大的两个国家，怎会甘心承认失败？两国随后进行了更大规模的军事动员，调集了 200 多艘舰船，近 3 万名陆军，卷土重来。这可能是当时英法组建的最强大的远征军。俄国和美国因为已经完成换约，就没有派出军队，而是在背后支持。

咸丰十年六月十五日（1860 年 8 月 1 日），在俄国公使提供的情报的导引下，英法联军 200 余艘舰船、17000 名陆军，避开严密设防的大沽，在毫不设防的北塘开始登陆。名场面出现了：登陆持续了 10 天，未遇到清军任何阻击或抵抗。僧格林沁在大沽海口及内河布置了大量军队，但是在北塘却完全未布防，在英法联军登陆时，按兵不动，未做任何调整。这是一个诡异的、很难解释的画面。一代名将僧格林沁即使不懂现代军事，即使不知道《孙子兵法》里“半济而击之”的道理，也应该知道《三国演义》里有“兵半渡而击之”的战例。这也从侧面说明，咸丰帝坚决要求四国公使走北塘进京，就是想争口气，并没想着要和英法打仗。

从北塘顺利登陆的英法联军，再次采用迂回包抄战术，海陆两面夹攻大沽炮台。僧格林沁直到二十九日才明白英法联军的意图，决意在大沽拼死一战。但是他率领的3万清军，是咸丰帝在北方唯一可以依赖的军队，京师安危系于僧格林沁一身。咸丰帝立即给僧格林沁下了一道朱谕，其中写道：“天下根本，不在海口，实在京师。若稍有挫失，总须带兵退守津郡，设法迎头自北而南截

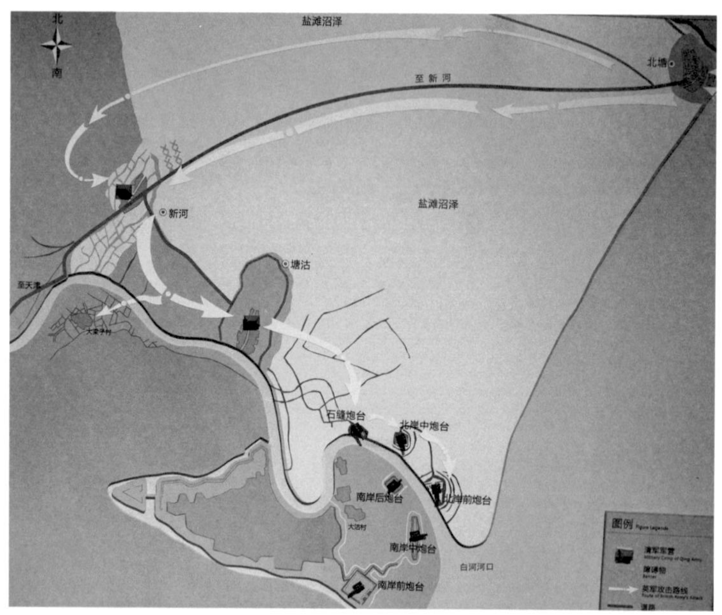

图 5-8　虎门海战博物馆展示的英法联军北塘登陆和作战示意

英法联军的迂回包抄战术一目了然。原来北塘等处也设有炮台，在英法联军登陆前放弃了。僧格林沁为何放弃北塘布防，是个值得研究的问题。作者自摄照片，2023 年 3 月。

剿，万不可寄身命于炮台，切要！切要！”（《军机处王大臣寄钦差大臣僧格林沁应顾念大局退守津郡不必亲自死守海口炮台朱谕》）七月初五日（8月21日），在英法联军攻占大沽炮台附近的石头缝炮台后，僧格林沁率兵撤离大沽，前往通州布防。剩余的防守清军虽然英勇抵抗，但最终还是被英法联军攻陷了大沽和天津。

面对咄咄逼人、声势浩大的英法联军，此前很硬气的咸丰帝也顾不上面子，无条件妥协了。八月初三日（9月17日），对英法联军提出的公使驻京及增开天津为通商口岸等要求，咸丰帝全部接受，似乎整个事情即将结束。但是形势却在初四日再次突变。突变的原因是此前提到的英国驻广州领事巴夏礼得寸进尺，又提出了咸丰帝不能接受的条件。此时的巴夏礼担任英国使团专使额尔金的中文秘书。对华一直很强硬的巴夏礼利用这个独特的职位，夹带私货，大行冒险主义。他提出换

图5-9　1860年8月14日法军在大沽的炮兵阵地

照片由法国上校查尔斯·杜宾拍摄，此时英法联军即将攻击大沽炮台。英法联军已经装备了当时世界上最先进的阿姆斯特朗等型号的野战炮。这些炮已经装配了便于野战的钢铁制炮车。此时清军的大炮还都是旧式大炮。双方武器已经开始出现明显代差。图片选自泰瑞·贝内特《中国摄影史（1842~1860）》，第98页。

图 5-10　大沽炮台遗址陈列的清军残炮

大炮残损处可以直观感受到钢铁纯度不够，里面有杂质。清代为了防止军事装备腐败造假，康熙年间对大炮等武器制造核定了成本，此后一直未变化。但是由于物价上涨，康熙年间的造价已经不能造出精良装备，为了完成任务，制造者只能偷工减料，在材料中添加杂质。这些炮看起来尚可，一使用就很容易炸膛。两次鸦片战争中清军大炮炸膛是个常见现象。作者自摄照片，2021 年 4 月。

约时必须亲见皇帝面递国书，皇帝盖玉玺的批准书须当场交给英国使节。按照当时西欧各国之间的外交礼仪，这本也不算太出格。但是这实在是不符合中国“朝贡体系”下的礼仪。对咸丰帝来说，兵临城下，不仅被打脸，还得在众目睽睽之下被打脸，是可忍孰不可忍！双方谈判破裂，清政府随即扣押了前来谈判的巴夏礼等 39 人。

当天，英法联军和僧格林沁统率的京师防卫大军已经在张家湾遭遇，清军不敌后退却到通县八里桥。当时清政府很多人认为巴夏礼是英法联军的“谋主”，逮住了他，“夷兵心必乱”。殊不知，巴夏礼只是个中阶外交人员。巴夏礼等人被扣留，反而起到了促使英法联军尽快向北京进发的效果。

图 5-11　八里桥之战

这幅图很可能是英法联军随军画家创作的艺术画，而不是实际情形。如果当时战斗真如图片中描述的这样，英法联军怎么可能有如此低的伤亡率？选自朱诚如主编《清史图典》第 10 册，第 94 页。

图 5-12　今天的八里桥

京东八里桥原名永通桥，与京西卢沟桥、京北朝宗桥并为古代进入北京的三座重要桥梁。桥下即为通惠河。大运河北运而来的粮食等物资都是由此进入京城。八里桥现在仍是交通“咽喉”，通燕高速、京通快速路、地铁 1 号线均从此通过。到现场考察发现，如果双方在桥面上短兵相接，骑兵冲锋不可能展开。从史料推测，双方应该是在八里桥通州一侧的平坦区域进行大规模野战，清军失利后丢失了八里桥。作者自摄照片，2023 年 11 月。

初七日，清军与英法联军大战于八里桥。清军由僧格林沁和胜保两位蒙满名将统帅，共有3万余名士兵，以满蒙骑兵为核心，辅以步兵和炮兵。英法联军是派出的进京先遣队，有6000余人，步兵为主，骑兵和炮兵为辅。双方分三路血战五个小时。这一战结果惊人：清军人数占绝对优势，以进攻为主，士兵作战异常英勇，骑兵多次冲锋，但装备、战术和官兵素养严重落后，最后死伤上万人，余部溃散，此后京师无人防卫；英法联军人数处于绝对劣势，以防御为主，士兵训练有素，且拥有当时世界上最先进的现代枪炮，仅阵亡5人，受伤46人。

通州八里桥之战是深刻改变中国和北京命运的一次战斗。这次战斗让皇帝和中枢高级官员第一次切身体会到“坚船利炮”的威力，为此后自强运动排除了很多障碍。

八里桥之战不仅是英法联军对清军的大屠杀，也让咸丰帝魂飞魄散，初八日仓皇逃往承德，留下六弟恭亲王奕䜣处理与英法议和事宜。

战斗之后便是北京沦陷。英法联军稍作休整后，于十二日进至北京朝阳门外。二十二日（10月6日）英法联军在安定门和德胜门外再次击败僧格林沁率领的清军，法军开始前往圆明园抢劫，第二天英军也参与抢劫。二十九日英法联军进入北京城，北京完全落入英法联军之手。九月初五日（10月18日），为了表示给清政府一个永久的教训，英军焚毁了圆明园，给中国人民心灵上留下了一道永恒的耻辱伤痕。[1]

被称为“万园之园”“东方凡尔赛宫”的圆明园就这样成为废墟一片。其实京西地区的皇家园林“三山五园”都遭到洗

1　为报复扣押、虐杀外交人员而烧毁圆明园的说法来自英国统帅额尔金。法军率先抢劫圆明园，但是反对焚毁它。以圆明园为核心的三山五园全部被联军劫掠、破坏。

图 5-13　圆明园海晏堂大水法遗址

大水法遗址照片曾印在中学和大学历史课本的封面，几乎成为几十年来数代中国人的记忆符号。荒草无情，残石有言，这是“落后就要挨打”的最好诠释。购买了圆明园的门票后，进入西洋楼遗址还要另外收费。这种与国家记忆有关的历史遗址，均应该免费向国民开放。作者自摄照片，2023 年 10 月。

劫和破坏，只不过圆明园规模最大、破坏最严重而已。

九月十一日、十二日，恭亲王奕䜣分别与英国特使额尔金和法国特使葛罗完成了中英、中法《天津条约》互换及《北京条约》画押。中国割地赔款，损失了更多权益。十月初二日（11 月 14 日），中俄《北京条约》画押，中国丢失了 80 多万平方公里的领土。

今日回首这段历史，仍然意难平。落后就要挨打。如果我们不能时刻清楚自己在世界文明中的位置，主动学习，积极进取，极有可能会落后，极有可能会挨打。殖民主义列强固然可恨，但是更可恨的是我们在鸦片战争结束后一二十年，仍然当一只把头埋在沙砾中的鸵鸟，不去了解世界，改革进取。

虽然第二次鸦片战争在签订丧权辱国的条约后结束了，但是对中国政治运转产生的影响还在持续。最直接的影响就是辛酉政变的发生。

图 5-14　圆明园正大光明殿遗址

圆明园并不仅是皇帝休息的地方。实际上，皇帝很多时候是在圆明园办公。办公区域名曰正大光明殿，是圆明园前朝所在，设有各部院衙门值房等。正大光明殿功能类似太和殿、保和殿，皇帝在圆明园时，举行朝会、重大庆典等都在此举行。正大光明殿是中式建筑，英法联军将其完全焚毁。此处与颐和园距离很近，来的游客不多。作者自摄照片，2023 年 10 月。

第六章　辛酉政变与慈禧太后逆天改命

咸丰帝在英法联军进北京前仓皇逃往承德避暑山庄，为辛酉政变的发生提供了前提条件。辛酉政变又称祺祥政变，是指 1861 年咸丰帝驾崩后，慈安、慈禧两位太后联手恭亲王奕䜣等人，除掉肃顺等辅政八大臣、夺取政权的历史事件。

从历史发展的脉络来说，辛酉政变是第二次鸦片战争的直接后果之一。政变推翻了咸丰帝的政治安排，让慈禧太后、恭亲王奕䜣等人进入权力中心，对此后清朝五十年的运行影响深远。辛酉政变是怎么发生的呢？肃顺为何一败涂地？慈禧太后与奕䜣为何能够逆天改命？其中虽有偶然因素，但更多的是历史必然。

咸丰帝垮了

好强好面子的咸丰帝逃到避暑山庄，也是迫不得已。咸丰十年七月中旬（1860 年 8 月底），僧格林沁败退通州后，就密奏咸丰帝“巡幸木兰”以避兵锋。咸丰帝也动了心。但是很多大臣希望咸丰帝拿出帝王的气概，坚守京城，以稳定形势和维护朝廷形象。强大的舆论压力使咸丰帝不得不强作镇定，在七月二十八日（9 月 13 日）明发上谕，宣布从无“巡幸木兰”之议。但是形势的发展完全不在咸丰帝的掌握之中，尽管他是至尊的皇帝。八月初四日（9 月 18 日）和初七日，僧格林沁大军先后在张家湾和八里桥惨败于英法联军，让此前几天还决定坚守京城的咸丰帝和大臣们彻底慌了神。咸丰帝初七日晚在圆明园召集御前会议，决定第二天启程“北狩”承德避暑山庄。这个“狩”字，有些时候是皇帝逃跑的专用词。初八日上午十点左右，咸丰帝带着儿子和皇后等人，从圆明园后门仓皇出逃。一路上担惊受怕，缺衣少食，历时八天才到达承德避暑山庄。他想不到的是，四十年后他的老婆、“儿子”又重复了一次类似的苦难经历，而且跑得更仓皇、更远。

或许是因为嘉庆帝在避暑山庄驾崩的原因，或许是为了省钱，道光帝即位后，一次也没来过承德。咸丰帝继位后，天下大乱，也顾不上来休闲度假。四十年未被使用的山庄，建筑已经残破，河湖已经淤塞。咸丰帝从秀美精致的圆明园仓皇至此，心情本来就灰暗紧张。残破的建筑院落估计更让他有家国零落的悲伤。在避暑山庄还没安顿好，就接到了圆明园被焚毁

图 6-1 避暑山庄二门

承德地理位置极佳，南距紫禁城 230 公里左右，西距宣化 350 公里左右，北距赤峰 200 公里左右，东距葫芦岛 300 公里左右，东南距清东陵 160 公里左右。从康熙朝到嘉庆朝，避暑山庄一直是清朝除北京外的另一个政务中心。在联络蒙藏边疆政治和宗教上层人物、检验皇族宗室骑射能力等方面，一直发挥着重要作用。京师陷落，咸丰帝退到避暑山庄是首选。作者自摄照片，2019 年 10 月。

的奏报。悲愤欲绝的咸丰帝，两次大口吐血。皇帝身体垮了！

从史料记载来看，咸丰帝可能患有开放性肺结核，俗称肺痨。这种病在当时可以说是不治之症，除了精心调养，别无他法。但是自从他当上皇帝，没有一天好日子。繁重的政务、糟糕的形势，一直让这位年轻的皇帝承受着巨大压力。特别是最近几个月，英法联军从大沽登陆之后，京城处于危险之中，他每日都处于惊慌忧惧之中。逃跑路上颠簸辛劳，有时候甚至饭都吃不上，这让本来就羸弱的身体大受损伤。在避暑山庄还未安稳，圆明园被焚的消息就传来，祖宗经营了一百多年的威严与产业，就这样灰飞烟灭，急气攻心，恨愤难平。内外夹攻之下，病情急剧恶化。咸丰帝吐血之事甚至传到了尚在动荡中的京城。李慈铭记："数日来传闻圣躬不豫，盖上素羸怯，病咯血。"（《越缦堂日记》）

伴随着垮掉的身体的，还有精神。咸丰帝虽然能力不强，但还是一直想当一个好皇帝的。但是现在，祖宗留下的大好江山遍地烽火不说，还让列强占了京城，烧了圆明园，有何颜面去见列祖列宗？在这一时期的谕旨中，可以看出他的心情糟糕到了极点。比如在内务府大臣宝鋆圆明园被毁的奏报上，他写道："不知具何肺肠，实我满洲中之弃物也。"（《宝鋆折三》）随着在避暑山庄安稳下来，他极度紧绷的神经逐渐松弛，对繁重的政务日益倦怠。他甚至写了一副"且乐道人"的条幅，想悬挂在寝宫里，被贤惠的慈安皇后劝阻。

现实的不堪让咸丰帝痛苦不已，他开始逃向戏剧、鸦片和美色。如果说逃到承德是身体的逃亡的话，那么沉湎于戏剧和美色，则是他精神的逃亡。相关档案记载，从 1860 年 11 月起，咸丰帝就开始大量听戏，后来到了几乎天天在看戏中度过的程度。除了看戏，他还不断吸食鸦片和沉湎于美色。为了更好地享受美色，他早晚两次饮用鹿血。这样的折腾，就是壮男也吃不消，何况是本身就患病严重。到了咸丰十一年七月十七日（1861 年 8 月 22 日）早晨，咸丰帝终于迎来了他油尽灯枯之时，连一封亲笔谕旨都来不及写。也正是未能亲笔书写传位诏书，为政变的发生提供了机会。

恭亲王崛起了

政治运行中，力量总是此消彼长。咸丰帝身心逃亡的同时，

图 6-2　避暑山庄戏台浮片玉

清朝富贵之家最大的消遣是看戏，宫廷中设置有专门的唱戏机构升平署。歌舞可以颂升平，亦可以唱乱离。咸丰帝在乱离之中沉迷于听戏，是一种心理创伤的表现。承德避暑山庄一片云前面有个小戏台浮片玉，咸丰帝人生的最后时光，基本在这里看戏。承德避暑山庄博物馆供图。

是恭亲王奕䜣的崛起。前面讲了，恭亲王奕䜣曾经很有机会当皇帝，遗憾的是道光帝最后选择了咸丰帝。咸丰帝和奕䜣都很清楚这件事，一直小心翼翼地相处。咸丰帝对奕䜣是提防，奕䜣对咸丰帝是自保。但是到了危急之时，咸丰帝最能依靠的还是这位能干的弟弟。咸丰三年（1853）秋，在太平天国北伐军逼近京城时，咸丰帝任命奕䜣为军机大臣，办理京城防务。奕䜣很好地完成任务后，咸丰帝又任命他为宗人府宗令、正黄旗满洲都统。但是此后不久，就发生了奕䜣生母、咸丰帝养母封号风波，奕䜣被革去一切官职，发回上书房"读书"。两人的关系降到冰点。

八里桥之战当天，咸丰帝在仓皇北逃之前，发布谕旨，任命恭亲王奕䜣为"钦差便宜行事全权大臣"，督办和局。奕䜣在国家最危急的关头，走向前台，成了与列强交涉和维持京师局面的核心人物。奕䜣这次的工作比上次统筹防备太平天国北伐军还要复杂、困难得多。彼时敌军并未能攻击到京城，此次敌军就在眼前；彼时北伐军已经孤军深入，后劲不足，此次英法联军船坚炮利，兵强马壮；彼时是内乱，唯有强硬武力应对一条道，此次是战败议和，没有强硬的本钱，但过于软弱，又无法向皇帝和天下交代。咸丰帝"便宜行事全权"的任命和不为遥制的指示，既是信任，反过来也是大锅，给了奕䜣负全责的压力和背锅的可能。

奕䜣在接手后，一方面以巴夏礼等人质为谈判筹码，以相对强硬的态度与英法交涉，试探英法底线，一方面随时向咸丰帝汇报，试探咸丰帝可以接受的底线。经过各种接触试探，奕䜣逐渐看到了完成任务的曙光。在英法方面，并不会坚持原来巴夏礼提出的"亲递国书"等咸丰帝最在意的事情；在咸丰帝方面，除了"亲递国书"外，其他都可接受。此时豫亲王义道等人又给咸丰帝上了一封奏折，指出恭亲王"办理抚局，渐有端绪，惟恐心不坚定，或有迁避之意，则抚局又裂，该夷势必带兵直趋木兰"（《筹办夷务始末·咸丰朝》）。意思是说，议和已有眉目，但是恭亲王奕䜣承担的责任太大，要是他扛不住压力，逃避责任，议和失败，则英法联军将会到承德追击咸丰帝。这份既提要求又暗含威逼的奏折，核心诉求是要求咸丰帝明确为奕䜣等办理议和的官员免责。

咸丰帝不可能读不懂其中的含义。他在八月十七日（10月1日）下谕："相机办理，朕亦不为遥制。总期抚局速成，朕即可及早回銮，镇定人心，并保全亿万生灵之命。谅恭亲王必能领会朕意，竭力图维，不至轻为迁避。"（《清文宗实录》）这道谕旨的潜台词就是，奕䜣主持议和是为了保全朝廷和百姓，是我委托全权处理，只要议和能成，不必担责。有了咸丰帝的明

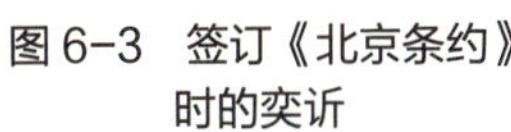

图6-3 签订《北京条约》时的奕䜣

中英《北京条约》签订日是咸丰十年九月十一日（1860年10月24日）。比托拍摄的现场照片由于光线太弱没有成功。这是九月二十日（11月2日）奕䜣与额尔金会晤后拍摄的。这是清朝皇室第一张照片，也是最著名的中国近代人物肖像之一。从照片可以看出奕䜣的紧张和拘谨。选自泰瑞·贝内特《中国摄影史（1842~1860）》，第82页。

确指示，奕䜣很快就完成了和英法特使的谈判，签订了条约。尽管这个条约在今天看来是丧权辱国，但是当时京城人们的感受，更多的是如释重负，转危为安。奕䜣这位年轻王爷，在绝境之中不顾个人安危，与英法联军谈判，避免了皇帝受辱，稳定了局势，保住了京城，完成了使命，功绩卓著。我们常说，危机往往也是机会。奕䜣经此一事，很快得到大多数京城官员的认同和赞扬，成为国家最核心的人物之一，隐然形成了一股重要的政治力量。此后奕䜣一直在京主持善后事宜，恢复京城秩序，并成立总理各国事务衙门，较好掌控了京城，这为发动政变提供了坚实的政治基础。

肃顺成了气候

讲完了奕䜣，我们要来讲一讲两宫太后和奕䜣的对手肃顺。肃顺是铁帽子王郑亲王济尔哈朗八世孙，在家排行第六，他的三哥端华承袭郑亲王爵位。虽然肃顺没能承袭亲王爵位，但比较有才干，由内廷侍卫逐渐受到咸丰帝重用。仪亲王载垣和郑亲王端华两位咸丰帝继位时的顾命亲王，在咸丰五年联合向咸丰帝推荐肃顺“入内廷供奉”，这让肃顺成为皇帝信任的近臣，开始参与机密。虽然载垣和端华的地位比肃顺高，但都非常推崇肃顺的才华，以肃顺为谋主，三人逐渐形成了以肃顺为核心的隐性政治集团。这一时期，由于领班军机大臣彭蕴章比较平庸，以及咸丰帝对肃顺的信任“久而益专”，权力逐渐从军机处向内廷转移，而天子近臣中最核心的人物就是肃顺。肃顺成了咸丰朝最后几年实际的宰相。在这一过程中，有几件事对肃顺权威塑造产生了显著影响。

第一件是咸丰八年外交全权大臣耆英在天津受到巴夏礼等人侮辱后，擅自回京。包括奕䜣在内的不少人为耆英求情，但是肃顺独自奏请将耆英正法，以申国法。虽然咸丰帝斥责肃顺“其言过当”，最后仍令耆英自尽。历经嘉道咸三朝的宗室老臣耆英之死，震动朝野。咸丰八年还发生了另外一件事，就是顺天府乡试爆发了科场舞弊案。协办大学士、军机大臣、户部尚书柏葰担任乡试主考官，他的家人却参与舞弊。案发时，柏葰已经升任文渊阁大学士，在军机大臣中排名第二。虽然清朝科举戒律甚严，但是柏葰是宿望老臣，口碑不错。在处理柏葰的问题上，咸丰帝本来打算从宽处理。肃顺以整顿吏治竭力进言，扭转了咸丰帝的态度，谕令将柏葰即行处斩。柏葰成为清朝历史上明确因为腐败被处斩的最高级官员。第三件事是户部宝钞案。肃顺在咸丰八年担任户部尚书后，清理旧账，发现有官员和商人勾结侵吞资产。他一边严办涉案人员，一边要求严惩曾经担任户部尚书的体仁阁大学士翁心存。后来由于英法联军北上，咸丰帝不愿再兴大狱，才将翁心存以“失察”论处，降官五级。翁心存此时是上书房总师傅，曾担任奕䜣的老师。第四件事是力惩何桂清。何桂清在咸丰七年经文渊阁大学士彭蕴章举荐担任两江总督，后因功加太子太保衔。何桂清一直排挤曾国藩等人，引起肃顺不满。咸丰十年初，太平军袭击杭州，何桂清统率大军却未抵抗，从常州逃跑。逃跑时，亲兵开枪打死跪留的常州士绅 19 人，最后何桂清逃到了上海。何桂清被战死的江苏巡抚徐有壬等人弹劾“弃城丧师”。肃顺向咸丰帝奏请应将何桂清以违反军纪处死，并推荐曾国藩担任两江总督。何桂清虽然没有被立即处死，但是举荐何桂清的领班军机大臣彭蕴章却被肃顺批评，很快以病求退。

肃顺主张重典治国。重典治国需要得到皇帝的绝对支持。以上四件事充分显示了肃顺对咸丰帝的影响之大，也让人深刻认识到肃顺是个狠角色。经过这几件事，肃顺的政治地位得以确立，虽然他不是领班军机大臣，却是真正的“宰相”。肃顺一方面有意铲除异己，另一方面有意推荐扶持自己人，双管齐下，到咸丰十年逐渐形成了以他为核心的政治集团，控制了内廷和军机处，权倾一时，当时被称为“肃党”。

咸丰帝虽然极为信任肃顺，但肃顺毕竟是外人。咸丰帝在去世前，既想托孤于肃顺，也在钳制以肃顺为首的八大顾命大

图 6-4　避暑山庄澹泊敬诚殿走廊

肃顺最后被抄家杀头，他的画像或照片一直没有找到。历史由胜利者书写，只有一部分道理。胜利者能够销毁失败者的历史记载，但是并不能完全抹去历史记忆和历史评价。肃顺可以说是咸丰朝不多的亮点之一，自《清史稿》始，对肃顺的评价就逐渐正面了。澹泊敬诚殿是避暑山庄的正殿，几百年的金丝楠木在朝阳照射下依然金光灿灿。或许这就是肃顺心中大清的颜色。作者自摄照片，2019 年 10 月。

臣方面进行了政治安排。正是这个政治安排，让慈安和慈禧两位太后登上了历史舞台，也为辛酉政变埋下伏笔。

咸丰帝的政治安排

咸丰帝逃到承德之后，朝廷分成了两半。在承德，有皇帝和载垣、端华、肃顺、穆荫等御前大臣、军机大臣，清一色的“肃党”。咸丰帝病情日益加剧，对政治愈发倦怠，对肃顺也愈加信任，“行在事一以委之”。就是承德的所有事情，基本委托肃顺处理了。在京城，有奕䜣、桂良、文祥、僧格林沁等“在京办事王大臣”和政府机构，大多数是肃顺的对立面。桂良是奕䜣的岳父。文祥是唯一留京的军机大臣，襄助奕䜣议和，与奕䜣观点基本一致。僧格林沁是蒙古亲王，手握禁军，与奕䜣有亲戚关系。八里桥之战后，与奕䜣一起留京善后。另外还有一个人是胜保，八里桥之战后，由奕䜣推荐，陆续统领各省所派勤王军，并借用西法操练京兵，后来驻兵古北口，成为当时京畿地区最重要的军事力量。在咸丰帝的最后岁月中，朝廷中两种政治对立力量隐然形成。

稍有点常识的人都知道，这种双中心对峙的政治情形是非常危险的。解决这个问题，只有一个办法，要么政府机构搬到承德，要么皇帝回到京城。但是这个办法在现实中却行不通。一方面是承德接纳不了这么多机构，另一方面是咸丰帝不愿再回到京城这个伤心地。在英法联军撤退之后，奕䜣就上奏，希望皇帝尽快回銮，但是咸丰帝无意回去，推脱说在承德过完年之后回銮。咸丰十一年正月初二日（1861 年 2 月 11 日），咸丰帝没有推辞了，下令二月二十三日（4 月 2 日）回銮。意外的是，第二天就变卦了，他宣布回京几天后就去遵化拜谒东陵，然后再回承德。此后又屡屡变卦，就是没有真正回銮的意思。有研究者分析，咸丰帝的态度多变与“公使驻京”有关，以及他已经喜欢上了避暑山庄的生活。这是非常有见地的。可能还有一个原因，就是他实在没有勇气去面对残破的圆明园。至于说肃顺一直阻挠咸丰帝回銮，可能还要再讨论。这很可能是奕䜣、慈禧太后等人政变后给肃顺罗织的罪名。

为什么这么说呢？有两个证据。一是据说肃党成员、吏部尚书陈孚恩在得知英法联军准备以奕䜣替代咸丰帝后，上奏称如果咸丰帝再不回京，很可能发生比去年仓皇出逃还严重的事。这其实是暗示，皇帝一直不回京城，可能会丢掉皇位。此奏令咸丰帝大怒。另一个有明确证据的是，在二月二十三日启程返京的前一天，咸丰帝的七弟醇郡王奕譞上奏，以皇帝身体尚未恢复健康，请暂停回銮。咸丰帝当天就发布谕旨：“本日王大臣等以朕躬尚未大安，奏请暂停回銮，情词恳切，不得已勉从所请，暂缓回銮，俟秋间再降谕旨。”（《清文宗实录》）临启程却突然变卦，只能解释为咸丰帝自己非常抗拒回京。但是他没想到的是，还没等到秋天，自己就死了，想回也不可能了。他在承德的死亡，带来的是辛酉政变。

人不能任性，任何一次任性都要付出沉重代价。地位越高，代价越大。

咸丰帝在感知身体越来越差后，应该是已经开始考虑他死后的政治安排。比如三月初八日（4 月 17 日）朱谕，大阿哥载淳四月初七日（5 月 16 日）入学读书，令李鸿藻担任大阿哥师傅。再如七月十一日谕令肃顺署理正黄旗领侍卫内大臣，执掌皇帝贴身警卫。但是在他六月初九日（7 月 16 日）30 岁生日上，劳累过度，病情快速恶化，还没来得及安排就绪，就时常陷入昏迷。咸丰十一年七月十六日他半夜醒来后，口授遗诏两道，由王大臣代笔。第一道说：“皇长子御名着立为皇太子。特谕。”第二道说：“皇长子御名现立为皇太子，着派载垣、端华、景寿、肃顺、穆荫、匡源、杜翰、焦祐瀛尽心辅弼，赞襄一切政务，特谕。”（《军机处上谕档》）这里需要解释一下，“皇长子御名”是什么意思呢？此时咸丰帝已不能秉笔亲书，上谕只能由王大臣代写，但是根据礼制，王大臣又不能写太子的名字，只能如此处理。

这两道诏书非同小可。第一道是皇位传递安排。因为他就一个儿子，不存在争议。第二道是皇权运行安排。设置八位顾命大臣的意思是在皇帝未成年前，皇权由八位顾命大臣联合行

图 6-5　烟波致爽殿

烟波致爽殿是皇帝在避暑山庄的寝宫。嘉庆帝和同治帝都死在该殿。该殿也是咸丰帝批准《北京条约》的地方，是辛酉政变前斗争和密谋的主要地点。承德避暑山庄博物馆供图。

使。咸丰帝没能亲笔书写临终诏书，对肃顺等人在后来的政治斗争中产生了极为不利的影响，临终诏书被说成矫诏。咸丰帝虽然信任肃顺，但毕竟不是百分之百放心，于是他又给顾命大臣设置了一个制衡。

除了遗诏，咸丰帝还把一颗有“御赏”字样的印交给皇后钮祜禄氏（即慈安太后），将“同道堂”印交给载淳掌握，交代在载淳 16 岁亲政前，以两颗印章为发布皇帝诏谕的凭据，以“御赏”印开头，以“同道堂”印结尾。这两颗印的含义，表明在皇权传递危难之际，虽然行政权被临时授予了顾命八大臣，但是皇权最高执掌者还是太后和皇帝，重大事项太后和皇帝要知情或同意。

有研究者指出，咸丰帝这个政治安排是经过认真思考的，以肃顺等顾命八大臣压制恭亲王奕䜣，以皇后钮祜禄氏和小皇帝压制肃顺等顾命八大臣，以达到政治平衡，维持他儿子皇位的稳固。这一分析是比较有道理的。咸丰帝能力比较平庸，在他的这个政治安排中就有明显体现。看似这个安排一环扣一环，但是它只是理想中的环环相扣，在现实政治运作中几乎没有可能性。为什么呢？因为他没有考虑具体的“人”的因素。他设计的这套安排，顾命八大臣能够领会并执行；慈安太后才识一般，几乎不能领会；奕䜣能够领会但不会甘心这样被排除在权力中枢之外。慈禧太后在权力格局中最边缘，但是她是个野心勃勃的人，作为新皇帝的生母，她当然不会甘心这样的安排。另外，僧格林沁、胜保手握重兵，却没有进入顾命大臣行列，失落感很明显，也不会心甘情愿服从肃顺等人的领导。所以，咸丰帝这个看似完备的安排，漏洞很多。在他去世之后，一经实践，就立即出了问题。问题就出在“御赏”和“同道堂”这两颗印上。

图 6-6　“御赏”印和“同道堂”印

印章作为个人或机构信物在中国由来已久，但是以两枚个人闲章作为王朝最高权力的凭证，在中国历史上是极为罕见的。由此也可体会到，咸丰帝在生命的最后时刻，在政治上还是不成熟的。图片选自中国第一历史档案馆编《御笔诏令说清史——影响清朝历史进程的重要档案文献》，第 178 页。

政变发动

咸丰十一年七月十七日（1861 年 8 月 22 日），咸丰帝驾崩于承德避暑山庄寝宫。激烈的政治斗争开始了。

顾命八大臣处于明处，不满者、伺机政变者躲在暗处。咸丰帝驾崩之日，就是较量开始之时。首先不满的是小皇帝的生母懿贵妃叶赫那拉氏，也就是后来的慈禧太后。在咸丰帝的政治安排中，没她什么事，她连当面听遗诏的机会都没有。但是她有个最大的资本——小皇帝的生母。据说她在咸丰帝死后第二天就成功挑拨了咸丰帝皇后钮祜禄氏和顾命八大臣的关系。这可能是真的，因为钮祜禄氏将原本应该交给小皇帝执掌的“同道堂”印交给了懿贵妃叶赫那拉氏。慈禧太后拿到这枚“同道堂”印，是她命运最关键的转折，执掌中国近五十年的大幕自此开启。从此之后，她和慈安太后一样，成了名正言顺的皇权监护者。要不然，她连参与政治的资格都没有。

皇后钮祜禄氏和懿贵妃叶赫那拉氏这两个寡妇，各拿一枚代表着皇权的印章，迅速结成了政治同盟，和顾命八大臣针锋相对。第一次重要的斗争围绕着如何使用两枚印章展开。七月十九日，肃顺等人觐见两宫太后，讨论公文处理程式。按照肃顺等人的理解，两宫太后只需要在顾命八大臣拟好的诏书上行印就可，但是两宫太后坚持先看诏书方可。其中差别是极大的：只是行印，大多时候就是“橡皮图章”，最多大概知道政务在怎么运行；必须同意才行印，就意味着两宫太后掌握着行政最高决策权。实事求是地说，肃顺等人的理解，可能更符合咸丰帝的安排，但是两宫太后特别是慈安太后态度坚决。

慈安太后态度坚决，肃顺等人不好办！为什么？因为这是事关代行皇帝职权合法性的关键问题。此后政变之所以能够成功，关键就是肃顺的政敌找到了顾命八大臣的命门：按照政治传统和礼制，皇帝幼小时，皇权的第一执掌者是小皇帝的监护人——太后；既然太后最大，那么合法的行政决策权在两宫太后手中，而不是顾命八大臣手中；肃顺等顾命大臣虽然可以在日常行使权力，但还要完全听命于太后。虽然肃顺等人的理解可能更符合咸丰帝意图，但是咸丰帝已经不能复起进行解释，正宫皇太后慈安态度坚决坚持自己的理解，谁能奈何？肃顺等人最后妥协了。这一妥协，犯下了致命的错误。其实慈安太后不大识字，根本看不懂奏折，也不明白政治运行原理。她之所以坚持这一主张，很可能是“背后有高人”。所谓高人，最大的可能就是这两人——慈禧太后和恭亲王奕䜣。

咸丰帝生前欲诛杀懿贵妃的传闻以及顾命八大臣在载淳继位仪式、两宫太后册封等问题上抑制慈禧太后的行为，让慈禧太后对肃顺等人恨之入骨，也让她开始冒险策划政变。清朝对后妃管控非常严，单凭慈禧太后一人绝无成功之可能。但是慈禧太后想到了联手恭亲王奕䜣这条道路。前面讲了，奕䜣在咸丰逃往承德后，迅速成长为重要的政治力量。但是他一直受到咸丰帝猜忌、肃顺提防，最后连顾命大臣都没份儿，甚至连赴承德奔丧都不行，他对肃顺也是恨之入骨。就在此时，慈禧太后秘密找到了奕䜣，密谋发动政变。对于这样的翻盘机会，奕䜣自然不会放过。

慈禧太后在承德，奕䜣在北京，两人是如何联系上的呢？相关说法很多，但这里面最可信的就是醇郡王奕譞。朋友们会问，为什么会是奕譞？这是因为他独特的身份。他一边是咸丰帝、奕䜣的七弟，另一边是慈禧的妹夫，他的大福晋是慈禧的亲妹妹。因此奕譞在奕䜣和慈禧太后那里都是可信赖的自己人。这位奕譞，我们后面还要讲，因为他是光绪帝的亲爹、宣统帝的亲爷爷。

奕譞随咸丰帝逃亡到承德。在咸丰帝驾崩时，恰巧请假回京了。在听说咸丰帝驾崩后，他返回承德，强行入宫，见到了两宫太后。据王闿运记载，慈禧太后极言肃顺等人跋扈专权，两人商议联手奕䜣发动政变。奕譞怀揣慈禧的旨意，于第二天就秘密回京，和奕䜣密谋。此时的奕䜣，得到咸丰帝驾崩消息后欲赴承德奔丧，为肃顺所阻，正在愤怒之中。在和奕譞密谋后，奕䜣决意赴承德奔丧。弟弟哭祭哥哥，这是很难不允许的。八月初一日（9 月 5 日），奕䜣到达承德避暑山庄，在咸

图 6-7　奕譞（中）在神机营

辛酉政变后，文祥奏请设立神机营，选八旗满洲、蒙古、汉军及京师诸营精锐为兵，守卫紫禁城及三海并扈从皇帝巡行。神机营是晚清禁卫军主力。这张照片摄于同治二年（1863），此时奕譞担任御前大臣、领侍卫内大臣，是禁卫军的实际领导者。图片选自刘香成编著《壹玖壹壹：从鸦片战争到军阀混战的百年影像史》，第 65 页。

丰帝梓宫前放声大哭，旁人无不落泪。哭毕，两宫太后顺势召见奕䜣。本来肃顺等人是要阻止奕䜣来承德的，来了承德也不允许奕䜣与两宫太后见面。但是，奕䜣不仅来了，而且哭得撕心裂肺，估计让肃顺等人已经觉得有些不好意思了。待两宫太后召见，奕䜣又耍了一个计，主动邀请肃顺等人作陪。这反而让肃顺等人不自在了。有掌故书记载说，肃顺看到奕䜣邀请自己，笑着说“老六，汝与两宫叔嫂耳，何必我辈陪哉？”

肃顺在最关键的时候，忘了政治斗争的残酷性，忘了以他为核心的顾命大臣面临的严峻政治形势。这也从侧面反映出，肃顺还是个讲情义的人。可是在你死我活的斗争中，讲情义有时候是送命的。

两宫太后召见恭亲王奕䜣用了“一时许”，也就是两个多小时。但是这两个多小时，可以说是改变中国历史的两个多小时。两宫太后和奕䜣达成了两个共识，一是联手发动政变，二是两宫太后争取早日回京，回京后就动手。奕䜣还向两宫太后保证，英法等国不会阻挠。大计已定，奕䜣在初七日夜兼程返京，着手准备。

肃顺的政敌们在奕䜣和两宫太后密谋后，开始制造舆论。首先制造出动静的是都察院山东道监察御史董元醇。他在初五日上了一道奏折，开头就是“恭请皇太后、皇上圣安”，不仅将皇太后和皇上并列，还置于前面，内容更是非同小可，奏请皇太后垂帘听政，并另外指派近支亲王辅政。这封奏折是故意为之，直接针对了肃顺等顾命八大臣。两宫太后看到奏折后，留中不发，等同默认董的主张。顾命大臣和两宫太后的矛盾再一次爆发，发生激烈争吵，肃顺等人以停止办公来逼迫两宫太后同意严厉批评董元醇的奏折。虽然两宫太后最后同意了，但是这件事不仅让“垂帘听政”主张尽人皆知，而且更让人们看明白顾命八大臣与两宫太后的深刻矛盾，及两宫太后是能合法制约顾命八大臣的唯一武器。

这件事还有一个直接后果——顾命八大臣在和两宫太后争吵时，吓着了小皇帝载淳。慈禧太后趁机代小皇帝写了一封要将肃顺等人解职的密诏。其中说董元醇的主张正合“朕”的心意，垂帘听政虽然祖宗旧制没有，但是现在是权宜之计，顾命八大臣罪恶累累，抗旨之罪不可尽数。这份密诏现在保存在中国第一历史档案馆，密诏很多错字，旁边写有“求七兄弟改

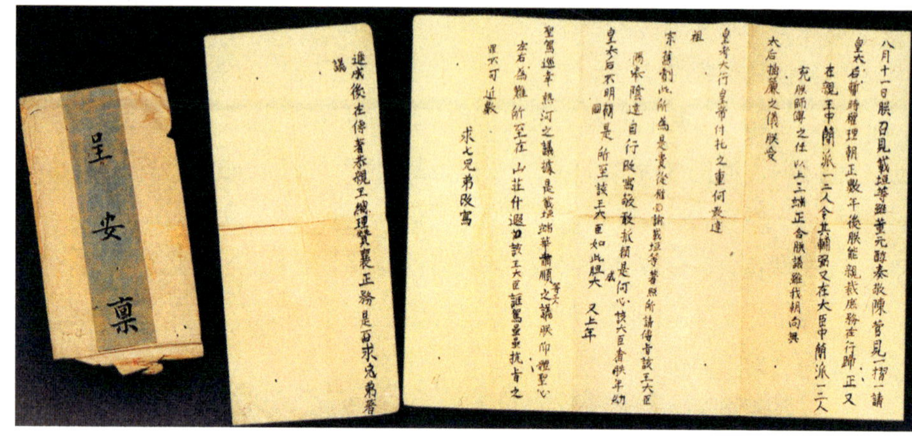
八月十一日朕召見載垣等并董元醇奏敬陳管見一摺一請
皇太后暫時權理朝正數年後朕能親裁庶務在行歸正又
在親王中簡派一二人令其輔弼又在大臣中簡派一二人
充朕師傅之任 以上三端正合朕意雖我朝向無
太后垂簾之儀朕受
皇考大行皇帝付托之重何敢違
祖
宗舊制此所為是當從權特諭載垣等著照所請傳旨該王大臣
阳奉陰違自行改寫敢抗礙是何心該大臣者朕年幼
皇太后不明國是所至該王大臣如此膽大 又上年
聖駕巡幸熱河之議據是載垣端華肅順等之議朕仰體聖心
左右為難所至在山莊升遐該王大臣誆駕皇兄抗旨之
罪不可近數 求七兄弟改寫
進城後在傳著恭親王總理贊襄正務是否求兄弟酌
議

呈安稟

图 6-8　慈禧太后联络奕䜣发动政变的密谕

拿到“同道堂”印是慈禧太后逆天改命的第一步，发出这封歪歪扭扭和不少错字的密谕是慈禧太后逆天改命的第二步。有点奇怪的是，慈禧太后为什么没有要求销毁这个密谕？图片选自中国第一历史档案馆编《御笔诏令说清史——影响清朝历史进程的重要档案文献》，第 176 页。

写”，是慈禧太后亲笔所书。奕譞等人拿到密诏后，根据意思对密诏进行了改写，在发动政变后发布，为政变提供了合法性。

在奕䜣和两宫太后外松内紧准备政变之时，肃顺等人不仅没有警惕并着手应对，而且还在不断犯严重错误。首先，肃顺等人手中掌握的兵力本来就不多，却又主动放弃自己掌握的一部分兵权。九月初四日（10 月 7 日），端华、载垣、肃顺面奏两宫太后，称差务太多，要求解除一些兼差。载垣开去銮仪卫、上虞备用处事务。这两项职务，实际上执掌的是皇帝和太后身边的仪仗兵和卫兵。端华开去步兵统领。本书第一章中讲过，步兵统领俗称九门提督，负责京师的卫戍工作。九月初五日，肃顺又奏请让镇国将军奕山署镶蓝旗汉军都统，这也是一个重要军职。肃顺等人本意或许是为拉拢人心，示人以公，但是在最关键节点上主动放弃了本就很少的武装力量，着实令人费解。

肃顺犯的第二个严重错误是同意载垣、端华在咸丰帝梓宫启程后护送两宫太后和小皇帝先行回宫，而他自己全程护送咸丰帝梓宫。也许是肃顺对咸丰帝的感情太深，也许是他确实是忠心耿耿，没有意识到他和两宫太后已经是敌我矛盾。事实是两宫太后和小皇帝先行回京，正是此前奕䜣和两宫太后政变方案的最核心环节。只要两宫太后和小皇帝回到奕䜣掌控的京城，政变就可以大胆开展了。

九月二十三日（10月26日），两宫太后和小皇帝载淳在承德避暑山庄丽正门前跪送咸丰帝梓宫启行后，日夜兼程赶回北京。九月二十八日，奕䜣等人在京郊南石槽行宫接到两宫太后和皇帝，立即布置实施办法。九月三十日，回到紫禁城的两宫太后召见奕䜣、桂良、文祥等人，哭诉载垣、端华和肃顺等人的“欺藐之状”，并颁发早已让奕譞准备好的皇帝诏书：“载垣、端华、肃顺着即解任，景寿、穆荫、匡源、杜翰、焦祐瀛着退出军机处。派恭亲王会同大学士、六部九卿、翰詹科道将伊等应得之咎，分别轻重，按律秉公具奏；至皇太后应如何垂帘之仪，着一并会议具奏。”（《清代档案史料丛编》）诏下，立即在紫禁城中逮捕了顾命大臣载垣和端华。载垣、端华能力不足，无法发现问题并控制局势，即使发现了也不是奕䜣的对手。当晚肃顺正护送咸丰帝梓宫到达密云刘家庄行宫，奕譞等人带侍卫破窗而入，将肃顺从床上拿获。十月初六日（11月8日），拟定肃顺等人罪状，肃顺斩立决，载垣、端华赐自尽，其他几位顾命大臣都宽大处理。

就这样，清朝历史上不多见的推翻前朝皇帝安排的宫廷政变结束了。中国历史进入了同治朝，两宫太后开始了垂帘听政，慈禧太后的逆天改命最终完成。

图 6-9　慈安太后像

这张像可能绘于辛酉政变前后。原图题名《孝贞后璇闱日永图》。据《翁同龢日记》记载，这个“贞”字还是翁同龢提议确定的，代表“正宫”的意思。图片选自朱诚如主编《清史图典》第 10 册，第 272 页。

图 6-10　慈禧太后像

这幅宫廷画家所绘慈禧太后的画像，年代不详，应该是慈禧太后比较早的形象。图片选自朱诚如主编《清史图典》第 10 册，第 272 页。

回首看肃顺

肃顺虽然政变失败后被杀，但是他的用人和行政策略，基本被沿袭，起到了挽救清王朝的效果。这一点后人也大多承认。比如《清史稿·肃顺传》就说：“其赞画军事，所见实出在廷诸臣上，削平寇乱，于此肇基，功不可没也。”

站在客观的角度看，肃顺确实具有政治才干，勤于治事，有挽救朝廷危亡的能力和忠心。在用人方面，他特别重用有真才实学的汉人，特别是对湘军将帅倾心推崇，成就了曾国藩，帮助了胡林翼，挽救了左宗棠。据说他说过这样的话：“满人糊涂不通，不能为国家出力，惟知要钱耳。国家遇有大疑难事，非重用汉人不可。”（小横香室主人编《清朝野史大观》）在内政方面，肃顺重典治国，励精图治，依靠湘军镇压太平天国。在外交方面，他看出了《瑷珲条约》的严重危害，对俄国据理力争。

但是也必须承认肃顺存在很多值得检讨的地方，他的失败有其必然性。肃顺值得检讨的地方有三点特别突出。

第一，有才无识，缺少政治家的格局、智慧和机警。首先，肃顺确实是非常想帮助咸丰帝振兴朝廷，但是他太刚直了，没有足够柔软的身段和毒辣手段，也没有充分思考如何团结各派力量挽救危局。特别是顾命大臣的安排，没有兼顾平衡奕䜣、僧格林沁、胜保等不同力量。试想如果这三人也在顾命大臣之列，会和两宫太后联手打倒顾命大臣吗？在那个时代，没有人甘心听命于女人。奕䜣等联手两宫太后发动政变，可以说是没有办法的翻盘办法。虽然说顾命大臣是咸丰帝的决策，但是肃顺在其中一定发挥了重要参谋作用，他应该尽力阻止这样的安排。其次，执掌国家权力却不掌控军事力量，并且还意识不到这一点，这可以说是愚蠢。再次，在关键事务处理上，对险峻形势认识不足，缺少必要的机警。虽然说从咸丰帝驾崩后的政治局势来看，发生政变是迟早的事，但是肃顺等人的毫无防备，加速了政变的发生，使政变成功的概率增加。

第二，肃顺的言行逐渐形成了一种对宗室、旗人和身边下属不好的舆论，导致政变时大多数宗室和旗人站在了对立面。用今天的话说，肃顺丢掉了群众支持。满汉关系是贯穿清朝的问题，皇帝总是小心翼翼地维持满汉平衡。肃顺一方面礼遇重用有才学的汉人官员，另一方面对身边的旗籍下属轻视粗暴。据说他经常骂旗人腐化无用，收受贿赂都只收旗人而不收汉人的。肃顺还干了一件让整个旗人非常痛恨的事，那就是减发旗人薪俸。把旗人当作统治阶级养起来，除了当兵当官，不能干别的，是清朝立国之初的国策。但是康熙朝以后，旗人快速繁衍，人数越来越多，到了乾隆末年已经是朝廷沉重的负担。嘉庆帝、道光帝都想过用移民垦殖、整顿生活作风等办法来解决这一问题，成效不大，但是没敢减发旗人薪俸。到了咸丰帝时期，一方面和太平天国、英法联军作战需要大量军费，另一方面是八旗耗费大量财富又战斗力不行。特别是南方糜烂，粮食和税收北运困难，更加重了这一矛盾，朝廷开始减少八旗兵丁饷银和粮食的发放。肃顺担任户部尚书后，朝廷财政愈发困难，八旗饷银减发更加严重，粮食质量更差，旗人生计愈发艰难。尽管从大局说，减发薪俸完全是为了朝廷存续，但从个人角度说，则让习惯了等吃要喝、提笼架鸟的旗人生活更艰辛了。大多数旗人不会考虑大局问题，就把这个账算在了肃顺的头上。肃顺“就刑时，道旁观者争掷瓦砾，都人称快”（《清史稿·肃顺传》），估计其中大多数是旗人。

第三，作风强势，制造了太多敌人。从肃顺的性格来看，他有豪侠之风，亦是有情有义之人。但是他过于强势的作风，得罪了很多人。据说肃顺担任户部满尚书时，经常否决地位声望高于他的户部汉尚书、协办大学士周祖培批过的文件，甚至在公堂中骂周祖培除了吃饭，不知道什么公务。周祖培只能忍气吞声。这种屈辱，受辱人一旦得到机会，必然会进行报复。最早奏请两宫太后垂帘听政并引起巨大风波的御史董元醇，就是周祖培的门生。周祖培也在两宫太后回到紫禁城后第一批召见的大臣之列。强势惯了，在该收的时候也收不住。从相关历史记载来看，肃顺在两宫太后面前，确实有比较强势的时候，特别是咸丰帝驾崩后出现了几次争执。这就让慈禧太后挑拨慈安太后与肃顺等人的关系有可乘之机，并轻易争取了慈安太后的支持。

辛酉政变对清朝历史发展的影响是深远的。我对肃顺是同情的。

图 6-11　避暑山庄万树园秋景

咸丰朝可谓清朝历史的最低谷，十余年兵荒马乱，人才凋零。肃顺犹如荒草中的灌木，风必摧之。作者自摄照片，2019 年 10 月。

第七章　太平天国的天堂梦

咸丰时期是个翻江倒海的大乱世。前面讲了第二次鸦片战争，讲了辛酉政变，还有一个大事没讲，这就是太平天国。

大家都知道，皇帝的年号不仅要吉祥，还要寓意深刻，但是千挑万选，有的时候也会有想不到的地方。咸丰这个年号，取自“咸庆丰年”，寄托的是天下人民丰衣足食的美好愿望。但是当年号确定后，北京却传出了一首童谣：“一人一口起干戈，二主争山打破头。”（《清稗类钞》）第一句是指“咸”字的构造，第二句是指“豐”字的构造。虽说这个童谣有封建迷信色彩，但是事情就是这么巧。道光三十年二月（1850年4月），咸丰帝登基一个多月后，洪秀全等人就决定起义，不到一年，洪秀全就在东乡登基，称太平天王，号太平天国。直到咸丰帝驾崩，太平天国起义还没镇压下去。十余年的时间里，中国真出现了“二主争山”的局面。

一个贫苦的乡村教师，为何有这样的能量？这既要从洪秀全的成长经历说起，也要分析洪秀全所处的时代及乡土环境。

洪秀全及其时代

嘉庆十八年十二月（1814 年 1 月），洪秀全生于广东花县（今广州市花都区）一个客家农民家庭，排行老三。这一句话需要解读的信息就至少有 4 个。

第一，嘉庆十八年正是嘉庆帝推行最严厉禁教政策的时期。不知读者朋友们还记得嘉庆十七年否？嘉庆十七年发生的天理教事变，差点把紫禁城给攻下，气得嘉庆帝当众老泪纵横颁布罪己诏。前有川楚白莲教大起义，现在又有禁门之变，为何秘密宗教会社屡禁不止？政策力度不够，官员执行不力！从调查审理天理教起义开始，嘉庆帝对秘密宗教会社的查禁更加严厉，比如严禁民人结会烧香、聚众迎神，颁布传习邪教治罪条例，为首者绞决，严惩执行不力的官员等。嘉庆帝禁止的不仅仅是白莲教、八卦教等，也包括基督教。嘉庆十九年三月，他重申严禁内地民人传习天主教，不仅习教民人按律惩办，传教之西洋人亦一并严惩。他还专门谕令两广总督要弛张得宜，绥靖地方。从这个角度看，引发第二次鸦片战争的西林教案，是在执行朝廷命令的背景下发生的。嘉庆帝想不到，就在此时，洪秀全出生了。他也想不到，马礼逊、米怜、麦都思等英美新教传教士开始在澳门、马六甲等地聚集，并改变在中国传教的策略，进行旨在打破“天下中心观”的活动。

第二，洪秀全的客家人身份。客家人是历史上从北方向南方迁徙后形成的具有独特文化的汉族支系。北方人向南方迁徙，从秦汉时期就开始了，在魏晋南北朝出现第一个高潮，一直到明末，还有北方人为躲避战乱向南迁徙。背井离乡、举目无亲、拖家带口，艰辛可想而知。因此，客家人很能够吃苦耐劳，也很团结，逐渐形成了“天下客家是一家”的文化传统。北方人向南方迁徙，一定会对当地的资源分配产生影响，进而

图 7-1 《万国来朝图》局部

“万国来朝”作为大一统中国繁荣特征之一，并不是清朝独有。这一词语在《隋书》中就出现了。清朝作为高举“大一统”旗帜的王朝，自然对“万国来朝”情有独钟。即使是洪秀全，也明确有过“万国来朝”的梦想。“万国来朝”是宗藩朝贡体系下的必然结果，是“天下中心观”的表现。可是对于传教士来说，理想是“万国”皈依基督教。也就是说，“万国来朝”和皈依基督教之间的矛盾是不可调和的。图片选自朱诚如主编《清史图典》第 6 册，第 198 页。

引发矛盾冲突。比如清朝中后期，两广地区客家人和当地人为了争夺土地、水源等生存资源，群体械斗此起彼伏，死伤上百万人。处于不利形势的客家人更加团结在一起。洪秀全的客家人身份，成为他发动起义的一个重要资源，这也是太平军的核心以客家人为主的原因。

第三，洪秀全是农民家庭的第三个儿子。传统中国农民家庭的第一要务是通过耕种活下去。在清朝中后期人口大爆炸时期，人均土地不断减少，对精耕细作要求不断提高。精耕细作就需要投入更多人力，因此农家子弟首要的任务是帮助父母耕种。洪秀全虽然家境不好，但幸运的是父亲和两个哥哥都务农。也就说，他们家对劳动力的需求不再迫切，这是洪秀全可以读书的客观条件。洪秀全小时候比较聪慧，他的父亲和哥哥抱着改变家庭命运的期望咬牙供他读书。他呢，读书刻苦努力，成绩不错。洪家这种模式，可以说是清朝大多数农民家庭的发展选择。洪秀全学习虽然好，十五六岁就去考秀才，每次县里考试都能名列前茅，但是一到院考就名落孙山。清朝人口大爆炸，生存竞争激烈，科举录取的名额并未明显增加，所以考个秀才也不是容易的事。

第四，洪秀全的故乡是广州，这个地方是晚清时期受西方影响最早、最深的地区。洪秀全之所以能创办拜上帝教，是因为接触到了基督教传教者印发的中文书籍。这些中文传教书籍的出现，又是西方传教策略改变的产物。天主教在中国几百年的传教努力，最终被清朝严厉禁教政策给扫地出门，彻底失败。新兴的新教传教士认为天主教依靠天文仪器、钟表绘画等进行“上层路线”的“科技传教”是失败的，这些玩意儿在中国人看来都是“奇技淫巧”，不足为道。而中国人自认为居于文明最高等，天下中心，万国来朝，不可能信仰一个“低等文明”的宗教。要在中国传教成功，必须让中国人接受，西方文明是和中国文明一样的高等文明，甚至是更先进的文明。因此，这是一场事关“文明”的战争，武器就是用中文出版的介绍西方地理、历史、科技的书籍，给中国人开开眼，让中国人承认中国只是“万国”中之一国。新教传教士渗透发展的首选之地，就是广东沿海。正是因为这个原因，洪秀全才能接触到基督教。

可以说，以上四个条件，对于洪秀全创办拜上帝教和发动太平天国起义，缺一不可。

当然，还有一个激发条件，那就是洪秀全一直科场失意。

图 7-2　洪秀全故居

左侧瓦房为洪氏宗祠，中间瓦房为洪秀全故居，大榕树后是洪仁玕故居房址。洪秀全故居在起义后已被破坏，照片中的房屋是在房址基础上复建的。作者自摄照片，2023 年 3 月。

拜上帝教和金田起义

道光十六年（1836），洪秀全再一次去广州参加秀才考试，失败而归。但是这一次，历史的偶然性发生了。

洪秀全考完秀才后，脑袋昏昏沉沉地走在街上，一个人悄悄塞给他一部叫《劝世良言》的书。后来历史学家考证出，塞给洪秀全这部书的是一个叫梁发的基督徒。那个时候鸦片战争还没发生，外国基督教传教士不能来中国传教，他们就在东南亚用中文书写、印刷书籍报刊，然后让中国基督徒走私进入内地，悄悄向底层读书人散发。好巧不巧，失意的洪秀全就遇到了梁发。要是洪秀全没有遇到梁发，或是洪秀全这次考上了秀才，后面还会不会有太平天国起义，还真不好说。当然，从当时广大人民生活艰难困苦的情况来说，没有太平天国，也会有其他的起义。因为这一时期失意的人太多了。

失意人多，社会就危险。失意到绝望，就会有铤而走险的念头。这是人类几千年文明史屡屡证明的事情。

道光十七年，洪秀全又去参加了考试，结果依然是名落孙山。对于一个贫寒的农家子弟来说，改变家族命运的期盼，既是强大动力，也是巨大压力，25 岁的洪秀全终于崩溃了。悲痛绝望的他得了疯病，时而昏迷，时而亢奋，据说他梦见一位老人给他一柄宝剑，让他去铲妖除魔，一个他称为长兄的中年人教导帮助他如何铲妖除魔。他后来创立拜上帝教，屡屡提及的源头就是这次生病。根据描述，他可能患的是“发热谵妄症”或“谵妄性躁狂症”。痊愈后的洪秀全，性情刚烈如火，态度端庄肃穆，寡言少语，正襟危坐数小时而不知疲倦。大病痊愈后，洪秀全仍然要继续扛起家族使命，奔波在科举道路上。一直到道光二十三年，他最后一次参加考试没有成功，才真正死了科举这条心。

图 7-3　洪秀全故居房间

洪秀全的生活环境，从外面看院落还不错，实际上也仅够遮风挡雨而已。这个房间就是洪秀全长期生活的房间，大约十几平方米。他的长子也出生于此。考虑到广东湿热的天气，要在此种生活条件下考上秀才，确实是很难。作者自摄照片，2023 年 3 月。

对科举绝望的洪秀全，成了一位双重边缘人——客家和科场落魄人。从人类革命史来看，有知识的边缘人最有可能成为既有社会秩序的颠覆者。这一年再次落榜后，洪秀全阅读了尘封已久的《劝世良言》，赫然发现这部书解释了他六年前的怪梦。那位端坐宝座的老人就是“天父上帝”，帮助他的中年人就是耶稣，他自己就是“天父次子”。这一发现让他放弃了科举梦，打翻了私塾里的孔子牌位，创立了拜上帝教，走上了建立太平天国的道路。[1]

洪秀全和冯云山最初在广东传教，效果一般。这时候洪秀全想到了有一位表兄在广西贵县，决定到广西去传教。虽然也经历了一些困难，但是洪秀全和冯云山还是比较快地在广西打开了局面，形成了一支队伍。为什么洪秀全能够在广西打开局面呢？至少有以下几个原因。

第一，他们活动的广西贵县等地客家人非常多，洪秀全、冯云山都是客家人，这为他们发动群众提供了天然的语言和情感联系。

第二，当时广西遭遇旱灾，官吏暴虐，粮价飞涨，老百姓生活困苦不堪，民变蜂起。贵县、桂平等地很多人为了生计，不再从事农业，而是从事烧炭或挖矿。这些贫苦的劳动密集型产业工人多有天地会等秘密会社背景，要比松散的农民更好发动。

第三，经过洪秀全等人的不断改造，拜上帝教更加具有吸引力。洪秀全根据“天下为公”的理想，构造了一个没有凌辱杀伐的“小天堂”梦想，天下男人皆为兄弟，天下女人皆为姐妹。虽然这种“大同”社会并不具备实践的可能性，却颇能打动处于水深火热中的贫苦大众。广大底层人民渴望得救和平等的心理，正是清朝中后期秘密会社或民间宗教蓬勃发展的基础之一。

第四，随着拜上帝教的传播，杨秀清等能力出众的骨干人物逐渐显露，大大提升了组织和动员能力。洪秀全、冯云山、杨秀清、萧朝贵、石达开、韦昌辉等人逐渐结成领导集体。尤其是杨秀清、石达开，组织动员能力突出。

1　通常认为洪秀全读了《劝世良言》后，受到启发创立了“拜上帝会”。茅家琦等研究者认为洪秀全只是从《劝世良言》中吸取了“独一真神唯上帝”的思想，“拜上帝会”也不是洪秀全创办的，而是当时人们称呼一起举行宗教仪式拜上帝的人。

在禁止民人结会拜神的严令下，拜上帝会的力量却不断壮大，必然导致和地方官府的矛盾不断激化。道光三十年十二月初十日（1851 年 1 月 11 日），金田起义爆发了。

图 7-4　洪秀全纪念馆展示的金田起义情形

金田起义是什么情形，估计说不清楚了。洪秀全纪念馆展示的这个场景，气势恢宏，但是总感觉有点不对劲儿。比如当时是不是已经有太平天国的旗帜？作者自摄照片，2023 年 3 月。

太平军势如破竹

金田起义后，太平军迅速击败地方官府武装。一个月后，又击败了广西提督向荣统率的围剿大军。然后北上东乡，正式宣布成立太平天国，洪秀全即天王位，设官分职，进行组织建设。该年闰八月，太平军攻克永安，并在这里论功封爵，以杨秀清为东王，萧朝贵为西王，冯云山为南王，韦昌辉为北王，石达开为翼王，诸王皆受东王节制。各王之间分工不同，比如天王洪秀全主要是精神领袖，负责与上帝沟通；东王杨秀清是军师，统管全部军务行政。

在永安州与清军进行反复较量后，全体太平军在咸丰二年（1852）春北上，围攻桂林一个月不克后又转入湖南，一路向北进攻。太平军宣传的理念和严明的军纪吸引了沿途很多底层人民参加，力量不断壮大。在围攻长沙 81 天未果后，太平军继续北上，迅速占领了宁乡、益阳等地，实现了战略转移。由于这时太平军已经有了几百条船，遂决定调整战略，疾取岳阳（当时称岳州），然后水陆两路进攻湖北。岳阳有清军重兵把守，而且有湖北提督坐镇，攻克有难度。但兵勇中已有信仰拜上帝教的，不断向太平军提供情报，太平军又是顺流而下，人多势众，沿途还有渔夫水手不断加入，一路扫荡关卡障碍，很快抵达岳阳附近。咸丰二年十一月初三日（1852 年 12 月 13 日），镇守岳阳的湖北提督、岳阳府知府和大小官员逃走，太平军实现了夺取岳阳的战略目标。

占领岳阳，是太平军发展史上一个转折性的时刻。岳阳是两湖重镇，不仅商业繁荣，物资充足，而且处于长沙和武汉之间的交通要道上，又是洞庭湖通往长江的关键，战略位置重要。太平军占领岳阳后，获得了数千艘各种船只，从此创立了太平军水师，基本解决了此后水上作战和交通的问题。更传奇的是，太平军在岳阳意外获得了 170 多年前吴三桂反叛时留在该地的大炮等大量军械，装备水平大幅提高。这个事有点儿令人怀疑，但有历史记载。占领岳阳，既为今后的军事行动提供了充足的人员和物质保障，还打开了进入长江、直取武汉的门户。可以说，此举拉开了此后一年多太平军威武雄壮大进军的序幕。

数日后，太平军水陆两路就在武昌外围集结完毕。武昌是湖广总督驻地，九省通衢，历来是兵家必争之地。简单看一下地图就明白了：向北，约二百里外是河南地界，如果攻破信阳，就进入了华北大平原，可以直趋京城；向东，沿长江顺流而下，可轻易占据富甲天下的江南，那是清政府粮食和赋税的主要来源之地；向西，溯江而上，挥师入川，可当个刘备或张献忠。武昌的政治地位和战略地位比长沙、岳阳更加重要，清军的防守力量更加雄厚，但还是没守住。

太平军是怎么攻进武昌的呢？这就要说到最早加入太平军的矿工们了。他们组成土营，充分发挥挖坑爆破的专长。他们在武昌城外向城墙下挖掘隧道，然后用火药堆满。咸丰二年十二月初四日（1853 年 1 月 12 日）黎明，洪秀全、杨秀清下令总攻，一声巨响，城墙被炸塌，太平军冲入城内，很快占领全城。太平军此次攻克武昌，显示了强大的军事能力，也对咸丰帝产生了前所未有的震动："本日据徐广缙驰奏，逆匪攻陷武昌，省城失守，览奏愤恨，莫可言喻。"（《钦定平定七省方略》）

太平军占领了武昌，就掌握了战略主动权。关于太平军是该北上还是东下，后来的学者一直争论不已。有人根据后来北伐军的表现，认为如果当时挥军北上，可能一口气攻下京城，再现朱元璋的壮举。这种可能性确实是很大的。但是，历史事实是太平军在武昌过完除夕后，就决定顺流而下，希望到"上有天堂，下有苏杭"的江南建立理想中的"小天堂"。太平军水陆并进，如风卷残云，五天之内连克五个州县。清军也逐渐看清了太平军的战略，在武穴这个地方集结兵力堵截。但是区区五千人怎么可能抵挡数十万顺流而下的太平军，结果一败涂地。太平军乘胜追击，连克九江、安庆两个重镇，很快合围了两江总督驻地——南京。驻守南京的清军虽然力量较为雄厚，

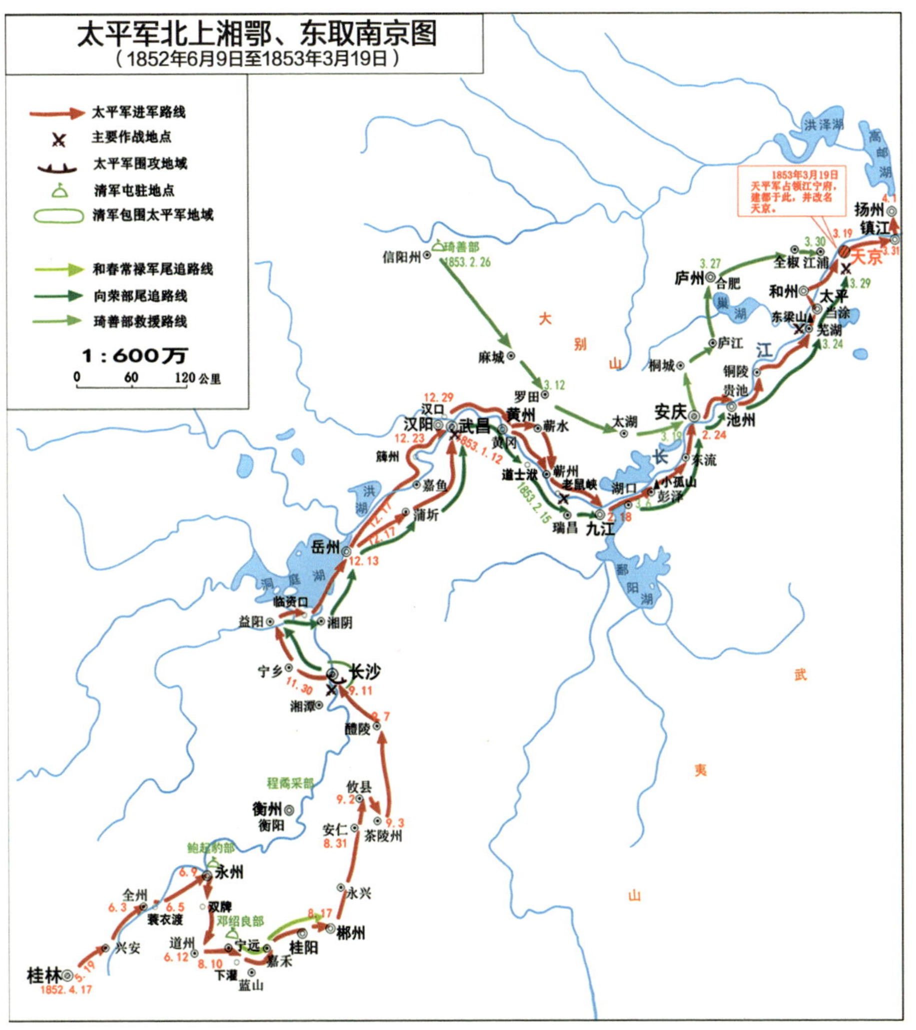

图 7–5　太平军由广西北上路线

太平军在桂林选择一路向北而非沿着西江东下进入广东，到了武昌又不挥师北上夺取北京而是东进，是行军路上两大令人费解的选择。但是不管怎样，9 个月的时间就从桂林打到南京，只能用“势如破竹”来形容。陈路根据郭毅生主编《太平天国历史地图集》之《太平军北上湘鄂、东取南京图》（第 53 页）改绘。

特别是有 4000 名左右的八旗兵，但是仍然经不住太平军的猛烈攻击。咸丰三年二月十一日（1853 年 3 月 20 日），太平军占领了南京，并定都于此。

为什么太平军能取得这样辉煌的战绩呢？简要地说，就是太平军的长处恰恰是清军的短处，以长击短，当然战无不胜。我们可以进行一个简要的对比。

从领导力来说，太平军很早就形成了核心的领导层，大家在生死存亡的斗争中能团结一致，特别是仿照三国诸葛亮故事和水浒吴用故事形成了“军师负责制”，由能力超群的东王杨秀清负责整个军事行政事务，权力高度集中，运行顺畅。

从战斗力来说，太平军在拜上帝教的信仰、对“小天堂”的希望和同袍兄弟姐妹情感的支撑下，爆发出视死如归的强大战斗力。钦差大臣赛尚阿在给咸丰帝的奏折中说：“（太平军）一经入会从逆，辄皆愍不畏死。”（中国第一历史档案馆编《清政府镇压太平天国档案史料》第 2 册）太平军将士都是最底层的劳动人民，吃苦耐劳，技能丰富，服从领导。

从战略来说，太平军早期打的是游击战、运动战，数十万人一起行动，占领一座城市稍作休整和获取战争资源后，全员继续前进，既没有后顾之忧，又掌握了战略主动权。

从战术来说，杨秀清等人将不同技能的士兵分成陆军、水师、土营等，战斗往往是因地制宜多兵种协同作战，以数倍于清军的兵力以多打少。

反过来看清军，上述几个方面全都存在问题，以至于损兵折将、连连败退。

首先，最严重的问题是迟迟不能形成统一团结的领导机制。清军外战如此，内战也如此。在金田起义刚刚爆发时，咸

图 7-6　洪秀全纪念馆展示的太平军枪械

太平军刚起义时使用的主要是刀叉剑矛等冷兵器，随着胜利越来越多，鸟枪、火炮等装备越来越多，到了定都南京后，又购买搜集了一些西方武器。太平军与清军的战争，是火器与冷兵器混合运用的战争。作者自摄照片，2023 年 3 月。

丰帝就任命了前两江总督李星沅为钦差大臣，但是广西巡抚周天爵和提督向荣并不把他放在眼里，错失了围剿太平军的最佳时机。咸丰帝看到太平军不断壮大，于是惩处了周天爵等人，派出了文华殿大学士、军机大臣、管理户部事务的赛尚阿，并亲授遏必隆腰刀（清朝没有尚方宝剑一说，此刀有点儿这个意味），许以军前便宜行事的特权。人物是顶级人物，权力是顶级权力，但是赛尚阿还是搞砸了。赛尚阿手下有两位干将，一位是广西提督向荣，一位是都统乌兰泰。但是赛尚阿重视向荣，轻视乌兰泰。咸丰二年正月初一日（1852 年 2 月 20 日），乌兰泰和向荣同到赛尚阿大营贺岁，赛尚阿让向荣与自己并坐而乌兰泰旁坐，乌兰泰气愤难平，将帅三人失和，不能协同作战，乌兰泰很快在桂林战死。咸丰帝后来又任命了多位钦差大臣，都不能解决统一指挥问题。参与围剿太平军的很多位总督、巡抚、将军、都统、提督，基本上是各自为战。甚至到了太平军围攻武昌、南京时，城内的高级官员还不能团结一致。

其次是清军的战斗力确实不行。无论是八旗兵还是绿营兵，早就成了兵油子，往往一战即溃；临时招收的团勇，还缺少训练。从军队组成来说，清军主要是陆军，几乎不能进行多兵种协同作战，另外，装备也不好，并没有显著优于太平军。只有曾国藩编练的"临时部队"——湘军，还比较能打。

再次是清军在战略上一直处于被动局面。早期由于轻敌和缺少统一指挥，清军对太平军采取围追堵截的策略，消耗太大，乌兰泰等作战勇猛的将领纷纷战死。此后向荣等人学会了滑头，很少再与太平军进行正面战斗，将朝廷围追堵截的命令逐渐变成追而不截，跟着太平军屁股后面跑。这又导致各地驻防清军被动防守，总是以少敌多，被逐个击破。

攻克南京，太平军终于到了梦寐以求的"小天堂"，对战略进行了调整。总体战略上，结束过去的流动性大进军，开始安营扎寨，以南京为中心建立革命根据地，向"坐江山"方向努力。经过两三年煎熬，咸丰帝对形势有了新的判断，也接受了不能在短时间内将太平军镇压下去的现实。清军先后在南京附近建立江南大营和江北大营，与太平军进入了战略相持阶段。

为了破解清军对南京的围攻，太平军又提出了北伐战略。定都南京两个月后，杨秀清派林凤祥、李开芳率领 2 万将士北伐，一路上过关斩将，五个月时间征战五省，打到了天津近郊。这虽然是一支偏军，但是横扫华北的气势却把咸丰帝吓得不轻。咸丰帝先后派出了亲皇叔惠亲王绵愉、表兄科尔沁郡王僧格林沁、亲弟弟恭亲王奕䜣三位仅次于皇帝本尊的人物，调

图 7-7　太平军北伐路线

太平军的北伐，是近代军事史上一个非常值得分析的战例。就这样一支太平军偏师，打得清朝在北方进行了军事总动员。这场战争将清朝的军事机制和军队素养的缺点暴露得一览无余。但是咸丰帝从中似乎什么也没学到，也什么都没有改变。洪嘉珑根据郭毅生主编《太平天国历史地图集》之《太平军北伐路线图》（第 67 ~ 68 页）改绘。

动了北方所有能够调动的兵力，才将北伐军镇压下去。北伐军的战绩，也加强了如果当时太平军从武昌挥师北上将推翻清朝的历史假设。

双方这一时期的主战场是南京。虽然战斗不断，但清军指挥不一，兵力单薄，基本处于下风。到了咸丰六年，东王杨秀清巧思妙计，接连击破清军江北、江南大营，从金田起义开始就指挥清军与太平军作战的钦差大臣向荣惊惧病死，太平天国走向了鼎盛。

天京事变

老子说福祸相依；马克思教导我们，要辩证地看待事情。太平天国在节节胜利的同时，也埋下毁灭的祸根。被胜利冲昏了头脑的太平军领导者们很快发生了惨烈内讧。史称“天京事变”。

东王杨秀清在太平天国取得节节胜利后，开始不满足于“九千岁”的地位。尤其是在连破清军江南、江北大营后，他更加膨胀了。他来了个“以彼之道还施彼身”：在东王府假托天父下凡，召天王洪秀全前来质问，打江山谁的功劳最大？洪秀全回答是四弟（杨秀清）。杨秀清继续假装天父质问，你既然知道四弟有这样大的功劳，何止于称九千岁？洪秀全被迫向群臣宣布：今后东王称万岁，东世子也称万岁。并定于咸丰六年八月十七日（1856 年 9 月 15 日）杨秀清生日时举行万岁典礼。

但是杨秀清没有注意到，他的行为逾越了太平军将士们已经形成的伦理认知：他只是军师，虽然权力大、功劳高，也是臣子，自己要当万岁，就是不忠，就是乱臣贼子。诸葛亮再厉害，也不能废了阿斗；吴用再强，也得忠于大哥宋江。深受三国和水浒故事影响的太平军将士，都认这个理。何况太平军核心层基本上是非常讲忠义的客家人。杨秀清的僭越，让早就对他心有怨恨的北王韦昌辉、翼王石达开和燕王秦日纲等人起了杀心。李秀成曾说："北、翼两王不服，君臣不别，东欲专尊，后北与翼计杀东王。"（罗尔纲:《增补本李秀成自述原稿注》）当然，对杨秀清起了杀心的还有洪秀全。韦昌辉和石达开想杀杨秀清，还要洪秀全下令。在得知杨秀清要除掉自己的情报后，洪秀全密诏韦昌辉、石达开和秦日纲诛杀杨秀清。

咸丰六年八月初六日（9 月 4 日）夜，政变发作。韦昌辉和秦日纲率军潜回南京，在兴国侯陈承瑢的接应下，于凌晨突然袭击东王府。有记载说秦日纲直扑东王卧室，见到杨秀清后一句话没说，当胸一刀，力透后背。曾经出生入死并肩战斗的兄弟，最后却以白刀子进红刀子出做了结，真是让人无限感慨！革命友谊，最终没能抵挡住权力的诱惑和琐事引发的仇恨。

局势的发展让人来不及感慨。本来韦昌辉和石达开密谋，只杀杨秀清和他的三个兄弟，但是杀红了眼的韦昌辉大开杀戒，不仅屠杀了杨秀清的全部家人和侍从，还屠杀了东王在南京的武装部队，共计两万多人。石达开回京制止韦昌辉的滥杀无辜，引起了韦昌辉的不满，对石达开也起了杀心。这迫使石达开只身一人连夜翻城墙逃跑，韦昌辉则屠杀了他全家。一波未平一波又起。疯狂的韦昌辉对洪秀全也形成了极大威胁。在石达开的请求下，洪秀全又诛杀了韦昌辉、秦日纲等人。经此大变，太平天国最初的核心领导层，只剩下了洪秀全和石达开。不幸的是，这哥俩也掰了。

石达开和洪秀全决裂也是因为权力。在诛杀韦昌辉等人后，太平天国的将士推举石达开，继任军师。但是洪秀全经过天京事变，对外人已经不信任，不仅没有把军师的权位给石达开，而且封自己的两个哥哥为王，处处辖制石达开。石达开被迫率军出走，太平军分裂了。洪秀全顺势把军师的职权抓归手中。政治体制被破坏，领导核心丧失殆尽，他的哥哥等人又腐朽无能，政治军事运行秩序快速走向了混乱，虽然后来又涌现出李秀成、陈玉成等优秀将领，但是他们也得不到信任。反观清军方面，随着曾国藩被重用，此前清军的各种弊端逐渐消除，太平天国的失败就成了历史的必然。

同治三年四月二十七日（1864 年 6 月 1 日），洪秀全在饥饿中病死。六月十六日（7 月 19 日），天京被湘军攻破，无数太平军将士的天堂梦最终破碎。轰轰烈烈的太平天国运动就这样失败了，留下了无尽的悲叹与思考。

天京事变爆发的原因

洪秀全、杨秀清等人是患难兄弟，怎么在大好局势下闹成了这样？天京事变的发生，既有体制的原因，也有洪秀全、杨秀清等人的个人原因。

天京事变发生的体制性原因，主要是太平天国独特的军事、行政和宗教制度。军事和行政制度主要是指“军师负责制”。一说到军师，中国人都会想到《三国演义》里的诸葛亮、《水浒传》里的吴用。没错，太平天国采用的“军师负责制”，很可能就是受此启发。在永安封王后，太平军正式形成了“军

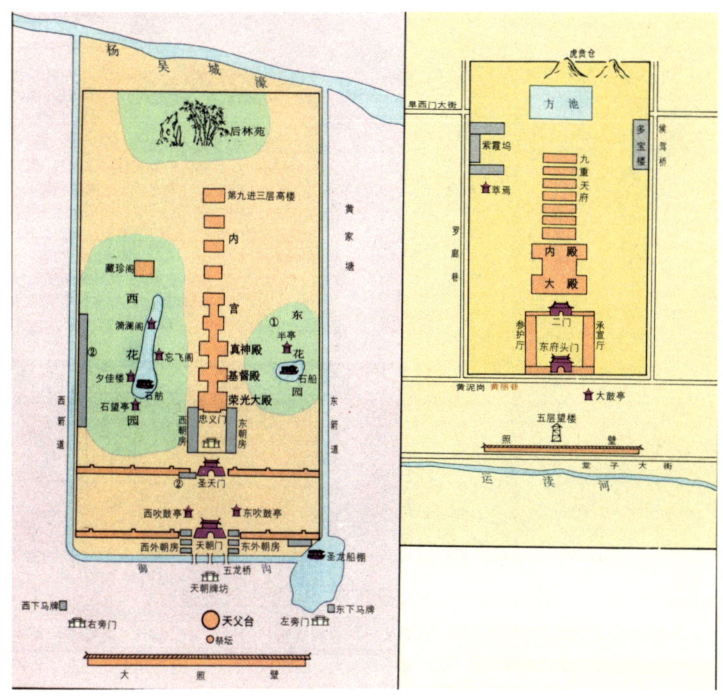

图 7-8 天王府（左）和东王府平面示意

天京事变后，洪秀全除了提拔李秀成、陈玉成外，基本没有做过什么正确的决定，革命锐气也消磨殆尽，常躲在天王府内。天京陷入了清军的重重包围，陈玉成等将领不断救援，严重消耗了资源。天京陷落是迟早的事。图片选自郭毅生主编《太平天国历史地图集》，第 62 页。

师负责制”。天王洪秀全是最高元首，具有至高无上的地位，但是不参与实际政治军事运作。执掌政治军事权力的人是军师杨秀清。这让杨秀清后来膨胀要称万岁成为可能。但是天王和军师又有君臣名分，天王是万岁，军师是九千岁，军师在处理各种军政大事时，要向天王请旨。这为后来洪秀全密诏诛杀杨秀清留下了法理依据。

太平天国体制上还有另外一个独特之处，就是宗教仪式与

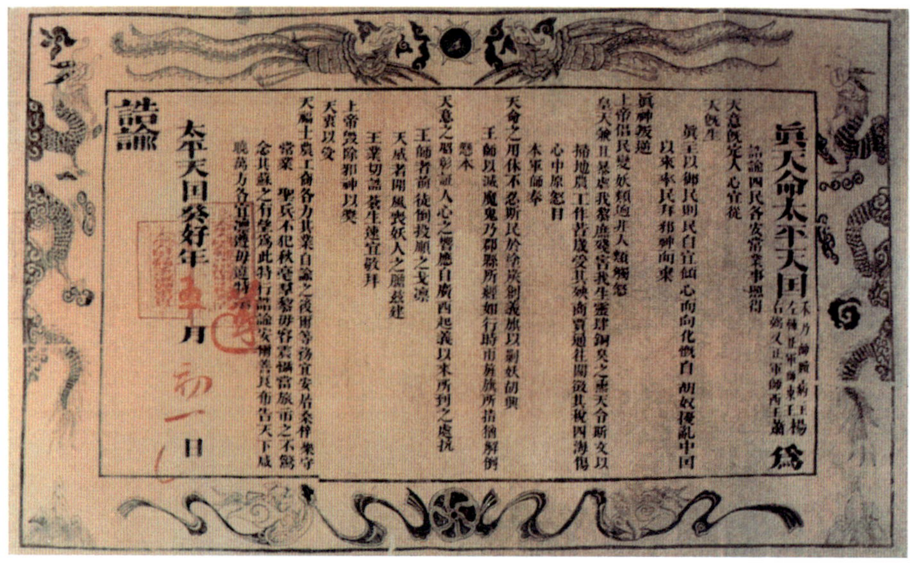
真天命太平天国
禾乃師贖病主左輔正軍師東王楊
右弼又正軍師西王蕭
為
誥諭四民各安常業事照得
天意既定人心宜從
天父生
真主以御民則民自宜傾心向化慨自胡奴擾亂中国
以來率民拜邪神向來
眞神叛逆
上帝倡民變妖類迥非人類觸怒
皇天兼且暴虐我黎庶殘害我生靈肆銅臭之熏天令斯文以
掃地農工作苦歲受其殃商賈通往關徵其稅四海傷
心中原怒目
本軍師奉
天命之用休不忍斯民於塗炭創義旗以剿妖胡興
王師以滅魔鬼乃郡縣所經如行時市男旗所指猶解倒
懸本
天意之昭彰証人心之響應自廣西起義以來所到之處抗
王師者前徒倒投順之戈凉
天威者聞風喪妖人之膽益建
王業切需蒼生速宜敬拜
上帝毀除邪神以樂
天眞以受
天福士農工商各力其業自諭之後爾等務宜安居桑梓樂守
常業　聖兵不犯秋毫軍黎毋容震慴當旅市之不驚
念其蘇之有望爲此特行誥諭安撫善民布告天下咸
曉萬方各宜凜遵毋違特示
太平天国癸好年　月　初一日
誥諭

图 7-9　太平天国东王、西王安民诰谕

从诰谕中“左辅正军师东王杨、右辅又正军师西王萧”的标识可以看出，杨秀清和萧朝贵发布安民诰谕，是“军师”这个职位赋予的权力。但是以“军师”而不是以“天王”名义发布诰谕，又显示出一种不正常。图片选自朱诚如主编《清史图典》第 10 册，第 20 页。

行政运行相结合。本来天王洪秀全自称天父次子下凡，是为了给行动赋予合法性和神秘性，起到凝聚人心的作用。但是这一点却被杨秀清等人看穿了。金田起义前，在冯云山被捕入狱、洪秀全赴广州营救的时候，拜上帝教徒人心动摇。聪明的杨秀清看透了洪秀全自称天父次子下凡的玄妙，自称天父下凡，稳定了人心，声称人人要服从他，甚至洪秀全也要服从他。洪秀全为了维持拜上帝教的可信度，也默认了杨秀清的行为。洪秀全甚至说东王所言即天父所言。这就为后来杨秀清从宗教上挟制洪秀全埋下了伏笔，也为自己招来杀机。

太平天国独特的军事、行政和宗教体制需要天王和军师彼此高度信任，并且都能掌控好彼此的边界。在前期，这种体制确实能够很好运行。一是杨秀清虽然大字不识，但是能力超群，务实高效，待人诚恳，赏罚分明，很快实现了权力高度集中，众心悦服。洪仁玕曾说当时“东王在日，即末秩微员，升降必由天廷转奏，片文只字，刊刻必自京内颁行”（《立法制宣谕》）。二是议政、人才推选、登闻鼓等配套制度，让下级可以根据实际情况提出建议、处理政务，让有才有功之人能够在领导岗位上发挥最大作用，让冤屈不满的人有申诉渠道。

但是必须承认，太平天国的制度存在着潜在的致命缺陷，那就是并无制约天王和军师权力的制度，一旦二人不能信任合作，就可能爆发激烈冲突。历史已经反复证明了，几乎没有人

图 7–10　洪秀全纪念馆展示的洪秀全龙袍复制品

太平天国的组织机制并没有多少先进性，更不代表着世界发展方向，更多的是底层人民通过戏文等民间文艺作品获得的政治想象的现实实践。这可能就解释了一个向往人间天堂的团体，为何在具体组织中充满着帝王思想和等级导向。可能太平军将士也认为，即使是梁山好汉，也是有等级差异的。作者自摄照片，2023 年 3 月。

能经得起权力的诱惑，只有制度才能约束住人的欲望。洪秀全、杨秀清也不例外。更何况他们出身底层农民，没有很高的品格素养。也正是因为缺少格局，才最终导致膨胀和领导层的分崩离析。洪秀全和杨秀清在定都南京后，逐渐忘掉了当初建立大同社会的理想，大搞封建帝王的等级制，奢侈好色，威风张扬，不顾团结。

韦昌辉、石达开、秦日纲等人，在定都南京后就因杨秀清的强势威逼积怨于心，不再心悦诚服了。引起矛盾的事情很多，咱们单说说轰动的燕王府牧马人事件。

咸丰四年（1854）四月的一天，杨秀清一个干兄弟的叔叔从燕王秦日纲府前经过，王府一个牧马人坐在府门前，没有遵礼制起立致敬。这位老同志大怒，当即把牧马人鞭打二百下，然后交给燕王秦日纲。没等秦日纲处理，他又把牧马人押解到太平天国刑部，要求卫国侯黄玉崑对牧马人再加杖责。黄玉崑问清楚情况后，认为已经鞭打二百下，惩罚足够了，他劝这位老同志算了。结果此人仗着杨秀清的权势，一把推翻了太平天国刑部大堂的办公桌，然后到杨秀清处控诉。

杨秀清立刻下令石达开逮捕黄玉崑。从职务来说，黄玉崑虽然是石达开的下级，但是从私人角度来说，却是石达开的岳父！这事就已经从对燕王秦日纲的公开羞辱上升到对翼王石达开的公开羞辱了。黄玉崑提出辞职，燕王秦日纲和朝内官首领兴国侯陈承瑢也都提出了辞职。最后杨秀清把秦日纲、陈承瑢、黄玉崑都锁拿起来，交北王韦昌辉处理。这等于又为难了北王韦昌辉。最后韦昌辉不得已，将秦日纲打了一百杖，陈承瑢打了二百杖，黄玉崑打了三百杖。黄玉崑被削去侯爵，降为伍卒，牧马人被五马分尸。黄玉崑羞愧难当投水自尽，获救未死。仅仅因为燕王府牧马人少给东王府一个八竿子打不着的人敬个礼，杨秀清就把太平天国最核心的领导层全部羞辱责罚一遍。这些人都是一起打天下的老兄弟，三王二侯，地位并不比他低太多。讲到这里，大家应该明白了，为什么韦昌辉、石达开、秦日纲、陈承瑢等人对杨秀清有如此之恨。上述这几个人正是“天京事变”的策划和实施者。历史学家把天京事变的最大责任判给杨秀清，确实不是冤枉他。

讲太平天国，就不能不讲曾国藩。曾国藩、李鸿章、左宗棠等人就是在镇压太平天国的过程中崛起的。

图 7-11　洪秀全纪念馆的洪秀全坐像

曾有人假设，太平天国起义成功了中国会是什么样？这个假设大可不必。因为从唯物史观来看，太平天国就不可能成功。无论是其“人间天堂”的乌托邦政治理想，还是其组织机制与人才基础，都不可能令其成功。关于太平天国起义，此处还要提一句，就是存在着革命者记忆与江南亲历者记忆的差异。作者自摄照片，2023 年 3 月。

第八章　曾国藩与湘淮系督抚崛起

危机危机，危中有机！A的“危”，就是B的“机”。

太平天国是清朝的大危机，却成了曾国藩、左宗棠、李鸿章等人崛起的大机会。从晚清政治格局和运行这个宏观视角来看，曾、左、李等人的崛起，并不仅仅是他们个人的崛起，而且是汉人力量在这个清朝政治格局中的崛起，由此出现的湘淮系督抚群体和督抚权力增大，深刻改变了晚清的政治运行和中国的现代化进程。

什么是督抚？督抚就是总督和巡抚的合称。总督和巡抚都起源于明朝，原本是临时性质的监察和军事官员。到了清朝，总督和巡抚演变为朝廷常驻地方的最高官员。清朝规定“总督从一品，掌厘治军民，综制文武，察举官吏，修饬封疆”，“巡抚从二品，掌宣布德意，抚安齐民，修明政刑，兴革利弊，考核群吏，会总督以诏废置”（《清史稿·职官志》）。通俗地讲，总督除管河道、漕运者外，负责一省或几省，职权比巡抚大一些，地位高一些，负地方全责，什么都管，尤其是军事和监察；巡抚只负责一省，偏重行政、吏治和政法等工作。两者权力都比较大，因此也被时人尊为“封疆大吏”。

除了漕运和河道两个专项事务总督，乾隆年间确定了直隶、两江、陕甘、闽浙、湖广、四川、两广、云贵 8 个地方总督，除了 3 个省巡抚由总督兼任外，又在江苏、浙江、安徽、河南等省设了 15 位巡抚。其间虽有一些变动，但是一直到清末新疆、台湾建省和成立东三省，职位设置总体上比较稳定。职位一直是那些职位，但是坐在那些位置上的人的身份变化则比较大，实际权力变化也比较大。

清朝前期，特别是顺治、康熙朝，汉军八旗出身的人担任总督或巡抚的最多。为什么呢？这是因为汉军八旗是较早归顺满族的汉人。这时候多任用汉军八旗，一来是这些人早已归顺认同清朝，皇帝比较放心，二来是这些人是汉人，熟悉各地汉人文化风俗，可以缓解满汉矛盾。到了乾隆帝时，为了维护满人的独特地位，开始任用更多的满洲八旗担任督抚，嘉庆、道光两朝继承了乾隆帝的做法，督抚还是满人多。但是经过咸丰朝的太平天国运动，情况发生了显著改变。在鸦片战争爆发前的道光二十年（1840），当年任职或任命的 13 位总督，满人 7 人，汉人 4 人，蒙古人 2 人。二十五年后，在镇压太平天国之后的同治四年（1865），当年任职或任命的 11 位总督，汉人 8 人，满人 3 人；更令人惊讶的是当年任职或任命的 23 位巡抚竟然全部是汉人。此后一直到辛亥革命爆发的近五十年里，这一局面没有再发生根本改变。最有影响的督抚基本上是汉人，而且多数来自湘淮系。这是晚清政治运行的一大特点。

总督和巡抚是地方实权派，而且在整个晚清时期，总督和巡抚的权力是不断在扩大的。为什么从鸦片战争前到镇压太平天国后这二十余年间督抚任命会发生这样的变化？为什么督抚权力还在不断扩大？这两个问题如果不分析清楚，就很难理解晚清最后五十年的政治运转。我们要把这两个问题弄清楚，还得回到太平天国运动中。但是我们不再讲太平天国了，而是讲太平天国的对立面——曾国藩及其领导的湘军。

曾国藩的郁闷

曾国藩比洪秀全大 3 岁，生于嘉庆十六年（1811）。曾国藩的科举之路颇有戏剧性。早年考秀才也是异常艰辛，23 岁才考上秀才。比他小一岁的同乡胡林翼，16 岁就考中了秀才。他的学生李鸿章，17 岁中秀才。但是，曾国藩中了秀才后，人生就“开了挂”：第二年就考上了举人；28 岁考上进士；朝考第一等第三名，被道光帝拔为第二，授翰林院庶吉士。从此进入官场的曾国藩，在最初十年里像坐上了火箭，不断被提拔，到道光二十九年升任礼部右侍郎，兼署兵部右侍郎。用今天的话说，就是四十岁不到就成了副部级实职官员。那个时候副部级官员比现在少得多。让曾国藩坐上火箭的是穆彰阿。曾国藩考进士时，穆彰阿是正考官。按照当时的习惯，曾国藩是穆彰阿的学生，穆彰阿是曾国藩的座师。曾国藩的运气就这么来了。

图 8-1　曾国藩像

“赠太傅原任武英殿大学士两江总督一等毅勇侯谥文正”是曾国藩一生功业的浓缩。太傅是“三公”之一，荣誉赠官，显示礼遇极隆重，但不及太师。大学士位列六部之上，文官之首，军机处成立后，地位尊崇，实权不大。在“三殿三阁”定制及保和殿大学士在傅恒之后不再授人的情况下，武英殿不及文华殿。两江总督是曾国藩去世时的实际职务。直隶总督是督抚之首，但是他因天津教案处理不当被迫去职。一等毅勇侯是他镇压太平天国后获得的爵位。清朝皇帝极重视爵位，咸丰帝曾经允诺克服金陵者封郡王，但最终因曾国藩是汉臣，连公都没封，而是封了一等侯，世袭罔替。即使如此，也是三藩平叛之后汉臣所仅有。文臣之中，谥号“文正”最为尊贵。清朝一共有 8 人获得“文正”谥号，曾国藩之前有 5 人，之后有 2 人。定位曾国藩的这些头衔，既反映了曾国藩在清朝中晚期汉臣中无人能及的地位，也反映了朝廷对他的刻意抑制。图片选自朱诚如主编《清史图典》第 10 册，第 35 页。

曾国藩在翰林院时，又入了穆彰阿的眼，被着意培养。此时的穆彰阿，是道光帝晚年最信任的大臣。老师提携学生，光明正大。虽说穆彰阿的历史评价不高，但是在提携曾国藩这事上，还真是有眼光。曾国藩也对得起这份提携之恩，自己飞黄腾达后，依然没忘了被贬斥的穆彰阿。

俗话说一朝天子一朝臣。在道光朝权倾一时的穆彰阿，在咸丰朝很快就倒了霉，被咸丰帝贬斥为“固宠窃权”，予以革职。不知为何，曾国藩此时并没有因为穆彰阿被贬斥而缩手缩脚，反而接连上书，有意当个显眼包，结果在咸丰元年（1851）惹怒了咸丰帝，气得皇帝直接把他的奏折扔在了地上，并要求曾国藩理解当皇帝的不容易。曾国藩在咸丰帝这里，就留下了一个非常不好的印象，为此后多年的仕途坎坷，“打下”了一个坚实的“基础”。

咸丰二年夏，曾国藩被任命为江西乡试正考官。走到安徽时，他得到了母亲病故的消息，立即回乡奔丧。根据当时的规定，需要在家丁忧守制三年（27 个月）。这一变故改变了曾国藩的一生。曾国藩回到湖南的时候，正是太平军势如破竹之时。咸丰三年初，焦头烂额的咸丰帝想到了曾国藩，命令他协助湖南巡抚“帮同办理本省团练乡民搜查土匪诸事务”（曾国藩:《敬陈团练查匪大概规模折》)。很多时候，历史的偶然性只能用风云际会来解释。假如太平天国不起义，假如曾国藩不回乡，假如清军不节节败退，曾国藩是否还能在晚清历史上留下如此深远的影响，确实是个未知数。

团练是什么？团练其实就是临时性的民间武装。用更通俗的类比来说，团练实质就是民兵或雇佣兵。清朝的团练并不起于湘军。嘉庆朝镇压苗民起义和白莲教起义时，朝廷发现这些由地方乡绅组织的编外军事力量，虽然没有铁饭碗，但是招之能战，战后遣散，既省钱又好用。此后一遇到事情，就想到团练。出人意料的是，团练到了曾国藩手里，成了大气候。他擅自扩大了“帮办”的范围，编练出一支战斗力比正规军还强的军队——湘军。咸丰四年正月二十八日（1854 年 2 月 25 日），当太平天国西征军再次威胁到武昌时，曾国藩终于可以大显身手了。他率领训练多时的湘军从衡阳北上，在湘潭遭遇太平军，先败后胜，迫使太平军退出湖南，然后乘胜追击，攻克了被太平军占领一年多的武昌。

图 8-2 《克复武昌省城图》局部

此图是《湘军平定粤匪战图十四幅》之一，或是曾国藩率领湘军击败太平军后，给皇帝和太后奏报战绩时所绘，以便皇帝能形成感性认识。曾国藩在克复武昌前，胜少败多，经受了大风大浪的考验。但对曾国藩的成长而言，克复武昌后，官场上的磨难才刚刚开始。图片选自朱诚如主编《清史图典》第 10 册，第 28 页。

曾国藩的一系列胜利，让三年多来天天被失败消息包围的咸丰帝喜出望外。这场胜利对他而言，犹如久旱逢甘霖。在确认武昌收复消息的当日，咸丰帝便授予曾国藩二品顶戴，署理湖北巡抚。咸丰帝喜滋滋地对身边的军机大臣祁寯藻说，没想到曾国藩一介书生，竟能建立如此奇功。说者无心，听者有意。祁寯藻淡淡地回复道："曾国藩以侍郎在籍，犹匹夫耳。匹夫居闾里，一呼蹶起，从之者万余人，恐非国家之福也。"（薛福成:《书宰相有学无识》）这话直刺咸丰帝心窝：曾国藩以一个在老家乡下没有职务的副部级干部，短时间内就拉出一支万人以上的铁血队伍，要是不听朝廷领导，可就成了洪秀全第二。一句话，把咸丰帝对曾国藩的欣赏好感转化为深深猜忌，将曾国藩打入炼狱。

"君子一言，驷马难追"，更何况是皇帝的圣旨！但是咸丰帝顾不上这些了，态度来了个一百八十度大转弯：七天后就直接改曾国藩为兵部侍郎，专办军务，不再署理湖北巡抚。不了解内情的曾国藩还按照理学家那一套官场礼仪，以守制为由给咸丰帝上折请辞，没想到又被咸丰帝以请辞奏折中没有书写署理巡抚官衔为由严厉批评。有功必赏，是皇帝驾驭群臣最基本的能力和品格。但是，立了大功的曾国藩不仅没有从咸丰帝这里得到应有的奖赏，还受了一肚子委屈。好在曾国藩是理学家，君命难违，受了委屈的他隐忍在心，继续率军东下江西与太平军激战。

但是忍耐也是有限度的，理学家也不是什么都能忍。眼看着功绩、资历都不如自己的人一个个升任总督、巡抚，自己就一直是一个出死力、打死仗的兵部侍郎衔编外部队将领，曾国藩的失望可想而知。他的隐忍终于到头了。咸丰七年二月，曾国藩父亲病故，这让他有了发泄的理由。不待朝廷批复奏报，他就径直回了老家。咸丰帝给了他三个月的假。更让他生气的是，此时江西巡抚出缺，可是朝廷还是没考虑他。气愤不已的曾国藩奏请在家守制三年，说江西军务在将军和巡抚两人办理下，渐有起色，“添臣一人，未必有益，少臣一人，不见其损”(《沥陈下情恳请终制折》)。这其实是以退为进，让咸丰帝掂量掂量。虽然咸丰帝对曾国藩不信任，但是对其能力还是很清楚的，所以不同意曾国藩的请求，多次要求曾国藩回到指挥岗位上去。曾国藩感觉时机已到，决定向咸丰帝摊牌，要求任命自己为有实权的巡抚。

非常之时当用非常之人。从实际情况来说，曾国藩的要求并不过分，而且曾国藩几年前就应按功授予巡抚了。但是平庸的咸丰帝此时非但没有知错就改，却更加强硬。他不仅没有顺势授予曾国藩巡抚职务，反而将曾国藩的兵部侍郎衔也撤了，并批准曾国藩在家守制。

曾国藩傻了，咸丰帝原来是个“二杆子”皇帝。只能在家老实待着的曾国藩，一下子明白了，离开了体制，他啥也不是。咸丰帝对于曾国藩，也是耍起了手腕。打压你，还不能打得你彻底绝望，逼上梁山。该年八月，咸丰帝又谕旨曾国藩帮办湖南团练。曾国藩拼死拼活了多年以后，又回到了五年前。于是他在接到咸丰帝谕旨后，桀骜之气收敛不少，小心翼翼地向咸丰帝忏悔，并暗示咸丰帝命令自己前往江西继续统领军队。咸丰帝一看，曾国藩被收拾得还不够啊，还有指导皇帝的胆气。于是直接硬气地告诉曾国藩，江西军务已有起色，你就老实在家守孝吧，连帮办团练的工作也不用做了。聪明反被聪明误，想当巡抚却一直当不上的曾国藩，又被“一撸到底”，只能在家天天生闷气，发脾气，等待峰回路转。

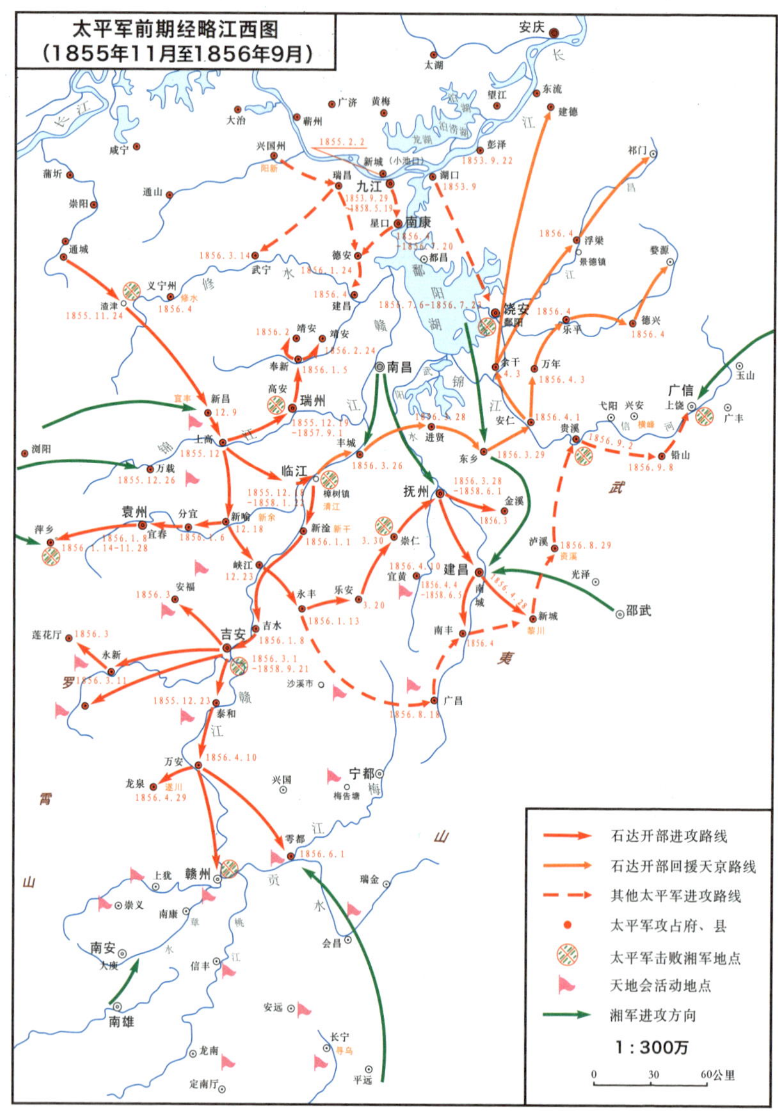

图 8-3 太平军前期经略江西形势

江西曾经是曾国藩率领湘军长期苦战的地方。如果没有曾国藩率领湘军苦苦支撑，估计江西早被太平军攻占了全境。因此，曾国藩盼着得到江西巡抚的职位，并不过分。洪嘉珑根据郭毅生主编《太平天国历史地图集》之《太平军前期经略江西图》（第 87 页）改绘。

督抚权力的扩大

不管是总督、巡抚，还是侍郎，不都是朝廷任命的高级官员吗？曾国藩为什么这么想当巡抚呢？是他特别想当官吗？曾国藩虽然对当官有兴趣，但根本原因还是统领和发展湘军的现实需要。

巡抚加衔后才和侍郎级别相当，但是手中掌握的资源可不一样。打仗很费钱，更何况曾国藩率领的湘军是编外的团练，需要自己筹措大量经费。湘军主要是靠地缘和血缘关系组建起来的，战斗力比较强。但是除了情感和理念，能够激励属下将士出生入死的直接手段，就是给予官位或丰厚薪酬。要给属下升官或经济奖励，就需要军队统领一手抓着钱袋子，一手抓着用人权。此时，用人权和钱袋子，主要抓在总督和巡抚手里。由于太平军横扫长江中下游及第二次鸦片战争，此一时期总督和巡抚的钱袋子在膨胀，用人权在扩大。空有二品侍郎衔的曾国藩看在眼里，苦在心里，窘在手里，不眼红反而不正常。

这一时期督抚权力扩大的表现主要有哪些呢？咱们先说说钱袋子。清朝自康熙朝永不加赋和雍正朝摊丁入亩后，每年的财政收入基本是固定的，约有 4000 万两白银。在风调雨顺的太平年景，这钱花不完，但是要遇到个水旱灾害或地方叛乱，这钱就有些紧张。嘉庆帝之后，天灾人祸、内乱外侵不断，再加上鸦片泛滥导致白银外流，入不敷出，朝廷的钱袋子一天天瘪下去。咸丰帝一上台，赶紧摸了摸家底。好家伙，国库存银仅仅 800 万两左右。对如此庞大复杂的国家来说，这点钱太少了。

屋漏偏逢连夜雨。咸丰帝刚登基，太平天国起义就爆发，两三年内就横扫长江中下游，中国最富庶的地方成了最激烈的战场，朝廷最主要的赋税和粮食来源被断了。与此同时，第二次鸦片战争爆发，中外贸易断断续续，战争消耗巨大。朝廷财政状况不是雪上加霜，而是暴雪不止。

咸丰帝有没有优点？很少，但还是有。其中一个就是不像他爹一样吝啬。需要钱，砸锅卖铁地筹措。他自己的私房钱不用说，就是内务府存放的金钟，圆明园的铜瓶、铜炉，都拿来换钱了。此外，他还把能想到的筹钱办法全想了一遍，比如八旗减发俸禄、卖官鬻爵、滥发货币等。结果是办法想得越多，钱筹得越少，朝廷愈发缺钱。没钱的痛苦只有没钱的人才能体会。钱筹不出来，仗还得打。索性眼皮一闭，前线的官员自己想办法吧。没有办法的时候不给办法就是办法，前线官员还真找到了办法——厘金。

咸丰三年（1853）九月，帮办江北大营军务的刑部侍郎雷以諴万般无奈，想到了一个办法——向商人开刀。他在水陆要冲设立关卡，对通行的货物按值抽税，另外对开店销货的商人按销售额强行派捐。没想到，在扬州附近试行了一下，半年就收了两万贯钱。雷以諴一边向咸丰帝报告，一边提议江苏巡抚等推广办理。咸丰帝对这个新生事物也拿不准，比较含混地批复说现在太需要钱了，“不能不借资民力”，既然这个办法雷以諴说行之有效，那其他各州县情形估计也差不多，江苏巡抚等如果觉得实属可行，可仿照办理。雷以諴收到皇帝批示后，胆儿大了起来，扩大征收范围，广立关卡，大干特干。很快，江苏巡抚等其他地方官员尝到了甜头，纷纷效仿。钦差大臣胜保上奏咸丰帝，宣扬这个办法的种种好处，并请皇帝下旨各地仿行。皇帝和户部官员都不清楚这是个啥东西，只是意识到能筹措战争经费，于是商议后决定，战区各督抚可以根据本省情况酌情办理。对近代中国经济影响深远的厘金，就这样诞生了，随后从战区走向全国，成为督抚最重要的经济来源。厘金本质上是商业税，而且是地方税，督抚以解决兵饷等理由不向中央上缴。

要理解厘金的产生，还要了解一个清朝税收背景。清代中前期，以土地和人丁为基础征收的正赋是国家最主要的税收项目，其次是盐课和关税，政府不怎么直接向商人征税，商业税也被归入“杂赋”。过去朝廷遇到钱不够时，宁肯拿出一些中下级官职或官员任职资格来卖（捐纳制度），也没想着向商人收税。现在真是被逼得没办法了，才想起来还有这个能收税呢。厘金到底收了多少钱呢？现在学者已经统计不出来了。但是据薛福成等

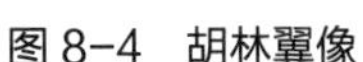

图 8-4　胡林翼像

胡林翼在 1855 年升任湖北巡抚，在各方面都给了曾国藩及其湘军很大支持。曾国藩曾说胡林翼才胜于自己十倍。王闿运认为“中兴之业，实基于胡”。晚清人并称“曾胡”。胡林翼是同光中兴名臣中去世比较早的，也是在曾国藩最困难时期对他帮助最大的。图片选自朱诚如主编《清史图典》第 10 册，第 37 页。

人提供的资料，是相当多的，江浙富庶之地每年收几百万两白银应该没有问题。有学者说，从咸丰三年开始征收到同治三年太平天国被镇压，厘金至少收了 1.1 亿两白银，有的学者认为可能超过这个数量。你说，曾国藩能不眼巴巴地想当巡抚吗？

咱们再来说说用人权。清朝人口暴增，但是科举名额并无明显增加，对于像洪秀全这样的很多基层读书人来说，考取个秀才都很困难。但是即使一路幸运地考上举人、进士，人生也未必能美满如意，进入官场，步步高升。这是因为到了清中晚期，有举人、进士名头者人满为患，但是官员职位却未显著增加，朝廷为了筹措资金，还在不断扩大卖官规模，更不能忽视的是朝廷为了拉拢重要满汉官员，还采用了较为宽松的恩荫制度，就是为了照顾高级官员的儿子，特别授予他们低级别官衔等。在清朝中后期，有功名的人、捐了官的人，或高级官员的子孙，可以通过朝廷分配指派到地方上获得一个实际官职。但是上任之后，能否干得下去，能否被评价为干得不错，能否被荐举升官等，主要就靠督抚的考核结果和是否推荐了。清朝制度规定，一般情况下，三品以上的文武官员，是皇帝从相关部门开列的名单中挑选，三品以下的文武官员，缺额有定数，人选由中央的吏部等机构和地方督抚协商。也就是说，督抚与地方官员升迁与否，有着相当直接的关系。

咸丰朝督抚用人权的扩大，主要体现在推荐权的扩大。此一时期战争形势发展太快，已经不是常规的平叛那样简单，再加上朝廷财政拮据，对前线已经无钱可付，最能激发前线将士为朝廷卖命的资源只剩官帽子这一个了。因此，咸丰帝扩大了前线督抚任命低级文武官员和择优保举高级官员的权力。从此一时期的朝廷和太平天国的斗争情况来看，这是非常有必要的。一方面文武官员损耗大，如果层级较低的文武官员任命仍然按照传统办法，一步步走流程，效率过于低下；另一方面，督抚和将领为了赢得斗争，也需要各种各样的人才，是人才都有一颗向上的心，督抚要是没有这样的资源和权力，也就无法笼络人才。督抚用人权的扩大，显然有利于调动前线官兵将士的战斗积极性。

曾国藩于咸丰七年在向咸丰帝摊牌时指出："臣细察今日局势，非位任巡抚有察吏之权者，决不能以治军。纵能治军，决不能兼及筹饷。"（《沥陈办事艰难仍恳终制折》）这句话明白揭示了曾国藩对此一时期督抚权力扩大的深刻感受。他到江西后，处处受到江西巡

图 8-5 骆秉章像

对困苦时期的曾国藩帮助第二大的人是骆秉章。太平军久攻长沙不下，对手就是骆秉章。咸丰二年骆秉章因功升迁为湖南巡抚，一任十年。他主政的湖南，成为曾国藩湘军的大后方。骆秉章还是左宗棠的伯乐。《清史稿》的作者认为，要是没有胡林翼和骆秉章，曾国藩、左宗棠就失去了依靠，难以成功。图片选自朱诚如主编《清史图典》第 10 册，第 40 页。

抚的刁难排挤，自己又无能为力，要不是好朋友湖北巡抚胡林翼和湖南巡抚骆秉章给他很多支持，他的军队可能已经垮了。也正是有这样的体会，他才能冒着危险说出上面这句话。可惜咸丰帝不能从全局出发理解认识这句话的深刻性，而是和曾国藩斗起了气。这件事也反映了咸丰帝确实没有当皇帝的格局与智慧，所以才会同时应对两场规模巨大、持续甚久的战争。

曾国藩的春天

曾国藩意识到自己离不开体制后，隐忍之功大增。他的隐忍也换来了转机。咸丰八年，洪秀全扛不住清军的攻势，恢复了早期的五军主将制，开始重用李秀成、陈玉成等青年将领，以应对天京被围的窘境。李秀成和陈玉成等将领通力合作，再破清军江北大营。咸丰帝无兵无将可用，只能再次起用曾国藩，但是依然没有满足曾国藩当巡抚的要求，而是要求曾国藩以“前任兵部侍郎”的名头领兵征战。这一次，曾国藩不再提要求，而是乖乖出山。

很多时候，成全一个人的不是同志，而是对手。

李秀成和陈玉成随后就给曾国藩送了大礼。咸丰十年，为了破除清军江南大营对天京的围困，李秀成率军进攻杭州后又迅速回军合击清军江南大营。这一战，不仅击溃了江南大营，杀死了钦差大臣和春等清军统帅将领，还摧毁了清朝的江浙官僚体系，为曾国藩、李鸿章、左宗棠获得督抚职位提供了机会。

和春在江南大营溃败后、自缢身死之前，败退到两江总督何桂清临时驻地常州。但是吓破了胆的何桂清不仅不接应和春，整军再战，反而找了个借口逃跑了，甚至为了快点从常州逃跑，他的卫兵开枪打死跪留的常州士绅 19 人。何桂清的行为连自己人都看不下去了。江苏巡抚徐有壬先是拒绝何桂清进入苏州，随后在遗折中弹劾何桂清“弃城丧师”。

此时的咸丰帝，北边要应对英法联军，南边突然面临围攻太平天国的军事和政治体系整体垮塌。他终于没有本钱和曾国藩置气了。更为重要的是，此时他最信任的谋臣肃顺已经非常坚定地意识到，只有重用曾国藩才能应对如此局面。他接受了肃顺的建议，任命曾国藩署理两江总督。不久后，实授曾国藩两江总督，并任命其为钦差大臣，督办江南军务。很多年眼巴巴想当巡抚的曾国藩，最终也没当上巡抚。不过他绝不遗憾，因为他一下子当上了比巡抚更有权力的两江总督，更何况还有钦差大臣的头衔。

当上两江总督对于曾国藩来说，犹如熬过漫长寒冬，一下子进入鲜花盛开的春天，好运一个接一个地来。他能当上两江总督，主要靠的是肃顺。肃顺在用人方面，特别重视有真才实学的汉人，对湘军将帅倾心推崇，明确了依靠湘军镇压太平天国的策略。肃顺就成了曾国藩的大树！可是让曾国藩心惊肉跳的是，肃顺掌权不太久，就在辛酉政变中丢了命。好在接掌政权的两宫太后和恭亲王奕䜣不是糊涂人，虽然铲除了肃顺，但是延续了肃顺的用人方针，更加信任曾国藩。在肃顺被处死的 12 天后，咸丰十一年十月十八日（1861 年 11 月 20 日），朝廷谕令曾国藩节制江苏、安徽、江西、浙江四省军务，巡抚、提督以下文武官员全归其节制。曾国藩的权力已经远远超出两江总督职务范围，实际上成了镇压太平天

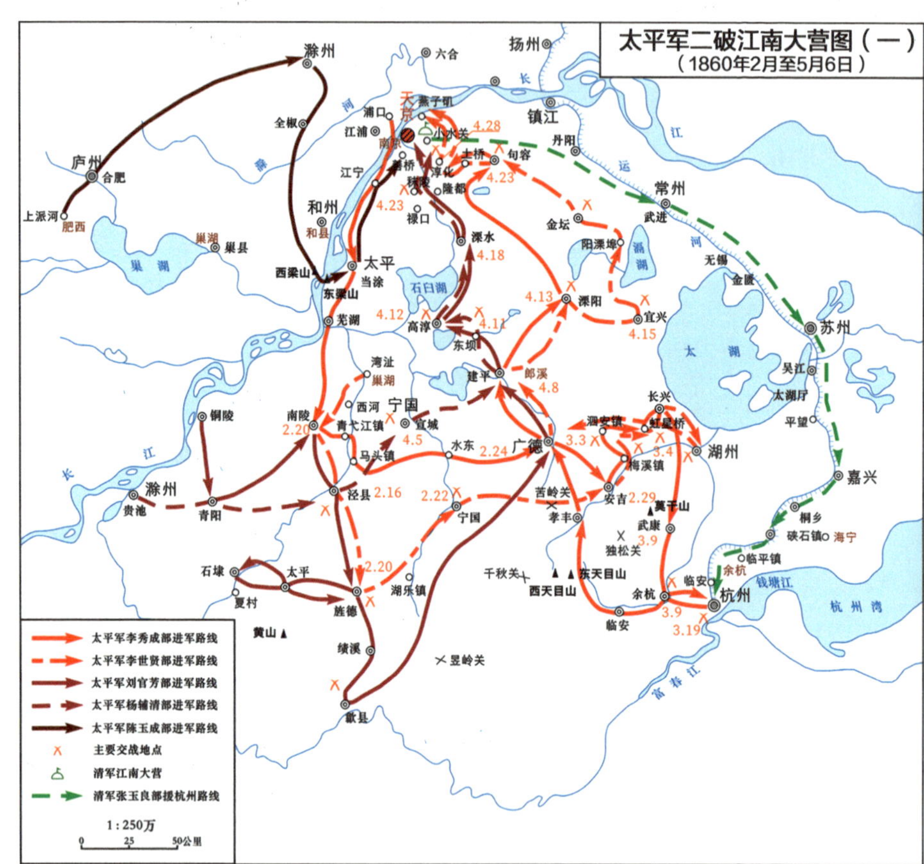

图 8-6　太平军二破江南大营示意

李秀成决定以“围魏救赵”之策打破清军对天京的围困。首先向杭州等地佯攻，迫使江南大营分兵营救，然后会合各路太平军主力猛攻清军江南大营，历时 98 天，大获全胜。李秀成想不到的是，大破江南大营却给曾国藩解了封印。天下事，真是胜负得失难料。洪嘉珑根据郭毅生主编《太平天国历史地图集》之《太平军二破江南大营图（一）》（第 102 页）改绘。

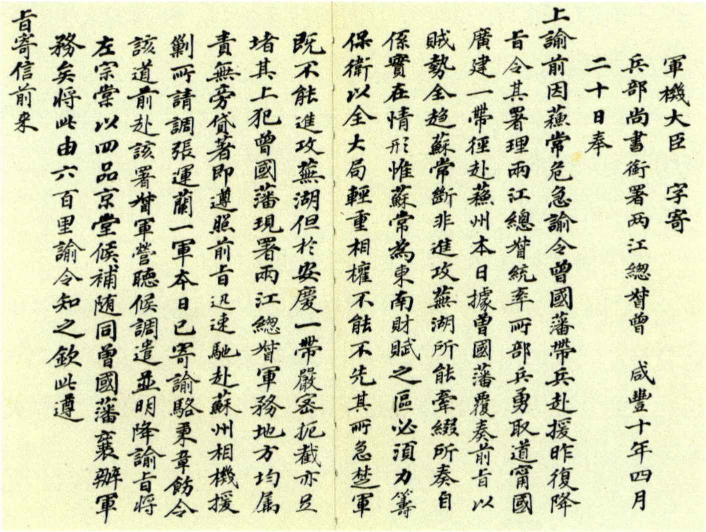

軍機大臣　字寄
兵部尚書銜署兩江總督曾　咸豐十年四月
二十日奉
上諭前因蘇常危急諭令曾國藩帶兵赴援昨復降
旨令其署理兩江總督統率所部兵勇取道甯國
廣建一帶徑赴蘇州本日據曾國藩覆奏前旨以
賊勢全趨蘇常斷非進攻蕪湖所能牽綴所奏自
係實在情形惟蘇常為東南財賦之區必須力籌
保衛以全大局輕重相權不能不先其所急楚軍
既不能進攻蕪湖但於安慶一帶嚴密扼截亦足
堵其上犯曾國藩現署兩江總督軍務地方均屬
責無旁貸著即遵照前旨迅速馳赴蘇州相機援
剿所請調張運蘭一軍本日已寄諭駱秉章飭令
該道前赴該署督軍營聽候調遣並明降諭旨將
左宗棠以四品京堂候補隨同曾國藩襄辦軍
務矣將此由六百里諭令知之欽此遵
旨寄信前來

图 8-7　任命曾国藩署理两江总督的谕旨

谕旨以六百里加急送出，除了任命曾国藩署理两江总督外，还有两条内容颇有意思。一是“苏常为东南财赋之区，必须力筹保卫，以全大局”，另一条是“左宗棠以四品京堂候补随同曾国藩襄办军务”。图片选自中国第一历史档案馆编《御笔诏令说清史——影响清朝历史进程的重要档案文献》，第 162~163 页。

国的总指挥。

大权在握的曾国藩迅速开始从全局进行布置。12 月，曾国藩派左宗棠率兵救援浙江。恰逢此时浙江巡抚王有龄战死，曾国藩顺势保奏左宗棠为浙江巡抚。同月，保奏沈葆桢为江西巡抚，调李续宜为安徽巡抚。几个月后，曾国藩命李鸿章带兵救援上海，并奏保李鸿章署理江苏巡抚。至此，他节制的四个省，全部换上了自己的人主政，其他有功将领也分别被授予提督、布政使等高级官阶。清朝对太平天国的镇压，终于实现了统一指挥，有功之人的升迁渠道也畅通了，兵饷筹措更不再是问题。湘军将士看到天亮了，迸发出前所未有的战斗力，在战场上不断取得胜利，太平军方面则接连失利。胜利的天平开始发生显著倾斜。

同治三年六月十六日（1864年7月19日），曾国藩的弟弟曾国荃率领的湘军攻占南京。曾国藩终于完成了他的任务，成功将太平天国镇压。

曾国藩走向了人生顶点，湘军也走向了顶点。在同治三年，全国8名总督中，两江总督曾国藩、直隶总督刘长佑、闽浙总督左宗棠皆出身湘军；四川总督骆秉章、两广总督毛鸿宾与湘军关系密切。全国15名巡抚中有7名出自湘军或与湘军关系密切。

督抚崛起的影响

中国近现代史的研究者普遍认为，在太平天国运动中崛起的汉人督抚对清朝政治运作的影响极为深远。

首先，改变了中央和地方的权力格局。此前皇帝高度集权，无论是用钱还是用人，都是中央说了算。现在为了激发督抚镇压太平天国的积极性，让督抚的钱袋子鼓起来、用人权扩大，无形中就助推了督抚在政治版图中的地位，削弱了中央集权。

从整个晚清发展来看，这种权力格局的改变并非好事。曾国藩的心腹幕僚赵烈文在同治六年（1867）就指出："必先根本颠仆，而后方州无主，人自为政，殆不出五十年。"（《能静居日记》）意思就是说，中央和地方权力格局发生颠倒，中央控制力下降，五十年内中国必然出现有能力的人各自为政的局面。赵烈文的观察可谓眼光辛辣。晚清地方督抚，不仅有钱，有用人权，还逐渐有了一支效忠自己的军队。曾国藩的湘军之后，是李鸿章的淮军，淮军之后是袁世凯的北洋新军，最后产生了北洋军阀。1867 年的五十年之后，正好是袁世凯死后的军阀混战时代。

其次，改变了满人和汉人在权力格局中的地位。过去中央各部长官虽然满汉分立，但是选官用人明里暗里照顾满人，地方督抚就更不用说了。现在则出现了明显的翻转，朝廷执政者经过太平天国一事，相当充分地认识到，要维持统治，需要信任并任用更多的汉人官员。此后近五十年，如果说中央还不明显的话，地方督抚则主要是汉人担任，同治年间以湘军系为主，光绪年间以淮军系为主。我们耳熟能详的曾国藩、左宗棠、李鸿章、李瀚章、刘坤一、刘铭传、袁世凯等，都是其中的代表。

可以说，太平天国被镇压后近五十年的清朝，基本上是被能干的督抚（特别是湘淮系汉人督抚）抬着向前走的。在地方的曾国藩、李鸿章、左宗棠等人和在中央的恭亲王奕䜣等联手，缔造了“同光中兴”。曾国藩、李鸿章、左宗棠和胡林翼（一说张之洞），被称为四大“中兴名臣”。

曾、胡、骆、左、李这些“中兴名臣”，都是经过血与火的淬炼，大浪淘沙后脱颖而出的，学问、德行、能力、阅历，都是全中国顶流，团结在一起，其力量可想而知。他们不仅让中国重新安定下来，还是中国现代化的第一批实践者。

图 8-8　曾国藩像

据说这是曾国藩唯一真正的照片，由其儿子曾纪泽在其去世前一年拍摄。高鼻三角眼，隆准而目有棱，看似昏昏欲睡而内含精光，所谓沉挚之才也。这张照片因为马士将其作为《中华帝国对外关系史》的插图而流传。图片选自 H. B. Morse，*International Relations of the Chinese Empire*，Vol.2，*The Period of Submission 1861–1893*，p.209。

对曾国藩的评价

曾国藩现在特别受人追捧，有人说他是“古今第一完人”。这里有必要把曾国藩的评价问题单拎出来说一说。

凡是重要的历史人物，都不好评价，而且评价还要随着时代变迁而变化。古今中外的历史人物，皆是如此。曾国藩也不例外。历史常写常新，常读常新。历史没有变，变的是世道人心。

曾国藩成功镇压太平天国后，在官方，是国之柱石、中兴名臣，在民间，被称为“曾剃头”。清末反满革命意识兴起后，谭嗣同在《仁学》里登高一呼，曾国藩这些中兴名臣就成了满人“走狗”、屠杀汉人的刽子手。清末和民初的历史书写发扬了革命者历史评价基准，大力表扬太平天国，抨击曾国藩等人。

民国时期对曾国藩并不是完全否定，而是低开高走。随着孙中山、蒋介石等人对传统文化理解的加深，公开提出“养天地正气，法古今完人”后，对曾国藩的评价就越来越高，高到成为“古今完人”之一。尤其是蒋介石，直接以曾国藩作为人生榜样，着意模仿。

中华人民共和国成立后，曾国藩的历史评价和民国一样，再次来了一个低开高走。在革命史叙述中，他是镇压太平天国和捻军起义的刽子手，手上沾满了人民的鲜血。改革开放以后，曾国藩的地位又逐渐上升。从感觉上来说，曾国藩可能是近二三十年最热的历史人物之一，被很多人追捧。

到底该怎样评价曾国藩呢？晚清众多“风流人物”之中，

曾国藩确实有其过人之处，但也不是“古今完人”，更不可能肩负起复兴中华的责任。

曾国藩是晚清时期对中国传统理解最深的一个人。因为对中国传统理解最深，所以他才能把血缘、地缘、学缘这种传统关系纽带运用到极致，编练壮大战斗力极强的湘军；因为对中国传统理解最深，所以他才能够把忍、稳、狠都做到极致，沉稳应对各种形势变化；因为对中国传统理解最深，所以他才能真正实现“修身齐家治国平天下”的理想，立德、立功、立言全部做到；因为对中国传统理解最深，所以他才能任人唯贤、进退得宜，被认为是“古今完人”。

为什么说曾国藩不能肩负复兴中华的责任？是因为他缺少了解世界的意识和革故鼎新的勇气。以理学家为基础的良臣循吏，既是曾国藩的理想，也是他的上限。在他的观念意识里，传统的文明观念仍是主导，因此即使他意识到西方的先进，也不能完全勇敢地承认，不会明确向西方学习。也就是说，论开放的精神，他不如奕䜣、李鸿章，甚至不如左宗棠。因为是理学家，他又对中国传统理解最深，边界感特别强，所以曾国藩基本是按照朝廷对模范疆臣的要求去履行职责，主动引领中国改革，那是不可能的。也就是说，韬光养晦的自我定位完全遏制了改革的勇气。

每天研读《资治通鉴》的曾国藩，希望自己是一个名垂青史的中兴名臣。他是幸运的，历史给了他这样的机会：他青年的平步青云、中年的煎熬与飞黄腾达、晚年的挫折与收敛，都是充满故事又恰如其分；立德、立功、立言也是均衡得恰到好处；在“中兴大业”完成后不久，寿终正寝，哀荣备至。

图 8-9　故宫中和殿悬挂“允执厥中”匾额

曾国藩是理学家，认为“圣人”都是表里如一、诚实无私。在他看来“圣贤之学，惟危惕以惟微”。显然，这是对儒家心法和道统“人心惟危，道心惟危，惟精惟一，允执厥中”的继承。何谓“允执厥中”？精神上要诚实地坚持不偏不倚的正道，在生活工作中要用心掌握分寸。曾国藩的一生，就是“允执厥中”的写照。

第九章　“同光中兴”与最后的宁静时光

清朝最没有存在感，同时也最没有出息的皇帝，就是同治帝。但是历史却开了一个玩笑，同治朝出现了“同光中兴”。这可是中国历史上几次有名的“中兴”之一。

同治帝就是爱新觉罗·载淳，咸丰帝唯一的儿子，他的生母就是慈禧太后。咸丰帝在承德避暑山庄驾崩之后，肃顺等顾命八大臣掌权，确定的年号是“祺祥”，寓意幸福吉祥。确定这个年号，或许是肃顺等人鉴于老皇帝太惨了，希望新皇帝能一切顺利吧。但是这个喜庆的年号没能带来期盼的吉祥如意，反倒成了清朝最短命的年号。咸丰十一年七月二十九日（1861 年 9 月 3 日）公布“祺祥”年号，九月十三日辛酉政变发生，5 天后改年号为

“同治”。

如果说祺祥这个年号完全名不副实的话，同治这个年号可就与事实相当贴合了。

图 9–1 同治帝朝服像

作为咸丰帝唯一的儿子，同治帝长得与咸丰帝比较像，缺少威武雄壮的气势。更糟的是，他们的人生都不成功。咸丰帝的标签是“苦命天子”，同治帝则是“短命天子”。图片来自网络。

同治皇帝

文祥等人提出来“同治”这个年号后，朝廷上下异口同声说：好！好在哪里呢？很多年以后，研究者们说这个年号好就好在满足了当时所有政治力量的政治期望。

首先从字面上说，这个年号有“同于顺治”的意思。同是幼主 6 岁即位，同是世道艰辛，大家都希望同治帝能像顺治帝一样开启国运。其次，对于两宫太后来说，“同治”“同治”，就是两宫太后共同统治，无形中提高了慈禧太后的地位。再次，恭亲王奕䜣和两宫太后联手发动政变，成功后分享胜利果实，奕䜣获得了议政王头衔，核心决策基本上是两宫太后和奕䜣商量着来，执行更是以奕䜣为主。这被人理解为“太后听政、恭王议政”，可谓君臣同治。此外，还有人解释有满汉同治、中外同治等含义。总之，这是一个能够满足当时所有主要政治力量对于权力格局认识和想象的年号，因此确立的过程也就非常顺利。

反过来看，不管是哪一种“同治”，都说明皇权被削弱了。何谓王？生杀予夺谓之王！本来独操的权力，被“同治”了，意味着皇帝的权力被分散了。这要是被崇尚“乾纲独断”家法的雍正帝、乾隆帝、嘉庆帝知道，可能会被气得从坟墓中爬起来，大骂子孙不肖。如果同治帝能够表达意见，他也一定不会满意。但是，年号确立的时候，他还是个没有资格发表意见的 6 岁孩子。

从个人角度看，同治帝妥妥的是一个悲剧性人物：幼年就失去父亲，缺少基本的父爱；亲生母亲慈禧太后严厉，名义上的母亲慈安太后放纵，使他有空子可钻；很早就当上身份至尊的皇帝，老师不敢真正管束教导他；17 岁以前，都是被动地接受，每天都是学习、像木偶一样坐在那里听政，或者挨骂；亲政以后，有了一定自由，又不能约束自己，鬼混胡来，不到两年就一病不起，最终在历史上留下个沾染梅毒而死的名声。

悲剧最可悲之处，是具有延续性！

同治帝的一生，是悲剧的一生。同治帝的悲剧，是他父亲咸丰帝悲剧的延续，他的悲剧又传递给了他的皇后阿鲁特氏以及此后继位的光绪帝、宣统帝。阿鲁特氏在怀有身孕的情况下被慈禧太后逼死。光绪帝在同治帝之后被立为儿皇帝，戊戌政变后遭软禁多年，在慈禧太后临死前被用砒霜毒死。光绪帝死后三年，清朝就被革命推翻了，宣统帝一生的悲剧才刚开始。

历史的沉重复杂，总会让后人欲说还休。但是悲剧若不被后人言说，也就失去了悲剧的意义。

言说悲剧，是为了避免悲剧再次发生。

从职业的角度看，同治帝又是幸运的。因为在他担任皇帝的时期，留下了“同光中兴”（亦有人只称“同治中兴”）的美名。“中兴”是个复杂的词，褒贬合于一体。就像同治帝的人生一样，内里是黑色的悲剧，外表是红色的欢乐。

只要有“中兴”，说明此前一定有过严重的衰败危机，而且“中兴”最重要的表现往往是对国内反叛势力的平定，对统治秩序和皇权的恢复。“同光中兴”自然也是如此。对于两宫太后和奕䜣来说，他们自认的“中兴”功绩，就是挽大清于既倒，平定国内动乱，让国家重归于大一统。为什么这么说呢？从同治帝的亲政典礼就可以看出。

同治十二年正月二十六日（1873年2月23日），紫禁城里鼓乐齐鸣，正在进行的是同治帝的亲政典礼。年满18岁的同治帝，终于迎来了亲政。整个典礼庄重肃穆，进行顺利，在一派祥和的氛围中，王公大臣行礼如仪。同治帝在太和殿接受群臣朝贺后，颁布亲政谕旨。其中说："十余年来粤捻各匪次第荡平，滇陇边疆渐臻底定，洵足以扬先烈而奠丕基，盛德丰功，超迈前古。"(《东华续录·同治朝》)。意思是说，在两宫太后的领导下，全国各处叛乱先后平定，取得的功绩前所未有。这是同治帝对两宫太后垂帘听政功绩的肯定，虽说有吹捧拔高之嫌，但说的也是基本事实。同治帝即位之时，烽火遍地，朝廷处于风雨飘摇之中。经过十余年努力，能够把全国各地的起义军一一镇压，重新恢复国内统治秩序，的确不是一件容易的事。当然，"中兴"与同治帝没什么关系，主要是因为国内政治运行出现了一大三小的"权力三角"。

"权力三角"

"权力三角"是同治年间的政治力量结构和运行情况的一个比喻。全国范围的"权力三角"是指：两宫太后，恭亲王及其领导的军机处与总理衙门大臣，曾国藩、李鸿章、左宗棠等湘淮系督抚。为什么用"权力三角"比喻呢？这里需要解释一下。

康熙、雍正、乾隆三位皇帝能力超强，对政事又非常热心，中央集权进一步加强，形成了"乾纲独断"的家法。也就是说，国家的权力高度集中在皇帝手中，最重要的事情都是皇帝拍板，不需要和大臣商量，甚至也不能和大臣商量。嘉庆、道光两朝，虽然问题很多，但是两位皇帝身体健康，亦很勤勉，基本能维持“乾纲独断”的局面。到了咸丰朝，天下大乱，咸丰帝扛不住内忧外患的压力，湎于酒色，身心都垮了，已经不能做到“乾纲独断”，最后时刻依赖肃顺。辛酉政变之后，同治帝是个孩子，“乾纲独断”已经完全不可能，国家权力的运行，很快演变成“权力三角”的局面。

权力格局的顶端与核心毫无疑问是两宫太后。皇权社会，皇帝是最高权力的化身，是政治合法性的来源。由于儒家忠孝观念的作用，从汉代开始，在皇帝幼小的情况下，皇权第一监护人自然而然是皇太后，皇权也就会暂时让渡给皇太后。汉朝以后那么多参与政治的皇太后，也都是基于这种观念。咸丰帝驾崩前设计的权力运行方式以正宫皇太后和小皇帝盖章为有效，及辛酉政变后由两宫太后垂帘听政，都是基于这种观念。同治帝未亲政前，两个居于深宫之中的女人，文化程度不高，人脉不广，却控制着整个国家政治的源头——合法性。由于慈禧太后的聪慧和对政治的理解，两位太后又将政治合法性最直接的两个表现——政事决定权和人事任免权牢牢抓在手中，恰当运用。所以，从同治朝到光绪朝，两宫太后始终处于国家政治的最顶端。

两宫太后是怎样把政务决定权和人事任免权抓在手中的呢？我们只需要看看垂帘听政权力运作方式的确立就能明白了。辛酉政变后第一天，任命恭亲王奕䜣为议政王。奕䜣随即上奏政务处理办法，所有奏折必须先呈两宫太后阅览请旨，再发给议政王奕䜣等人拟旨，最后请两宫太后盖印才能颁行下发。如此安排，让两宫太后控制了政治信息的传递，也掌握了控制驾驭大臣的利器：两宫太后如果不下发奏折，包括奕䜣在内，所有人都不知道奏折里写了什么！如此，无论是政务还是人事，两宫太后都是最早掌握信息的人，也是享有最高和最后裁决权的人。

这一政务处理方式赋予两宫太后的权力，远超两宫太后和肃顺等顾命八大臣争执时的要求，更是推翻了咸丰帝临死前的安排。但是经过辛酉政变，天下臣工自然无法反对，恭亲王也

图 9-2 “垂帘听政”的养心殿

养心殿东暖阁，两宫太后垂帘听政之处。召见大臣时，皇帝坐在前面宝座上，两宫太后并坐在黄色帘子后面那张隐约可见的宝座上。这道黄色帘子，既是最高皇权的象征，又是皇太后与皇权的边界，充满符号感。图片来自网络。

得遵行。但是这一安排存在合法性的巨大隐忧——缺少皇帝最明确的授权——咸丰帝并没有形成文字的谕令。慈禧太后当然想到了，在同治帝登基的当天，就出手解决了这一问题。当天以同治帝的名义通过内阁明确降旨：“现在一切政务均蒙两宫皇太后躬亲裁决，谕令议政王军机大臣遵行，惟缮拟谕旨仍应作为朕意宣示中外。”（《谕内阁皇太后亲裁一切政务惟缮拟谕旨仍书朕字样》）这道谕旨的意义在于，向天下公开宣示，皇权暂时由两宫太后执掌。当月又批准了“两宫皇太后召见臣工礼节及一切办事章程”，即俗称的“垂帘听政章程”，将两宫太后对皇权的执掌规范化、仪式化、公开化。两宫太后在此后，也基本是按照这些要求和规则，履行自己的职责，并委派奕䜣负责执行。

权力格局的中间，是以恭亲王奕䜣为首的军机大臣和总理各国事务衙门大臣文祥、宝鋆、李鸿藻等人。奕䜣在辛酉政变后，获得了旷世恩典，包括铁帽子王、将他的母亲升格进入太庙享受祭祀、女儿封为固伦公主、他在紫禁城坐四人轿等。这些都是两宫太后给予奕䜣支持政变的精神和物质回报。在权力方面，回报也不能太少。奕䜣在几天之内，被授予议政王，同时兼任四个职务：宗人府宗令、总管内务府大臣、领班军机大臣、总理各国事务衙门大臣。“议政王”这个头衔可不简单，这实质是宣示奕䜣分享了一部分皇权。清朝除了两个摄政王（开国时期的多尔衮和覆亡时期的载沣）外，应该就是奕䜣这个“议政王”头衔最大了。宗人府宗令和总管内务府大臣这两个职务，主要是“内朝”事务，给予了他管理皇族、宗室和宫廷运行的全部权力及管理满洲上三旗军政事务的权力。领班军机大臣和总理各国事务衙门大臣这两个职务，主要是“外朝”事务，让他几乎获得了内政外交的全部执行权力。两宫太后还特别默许了他推荐挑选其他军机大臣和总理各国事务衙门大臣的行为，以便于开展工作。

奕䜣本人在辛酉政变后，清晰地认识到了这种定位，并有意表示了对这一定位的认可。在同治帝登基的前一天，奕䜣上奏对担任议政王感到“惴栗难名”，主动要求天下臣工监督。两宫太后当天以皇帝的名义发布谕令，接受了奕䜣的建议，也明确指出了奕䜣“贤亲众著，朝野咸知”，因此“我母后皇太后、圣母皇太后谨循家法，授以议政王，并掌枢机，此实默体皇考燕翼贻谋”（《谕内阁着诸臣与恭亲王精白一心同襄郅治》）。这份谕旨的意义，在于通过咸丰帝和同治帝给奕䜣担任议政王以合法性，确定议政王的定位，明确对议政王的监督办法。“议政王”权力的极限，是和两宫太后一起讨论政务决策，并成为政策执行的最高负责者。在同治朝，奕䜣总体上很好地履行了自己的职责，即使在被罢免议政王头衔之后，仍能统领好军机处和总理各国事务衙门，对上积极帮助两宫太后判断，对下尽量团结朝中大臣和信任地方督抚，保证政治运行良好。

“权力三角”中的第三角，是以曾国藩、左宗棠和李鸿章为核心的湘淮系督抚。前面已经讲过，镇压太平天国的过程，也是曾、左、李崛起的过程。平定天下，恢复秩序，抵御外侮，这些决策要落实到地方，取得实效，只能依靠这些能文能武的汉人督抚，这是两宫太后和奕䜣的共识。事实也是如此。无论是平定太平天国和捻军，还是推行自强运动，政策落实到地方并取得成效，主要靠的就是曾、左、李等湘淮系督抚。

上面主要分析全国性的“权力三角”。其实全国性“权力

图 9-3 同治十一年的奕䜣

这张英国人约翰·汤姆逊于同治十一年（1872）年拍摄的奕䜣照片是晚清著名人物照之一。这张照片与奕䜣签订《北京条约》时的照片形成了鲜明对比。此时的奕䜣颇有皇家威仪，给人一种气势非凡、胸有成竹、大权在握的感觉。这张照片拍摄于恭王府后花园。图片选自 John Thomson，“Prince Kung，” *Illustrations of China and Its People：A Series of Two Hundred Photographs，with Letterpress Descriptive of the Places and People Represented*，Vol.1，1。

三角”中的每一角，都还套着一个小的“权力三角”。最高决策：慈安太后、慈禧太后、议政王奕䜣。中枢机构：议政王奕䜣，军机大臣或总理各国事务衙门大臣中的满人文祥、宝鋆等人，军机大臣或总理各国事务衙门大臣中的汉人李鸿藻、沈桂芬、董恂等人。地方督抚：曾国藩（一直担任直隶或两江总督）、李鸿章（一直担任两江或直隶总督）、左宗棠（一直担任闽浙或陕甘总督）。

一个大的“权力三角”和三个小的“权力三角”，就构成了同治朝的发动机和传动轴。这些人既互相配合，又互相牵制，让此前多处受损的王朝列车重新上路并使其损伤得以修复，给煎熬了很多年的清朝带来了一段宁静时光。这也是中国被迫步入现代化历程后，第一段宁静、进取的时光。

这三个小的“权力三角”是如何运行配合的，我们在后面梳理相关历史事件时再略作分析。此处先借镇压捻军这个历史事件，来简单了解一下曾、左、李是如何配合的。

捻军兴起

国内矛盾在咸丰朝大爆发，各地的起义此起彼伏。进入同治朝后，还没有完全被镇压下去的，主要有四个。除了太平天国外，还有横扫安徽、河南、山东、江苏等地的捻军，持续多年的西北回民起义及贵州苗民起义。这些起义消耗了很多军事资源，包括军事将领。从咸丰朝就被视为朝廷柱石的一代名将僧格林沁，就是死在镇压捻军的前线。为了节省篇幅，我们这里主要讲讲对朝廷和历史影响更大的捻军。

“捻”是淮北方言，本意是“一股、一伙”的意思，后来逐渐发展成对清朝中后期活跃在河南、安徽、湖北等地的民间秘密会社的称呼。“捻”一开始以劫掠或贩运私盐为生，后来逐渐演变为地方自保武装组织。在太平军起义的咸丰元年，河南、安徽等地的捻军也爆发了起义，并很快从很多小规模起义力量汇聚成一个联盟，推举安徽人张洛行（又名张乐行）为总首领，尊为“大汉盟主”。面对清军的不断围剿，捻军产生了联合太平军的想法，此时太平军因为天京事变后力量变弱，也需要可靠的盟友。咸丰七年二月（1857 年 3 月），捻军首领张洛行和太平军首领李秀成会师，捻军接受太平天国一定程度上的领导，走上了和太平军并肩战斗的道路。

捻军将士以“劫富济贫”为口号，以绿林豪杰自居，重诺轻死，都是久经战斗考验之人，聚散无常，因此战斗力颇强。对朝廷来说，更糟心的是捻军活动于山东、河南、安徽等地，距离京城更近。这股力量自从和太平军联合后，更明确地与朝廷为敌，已成肘腋之患，必须剿灭。但是围剿捻军和围剿太平军差异很大，困难不小。为什么呢？因为太平军就在那里与清军捉对厮杀，目标明确，从军服、头发样式，以及相貌、语言上就能判断出来。但是捻军不一样，仅仅判断一伙人是不是捻军，就有些困难。捻军的基础是当地农民，不少捻军战士在形势不利时迅速就地转化为农民，躲避清军围剿。围剿过后，大家又迅速会聚在一起。而且捻军主要活动在几省交界处，非常便于逃避打击，若不统筹指挥，剿灭毫无希望。

图 9-4　前期捻军活动路线

捻军以流动作战为主要战略，因此活动区域虽然非常大，但是除了根据地，其他所到之处并不据守。这是捻军与其他起义军不同之处。从活动区域来说，捻军并不比太平天国规模小。只是捻军为流动作战，组织性差，没有什么政治目的，影响不及太平军。从革命史的角度看，捻军是为反抗压迫而起。从捻军所过之处的老百姓角度来看，人有死伤，财物粮食都被劫掠，则是一场浩劫。我的故乡就是捻军密集活动的区域，历史记忆并不美好。这如同江南地区的太平天国历史记忆。淮河流域近代有一个“跑反”的词，是指为躲避战祸或匪患而逃跑，可能就是源自躲避捻军及清军的行为。陈路根据郭毅生主编《太平天国历史地图集》之《前期捻军活动路线图》（第 149 页）改绘。

僧格林沁之死

为扭转围剿捻军不断失利的局面，清廷逐渐开始加强统筹指挥。在《北京条约》签订不久的咸丰十年底，咸丰帝就任命科尔沁郡王僧格林沁为钦差大臣，全权负责围剿事宜，调集包括八旗 3500 名骑兵和 2000 名步兵在内的 1 万余名官兵，供其直接指挥，还派了前文渊阁大学士瑞麟帮办军务。面对捻军避实就虚、迂回游击的战术，僧格林沁东奔西扑，疲于奔命，一直未能取得战略性胜利。

为了彻底剿灭捻军，消除心腹大患，清廷于 1862 年 8 月授予僧格林沁更大的权力，不仅将各路剿捻清军交给他统一指挥，还命他节制山东、河南军务，直隶、山东、河南、山西四省总督、巡抚、提督、总兵等统兵大员及河南团练大臣毛昶熙、署理漕运总督吴棠等人也得听其指挥。朝廷还特别向僧格林沁指示战略：“务宜逐渐进取，步步为营，不可孤军深入。”(《剿平捻匪方略》) 对僧格林沁的权力赋予和战略指示，与两年前给曾国藩的差不多，不知朝廷是不是有意借鉴？换个角度看，同治初年，江苏、浙江、江西、安徽几省上演着清军与太平军的大规模战斗，安徽、江苏、河南、山东等地清军正在与捻军进行激战，再加上回民起义、苗民起义，清朝最后能一一取得胜利，又续命五十年，确实是个奇迹。

重兵在握且拥有统一指挥权的僧格林沁，底气十足，集结重兵向捻军的根据地步步推进，取得了一定的成绩。重压之下，起义队伍中思想不坚定的人动摇甚至叛变了。其中影响最大的就是苗沛霖倒戈降清。苗沛霖的叛变本身破坏力一般，但是他干了一件影响极大的事——将太平军后期两大统帅之一的英王陈玉成诱捕并送给清军。陈玉成的意外被捕，不仅是太平军的重大损失，也是捻军的重大损失。捻军失去了太平军支援，陷入苦战。同治二年二月（1863 年 3 月），僧格林沁率领的清军终于攻破了捻军根据地雉河集，张洛行被捕殉难。僧格林沁被朝廷誉为“谋勇兼备”，恢复了世袭罔替的亲王爵位。

但是，捻军韧性十足，并未被彻底消灭。捻军本来就是松散的联盟，消灭了盟主张洛行，其他股还存在。同治三年六月（1864 年 7 月），太平军主力被镇压之后，捻军首领任化邦和张洛行之子张宗禹率领的捻军余部与赖文光率领的太平军余部合并，组成了新捻军。与旧捻军相较，新捻军加强了统一领导和组织纪律教育，军事化程度进一步加强。新捻军更加坚定地执行运动游击战术，不断增加骑兵的数量，提高军队的机动性，短时间内就发展成一支十余万人的骑兵武装。有的捻军战士配备两三匹战马，交替骑乘，一日奔驰百余里，一月纵横三四千里是常态。这种速度，即使是僧格林沁率领的八旗蒙古骑兵，也只有跟在屁股后面追的份儿。曾国藩接受围剿捻军任务之后，在给弟弟曾国荃的信中说：“此贼故智，有时疾驰狂奔，日行百余里，连数日不少停歇；有时盘于百余里之内，如蚁旋磨，忽左忽右。”（《曾国藩家书》）由此可见捻军机动作战能力之强。

此时曾国藩、左宗棠、李鸿章等人统领的湘军和淮军成功镇压了太平军，僧格林沁统率的朝廷正规军却未能将捻军彻底消灭。无论是朝廷还是僧格林沁，都面临着巨大的压力。僧格林沁一方面拒绝湘军和淮军的配合，一方面加紧对新捻军围追堵截，试图与之进行决战。但是新捻军总是避敌锋芒，时而运动游击，时而择地设伏，消灭清军有生力量。僧格林沁疲于奔命，损兵折将，疲惫不堪。奕䜣和曾国藩等人从这种窘况中看出了危险，并提醒他注意，但是气急败坏的僧格林沁已经失去了冷静。

同治四年四月（1865 年 5 月），新捻军主力利用菏泽高楼寨一带的河堤和柳树林等特殊地理环境设下包围圈，准备伏击僧格林沁主力。二十四日（18 日），僧格林沁率军追击至高楼寨，心浮气躁，传令曹州府知府准备五百头猪、五百只羊，要犒赏三军。他还没意识到，自己已经走进了捻军的“血盆大

图 9-5 僧格林沁

这张图片是《伦敦新闻画报》1861 年 4 月 13 日刊登的僧格林沁像，由比托拍摄的照片绘制成木版画。关于这张像的真伪，有不同意见。图片选自泰瑞・贝内特《中国摄影史（1842~1860）》，第 68 页。

口”，吃不上这顿饭了。双方随即分三路展开决战，激战至深夜，清军全线溃败，人员损失大半，其中包括两千余名八旗蒙古骑兵。僧格林沁负伤，亲兵溃散，他独自逃跑到吴家店后，潜伏在麦田中躲避搜寻。16 岁的捻军小战士张皮绠偶然发现并杀死了他。在咸丰、同治两朝出生入死的一代名将，在 55 岁这年，窝囊又戏剧性地死在麦地里。消息传到北京，朝野震惊，皇帝辍朝三日，谕旨说“览其死事情形，不禁为之陨涕”（《清穆宗实录》）。

僧格林沁之死对于清朝来说，是一件影响深远的事。满族和蒙古族一直是清朝统治的核心力量，甚至为了稳固这种核心力量，清朝规定八旗子弟不能务农经商，最主要的任务就是当兵。在清朝中前期，统兵大员基本是满人或蒙古人。在数百年时间里，满蒙贵族中也总是有能力出众的军事将领出现，为朝廷东征西讨。随着满蒙八旗子弟的堕落，出身于满蒙贵族的优秀军事统帅越来越少。虽然僧格林沁在面对英法联军时曾经惨败，最后又战死在剿灭捻军的战场，但是从整个清朝中后期历史走势来看，僧格林沁仍然是满蒙贵族中最后一位优秀的军事统帅。在湘淮军崛起之后，论资历、论能力、论勇猛，满蒙军事将领中唯一能与曾国藩、左宗棠、李鸿章抗衡的人，只有僧格林沁一人。高楼寨一战，满洲蒙古八旗最后的劲旅损失殆尽，僧格林沁又死，清朝在军事上已无满蒙将帅和军队可依靠，就只能主要依靠汉人将帅统领的湘军、淮军了。这些军队是以亲缘和地缘为纽带的，排他性很强，对满蒙贵族军事将领的成长非常不利。朝廷可以任命高级军官，但是这些军官很难实际统领军队，更别说积累作战经验了。此后几十年间再也没有合格的满蒙贵族军事统帅出现，与此是有直接关系的。

曾、左、李度过危险期

镇压太平天国之后，曾、左、李兵多将广，功高震主。拥有改朝换代的硬实力，朝廷对他们实在是放心不下。他们是怎么度过危险期，成为长期稳定清朝的重要政治力量的呢？原因虽多，但最关键的可能是镇压捻军。还是那句话，感谢对手啊！

曾、左、李要当朝廷柱石而不是反叛者，首先基于思想观念。三人都是科举正途出身，曾、左又是理学家，坚定践行儒家伦理，绝对不会当反叛者。据说，王闿运曾经劝曾国藩挥军北上取而代之，曾国藩被吓得张口结舌。王闿运因此很快就被曾国藩疏远。相比于宗室满人动辄封王封侯的恩典，平定太平天国这样的“不世奇功”，曾国藩才封个世袭罔替的一等勇毅侯，左宗棠、李鸿章的更低。但是他们对此欣然接受，并无过多不满意。曾国藩深知树大招风，不仅时刻表现出对朝廷恩典的感谢，而且言行非常检点。经过几年磨合，曾国藩等人先后镇压了太平天国和捻军，两宫太后和奕䜣越来越意识到，湘淮系虽然力量庞大，但曾、左、李都是忠心耿耿、能力超群、可以信任的好同志。

遭受朝廷十余年猜忌的曾国藩对生存境遇有清醒认识，主动自我保护。天天研读《资治通鉴》的曾国藩，从历史中汲取了很多智慧，事事不待朝廷指示，都主动亮明效忠的态度。比如镇压太平天国后，立即主动大规模裁撤湘军，以杜猜忌。左宗棠作为曾国藩栽培提拔之人，后来常常大骂曾国藩，时刻显示对曾国藩的敌意。李鸿章作为曾国藩的学生和被其提拔之人，也常常有意无意流露出与曾国藩的不同调与疏远。很可能，他们都是有意为之，甚至可能在演戏。曾国藩死后，左宗棠那副著名的挽联（谋国之忠，知人之明，自愧不如元辅；同心若金，攻错若石，相期无负生平），揭示出两人一直有着“兄弟同心，其利断金”的情谊。

曾、左、李度过危险期最重要的因素是镇压捻军的现实需要。就在曾、左、李惴惴不安之际，僧格林沁死了。僧格林沁战死，朝廷嫡系部队溃散，整个北方军力薄弱，京师防卫空虚。机动能力很强的捻军，会不会趁大胜之势挥军北上，直捣京城？这成为朝廷最大的担忧。面对此种危局，两宫太后和奕䜣一方面急令直隶总督和山东巡抚节节设防，一方面迅速重整镇压捻军的军事体系。僧格林沁战死 5 天后，朝廷就任命刚刚成功镇压太平天国的两江总督曾国藩为钦差大臣，督办直隶、山东、河南三省军务，全权负责剿灭捻军事宜，并立即统领军队赶赴山东，防堵捻军北上。随后李鸿章和左宗棠也先后率军赶赴前线作战。“狡兔尽，走狗烹”。“狡兔”尚未尽，“走狗”当然不能烹。

曾、左、李获得两宫太后和奕䜣信任的同时，也仍然被时刻提防着。为什么这么说呢？一正一反两个现象可助理解。从同治朝开始，朝廷一遇到不好决定的重大事务，就会下发各督抚讨论，曾、左、李的意见，往往最受朝廷重视。但是，曾国藩、左宗棠、李鸿章、张树声、刘坤一、李瀚章等湘淮系领袖，除左宗棠两次短暂担任军机大臣外，其他人从未担任过军机大臣。这显然是有意为之。督抚力量虽大，但仍然处于执行层面。如果曾、李等人再入了军机处，能够参与中央决策，就更不好羁縻控制了。曾、李等人估计也看出来两宫太后和奕䜣的这种心思，乐于在地方上做个实权在手又自在的总督。

湘淮易势

镇压捻军，让曾、左、李三人再度联手。在这个过程中，李鸿章在思想、实力等方面超越曾国藩，淮军也取代湘军成为中国最主要的军事力量。这其实是事关中国现代化发展的一个变动。

曾国藩总负责镇压捻军任务后，立即制定明确了新的战略——坚壁清野。曾国藩读的书比僧格林沁多很多，天天琢磨《资治通鉴》，又有镇压太平天国十余年的历练，因此要比僧格林沁冷静得多。在僧格林沁与捻军激战之时，曾国藩冷眼旁观，认为僧格林沁的战略不对，甚至预测到了僧格林沁战死的结局。他认为捻军有四长三短。所谓“四长”是指步兵手持长竿，常趁着硝烟冲击；总是利用骑兵实施包围战术；善战但总不主动出击，等着敌军上门；行军速度快，以运动游击战术疲惫敌军。所谓“三短”是指基本没有洋枪洋炮，不善攻坚；夜不扎营，散住村庄，容易被偷袭；辎重、妇女、骡马多，容易被袭击。所以他一改僧格林沁围追堵截的战略，提出以静制动的坚壁清野战略。也就是不再像猫追老鼠一样，跟着捻军傻跑，然后中了捻军的埋伏包围，而是先把笼子扎紧，反过来赶着捻军跑，让捻军四处碰壁，时时消耗。“坚壁清野”这四个字是不是很熟悉？熟读曾国藩的蒋介石后来学了这一招儿对付井冈山的红军。

这一战略的核心是追求防守与攻击的平衡。他要求山东、河南等省的官员主要负责本地的防守任务，“变尾追之局为拦头之师，以有定之兵制无定之贼”(《钦奏谕旨复陈折》)。具体措施是：第一，各地官员率领本地官兵和团练修筑圩寨，实行地方联合防守，遇有攻击时联合行动，互相救援；第二，分工加强黄河、淮河、运河和贾鲁河的沿岸防守，力争把捻军围困在四条水道之间；第三，选定临淮、周口、济宁、徐州四个核心城市，囤积重兵粮草，互为应援；第四，将庐州、兖州等分布四省的13个府州划为重点战区，由他自己统率军队对捻军进行攻剿偷袭。为了达到以己之长攻彼之短的效果，曾国藩重新建立马队，大量装备新式洋枪、洋炮。这样既能够和捻军跑得一样快，还能远距离击杀捻军战士，让其不能贴身肉搏，长竿长刀也就失去了作用。

从理论上说，曾国藩的战略清楚得当，措施到位，但是曾国藩并未能顺利完成任务。为什么呢？一是各地官员与曾国藩的水平有差距，不能充分理解执行曾国藩的战略思想；二是防线过长，兵力不足，短时间内尚不能将“势如飘风”的捻军真正围困起来；三是曾国藩镇压太平天国后立即裁撤湘军，此时统率军队人数不少，但是湘军已经不是主力，僧格林沁旧部和淮军并不完全听他指挥。

同治五年九月（1866年10月），捻军在河南分为东西两路，东捻由赖文光率领，留在中原地区，西捻由张宗禹率领，挺进陕甘，捻军势力范围有扩大的趋势。颇为尴尬的曾国藩看到事已难为，自请处分，以老病告退。经过李鸿章的密谋和坚请，朝廷将曾国藩与李鸿章位置互换，曾国藩回任两江总督，负责湘淮军的粮饷后勤，李鸿章接任钦差大臣，在前线专办军务，率领淮军主力围剿捻军。

图 9-6 同治十一年驻扎在宁波的淮军

英国人约翰·汤姆逊于同治十一年拍摄的驻扎在宁波的淮军，可能系镇压太平天国时期“常胜军”余部发展而来。淮军作为团练武装，制服与八旗绿营兵不一样。淮军身着短衣，以头巾裹头。从照片中可以看出，士兵全部装备了现代步枪。图片选自 John Thomson, "Foreign Drilled Troops," *Illustrations of China and Its People: A Series of Two Hundred Photographs, with Letterpress Descriptive of the Places and People Represented*, Vol. 3, 12-21。

李鸿章曾经看不上曾国藩的战略，在给协助曾国藩作战的淮军将领刘秉璋的信中说：“古有万里长城，今有万里长墙，不意秦始皇于千余年后遇公等为知音。”（刘体智：《异辞录》）等他接任之后，才体会到曾国藩战略的智慧，不仅基本继承坚壁清野战略，并将其进一步完善，提出“扼地兜剿”的战略。与曾国藩不同的是，剿捻主力是淮军，唯李鸿章马首是瞻，且捻军分东、西捻后，他可以先集中力量对付东捻，因此在斗争中

图 9-7　东捻军转战路线

东捻军的转战路线看起来比较奇怪。东捻军曾经想进入四川或陕西，但是被李鸿章所阻，最后又被迫转向山东。陈路根据郭毅生主编《太平天国历史地图集》之《东捻军转战路线图》（第 153 页）改绘。

逐渐占据上风。东捻军在湖北等地和清军数次大战后，转入河南，希望与西捻军会合，但是战略意图被清军识破，被追击不已；再加上首领意见不一，最后放弃西入陕西与西捻军会合，转向山东，在战略上犯下大错。东捻军进入胶东地区后，被清军趁势围逼，多次失利。虽然东捻军最终冲破了清军在胶东的包围，但是再次犯下了南下苏北的战略错误，骑兵优势不能发挥，最终被围困在山东和苏北一带，连番苦战，损失惨重，领袖之一任化邦战死。此后赖文光等人继续与清军作战，直到他于同治六年十二月十一日（1868 年 1 月 5 日）被俘（五日后被杀）。

挺进陕西的西捻军前期进展颇为顺利，与回民起义军联合作战，大败在陕西的清军主力。西捻军也因大胜而产生轻敌思想，未能执行进入四川的战略，反而围攻西安，消耗不少且延误战机。为了对付西捻军，清廷调闽浙总督左宗棠为陕甘总督，并调刘松山所部湘军入陕。左宗棠在镇压太平天国时就以谋略著名，逐步成为湘军的核心人物。他入陕后，采取的措施和曾国藩类似，一方面为军队添置洋枪洋炮，一方面建设马队，并针对捻军特点制定了有针对性的战略战术，逐渐夺回了战争主动权。

在得到东捻军求救的信息后，西捻军决定“围魏救赵”，进攻京畿地区，以缓解东捻军的压力。西捻军进兵迅猛，前锋一度接近卢沟桥，引起朝廷极度紧张。同治七年正月十五日（1868 年 2 月 8 日），朝廷下令京师戒严，并从各地调动军队拱卫京师。急迫的形势让左宗棠、李鸿章、丁宝桢等督抚各自率军向直隶集结。为了统一指挥，二月初五日（2 月 27 日），朝廷命令各路统兵大员和督抚均归恭亲王奕䜣节制，左宗棠、李鸿章以钦差大臣担任前敌指挥。面对优势清军和朝廷的坚壁清

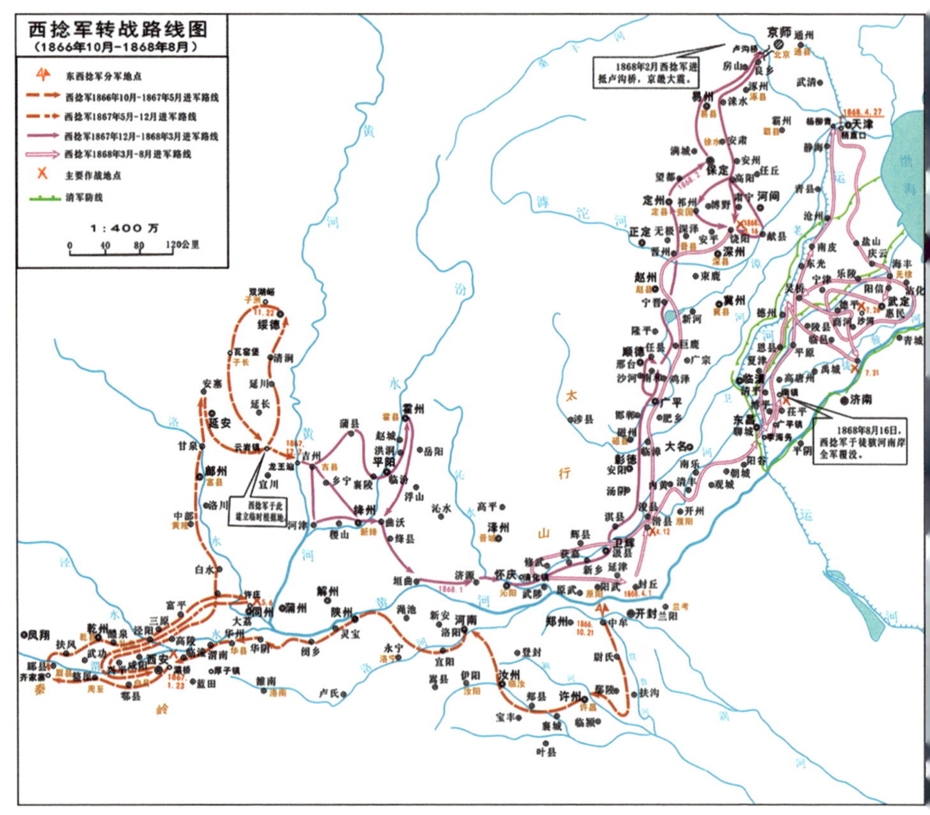

图 9-8　西捻军转战路线

西捻军从河南入陕后遭遇左宗棠率领的湘军主力，虽然多次取得胜利，但是并不能站稳脚跟。为了营救东捻军，又折入直隶，进逼京师，征战几千里。陈路根据郭毅生主编《太平天国历史地图集》之《西捻军转战路线图》（第 156 页）改绘。

野政策，西捻军被迫突围南下，几经辗转之后，进入山东，重蹈东捻军覆辙，于同治七年六月二十八日（1868 年 8 月 16 日）在山东聊城茌平被彻底击败。

捻军虽然历史影响没有太平天国那样大，但是其飘忽不定的行踪和坚强的战斗力，使其能数年间纵横安徽、河南、山东、江苏、陕西、直隶等地区，甚至一度逼近京师。如果没有恭亲王奕䜣在中央运筹帷幄，没有曾国藩、李鸿章、左宗棠等几位湘淮军首领在地方拼死镇压，京师能否守得住，还真是个未知数。

捻军被镇压后，朝廷终于可以抽出更多精力来镇压陕甘回民起义和云贵地区的叛乱。陕甘回民起义是清朝中后期西北地区民族矛盾激化的产物，在同治六年太平军进入陕西后大规模爆发，并多次击败前来镇压的清军。陕甘总督左宗棠在完成镇压捻军的任务后，开始集中精力镇压回民起义。左宗棠采取政治和军事双管齐下的办法。在政治上，厘清回民起义的原因，为受冤者申冤，整饬军队纪律，纠正不合理税收，申明“不论汉回，只辨良莠”的原则，呼吁参与起义的人民尽快回乡。在军事上，左宗棠统率以湘军为核心的军队，兵分三路猛攻起义军，先后击败董福祥、马化龙、马占鳌、马文禄等人，董福祥、马占鳌投降，历经 12 年的陕甘回民大起义以失败告终。这位董福祥，就是庚子事变时守卫京师的甘军统领。

此后朝廷又依靠湘军等军事力量，先后平定了贵州苗民起义和云南回民起义等。到 1873 年，也就是同治十二年前后，中国国内的各种起义基本被镇压。

经过二十多年的动荡，清朝再次恢复了国内秩序，统治危机基本解除。平定动乱为洋务运动的发动提供了动力，而动乱的平定则为洋务运动的深入开展提供了支撑。平定国内动乱之后，清朝进入了一段相对平静的时光。

这是清朝最后的宁静，也是中国人主动追寻现代化的开始。

图 9-9　圆明园原正大光明殿附近

清朝能够熬过二十余年的内外战争，实在是个奇迹。生命力是顽强的，遍地残垣断壁的中国很快再次生机盎然。有个残酷的现象几乎无人提及：长时间战争造成了大量人口伤亡，客观上竟使之前的人口压力降低。因为清军与太平军、捻军和英法联军的战争，主要发生在直隶、江苏、浙江、江西、河南、山东等人口密集省份。作者自摄照片，2023 年 10 月。

第十章　洋务运动的成与败

说起洋务运动，大家肯定不陌生。中学历史教科书中，洋务运动是一定要讲的内容。一百多年来，咱们中国人孜孜以求现代化，洋务运动就是中国第一次现代化建设高潮。但是洋务运动又是复杂的，成绩突出，值得检讨之处也不少。相比于向西方学习现代枪炮舰船制造技术，思想解放的斗争更为复杂。虽然有些事情在今天看来颇为荒诞，却是现代化观念逐步确立的必经之路。[1]在今天探索中国式现代化道路时，不能忘了过去的曲折坎坷。

1　关于洋务运动，一直存在现代化和革命史两种范式，争论较多。将洋务运动放在中国式现代化长时段中进行审视，是当前历史学界的共识。

其实“洋务运动”这个名称并不准确，当时人称“自强运动”。“洋务运动”多少有点贬义或负面的意思，而“自强运动”则是现代化的视角，更接近历史真实。为了便于读者理解，这里姑且与教科书上的说法一致吧。

自强成了基本国策

说到洋务运动，教科书讲得比较多的是四大军工企业，然后是从“求强”到“求富”的官督商办企业。但是要把这个历史过程理解清楚，需要“自上而下”地讲。曾、左、李固然能干，毕竟只是地方疆臣，是主要推动者、执行者，不是决策者。所以，首先应该提到的人物不是曾国藩、左宗棠、李鸿章，而是恭亲王奕䜣。此时虽然皇权有所衰弱，汉人督抚力量雄厚，但是政治合法性和决策权基本还掌控在朝廷手中。此时朝廷最高权力是由两宫太后和奕䜣联合执掌，具体执行决策更是以奕䜣为主，而奕䜣是最早见识到西方列强坚船利炮威力的皇室核心成员，对于自强不仅有意愿，而且有比较清晰的目标。

英法联军攻占北京，让他见到了现代化武装的军队是什么模样。英法联军很快根据协议撤退，让他明白了此时英法等国的诉求不是占领中国、推翻满人统治，而是谋求商贸等方面的利益。这种认识改变了奕䜣对英法等西方列强的态度，从排斥对抗转向交往和学习。在处理英法联军进攻北京善后事宜的过程中，奕䜣等人开始从全局思考外交内政，并向咸丰帝提出“自图振兴”的基本策略：“灭发捻为先，治俄次之，治英又次之。”（奕䜣等:《通筹夷务全局酌拟章程六条》）稍后他又与其他人联名向咸丰帝奏报:“探源之策，在于自强，自强之术，必先练兵。”（奕䜣等:《奏请八旗禁军训练枪炮片》）“自强运动”这个概念，就来自奕䜣奏折中的这些论述。也就是说，虽然“洋务运动”这个概念名气大，但“自强运动”才是当时官方的名称。

奕䜣的这些认识，确实具备战略高度，也切中要害。“练兵”这个词有误导性。换成今天的话，实质就是军队和国防工业现代化。把晚清、民国和新中国各阶段中央政府历次有关国家发展战略的重要文献排列在一起，我们就会发现，坚定不移地追求军队和国防工业现代化，是从洋务运动一直贯穿到现在的。在可以预见的未来，这一追求还会坚持。百年屈辱史给了中国人深刻的认识:“枪杆子”不仅出政权，而且是国家安全和尊严最坚实的基础。

经历辛酉政变的波折后，奕䜣成为大权在握的议政王，他谋求的自强就成了基本国策。在他的强力推动下，洋务运动得以从几个方面快速发展起来。他为什么具有这样的能量呢？除了奕䜣自身的能力外，也与辛酉政变及此后一段时间的政局有关系。

恭亲王奕䜣的智慧

常见的历史书写，对奕䜣多少是有些不公道的。写他最多的地方，主要集中在签订《北京条约》、辛酉政变和创办总理各国事务衙门。对于他在同治、光绪两朝政治运作中的贡献，写得并不多。实际上，如果没有奕䜣在同治朝和光绪朝前期的运筹帷幄，仅仅靠曾、左、李等人在地方上的努力，同光中兴是不可能出现的。

辛酉政变时，势单力孤的两宫太后和在英法联军攻陷北京之后成为一股政治力量的恭亲王奕䜣结成政治联盟。处理完肃顺等顾命八大臣后，两宫太后发布的第一个委任令就是授予恭亲王奕䜣议政王头衔，谕令今后下发到各地的朝廷命令使用"议政王大臣"字样。此时两宫太后，特别是慈禧太后头脑是非常清楚的，南方太平军势头复燃，北方捻军扫荡各地，英、法、俄等列强对中国履行条约的态度还在观望中，两个深宫中的女人想要只靠自己稳定全国局势，是完全不可能的。唯一的出路，就是完全信任奕䜣，并授予他一切可以授予的权力和仅次于皇帝和两宫太后的地位。

近乎完全领导的奕䜣，很快就实现了"两条腿走路"，将对内对外事务的决策权统一起来，避免了幼帝即位的权力真空。军机处处理对内事务，总理各国事务衙门处理一切涉外、涉新事务。对内，常规的政治运作，官员管理，徭役赋税，镇压太平军、捻军等事务，都是军机处负责。军机处的运行，尽量按照政治传统。对外，交涉、通商、关税等事务，及购船造械、创办机器工厂、新建电报铁路，以及创办近代教育等，基本归总理各国事务衙门管辖。总理各国事务衙门要落实与英法等国的条约内容，维持和局，事务处理尽量按照国际规则开展。很短时间内，总理各国事务衙门就成为一个与军机处相似的中央权力机构，权力巨大，作用巨大。

稍微有些阅历的读者都会产生疑问，新崛起的总理各国事务衙门与军机处不发生冲突吗？实际情况是两个机构的冲突相当少，尤其是在奕䜣做领导时。其中的原因并不是"都是为了

图 10-1　总理各国事务衙门大门

从现代化叙事的角度来看，总理各国事务衙门的成立是应该高度肯定的，这是中国为适应现代世界主动进行的机制机构改革。图片选自泰瑞·贝内特《中国摄影史——西方摄影师（1861~1879）》，第 59 页。

朝廷办事”，而是两个机构在同一个人的领导下。也就是说，由于总理各国事务衙门和军机处都在奕䜣统一领导之下，原本经常出现的新部门与旧部门的争权夺利或推诿扯皮，或权臣之间的内斗，都没有出现。为什么奕䜣能做到这一点呢？主要原因应该是奕䜣具有驾驭朝局、笼络人心的高超智慧。前面讲过，奕䜣在和咸丰帝竞争皇位时，就体现出远超后者的能力，只可惜道光帝没有选择他。在掌握实际权力后，他在政治运作和用人方面很快就体现出相当高的智慧。

首先，他相当善待拥护自己的核心人物。在奕䜣留京处理北京陷落的烂摊子和辛酉政变时，文祥、宝鋆、曹毓瑛、董恂等人协助不少，他掌权后，这些人或进入军机处，或进入总理各国事务衙门，文祥与宝鋆两位贡献最大的人物，甚至同时兼任军机大臣和总理各国事务衙门大臣。如此安排，大有妙处。在政务处理上，实际形成了奕䜣－文祥－宝鋆横跨军机处和总理各国事务衙门的三人核心，两个机构也就能真正和衷共济。后来，核心军机大臣基本兼任总理各国事务衙门大臣，目的就是保证两个部门更好地协作联动。

图 10-2 文祥（左）、宝鋆

文祥和宝鋆都是进士出身，这在满人中不多见。英法联军进北京时，文祥是军机大臣，宝鋆是总管内务府大臣。两人就是此时成为奕䜣左膀右臂的，对奕䜣的施政有直接的影响；两人也是同光时期满人官员中能力出众的稳健派。但是目前学界对两人的认识和研究还不够。图片选自 John Thomson，"Wen-Siang，Paou-Keum，Manchu Minister of State，" *Illustrations of China and Its People: A Series of Two Hundred Photographs, with Letterpress Descriptive of the Places and People Represented*，Vol.4，2-2，2-5。

其次，他情商很高，善于团结其他人。对于文祥、宝鋆等一直支持自己的人，奕䜣不仅和他们分享权力，还从情感上让他们感觉到像朋友一样得到尊重，因此愿意真心拥戴和竭力工作。据说宝鋆曾说："恭邸聪明，却不可及，但生于深宫之中，长于阿保之手，民间疾苦，究未能周知，事遇疑难时，还是我们几个人代为主持。"（何刚德：《春明梦录》）一句话既体现出宝鋆分享权力的愉快，获得恭亲王信任的炫耀，又体现出为恭亲王效力的自豪。文祥、宝鋆、僧格林沁等人年龄都比奕䜣大不少，但是在这一时期都服膺奕䜣的领导，不能不说奕䜣有过人之处。军机处和总理各国事务衙门大臣中，还有一个奕䜣的牵制力量，就是清流派领袖李鸿藻等与他不亲密的人。对于这些能力出众、品格优良的汉臣，他也不是高高端着亲王的架子，而是主动示好。据说，奕䜣将极其珍贵的《平复帖》送给李鸿藻（李鸿藻以太过贵重而不肯接受），还让自己女儿拜李鸿藻为义父。

再次，他善于将反对者收为己用或让反对者闭嘴。总理各国事务衙门本就是因应列强的产物，理学家和清流人物对其有先天的反感。为了减少反对力量，让反对者真切感受到相关工作的艰难困苦，奕䜣奏请送一些理学家或清流人物进入总理各国事务衙门工作，让这些总是高谈阔论的理学家或清流人物感受到办外交是靠实力说话，是靠智慧斗争，严守"夷夏之防"只能更被动，不能学习了解西方，必然要吞下惨败的苦果。这一招对于一些人是管用的，比如毛昶熙、沈桂芬等批评者，他们最终都进入总理各国事务衙门并成为奕䜣的支持者。对于一些人，比如大学士倭仁，虽然并没有起到化敌为友的效果，但是至少压制了不切实际的高谈阔论。

在奕䜣强力有谋的领导下，本来一团乱麻的内政外交各项

图 10-3　沈桂芬、董恂和毛昶熙（从左至右）合影

他们三人本是奕䜣的批评者，进入总理各国事务衙门后，都成了奕䜣的支持者。这张合影与本书第九章恭亲王奕䜣及本章文祥和宝鋆的照片，都是英国人约翰·汤姆逊于同治十一年拜访恭亲王的同一天拍摄的，拍摄地点是恭王府内。图片选自 John Thomson，"Shen-Kwe-Fen，Tung-sean，and Maou-Ching-He，Chinese Ministers of State，" *Illustrations of China and Its People：A Series of Two Hundred Photographs，with Letterpress Descriptive of the Places and People Represented*，Vol.4，1。

事务，很快被理出头绪，从无序混乱走向有序发展，从疲于应付走向主动谋求富强。在内外和谐、上下一心的政治氛围中，洋务运动的各项工作次第开展起来，清朝又一次焕发出生机。

此情此景，不由得会让人去想如果奕䜣当了皇帝会怎样。

从练兵到制器

洋务运动的指导方针，其实就是魏源在《海国图志》中提出的“师夷长技以制夷”。[1]魏源这句话，穿透了中国近代史、现代史、当代史。正在发生在我们眼前的科技战，破解之道也离不开这句话。只不过，我们正在超越这句话，自己发明“长技”让别人学习。

经过两次鸦片战争，从恭亲王奕䜣到地方的督抚大员，都认识到西方的“长技”就是坚船利炮，要想稳固统治，用洋枪洋炮编练新式军队是当务之急。奕䜣提出“自强之术，必先练兵”，就是基于这样的认识。当然，不练兵也不行，遍地烽火，京师空虚，无论是保住政权还是保住性命，都需要一支强大的武装力量。《北京条约》签订后，京津地区防务严重空虚，三口通商大臣崇厚在奕䜣的支持下拣选兵士，装备洋枪，并由西方军官按照西法操练。为了保卫京畿，奕䜣还产生了尽快购买一支西式舰队的想法。

洋枪洋炮的重要性，曾国藩、李鸿章等与太平军作战的一线军事统帅，体会更为深刻。曾国藩在与太平军的激战中，比较早地感受到了洋枪洋炮的威力，在咸丰十年（1860）底就上

1　过去长期认为洋务运动的指导思想是“中体西用”。贾小叶等认为，洋务运动其实遵循的是“师夷长技以制夷”的思路。参见崔志海等《当代中国晚清政治史研究》，中国社会科学出版社，2017，第 158 页。

奏朝廷，希望学习西方造炮制船的技术。同治元年（1862）初，李鸿章率领淮军到达上海后，在洋枪队与太平军的作战中，真正见识到了洋枪洋炮的威力。他在给曾国藩的信中说："洋兵数千，枪炮并发，所当辄靡。其落地开花炸弹真神技也。"［《上曾制帅》（同治元年四月初二日）］虽然他表面上还承认曾国藩认为的带兵治军在"人"不在"器"，但是实际上已经下定决心"讲求洋器"。他不惜重金向英法列强购买洋枪洋炮，还重金

图 10-4　中英混编"洋枪队"

这张照片标注的拍摄时间是光绪三年（1877）。其中可以看到一位外国军官，可能是沃森少校，其他士兵是淮军。照片中共有 3 门野战炮，112 人，这个规模可能是淮军一个哨的规模。罗尔纲《晚清兵志》载，淮军基本建制单位是营。下辖亲兵 6 队 72 人，4 哨每哨 108 人，共 504 人。图片选自泰瑞・贝内特《中国摄影史——西方摄影师（1861~1879）》，第 154 页。

聘请外国军官担任教习，操练淮军。当年淮军就装备了一万多杆来复枪和一些洋炮。到了同治四年，大部分淮军都装备了现代洋枪，还建立了四个炮兵营。李鸿章统率的淮军本来源自湘军，但由于在引进西方武器和西式操练方面走在前列，反而超越湘军，成为晚清最重要的军事力量，一直到甲午战争惨败，才逐渐退出历史舞台。

在练兵的过程中，奕䜣、李鸿章等人逐渐感受到，军事的现代化，靠买是买不来的。他们为什么会产生这种认识呢？这是因为同治二年发生了阿思本舰队事件。为了加强防务，奕䜣领导的总理各国事务衙门通过英国人赫德联系总税务司英国人李泰国，在英国尽快为中国购买一支舰队，并雇用一些海军官兵。购买军舰的过程挺顺利，雇佣兵招募也挺顺利，但是李泰国这里出问题了。

为啥呢？李泰国想借机勒索一把。英国政府看到这是一个控制中国海军的好机会，不仅比较配合，还授予李泰国三等男爵头衔。李泰国很快购买了 7 艘军舰和 1 艘运输船，耗银 80 万两。他聘任了英国海军军官阿思本统领舰队，擅自和阿思本签订了“李阿合同十三条”，规定阿思本只接受李泰国副署的皇帝的谕令，不接受其他人的命令。更不可思议的是，如果李泰国对清朝皇帝的谕令不满意，可拒绝传达。李泰国有点膨胀，更是触犯了奕䜣的底线。到北京后，他又狮子大开口，称朝廷需要支付海军经费 1000 万两白银。

恭亲王奕䜣没想到自己的练兵大手笔，居然弄成了一个砸在自己脚上的大石头。耗费巨资不说，购买的舰队还是一支不受朝廷控制的军队。他恼羞成怒，完全拒绝李泰国的要求。经过数月的反复斗争，最终在付出一笔不菲的遣散费后，清政府

图 10–5　赫德

赫德是晚清中国最重要的一位“洋大人”。是中国近代海关的主要创建人，也是中国近代邮政的主要创建人。他是洋务运动的主要参与者，对中国现代化的启动有一定贡献。他也是个英国人，在很多时候要维护英国利益。图片来自网络，见 https://collection.sl.nsw.gov.au/record/n88EL04n/VyoORdVEG4MXp。

将船退还给英国。李泰国私心太重，成就了赫德。此后不久，赫德就成为中国总税务司，在中英两国政府之间如鱼得水，成为晚清一位重要人物。

受此大辱，奕䜣开始明确提出要自己学着制船造炮。同治元年九月二十六日（1862 年 11 月 17 日），朝廷谕令曾国藩、李鸿章等人“认真学习洋人制造各项火器之法，务须得其密传，能利攻剿，以为自强之计”（《着上海等各口认真学习洋人兵法及制造各项火器之法上谕》）。

此时，在上海统率淮军的李鸿章对用洋枪洋炮练兵也有了新的认识。一是购买洋枪洋炮太贵，更要命的是关键时候可能断供。弹药消耗巨大，一颗十二磅重的炮弹就要 30 两白银，仅仅依靠购买，耗资巨大。更让他难受的是，即使有钱，也不能保障供应。尤其是万一再和英法列强发生冲突，弹药供应自然就中断了。二是李鸿章在和英法列强打交道的过程中，深刻感受到聘请的外国军官如戈登等人不会完全听从调遣指挥，若完全聘请洋人军官训练军队，很有可能导致指挥权旁落，阿思本事件更加证明了这一点。李鸿章意识到，为了发展淮军，必须自己学着制造现代枪炮。

最早行动起来的是曾国藩。咸丰十一年十一月（1861 年 12 月），曾国藩就在安庆城内筹建军械所，延请国内科技人员，一方面用传统手工方法制造火药和炮弹，另一方面试造蒸汽机和轮船。这就是中国近代军事工业的开端——安庆内军械所。不过由于曾国藩比较保守，安庆内军械所发展速度并不快。

成就最大的是李鸿章。李鸿章进入上海后，眼界大开，接触的外国人也多，因此在学习西方方面，胆识超过了曾国藩。同治元年底，李鸿章接受英国人马格里的建议，筹建上海洋炮局，制造弹药。一年后，李鸿章率淮军攻占苏州，把上海洋炮局迁至苏州，并购买原阿思本舰队留下的武器，制造机器，建成苏州洋炮局，初步实现了机器化生产。同治四年五月（1865 年 6 月），李鸿章命令丁日昌收购在上海虹口的美国企业旗记铁厂，成立江南机器制造总局，并将苏州洋炮局的部分车间迁到上海，将容闳奉曾国藩之命从美国购回的机器搬入。江南机器制造总局迅速发展成当时中国乃至亚洲最先进的现代兵工厂。今天造航母的江南造船厂，就是在江南机器制造总局的基础上逐步发展而来的。还必须提一句，江南机器制造总局还成立了译书局，翻译了很多有关西方科技的书，为当时中国的观念和知识更新做出了重大贡献。

解放思想，就是生产力。李鸿章通过建设兵工厂，为淮军提供了充足的武器装备，尝到了甜头，因此非常热心于创办兵工厂。同治四年四月，他署理两江总督，把苏州洋炮局的一个车间迁往南京雨花台，创办了金陵机器制造局。当了直隶总督后，又把天津机器制造局扩建为规模更大、工艺更先进的军工厂。同治元年之后的李鸿章，可以说是走到哪里，就把军工厂建到哪里。

图 10-6 金陵机器制造局大炮生产车间

从这张约翰·汤姆逊 1872 年拍摄的照片中可以看出，这些先进的机器是从英国引进的，由中国工人操作。从机床来看，已经比较先进。图片选自 John Thomson，"Interior of Workshop，Nanking Arsenal，" *Illustrations of China and Its People：A Series of Two Hundred Photographs，with Letterpress Descriptive of the Places and People Represented*，Vol.3，12-22。

江南机器制造总局、金陵机器制造局，左宗棠创办的马尾船政局和崇厚创办的天津机器制造局，成为晚清四大军事工厂，支撑了中国第一次军事现代化改革，影响一直持续到现在。

在练兵方面，曾国藩由于理学思想浓厚，更强调“制胜之道，实在人而不在器”。他甚至对李鸿章强烈追求洋枪洋炮的行为表达了不同意见。但是，无论是奕䜣、曾国藩还是李鸿章、左宗棠，都承认练兵必须装备洋枪洋炮。其他朝廷内外的人，大多经历过两次鸦片战争，特别是满朝文武都经历了京师沦陷的悲惨，都清楚拥有一支有强大战斗力的军队是多么重要。大家也都

图 10-7　金陵机器制造局生产的格林快炮

李鸿章可谓中国军事和国防工业第一位领航人。淮军也是中国第一支有现代化装备的军队。当时中国武器制造水平并不低，约翰・汤姆逊 1872 年拍摄的这张照片，画面中两人正在调试的就是著名的格林快炮。李鸿章命人仿造了加特林机枪，并安装在轮子上，取名格林快炮。还有一种改进版，是装在独轮车上，更加方便野战。格林快炮在甲午战争中给日本陆军造成一定伤亡。图片选自 John Thomson，“Scene in Nanking Arsenal，” *Illustrations of China and Its People：A Series of Two Hundred Photographs，with Letterpress Descriptive of the Places and People Represented*，Vol.3，10–18。

清楚，练兵就要洋枪洋炮，而这些装备仅仅依靠购买，费钱不说，更麻烦的是有时拿钱也买不到，因此要练好兵就要学会自己制造装备。思想通了，阻碍就少。因此，在练兵制器问题上，朝野内外都有基本的共识，观念的冲突几乎可以忽略不计。

从求强到求富

在寻求自强的过程中，李鸿章等人又意识到，仅仅追求军事的“强”还不够。军事的现代化如果没有经济的“富”作为基础，终究不能长远。他们的观念意识再一次进步，从自强向求富转变，从创办军工厂向创办现代企业拓展，决心在轮船、电报、纺织、矿产等领域向西方列强学习，并与之竞争。从练兵到制器，从自强到求富，全是前所未有的新生事物，又都是涉及国家层面的军事、政治、经济重大事务，阻力、困难和冲突是一定有的。

落后就要挨打，挨打让人奋进。求强也好，求富也好，都是中国人奋进的表现。在寻求富强的道路上，如何解放思想又统一认识，是个巨大挑战。如果说军事现代化的共识还比较统一的话，那么在其他问题上，尤其是涉及文化和习俗，就没这么顺利了。换句话说，求“富”过程中最重大的挑战是观念的挑战。每一件事情都有观念引发的冲突，只是有大有小而已。洋务运动中爆发了两次大的观念冲突，比较早的是同文馆之争，持续时间比较长的是修建铁路之争。

咱们先说同文馆之争。纵观历史，任何改革创新，都是被逼无奈的产物。恭亲王奕䜣在应对英法联军进攻北京时，由于没有翻译人才，弄出了个人质事件，后来交涉过程中又因为语言不通，规则不懂，自己完全受制于英、法、俄、美。因此，他对翻译人才的重要性、急迫性有深刻体会。《北京条约》签订之后，他奏请在原来俄文馆的基础上建设京师同文馆，从八旗子弟中选择20名十三四岁的聪慧少年，培养他们通晓英、法、俄语，从事翻译。这件事几乎没人表示反对，很顺利地执行了。随着奕䜣的眼界和观念发展到要自主发展军工业的时候，他对同文馆有了新的认识、新的想法，冲突也就来了。

同治五年（1866）底，奕䜣提出要在同文馆开设“天文”“算学”馆，学习西方自然科学，并把招生范围从八旗子弟扩及满汉举人及京外五品官等。他甚至提议让翰林院编修等科举正途出身的人也入馆研习，以培养实用的科技人才。这一非常有见识的提议戳了马蜂窝。一些科举出身的士人激烈反对，认为有辱斯文。这些人不仅认为科学是不值得学习的“奇技淫巧”，向洋人学习更是拜异类为师，而且给奕䜣起了一个“鬼子六”的绰号。

不少时候，阻碍社会进步的不一定是贫苦大众，而是穿长衫的人。不少穿长衫的人总以为自己什么都懂，掌握了世界真理。当然，引领社会向前的也主要是穿长衫的人。这两类穿长衫的人其实挺好区别。第一类人以长衫为荣，脱离人民，满嘴仁义道德和世界真理，实际干啥啥不行，还私欲极重。第二类人心里已经把长衫脱了，走进人民大众，以摸着石头过河的方式，以谦逊的态度，勇敢地进行真理的探索。晚清现代化努力没有成功，关键的原因之一，就是第一类人太多。

经过一番辩驳后，反对者中最重要的人物出马了。他就是文渊阁大学士倭仁。倭仁是蒙古正红旗人，科举出身的理学大师。“根正苗红”的倭仁出口就是“立国之道，尚礼仪不尚权谋；根本之图，在人心不在技艺”（《同治六年二月十五日大学士倭仁折》）。从理论上说，倭仁这话讲的也不是完全没道理，礼仪人心的确是国家存续发展的基础，但这仅仅是主观基础。国家要富强繁荣，还需要科学技术及以科学技术为基础的工农业。只强调礼仪人心，就是唱高调，就是宣扬精神万能。调子无论多高，如果精神经不起实践的检验，缺少物质的基础，抵挡不住呼啸的子弹，那就是高调的废话，甚至是误国误民的坏话。

奕䜣早就看穿了这一点。所以在理论层面与倭仁辩论的同时，使出了以退为进的办法，奏请两宫太后，要求倭仁举荐合适人才讲授自然科学课程，并请倭仁到总理各国事务衙门任职，参与处理洋务事宜。这一下难住了倭仁。他既举荐不了能够讲授自然科学的人才，又不愿到总理各国事务衙门任职，最后以生病为由，才逃脱尴尬。倭仁的遭遇在保守的士人群体中引起了很大同情，甚至有人将当时的气候异常和这件事扯上关系，以天人感应理论映射奕䜣等人为乱臣贼子。

玄学在中国本来就有很强的社会动员力量。玄学中的撒手锏就是“天命观”，这可是皇权合法性的来源。反对派使出这一招儿，那可真是要血命了。奕䜣和宝鋆在强大压力下，不得已同时提出辞职。奕䜣怎么也不会想到，自己为了寻求富强提出的造就人才主张，闹了大半年后，竟然到了只能辞职才能脱困的地步。争到了这个份儿上，两宫太后“姗姗来迟”，出面裁断。两宫太后批评告诫倭仁等反对者，安抚奕䜣、宝鋆，同时不再坚持让有翰林、进士身份的人进入同文馆研习。这就是著名的同文馆之争。

此次大辩论，看似倭仁败下阵来，但实际上失败的是奕䜣，受损的是中国。不仅奕䜣在士人群体中的形象大受影响，

图 10-8　京师同文馆大门旧址

由于没有自己的外语人才，中国在两次鸦片战争中吃了大亏，于是奕䜣创办了京师同文馆，培养外语人才。京师同文馆在体制上是总理各国事务衙门的下属机构，地址在总理各国事务衙门东边。大门形式采用有西洋元素的中国门楼建筑，可能与机构性质有关。两根柱石内的砖，可能是后来封堵的。目前京师同文馆的遗址还有一点儿残存，不过被围墙包围，禁止拍照。图片选自朱诚如主编《清史图典》第 10 册，第 207 页。

政治权威自辛酉政变后第一次受到严重挑战，更重要的是学习西方自然科学的倡议受到了很大干扰。经过争议，几乎没有科举出身的人入馆学习，即使想学习的也迫于舆论压力不敢学习。中国人要认真学习西方现代科学技术这一观念，直到甲午战争惨败之后才被普遍接受；八旗子弟和有功名的士人、官员于光绪二十七年（1901）清末新政之后才大规模出国留学；新式教育直到光绪三十一年科举制度废除之后才真正发展起来。这距离奕䜣公开提倡学习西方科学技术，已经分别过去了约三十年、四十年。如果同治五年的中国士大夫能够理解奕䜣的观念，主动革新教育，大规模主动学习西方科学技术，此后的历史如何发展，谁会知道呢？

百年以后回首这段往事，仍然不免扼腕叹息。精神很重要，但不能脱离物质世界而存在，这是中国人很早就意识到的，也是马克思揭示过的。那些鼓吹精神万能的读书人，并不都是正确的，并不都明白世界发展的道理。可惜时间不可逆，历史不能回过去重来。两次鸦片战争之后为何中国人不主动出洋学习，错失学习追赶西方三十年时间？这个问题曾困惑了我很久。我认为直接原因就出在同文馆之争的结果上。

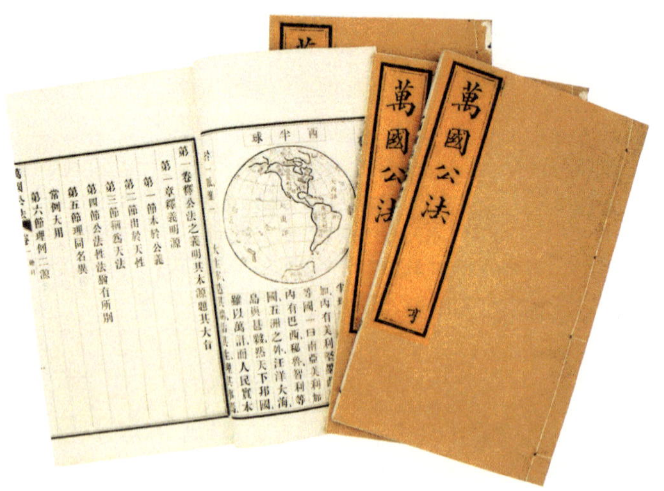

图 10-9 《万国公法》书影

这一时期除了中国人主动翻译书籍，很多外国传教士也在努力翻译书籍。其中影响最大的一本是担任同文馆总教习的丁韪良翻译的《万国公法》。这本书原是美国人惠顿（Henry Wheaton）撰写的《国际法大纲》，丁氏将其翻译后，于同治三年（1864）出版。总理各国事务衙门大臣董恂高度评价该书，并撰写序言。恭亲王奕䜣还奏请由总理衙门刻印三百部，下发各省督抚和通商口岸官员。通过阅读此书，中国官员首次正式知道了“国际法”。图片选自朱诚如主编《清史图典》第 10 册，第 207 页。

同文馆之争时间较短，但负面影响深远。铁路之争历时很长，但结果较为正面。今天中国人出行，首选是高铁，方便快捷，安全舒适。但我们坐在舒适的高铁中时，绝大多数人不会想到，一百多年前围绕要不要建铁路，发生过近三十年的争论。有些铁路建好了，迫于强大的社会舆论，又拆除了。

修筑铁路之议最早起于英国人。同治元年就有英国人提议修筑从广东到江西的铁路，因为工程量过大而作罢。同治二年，27 家英、法、美公司联合向李鸿章提出修筑上海到苏州的铁路。还不知道铁路是啥的李鸿章凭着政治敏锐性一口回绝。同治四年，总税务司赫德向总理各国事务衙门递呈了著名的《局外旁观论》，认为修筑铁路是中国应办应学的事情之一。英法等国这时候也加紧活动，希望在同治七年修约时攫取中国的铁路修筑权。奕䜣一时也拿不准，他决定集思广益，于同治六年让相关督抚大臣等发表意见。参加这次讨论的近 20 位朝廷大员中，反对者居多，最重要的理由有两点，一是修筑铁路“与民情不便”，妨碍风水；二是与民争利，影响贩夫走卒生计。只有李鸿章和沈葆桢等少数人认为修筑铁路对中国将来有利，但是要把修筑权抓在中国手中，自己来办。这次讨论的观点和人事格局，基本上奠定了此后二十年的争论情况。李鸿章、沈葆桢是推动铁路发展最有力的人，但是遭遇了非常大的阻力。

本来就很注重学习西方的李鸿章在同治九年担任直隶总督兼北洋大臣，对世界各国的情况更加关注。同治十年，他注意到日本大力修筑铁路等行为后，开始更加明确地提倡中国修筑铁路。光绪二年（1876），英国商人私自修筑淞沪铁路的争端发生后，铁路被迫拆掉。李鸿章将这段铁轨设备购买下来，并

图 10-10　淞沪铁路通车仪式上的火车

外国摄影师留下的珍贵照片反映了中国第一条铁路淞沪铁路修成之后的样子。由于当地人反对太激烈，这条铁路最终没有逃脱被拆除的命运。图片选自泰瑞·贝内特《中国摄影史——西方摄影师（1861~1879）》，第 143 页。

运往台湾，准备在台湾修筑铁路。福建巡抚丁日昌很希望建设铁路，但是没有钱，最终不了了之。

光绪六年九月（1880 年 10 月），开平矿务局由于煤炭运输的需要，开始在李鸿章的支持下悄悄修建一段铁路。此时由于中俄伊犁问题交涉日趋紧张，淮军将领刘铭传被召入京。他奏请朝廷速修铁路以自强。刘铭传的奏请很快招来了翰林院侍读学士张家骧等人的批评反对，除了影响风水、不利民生外，还加上担心洋人借端生事和耗资巨大等理由。李鸿章随即上奏，不仅一一驳斥反对意见，还援引中外事例，指出修筑铁路有九大利。他在奏折最后说，筹办铁路是力图自强之举，因为“矿务因铁路而益旺，铁路因矿务而益修”（《妥议铁路事宜折》）。这次争论持续了一年多，最后由朝廷宣布刘铭传之议毋庸再议。论争虽然失败了，但是李鸿章在修筑铁路问题上，却暗度陈仓，在光绪帝生父醇亲王奕譞的支持下，于光绪七年十月（1881 年 11 月）修筑了 20 里的唐胥铁路。李鸿章这个大胆的行为，毫无疑问地被人告发了。这条铁路被迫以震动东陵的罪名停运，不过并没有被拆除，而是改为马拉。光绪八年五月（1882 年 6 月）又默认了机车的使用。

光绪十年中法战争爆发，由于担心漕粮运输中断，支持修筑铁路的呼声渐高。光绪十一年，左宗棠病逝，他在遗折中力主修筑铁路。此时，醇亲王奕譞担任海军衙门大臣，明确支持修筑铁路。光绪十三年，在奕譞和李鸿章的支持下，唐胥铁路延伸 65 公里到阎庄。到了光绪十四年，津沽路修通。李鸿章顺势向奕譞提出修筑天津到通州铁路的想法。看起来要一帆风顺的铁路修筑，又突然遇到了强烈的反对声音。

当时，李鸿章等洋务派趁着光绪帝大婚，在京城修筑了一条 7 里长的小铁路作为贡礼，希望借此让慈禧太后、光绪皇帝和大臣们开开眼界。没想到这件事和李鸿章修筑天津到通州铁路的提议，被包括帝师翁同龢在内的反对者联系在一起，扣上了以西洋奇技淫巧诱惑皇帝和可能方便敌人进攻京城的大帽子。好在这一次实力派督抚都支持修筑铁路，海军衙门和军机处也支持。李鸿章修筑从天津到通州铁路的主张眼看就要实现了，不承想斜刺里杀出来湖广总督张之洞。张之洞学问好，出身清流，脑子转得快。他一边明确支持修筑铁路，一边又给反对者找了台阶，说既然大家担心修筑从天津到通州的铁路不利于京师安全，那就先修筑从卢沟桥到汉口的铁路。这一主张被醇亲王奕譞认为别有创意。李鸿章虽然不痛快，也不得不表示赞同。就这样，修不修铁路的问题，转变为先修哪一条的问题。持续了二三十年的修筑铁路争论，基本结束。这条芦汉铁路，就是今天京广线的前身。

今天中国科学技术和经济发展水平已经跃居世界前列，但是我们不能忘记了一百多年前那些筚路蓝缕的人，也不能忘了在今天看来有些难以理解的争论！这些事例告诉我们，国家社会的每一步前进都不是坦途，解放思想、改革开放，多么可贵！

图 10-11　今日卢沟桥

芦汉铁路于光绪二十三年正式动工，光绪二十五年建成。今天到卢沟桥去参观，在卢沟桥（近）和高铁桥（远）之间的那座钢结构铁路桥，就是芦汉铁路上的一座桥。这座桥也是卢沟桥事变时日军争夺的主要目标，曾在此爆发了激烈战斗。眼前所见铁路桥，是在清末桥梁基础上扩建的，目前仍在使用，主要是普速列车或货运列车。芦汉铁路在庚子事变时遭受一定程度破坏，后来不断维修扩建。卢沟桥自古就是京西交通咽喉。作者自摄照片，2022 年 8 月。

第十一章　边疆危机与收复新疆

化家为国是古代中国王朝政治最主要的特点之一。由此也产生了一个具有共性的现象：王朝进入下行轨道，往往会出现皇帝早逝和皇帝子嗣稀少甚至断绝的情况。由此，历朝历代的皇家，生儿子都是头等大事。皇帝为什么要有那么多后妃？不是因为皇帝好色，关键是要生儿子！

咸丰帝登基后，清朝就陷入了前所未有的至暗时刻。糟心事并不止于此，他生育能力也不行，直到死，也只有一个儿子。没得选，同治帝就只能幼年登基。同治十三年十二月初五日（1875 年 1 月 12 日），亲政不到两年的同治帝突然生病死了，年仅 19 岁，一个儿子也没有。皇位是父死子继，但是同治帝没有儿子，怎么办？在这种情况下，谁来继承同治帝皇位就成了难题，国家很有可能又一次爆发政治危机。

传统皇权时代，皇权交接是整个体制最脆弱的环节，也是最容易产生危机的时刻。但是这一次，满朝文武和内外臣工并不那么担心。为什么呢？主要是以两宫太后和恭亲王奕䜣为代表的这套掌握国家实际最高权力的三角结构还在稳定运行。

光绪帝登基

皇位继承逻辑，第一是父死子继，第二是兄终弟及。按照常规思维，遵从父死子继的原则，应从同治帝侄子辈中选择一位，过继给同治帝并立为皇帝。但是，同治帝没有亲侄子！道光帝一脉，此时还无第四代男丁。溥侃、溥伦两人虽然名义上是道光帝孙子，但其父郡王载治是过继而来，血缘已远。这一方案基本没人支持。还有人提出来，同治帝皇后已有身孕，可秘不发丧，等皇后生产后再决定处置办法。但是这一方案不确定性太高，也不太符合中国政治传统。另外，同治帝皇后阿鲁特氏与慈禧太后关系很差。婆媳关系难处，皇家也不例外。这一方案实在不可行，提出后就被否决了。

国不可一日无君，在同治帝驾崩当晚，必须给出新皇帝答案。这个时候，慈禧太后提出了新的解决思路。既然给同治帝立嗣这个思路走不通，那么就换个思路。她提出给咸丰帝立嗣的思路，即从咸丰帝亲侄子中选择一位，过继给咸丰帝，然后继承皇位。兄终弟及，也说得通。按照这个思路，如果遵从立长原则的话，应该选择道光帝长孙载澂。但是载澂有两个问题：吃喝嫖赌，名声实在太坏，大家都认为同治帝就是载澂带坏的；

他是恭亲王奕䜣之子，立他就打破了权力格局。如果遵从立贤的原则，应该选择道光帝最贤能的亲孙子。可是这又涉及对“贤能”的评价，这是另一个复杂和难堪的问题。

慈禧太后这时候提议立醇亲王奕譞 4 岁的儿子载湉为帝，并指出这是为咸丰帝择嗣，立年幼者可好好教育。我们对慈禧太后有很多负面评价，但是也不得不承认她确实有政治智慧和手段。她的这一提议，实质上对她最有利：给咸丰帝立嗣，又是个小孩子，两宫太后还是两宫太后，还可以继续长时间垂帘听政；载湉是她亲妹妹的儿子，和她依然有关系。她提出的理由既在道义礼法上站得住脚，化解难题，又符合当时绝大多数人的利益：一是将无解的为同治帝立嗣问题转变为易解的为咸丰帝立嗣问题，充分考虑了皇帝继承中的血缘因素；二是避免了讨论载澂等道光帝孙子品格等复杂难堪的问题，载澂寻花问柳的劣迹不至于被公开；三是载湉年幼，距离亲政还有至少十年，立他可以让目前的权力格局继续保持平衡和稳定，两宫太后、王公宗室的权益没有受损。据说，当晚与会的王公宗室经过讨论，大多数人选择了载湉。

难道就没有其他人强烈反对吗？实事求是地说，还真没有。由于道光帝第五子奕誴过继给了别人，此时道光帝名义上的亲孙子只有恭亲王奕䜣的两个儿子载澂、载滢和醇亲王奕譞的儿子载湉，已经成年的载澂吃喝嫖赌臭名昭著，载滢又已过继给早逝的道光帝八子奕詥，已经不可能再过继给咸丰帝了，因此三人中也只有载湉最合适。奕䜣即使想让载澂继位，也只能怪自己儿子不争气。但凡载澂名声好点，历史可能就改写了。就这样，熟睡中的 4 岁的载湉就成了光绪皇帝，成了清朝第一个从大清门迎进来的皇帝。

图 11-1　光绪帝朝服像

光绪帝留下的成年形象资料比较少。目前还没有看到真实的照片，也没有幼年时的画像，只有几张成年画像。这幅朝服像是在他亲政之后宫廷画师绘制的，有一定艺术加工成分，但依然能感受到帝王气派。图片来自网络。

为什么光绪帝是第一个从大清门迎进来的皇帝呢？因为他是清朝第一个从宗室中选择出来做皇帝的人，要从宫外抬进来。从大清门抬进来看似荣耀，实则悲剧。清朝一共2位皇帝和5位皇后是从大清门抬进来的，个个是悲剧。

“光绪”这个年号，表面意思是继承道光帝传递下来的皇位，表示政治合法性，内在也有光大同治中兴的含义，表示政治延续性。年纪轻轻的同治帝驾崩，换了个4岁娃娃光绪皇帝，虽然突然，但是并未在全国引起什么政治风浪。为什么呢？第一，清朝皇位继承是人家爱新觉罗家的“家事”，谁当皇帝不是外臣所能参与、所敢参与的。第二，光绪帝作为同治帝的亲堂弟继承皇位，虽然有些别扭，实属不得已而为之。无论怎样，总得有个皇帝呀。第三，对李鸿章、左宗棠等封疆大吏来说，不论谁当皇帝，两宫太后和恭亲王奕䜣还得依赖他们。他们这个时候，真正关心的是如何应对四面八方前所未有的边疆危机。

“塞防”与“海防”之争

与咸丰朝、同治朝相较，光绪朝时虽然国内已经基本平静，但是外患日深。朋友们可能会问，用四面八方、前所未有来形容此时的边疆危机，是不是有些夸张了？从当时的情形看，一点儿也不夸张！第二次鸦片战争结束后，中国与英法等国有一个短暂的关系平稳期，但是由于帝国主义在亚洲的殖民扩张和日本走上对外殖民扩张道路，边疆危机在19世纪70年代日益加重。简单地说，当时东边有日本对琉球、朝鲜和中国台湾的威胁，西边有英国在西藏的侵扰，南边有英国、法国对藩属国越南等地和云南的侵略，北边有俄国、英国对新疆的觊觎和侵占。一边是前所未有的国防压力，一边是太平军、捻军起义，第二次鸦片战争之后元气尚未恢复的朝廷，是该出兵新疆，还是该力保东南，这是个头疼的事儿！在光绪帝即位前后，这个头疼事儿引起了“塞防”与“海防”之争。

当时普通的中国人对这种四面八方而来的边疆危机或许没有什么感受，但是一些关心国家的知识分子和处理涉外事务的高级官员已经感受到了前所未有的压力。深刻的边疆危机让不少有学问的读书人开始抛弃传统的经史考据，转向了边疆史地和经世致用之学，引起了清朝学问发展路径的转变。这种危机也让朝廷上下忠诚尽职的官员深入关注世界局势，并谋求中国的应对之道，其中尤以李鸿章和左宗棠最有代表性。

直隶总督兼北洋通商大臣李鸿章是当时最具国际眼光的核心官员，很早就意识到了形势的不一般。同治十一年（1872），他在奏折中沉痛地指出，西方人凭借坚船利炮，闯入中国“边界腹地”，横行无阻，可谓“合地球东西南朔九万里之遥，胥聚于中国，此三千余年一大变局也”（《筹议制造轮船未可裁撤折》）。三千年未有之变局不仅是李鸿章等人对当时世界和中国局势最深刻的感受，也确实是中国内外形势的真实写照。

自以为处于天下中心的“天朝上国”，正在迅速变成“万国”之中的一个，且是衰弱的一个，怎能不让人忧心忡忡？同治十二年，法国侵略越南；同治十三年，日本侵扰台湾。负责保卫东南海疆的李鸿章，感受到了泰山压顶般的压力。他在同治十三年底向朝廷上奏《筹议海防折》，指出中国历代备边多重西北，但现在形势变了，东南海疆万余里，一国生事，诸国

图 11-2 同治十一年的李鸿章

此时的李鸿章任直隶总督兼北洋通商大臣。他眼里透着精明之光，仪态舒展，不怒自威，给人一种大权在握的感觉。直隶总督本是督抚之首，拱卫京畿的重任又落在淮军肩上，再加上北洋通商大臣这个职位，李鸿章的权力横跨行政、军务和外交。1870~1895 年，李鸿章久任直隶总督兼北洋通商大臣，成为清朝数一数二的实力派人物。但是，过往近代史书写可能高估了他在清朝政治运行中的作用。李鸿章一生未入军机处，国家大政只可建言，不能决策。图片选自 John Thomson，"Li-Hung-Chang，Governor-General of Pei-Chih-Li，" *Illustrations of China and Its People：A Series of Two Hundred Photographs，with Letterpress Descriptive of the Places and People Represented*，Vol.4，2-3.

蠢蠢欲动，建议朝廷应该集中力量加强海防建设；至于西北方面，应该力保和局，此时不应进兵新疆，招惹俄国。随李鸿章此折一起上奏的还有丁日昌的“海防六条”。这就是著名的“海防论”。李鸿章提出这一主张，是经过深思熟虑的，怎么说、怎么办都是认真设计的。他还趁着同治帝大丧进京的机会，向奕䜣和慈禧太后等人进一步阐述自己的观点。

面对李鸿章提出的这一重要问题，朝廷也不敢大意。尽管处于大丧之中，但仍然将这一问题发给左宗棠等相关核心大臣和督抚进行讨论。湖南巡抚王文韶明确反对李鸿章的“海防论”，提出“塞防论”，认为俄国对西北的侵略十分危急，而且西北安危与东南局势相联系，如果俄国在新疆侵略不能得手，则其他国家在东南就不会挑衅，主张当前应该以收复新疆为要务。作为西北防务的最高统帅，左宗棠则比较客观平衡。他指出新疆安危不仅涉及整个中国西北局势，还关系到京师安危，但是万里海疆也应该加强防守，因此主张“海防”与“塞防”并重。其他文武大臣关于“海防”与“塞防”，意见莫衷一是，见仁见智。恭亲王奕䜣乃召集军机大臣进行慎重讨论研究，最后基本采纳了左宗棠的意见，形成了“海防”与“塞防”并重的决议。这一决议对中国的发展影响巨大，正是这一决议，给左宗棠收复新疆的壮举提供了政策和资源支持，也才有了北洋和南洋舰队的建设计划。

李鸿章为什么提出重东南海防、轻西北塞防呢？他在给军机大臣兼总理各国事务衙门大臣文祥的信中说，在财力、人才均匮乏，无力应对所有危机的情况下，最好是分清主次，集中力量办最重要的一件事。这确实也有一定道理。除此之外，应该还有两个原因。一个是李鸿章当时担任直隶总督兼任北洋大

图 11-3　光绪元年的左宗棠

这是俄国摄影师博亚尔斯基光绪元年（1875）在甘肃拍摄的左宗棠。左宗棠留下来的真实照片比较少，这是比较著名的一张。相貌上，左宗棠气势比李鸿章大；外形上，李鸿章比左宗棠高；年龄辈分上，左宗棠比李鸿章大一轮，高一辈儿。两人都受曾国藩提携，都服膺曾国藩，但是两人彼此间不太服气。图片来自 https://www.loc.gov/item/2021669565/。

臣，用今天的话说，他是海疆防守的第一责任人，面临着海疆防守的巨大压力。另一个是李鸿章的格局决定的。将李鸿章与曾国藩、左宗棠等人比较，他更聪慧，也不像曾、左那样有浓厚的理学家气息，因此办事比曾、左等人更加机敏灵活，对学习西方更加重视，但是在格局上却不及二人。他自嘲的“糊裱匠”，也可以说是一种传神的自我评价。

李鸿章格局不够，主要体现在处理日俄问题时连续出现战略失误。第一次失误是他在担任直隶总督兼北洋大臣后幻想联合日本对抗列强，放弃琉球，最后演变成甲午惨败；第二次是甲午惨败后又幻想联俄抗日，被俄国欺骗，丢失很多国家权益。

咱们此处先说日本侵占琉球的事。

日本侵占琉球

同治九年八月初三日（1870 年 8 月 29 日），李鸿章接替因天津教案不安于位的曾国藩，担任直隶总督兼任北洋通商大臣。李鸿章从此超越他的老师曾国藩，成为中国督抚之首和外交工作的核心人物，以及最强军事力量的领导者。尽管他从未担任过军机大臣，但是他是举世公认的晚清最后二三十年最有权力的人之一。

李鸿章担任直隶总督兼北洋通商大臣之时，日本正在寻求与中国建立正式的外交关系。这时的他，对日本既抱有侥幸心理，又有一定的提防。日本使节柳原前光的“礼貌词气均极恭谨”让他产生了联日对抗欧美列强的想法，同时日本的崛起也让他产生了警惕之心，认为“日本近在肘腋，永为中土之患”。

面对日本的建交要求，李鸿章认为“笼络之或为我用，拒绝之则必为我仇”（《遵议日本通商事宜片》）。同治十年七月二十九日（1871 年 9 月 13 日），李鸿章代表清政府和日本签订了建交条约。条约签订后，李鸿章乐观地向总理各国事务衙门报告，日本今后即使获得了欧美列强的支持，也不能再侵扰中国及中国的藩属国。他绝没想到，这个条约让日本取得了与中国平等的地位，获得了侵略中国藩属国琉球和朝鲜的有利条件。他也绝没想到，日本会在条约墨迹未干的情况下就要求修改条约，并开始了吞并琉球国等一系列侵略行为。

琉球国即今天的冲绳，在明朝就与中国结成了宗藩关系。由于琉球和日本的萨摩藩地理位置很近，其经常受到萨摩藩的侵略。1609 年，也就是明万历三十七年，萨摩藩侵略琉球，俘虏了琉球国王，从此琉球国也被迫向萨摩藩进贡，逐渐形成了一种微妙复杂的关系。清朝在康熙帝之后异常强盛，萨摩藩出于对清朝的惧怕，对琉球的侵略压迫比较隐秘。琉球国王必须经过清朝的册封，才能称王。最后一位琉球国王尚泰，就是在同治五年接受了清朝的册封。也就在这个时候，随着日本明治维新的开展和其对外侵略扩张意识的高涨，琉球国的存亡成了一个重大问题。在明治政府“废藩置县”的政策下，萨摩藩变成鹿儿岛县，琉球国与萨摩藩的关系转变成琉球国与日本政府的关系。1871 年 7 月，鹿儿岛县向明治政府呈报了一份精心炮制的报告，使明治政府产生了吞并琉球的想法。

偏偏在这个时候，发生了“牡丹社事件”，为日本提供了侵略的借口。同治十年十月（1871 年 11 月），一艘琉球船遭遇台风，漂流到了台湾南部，误入台湾世居居民居住地，被杀害 54 人，史称“牡丹社事件”。同治十一年九月十五日（1872 年

10 月 16 日），日本趁着琉球国王子到日本觐见天皇的机会，突然宣布册封琉球国王为藩王，将琉球王室列入华族。琉球国就这样成了日本的“琉球藩”，这成了日本向清政府交涉“牡丹社事件”的前提。日本于同治十二年二月（1873 年 3 月）派遣副岛种臣作为特命全权大臣到中国来交换条约文本，并向清政府交涉“牡丹社事件”，借此探明清政府对琉球和台湾的态度，为日本的进一步侵略做准备。

副岛种臣用花言巧语和李鸿章“畅谈半日”，就瓦解了李鸿章不久前上升的警惕，再度勾起了他对中日联合对抗列强的幻想。殊不知，日本使节是包藏祸心。五月二十五日（6 月 21 日），副岛使团副使柳原前光到总理各国事务衙门拜访，先向总理各国事务衙门大臣毛昶熙和董恂咨询中国澳门和朝鲜事宜，以放松两人的警惕，然后交涉“牡丹社事件”。柳原前光将琉球人称为“我国人民”，并称日本对琉球“抚慰最久”，要求清政府处置杀害琉球难民的台湾世居居民。毛昶熙等人虽然提出“琉球本系我朝之藩属”，但是对柳原前光的说辞并没提出强烈抗议，更没有展示出高度重视。在答复处置台湾世居居民问题时，又因措辞不严谨，给此后日本侵略台湾提供了借口。毛昶熙称“该岛之民向有生熟两种，其已服我朝王化者为熟番，已设府县施治；其未服者为生番，姑置之化外，尚未甚加治理”。柳原前光抓住这句话，顺势提出：“贵大臣既谓生番之地为贵国政教不及之区，且有往例证明（杀害琉民者）为化外孤立之番夷，则只能由我独立国加以处理。”（《日本外交文书》）

毛昶熙等人的回答出于对实际情况的了解，但是结合毛昶熙等人事后的上奏和柳原前光的记录来看，这些执掌中国外交的核心人员，至少犯了三个严重的错误：一是对日本国内的情形和侵略野心几乎不清楚，没有意识到柳原前光相关言论的危险性；二是对琉球和台湾的战略地位没有意识，对相关问题缺少基本的敏锐性；三是对现代外交规则和言辞还不熟练，交涉语言缺少必要的严谨性。这些错误，助长了日本的侵略野心。

同治十三年四月初七日（1874 年 5 月 22 日），日本政府以“牡丹社事件”为借口发动侵略台湾的战争。清政府对日本出兵台湾知之甚少，可以说是完全没有准备，在得到日本进兵的消息后才进行军事部署，命令福州船政大臣沈葆桢为钦差大臣，率领兵船和淮军精锐赴台进行布防。日本此时刚刚进行明治维新，军力并不占优，因此采用了军事和外交双管齐下的侵略策略。在进行军事进攻的同时，派遣柳原前光到中国进行外交谈判，提出了占领台湾东部和完全吞并琉球等不合理要求。由于军事进攻不利和国际压力增加，日本又加大外交谈判力度，任命内务卿大久保利通为全权大臣进行谈判。

几经谈判，中日于同治十三年九月二十二日（1874 年 10 月 31 日）签订了《北京专条》。相关条款虽然表明台湾属于中国领土，但是“日本国属民”等字样意味着默认了琉球人为日本国属民。大久保归国后立即提出了尽快迫使琉球断绝与中国关系并最终吞并琉球的建议。面对日本的持续压迫，琉球国人民和官员表现出极高的反抗意识，并向清政府寻求支援。可是，由于李鸿章又被副岛种臣等人“日清提携”建议迷惑，且对琉球的战略地位严重缺乏认识，对琉球国的求救回应并不热烈，仅仅是命令驻日公使何如璋“相机妥筹办理”。

何如璋是个明白人。一方面向日本提出了强烈抗议，一方面向总理各国事务衙门提出上、中、下三策：上策是立即向琉球派遣兵船，促使琉球继续向清政府进贡；中策是保证援助琉球，如果日本军队进攻琉球，清朝也以军力对抗；下策是召开国际会议，请各国公使评理。何如璋还致函李鸿章，详细分析日本情势，认为坐视琉球灭亡，非常糟糕；如果日本因为清朝在琉球问题上的强硬而开战，也证明了“日清提携”不可靠，朝廷可以重新针对琉球、朝鲜问题制定应对策略。现在看来，何如璋的分析相当深刻，确实非常具有战略高度和格局。但是一直对日本抱着幻想的李鸿章，认为琉球是弹丸之地，没有太大价值；不过坐视琉球被吞并也不太好，因此希望用外交解决此事。日本在看到清政府没有什么实质反制措施后，加速推进“废琉置县”，于 1879 年 4 月（光绪五年三月）宣布将琉球国改为冲绳县。

有的时候我也奇怪，李鸿章绝对称得上“老奸巨猾”，但是为什么会在应对帝国主义列强侵略问题上一而再再而三地出现幼稚单纯病？可能，李鸿章没有产生左宗棠那种“自撤藩篱，则我退寸而寇进尺”的深刻认识。不过，我认为，最根本的原因还是李鸿章舍不得他那几万人马去拼命。私心大于公心，便会缩手缩脚，心存幻想。该拼命的时候不拼命，最终一定会付出代价。假如此时李鸿章和左宗棠一样放手和日本搏一搏，是否还会有甲午的惨败呢？可惜，正如一句歌词写的那样：没有一条路叫如果。

面对日本一再的出尔反尔，处于对日交涉核心的李鸿章因为对“日清提携”始终存有幻想，一直不采取强硬的应对。在日本公开宣布“废琉置县”后，李鸿章仍然采用外交斗争的策略，并请此时访问中国和日本的美国前总统格兰特调停。在格兰特的调解下，中日双方于光绪六年九月（1880 年 10 月）议定“琉案专条”，将琉球领土分别划归日本和中国。但是这一方案被很多人反对，清廷又采用了李鸿章的延宕建议，未予批准换约。此后虽然清政府提出了多次交涉，但已无法改变日本实际上侵略吞并琉球国的现实。琉球的问题，后来几经变迁，至今也没有画上句号。

图 11-4　格兰特与李鸿章的合影

晚清民国时期，中国精力都放在了救亡图存上，谁能想到琉球呢？琉球问题在第二次世界大战之后，是少数几个未能得到根本解决的问题。图片选自泰瑞·贝内特《中国摄影史——中国摄影师（1844~1879）》，第 260 页。

琉球国被日本侵略吞并，不仅意味着中琉延续几百年的宗藩关系崩解，还为此后日本侵略朝鲜和中国台湾提供了便利，其负面影响一直延续到现在。李鸿章虽然很早就提出了“海防”战略主张，但是格局还是没打开。相比于李鸿章在对日外交上缺乏战略眼光和一再退让导致后果严重，左宗棠在处理新疆问题和外交事务方面，则具有非常的眼光和强硬的态度。左宗棠收复新疆，不仅维护了国家统一，也让他青史留名，成为民族英雄。

收复新疆

左宗棠在基本平定西北各路回民起义军后，就将处理新疆问题提上了议程。此时的新疆，处于大乱之中。多个分裂割据势力争斗，民族仇杀不断，人民处于水深火热之中。更复杂的是，英国和俄国也加大了对新疆的侵略渗透，俄国在同治十年占领了伊犁地区，英国则扶植阿古柏势力，使其占据了新疆大部分地区。因此，收复新疆，不仅仅是平叛，还是反击帝国主义侵略。

当时很多人觉得短时间内收复新疆是不可能完成的任务。为什么这么说呢？一是朝廷在新疆的管理体制基本被摧毁，在新疆腹地已没有呼应力量；二是进军新疆路途遥远，条件恶劣，大军缺少后勤保障；三是连年征战，国库空虚，朝廷能够提供的支持很有限；四是边疆危机四起，李鸿章等人主张搁置新疆问题，力保东南海疆，朝廷内部对收复新疆有争议；五是英俄企图占据新疆，重重阻挠。还有一个非常不利的情况，就是这个时候正在发生著名的“丁戊奇荒”。整个华北地区遭遇严重的连年旱灾，时任山西巡抚曾国荃称这场灾难为“二百余年未有之灾”。华北地区是西北军事力量最主要的后勤基地，“丁戊奇荒”让左宗棠军队的粮食供应雪上加霜。面对如此局面，左宗棠并没有退缩。他深刻分析局势，反复向朝廷陈说新疆绝不可放弃，因为“自撤藩篱，则我退寸而寇进尺，不独陇右堪虞，即北路科布多、乌里雅苏台等处，恐亦未能晏然”（《复陈海防塞防及关外剿抚粮运情形折》）。

左宗棠的格局，在这一句话里得到充分体现。这句话的高度，李鸿章一生都没达到。“自撤藩篱，则我退寸而寇进尺”，这十二个字在今天，仍然有很大的意义。左宗棠收复新疆的决心和策略，得到了两宫太后和恭亲王奕䜣的大力支持。

左宗棠为收复新疆，进行了积极谋划。经过研究分析，他提出了“先北后南，缓行速战”的方略。为什么要先北后南呢？这是因为在新疆大部分沦陷的情况下，唯有哈密和巴里坤两城还在朝廷手中，而且这两个城市是取道嘉峪关由东向西进

图 11-5　光绪元年在哈密的嵩武军士兵

同治十三年初，朝廷命令张曜统帅嵩武军到哈密支援徐学功义勇军。七月、八月间，张曜率军抵达。嵩武军是在同捻军作战时发展起来的一支河南地方团练，由浙江人张曜统率，后归左宗棠指挥，参加了收复新疆的行动。嵩武军装备相对落后，前膛洋枪已经是比较先进的装备。照片中 4 位穿着“亲兵”号坎的士兵拿的正是前膛枪。拍摄这些士兵照片的俄国摄影师还拍了一张张曜的照片，更佐证了这些士兵是张曜的亲兵。嵩武军士兵基本是河南籍，这是今天新疆河南人较多的一个历史渊源。图片来自 https://www.loc.gov/item/2021669559/。

入新疆的枢纽。左宗棠之策，以甘肃肃州为大本营，以这两个城市为桥头堡，先取乌鲁木齐，平定天山北路，然后平定天山南路、收复南疆，最后再处理被俄罗斯侵占的伊犁。为什么要缓行速战呢？这是因为进军新疆，后勤保障最为困难，新疆条件艰苦，既乏粮草，运输又很困难，必须稳扎稳打，一切布置妥当后，再一鼓作气进行闪电战，速战速决，避免过多消耗。

左宗棠自号“今亮”（意为当世诸葛亮），江湖外号“左骡子”，既有谋略，又刚猛坚韧，也不谦虚做作。左宗棠在镇压太平天国后期因平定浙闽等地擢升闽浙总督，以创办福州船政局等举措积极参与自强运动，又因镇压捻军和回民起义率军远赴西北，后来调任陕甘总督，完成收复新疆壮举，人生最后阶段调任两江总督，积极参与中法战争。东南西北，出将入相，大概是左宗棠一生最简要的概括。他的步履轨迹也反映出，他是朝廷一块砖，哪里需要哪里搬。所思所想，都是国家大局，而不是个人私利。这是他和李鸿章最大的区别，也是他最值得肯定之处。

晚清一流的汉人名臣中，曾国藩、李鸿藻、张之洞、瞿鸿禨过于阴柔，李鸿章、袁世凯私心太重，翁同龢、岑春煊权谋不足，只有左宗棠刚猛、公忠、有谋、坦诚集于一身，最可爱，活得也最洒脱。

决策已定，立即执行。收复新疆，左宗棠不怕打仗，怕的是粮草弹药供应不上。为了解决军粮问题，左宗棠采用屯田生产和市场购买相结合的办法，以节节转运的方式将两千多万斤军粮运输到哈密等地，保证了粮草供应充足。由于阿古柏的军队已经装备了英国的现代武器，要实现速战的作战方略，就必须保证军队枪械先进，弹药充足。左宗棠委任红顶商人胡雪岩筹借外款，从德国等国采购先进枪械及弹药，还在兰州设立兵工厂和火药局。经过努力，左宗棠统领的军队装备水平大幅提高，已经接近现代军队。孤军深入，人生地不熟，必须兄弟齐心。左宗棠西征军的主力是他带到西北的老湘营，还有一些其他收编整训的军队。为了提高部队的战斗力，左宗棠对西征军进行了进一步的整顿、整训，惩治骄兵悍将，统一指挥。由于交通困难，信息传递不易，战场形势又瞬息万变，左宗棠还给予前敌统帅灵活处置之权，不为遥制。

图 11-6　湘军新中营

左宗棠因镇压捻军和回民起义率军远赴西北，调任陕甘总督。随左宗棠一起到西北的还有一部分湘军。照片中的军队即湘军“新中营”，由俄国摄影师于光绪元年在甘肃拍摄。此时正是左宗棠准备收复新疆的关键期。这张照片反映了一些当时军队组织、装备的情况。装备虽然比同时期的淮军差，但也初步实现了步炮协同。图片来自 https://www.loc.gov/item/2021669573/。

事实证明，左宗棠的战略和措施非常正确。经过数年准备，光绪二年，左宗棠统率的六七万大军西出玉门关，开启了收复新疆的作战计划。六月下旬战斗打响之后，西征军作战顺利，进军迅速，仅用一百余天就攻占乌鲁木齐等重要城市，收复除伊犁以外的北疆地区。经过半年左右的休整，西征军于光绪三年三月开始第二阶段的作战，兵分三路，仅十余日就先后攻占达坂城、托克逊、吐鲁番三个南下的军事要地，并给予阿古柏主力部队毁灭性打击。阿古柏没想到清军进攻如此顺利，属下乱作一团，他本人也因惧生疑，不信任所有的人，并因暴怒与部下斗殴，重伤而死。

阿古柏死后，树倒猢狲散，集团内部分裂，自相残杀。一些原来投靠阿古柏的南疆上层人士，纷纷向清军投降。此时西征军经过夏季休整，兵强马壮，遂于八月下旬发动秋季攻势。大军如秋风扫落叶，于十一月底完成既定战略目标，收复了除伊犁以外的新疆地区。

收复伊犁，困难更大。阿古柏集团虽有英国在背后支持，但毕竟英国没有直接出兵，而伊犁地区已经被俄国占领。俄国原本以为中国不可能收复新疆，因此表示只要中国收复乌鲁木齐等城后，就将伊犁交还。左宗棠出人意料地平定新疆后，俄国提出中国满足允许俄商进入中国内地贸易和割让一部分土地等条件后，再归还伊犁。

光绪四年夏，清政府任命崇厚为全权大臣前往俄国交涉收回伊犁事宜。据说崇厚出发前，慈禧太后曾对他说，现在带兵打仗都让汉人出尽风头，希望他能给满人争口气。可知在慈禧太后心中，满汉始终还是有别的。谁知崇厚受不了俄国的利诱威逼，与俄国签订了割地赔款的丧权辱国条约（《里瓦几亚条

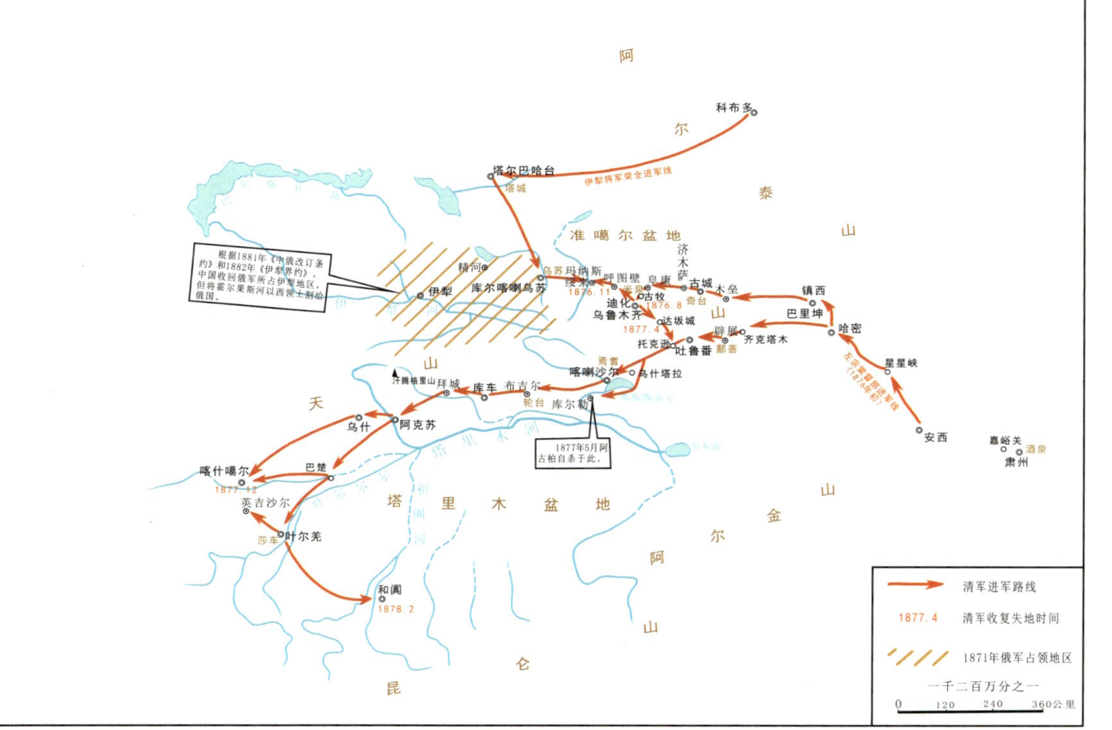

图 11-7　清军进军新疆与收复伊犁

新疆地域辽阔，面积比海南、广东、福建、台湾、江西、湖南、浙江、江苏、上海、安徽、湖北、河南、山东、北京、天津加起来还要大。在没有现代运输的条件下，大军西征困难之大、风险之大，可想而知。左宗棠如果想做个太平官，完全可以不提这茬，更别说力排众议收复新疆了。陈路根据张海鹏编著《中国近代史稿地图集》之《清军进军新疆与收复伊犁》（第 53 页）改绘。

图 11-8　崇厚

慈禧太后希望崇厚争口气也是有一定依据的。崇厚其实是晚清满人中思想比较开放且能干的一位官员，曾经组织天津洋枪队对抗捻军，创办天津机器制造局等。图片选自朱诚如主编《清史图典》第 12 册，第 212 页。

约》)。消息传来，举国震惊。

面对险恶形势，左宗棠的谋略和品格再度展现。他提出："先折之以议论，委婉而用机；次决之于战阵，坚忍而求胜。"(《复陈交收伊犁事宜折》)就是一方面继续进行外交交涉，争取使用外交手段解决，同时做好军事斗争准备，外交解决不了，就武力收复。

左宗棠不仅兵分三路进行布置，还不顾身体有病，从肃州亲往新疆督师。为了显示收复伊犁的决心，他在前往新疆时，带着棺材一同前往。这一壮举非常鼓舞人心，振奋士气，成为历史佳话。左宗棠的积极备战，有力配合了曾纪泽在俄国的重新谈判，最终中俄于光绪七年重新签订了《伊犁条约》，清朝不仅收复了伊犁地区，也收回了崇厚丢失的部分权益。至此，收复新疆终于完成，西北边防大为稳固。

为了巩固收复新疆成果，左宗棠还建议改变新疆过去的军府管理体制，“设行省，改郡县”。这一建议在光绪三年七月（1877 年 8 月）提出，后来经过多次讨论和筹划，终于在光绪十年实现。当年九月三十日谕令新疆建省，三天后，任命收复新疆时的前敌指挥并一直筹划新疆建省的湘军统帅刘锦棠担任“甘肃新疆巡抚”。新疆设省对我国西北稳定和疆域守护，产生了极为深远的影响。

除了新疆，台湾建省也是在左宗棠的极力推动下实现的。台湾建省之议在乾隆朝就出现了，但是一直没有被朝廷重视。中法战争期间，担任两江总督的左宗棠领衔上奏要尽快在台湾建省，以固海疆。他认为台湾“以形势言，孤注大洋，为七省门户，关系全局，甚非浅鲜”（《台防紧要请移福建巡抚驻台镇摄折》）。光绪十一年九月初五日（1885 年 10 月 12 日），朝廷终于决定建立台湾省，以刘铭传为台湾首任巡抚。

就从收复新疆和新疆、台湾建省这两件事来看，说左宗棠是晚清同光时期最有格局、最具战略眼光的名臣，应不为过。左宗棠，永远在中华民族丰碑上刻下了自己的名字。

图 11-9　乌鲁木齐“一炮成功”广场左宗棠像

根据景区的介绍，光绪二年六月二十九日（1876 年 8 月 18 日），刘锦棠部抵达乌鲁木齐，架大炮于六道湾山梁上，仅一炮就击中城门。阿古柏军丧胆鼠窜，溃不成军，清军顺利收复乌鲁木齐。新疆各族人民为庆祝胜利，在开炮处建立一座炮台，命名为“一炮成功”。2001 年，当地政府重修了景区并树立左宗棠雕像。2024 年 8 月，笔者赴乌鲁木齐、伊犁等地考察多天，深刻感受到新疆之大之美及其战略地位，愈发感受到左宗棠力排众议收复新疆之伟大！行程最后一天，在细雨中瞻仰左公之像，别有一番感慨！广场辽阔，如能增加刘锦棠、曾纪泽等人的内容，或更能让人了解收复新疆之艰辛与伟大。作者自摄照片，2024 年 8 月。

第十二章　稀里糊涂的中法战争

进入19世纪70年代后，中国的边疆危机怎么会突然变得这样严重呢？这实在是个复杂的问题。简单地说，根源在于19世纪中后期的世界正在发生新一轮的深刻变化：工业革命深入发展释放的能量让英国、法国等国家对原材料来源和市场的需求更加凸显；俄国、法国的改革取得效果，美国内战结束，这些国家更具殖民扩张的实力和需求；德国统一和日本明治维新让这两个国家加入帝国主义国家行列，殖民扩张成为国家策略；现代航海技术的快速发展和苏伊士运河在1869年建成，让西欧列强向远东地区输送工业产品和武装力量的能力大大提高。

与帝国主义加大向远东地区殖民扩张相对应的

是，中国经过两次鸦片战争和持续的国内动荡，一直没有采取果断高效的改革，国力严重损耗。周围的藩属国此时也处于封闭或半封闭状态，面对帝国主义列强的侵略，急需宗主国清朝的保护。

什么是藩属国？这是一个相当宽泛和复杂的概念。简单地说，就是《大清会典》所称的“四夷朝贡之国”，即周边向清朝表示臣服并定期朝贡的国家，主要有朝鲜、琉球、安南、暹罗（今泰国）、缅甸、南掌（今老挝部分地区）和苏禄（今菲律宾部分地区）等。随着藩属国沦为帝国主义殖民扩张的对象，清政府需要、想要但又无力护卫这些藩属国，危机就传导给了中国，成为边疆危机。为什么说清政府需要、想要护卫这些藩属国呢？因为这些国家接受中国藩属国的地位，其中一个重要的预期就是获得必要的保护。

对清政府来说，获得了这些国家的拥戴，为这些国家提供保护也是基本的政治道义。用最通俗的话说，“大哥”不是白当的，要罩得住“小弟”。缅甸、暹罗、南掌和苏禄先后因为各种方式退出藩属国行列，晚清最后、最主要的藩属国就是越南、琉球和朝鲜了。他们也都受到帝国主义列强的侵略。但是，此时的清朝已经不是盛世，很虚弱，没有了提供保护的实力。怎么办？

就像影视剧中演的那样，“大哥”一旦落魄，就会产生连锁反应。对于清政府来说，边疆危机处理的困难无奈，又引发了朝廷不同政治力量的分歧和斗争，最后演变成权力最高执掌者的政治冲突。这种窘迫的情形，可以说是中国被迫卷入全球化后的历史必然。19 世纪最后二十年的两件大事无不是如此。第一件事是法国对越南的侵略引发了中法战争，中法战争又引发了甲申易枢，恭亲王奕䜣被慈禧太后彻底赶出政局；第二件事是日本对朝鲜的侵略引发了甲午战争，甲午惨败又引起了戊戌变法。

此处先讲中法战争的来龙去脉。中法战争在中国近代史上的标签是“不败而败”。这场战争虽然过程和结果都稀里糊涂，但是对中国近代历史进程产生了重大影响。

法国侵略越南

越南与中国的关系非常久远。越南中北部地区在汉代曾隶属中国，即交趾郡。968 年，也就是宋朝建立的第九年，越南建立了自己的政权，但是还接受中国君主的册封，并定期朝贡，也就是从隶属关系变成了宗藩关系。越南深受儒家文化的影响，与清朝的关系非常紧密，因此虽然法国从 17 世纪初就在越南活动，但是直到 18 世纪末，才有一些影响。直到 1788 年（乾隆五十三年），法国人开始帮助在西山起义中被推翻的广南王阮福映重新控制国家，由此其在越南的影响大增。阮福映在 1820 年去世后，继承他权力的儿子和孙子在 1820~1847 年执行反法排外政策，屠杀传教士，引起了和法国的矛盾，几次军事冲突都因法军兵力单薄而没有造成严重后果。1859 年法国和西班牙联合，再次派军到越南，并在 1861 年大败越军。1862 年，法国强迫越南签订条约，获得了贸易权、传教权，控制了越南外交，并占领了三个省。1874 年重新强迫越南签订《西贡条约》（又称《柴棍条约》），等于是将越南变成保护国。

法国政府知道越南与中国有宗藩关系，遂通过法国驻华公使向总理各国事务衙门通报《西贡条约》。此时的中国正全力应对日本侵略台湾和英国的马嘉理案，而且对现代外交还不太熟悉，因此虽然对法国公使申明中国对越南的宗主权和保护责任，但是没有明确否认《西贡条约》。更不可思议的是，法国驻华公使馆的翻译官将总理各国事务衙门对法照会中的“越南自昔为中国藩属”翻译成 elle a été tributaire dela Chine（昔之外藩），让法国认为中国已自动放弃了在越南的宗主权，进一步刺激了法国的野心。晚清外交中的翻译问题，已不是第一次了。法国政府自认为摸清了清政府的态度后，便加紧在越南的军事部署和控制。

面对法国的步步紧逼，越南并不愿意束手就擒。一方面加强同清政府的联系，请求支援；另一方面要求驻扎在中越边境的黑旗军给予军事援助。

黑旗军是怎么回事儿呢？这里得解释一下。咸丰七年（1857），一位叫刘永福的广东钦州（今属广西）青年农民加入天地会起义军，并于同治五年（1866）创立了自己的武装，因旗帜是黑色，上有北斗七星，故名黑旗军。第二年，在广西提督冯子材的进攻下，广西的农民起义军伤亡惨重，刘永福率军进入越南，站稳脚跟后，归顺越南政府。同治九年，刘永福又接受了清朝的官职，协助冯子材镇压在中越边境活动的其他农民起义军。这样，黑旗军从一支中国农民起义军转变为有着双重身份的军事力量。同治十二年底，刘永福率黑旗军保卫河内，取得击毙法军主帅安邺的罗池大捷，声名大噪。刘永福在中越两国的地位和知名度都有所提高，黑旗军也继续发展，成为抵抗法国侵略的一支军事力量。

图 12-1 刘永福

乱世出英豪。青年刘永福在加入反清复明的天地会时，估计怎么都想不到，自己的人生轨迹会发生一百八十度的大转弯，最后成了清朝高级干部。图片选自朱诚如主编《清史图典》第 12 册，第 215 页。

面对越南政府的请求，清政府感到颇为棘手。奕䜣等人认识到这是关乎宗藩体系、朝廷威信及边疆安危的大事。越南一直是中国的藩属国，清朝从道义上确实有保护的责任，如果不保护越南，则朝廷威信不再，宗藩体系将受到很大冲击，法国势力也将侵扰西南边疆。但是，法国又是列强之一，英法联军还曾占领北京，清政府实在缺少与之开战的信心与勇气。在这种情况下，总理各国事务衙门与李鸿章商议，采取以外交为主，以备战为辅的应对策略，命令驻法公使曾纪泽与法国政府进行交涉。法国政府以中国政府未明确反对《西贡条约》为由，否定中国对越南的宗主权，拒绝与曾纪泽讨论原则问题，同时加紧备战，企图借助军事力量吞并整个越南。

法国紧锣密鼓地谋划侵略，清政府有一搭没一搭地回应。

为什么清政府对法国侵略越南的严重性及其将演变成中法冲突的紧迫性，一直没有高度重视呢？

第一，清朝忽视了越南问题。这时清政府的主要精力都放在与英国交涉马嘉理事件，与日本交涉琉球、中国台湾问题和与俄国交涉伊犁问题上，总理各国事务衙门对越南事态的关注较少。

第二，清政府对法国的动向了解非常有限。当时士人对外交事务轻视抵触，有才智的人不愿担任驻外公使。郭嵩焘在光绪二年（1876）被任命为驻英公使，这是中国第一位驻外公使。他在光绪三年抵达英国，第二年兼任驻法公使。在此之前，中国一直没有驻法外交人员。但是郭嵩焘在光绪四年就因顽固派的攻击自请隐退，对法国还来不及深入了解。接替郭嵩焘担任驻英法公使的曾纪泽在光绪四年十二月（1879 年 1 月）到达法国巴黎，递呈国书后又赴英国，并常驻英国。他在光绪五年又被任命为兼驻俄公使，此后一年多的时间在彼得堡收拾崇厚留下的烂摊子。那个时候也没有飞机、电话，交通和信息传递水平都很低下，曾纪泽根本无力顾及了解法国和对法交涉。

第三，中国的外交系统还很不适应现代世界的竞争。总理各国事务衙门虽然负责处理涉外事务，但不是纯粹的外交机构，决策权最终还在军机处，再加上当时信息传递手段落后，清朝权力中枢在处理外交事务时常常混乱滞后。还有一点就是中国各级官员对世界的认识仍然很落后。在天下归于平静后，很长一段时间，除了少数外交人员，没有官员出国学习考察，知识体系和观念的更新相当缓慢。

光绪七年七月（1881 年 8 月），曾纪泽处理完与俄国的交涉后，赶到巴黎，很快意识到形势严峻，立即致函总理各国事务衙门："法之图越蓄谋已久，断非口舌所能挽救。"［《巴黎致总署总办》（辛巳八月初一日）］随着曾纪泽对法国情况的了解，他逐渐明晰了"备战求和"的思路，向总理各国事务衙门提出应抓住法国侵占突尼斯的时机，强硬应对，打出一套军事外交组合拳。朝廷这时候认识到了问题的严重性，但是没有形成统一的应对办法。左宗棠、刘坤一等人支持曾纪泽的主张，而李鸿章却反对，并对曾纪泽提出的七条办法予以明确反驳。李鸿章意识到《西贡条约》虽然对中国不利，但是时间已久，很难完全否定。他判断法国并无侵占越南北部的想法，即使法国真的吞并越南，越南和清朝也很难抵抗。因此，他坚持希望通过外交方式，并借助其他列强干涉，缓和局势，只求法国不吞并越南。由于李鸿章当时是北洋大臣，负责对法外交事务，最终他的意见占了上风，曾纪泽的"备战求和"思路被搁置。

前面讲过，李鸿章的战略格局不够，对帝国主义的认识不足，真不是冤枉他。在对俄、对日交涉中出现战略错误的他，这一次仍然出了问题。事实证明，他对列强的幻想、迁就和软弱，并没有获得好的结果。光绪八年二月（1882 年 4 月），法国海军军官李威利（又译李维业）率领法军攻陷河内，局势进一步恶化。被逼到墙角的清政府出于道义，不得不派兵进入越南，准备与法国进行军事较量。

中法走向战争

曾纪泽得到法国攻陷河内的消息后，向法国提出严正交涉。但是法国已经知道了中国内部的观点分歧，对态度强硬的曾纪泽采取了不予理睬的态度，转而由法国驻华公使与不想打仗的李鸿章交涉。法国在探知中国尚无明确的武力干涉计划后，连李鸿章都不愿搭理了，不再过多地与中国交涉，而是继续强硬推进军事行动。清政府得知法军攻占河内后，谕令各省督抚讨论如何应对。这一次和此前一样，议论纷纷，各持己见。山西巡抚张之洞、侍讲学士张佩纶等主张立即开战，广东巡抚裕宽认为越南积弱已久，完全无法抵抗法国，中国不如采取不干涉的态度。

不在一线的嚷嚷着一定要打，在一线的深知其中的内情，希望能不打就别打。朝廷也进退两难：为越南而战，实在没有信心，没有准备；放弃越南，宗主国的道义丧失殆尽不说，还可能引起法国对云南的觊觎。在这种情况下，清朝采用了署理直隶总督张树声的主张，在不与法军开战的情况下，派遣清军开进越南北部布防，给越南提供一些象征性的保护。

时过境迁，检讨当时朝廷的应对，主战或主和评价不一。主战也好，主和也好，在当时都有可能，都有道理。要打就置之死地，一干到底；要怂就唾面自干，十年报仇。反而是这种骑墙模糊的态度最成问题，也是造成后来所谓“不败而败”的主要原因。面对真枪真炮，“糊弄学”最要命。更可怕的是，从鸦片战争到八国联军侵华，全是这样战和不定、上下糊弄，所以中国在帝国主义列强侵略的泥沼中越陷越深。

军机处在决定向越南派兵的同时，命令正在老家处理母亲丧事的李鸿章赶快与法国驻华公使进行交涉。经过谈判，双方于光绪八年底初步达成三条意见，包括中国从越南撤军，法国表示无侵占越南土地之意；越南南部归法国保护，北部归中国保护等。这就是“越事三条”。李鸿章认为法国有通过外交途径解决越南问题的诚意，这一方案中、法、越三方都能接受。但是李鸿章没有意料到，法国政坛在 1883 年 2 月突然发生变化，好战的茹费理出任总理。他迫切希望用一场胜利洗刷普法战败之耻。他以前任政府对越政策太过软弱为由，否定了“越事三条”，将法国驻华公使宝海撤职，出兵攻陷越南南定等地。面对急剧恶化的局势，清廷在 5 月谕令李鸿章速往广东督办越南事宜，节制广东、广西和云南防军，统一指挥对越军事斗争。但是李鸿章坚决不接受命令，找理由推脱搪塞，对于朝廷命令淮系将领刘铭传率军赴广东为援军的命令也暗中阻挠，自己在上海观察局势发展。

李鸿章为什么会这样呢？归根结底一句话：他舍不得那几万人马。他知道当时清朝最有战斗力的军队是淮军，真的和法国打起来，还得依靠淮军。但是，淮军是他李鸿章的命根子，他的权力和地位都建基于此。不到万不得已，他不会轻易派遣淮军和世界最强国之一的法国开战。尽可能避战以保全淮军是李鸿章担任直隶总督后的一贯想法，中法战争如此，甲午战争亦如此。从当时朝廷的政治局势来说，李鸿章的这种想法可以理解，但是从历史长时段的角度看，李鸿章的格局还是小。他最后还是失败在这种思想上，不仅没有保全淮军及自己的权势，淮军和自己的历史评价也深受影响。从维护国家利益和民族大义这个角度看，李鸿章和淮军远不如左宗棠和湘军。

面对李鸿章希望继续外交解决的意见，朝廷也没有办法，只能让李鸿章在上海和法国继续谈判。面对朝廷的处理办法，曾纪泽非常愤懑，自称一腔愤血，无处可洒。他在光绪九年五月（1883 年 7 月）给左宗棠的信中说：“此案每况愈下，始终误于三字：曰柔，曰忍，曰让。”[《伦敦复左中堂》（癸未五月二十九日）] 曾纪泽所言，正是清政府和李鸿章问题之所在。曾纪泽有这样的胆识，真没辱没他老爹曾国藩的一世英名！

由于朝廷的训令，这一时期中国正规军队并未与法军直接接触。在正面抵御法军的是刘永福统率的黑旗军。对于刘永福及其统帅的黑旗军抗法，清政府的态度比较复杂。一方面有人认为可以支持信任，胜败都与朝廷有利，另一方面有人认为其本质是中国叛民，不值得信任。担任吏部候补主事的唐景崧于光绪八年上奏刘永福可用，并自请入越，联络刘永福抗击法军。光绪九年三月（1883 年 4 月），唐景崧来到黑旗军中，与刘永福谋划，坚定了刘永福抗击法军的决心。唐景崧也留在黑旗军中，帮助刘永福指挥作战。两人惺惺相惜，互相成就，不仅在中法战争中抗击法国侵略，甲午战争时，又在台湾一起抗击日本侵略。在获得朝廷支持后，刘永福率军抵河内附近，并在四月取得第二次纸桥大捷，法军统帅李威利被击毙，法军伤亡惨重。这也说明，法军的战斗力一般。淮军精锐真要和法军作战，获胜概率还是很大的。

李威利惨败的消息震惊了法国，法国政府很快派出以孤拔为统帅的远征军开赴越南。由于李鸿章主张避战求和，还在和法国公使谈判，这时候清政府既没有进行积极的备战，也没有对黑旗军进行有力的军械粮饷援助。孤拔率领的援军到达越南后，很快攻下了越南当时的首都顺化，并在七月强迫越南签订了《顺化条约》，将越南全境纳入自己的“保护”之下。此种情形刺激了张佩纶等清流派，主战声浪再次高涨。清政府乃决定增派军队进入越南，公开支持刘永福领导的黑旗军，并调左宗棠筹办南洋海防。缺少清军的强力支援，黑旗军虽然有胜利，但是在法国海陆军的持续攻击下损耗过大，军心也有所动摇，已成强弩之末。

图 12-2　曾纪泽

由于曾国藩的一等侯是世袭罔替，所以曾纪泽的起步之高，在当时汉人官宦子弟中无人能及。中国有功勋子弟直接入国子监读书的传统，清朝称这种国子监学生为荫生。同治九年，曾纪泽以“二品荫生补户部员外郎”。“二品荫生”，就是说他还没有实际职务，品级已经达到侍郎级别了。级别和职务有差别，所以曾纪泽是以二品荫生资格担任了户部正四品的司局级职务。曾国藩死后，曾纪泽继承一等侯爵位，后担任驻英、法公使，伊犁交涉时，又兼驻俄公使。曾纪泽在法国提出了著名的“醒狮论”，是晚清最早几个有世界眼光的高级官员，可惜光绪十六年（1890）就病逝了。图片选自朱诚如主编《清史图典》第12册，第212页。

在越南的清军虽然有一定数量，但是战斗力很差。面对法军的进攻，并未能统一指挥，组织有效的抵抗。云南布政使唐炯统率的滇军不仅没有在越南山西城抵抗法军，反而主动撤回云南，造成局势的被动。广西布政使徐延旭统率的桂军也不积极，甚至在黑旗军与法军激战时作壁上观。只有提督陈朝纲率领的军队，于光绪九年十月十三日（1883 年 11 月 12 日）在越南海阳与法军展开激战，这是清朝正规军同法军的首次交火。但是由于法国有炮舰支援，清军消耗较大，撤退到北宁。此后数月之内，面对法军的进攻，清军节节败退，接连丢失北宁等重镇，让法军逼近中越边界。

清军当时在越南北部驻扎有重兵，武器也在不断更新，还有黑旗军的协助，为何会如此惨败呢？实事求是地说，清军的惨败主要是自己造成的。为什么这么说呢？

首先，根本原因在于朝廷战和不定，一直没有积极备战，甚至一直没有统一前线指挥。先让李鸿章到前线统一指挥，李鸿章根本不去。直到战争爆发，又匆忙命令云贵总督岑毓英（岑春煊的父亲）节制诸军。从朝堂到前线，一片混乱，焉能不败？

其次，由于缺少左宗棠这样锐意进取的主将统率指挥，将非其人，兵无斗志，前线将领又因各种原因不团结，桂军、滇军和黑旗军不能协同作战。有些将领本来作战积极，看到大家都不卖力，也不再力战。比如曾在海阳与法军激战的陈朝纲，也率军从重镇北宁逃跑，最后被朝廷处斩。陈朝纲的蜕变说明了当时清军风气之不正。

再次，当时清军人数虽多，但大多是新招募的士兵，未经训练，纪律涣散，并无战斗力而言，遇战事则溃散而逃。黑旗军倒是久经战阵，但是武器装备水平太差。

“不败而败”

清军在越南接连失利的消息传到北京，引发了政治地震。慈禧太后借此追究责任，罢免恭亲王奕䜣，重组军机处，史称“甲申易枢”。这是晚清权力中枢的又一次大洗牌。这时候清军虽然接连失利，但毕竟没有遭遇根本性的损失，如果能够坚定态度，积极备战，也不至于后面的一连串的被动。遗憾的是，新组建的权力中枢并没有这样做。他们表面上好像积极备战，派遣原来主战的清流派重要人物如张佩纶、陈宝琛等人到福建等地担任军职。这是非常荒谬的安排，书生可以议政，却难以领兵打仗。

若真要与法军作战，一定是派遣宿将统率劲旅赶赴前线。此时国内久战劲旅只有两支。一支是左宗棠镇守西北的老湘军，新疆刚刚平定，这支队伍不可能调动；另一支是李鸿章统率的淮军。除了防守京师外，淮军还有余力，但是李鸿章自始至终都不主张开战，对战事非常消极。朝廷没有办法，只能又征调多病且双目接近失明的左宗棠担任钦差大臣，督办福建军务。接替恭亲王奕䜣执掌权力的醇亲王奕譞，原本是主战派，但是接掌权力后发现战争不是容易的事，乃力排众议，授权李鸿章继续寻求与法国和谈。为了尽快促成与法国的和谈，清政府竟满足法国提出的和谈前提条件——罢免对法强硬的曾纪泽驻法公使职务。政策的又一次摇摆，给国家带来的是更深的伤害，最终造成了“不败而败”的局面。

光绪十年四月（1884 年 5 月），李鸿章与法国代表福禄诺签订了《中法会议简明条款》，以承认法国对越南的各项特权和中国军队撤至中越边界为代价，换取法国的停战。李鸿章在谈判时又大搞“糊弄学”。在和法方交涉和向朝廷奏报时，在关键问题上含糊其词，一方面让法方觉得他做了很多让步，另一方面让朝廷觉得他未有过多妥协。从第一次鸦片战争琦善和英国的谈判就上演，至此又来一次。可是这种“糊弄学”在官场上管用，在外交上不仅不管用，还会铸成大错。因为一到关键问题，锱铢必较，就出大问题。比如李鸿章在中国军队撤退问题上的糊弄，就导致了北黎事件。天津和谈结束后不久，法军派兵准备接收由清军驻守的凉山，可是清军并不知道有此事，在北黎阻拦，法军开枪，清军反击。中法双方都很愤怒，都指责对方违约。本来结束了的战事，又升级了。

面对再次升级的局势，法方不仅提高了要价，还派孤拔率领舰队前往福州和基隆，准备升级战争规模。此时的慈禧太后和醇亲王奕譞，正采取相反的策略。朝廷派曾国荃为全权大臣，到上海与法国公使谈判，同时担心备战影响和谈破裂，命令沿海各省“静以待之”，不能主动挑衅。

这种态度，让前敌将领放松了警惕，甚至面对法军的挑衅也不再备战。光绪十年闰五月二十三日（1884 年 7 月 15 日），孤拔率领 8 艘军舰抵达福州，提出要进入福建水师的基地马尾军港。曾经的主战派干将张佩纶此时正在福州马尾军港协助何如璋指挥福建水师，两人担心影响和谈，竟然同意了孤拔的要求，让法国舰队进入马尾军港。让敌军舰队堂而皇之地进入自己的军港，可以说是世界军事史上令人瞠目的一幕。张佩纶意识到危险后，想封锁马江航道，又因英美公使反对而停止。

图 12-3　法军旗舰“窝尔达”号

由于当时马江水浅，孤拔的旗舰“巴雅”号无法进入，巡洋舰“窝尔达”号成了孤拔在马江的临时旗舰。图片选自陈悦《中法海战》，第 158 页。

图 12-4　中国军舰“扬武”号（左）和“伏波”号

中法战争时，中国正规陆军的装备和海军军舰并不比法军差。差在战争信心和指挥机制上。图片选自陈悦《中法海战》，第 181 页。

马江海战中，让人瞠目者远非这一处。何如璋、张佩纶等人都是科举出身，没有作战指挥经验。在法舰包围封锁军港之后，依然不思备战，还命令福建水师官兵“不准先行开炮，违者虽胜亦斩”（唐景崧：《请缨日记》）。进入马尾军港的法国舰队要求福建水师舰船不能移动，否则就开炮。福建水师各舰长看到自己的舰船距离法国舰船太近，如果法舰发动突袭，可能全军覆没，希望和法舰拉开距离，以防法舰偷袭，但是张佩纶提拔的福建水师指挥官张成拒绝了这一提议。更可悲的是，七月初一日（8 月 21 日），何如璋、张佩纶等人接到李鸿章电报，被告知中法和谈大有进展。

七月初二日，法军舰队司令孤拔给中方下达了最后通牒。何如璋和张佩纶接到通牒时，竟不当回事，以为是搞错了，不将法军即将进攻的消息告知舰队。待看到法舰已在进行作战准备时，才慌张起来，派人前往法舰，要求更改开战日期。孤拔断然拒绝，并命令法舰提前开炮。几分钟之内，福建水师多艘军舰被击沉，何如璋和张佩纶逃跑。旗舰“扬武”号被击沉，无人指挥的福建水师成为法军的靶子，很快全军覆没。法国舰队随后炮击马尾船厂和两岸炮台。洋务运动的主要成果之一、左宗棠的心血，就这样耻辱至极地灰飞烟灭。

此处有必要交代一句张佩纶后来的人生轨迹。张佩纶被谴戍，仕途终结。不过李鸿章觉得他是大才子，将最疼爱的女儿李菊藕许配给他，张佩纶从此成了李鸿章最倚重的隐形幕僚。甲午惨败后，他成为李鸿章的挡箭牌，屡被弹劾，被朝廷以干预公事为由驱逐回籍。张佩纶与李菊藕有个孙女叫张爱玲。

七月初六日，一心妥协的清政府终于正式向法国宣战，命

图 12–5　中法军舰在军港中对峙的情形

左起分别是法国军舰“德斯丹”号、中国军舰“飞云”号与法国军舰“杜居土路因”号。图片选自陈悦《中法海战》，第 183 页。

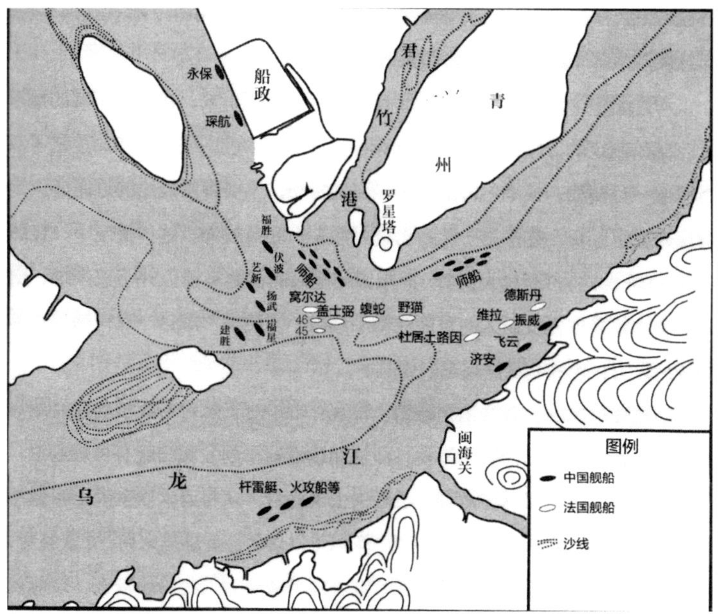

图 12–6　马江之战爆发前中法军舰停泊示意

几十艘军舰停泊在如此狭小的军港内，已经不需要什么战术了。胜负手就在谁先开第一枪。帝国主义列强从来都是勇于开第一枪的。结果呢？他们不仅不正义的战争都胜利了，而且认为自己站在道义的制高点上。何为屈辱？打也打不过人家，说也说不过人家，让人家摁在地上摩擦。图片选自陈悦《中法海战》，第 183 页。

图 12-7　战后的马尾军港

马江之战中国共损失军舰 11 艘，有姓名可考的阵亡者超过 500 人，法军仅损失 2 艘杆雷艇，死亡 6 人，受伤 27 人。在军事装备差距不大的情况下，福建水师全军覆没，福州船政局全部被毁。远处那根斜指天空的黑柱就是福建水师旗舰“扬武”号的烟囱，似乎心有不甘。马江之战惨败，不能说敌人太凶残，只能说是自己太愚蠢。图片选自陈悦《中法海战》，第 183 页。

令各军出击。朝廷这才派出一直对法持主战态度的军机大臣左宗棠担任钦差大臣，办理福建军务。如果早派出久经考验的左宗棠而不是纸上谈兵的张佩纶，何至于此？左宗棠想整军再战，但是手中可用的王牌军队已经没有了。他向朝廷要兵，两江总督曾国荃有限支持他 3 艘南洋舰队军舰，李鸿章则坚称北洋舰队无兵无舰可派。左宗棠纵是诸葛亮再生，也巧妇难为无米之炊。

但是，朝廷明确战争的态度仍然起了作用。宣战之后的中国军队，不再畏首畏尾，进入了战争状态。此后的战斗，各有胜负。比较引人注目的有孙开华在淡水与孤拔激战和冯子材在镇南

图 12-8　淡水基隆港远眺

马江之战后，孤拔将进攻重点放在了台湾。镇守基隆的刘铭传在激战后退守台北，法军舰队和登陆部队在淡水遭到了孙开华率领的中国军队坚决反击。法军最终死亡 9 人，失踪 8 人，伤 48 人，清军阵亡 48 人，伤二百余人。虽然清军死伤超过法军，但确实成功阻止了法军登陆。照片即淡水关税务司官邸前的基隆港，沪尾炮台在其前方。此处应是当时的主战场。作者自摄照片，2019 年 9 月。

关取得大捷。镇南关大捷后，冯子材率军和黑旗军一起，反攻越南的法军，收复了不少失地，并导致茹费理内阁的倒台。正当与法作战不断取得胜利之际，朝廷又下令全线停战，进行和谈。英、美、俄、德等国为了自身的利益也争相进行“调停”。

光绪十一年四月二十七日（1885 年 6 月 9 日），《中法新约》签订，中国承认法国与越南订立的一切条约及法国对越南的“保护权”，中国包括黑旗军在内的一切军队撤回，法国取得在中国西南地区通商和修筑铁路的优先权。中法战争至此结束。

一点感慨

关于中法之战知名的评价有两个。一个是“中国不败而败，法国不胜而胜”，另一个是标志着经营了二十年的洋务运动受到质疑。将这两种评价结合在一起，更有价值。

从交涉和战争进程来看，中国的确有取得胜利的实力和机会，但是实力的展现和机会的捕获，需要以统一高效的指挥协调为基础。中国最缺的，恰恰是这一条。

此时的清政府，无论是权力中枢还是前线，都还是按照传统政治军事习惯在运转，既不统一，又不高效，朝廷和战不定，前线各自为政。与前面的两次鸦片战争相比，最大的不同只有两点，一是军队的装备水平现代化了，二是外交交涉途径更加直接了，其他没有什么实质变化。与后面的甲午战争相比，最大的不同是甲午时期李鸿章实在无处可逃，淮军精锐尽出，至于朝廷和战不定、前线各自为政等问题，甲午时期亦无明显改善。

换句话说，中国在中法战争中失败的根源，与在两次鸦片战争和甲午战争中失败的根源是一致的，这个国家的政治和军事体制已经完全不适应世界大变局的竞争了。仅仅依靠制造先进枪炮船舰和编练现代军队，并不能应对国内的危机，也不能应对列强的侵略，更不能让这个国家走向富强。

更为可惜的是，清朝的当权者没有人能看到这一点，执掌权力的人也不能从中法战争中汲取沉痛的教训。十年后，面对日本的侵略，相似的悲剧再次上演。中国付出了更大的代价，清朝的统治根基也开始根本动摇。

清政府稀里糊涂地输了一场本来大概率可赢的战争。失败证实了此前二十年权力执掌者对国际大变局认识不够和国内体制机制改革迟缓。两次鸦片战争惨败的代价，还没有唤醒昏睡的人，尤其是最高的权力执掌者。更可悲的是，中法战争不仅没有让清朝摆脱“稀里糊涂”的状态，反而因甲申易枢让政治运行更加不健康。

最后，我想再重复一下前面说过一次的话。中法战争对中国最大的历史教训是：

如果要战，就要拿出破釜沉舟、同归于尽的决心来战；

如果要和，就要展现认怂示弱、伏地求生的态度来和。

战也好，和也罢，都是为了最大化维护国家利益。[1]战和不定，代价最大。这一点无论是求之于历史，还是考之于中法战争，都是如此。当然，在今天世界大变局下，这个历史教训也依然值得思考。

1　当时关于主战与主和的争论，以及此后关于主战与主和评价的争论，一直非常多。跳出这些争论看，战与和各有道理，都能成立，问题最大的是战和不定。

图 12-9　福州船政局旧照

远处群山环绕着海面平静的马尾军港，近处高大的厂房建在海边，高耸的烟囱正在冒着烟。这张拍摄于 19 世纪 70 年代的福州船政局照片，让我们直观地感受到了自强运动时现代化水平之高。马尾港是天然良港，三面环山，特别适合大型船只停泊。但是天然良港的另一面就是被敌军封锁后，就没有退路。福建水师在自家天然良港的全军覆没只是中国现代海军悲剧的开始，此后北洋水师在威海卫军港又一次重演了悲剧。选自图片泰瑞·贝内特《中国摄影史——中国摄影师（1844~1879）》，第 209 页。

第十三章　甲申易枢与“同光中兴”结束

中法战争的结果，中国没有割地赔款。看得到的最大损失是福建水师和马尾船政局被毁，似乎无足轻重。但是拉长视线，穿过风云，这场战争对中国最大的影响和造成的最大损失，是引发了甲申易枢。

光绪十年三月十三日（1884 年 4 月 8 日），慈禧太后以清军在越南接连战败为由，指责恭亲王奕䜣领导的军机处严重失职，彻底重组军机处，并免去奕䜣一切差使，将他放逐 10 年之久。1884 年是农历甲申年，史称“甲申易枢”。

甲申易枢是慈禧太后精心谋划的一场政治突袭，也可以说是她成功发动的第二次政变。这一次虽然没有辛酉政变那样你死我活，但是却深刻改变了朝廷的权力格局，也改变了政治走向。慈禧太后走向了权力巅峰，一人独大，政治运行却日益糟糕。从这个角度看，甲申易枢为中国甲午惨败埋下了伏笔，加速清王朝走向崩解。甲申易枢的过程非常短暂，但是要真正理解甲申易枢，却需要回溯很久。

军机大臣被全部罢免

光绪十年三月十三日（1884 年 4 月 8 日）是个大晴天。虽然刚到暮春时节，但是非常热，也没有风，让人焦躁不安。慈禧太后没有像往常一样召见军机大臣，而是召见了御前大臣、六部满汉尚书等人。已经很有政治经验的帝师、军机大臣兼总理各国事务衙门大臣翁同龢，从异样的天气和异样的召见中嗅到了危险的味道。他在忐忑中来到上书房，想看看光绪帝在不在这里。如果皇帝在，说明他可能多虑了；如果不在，那么很可能要有大事发生。皇帝不在，满文师傅也没有来，翁同龢心绪更加不安。翁同龢忐忑不安之时，正是光绪朝第一场政治大地震酝酿的最紧要关头。

下午两点多，军机章京给翁同龢送来一道让他触目惊心的谕旨：军机大臣全部免职！具体内容是：恭亲王奕䜣保留世袭罔替亲王头衔，开去一切差使，家居养疾；宝鋆着原品休致；李鸿藻和景廉开去一切差使，降二级调用；翁同龢革职留任，退出军机处，仍在毓庆宫行走。啥意思呢？就是奕䜣和宝鋆一撸到底，所有差使和职务都不保留，都按原来的品级退休回家；李鸿藻和景廉差使和职务一撸到底，不退休，品级降低两级，今后有机会再起用；翁同龢免去军机大臣差使和工部尚书官职，但是继续主持工部工作，并继续担任光绪帝老师。同日，慈禧太后还任命了礼亲王世铎等人担任军机大臣。第二天，又命令军机处如有紧急事件，与醇亲王商办。这一谕令的实质就是由醇亲王奕譞，也就是光绪帝他爹来统领军机处。第五天，任命奕劻担任总理各国事务衙门大臣。数纸诏书，彻底重组最高权力格局和中枢机构人事。奇怪的是，风平浪静。包括被罢免的军机大臣恭亲王奕䜣在内，大家都平静地接受了结果。至此，影响深远的甲申易枢基本结束。

恭亲王奕䜣被驱逐出权力中心后，迅速前往京西门头沟的戒台寺，开始了10年的隐居生活。奕䜣这一举动，似乎有赌气的成分，但更多的是表明自身态度：自己就是爱新觉罗家忠实的看门犬，从无二心杂念。

图 13-1　戒台寺牡丹院

戒台寺在京西门头沟，距离恭王府约 70 里。入于儒，出于道，逃于佛，奕䜣隐居戒台寺，显然是表明不再过问世事的态度。照片中的小院子，即为他居住的牡丹院。前进院已经开放为游客茶室，后进院不开放，门楼上悬挂着奕䜣手书“慧聚堂”三字。慧聚堂后面，即为戒台寺最著名的罗汉堂。奕䜣在此一直隐居到甲午战争爆发，才被请出山。作者自摄照片，2023 年 4 月。

这场政治突袭到底是如何引发的呢？中法战争之前，朝廷的政治力量正在发生显著变化，恭亲王奕䜣的支持力量快速消减，慈禧太后的影响力快速扩张。军机大臣兼总理各国事务衙门大臣文祥一直是奕䜣的最得力助手之一，他于光绪二年病逝。另一位支持奕䜣的军机大臣兼总理各国事务衙门大臣沈桂芬在光绪六年病逝。光绪八年，与奕䜣关系紧密的董恂和王文韶也被张佩纶弹劾去职。同年十一月，与李鸿藻关系匪浅的翁同龢担任军机大臣。这一时期，恰是处理越南问题的关键时期，李鸿藻在军机处和总理各国事务衙门的影响明显变大。李鸿藻的背后，就是慈禧太后。

借助《翁同龢日记》的记载可知，从光绪八年下半年至甲申易枢发生，奕䜣总是以身体不好或家里有事为由，不到军机处工作；即使到了，在对法国问题上也常游移，不做决定。病，可能是有一些，家里确实也有些不顺心的事。但常以此为借口不到军机处，去了也不拍板下决定，主要是在对法态度上，奕䜣与慈禧太后、醇亲王奕譞和李鸿藻意见不一致。

李鸿藻及其身边的“清流派”，都是主战派。光绪帝生父醇亲王奕譞也是主战派。光绪九年九月（1883 年 10 月），慈禧太后主战的态度也基本明确。与之对应的，是最有实力的李鸿章一直不愿对法强硬，希望谈判解决。奕䜣态度与李鸿章比较接近，对战胜法国也缺少信心。在慈禧太后明确了主战态度后，奕䜣的态度也被迫转向“言战”，但瞻前顾后，态度游移。正是由于这一原因，在处理对法斗争问题上，李鸿藻与翁同龢的意见较多，前线负责对法作战的云南巡抚唐炯和广西巡抚徐延旭，都是经李鸿藻保荐而提拔的。

问题在于，奕䜣是军机处和总理各国事务衙门的最高负责人。他的地位是李鸿藻和翁同龢所不能替代的。有些事因为奕䜣不在，或态度游移，军机处无法形成决议，就搁置了。比如翁同龢记载光绪九年九月二十五日（1883 年 10 月 25 日）这天军机处的运行情况：“昨鹿（按：鹿传霖）折议越事难行，因论此事日棘，若不急调兵，恐益坏也。恭邸未入，仅空论一番而退。”（《翁同龢日记》）更何况到了后来，李鸿藻和翁同龢这两位好友在对法问题上的意见也出现不一致，甚至多次发生激烈争吵。这种情况，更需要奕䜣的主持和决断了。但是这个时候，奕䜣要么不到军机处，要么迟到，要么到了也不怎么着急处理军务。军机处的涣散拖沓及矛盾重重，早就引起了外界的注意和一些“清流”的弹劾批评，慈禧太后也曾勉励奕䜣等人，但是并未能改变这一局面。甚至到了最为紧急的时候，奕䜣等人依然如故。

光绪十年二月十八日（1884 年 3 月 15 日），北宁失守的消

图 13-2　翁同龢

翁同龢先后担任同治帝、光绪帝汉文师傅，光绪五年后历任刑部、工部尚书，光绪八年担任军机处大臣，直到甲申易枢被罢黜。光绪二十年甲午战争前再入军机处，参与了甲午战争决策，戊戌变法时开缺回籍。翁同龢有记日记的习惯，他的日记是目前可见晚清朝廷活动和高级官员日常最详细的记载之一，具有很高史料价值。如果没有他的记载，我们可能永远也不会知道中法战争期间朝廷中枢是如何运转的，也理解不了甲申易枢。图片选自闵杰编著《晚清七百名人图鉴》，第 561 页。

息传到军机处后，军机大臣们不仅没有上奏，而且决定第二天再商量办法。第二天奕䜣居然没有到军机处，第三天宝鋆又未到。第四天就有人上奏批评军机大臣。后面几天，军机处仍然没有认真研究战争应对问题。二月二十九日（3 月 26 日）越南太原失守后，法国索要兵费 600 万镑，慈禧太后震怒。但在翁同龢看来，军机处的应对也仅“如是而已”，仍然不积极。三月初二日、初三日，奕䜣又没有到军机处。初四日，奕䜣在慈禧太后接见军机大臣时，奏报的也不是军务，而是慈安太后清明节祭祀问题。慈禧太后着急了，指出本来就不必专门向慈安太后进献祭祀，更何况中法战争都这样了，还顾得上这种事儿？翁同龢的感受是，慈禧太后“意在责备”。但是奕䜣仍然说个不停，“极琐碎不得体”，整个接见长达一个半小时，主要是在说清明节祭祀。第二天，恭亲王和惇亲王又请示进献祭祀慈安太后细节问题，慈禧太后更强烈地表达了不满，“责备中有沉重语。略言‘心好则可对天，不在此末节以为尽心也’”。两位亲王的行为甚至引起了翁同龢的强烈不满，在召对时直接批评了两位在如此关键的时候，讲这些细枝末节的事情。翁同龢当天甚至写道：“天潢贵胄，亲藩重臣，识量如此！”（《翁同龢日记》）可见事情到此，话说到此，恭亲王和慈禧太后之间的气氛已经很不融洽了。

就在此时，历史的偶然性再次出现。担任詹事府左庶子的盛昱在三月初八日（4 月 3 日）弹劾全体军机大臣贻误国事！盛昱写了什么呢？他首先指出前线之败根源在军机处：李鸿藻用人不当，轻信保荐唐炯、徐延旭，致使越事败坏如此；奕䜣、宝鋆“俯仰徘徊，坐观成败”；北宁等失利后，军机大臣仍然不同仇敌忾，力图雪恨，而是巧为粉饰，推诿卸责。其次要求慈禧太后和皇上严厉批评处置全部军机大臣，“责令戴罪图功，以振纲纪，而图补救事”。再次要求明发谕旨，再有主张和谈者全都是乱臣贼子，以向天下宣示对法作战的决心。奏折中还说“有臣如此，皇太后、皇上不加显责，何以对祖宗！何以答天下！”（《疆事败坏请将军机大臣交部严议折》）。盛昱只是四品官员，怎么敢写如此尖锐的批评？盛昱是皇太极第一子豪格之后，宗室子弟，是有资格在奏折里向慈禧太后提到祖宗的。一般人哪敢这样写？

盛昱虽然是宗室子弟，有铁饭碗，但是他是个上进的人，才华横溢，光绪三年（1877）就考上了进士。作为家族里的青年才俊，奕䜣对他甚好，据说待之“饮食教诲如家人谊”。但是盛昱显然已经忍无可忍，奏折义正词严，对奕䜣等人丝毫不留情面。由此也可见此一时期“清流”的风格，亦可见奕䜣及其领衔的军机处真的让人太失望。盛昱弹劾的本意是希望奕䜣等军机大臣能够重新振作，团结合作，力御外侮，而非要军机大臣都下台。他不知道的是，此时慈禧太后和奕䜣的关系已经濒临破裂，这篇奏折正好引燃了慈禧太后的愤怒。

慈禧太后看到折子后，可能心中已经有了决断。她当天没有将这个折子下发军机处，但在召见军机大臣时，沉痛地说“边方不靖，疆臣因循，国用空虚，海防粉饰，不可以对祖宗”（《翁同龢日记》）。意思是说，外面被人欺负，里面被人糊弄，实在对不起祖宗。显然这话是盛昱的奏折引起的，分量极重。

祖宗崇拜是中国文化核心特征之一。对得起祖宗，是最朴素、最有力，也是最严肃的要求。只要搬出祖宗来，就是事情到了非常严重的地步。自言对不起祖宗，是失望的最高层级表达。此处要提醒一下，有文献可考，此后多个历史决断时刻，慈禧太后都明确提出要对得起祖宗，可见慈禧太后始终有爱新觉罗家庭大家长的意识。

慈禧太后当然不会忘了祖宗“乾纲独断”的家法。当天，她就派恭亲王奕䜣到东陵祭祀并主持慈安太后逝世三年祭典。在中法战事激烈的关键时刻，本来是闲散亲王的差使，却让领班军机大臣恭亲王奕䜣去，当时就有人“疑其有异”。初九日，慈禧太后以祭奠寿庄公主为名在寿庄公主府第秘密召见醇亲王奕譞，商议如何罢黜奕䜣。十日，又在宫中召见醇亲王奕譞，继续商议。十一日，翁同龢意识到盛昱的折子4天还没发下来，一定大有原因；十二日，慈禧太后先后召见了5批人，其中包括醇亲王奕譞、孙毓汶等人；十三日，整体易枢诏令下发。十四日，盛昱又上疏解释自己并非要罢斥军机大臣，而是要督促鼓励军机大臣坚决对法作战，希望慈禧太后收回成命。木已成舟，覆水难收，慈禧太后对相关反对意见完全不予理会。

前面比较细碎地梳理了整个事情的过程，是想说明：奕䜣这次被彻底罢黜，他自己是有一定责任的。作为军机处和总理各国事务衙门的总负责人，作为皇帝的亲叔叔，大敌当前，不是鞠躬尽瘁地统筹谋划，而是摇摆推诿，尤其是在一败再败的情况下，仍然以情绪为导向来处理军国大事，无论如何都说不过去。有一种说法认为，慈禧太后早就想罢免奕䜣，诏书也早就写好了，就等着一个机会动手。我并不赞同这种说法。慈禧太后与奕䜣的关系变得越来越不融洽是真，慈禧太后越来越专断也是真，但并没有证据显示慈禧太后在中法战争时就骄奢淫逸，或故意让中国惨败，她还是希望能够战胜法国或体面和谈的。不然她也不会有要对得起祖宗的观念。虽然慈禧太后的历史评价很差，但我们也需要历史地分析，不能一股脑儿把责任都扣到她的头上。

图 13–3　葆光室匾额

葆光室是恭王府内宅会客厅。门头上悬挂的“葆光室”三个字是咸丰帝御笔，意在提醒奕䜣收敛。“葆光”一词源于《庄子·齐物论》“注焉而不满，酌焉而不竭，而不知其所由来，此之谓葆光”。奕䜣收到匾额后，撰写了《葆光室铭》，以表心志。作者自摄图片，2023 年 12 月。

当然，咸同年间公认“最为贤明”的恭亲王奕䜣，变得如此唯唯诺诺、摇摆推诿，格局尽失，是有深层次原因的。

首先，清朝爱新觉罗家“家法”极严。载沣七弟载涛曾说：“清朝家法最严，尤其是近支王公更不能稍有轨外行动。”肃亲王善耆回应为何不在光绪三十四年时除掉袁世凯时说：“我们宗族王公，在宫廷内错走一步便是死罪，我虽是御前大臣，怎么敢在宫内乱来。”（载涛：《载沣与袁世凯的矛盾》）清朝的王公贵族真没那么好当。一句话说错，一件事办错，轻则罚俸，重则圈禁削爵。这个“家法”，是奕䜣的紧箍咒。

其次，长期的猜忌打压早将奕䜣的英雄气消磨殆尽。大家都知道，奕䜣能力强，曾是有力的帝位争夺者。道光帝也深知这一点，所以自己直接封其为“恭亲王”。“恭亲王”取自“兄友弟恭”，一是告诫奕䜣要对哥哥恭敬，二是告诫咸丰帝不得加害弟弟，两人要互敬互爱。所以咸丰帝继位后，也奈何不了奕䜣，只能以各种小麻烦、小手段来消磨奕䜣的英雄气。长时间在这种压抑氛围中生活，人自然而然就矮化和奴化了。

再次，奕䜣的蜕变，慈禧太后确实要负很大的责任。这个事情更复杂，我们需要从 1865 年那场罢免议政王风波说起。

罢免议政王风波

咸丰十一年十月初八日（1861 年 11 月 10 日），刚刚担任议政王 8 天的恭亲王奕䜣上奏，恳请两宫太后明降谕旨，“饬下中外大小臣工，嗣后于朝廷用人行政贤否是非，务当各抒所见，据实胪陈，以求折衷于至当”（《沥陈微忱请饬臣工于用人行政各抒所见折》）。奕䜣这样公开请求天下官员监督他的工作，是非常真诚的，也具有很高的政治智慧。一来可以尽快稳定政治局势，二来可以显示他坦荡谦虚、急于求治的政治态度；三来可以表达自己接受监督、力求平允的执政风格，以绝各种猜测。奕䜣是个很有能力的人，也早就接受了命运的安排，不再有当皇帝的政治野心。他盼望的不过是力挽狂澜，中兴清朝。从他此后二十余年的事迹来看，确实是以“折衷至当”为方针和归属，从不独断专行，而是力图平衡好各方意见和利益。但是估计他没有想到，自己这个真诚的建议，很快演变成慈禧太后打击自己的手段。

同治四年三月初四日（1865 年 3 月 30 日）上午，两宫太后召见军机大臣的时间罕见地推迟了一个小时。俗话说，事出反常必有妖。这其实是一场政治风暴的前兆。就在军机大臣即将退去之时，慈禧太后手里拿着一个折子对奕䜣说：有人弹劾你！由于所有奏折都是先直接上呈给两宫太后，然后再下发军机处，奕䜣并不知道是谁。听到慈禧太后这么说，颇为惊讶。慈禧太后也耍了手段，让奕䜣自己去猜。当得知是起居注官蔡寿祺弹劾自己贪墨、骄盈、揽权、徇私，要求自己引退后，奕䜣暴怒，高声为自己抗辩：“蔡寿祺非好人！”晚清名士王闿运记载的这个情节非常传神，可见奕䜣的震惊！显然，慈禧太后是有备而来，奕䜣则毫无防备。这是一场政治突袭。

慈禧太后是个有手段的人，既然摊牌了，就得先按她的剧本走，奕䜣无论如何解释都没用。慈禧太后辛辣果断的风格，在这次风暴中充分展现出来。第二天，慈禧太后召见大学士周祖培等 8 人，哭诉奕䜣结党擅权到了不能忍受的地步，要求周祖培等人不要害怕奕䜣，迅速商议逮捕奕䜣的办法。几句话吓得周祖培等人魂飞魄散，汗流浃背。周祖培回答：“此惟两宫乾断，非臣等所敢知。”意思就是这事我们没法商议，只能是两宫太后自己决断。慈禧太后非常生气，执意要求查办。周祖培等人认为需要调查一下蔡寿祺所言是否真确，才能决定是否处理奕䜣，这才被允许退出。第三天，周祖培与另一位大学士倭仁一起召开内阁会议，当面要求蔡寿祺拿出弹劾议政王的证据。在倭仁等人向慈禧太后报告蔡寿祺拿不出证据，弹劾不成立时，慈禧突然拿出自己亲自写的谕令，要求倭仁、周祖培润饰之后，“即下内阁，速行之，不必由军机”。第四天，慈禧太后以皇帝的名义发布谕旨：“恭亲王着毋庸在军机处议政，革去一切差使，不准干预公事。”[《同治朝上谕档》(同治四年)] 谕旨还就军机处、总理各国事务衙门等工作做了部署。

这一谕旨实在是太出人意料了！像是静夜中突然爆炸的炸

图 13-4　多福轩

恭王府多福轩是奕䜣接见官员和外国使节之地。这里可以说是“同光中兴”重要的发源地。作者自摄照片，2023 年 12 月。

弹一样，震骇朝野。缓过神来的王公宗室、部院大臣、外省督抚纷纷上书抗争。后面剧情的发展，就无法再按照慈禧太后的剧本走了。慈禧太后意识到还扳不倒奕䜣，乃下令重新讨论。经过反复讨论，三月十六日（4 月 11 日），命奕䜣在内廷行走，管理总理各国事务衙门。这是个试探，看看如此能否收场。事实表明，文武大臣特别是惇亲王奕誴、醇郡王奕譞这两个咸丰帝的亲弟弟以及文祥、宝鋆、曹毓瑛等军机大臣，对此并不满意。两宫太后只能再退一步。四月十四日（5 月 8 日），两宫太后召见奕䜣，对其礼数不周等行为面加训诫，随后发布懿旨，“恭亲王因谢恩召见，伏地痛哭，无以自容”，念其能改过自新，“着仍在军机大臣上行走，毋庸复议政名目”[《同治朝上谕档》（同治四年）]。这份懿旨可谓一箭三雕：公开奕䜣认罪服输的惨状、褫夺奕䜣的议政王头衔、宣布风波结束。

恭亲王奕䜣虽然丢掉了议政王头衔，但此后继续执掌军机处和总理各国事务衙门，一直到甲申易枢。以此来看，这场风波好像没什么大不了。实际上并非如此！这场争斗可以说是改变了奕䜣和两宫太后此后十余年的合作模式，也埋下了甲申易枢的伏笔。

从恭亲王奕䜣的角度来说，这场斗争展现了他的政治实力，让慈禧太后意识到短时间内扳不倒他，要保持对他的尊重。为什么扳不倒呢？第一，奕䜣几年里任贤使能，政治清明，稳住摇摇欲坠的国家，功绩很大，中外朝野都很肯定认可。所以，慈禧太后的罢黜诏书一出来，上至道光帝另外两个儿子惇亲王奕誴、醇郡王奕譞，下到地方督抚，都或明或暗地反对。第二，此时捻军势头正旺，没有奕䜣的军机处很快就有些运转不灵了。这或许是大臣们不合作的一种表示，以显示朝廷真离不开奕䜣。第三，奕䜣是和英法等国直接打交道的最高层级的人，英法等国对奕䜣颇有好感，彻底罢黜奕䜣可能导致和英法关系重新恶化。第四，奕䜣虽然在两宫太后面前表现得不够唯唯诺诺、毕恭毕敬，但蔡寿祺确实也是诬告，谕旨里都说“无实据”，显然是不能服众的“莫须有”罪名。何况诏书未经过军机处而直接由内阁下发，程序上也存在问题。经过多年历练的慈禧，已经是一位具有一定政治智慧和斗争经验的人，看到形势不对，鸣金收兵，结束了这场风波。见识到奕䜣实力的慈禧太后，直到甲申易枢，都没有再向奕䜣发动明显的政治斗争。然而她和奕䜣也充分意识到，两人虽是叔嫂关系，但是做不到毫无猜忌。

这场看似以闹剧收场的斗争，两宫太后收获满满，牢固树立了自己地位。两宫太后从这场斗争中收获了什么呢？

第一，打破了此前几年天下臣工“太后听政、恭王议政”的认识，让大家都明白了最高决策权始终掌握在两宫太后手中。此时太平天国被剿灭，列强与中国的关系缓和，摇摇欲坠的清朝重新走上正轨，大家都认为这是奕䜣领导之功。声望日隆、权力日大的奕䜣，对于两宫太后来说，已经成为最大的潜在威胁。经过这场斗争，天下臣工彻底搞清楚了权力格局，见识了慈禧太后辛辣果断的手腕。权力接近皇帝的议政王都被罢免了，其他人就只能老老实实臣服了。此后几十年，朝廷里来来往往多少才俊豪杰，再也没有人敢挑战两宫太后的权威。

第二，奕䜣丢失议政王头衔，对两宫太后，特别是对慈禧太后的制约能力大幅度减弱。议政王到底是个什么头衔呢？要搞清楚这个问题，需要把它和摄政王、亲王两个头衔比较。清朝有两个摄政王，最早的多尔衮和最后的载沣。摄政王，顾名思义就是代替皇帝行使皇权，可以理解为代理皇帝。亲王则是清朝爵位中的最高等级，除了铁帽子王，一般只能是皇帝的亲兄弟才能获封，后代继承爵位时依次递减。也就是说，亲王只是一种表示尊贵身份的爵位，理论上与政治职权不挂钩。奕䜣这个议政王，在整个清朝可以说是独一份儿。首先，他具有亲王身份，而且是道光帝遗诏分封的，不同于一般亲王，如果不是犯了谋逆之罪，谁也拿不掉。其次，在授予奕䜣议政王头衔时明确其“并掌枢机”的职责，说明他是有权参与最高决策的。奕䜣以有权参与最高决策的亲王统领军机处和总理各国事务衙门，将中外事务建议权和执行权同时聚于一起，与两宫太后形成了一种权力的牵制平衡。剥夺了奕䜣的议政王头衔，等于剥夺了奕䜣的主人身份。以亲王兼领军机大臣和总理各国事务衙门大臣，充其量不过是清朝的大管家。两宫太后想让你干你就干，不让你干你就得下台。这就好比，一下子从“核心股东兼 CEO”变成了以“职业经理人”担任 CEO。甲申易枢之前，奕䜣变得唯唯诺诺，游移推诿，明显缺少主人翁精神，此或许是根源之一。或许有人会问，既然议政王头衔如此重要，当初为何没有坚持呢?

或许奕䜣当时也没完全明白议政王头衔的真实含义吧，也或许是奕䜣君臣观念和家法思想太严重，所以在这一问题上，没有坚持抗争。以当时的政治情形，如他坚持，则两宫太后只能退让。复盘这场斗争，奕䜣没有坚持力争保住议政王头衔，是非常失策的。

第三，慈禧太后意识到了制约奕䜣和其他大臣的手段——清议。什么是清议?简单地说，它不仅包括言官词臣的谏诤弹劾，也包括官员对政务的议论批评。清朝的监察制度比较完善，御史等监察官员有闻风奏事的权力，可以凭借道听途说的消息向皇帝参劾官员。但是一般官员在职权外不能轻易就政务发表意见，更不要说参劾官员了。前面讲了，从嘉庆朝开始，这种局面完全改变了。嘉庆帝亲政后，由于洪亮吉事件和天理教事变，为了整顿吏治，决定广开言路，鼓励官员针对政务提意见。奕䜣担任议政王后，又重申了这一点。蔡寿祺之所以能以一个低品级官员参劾奕䜣，利用的就是这一点。通过这场风波，慈禧意识到了这一政治传统是她可以利用的力量。从此她就特别注意培植这样一种力量，并助长了“清流派”的形成。

图 13-5　多福轩慈禧太后赐“同德延厘”匾额

这个匾额是光绪七年（1881）奕䜣五十大寿时慈禧太后所书。仅从书法就可以看出来，这时的慈禧太后已经不是辛酉政变时期的慈禧太后。这四个字的意思是同心同德福寿吉祥。现在人们多解释为慈禧太后暗示告诫奕䜣要和自己同心同德才能福寿吉祥。作者自摄照片，2023 年 12 月。

清流派

在罢免奕䜣议政王风波中坚定站在慈禧太后一边的文渊阁大学士倭仁，是慈禧最早瞩目的清议领袖。倭仁是正红旗蒙古人、理学家，又担任同治帝的老师，多年执掌翰林院，在士林中颇有影响力。在此后的同文馆之争中，以倭仁为中心的士人有力抵抗了奕䜣、文祥等人。虽然慈禧太后最后支持了奕䜣等人的同文馆方案，但是最受伤的却是奕䜣。奕䜣不仅得了一个“鬼子六”的绰号，士林声誉严重受损，而且官司打到了慈禧那里才裁断，进一步凸显了两宫太后对政务的最高裁决权。随后的天津教案，以倭仁为代表的“清议”给曾国藩带来了极大压力，最终导致曾国藩丢掉直隶总督，声望和权力都明显滑坡。这种政治能量，当然会被敏锐的慈禧太后注意到。同治十年四月（1871 年 6 月），倭仁因病去世，备极哀荣，享受赏陀罗经被、赐奠、入祀贤良祠等待遇。可见倭仁在慈禧太后心目中的地位。

倭仁去世之后，李鸿藻逐渐成了清议的领袖。李鸿藻科举出身，也是理学家，在同治五年坚决按制度为嗣母守孝，在士林中获得很高声誉。他和倭仁、翁同龢一起担任同治帝的老师，与二人关系不错，很早就担任军机大臣，能时常见到慈禧太后。李鸿藻的思想观念和倭仁比较接近，有保守主义倾向，与奕䜣没有私人情谊。这种主客观条件，让他成为慈禧太后有意扶植的清议领袖。倭仁去世后，李鸿藻迅速获得提拔。同治十年升任都察院左都御史，同治十一年后任工部尚书，光绪三年又兼总理各国事务衙门大臣。尽管慈禧不断提拔李鸿藻，但是他在军机处和总理各国事务衙门还是势单力薄。

图 13-6　李鸿藻

李鸿藻是同治帝汉文师傅，同治五年就开始担任军机处大臣，光绪二年又兼任总理各国事务衙门大臣。他这三种身份，使他成为同治朝为数不多能抗衡奕䜣的政治人物。需要提及的是，对清朝忠心耿耿的李鸿藻，却培养出一个积极参加反满革命的儿子李石曾。图片选自闵杰编著《晚清七百名人图鉴》，第 238 页。

李鸿藻也不是个书呆子。他另辟蹊径，着力提拔张之洞、张佩纶、宝廷、陈宝琛、黄体芳、吴大澂等青年才俊。这些人都是较早中进士，品行良好，才华横溢，大多在翰林院或都察院任职，个个能写敢说。在广开言路的政治环境下，他们频频对政务发表意见，批评弹劾权贵，很快有了很大影响，成为一支不可小视的政治力量，被人称为“清流派”。有人曾这样形容他们的威力：“疏入多报可。弹击不避权贵。白简朝入，鞶带夕褫，举朝为之震竦。”（裘毓麐：《清代轶闻》）就是说，清流们的弹劾奏章多被认可，奏章早上递上去，相关官员下午就被处理了；清流弹劾官员不回避权贵，整个朝廷都很怕他们。这一描述虽然有些夸张，但是也比较形象地表达了“清流派”的威力。无论是王公大臣还是封疆大吏，对这些人都很忌惮，一不小心就会被弹劾。

虽然张佩纶等人与李鸿藻关系紧密，甚至某些奏折还会和李鸿藻商量，以求形成集中攻势，比如对军机大臣沈桂芬和王文韶的弹劾批评。但是必须指出，“清流派”不是一个紧密的政治派别。“清流派”“清流党”都是后来的概念。这些才华横溢的政治青年，自以为是品格高洁、敢于为国为民鼓与呼的正义之士，大多也不耻于拉帮结派，为自己谋私利。他们在弹劾大臣时，有时候对自己的师长或朋友也不客气。从盛昱引爆甲申易枢，就能够感受到这一点。

“清流派”为什么能够产生这么大影响呢？根本原因在于慈禧太后的默许和支持。为什么这么说呢？这些人在甲申易枢之前的几年，火力全开，锋芒毕露，按说是非常不符合官场文化，但是却大多在四五年内连跳数级，成为火箭式上升的政治明星。比如张之洞，他同治二年中进士后晋升缓慢，但是在光绪六年上奏请求“立诛崇厚”后，受到两宫太后召见，此后迅速升迁内阁学士等职，并于光绪八年初补授山西巡抚，跻身封疆大吏之列。再如张佩纶，同治十年中进士，最初十年也是中规中矩。光绪八年正月，张佩纶将吏部尚书万青藜、户部尚书董恂和都御史童华弹劾去职，同年十月连上三疏将军机大臣王文韶弹劾去职，十一月就署都察院左副都御史，光绪九年兼任总理各国事务衙门大臣，光绪十年赏加三品卿衔。

长期领导军机处和总理各国事务衙门的奕䜣，对于朝中政治力量的变化非常敏感，经历“同文馆之争”后，对“清议”也颇为忌惮，政务处理愈发谨慎保守。比如在中法战争前几年，奕䜣在修铁路和派遣留学生等问题上先后从支持转向保守。慈安太后死后，他更加消沉。中法战争前，正是“清流派”鼎盛之时，这些人又都是“主战派”，他们身后的李鸿藻等人也是主战的。奕䜣既缺少对法作战的信心，又无法扭转日

图 13-7 张佩纶

张佩纶进士出身，担任过侍讲、起居注官等清要职务。本来他是与张之洞齐名的“清流健将”，但是因马尾战败而遭谴戍，从此仕途终结。张佩纶成为李鸿章女婿后，入李鸿章幕。在给李鸿章的信中自言“清流不成清流，淮戚不成淮戚”，后半生颇尴尬抑郁。不知他会不会将自己与张之洞比较，然后感叹时与命？图片选自闵杰编著《晚清七百名人图鉴》，第740页。

渐主战的舆论倾向，或许是希望通过游移消沉来明哲保身。但是，作为国家行政的总负责人，虽然战争不是他主张的，但是他却要为战争失利负责，这或许是他没有想到的。说到底，还是缺少大政治家的格局和胸怀！

甲申易枢之后，最高层的“权力三角”格局彻底解体：慈安太后已逝，恭亲王奕䜣被黜，慈禧太后从此一人独大。

甲申易枢，正式结束了“同光中兴”。

图 13-8　奕䜣墓坑

奕䜣死后，埋葬在北京昌平区崔村镇麻峪村。朝廷拨款建立园寝，派兵丁照看。奕䜣园寝原本规模宏大，但在民国屡遭破坏。1932 年被大辛峰村恶势力侯显文盗发，此后又屡被盗，房屋被拆卖。新中国成立前夕地面建筑几乎无存。1958 年兴建十三陵水库，地宫石料被运走，仅保留三间四柱牌坊一座和墓坑。目前墓坑已经被铁丝网围住，但垃圾和人畜粪便随处可见。此情此景，与熙熙攘攘的恭王府形成鲜明对比，让笔者唏嘘不已！奕䜣的安葬之地实在不该如此。作者自摄照片，2023 年 2 月。

第十四章　光绪帝亲政及其悲剧根源

光绪十三年正月十五日（1887 年 2 月 7 日），天气晴朗无风，天空碧蓝如洗。整个上午，冷飕飕的紫禁城里一片热闹景象。并不是皇太后和皇帝忙着过元宵节，而是此时正在举行光绪帝的亲政大典。17 岁的光绪帝对这一刻的到来，期待已久，因此容光焕发。亲政后的光绪帝，人还是同样一个人，但是已经不能当小孩子看待了，所以王公大臣在礼节行动上也与以往不同。王公大臣在第二天的赐宴中，皇帝入座时要磕头，后面赐饭、赐菜、赐酒等都要磕头。一顿饭下来，王公大臣向光绪帝磕头十几个。俗话说人逢喜事精神爽，皇帝也不例外。翁同龢记载第三天开始正式处理政务的光绪帝“天颜甚怡，气象开展”，可见兴奋劲儿还没过去。其实，光绪帝的亲政，应该早一点儿到来。

光绪帝生于同治十年（1871），同治十三年被立为帝，到了甲申易枢发生的光绪九年，光绪帝已经14岁了。按照顺治、康熙帝的“祖宗家法”，这一年应该让光绪帝亲政。不过，“祖宗家法”在同治帝那里已经被破坏了，而且这一年满朝文武关注的是与法国的战争，没有人想起这件事，或者想起这件事也没人敢说。本来应该安排进日程的一件大事，就这样悄无声息地延后了。

一直到两年后，光绪帝16岁了，慈禧太后才突然宣布，让光绪帝于明年正月亲政。面对这突如其来的消息，作为光绪帝生父且处于政治中心的醇亲王奕譞，不是欣喜，而是非常紧张和焦虑。先是奏请慈禧太后暂缓归政，然后又联合王公大臣，奏请慈禧太后在归政之后实行训政。面对奕譞等人的坚决请求，慈禧太后顺水推舟，允诺再训政数年。

光绪帝的亲政时间为什么会推迟得如此鸦雀无声呢？奕譞为什么会坚请慈禧太后训政呢？慈禧太后的训政对光绪帝和清朝的政治运作又有什么影响呢？

慈禧太后一人独大局面的形成

为什么光绪帝的亲政被推迟，满朝王公大臣无人提醒或表达不满，原因主要在于慈禧太后此一时期基本形成了一人独大的局面。前面讲了，在辛酉政变之后，清朝的政治运行呈现出稳定的“权力三角”局面：最顶端是两宫太后和奕䜣，中间是

图 14-1 《光绪大婚图》局部

保存完整的《光绪大婚图》为我们展示了皇帝结婚的整个流程。这张图反映的是喜轿进入天安门的情形。已经知道了答案的我们，看庄严又喜庆的大婚图，别有一番复杂滋味。图片选自朱诚如主编《清史图典》第 11 册，第 44 页。

以奕䜣为核心的满汉大臣，地方是以曾、左、李为核心的湘淮系汉人督抚。“权力三角”中的每一角各自拥有独特的资源：两宫太后拥有的是皇权的合法性、信息控制权和高级官员的任命权；奕䜣等人拥有的是中央行政决策建议与执行权；湘淮系汉人督抚拥有地方资源和中国最精锐的军队。

在两宫太后和恭亲王奕䜣形成的“核心三角”中，三人的地位又是这样的：慈安太后处于最顶端，慈禧太后和奕䜣分别居于下面。我们一说晚清史，都说慈禧太后如何如何，怎么会是慈安太后居于顶端呢？清朝虽然不是汉人政权，但却特别讲“礼法”与“家法”。慈安太后是正宫皇后，在任何情况下都是“第一皇太后”，而慈禧太后只是因为自己的儿子当了皇帝，才当上皇太后。而且，慈禧太后能晋位皇太后，还是慈安太后同意的。还记得前面讲咸丰帝临死前的政治安排吗？都没有慈禧太后的份儿，是慈安太后把本应是小皇帝掌握的印章给了慈禧太后，慈禧太后才得以分享权力。所以，慈安太后地位在慈禧太后之上。慈安太后在世时，两宫太后发布命令，军机处都是这样写：“钦奉慈安皇太后、慈禧皇太后懿旨……”如果是两宫太后以皇帝名义发布谕旨，则是写：“钦奉母后皇太后、圣母皇太后懿旨……”“母后皇太后”是慈安太后，“圣母皇太后”是慈禧太后。

慈禧太后在同治帝死后，遭遇了一个合法性的大危机。慈禧太后是因为儿子当了皇帝而成为皇太后并进入权力格局中的，慈安太后则不然。光绪帝是过继给咸丰帝的，慈安太后仍然是光绪帝名正言顺的“皇额娘”，仍然是清朝名正言顺的皇太后。奕䜣在血缘上仍然是光绪帝的亲叔叔。最尴尬的当然是慈禧太后。她虽然是光绪帝的大姨，但是在父系社会里，这什么都不是。从理论上讲，此时的慈禧太后除了还能保持太后头衔，其他什么都不是了。她失去了分享权力的合法性基础。从这个角度来思考，也可以更好地理解慈禧太后让光绪帝叫自己“亲爸爸”而不是“皇额娘”。这其实是要解决光绪帝无法在礼制规定里称呼自己的难题。以此来说，慈禧太后在光绪帝继位后，就应该退出政治运行，深居后宫。这也有助于我们理解为何慈禧太后在同治帝驾崩后身体一直有病。以退为进，保住自己，慈禧太后这点心机是有的。

慈禧太后在光绪帝继位后为何没有退出政局？在当时能够要求慈禧这样做的，只有慈安太后和恭亲王奕䜣。或许是已经合作了十几年形成的惯性，或许是两人都没想起来，也或许是两人都不够心狠手辣，所以两人都没有这样做。想不到的是，两人却先后出局了。

图 14-2　慈禧太后

慈禧太后的政治生涯可以划分为三个阶段。第一个阶段是咸丰帝驾崩到同治帝驾崩。这一阶段她以皇帝生母的身份协助执掌守护皇权，并无太多可指摘处。第二阶段是同治帝驾崩到光绪九年甲申易枢。这一段时间她其实名不正，又有慈安太后和奕䜣的存在，因此较为谨慎收敛。第三阶段是甲申易枢至光绪三十四年病死。这一阶段的她一人独大，制造出很多悲剧。图片选自刘北汜、徐启宪主编《故宫珍藏人物照片荟萃》，第 16 页。

最先出局的是慈安太后。光绪七年三月初十日（1881 年 4 月 8 日），慈安太后突然在宫中暴毙而亡。此前慈禧太后已经病了很久，严重到太医束手无策，公开向天下征求良医入宫。当天深夜接到慈安太后突然病逝消息的王公宗室和军机大臣，

都以为搞错了。翁同龢记载："闻东圣上宾，急起检点衣服，查阅旧案，仓猝中悲与惊并。"(《翁同龢日记》)

慈安太后之死，是清朝著名的疑案之一。此案野史传说极多，其中一种说法是慈禧太后谋害的。史学研究者根据比较客观的史料记载进行研究后，大多认为慈禧虽然有嫌疑，但是结论经不起推敲。根据史料来看，慈安太后极可能是脑出血。不过那个时候人们现代医学知识很少，对脑出血了解得极少，也不会、不能解剖。昨天见还好好的一个中年人，突然就没有了，不产生疑惧和猜测才不正常。

不管慈安太后是如何死的，最大的受益者是慈禧太后。本来名不正言不顺的她，成了唯一执掌皇权合法性的太后，为此后发动甲申易枢提供了前提。为什么这么说呢？这是因为如果慈安太后健在，她不同意的事情，慈禧太后还真没什么办法。而且，慈安太后大概率不会同意罢黜奕䜣。为什么呢？因为在长期的合作中，恭亲王奕䜣和慈安太后的亲密度更高一些。

慈安太后和慈禧太后两人在爱新觉罗家族中人缘是不一样的。慈安这位"大嫂子"能力没那么强、不善权谋、为人和善，所以无论是奕䜣还是同治帝、光绪帝，都和慈安关系好。反观慈禧这位"二嫂子"能力强、善权谋、为人强势，所以无论是奕䜣还是同治帝、光绪帝，和她关系都不融洽。慈安太后暴毙时，奕䜣正在昌平安葬妻子。对于慈安太后暴毙，他"悲与惊"肯定远超翁同龢，又因为不在现场，也可能对慈禧太后有猜忌。

慈安太后之死，不仅使"核心三角"不复存在，也可能破坏了奕䜣和慈禧太后的信任纽带。引发甲申易枢的导火线，就

图 14-3　慈安太后便服像

过去历史书写一直凸显慈禧太后，慈安太后存在感不强，这其实是历史的误解。在咸丰帝驾崩后、慈安太后去世之前，慈安太后才是符合礼法的皇权最高执掌者。目前还没发现慈安太后有照片，只有一些宫廷画家画的像。图片选自朱诚如主编《清史图典》第 10 册，第 136 页。

是在中法战争的关键时期，奕䜣坚持要讨论慈安太后去世三年的清明祭祀礼仪。慈禧太后沉重地说出“心好则可对天”之语，是不是有点对天起誓自证清白的意味？我们至少从中略微可知慈禧太后其实感知到了奕䜣对她的猜忌不满。或许在慈禧太后看来，老六这是故意为之。既然如此，眼不见心不烦，干脆做个了断。本来对慈禧太后还有所制约的恭亲王奕䜣，就这样被彻底剥夺了权力。

恭亲王奕䜣彻底被黜的另一个影响是原来的中枢执行团队彻底重组。辛酉政变之后，奕䜣作为地位最尊贵的亲王领导军机处和总理各国事务衙门，处于这个“三角”的顶端，以桂良、文祥、宝鋆等人为代表的满蒙大臣和以曹毓瑛、李鸿藻、沈桂芬为代表的汉人大臣，是另外两边。这些人中，除了李鸿藻与奕䜣的关系相对疏远一些，其他人都是奕䜣的支持者。桂良、曹毓瑛、文祥、沈桂芬等人虽然先后去世，但后补入军机处的景廉和王文韶也是奕䜣的支持者，这一“三角形”尚能勉强维持。1882 年 12 月，王文韶被张佩纶等反复弹劾去职，接替者是与李鸿藻关系紧密的翁同龢和潘祖荫，而李鸿藻早已与奕䜣异趣，这一“三角”实际上已经不稳。等到甲申易枢时，奕䜣、宝鋆、李鸿藻、景廉和翁同龢五位军机大臣被慈禧太后一纸诏书全部罢黜，举国上下文武大臣谁能不震惊？谁能不害怕？谁能不臣服？从处置力度上看，虽然李鸿藻和翁同龢也被罢黜，但并没有完全出局，而奕䜣和宝鋆是彻底出局了。

曾国藩、左宗棠和李鸿章组成的地方“权力三角”这时候也不复存在了。原本三人都各有自己的军队和人马，在湘淮系内部构成了一个隐形的“三角形”。曾国藩是湘军领袖，左宗棠和李鸿章都在曾国藩幕府工作过，都受曾国藩的提携，曾国藩自然居于这个“三角形”的顶端。左宗棠虽然出自湘军，但到西北后，自己开创一片新天地，构成了一角。李鸿章的淮军在镇压捻军后发展壮大为最强军事力量，李鸿章又取代曾国藩担任直隶总督，构成了另外一角。三人虽然也有不协调甚至矛盾处，但是在政治运作中，经常内部协商互助，步调尽量一致。三人联手之事，能够很好影响两宫太后和奕䜣的态度。可惜曾国藩在同治十一年病逝，“权力三角”只剩下两条边。左宗棠在光绪十一年病逝，只剩李鸿章一人。李鸿章又是三人中格局和品德最差的一位，精通“糊弄学”，绝不会和一人独大的慈禧太后对着干。

生活常识告诉我们，三角形是一种超稳定结构。虽然权力格局的“三角形”是一直处于变动中的无形三角，但是只要“三角”能够维持，在实际政治运作中必然能够产生较好的牵制平衡，目标一致时，还可以产生非常大的合力。不幸的是，辛酉政变之后形成的“权力三角”，在光绪帝亲政前，或因核心人物病逝，或因政治观念歧异，均已荡然无存，形成了慈禧太后一人独大的局面。客观地说，由于权力受到牵制平衡，在甲申易枢之前，慈禧太后虽然也做过一些不好的事情，但总体上在发挥积极作用。独大局面形成之后，无所顾忌，贪恋权力和享受，负面作用越来越大，最终把清朝送上了覆亡之路，把中国拉入深渊。

有人会问，甲申易枢后，不是醇亲王奕譞填补了奕䜣的位置，他作为光绪的生父，能看着慈禧太后专政擅权吗？醇亲王奕譞能力格局均不及奕䜣，虽然心里想帮儿子，但实际上却成了慈禧太后专政擅权的帮凶。

图 14-4　定东陵

慈安太后死后，葬在咸丰帝定陵东边，称定东陵。慈禧太后也葬于此。图中下方的陵墓是慈安太后之陵，上方为慈禧太后之陵。两人陵墓规格一致，但慈禧太后墓更豪华，后来被孙殿英盗发。今日游客到清东陵，慈禧太后的陵是必看景点。照片由清东陵保护区管委会提供。

醇亲王奕譞

奕譞是奕䜣的同父异母弟弟，比奕䜣小 8 岁。奕譞还有另外两个重要身份，一个是光绪帝的生父，另外一个是慈禧亲妹妹的丈夫。奕譞在辛酉政变时充当了两宫太后和恭亲王之间的密使，后来又亲自逮捕肃顺，可谓立下不小的功劳。本来奕譞和奕䜣的关系不错，奕譞是奕䜣的有力支持者，但是随着兄弟两人的政治观念分歧越来越大，两人的关系也不太融洽了。奕䜣长期在政治中心，深知世道艰辛，又是洋务派的核心领袖，因此政治思想比较开放务实，对西方国家比较友善温和。奕譞则长期不参与实际政治运作，政治思想相对保守，对奕䜣“外敦信睦，隐示羁縻”

图 14-5　光绪十二年的醇亲王奕譞

此时正是醇亲王奕譞志得意满之时，从照片上也可以看出他气势不凡。他意识不到，自己正走在错误的道路上，而且他的错误要由他的儿子、孙子来承担。光绪帝、载沣和溥仪的悲剧，奕譞责任最大。图片选自刘北汜、徐启宪主编《故宫珍藏人物照片荟萃》，第56页。

的外交路线不以为然，多次要求对西方列强采取强硬立场。导致曾国藩去职的天津教案，背后就有奕譞的支持。

奕譞和奕䜣的矛盾公开化，据说源自奕譞的一封奏折。同治十 年，奕譞上奏要求将杀死僧格林沁的张皮绠押到僧格林沁墓园致祭，奏折中说："去年系军机大臣拟旨，现在乃天子当阳，迥不相侔。"（吴庆坻：《蕉廊脞录》）大意是以前是奕䜣领导的军机处说了算，现在皇帝亲政了，情况不一样了。这句话暗含的意思是过去奕䜣领导的军机处对这事处理不妥当，现在皇帝亲政了，情况完全不一样了。此时的同治帝对他六叔一堆意见，正到处找碴儿呢，奕譞这不是火上浇油吗？奕䜣看后非常生气，命人上奏辩驳。从此兄弟二人的矛盾就公开化了。

奕譞和奕䜣的地位在光绪帝登基后发生了变化，关系也变得更微妙。奕譞是奕䜣的弟弟，光绪帝是奕譞的儿子，奕䜣又是军机处和总理各国事务衙门的负责人，奕譞和奕䜣关系此前就出现了裂痕，此时想不变得微妙都不可能。为了避免嫌疑，奕譞在光绪帝登基后，自请停止一切职务，长期住在西山的退潜别墅里，闭门谢客，不问政事。中法冲突激烈后，奕譞才又公开参与政治。不过他是激进的主战派，与奕䜣态度完全相反。慈禧太后在发动甲申易枢时，多次找奕譞密谋，并获得他的支持。甲申易枢第二天，慈禧太后发布谕令，要求军机处遇有紧要事情，先同醇亲王奕譞商办。醇亲王奕譞成为军机处的实际掌控人，取代了奕䜣原来的位置。从此一直到光绪十六年去世，奕譞都是清朝仅次于慈禧太后的第二号人物。

权力和地位是个神奇的东西，对于能够驾驭的人来说，越多越好，越高越好；对于不能驾驭的人来说，权力越多，地位越高，悲剧就越大。当然，更悲剧的是拥有权力和地位的人缺

图 14-6　退潜别墅大门

西山妙高峰下七王坟村的退潜别墅，是醇亲王奕譞亲自选址营造的小庄园。光绪帝即位后，他就常居于此，自号妙高峰主人。门额上刻“隔尘入胜”，表明了奕譞退隐的态度。可是他的身份和心态，想做到“隔尘入胜”并不容易。作者自摄照片，2023 年 2 月。

少自知之明。对于醇亲王奕譞来说，他是一个缺少政治格局、智慧和胆量的人，却拥有极高的权力和地位，所以他造成的悲剧一定是极大的。不仅他自己惨痛而死，他的两个儿子——光绪帝和摄政王载沣，以及孙子宣统帝溥仪，人生也都异常悲惨。为什么说奕譞没有政治格局、智慧和胆量呢？甲申易枢、请求训政两件事就足以证明这一点。

如果奕譞稍微有一点政治格局和智慧，绝不应该支持慈禧太后发动甲申政变。从整个晚清政局发展来看，甲申易枢最受伤害的不是被罢黜的奕䜣等人，而是光绪帝。首先，本来可以对慈禧太后形成新的制约机会，反过来变成慈禧太后实现一人独大。慈安太后病逝后，留下权力真空。奕譞本可以借着对法战争的危机，走向前台，与奕䜣联手，构成新的“核心三人组”。没想到他却局限于自己的政治观点，和慈禧太后密谋，打倒了奕䜣，帮助慈禧太后完成了走向独裁专制的最后一击，最终坑了自己的儿子。换句话说，奕譞还是单纯了点儿。

前面其实已经讲过，本来中国的皇帝，就是“化家为国”。清朝又特别讲“礼法”和“家法”，因此皇权的传承、监护，外人都不能参与，也不敢、不想参与。这个外人，也包括三代以外的宗室。在同治朝，皇权传承和监护第一责任人是慈安太后，第二责任人是慈禧太后，第三是道光帝诸子［恭亲王奕䜣（六王）、醇亲王奕譞（七王）、惇亲王奕誴（五王）、钟郡王奕詥（八王）、孚郡王奕譓（九王）］。道光帝诸子中，恭亲王奕䜣因为是孝静成皇后博尔济吉特氏所生，又是道光帝遗诏封为亲王，还曾担任议政王，地位远超其他诸王。到了光绪朝，皇权监护人理论上的顺序应该是慈安太后、道光帝诸子，没慈禧太后什么事儿。可是由于光绪帝即位时，慈禧太后留在了权力格局中，实际的皇权监护者顺序并没变。慈安太后和八王、九王先后去世。无论是从宗法制的角度，还是从政治资源和权力手腕的角度，能真正制约慈禧太后的是奕䜣和奕譞。江山是人家爱新觉罗家的，在血缘面前，慈禧太后也是外人，更何况清朝本有后宫不得干政的“家法”。如果奕䜣在明，奕譞在暗，两人联手，慈禧太后还真是无法专权。如果两人联手宗室，要求慈禧太后彻底归政，她也只能乖乖就范。奕譞支持慈禧太后发动甲申政变，就是自断臂膀！

其次，把国家交给一批腐败软弱之人，严重削弱了光绪帝的支持力量。新军机大臣世铎、额勒和布、阎敬铭、张之万、孙毓汶及负责总理各国事务衙门的奕劻，不是贪腐就是软弱，在品格、能力和声望等方面都比奕䜣、宝鋆、景廉、李鸿藻、翁同龢差很多。新组建的军机处和总理各国事务衙门不仅在处理中法战争事务中表现很糟糕，而且在此后很多事务上表现很糟糕。甲申易枢实际上改变了此后清朝的政治运行，一直到辛亥革命爆发，军机处和总理各国事务衙门都表现得很糟糕。甲申易枢至庚子事变，除甲午至戊戌奕䜣复起外，领班军机大臣一直是礼亲王世铎，长期担任如此重要职务的一位亲王，在历史教科书中基本找不到名字，其能力和政绩就不用多说了吧？在前期，真正主导的是醇亲王奕譞，甲午战争时期，主导军机处的是孙毓汶和翁同龢，戊戌变法后主导军机处的是荣禄。这样看，世铎还是有特点的。光绪二十九年之后担任领班军机大臣和内阁总理大臣的是奕劻。奕劻倒是在教科书上留了名字——比如丁未政潮、皇族内阁、清帝退位。对于取代奕䜣等人的新任军机大臣和总理各国事务衙门大臣，时人就普遍评价较低。

甲申易枢第二天，盛昱在为自己辩解的奏折中就指出，世铎远不如恭亲王，张之万远不如李鸿藻。名士李慈铭听到消息后，更是形象地评价这种以劣代良的行为："枢府五公悉从贬黜，而易中驷以驽产，代芦菔以柴胡，所不解也。"（《越缦堂日记》）从另外一个角度看，甲申易枢严重打击了光绪帝的支持力量。因为奕䜣、李鸿藻、翁同龢等人，或因血缘关系，或因师生关系，或因操守品格，大多倾向于支持光绪帝，而世铎、孙毓汶和奕劻等人，则是甘心受慈禧太后驱使，在光绪帝亲政后依然听命于慈禧太后。

或许有人问，难道当时就没有清醒的人提醒一下奕譞，都在坐看他如此愚蠢吗？从清末名士劳乃宣为张佩纶所写的墓表可知，在甲申易枢时，张佩纶当众引用诸子折箭的典故告诉奕譞“单者易折，众则难摧”的道理，希望他能和恭亲王团结合作以安社稷。这样看张佩纶还真是有些战略眼光，难怪李鸿章会将女儿许给他当续弦。张佩纶后来被慈禧太后派往福建前线，是否与其这一举动有关?

时人评价奕譞，外刚愎而内胆怯。所以，他听不懂也听不进这样有智慧的建议。如果说甲申易枢显示了奕譞没有政治格局和智慧的话，下面一件事则显示他还是一个没有胆量的人。

图 14-7　光绪十五年奕䜣与奕譞合影

兄弟失和，自古常见，皇家也不例外，甚至更甚。兄弟失和，家业难有昌盛者。甲申易枢之后，恭亲王奕䜣耿耿于怀，很久都不搭理奕譞，亲兄弟的背叛让他难以释怀。这张照片拍摄于光绪十五年，彼时奕譞已经生病，已有忏悔之意，两兄弟有所和解。光绪十六年奕譞就病死，这可能是两兄弟仅有的合影。岁月蹉跎，同光两朝最尊贵的两位亲王，都失去了当年的意气风发。图片选自刘北汜、徐启宪主编《故宫珍藏人物照片荟萃》，第 62 页。

光绪帝在亲政之后难有一番作为，除了军机处和总理各国事务衙门等中枢和部院大臣大多听命于慈禧太后这个原因外，更致命的是慈禧太后有“训政”之权。这个“训政”之权，正是怯懦的奕譞亲手送给慈禧太后的。光绪十二年六月初十日（1886年7月11日），慈禧太后突然发布谕旨，要明年正月归政光绪帝。从《翁同龢日记》的记载来看，慈禧太后事前没有跟醇亲王奕譞商量，而是在召见醇亲王时突然提出来的。

突袭是慈禧太后的惯用政治手段，屡试不爽！

归政问题不事先沟通，这是要考验奕譞。奕譞当即再三恳求慈禧太后收回谕令，并且要求光绪帝也恳求。《翁同龢日记》颇有深意地记载“上亦跪求”，小字备注“由邸指示”。就是说光绪帝跪求慈禧太后收回成命，是奕譞要求的。奕譞从慈禧太后处出来，如同热锅上的蚂蚁，立即找光绪帝三位老师商量如何应对，旋即又和全体军机大臣一起商量如何办。讨论的结果是，定于第三天全体王公大臣请慈禧太后训政。这个初步意见确定后，只有翁同龢意识到有问题，去找与奕譞关系极紧密的军机大臣孙毓汶，“告以请训政不如请缓归政为得体，彼亦唯唯否否也”（《翁同龢日记》）。

训政为何不如缓归政得体呢？训政和缓归政的差别在哪儿呢？两者实在是差大了。

清朝的祖宗家法，在正常的情况下，后妃不得干政。如果慈禧太后归政了，就要切断和政治的联系，失去参与政治的合法性。缓归政，虽然会晚个一年半载让皇帝亲政，但皇帝已经16岁了，因为有康熙帝14岁亲政的前例，慈禧太后就算缓归政，也不能拖太久。只要一归政，就失去了干预朝政的合法性。而以皇帝名义请慈禧太后训政就完全不同了，这是给慈禧太后归政后继续干预朝廷政事赋予合法性，只要她不死，她就可以一直堂而皇之地干预朝政，光绪帝就一直是个傀儡。

事实证明，这个“训政”，为戊戌变法的失败和光绪帝的悲惨遭遇埋下了伏笔。翁同龢虽然认识到了这一点，但是此时他已经不是军机大臣，奕譞、孙毓汶等人也不能理解他的深意。所以，他也没有坚持己见，还是草拟了请求慈禧太后训政的奏折。不知道他在戊戌变法失败后，在被贬斥放逐的孤寂岁月里，会不会想到自己在这个时候的思考和这份奏折。

奕譞等人以各种方式上奏请慈禧太后训政的奏折，在十四日（15 日）被慈禧太后退回，慈禧太后坚持于明年正月十五日让光绪帝亲政。如果奕譞是个有政治格局、智慧和胆量的人，事情进行到这里，果断停止继续劝进，可以说对光绪帝今后的发展最佳。

为什么这么说呢？因为慈禧太后要求归政，按照孝道的内在要求，光绪帝和奕譞理应挽留，表达感激，第一次当面请求了，慈禧太后不同意，这一次又率群臣请求训政，慈禧太后再次否定了，光绪帝已经完全完成了“孝道”的内在要求，也让慈禧太后有一种大公无私的形象。这个时候如果奕譞有识见、有胆量，应该充分认识到翁同龢意见的价值，到此果断打住对慈禧太后训政的请求。但是，慈禧太后是个权力欲极强又手段极其毒辣的人，奕譞是个既愚蠢又胆怯的人，于是，历史便在十字路口，朝着极可悲的路上狂奔而去。在慈禧太后十四日否决奕譞等人请求训政的奏请后，奕譞率领王公大臣再次上奏请求慈禧太后训政。慈禧太后于十八日发布谕令，在皇帝亲政后再训政数年。

人们谈论晚清史时，都说慈禧太后坏。在我看来，慈禧太后虽然坏，但是她的坏离不开醇亲王奕譞的蠢。不怕对手强，就怕队友蠢。不知道光绪帝有没有这样的想法。至于奕譞想通过修建颐和园让慈禧太后远离他的儿子，虽然可以理解为他的爱子之心，但是这事用左宗棠的一句话就可以定性——小事精明必误大事。

最后要交代一下奕譞的结局。俗话说，可怜之人必有可恨之处，可恨之人必有可悲之苦。表面上看如此显赫之醇亲王奕譞，结局相当可怜可悲。光绪十三年七月（1887 年 8 月），奕譞就严重生病，足肿手颤，后来行动不便，言语不清。在该年底，经翁同龢介绍，由晚清名医徐延祚医治，很快有所成效。但徐延祚旋被慈禧太后赶走，由太医院御医接手治疗。《翁同龢日记》于此事记载很详细。先是翁同龢听到消息后，写道“奈何奈何”；第二天光绪帝听到消息后，问翁同龢：“徐某方有效，而因用鹿茸冲酒，不令诊脉矣，此何也？”（《翁同龢日记》）。面对光绪帝的质问，翁同龢沉默以对，无法回答。光绪帝拜托翁同龢带话给奕譞，要求仍然服用徐方。第二天翁同龢至奕譞处，隐约传达皇帝的意见，“请斟酌服药，总以得力者常服，不必拘”（《翁同龢日记》）。此时已经明白了慈禧太后想让自己死的奕譞，一边委婉说药都不见效，什么都不想吃，一边请求翁同龢转告光绪帝“当斟酌服药，请勿惦记，好读书”。翁同龢特别写到以前奕譞“似皆童心，今观此语实有深心”。奕譞最后让其第六子载洵出见作揖。按清朝礼制皇亲宗室不能下拜大臣，奕譞此举隐然有托孤之意。奕譞意有所指地说“所恶有甚于死者”，可见他已经决定为了子女而死，但是又实在心有不甘。此情此景，让久历宦海沉浮、见惯宫廷险恶的翁同龢也难以忍受，“即出登车，甚难为怀也”！

一百多年后，借助这寥寥数语，我们仍然能够感受到无限的凄怆愤恨，不免为之唏嘘。车中的翁同龢，不免泪流满面吧。不知道此时的奕譞，是否对自己的愚蠢有所反省？是否对自己的怯懦有所悔恨？是否对慈禧太后还有虚妄的幻想？熬煎到光绪十六年十一月二十一日（1891 年 1 月 1 日），奕譞终于因“医治无效”而死。此时距光绪帝大婚还不到两个月。

奕譞之死，也在光绪帝和慈禧太后的感情纽带上，钉下了一颗钉子。悲剧就这样传递了。

图 14-8　奕譞七王坟

奕譞死后，建园寝于退潜别墅右侧。退潜别墅是少见的阴阳双宅。由于他是皇帝生父，所以碑亭和享殿用了黄色。照片中隐约可见那点儿黄色屋顶，即为碑亭。溥仪《我的前半生》一书记载，奕譞园寝上有一棵非常高大的银杏树。戊戌政变后，慈禧太后为断其风水，派人将银杏树砍掉。如今这个著名的退潜别墅俗称七王坟，不对外开放。台阶坍塌，荒草萋萋，悲凉之感不禁而生。作者自摄照片，2023 年 2 月。

光绪帝的婚姻悲剧

光绪十五年正月二十七日（1889 年 2 月 26 日），已经 17 岁的光绪帝举行大婚典礼。本来晴朗的天气，在半夜子时突起大风，声如万马嘶鸣。这样的天气，或许照应了光绪帝的心情。这婚，他结得不情不愿。为什么？因为皇后是他的舅家表姐、慈禧太后的侄女，不仅大他 3 岁，长得也不好看，甚至有点含胸驼背。更重要的是，这场婚姻是慈禧太后一手包办，充满了算计。对慈禧太后早就心存不满的光绪帝，自然对婚姻有着极强的反感。

光绪帝大婚之时已经虚岁 18 岁了。以现在的眼光看，结婚太早了。但以当时的标准，已经不小了。尤其是与他的祖宗顺治帝和康熙帝比。顺治帝 14 岁大婚，康熙帝 12 岁大婚。即使与同治帝比，他也晚了。为什么光绪帝结婚会这样晚呢？因为大婚是与太后归政直接相关的。如果让皇帝大婚了，意味着皇帝已经成人了，太后就必须归政给皇帝。此前奕譞等人请求慈禧太后继续训政，最重要的理由之一就是皇帝还没大婚。这是慈禧太后第一个算计。

第二个算计是什么呢？就是让光绪帝娶自己的表姐为皇后。大婚之时，叶赫那拉氏已经虚岁 23 岁了。这个年龄结婚，在当时也是极罕见的大。是姑娘没人娶吗？肯定不会是的。以她的出身，无论如何都有人娶。姑姑是慈禧太后，姑父是醇亲王奕譞，父亲是副都统，除了皇室公主，还有谁的门第比她高？那为什么她一直没结婚呢？因为慈禧太后早已决定让她嫁

图 14-9　慈禧太后与光绪帝皇后、瑾妃等人合影

右一是光绪帝皇后叶赫那拉·静芬，即后来的隆裕太后。中间是慈禧太后，左一是瑾妃。隆裕太后作为皇后时最常被使用的照片，实际上是从这张拍摄于 1903 年的照片中裁剪出来的。从照片也可以看出来，她确实有点苦瓜脸、含胸，形象气质完全没法和珍妃比。图片选自刘北汜、徐启宪主编《故宫珍藏人物照片荟萃》，第 39 页。

给光绪帝。为什么这么说呢？因为她是通过选秀的程序最后被选上的。按照清朝的宫廷规定，秀女的年龄须在 13~17 岁，而叶赫那拉氏参加选秀女时已经 22 岁了，最后能够参加选秀女，并一步步确立为皇后，除了慈禧太后干预，谁能办得到呢？据各种野史记载，确立皇后的过程，是慈禧太后一手操办的，目的是长久保持叶赫那拉氏的权势，根本没考虑光绪帝的感受。

第三个算计是慈禧太后在婚前就布置好了今后把持朝政

的方式。光绪帝大婚后，慈禧太后无论如何也不能再把控朝政了，所以她在宣布光绪帝大婚日期决定时，就坚决表示将在此后完全归政。但是半年后慈禧太后又批准了军机大臣世铎等人领衔制定的《归政条目》。

这个条目有两条很关键的内容：一是规定大臣们的请安折可以继续向慈禧太后递呈；二是高级官员的任命，光绪帝初步圈定后，仍然需要向慈禧太后请懿旨。这两条意味着什么呢？第一条是合法保留了王公大臣与慈禧太后的联络通道，不然按照祖宗家法，外朝官员是不能联系后宫的。第二条意味着高级官员的最高任命权仍然掌握在慈禧太后手里。掌握了这个权力，就会保证外朝官员不会倒向光绪帝。慈禧太后为什么能够轻易发动戊戌政变？关键就在于她在归政时留下的这两手。大婚以后，光绪帝虽然可以处理很多事了，但每月总要很多次去颐和园或三海向慈禧太后“请安”“听训”，或是送奏折“慈览”，这都是请慈禧太后决策的另一种说法。在人事上，军机大臣和李鸿章等督抚，还是只听命于慈禧太后。慈禧太后一开始还有些收敛，没多久就什么事都干预，更进一步介入了光绪帝的婚姻生活。

光绪帝本来就不喜欢他的表姐，更反感慈禧太后的算计。据说结婚当天在洞房里痛哭流涕，婚后更是一直未有夫妻之实。有据可查的是，他连在太和殿宴请皇后父亲和娘家人的活动都借故不舒服没参加，弄得满城风雨。这样的婚姻，怎么会有幸福的可能？光绪帝在婚后发现大婚时同时册封的珍嫔（光绪二十年晋妃位）聪明可爱，很快找到了情感的依靠，一回到后宫就和她形影不离，而对皇后不理不睬。时间一长，矛盾越积越大，引起了慈禧太后的干预。她自然是站在皇后立场上收拾珍妃，但是这样却进一步激发了光绪帝的反感。

光绪帝的婚姻和情感生活，成了他与慈禧太后感情纽带上的第二颗钉子。

慈禧太后讨厌珍妃，除了维护侄女外，可能也有政治因素。珍妃聪明伶俐，可以说是个“熹贵妃”翻版。她不仅参与政治，还试图拉拢外朝官员，甚至通过她老师文廷式联络日本政府。事情一步步走向了死结。八国联军进北京，慈禧太后在出逃前命太监将珍妃推入井中溺死。

尽管史学工作者要尽量保持中立，但是对于光绪帝，我一直都不能克服自己的同情之感。他是一个有理想、有抱负、有能力的人，虽然贵为皇帝，但是命运都被别人主宰：幼年被强行与父母分离，在深宫中备尝艰辛孤寂；青年以后又被一直当作傀儡；想救亡图存重振清朝，却以彻底失败而告终；终于获得了一点夫妻的温暖，又被强行剥夺；壮年一直充当傀儡木偶，最后还被毒死。制造他人生惨剧的罪魁祸首，是他的姨妈兼伯母慈禧太后，其次是他的父亲。这又为他的惨剧增添了一层悲哀色彩。

傀儡如果认不清形势，不安于现状，还想奋发有为，那就要从悲剧走向悲壮了！亲政的光绪帝很快就遭遇了甲午惨败，这将他的生命史改写了。

图 14-10　颐和园

奕譞为慈禧太后重金重修了“三海”和颐和园。眼前的昆明湖是以操练水师的名义挖掘扩大，因此挪用了海军建设经费，北洋水师建设步伐受阻。颐和园还是北京最早用到电灯的地方，李鸿章为了巴结慈禧太后，在此装备了发电机。但是，湖光山色并不能减少慈禧太后对朝政的遥控。亲政之后的光绪帝，需要经常来请训。作者自摄照片，2023 年 11 月。

第十五章　彻底改变中国的甲午战争

光绪二十年六月二十三日（1894年7月25日），早上7点45分，朝鲜丰岛海域（今韩国仁川市），一声炮响打破了早晨的宁静。这声炮响，来自日本海军军舰“吉野”号。“吉野”号在没有任何征兆的情况下，突然向中国海军济远舰开炮射击。吨位和装备水平不如日本舰队的中国军舰，面对日军舰队密谋已久的袭击，仓促应战。两国舰队在丰岛海面展开了激烈的战斗，最后以中国舰队付出惨重代价而结束。这就是丰岛海战。丰岛海战就像是乌云密布时的第一声雷，击破了中日之间多年紧张但未爆发武装冲突的局面，也打破了东亚的政治平衡，深刻影响中国、日本和世界局势的中日战争正式爆发。光绪二十年是中国的甲午年，史称甲午战争。

甲午战争被视为中日两国的国运之战。这场战争以中国惨败、日本获得 2 亿多两白银赔款和割占台湾而结束。中国和日本当时是东亚乃至亚洲进行现代化改革力度最大的两个国家，这场战争彻底改变了两个国家的发展轨迹。从此，日本在军国主义道路上狂奔，最终在第二次世界大战中被彻底击败。中国的现代化之路遭受重创，此前改革成果基本无存，知识阶层普遍觉醒，最终推翻了清朝，走上了曲折的民主共和之路。

甲午战争是晚清中国现代化历程的分水岭。此前基本是政府主动引领政治经济改革，此后基本是政府被动适应民间改革要求。但是执政者没有意识到这一点，依然保守、无能、封闭和愚昧，一直无法理解汹涌的改革呼声、回应人民大众的政治热情，被觉醒的人民推着向前走，步履踉跄，最终引发了辛亥革命。

有兴趣的朋友可以体验一下主动跑和被推着跑的区别。主动跑，节奏自己掌控，越跑越顺；被推着跑，迟早要摔倒。因此，要了解中国乃至东亚的百年史，必须对甲午战争有透彻的了解。

在短时间内基本了解复杂的甲午战争，需抓住三个核心问题：战争为什么会爆发、清军为什么会一败涂地、战争的影响是什么。我们先重点分析前两个问题。

甲午战争为什么会爆发

甲午战争的爆发是多种复杂因素综合的结果，至少需要从三个方面解读。

一是朝鲜内部很复杂。李熙在 1863 年被立为朝鲜国王时，年仅 12 岁，朝政由他的父亲大院君李罡应执掌。李罡应对内打击长期执政的外戚金氏集团，推行了多方面的内政改革，对外采取闭关政策，先后击退了法国和美国的侵扰。为了避免重蹈外戚专权的覆辙，大院君在儿子选妃问题上非常慎重，竭力排除一切名门望族和权势之家，最后选定了自己妻子闵氏家族的一位女子。大院君原本以为闵妃势单力薄，不会再出现外戚专权的局面，但他万万没想到，闵妃心机很深，扮猪吃老虎，很快成了自己的政治劲敌。

在家里，她演技很好，唤起了大院君之妻的同情心，说动大院君提拔闵氏亲近的外戚；在宫内，她情商很高，以温顺谨慎的态度全力争取到了国王李熙的宠爱，成功离间了李熙对大院君的信任；在宫外，她手段很高，悄悄拉拢培植一切反对大院君的政治力量。到 1873 年冬，经过闵妃的一通操作，国王李熙对大院君彻底不再信任，宣布亲政。可是李熙并不是一个贤明能干的国王，实际权力落到闵妃手中。

闵妃掌权后，开始采取讨好日本和对外开放的政策。这不仅使朝鲜卷入了世界市场和国际争斗，还伤害了旧军人等阶层的利益，最终引发了 1882 年的“壬午兵变”。哗变士兵在大院君李罡应的支持下攻击了汉城的部分政府部门和日本公使馆，闵妃趁乱逃出，并向清政府求援。清军在吴长庆、丁汝昌等人的率领下，扣押了大院君李罡应，镇压了哗变的军人。为了解决朝鲜复杂的政治斗争问题，李鸿章决定将大院君李罡应押赴中国，软禁在保定。李鸿章对这事的处理，其实很缺少智慧。朝鲜国内一部分激进开化派人物认为朝鲜的主权被损害了，倒向了日本。光绪十年中法战争爆发后，一部分驻朝清军被撤回国，以金玉均为首的激进开化党人趁机于十月十七日（12 月

4 日）晚发动了“甲申政变”。闵妃通过袁世凯请求清军干涉，袁世凯一边请求李鸿章派兵增援，一边于十一月初三日（12 月 19 日）组织驻朝清军进攻发动政变的开化派和日军，成功镇压了政变。

高层斗争不断，老百姓日子肯定不会好过，起义自然免不了。朝鲜内部有增无减的政治争斗和贪污腐化，引发了东学党起义。光绪二十年正月初十日（1894 年 2 月 15 日），东学党在全罗道发动起义。从起义军“诛灭夷倭”“尽灭权贵”“忠孝两全”等纲领来看，这场起义有着反对帝国主义侵略、反对权

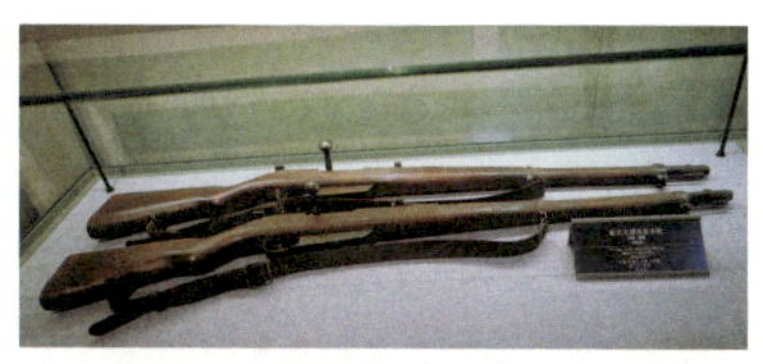

图 15-1 （由上至下）毛瑟连发步枪、十管格林快炮、克虏伯 75mm 行营炮

为什么在朝鲜前期小型冲突中清军总是获胜？为什么朝鲜总是有事就求中国帮忙？因为淮军的装备确实很不错。淮军至少五分之一的士兵使用了现代连发步枪，军队还配备了重武器格林快炮和克虏伯行营炮。格林快炮就是李鸿章仿制的加特林机枪，这种十管机枪射速为 300 发子弹 / 分钟。这些装备的先进性，在当时世界陆军中都排得上号。照片均由作者摄于刘公岛中国甲午战争博物馆，2023 年 8 月。

贵剥削、追求公平、拥护国王的多重诉求。但是朝鲜政府并没有认真研究分析，而是一上来就进行严厉镇压。可是，东学党起义军偏偏纪律严明、组织紧密，战斗力很强，朝鲜军队打不过，一败再败，很快丢失了朝鲜南部三道。被形势所迫的朝鲜国王李熙决定再一次向中国借兵镇压。这次看起来完全是朝鲜出于内部稳定需求的请求，却给早已图谋击败中国的日本提供了一直在等待的出兵机会。

二是日本蓄谋已久。日本走上现代化之路的同时，也走上了向外扩张的道路。前面已经讲过日本吞并琉球群岛、侵扰台湾的事。日本在历史上就不断侵略朝鲜，明治维新后对朝鲜的觊觎更是有增无减。闵妃执政后，虽然采取讨好日本的政策，但是并未减缓日本对朝鲜的侵略。日本先是挑起了“云扬”号事件，然后以此为借口，于光绪二年初出兵朝鲜，对朝鲜施压。在日本的武力压迫下，朝鲜被迫与日本签订了《江华岛条约》。条约第一条的内容是“朝鲜国乃自主之邦，保有与日本国平等之权”。这是明文否定了中国与朝鲜间的宗藩关系，从理论上为日本侵略朝鲜扫清了中国这个障碍。条约还给予日本领海权、领事裁判权等一系列特权。

日本的侵略让清政府提高了对日本的警惕，态度也趋于强硬，日本在“壬午兵变”和“甲申政变”中接连受挫。经过这些事情，日本政府清楚地意识到，侵略朝鲜计划的成败，关键不在朝鲜，而在清政府。不甘心的日本，一方面加紧备战，大力发展现代海陆军，积蓄着能够击败清政府的军事力量；另一方面不断向清政府和朝鲜政府进行外交施压。“甲申政变”后，日本派伊藤博文与李鸿章谈判。李鸿章主张中日同时撤军，但是又希望日本承认中国对朝鲜有派兵权。为了达到目的，他实际上也承认了日本对朝鲜的派兵权。光绪十一年，中日签订《天津会议专条》，其中第三条内容为:“将来朝鲜国若有变乱重大事件，中、日两国或一国要派兵，应先互行文知照，及其事定，仍即撤回，不再留防。”条约签订后，李鸿章以为他的“糊弄学”再次发挥了作用，但是他没有意识到，这个条约等于将朝鲜置于中日“共同保护”之下，为甲午战争的爆发埋下了伏笔，也为他的倒台埋下了伏笔。

“糊弄学”害人害己。但在不出事之前,“糊弄学”都是被当作智慧的。

中日《天津会议专条》签订后近十年的时间，虽然没有什么特别大的事情，但是形势却在悄然向日本方向倾斜。从朝鲜角度来说，政治斗争、政治腐败并没有缓解，政治方向摇摆也没有解决。火山终究是要爆发的。

从中国角度来说，甲申易枢之后，政府执政能力更差，海陆军现代化建设也因修建颐和园等事停顿，国力军力实际是在走下坡路。与此同时，李鸿章等人则希望加强对朝鲜的控制，进一步刺激了与日本的冲突。力弱而愿大，没有不以悲剧收场的。

从世界局势来看，英国为保持自己在东亚的优势，逐渐走上了联日抗俄的道路，美国也与日本关系较为紧密。此时日本的情势也在急速变化，现代化成效不断凸显，军国主义野心也在不断膨胀。日本的军国主义分子越来越期待与清政府一决雌雄，决定谁才是东亚老大。清政府出兵镇压东学党起义，就是日本等待已久的机会。他们一边欺骗袁世凯等人日本不会出兵，一边在紧锣密鼓地筹备着与中国的大规模战争。

三是李鸿章把事情想简单了。李鸿章长期担任直隶总督兼北洋大臣，又领导着清政府最精锐的淮军和北洋水师，整个渤海湾的防务都归他管，因此在朝鲜事务上有着举足轻重的决策权。在对待朝鲜问题上，他一直希望能保持住与朝鲜的宗藩关系。面对日本对朝鲜的蚕食侵略和西方列强势力的增大，李鸿章虽然建议朝鲜对外开放，但是对朝鲜的控制和保护并未降低。特别是光绪八年八月（1882 年 10 月）签订的《中朝商民水陆贸易章程》，将过去礼仪和形式上的宗藩关系变得更具实质性。中日在朝鲜的对立也越来越呈现难以调和的局面。

在对朝事务上，不能不提袁世凯。袁世凯在“壬午兵变”中表现出了非凡才干，被吴长庆委派帮助朝鲜国王训练新军，此后逐渐成为清朝驻朝鲜的核心官员。在“甲申政变”中，袁世凯表现出果敢强硬的一面，进一步获得李鸿章的赏识，光绪十一年被任命为“驻扎朝鲜总理交涉通商事宜”的官员，成为清政府驻朝鲜最高官员，对朝鲜内政影响巨大。袁世凯素来主张对朝鲜国王和日本采取强硬态度，以维护清政府的权益。在东学党起义中，正是他力主清政府再次派兵入朝，帮助朝鲜国王稳住局势。在光绪二十年四月二十六日（1894 年 6 月 1 日）确定清政府很有可能出兵的情况后，日本驻朝代理公使杉村濬第二天拜访袁世凯，表达汉城危甚、盼望清政府尽快出兵平息东学党起义之意。袁世凯完全没有意识到，这是日本诱导清政府先派兵的诡计。李鸿章在给总署的电报中说：“杉与凯旧好，察其语意，重在商民，似无他意。”[李鸿章:《寄译署（光绪二十年五月初一日巳刻）》]

对于出兵朝鲜，李鸿章开始是有些犹豫的。四月三十日（6 月 3 日），日本驻天津领事奉命拜访李鸿章，传递出日本并不会派兵的意思。这个信息与袁世凯的报告接近，坚定了李鸿章出兵的信心。他还给日本领事解释，清政府出兵只是平叛，别无他意。他没有意识到，这恰恰向日本泄漏了派兵信息。他并不知道，日本内阁会议二十九日已经决议出兵朝鲜，正等着清政府出兵朝鲜作为借口。此后数天，李鸿章一直认为日本不会派兵。袁世凯和清朝驻日公使汪凤藻五月初四日（6 月 7 日）均向李鸿章报告了日本的最新动向和他们的担忧，李鸿章

图 15-2　北洋舰队模型

刘公岛甲午海战纪念馆展示的北洋舰队模型。我参观的那天恰逢中午暴雨，很多游客提前离岛。我一直等到闭馆最后时刻，游客全部离开，才拍到这张北洋舰队模型全家福照片。站在模型前，能相对直观地感受到这支曾经的亚洲第一舰队确实威风凛凛。这支耗费清政府无数金钱和心血的舰队，两战下来，灰飞烟灭。北洋舰队沉没最大的教训就是，在军事装备发展上，一刻也不能停顿，一点也不能弄虚作假。真假强弱，在战场上瞬间就检验出来了。作者自摄照片，2023 年 8 月。

仍然没有警觉，继续相信日本不会派兵。也正是该日，日本正式照会清政府，将出兵朝鲜。即使到了日本军队已经登陆朝鲜的时候，李鸿章仍然没有意识到事情的严重性。直到五月初九日，日本拒绝了清政府不再多派军队的提议，李鸿章才感到不对劲，开始和日本交涉，希望同时撤兵。他仍然没有意识到，日本等这个与清政府一决雌雄的机会已经等了很久，怎么可能会与清政府一起撤兵呢？日本不仅不撤军，反而继续向朝鲜派兵，并不断倒打一耙，将责任推到清政府头上。李鸿章等主政者一直心存侥幸，直到北洋运兵船在丰岛海面被偷袭。

清军为何一败涂地

甲午战争的过程，中国人都比较熟悉。丰岛海战 4 天后，清军和日军爆发成欢之战，此后清军陆路一路溃败到平壤。八月十六日（9 月 15 日），清军在平壤保卫战中再次失利，雨夜溃奔。统帅叶志超率领败军一口气后撤五百余里，让日本陆军顺利追击到鸭绿江。日本军国主义分子鼓动侵略朝鲜时，曾经有“饮马鸭绿江”的野心。他们没有想到的是，装备了现代化武器的清军如此不堪一击，现在不仅要“饮马鸭绿江”，甚至直捣北京城都有可能了。山县有朋等人制订了“征清计划”，向日本天皇建议歼灭北洋水师，攻占山海关和威海卫，直下北京城。九月二十六日（10 月 24 日），日军开始攻击清军鸭绿江防线，突进中国境内。此后清政府虽然调集了全国的军队，但是仍然接连丢失大连、旅顺、牛庄、营口等重镇。

海军方面，两国军队于八月十八日（9 月 17 日）在大东沟

图 15-3　辽宁盘锦田庄台清军阵亡将士墓

光绪二十一年二月十三日（1895 年 3 月 9 日），宋庆统率的近 2 万名清军与野津道贯统率的近 2 万名日军在辽宁盘锦的水路交通枢纽田庄台展开激战。清军伤亡约 2000 人，日军伤亡 160 余人。田庄台之战是甲午战争的最后一战。2023 年 8 月 26 日，当我从锦州考察完昭忠祠，匆忙驱车 150 公里赶到盘锦田庄台阵亡将士墓时，已经接近下午 6 点，看门人已经下班回家，在当地一位大叔的帮助下辗转找到工作人员，才得以进去瞻仰考察。当地人称墓地为“清军坟”，墓地打理得比较整洁。这是对为国家牺牲官兵的告慰。作者自摄照片，2023 年 8 月。

附近海面相遇，爆发了黄海海战。北洋舰队主力和日本联合舰队鏖战近 5 个小时。海战规模之大、战斗之激烈、时间之持久，在世界近代海战史上罕见。北洋舰队虽然损失了四艘战舰，牺牲了六百多名将士，但是也抗住了多方面明显占优势的日本舰队的攻击。黄海海战后，实力尚存的北洋舰队成为日本的心头大患。日本组建了山东作战军，于十二月二十五日（1 月 20 日）在山东荣成登陆，并一路顺利攻击到威海卫附近，与海军夹击北洋舰队。虽然北洋舰队进行了英勇抵抗，但终究经不起日军的海陆夹击，于光绪二十一年正月二十三日（1895 年 2 月 17

图 15-4　日军在荣成龙须湾登陆时的情形

黄海海战后，日军调整了战略，决定组建山东作战军，从陆路攻占威海卫，海陆夹击北洋舰队。中国军队由于指挥混乱，荣成等地的防务是山东地方军负责，沿着漫长海岸线布防，具体到每个地点，则军力薄弱，既未能阻止日军登陆，又未能在日军登陆后快速组织有效反击，导致日军快速攻占威海卫。图片选自赵省伟编《遗失在西方的中国史：海外史料看甲午》，第 440 页。

日）全军覆没。此后虽然还有一些抵抗，但是海陆军主力均已被摧毁的清政府，只能向日本乞和。

仅从海陆军军队人数、装备水平等纸面数字来看，清军虽差于日军，但没有质的差别，不至于一败涂地。或许这也是李鸿章等人与日军一战的底气所在。但是实际战争情形是，清军在陆路一败涂地，并且连累了北洋舰队。鉴往知来是历史学的基本任务。中国人应该对甲午惨败的原因有基本的了解，并永久吸取这样的教训。下面由表及里地分析清军一败涂地的原因。

第一，前线将领军事素养低。俗话说，一将无能，累死三军。战争中将领的军事素养是战争胜败的关键因素之一。虽然李鸿章早在镇压太平天国时就充分意识到现代枪炮的威力，此后一直努力追求装备的现代化，但是不知为何，他却不重视淮军将领的现代化更替。这导致甲午战争中清军的军事统领，普遍是镇压捻军时获得李鸿章赏识的传统军事将领。这些将领基本没有接受过现代军事教育，谈不上什么现代军事素养。他们对内镇压一下老百姓起义还行，与日本进行现代化战争，确实能力不够。我们且看几位将领的情况。

清军在朝作战，由直隶提督叶志超统领。叶志超外号“叶大呆子”，原本是讨捻的底层淮军士兵，没文化，作战勇猛，以军功获得李鸿章赏识，逐步提拔到直隶提督这个重要的军事职务上。与日本开战后，他对自己统率的军队并无信心，只想

图 15-5　李鸿章麾下直隶“四大总兵”

左起为叶志超、郑国魁、吴育仁、潘万才。照片可能拍摄于 1886 年醇亲王奕譞巡阅北洋海军时。此时他们已经比较苍老。八年之后，甲午战争爆发，更加老迈。清朝官制，总兵正二品，比巡抚的品级（从二品）还高。乾隆时期全国总兵约 80 名。总兵上面是提督。直隶提督下辖 11 名总兵。叶志超在甲午战争前已经晋升为直隶提督。图片选自故宫博物院编《最后的皇朝：故宫珍藏世纪旧影 • 军务卷》，第 7 页。

北撤，在撤退中又无章法，让清军不断遭受损失。

辽东保卫战的指挥者是四川提督宋庆，他也是贫寒出身，在镇压捻军时逐步积功为军官。宋庆是以河南人为主的毅军的统领，随李鸿章征战南北，最后被提拔为四川提督。宋庆生于嘉庆二十五年（1820），此时已经是74岁的老将。

北洋舰队中虽然有刘步蟾等接受了现代军事训练的将领，但是统帅丁汝昌却出身贫寒，后来因作战勇猛，被刘铭传和李鸿章赏识，逐渐成为北洋水师提督。威海卫陆路清军总统领戴宗骞是廪生出身，相对有一些文化，也是在镇压捻军时获得李鸿章赏识，逐渐成为李鸿章的助手和淮军将领。

参加甲午战争的指挥官级人物，还有黑龙江将军依克唐阿和山东巡抚李秉衡。依克唐阿是满洲镶黄旗，从八旗低级军官一步步成长为将领。李秉衡并无军事背景，而是从基层官吏干起，历经宦海考验，成长为封疆大吏。

简单分析一下这几位称得上指挥官级将领的情况，大家可以清楚地意识到，这些人不仅是传统型将领或官员，而且二三十年间，没有经历过大型战争的考验。与之相比，日军前线的山县有朋、伊东祐亨、野津道贯等人不仅要“现代”得多，而且还大多有战争经历。

由于清军前线统帅基本是传统型将领，并不擅长现代战争，所以他们采取的一直都是传统婴城自守、待敌来攻的消极防御战术。这种战术不仅错失了很多在运动战中消耗日军的良机，而且正是日军分进合击和迂回包抄战术最喜欢的，日军可以轻易完成包围，然后攻坚作战。前线军事主官的错误指挥，可以说是甲午战争中清军一路丢城失地、溃不成军的直接原因。另外，清军中不少将领和士兵已经养尊处优几十年，并无

图 15-6　日本第一军司令部高级军官合影

为适应大规模野战，日本参谋本部于 1894 年 8 月组建了第一军、第二军。第一军首任司令官是山县有朋大将，当年 12 月由野津道贯中将接任，叶志超和宋庆的对手就是他们二位。照片中第一排中间即为野津道贯。将双方主要将领的照片放在一起对比看，中方必然战败的感觉立即浮现。图片选自赵省伟编《遗失在西方的中国史：海外史料看甲午》，第 374 页。

坚定的斗志，而日军将领和士兵基本深受武士道和军国主义影响。在很多次作战中，日军对清军并无绝对胜利的把握，甚至有些时候日军也濒临崩溃的境地，但是最后都是清军溃败。除了战术原因，不能不说精神力量也是重要的因素。

第二，李鸿章的格局低。如果李鸿章意识到这场战争要将他既呵护又依赖了几十年的淮军和成军仅五年多的北洋舰队毁灭，即使日本直接吞并朝鲜王国，他可能也不会出兵。李鸿章最大的缺点，就是格局不够，小聪明多，大智慧少。在处理外交大事时，常凭主观构想决断，临事又游移不决，国际交涉又常用中国官场的“糊弄学”。

过去因为李鸿章签订了很多不平等条约，主流观点认为他是卖国贼。这与历史真实是不符合的。李鸿章主观上从不想卖国求荣。他真正的问题是格局不够，以私害公，始终舍不得那几万人马。重要的事情说三遍。这个观点，讲日本吞并琉球、中法战争时，已经讲了两次。这里必须再说一次。格局低不仅让李鸿章一生功名尽付东流，让中国一再吃大亏，更重要的是这才是李鸿章留下的最重要教训。

李鸿章是清政府中很早就对日本崛起有警惕之心的高层决策人员，但是他也总是被日本人的甜言蜜语蒙蔽欺骗。琉球那次如此，这一次也是如此。在对日交涉出兵朝鲜问题上，他始终轻信日本外交人员的说辞，对日本的勃勃野心和险恶用心缺乏清醒的判断。在东学党起义平息、日军出兵朝鲜的情况下，聂士成等人请求李鸿章尽快下令撤军回国，避免给日军挑衅机会，李鸿章的决定是“静守勿动”，错失了撤兵避战的时机。李鸿章既不撤兵，又不积极备战，而是寄希望于俄国等国进行国际调停。甚至光绪帝在五月二十二日（6 月 25 日）、二十八日（7 月 1 日）两次谕令李鸿章加强备战，李鸿章对日本和其他帝国主义国家仍然抱有幻想。李鸿章这种态度让光绪帝很恼火。他在六月十四日（7 月 16 日）的谕旨中毫不客气地说：“李鸿章身膺重寄，熟谙兵事，断不可意存畏葸。……若顾虑不前，徒事延宕，驯致贻误事机，定惟该大臣是问。”[《军机处电寄李鸿章谕旨》（光绪二十年六月十四日）] 严令之下，李鸿章才开始派军援朝。直到六月二十二日，驻朝清军统帅叶志超才接到李鸿章“和议决裂，速备战守”的电报。此时距离丰岛海战爆发只有一天时间。不知还记得否，战争即将打响，前线统帅还没有足够的警惕之心，此种情形在鸦片战争、中法战争时都出现过，这次再来一次。可见李鸿章等人并没有从此前的失败中吸取教训。

战争正式打响，李鸿章才意识到这次非同寻常，开始积极备战。从此后战争过程来看，日军对清军并无绝对胜算，如果清军指挥有方、战术得当、作战坚决，并不会一败涂地。为什么清军总是指挥混乱、战术错误呢？李鸿章有着不可推卸的责任。作为清军最高指挥官，李鸿章却没能及时建立有效的前线指挥系统，明确前线统帅，统一作战方略。清军以淮军为主，虽说不是一盘散沙，却也没能团结一心发挥最大战力。

图 15-7　宋庆

清军将领中也不都是草包。在叶志超率领的淮军溃败后，老将宋庆统领的毅军在辽宁盘锦一带挡住了日军陆路的推进势头。宋庆学徒出身，以剿捻起家，在河南南阳等地组织毅军，后一直统领毅军。甲午战争时期，宋庆率军到辽东半岛，会办奉天防务。宋庆虽然职务是四川提督，但都是遥领，一天也没到任，这也可见晚清军制之乱。图片选自故宫博物院编《最后的皇朝：故宫珍藏世纪旧影·军务卷》，第 14 页。

战争爆发前后，清军陆续入朝，却一直没有明确军事统帅和指挥体系。李鸿章派遣卫汝贵、马玉崑、左宝贵、丰升阿等率援军在七月初先后抵达平壤。可是几位将领地位相当，在朝廷没有明确统帅的情况下，自然谁都不好意思指挥别人，更重要的是谁都不愿意被别人指挥，战备只能是无秩序开展。待七月二十一日（8月21日）叶志超撤退到平壤、谎报胜利后，他才被李鸿章任命为前线统帅。可是叶志超无学无识，并无帅才，毫无斗志，前线其他将领并不怎么拥戴他。丢失平壤后，叶志超也不听从聂士成等人劝告沿途据险防守，逐渐消耗日军，而是如惊弓之鸟，一路北逃，"趋五百余里，渡鸭绿江，入边始止焉"（《清史稿·叶志超传》），将日军轻易地放到了鸭绿江边。最训练有素的淮军主力，经此大溃败，元气大伤，一蹶不振。与之对应的是，作战勇猛且头脑清楚的聂士成，在平壤保卫战的关键时刻，却被李鸿章召回国进行募兵工作。

指挥混乱是清军贯穿战争始终的问题。在保卫鸭绿江防线时，宋庆和依克唐阿两位统帅地位相当，互不隶属，意见不一致。在旅顺保卫战中，李鸿章委派的前敌营务处兼船坞工程总办龚照玙临阵出走烟台，无法担负起指挥责任，导致七位军事将领各行其是。在万般无奈的情况下，七位将领自己商量推举目不识丁的姜桂题主持大局。就这样，被称为"海军根本"的旅顺在一片混乱中丢失。

在威海卫保卫战中，指挥不统一的问题再一次导致了严重后果。黄海之战后，李鸿章信心全无，希望"保船制敌"，命令北洋舰队龟缩在威海卫等各海口，不能出洋再战。[1]可是他并

1　有研究者指出，过去流行的李鸿章"避战保船"之说是根据私家著述发展而来，不能采信。此处所用"保船制敌"，是李鸿章给朝廷的奏折中明确提出的海军战守之方。

没有意识到导致北洋水师覆灭的关键是他自己。除了北洋水师内部将领不够团结外，更重要的是北洋水师提督丁汝昌和威海卫陆军主将戴宗骞互不隶属，意见相左，势同水火。丁汝昌早就发现威海卫陆路防守问题严重，担心日本从陆上突破，然后海陆夹击北洋水师，因此给出了多个非常有价值的建议，比如提前炸毁岸防炮台等，但是戴宗骞非但不听，而且向李鸿章报告诋毁丁汝昌。事实证明，丁汝昌的确有远见。日军从陆上突破威海卫防线后，让北洋舰队海陆受敌。鱼雷艇管带王平因为没能完成丁汝昌所派的炸毁南岸炮台的任务而策动 15 艘鱼雷艇叛逃，加速了北洋水师的毁灭。李鸿章不仅没有保住陆军几万人马，连北洋舰队也没保住。

图 15-8　中国甲午战争博物馆《威海卫战役形势图》局部

日军山东作战军从荣成龙须湾登陆后，快速推进到威海卫外围，并用 5 天时间攻占所有清军陆上防卫设施。北洋舰队被封锁在港内，成为“笼中困兽”。清军原来修建的炮台没有被炸毁，反而成为日军轰击舰队的利器。但是北洋舰队大多数官兵进行了英勇的反击。作者自摄照片，2023 年 8 月。

战争结束后，有人检讨北洋水师全军覆没的原因，认为与这种防卫指挥关系极大。如果陆路防守军队早划归北洋水师提督丁汝昌指挥，海陆指挥统一，互为援助，也不至于让日军用清朝自己建的陆地炮台来轰击舰队。的确，威海卫保卫战之败，主要败在陆军而非海军。但是历史没有假设！

甲午之败，李鸿章作为前敌总指挥，责任很大。但是他显然不是惨败的根本原因。甲午惨败的根本原因是朝廷的腐败与意识落后。

图 15-9　刘公岛与威海卫军港

眼前这片就是北洋舰队停泊的威海卫军港。刘公岛扼守要冲，左侧是北山嘴炮台群遗址，右侧最远码头处是鹿角嘴炮台遗址，两者之间是日岛炮台遗址。作者自摄照片，2023年8月。

图 15-10　沦陷后的威海卫军港

这张日本人拍摄于光绪二十一年正月初七日（1895 年 2 月 1 日）的照片，显示了沦陷后军港的样子。可见到沉没的威远、靖远等军舰的部分舰身。图片选自赵省伟编《遗失在西方的中国史：海外史料看甲午》，第 473 页。

因此第三，政治才是问题的根本。众所周知，战争的本质是政治。战争的胜败，取决于背后的政治。从中日两国当时的政治来看，清政府必然会一败涂地。且不说日本的明治维新，就说甲午战争爆发前的五月初二日（6 月 5 日），日本政府就以最高规格成立了大本营，在军事动员、作战计划等方面享有内阁大臣都无法干预的权力。在战争进行过程中，更是举国动员，海陆协同。反观清政府，此时大多数各级官员最大的任务是筹备慈禧太后六十大寿庆典。光绪帝等人因为军费告急，希望能够暂停庆典，结果慈禧太后勃然大怒。从十月初一日（10

月 29 日）开始的慈禧太后六十大寿庆典活动，历时半月，虽有所收敛，但仍奢靡豪华。此时，正是清军丢失旅大的时候。

甲午战争时期，正是帝后矛盾开始公开化的时候。光绪帝等人强烈主战，因此力主让翁同龢、李鸿藻等人重新进入军机处，并请恭亲王奕䜣出山。十月初五日（11 月 2 日），面对旅大危机，朝廷谕令成立“督办军务处”，由恭亲王奕䜣担任督办大臣，各路统兵大员均归其节制。这个类似日本大本营的机构，并没有发挥出应有的作用。奕䜣已经赋闲十年，锐气尽失，各大臣分属帝后两条路线，分歧严重。督办军备处刚成立不久，翁同龢就发现在军情万分火急之时，各重要人物却日日都是在说闲话。

把眼光稍微拉长，可以发现，十年之前的“甲申易枢”已经为甲午惨败埋下了伏笔。前面讲了，“甲申易枢”发生之时，新换上来的军机大臣就被认为难堪大任。由礼亲王世铎领班的军机处，十年时间里，完全没有吸取中法战争的教训，既没有改革军事体系，也没有培养一批现代军事将领，还把海军经费都挪移给慈禧太后大修“三海”和颐和园，导致北洋水师 1888 年正式成军之后，未添一艘新舰，装备更新缓慢。[1]

1 “三海”和颐和园修建工程到底花了多少钱、挪用了多少海军军费，一直有争议。早期学者梁启超、萧一山等人认为达两三千万两；后来有学者估算一千多万两；后来有研究者认为修建颐和园花了五六百万两，“三海”工程花了四百多万两；也有研究者认为甲午战前海军衙门总共可挪用的军费是 175 万两，并且大部分已经归还，对海军发展影响不大。也有研究者指出，慈禧太后六十大寿，挥霍的白银不下 1000 万两。仅仅六十大寿一个月内就耗去白银 541.6 万两，而户部供给前线的钱却只有 250 万两（崔志海等：《当代中国晚清政治史研究》，第 244~255 页）。这样看，慈禧太后在归政之后，就是保守估算，也挥霍了一千多万两白银。北洋舰队主力舰镇远舰的造价为 110.3 万两。

图 15-11　颐和园石舫照片

颐和园石舫与圆明园大水法遗址一样，是中国近代史上一个具有符号意义的文物。如果说圆明园大水法是控诉帝国主义列强野蛮的符号，这个石舫就是控诉清朝腐败无能的符号。波光潋滟，石舫精美，慈禧太后的腐败导致甲午战争失败的故事通过一个个导游之口传递给一群群游客。这或许就是历史的审判吧。作者自摄照片，2023 年 11 月。

黄海大战中，日本“吉野”号等新式军舰比北洋水师航速快不少，更致命的是，日本舰队装备有 97 门速射炮，其中 15cm 口径炮 30 门，每分钟可发射 5~6 发炮弹，12cm 口径炮 67 门，每分钟可发射 8~10 发炮弹。相对应的是，北洋水师速射炮一门都没有，后膛炮 1 分钟才能发射 1 发炮弹。舰船不快，大炮落后，弹药质量又很差，北洋水师能在黄海大战中没有全军覆没，只能归因于将士们的英勇奋战。

即使战争爆发以后，世铎等军机大臣也没有把战争作为最核心事务处理。九月二十八日（10月26日），正是日军从花园口登陆、旅大防守告急之时，领班军机大臣世铎在慈禧太后召见时，谈的还是庆典准备事宜。后来多次召见，都是在谈庆典工作。这让为战争失利痛哭流涕的翁同龢非常诧异。此后翁同龢还观察到在前线不断失利、日军威胁到盛京的情况下，朝中重臣仍然有人能谈笑自若。

说到这里，大概就比较清楚了，有这样的朝廷，不惨败才怪！有一种观点认为，甲午战争是李鸿章一个人的战争，是以一个直隶抵抗日本一国。这个观点确实有一定道理：李鸿章从未进过军机处，从来都不是朝廷中枢的核心决策人员；皇帝和慈禧太后主张不一，又让他左右为难，只能小心翼翼维护自己的实力和地位；站在台前指挥作战，朝廷里不断有人弹劾批评他，甚至有人借此重新发展湘军，以打击他和淮军。实事求是地说，李鸿章确实不是甲午惨败的罪魁祸首。罪魁祸首应该是慈禧太后及听命于她的世铎、奕劻等人。换句话说，甲午惨败，在甲申易枢时就埋下了种子！

我虽然一再批评李鸿章格局低，舍不得淮军那几万条人马，总是对列强抱有幻想，但是必须为他说一句公道话：他为清朝确实尽了力。他竭尽全力去追求军事现代化，小心翼翼地维护自己的地位，保存淮军有生力量，除了自己的荣华富贵，最主要的还是希望能借此维持清朝的基本利益和尊严。对他的历史评价，应该高于世铎、奕劻等人。

甲午惨败，宣告了清政府几十年“富国强兵”的洋务运动的失败。已经没有了抵抗信心和实力的清政府只能向日本乞和，在万般无奈之下签订了《马关条约》。这个条约让中国沦为帝国主义列强瓜分的对象，深刻改变了东亚格局，影响持续至今。

图 15-12　暮色中的刘公岛

在刘公岛整整考察一天，乘坐最后一班渡轮离开。游客们都在争先恐后用食物喂海鸥。欢笑阵阵，晚霞点点，波浪滚滚，海鸥翱翔，汽笛声声，我的心情也颇复杂。想起二十余年前读本科时写过的一篇历史散文《恨海难渡》，内容就是北洋舰队惨败与丁汝昌自杀。对中国人来说，永远也不能忘了这片“恨海”。作者自摄照片，2023 年 8 月。

第十六章　贻害无穷的《马关条约》

反抗帝国主义列强侵略战争失败的后果，往往是签订割地赔款的条约。从鸦片战争开始，清政府被迫签订了很多不平等条约，但是我们过去都没有专门用一章的内容讲一个条约。为什么这里要用一章的内容来讲《马关条约》呢？这是因为《马关条约》对中国和东亚历史的发展影响太大了。

宣统三年（1911）春天，已经流亡海外十三年的梁启超乘船从日本去台湾。船过日本马关时，他思绪万千，情绪涌动，写下了这样一首诗："明知此是伤心地，亦到维舟首重回。十七年中多少事，春帆楼下晚涛哀！"（《舟中杂兴·二十五日舟泊马关》）。作为清末重大历史变迁的亲历者之一，作为中国最优秀的历史学家之一，梁启超深刻地意识到，17 年来，救亡图存、变法立宪、革命起义，滚滚向前的历史车轮都与《马关条约》有关。梁启超当时意识不到，几个月之后，两百多年的大清朝就崩解了，两千多年的帝制时代结束了。他更没有意料到,《马关条约》至今仍影响着东亚乃至世界。

一代又一代的中国人都知道，春帆楼是《马关条约》的签订地。马关春帆楼，在 1895 年（光绪二十一年），是李鸿章一生最伤心落魄之地；在 1895 年之后，成为全体中国人永久的历史记忆痛点。

《马关条约》的签订过程怎样？具体影响有哪些？这是这一章重点分析的问题。

图 16-1　春帆楼

这张春帆楼的照片非常著名，原是下关春帆楼发行的《日清媾和纪念绘叶书》中的一张。照片翻拍自旅顺万忠墓纪念馆展出的原件。作者自摄照片，2023 年 8 月。

李鸿章赴日求和

从鸦片战争开始，一遇到外国侵略，是战，是和，朝廷中总会有两种不同的声音。战和不定，严重影响备战。最后战败求和，代价极大。中日甲午战争也不例外，又重走了一次老路。在与日本围绕朝鲜问题起冲突后，清廷中始终存在着战和两种观点。光绪帝年轻气盛，主张对日作战，争一口气。可是慈禧太后经历了很多失败的战争，并不想战。英法联军进北京之后，她对与列强作战就没有了信心。她不想战还有另一个原因，就是想风风光光过一次配得上她地位的六十大寿。光绪十年五十大寿时，被中法战争搅局，弄得很窝火。光绪二十年是六十大寿，意义非比寻常。而且现在归政了，风风光光过个大寿，也更加合适。世铎、奕劻、孙毓汶等人，包括李鸿章在内，是了解慈禧太后心思的，都是希望讲和。

可是讲和也不是想讲就能讲的。一是慈禧太后确实归政了，现在名义上是光绪帝亲政。光绪帝在帝师翁同龢等人的教导和支持下，颇有一些发愤图强的念头，希望对日作战。二是对日调停也不顺利。慈禧太后和李鸿章等人在战争爆发之前，就寄希望于国际调停，尽快和谈，可是未能如愿。三是日本发动对华战争早就蓄谋已久，没达到战略目标前根本不想和谈。

后来战况日下，美国表示有意调停，清政府立即派遣天津海关税务司德国人德璀琳赴日本讲和。日军此时正在节节胜利，战略目标还没有达到，怎么可能与清政府谈和？所以对德璀琳一行未予理睬。作战上不够坚决的清政府，在求和问题上倒是挺坚决。在日军围攻威海卫之时，又派遣总理各国事务衙门大臣张荫桓和湖南巡抚邵友濂作为全权大臣到日本乞和。此时日本的战略目标是要彻底消灭北洋舰队，当然仍不会讲和。日本政府迫于国际压力，虽然接待了中国使团，却以两位大臣的权限不足和清政府敕书中存在表达问题为由，宣布停止谈判。随后日军全力攻击威海卫。

光绪二十一年正月二十三日（1895 年 2 月 17 日），日军彻底攻占刘公岛，北洋舰队全军覆没，日本战略目的基本实现。当天，日本声称清政府可以派真正能代表清政府谈判和签字的全权大臣赴日和谈。已经失去所有精锐的朝廷正在担心日军会继续进攻北京，得到消息后，立即响应。慈禧太后很快决定派

图 16-2　刘公岛景区复制的“定远”舰

“定远”舰是德国建造的战列舰，1885 年入役，长 94.5 米，宽 18 米，吃水 6 米，排水量 7355 吨，曾号称“亚洲第一巨舰”。作为中国第一艘战列铁甲舰，该舰成为北洋舰队的旗舰，由刘步蟾指挥。威海卫保卫战中，该舰中弹搁浅，为避免落入敌手，丁汝昌、刘步蟾命令将其炸毁。它的姊妹舰“镇远”舰后来被日军俘获，编入日本海军，参加了日俄战争，直到 1915 年才退役。作者自摄照片，2023 年 8 月。

遣直隶总督兼北洋通商大臣李鸿章赴日谈判乞和。为了安抚李鸿章，谕旨不仅对李鸿章有所褒奖，还撤销此前因作战不力所给予的各种处罚，赏还黄马褂等。日本首相伊藤博文等人也认可李鸿章的地位资格，愿意与李鸿章进行谈判。就这样，73 岁的李鸿章，在刚刚经历惨败，一生事业扫地之后，又要承担这个会被永远刻在历史耻辱柱上的任务。

按照常情，这一任务对李鸿章无疑是又一次的心理重创。李鸿章前往日本议和时，可以说是他最灰暗也最无力的时刻。李鸿章要是在甲午惨败前去世，历史评价要高得多。据姜鸣研究，李鸿章晚年日服能抗衰老的“保卫尔牛肉汁”。此时，生产这款保养品的英国，通过甲午战争看到了日本的实力，正为了国家利益从支持中国开始走向英日同盟。内曾为戴罪之身，外又无列强支援，李鸿章的日本之行势必艰难屈辱。但是各种资料显示，面对这个任务，李鸿章倒是没有拒绝，甚至有些泰然自若的感觉。或许他意识到，这个烂摊子也只能自己去收拾。这说明他还有价值、地位。虽然我们前面多次批评李鸿章格局不够，但是看到这些材料，不能不心生感慨。李鸿章毕竟一世英豪，要比当时世铎、奕劻、孙毓汶之流有担当得多。人的高下优劣，都是比较出来的。

历史记载往往挂一漏万，现在基本找不到此时李鸿章较为详细的心理记载。无论他内心多么强大，短时间内经历了一生心血化为乌有，又要不顾颜面与名声去乞和，任谁都不会心无波澜。清末吴永《庚子西狩丛谈》记载李鸿章在签订《马关条约》后闲居贤良寺时略略谈及自己的心有不甘和委屈无奈。

李鸿章毕竟是李鸿章，面对复杂局面，头脑还是非常清醒的。宦海沉浮大半生、与列强交涉二十余年的他，深知此事非同小可，割地赔款在所难免，他没有这样的权力，也担不起这样的罪名。在进京觐见慈禧太后和光绪帝时，他比较明确地指出中国除了割地赔款，已经没有别的办法，可是他自己又承担不了这样的罪名。同时，他也提出希望与光绪帝最信任的老师翁同龢一起赴日谈判。在给朝廷的奏折中，他援引古今中外的例子，试图说明只要能够发愤图强，割地赔款并不是不可接受。他说："征以西国近事，普法之战迭为胜负，即互有割让疆埸之事，一彼一此，但能力图自强之计，原不嫌暂屈以求伸。"（《预筹赴东议约情形折》）在奏折中，李鸿章还指出，如果和谈破裂，日军可能继续进攻，挥兵入京，就更难应对了。

这份奏折分析了形势，表达了忠心，其实也暗含了威胁。给决策者讲清楚事实，陈述利害，促其决断，确实容易被决策者认为是威胁。正因为此，下属往往不敢向上坦诚地说事实、晓利害。恭亲王奕䜣和军机大臣世铎、孙毓汶等人也清楚，非如此估计不能收场，除了李鸿章，不会有人愿意赴日谈判。即使有人想去谈判，日本政府也未必接受。李鸿章临行前想要的，实质有两点：一是割地赔款不是他李鸿章自己能决定的，需要朝廷决议；二是需要保证不能将他当替罪羊。经过几天的反复商讨和军机处大臣公议，光绪帝当面许诺李鸿章有割让土地之权，甚至还单独召见他。单独召见的内容已不可知，光绪帝对李鸿章有保证承诺也在情理之中。在要求获得基本满足后，李鸿章带着随行人员出发来到日本马关，与日本首相伊藤博文进行谈判。

他没料到的是，此行差点要了他的老命！

春帆楼谈判

二月二十四日（3 月 20 日），李鸿章到达马关的第二天，谈判在春帆楼正式开始。春帆楼的名称诗情画意，可是谈判却相当残酷艰难。李鸿章代表中国，虽然努力表现出恢宏气度，大赞日本进步之速，重提中日提携以抗击列强等观点，但是毕竟是战败国，一遇到具体问题，便只能低首下气。和李鸿章早就熟识的日本首相伊藤博文，大胜之后，处处强硬无礼。二十五日，对于李鸿章提出的停战，日本政府故意提出李鸿章不能接受的苛刻条件，比如日军应该占领大沽、天津、山海关等。李鸿章没有想到日本的胃口如此之大，这些地方被日军占领，等于将北京置于日本的控制之下。李鸿章当场哀求伊藤博文，可是无济于事。二十八日，伊藤博文在会谈中又指出，日本已向台湾出兵，但是尚未有消息。这个消息又超出李鸿章的预料。他在惊愕之余指出，英国不会同意日本的行为。伊藤博文面带微笑地说出了极为嚣张之语：“岂止台湾而已！不论贵国版图内之何地，我倘欲割取之，何国能出面拒绝？”（《马关会谈纪要》）

伊藤博文所言非虚。三月二十七日，日军已经开始攻击澎湖，并于第二日攻占之。就在此时，在二十八日下午的马关，突然发生了一件引起国际轰动的大事情，迫使漫天要价的日本答应清政府的停战请求。什么事情呢？李鸿章在马关街上被日本人刺伤了！

李鸿章结束当天谈判后乘轿即将到达住处时，人群拥挤，很多日本人都想看一下大清国全权大臣长什么样。突然有一个

图 16-3　伊藤博文

伊藤博文是首任日本内阁总理，1892 年第二次组阁后，积极扩军备战。在他的主持下，日本发动了甲午战争。战后他作为日方代表与李鸿章进行谈判。奇怪的是，作为甲午战争侵华的总指挥，他在谈判中也是毫不客气，但是中国人对伊藤博文却颇有好感。戊戌变法时，光绪帝有意请他担任顾问，成为促发政变的原因之一。图片选自朱诚如主编《清史图典》第 12 册，第 253 页。

叫小山丰太郎的日本人冲到轿子前，按住轿夫肩膀，趁着轿夫惊吓停止前进的空当儿，拔出手枪，对着轿中的李鸿章就是一枪。子弹击中李鸿章左眼下边，弹头卡在骨头缝中。根据日本人的记载，李鸿章在受到枪击后，并未惊慌失措，而是手掩创口，神色自若地下轿走进住处接引寺。但是在李鸿章给总理各国事务衙门的电报中则说中枪后立即昏晕轿中，血满襟袍，如果中枪位置向上或向下一点，就会当场死亡。第一种有“亲见”的成分，可能性更大。李鸿章以镇压太平军和捻军起家，久在军旅，虽然虎落平阳，但仍是举世豪杰，遇到这种事保持英雄气概才是正常。第二种是向朝廷的报告，当然要尽可能写出悲惨屈辱和危险来。不然朝廷怎么知道他老李为了国家与朝廷差点儿连命都丢了。两种说法，至今已经不容易考证哪个更为准确。不过这都不影响这件事情成为引起世界轰动的大事。

小山丰太郎是个极端民族主义者。他认为日军没有占领北京就与清政府议和，是日本的耻辱，因此要刺杀李鸿章，破坏议和。这个偶然性事件，改变了谈判局势。两国交战，不斩来使，更何况当时各国都在讲求“国际公法”，更何况李鸿章是国际公认的大人物。这个突发事件，一下子引起了国际关注。伊藤博文等人意识到，这件事如果处理不好，可能引起欧美列强对李鸿章和清政府的同情，进而干预谈判。为了尽快扭转舆论形势，日本天皇降旨要严惩凶手，派御医诊疗李鸿章伤情，伊藤博文和陆奥宗光亲往探视。更为重要的是，日本政府在停战问题上做出了直接让步。三月初五日（3 月 30 日），两国签订了《中日停战协定》，规定除台湾岛和澎湖外，停战三周。如果三周内议和决裂，停战之约中止。

以自己生命换来了临时停战协定，让李鸿章舒了一口气。这个停战协定，暂时消除了日军向北京进攻的威胁。伊藤博文等人也舒了一口气，以退为进的策略取得了成效。对日本来说，虽然先停战了，但是他们觊觎了几十年的台湾地区不在停战协议内，还可以继续对台湾地区进行军事侵略。停战协定规定的时间只有三周，这看起来是对清政府的让步，实际上又会反过来成为催促清政府尽快签订条约的压力。为了让清政府看见这种压力，此前日军已经在旅顺成立了“征清大总督府”，着手筹备下一步的战争。

图 16-4　伤愈之后的李鸿章

这张日本人拍摄的李鸿章伤愈之后的照片，脸左侧小黑点处可能就是中弹处，可以让人感受到李鸿章复杂的情绪，落寞、无奈、委屈、庆幸，可能都有一些。虎落平阳，大概就是这样子吧。这是他人生的至暗时刻，再也没有了此前大权在握的气势。图片选自赵省伟编《遗失在海外的中国史：海外史料看甲午》，第 478 页。

李鸿章对议和时间的紧迫性有清晰的认识。在停战协定签署的当天，李鸿章就提出恢复议和谈判。随后双方进行谈判，日本的核心要求是：(1)中国承认朝鲜国的独立自主地位；(2)辽东半岛盛京以南、台湾全岛及澎湖列岛永远割让给日本；(3)赔偿日本军费库平银 3 亿两；(4)除了已经向列强开放的通商口岸也向日本开放外，再增开七个内地城市为通商口岸;（5）日本人运进中国的货物免除厘金，日本人可以在中国制造一切货物。日本开出的条件如此苛酷，仍然让原本已有所准备的李鸿章颇为错愕。尤其是要割让盛京以南给日本这一条，是李鸿章没有想过的。因为东北乃满族龙兴之地，盛京是清朝旧都，祖先陵寝都在那里。

图 16-5　刘公岛中国甲午战争博物馆复原的春帆楼谈判场景

或许是为了显示日本人咄咄逼人的气势，场景复制有些失真。李鸿章身高约 1.83 米，从上一张照片可知，也不瘦。日本人表面谦虚客气得不得了，但是内心狠毒。谈判时，日方狮子大开口，且绝不退让。作者自摄照片，2023 年 8 月。

李鸿章将日本所提条件发回朝廷后，朝廷却不知如何给出意见。因为礼亲王世铎、庆亲王奕劻和孙毓汶等通过“甲申易枢”上来的人，都主张速和，割地赔款在所不惜。翁同龢则坚持认为台湾不可弃，并与世铎、奕劻等人发生冲突，几人僵持不下。最后翁同龢还是拗不过世铎等人，朝廷决定采取保盛京割台湾的策略。无能为力的翁同龢，不觉为之流涕。从战略上看，翁同龢的意见显然是正确的。“甲申易枢”之后执掌军机处的世铎、执掌总理各国事务衙门的奕劻等人的短视无能，再次体现得一览无余。朝廷随后指示李鸿章，要力保和局，割地以一处为断，赔款以一亿两为断。

要说战略眼光，左宗棠之后也就是翁同龢了。慈禧太后归政还是训政的问题，割不割让台湾的问题，他看得比别人都清楚。但是他的问题是，最后都顺从了错误的决定。不过这也不能怪他，他也没有力挽狂澜的魄力和权力。

由于日本早已破译了清政府的密电，因此完全摸到了清政府的谈判意图，加大了对中国和李鸿章的恐吓。伊藤博文以李鸿章有伤为名，请清政府增派李经方为全权大臣。伊藤博文在和李经方会见时，恐吓说如果谈判破裂，日本将增派大军，陆续开往中国，重新开战。如此李氏父子能否再安然出入北京城门，也不能保证。李经方作为李鸿章的儿子，虽然见多识广，但是毕竟不像李鸿章一样经风涉浪，老成持重。伊藤博文之言真的吓住了李经方。随后李鸿章致电总理各国事务衙门，要求在割地赔款等方面让步。清政府和李鸿章在割地问题上颇多犹豫，希望能够获得日本的谅解和让步。但是伊藤博文等人早已破译了李鸿章和朝廷的往来电报，因此加大了施压力度。三月十六日（4 月 10 日），伊藤博文态度强硬地提出了日本最后的条件，并告诉李鸿章，你只管反驳，但是我的决定不会改，日本正向中国增派部队，如果和谈破裂，日军将向天津进攻。面对恶狼，哀求是没有用的。李鸿章的哀求，并未换来日本丝毫的同情和让步。

二十三日上午 10 时，中日双方代表在春帆楼签订了《日清讲和条约》，俗称《马关条约》。条约的主要内容有:（1）清政府承认朝鲜国独立自主;（2）中国割让辽东半岛、台湾全岛及其附属岛屿、澎湖列岛给日本;（3）中国赔款 2 亿两白银，八次交完;（4）日本人在通商口岸可以从事各种工艺制造，机器进口不受限制且只交所定进口税;（5）开放沙市、重庆、苏州、杭州为通商口岸，日船可以驶入各口，搭客载货;（6）日军暂时占领威海卫，人数不超过一个旅团，每年中国交 50 万两军费，刘公岛和威海卫沿岸 40 里以内是日军防区，涉及军务之罪，由日军审理。此外还有一些其他方面的要求，不再细说。

条约虽然签订了，但是还需要两国皇帝批准、双方换约之后，才能生效。无奈之下的清政府，转向列强求助，希望列强能阻止日本割占中国领土。由于担心其他列强介入，日本在割地、赔款等方面有所让步，但是野心还是太大，尤其是没有注意到俄国的利益。因此，就出现了“三国干涉还辽”事件。

三国干涉还辽

大获全胜的伊藤博文等人兴高采烈，沾沾自喜。不过此时世界已经是初步全球化的时代，中日之间的战争和谈判也会对俄、法、德、美、英等国产生影响。对急于向东北亚扩张势力的俄国来说，日本在东北亚大获全胜，就损害了俄国的利益。

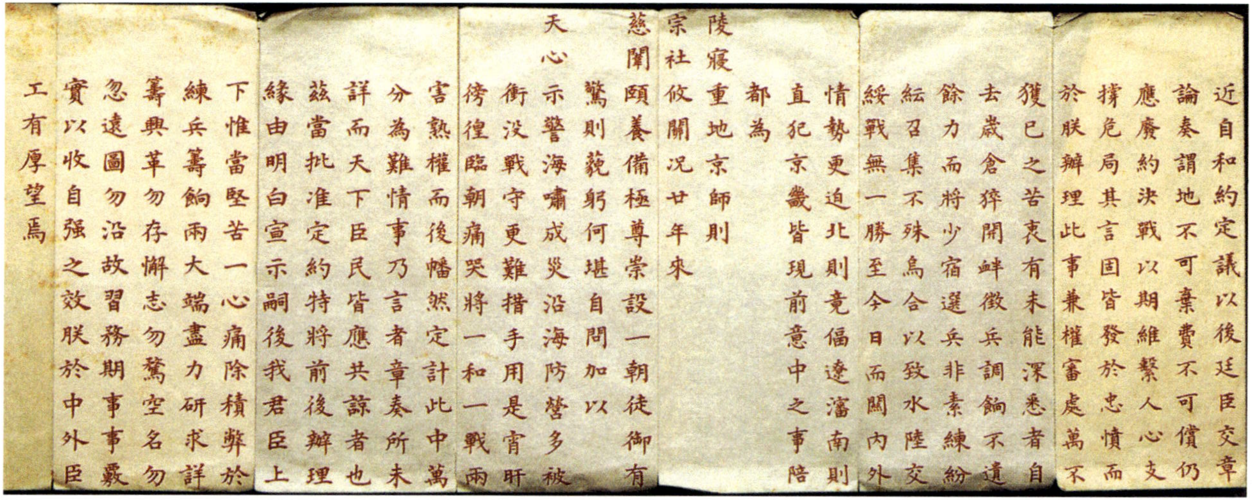

近自和約定議以後廷臣交章
論奏謂地不可棄費不可償仍
應廢約決戰以期維繫人心支
撐危局其言固皆發於忠憤而
於朕辦理此事兼權審處萬不
獲已之苦衷有未能深悉者自
去歲倉猝開衅徵兵調餉不遺
餘力而將少宿選兵非素練紛
紜召集不殊烏合以致水陸交
綏戰無一勝至今日而關內外
情勢更迫北則竟偪遼瀋南則
直犯京畿皆現前意中之事陪
都為
陵寢重地京師則
宗社攸關況廿年來
慈闈頤養備極尊崇設一朝徒御有
驚則藐躬何堪自問加以
天心示警海嘯成災沿海防營多被
衝沒戰守更難措手用是宵旰
徬徨臨朝痛哭將一和一戰兩
害熟權而後幡然定計此中萬
分為難情事乃言者章奏所未
詳而天下臣民皆應共諒者也
茲當批准定約特將前後辦理
緣由明白宣示嗣後我君臣上
下惟當堅苦一心痛除積弊於
練兵籌餉兩大端盡力研求詳
籌興革勿存懈志勿騖空名勿
忽遠圖勿沿故習務期事事覈
實以收自強之效朕於中外臣
工有厚望焉

图 16-6　光绪帝关于签订《马关条约》的朱谕

朱谕中说："将少宿选，兵非素练，纷纭召集，不殊乌合，以致水陆交绥，战无一胜。"日军已经威胁盛京和京师，"陪都为陵寝重地，京师则宗社攸关。况廿年来慈闱颐养，备极尊崇，设一朝徒御有惊，则藐躬何堪自问"，作为皇帝，他"宵旰彷徨，临朝痛哭"。朱谕还希望"嗣后我君臣上下惟当坚苦一心，痛除积弊"。这封朱谕其实也算是罪己诏，把打不赢、没法继续打及今后要维新自强的想法都说了。图片选自中国第一历史档案馆编《御笔诏令说清史——影响清朝历史进程的重要档案文献》，第 189 页。

德国作为后起的帝国主义列强，在中国还没有势力范围，一直想在中国获得一个海港，以支撑其对远东地区的侵略。中日之间的谈判对于德国来说，是千载难逢的好机会。而且此时如果能够和俄国等国家一起遏制日本在东北亚的扩张，既能缓和与俄国的关系，有利于摆脱自己在欧洲的孤立地位，还能让俄国把精力转向东方，转嫁欧洲的危机。考虑到以上种种好处，德皇威廉二世在中日刚刚开始接触谈判的 3 月 23 日（二月二十七日），决定主动向俄国政府提出对中日谈判采取一致行动。俄国沙皇尼古拉二世对德国的提议欣然接受。此时法国是俄国的同盟国，因此也与俄国采取共同行动。俄、德、法三国对日联盟很快形成。三国一直希望英国也能加入进来，但是英国此时打的算盘是与日本结盟，遏制俄国在东亚的扩张。另外，英国政府认为《马关条约》对英国的商业扩展更为有利。英国政府最终表示保持中立，不参加三国联合对日行动。

俄、德、法三国干涉日本对华侵略，并不是为了世界正义，而是为了攫取和维护各自的利益。但是在外交层面，并不能如此直白表达，必须要用符合国际公法的表述方式，给自己的行动披上光明正大的外衣。4 月 23 日（三月二十九日），俄、德、法三国驻日公使一起到日本外务省送备忘录给日本政府。俄国指出，日本议和条件要求过分，特别是让清政府割让辽东半岛，不仅危及中国首都安全，且让朝鲜的独立有名无实，破坏了远东的永久和平。德法两国也认为日本提出的条件过分了，损害了欧洲和德法的利益。德国驻日公使甚至强硬地指出："日本必须让步，因为对三国斗争是没有希望的。"（《德国干涉还辽文件》）

在马关谈判时，日本就很担心欧美列强干涉谈判，因此最后在一些条款上略微做出让步。在与李鸿章达成一致意见并签字后，从天皇到各内阁大臣如愿以偿，如释重负。天皇决定驾临京都，重要大臣都随行，大家休息一段时间。没想到突然接到了三个强国措辞强硬的备忘录。日本首相伊藤博文和外相陆奥宗光等人感到颇为棘手。他们最担心的事情是中国借机不批准《马关条约》，让战争持续下去，而且让俄、德、法三国也介入战争。此时的日本，对华作战都已经到了苦苦支撑的地步，更不要说还要面对三个欧洲强国了。作为帝国主义列强，俄、德、法也深知恐吓的手段。在向日本递交备忘录后，开始营造出向中国调兵遣将准备战争的气氛。

在紧急召开的御前会议上，伊藤博文讨论与三国开战的可能性，与会人员一致认为与三国开战绝无胜算可能。但是完全听从三国建议将辽东半岛交还给清政府，又实在不能接受。伊藤博文等人决定采取有条件退让的办法来解决这个问题，但在对待三国和中国的态度上完全不一样："对于三国纵使最后不能不完全让步，但对于中国则一步不让。本此方针贯彻到底，这是目前的急务。"（陆奥宗光：《蹇蹇录》）在此方针指导之下，日本政府开始步步为营，与三国进行周旋和谈判。

日本大约采取了这样几个措施：第一，私下接触法国驻日公使，搞清楚三国联盟的背景和俄国、德国的目的；第二，极力拉拢英、美、意等国，试图对抗俄、德、法三国；第三，继续对清政府显示强硬态度，逼迫清政府尽快批准条约。第一个措施虽然没有瓦解三国，但是摸清楚了三国之中俄国的意见最为核心，也最为坚决，日本继续要求割占辽东半岛的可能性比较小。第二个措施虽然没有成功，但是英、美、意三国也都表示将保持中立，日本避免了更大的外交压力。第三个措施打消了清政府的幻想，要将割占台湾和赔款等条款坐实。

在基本摸清楚情况和稳定住局势后，5 月 5 日（四月十一日）日本政府答复俄、德、法三国，出于日本与三国的“友谊”，日本政府同意放弃对辽东半岛的永久占领。俄、德、法的意图实现后，迅即逼迫清政府如期换约。8 日，中日双方在烟台完成了换约,《马关条约》正式生效。但是这事并没有结束，日本政府并没有无条件放弃辽东半岛，而是要求清政府支付 5000 万两白银赎金。后来经过讨价还价，最终将赎金定在 3000 万两，在清政府交付完毕后，日军将于三个月内撤军。九月二十二日（11 月 8 日），中日双方在北京签订了《辽南条约》。该年十月、十一月，清政府陆续收回了日军占领的辽东半岛各地。

《马关条约》的影响

我们将条约最终规定的内容和日本最初所提条件横向比较，会发现危害已有所减轻，但是纵向和此前的《南京条约》《天津条约》等相比，就会发现《马关条约》的苛酷与危害远超此前签订的所有条约的总和。如果说此前的各个条约对中国来说只是皮外伤的话，这次可以说是仅次于一刀毙命的重伤，影响极为深远。影响具体有哪些呢？咱们从国际到国内一层一层地说。

日本通过《马关条约》等从中国勒索了 2.597 亿两白银，另外从中国掠夺的舰船、武器、机器等战利品价值也有 8000 万两。这些钱折合起来总计平库银 3.4 亿两，折合日元 5.1 亿元。[1] 当时日本政府一年的财政收入大约为 8000 万日元，5.1 亿元大约是日本全年财政收入的 6.4 倍。这些冷冰冰的数字，在今天看来已经没有什么感觉，但在当时却要通过亿万中国人节衣缩食、忍饥受寒来偿还。如此多的罪恶之财，让日本尝到了发动侵略战争的甜头，进一步刺激了日本的野心。这笔赔款成了日本现代化的"第二桶金"，大力发展工业化，实力大增，日本也在军国主义侵略扩张的道路上越走越远，罪恶罄竹难书，给东亚各国人民带来了永远的严重伤害。日本也因此最终被击败。

清政府被迫承认朝鲜王国的独立，宗藩体系崩溃，但是这并没有给朝鲜带来真正的独立自主。朝鲜很快沦为俄国和日本争夺的鱼肉，在日俄战争后更是成为日本的傀儡。1910 年，日本正式吞并朝鲜半岛，将朝鲜变成日本的殖民地，一直到第二次世界大战结束。被殖民的伤痛，至今仍然是朝鲜和韩国人民沉痛的历史记忆。其实朝鲜半岛至今统一无望，根源还在日本对朝鲜的殖民统治。

甲午惨败和《马关条约》的签订，让各帝国主义列强充分看到了清政府的虚弱，纷纷挑衅，制造冲突危机，在中国制造了一个瓜分狂潮，进而引发了义和团的反抗和八国联军侵华。三国干涉还辽，看似保存了清王朝的祖宗之地，但也是引狼入室。俄国以干涉还辽为借口，并利用李鸿章试图借助俄国的力量向日本报仇雪恨的心理，很快将中国东北变成自己的势力范围。东北亚成为日本和俄国的角斗场，最终引发了 1904 年的日

1　关于日本到底掠夺了多少钱，有很多种估算结果。此处采用的是戚其章先生的估算。

俄战争。德国在干涉还辽之后，迅速向清政府提出设立天津、汉口两处租界，后又强行租借了胶州湾。

台湾岛及其附属岛屿、澎湖列岛的割让，更是影响深远。割让台湾的消息让台湾人民异常愤怒，迅速发起了一场反侵略运动。署理台湾巡抚唐景崧及台湾籍官员士绅丘逢甲等人一边向清政府抗议，一边组织义军。在各种避免割让台湾的尝试都失败后，丘逢甲等人在五月初二日（5 月 25 日）成立“台湾民主国”，拥戴唐景崧为“总统”。唐景崧、丘逢甲、刘永福等人率领的义军对日军进行了激烈抵抗。特别是刘永福率领的黑旗军，与日军展开了激烈的战斗，一直到九月初四日（10 月 21 日），刘永福退回厦门，日军才完全占领台湾。中国丢失了台湾，等于丢失了半个东南海疆，并对江、浙、闽等地区产生直接威胁。日本对台湾实施了长期的殖民统治，将台湾作为攻击大陆的前线堡垒。直到抗战结束后，台湾才回归祖国怀抱。台湾受日本长期殖民统治的恶劣影响，至今还未完全消除。

2 亿两白银，要 8 次付清，第一次付完，后面就要收取高额利息，再加上辽东半岛 3000 万两赎金等，这对本已不堪财政压力的清政府不是雪上加霜，而是雪上加雪灾。为了尽快偿还这些巨额赔款，清政府不得不向俄、法、英、德四国借款，三次大借款共计 3 亿两，连本带利共 6 亿多两。这些借款以海关税收、厘金等为担保，附加了条件，导致中国财政行政权等长期受控于列强。比如第三次英德借款，以海关税收和苏沪等地厘金和盐务为担保，偿还期为 45 年，且不得提前一次还清或改变偿还办法。

对一个人来说，贫穷会不断加剧贫穷。对一个国家和政府来说，也是如此。此后清政府的外债不断增加，利权也不断丧失，积贫积弱，亿万人民深陷水深火热之中。

《马关条约》更阴毒的地方是在关税和经济生产上提出了非常有针对性的要求。对进口关税等方面的要求，进一步削弱了清政府最大的财政来源之一海关关税的收益。沙市、重庆、苏州、杭州增开为通商口岸，让帝国主义列强的政治、军事、经济影响，可以深入中国的长江流域腹地。长江流域又是中国经济最为依赖的区域，这进一步削弱了中国经济的独立性。由于英、法、美等国有最惠国待遇，这些国家也同样获得了这样的利益。通过这些条款和后续的补充条款，日本等帝国主义以武力要挟为基础，迅速将中国变成帝国主义列强的原料掠夺地、产品倾销地。帝国主义列强的资本和商品输出，给中国民族经济的发展造成了巨大的负面影响，中国从此真正陷入了贫弱交加之中。

历史的发展是多种力量博弈的过程。甲午惨败和帝国主义列强对中国赤裸裸的瓜分，让中国广大仁人志士痛心疾首。他们在强烈的爱国心和责任心的引领下，一边大声呼唤国人觉醒，一边积极投身到救亡图存的实际行动中。维新变法的浪潮席卷中华大地，中国的现代化之路，进入了一个新的阶段。

梳理这段历史之后，仅仅从赔款的经济账来看，也够清政府建设几个淮军了，也够支撑几次甲午战争了。不知道当时朝廷当权诸人和慈禧太后有没有计算过。

这一章结束之际，我最想再一次重复这句话：

如果要战，就要拿出破釜沉舟、同归于尽的决心来战；

如果要和，就要展现认怂示弱、伏地求生的态度来和。

一个国家如此，一个人也是如此。从鸦片战争、中法战争、甲午战争的一次次失败来看“地无分南北，人无分老幼”

的抗日战争，才能更深刻地认识到十四年抗战对中华民族的伟大意义。

图 16-7　刘公岛中国甲午战争博物馆邓世昌和沉船雕塑

《马关条约》签订后，瓜分狂潮接踵而至。但是中华儿女自强不息的精神也被唤醒，救亡图存成了时代最强音。清朝进入了最为激荡的 15 年，也是清朝最后的 15 年。作者自摄照片，2023 年 8 月。

第十七章　瓜分狂潮与救亡图存

光绪二十四年三月初一日（1898年3月22日），清晨。虽然已经进入春天，北京天气却极为阴寒，让人很不舒服。颐和园仁寿殿内，光景比天气还糟糕。年轻的光绪帝正在大发脾气，白发苍苍的军机大臣翁同龢等人和总理各国事务衙门大臣李鸿章、张荫桓都泪流满面，无言以对。光绪帝对李鸿章尤其不满，严厉问责他一年多前“中俄密约”是如何签的。虽然光绪帝名义上亲政以后也时常发发脾气，但是让这帮久经考验的核心老臣如此集体失魂落魄，肯定是出了不得了的大事。

什么大事呢？原来是俄国要强行租借旅顺港和大连湾。清政府被迫向外割让、租借港口土地，从鸦片战争战败后就开始了。赔款割地也不是前所未有之事，为何光绪帝和他的核心大臣反应这么大呢？这一次不一样。日本前狼尚在，俄、德、英、法群虎又至，亡国危机真的出现在眼前。更糟心的是，本来签了约的盟友俄国，不仅不帮忙，还来乘机打劫。光绪帝和他的核心大臣们面对瓜分狂潮，束手无策，只能以泪洗面。正如翁同龢所写："衡量时局，诸臣皆挥涕。是何气象？负罪深矣！"（《翁同龢日记》）

任何一个历史场景，都是各种前因的积累。要把一个历史场景解释清楚，就得向前追溯造成这个场景的主要原因。仁寿殿内这个历史场景的出现，虽然是俄国要强租旅大引起的，但背后却是帝国主义列强在《马关条约》签订后掀起的瓜分狂

图 17-1 颐和园仁寿殿

仁寿殿是奕譞重修颐和园时重建的。光绪帝亲政后，慈禧太后不再去养心殿，而是长住颐和园。这里成为慈禧太后和光绪帝在颐和园时处理政务的最主要场所。作者自摄照片，2024 年 11 月。

潮。《马关条约》签订后，中国像一只毫无防御反抗能力的大肥羊。光绪帝虽然年轻，军机大臣世铎等人虽然颟顸，但是并无出卖国家之心。为什么清朝在帝国主义列强眼中，会产生这种形象呢？直接原因就是清政府必须短时间内支付大量对日赔款。因此，要说清楚瓜分狂潮，得从大借款说起。

两次借款纷争

《马关条约》签订后，列强抢着给清政府提供借款，可不是发扬雷锋精神，而是对巨大利益的追求。清政府财政收入已经持续紧张几十年，入不敷出，又刚刚经历了一场大战，军费支绌。要在短时间内向日本支付数额超过清政府几年财政总收入的巨额赔款，只有一条路可走，就是向列强借款。列强非常清楚，中国虽然没什么财政存款，但也没什么外债，海关收入丰厚，向中国放贷，不仅经济回报丰厚，还可借机控制中国海关、税收等，政治回报也相当巨大。

最具商业头脑和人脉的英国最先行动。长期在清政府担任总税务司的英国人赫德很快提出了借英款的方案。和英国不太对付的德国迅即做出反应，向清政府提出要拒用英款。经历大败后的李鸿章，此时逐渐明晰了联俄抗日的想法，清政府也想借借款之事对干涉还辽的俄、德、法三国有所回报，并能在列强之间形成牵制。大家都在打算盘，就看谁的算盘打得响。列强之间几经交涉和斗争，俄法率先获得借款的机会。但是，这又引起了德国和英国的强烈不满。光绪二十二年清政府又以海关 36 年管理权为代价敲订了“英德借款”，让俄、法、德、英各获所需，借款的第一波纷争才得以平息。

为什么说是第一波纷争呢？因为不知道李鸿章等人咋算的账，这些借款合计起来，对日赔款还有 7300 万两的缺口。清政府任命李鸿章继续负责借款事宜。前面多次说过，李鸿章非常聪明，但是格局不够。此时的他还在继续“以夷制夷”的小聪明。李鸿章首先向英国驻华公使接洽。英国汇丰银行希望以盐税或厘金做担保，并由总理各国事务衙门税务司担保，此后往来谈判，最终还是没有谈拢。时间到了光绪二十三年，由于德国军队借口“巨野教案”占领胶州湾，亲俄的李鸿章请求俄国帮助解决危机，并提出向俄国借款 1 亿两。俄国开出了独占中国东北、北方地区铁路工业，租借黄海沿岸一个港口，任命俄国人为海关总税务司等条件。英国得到消息后，不仅派遣军舰到旅顺口外，还指派驻华公使向清政府施压。英国政府出于国际战略的考虑，也更加明确支持汇丰银行向中国提供贷款。原本李鸿章希望俄国和英国能互相牵制，降低中国借款的条件。但是国际关系都是靠实力说话的，列强为了获得最大利益再度携手合作。在列强血盆大口面前，“中国自主”已经不可能了，以夷制夷反而是为夷所制。

光绪二十三年十二月（1898 年 1 月），英国驻华公使向中国提出新的借款方案，不仅要求中国以关税、盐税、厘金为担保，还提出要修建自缅甸到长江的铁路、开放中国内河、永久任命英国人为总税务司等条件。在李鸿章拒绝英国的苛刻条件后，英国驻华公使到总理各国事务衙门大发雷霆，称如果清政府执意向俄国借款，英国将效仿德国出兵占领舟山群岛。随后，英国公使又告诉总理各国事务衙门，俄国人对旅顺港有不可告人之企图。面对英国的种种威胁，清政府又与英国恢复了借款谈判，但是此举又激怒了俄国。俄国驻华公使威胁说，如果中国执意借英款，俄国必定向中国问罪。英国驻华公使随后也威胁说，英国政府已经同意借款，清政府如果反悔必须承担一切后果。赔款被人掐着脖子，借款也被人掐着脖子。在列强面前，清政府的官儿，太窝囊；李鸿章的“以夷制夷”，太失败。

左右为难的清政府希望向俄英两国各借一半。这一方案未获两国回应。法国政府又乘机提出“借款国际化”方案，主张清政府向更多国家同时借款。万般无奈之下，清政府宣布不再对外借款，希望通过发行国内公债来凑款。但是由于政府信用已经大不如以前，发行的“昭信股票”认购者寥寥。

此时俄国调整了思路，希望在借款问题上向英国让步，以换取英国对俄国租借旅大军港的认可。因为向日本支付赔款的日期临近，清政府接受了长江中下游盐税、厘金代为征收和英国人控制总税务司 45 年等苛刻条件，迅速与英国汇丰银行和德国德华银行签订了 1600 万英镑借款协议。

有研究者指出，为了支付对日赔款，三次大借款总额为 3 亿两，但是加上折扣和逐年滚动的利息，实际上需要偿还的达到了 6 亿多两。如果说对日赔款是让中国财政破产的话，那么大借款就是让清政府丢失了财政体系控制权，实现了帝国主义列强对中国的金融侵略。从此，中国丧失了自主分配海关税、盐税、厘金等的权力和总税务司几十年的管理权、人事权。

列强在中华大地的侵略竞争是组合拳，巧妙地将经济侵略、政治侵略和军事胁迫有机结合起来。不仅在借款问题上强取豪夺，在侵占领土、划分势力范围、抢占利益方面，也是争先恐后，明抢暗夺。孱弱无序的清政府，面对这一局面，束手

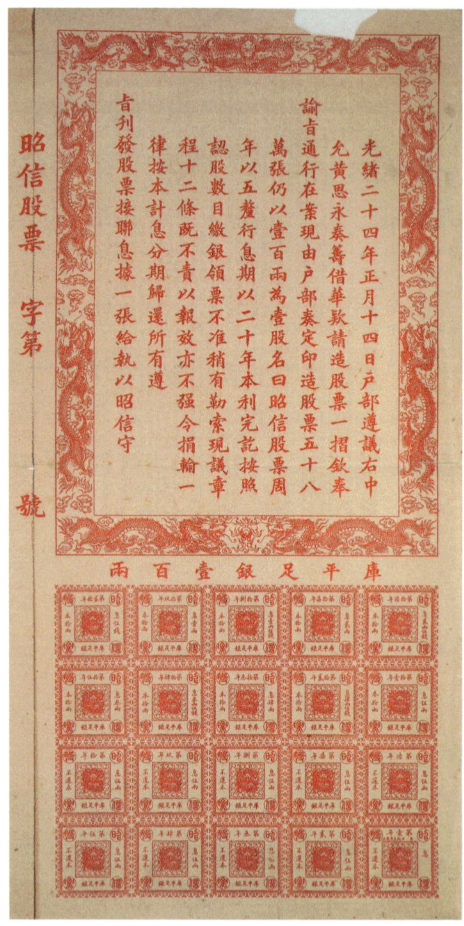
光緒二十四年正月十四日戶部遵議右中
允黃思永奏籌借華欵請造股票一摺欽奉
諭旨通行在案現由戶部奏定印造股票五十八
萬張仍以壹百兩爲壹股名曰昭信股票周
年以五釐行息期以二十年本利完訖按照
認股數目繳銀領票不准稍有勒索現議章
程十二條旣不責以報效亦不强令捐輸一
律按本計息分期歸還所有遵
旨刊發股票按聯息據一張給執以昭信守

昭信股票　字第　號

庫平足銀壹百兩

图 17-2　湖南发行的一百两昭信股票

“昭信股票”名义是“股票”，实际是政府公债。光绪二十年朝廷为筹集军费，以“息借商款”名义第一次发行公债，但因管理不善，半年后停止。光绪二十四年为筹措赔款而借“股票”名义第二次发行政府公债。股票分 100 两（50 万张）、500 两（6 万张）、1000 两（2 万张），年利 5 厘，计划筹集 1 亿两白银。由于人民不了解公债的意义且对政府偿还有所怀疑，最终没有实现目标，只凑款 1100 多万两。朝廷于光绪二十四年七月二十日（1898 年 9 月 5 日）以“扰民”为由停止向官员以外的群体发售昭信股票。户部曾制定《昭信股票章程》，设立昭信局管理，收款专门用于对日赔款，严禁挪作他用。但是实际上还是管理不善，有被挪用的现象。图片来自 A Bond Certificate Issued by the Hu’nan Government，https://collection.sl.nsw.gov.au/record/1kVd26dn/ZBPkQRr0gXakQ。

无策。正如当时正在中国传教的德国传教士卫礼贤说的那样："难道想把中国像切西瓜一样分掉的会谈停止过吗？清王朝已经无力阻止这些事件的发生。"(《中国心灵》)如果说帝国主义列强在大借款中很无耻，那么在划分势力范围和掠夺资源方面，则更加狂妄。

瓜分狂潮

冲在瓜分狂潮前列的是俄国。日本对中国东北地区的侵略和占领，直接威胁到俄国的国家安全和其在东北亚的利益，因此在《马关条约》签订后，俄国联络法国和德国进行了"三国干涉还辽"。这让慈禧太后、李鸿章等人，感受到"雪中送炭"的"温暖"。此后，朝廷中普遍出现了亲俄的倾向，李鸿章更是产生了"联俄制日"的想法。俄国也清楚意识到，干涉还辽会赢得中国对自己的好感，会给自己带来显著的好处。俄国预料得没错，在第一阶段借款时，清政府确实考虑了三国干涉还辽的因素。俄国趁热打铁，力邀李鸿章参加光绪二十二年三月（1896 年 4 月）沙皇尼古拉二世的加冕典礼。

对于李鸿章来说，在惨败之后获得俄国点名邀请，是很大的安慰，也能起到稳定其国内地位的作用。李鸿章此时希望联络俄国，一起对付日本，报仇雪恨。俄国也深知李鸿章和清政府的心思，隆重迎接，给足面子，很好地使李鸿章加深了对俄国的好感。俄方在与李鸿章会谈中，以攻守同盟为诱饵，希望能取得在中国东北修建铁路的权利。经过几轮谈判，李鸿章最后与俄方签订了《御敌互相援助条约》，俗称"中俄密约"。条约规定，一旦遇到紧急事情，中国所有口岸均允许俄国兵船驶入。所以俄国不仅通过条约获取了在东北修筑过境铁路的特权，还为此后海陆军入侵中国找到了借口。

如果说俄国是暗度陈仓，德国则是明火执仗。日本对华侵略攫取的利益，让德国羡慕不已。作为后起的帝国主义国家，德国在殖民扩张浪潮中未能占得先机，迫切希望通过武力尽快在东亚取得殖民扩张据点。在这种情况下，在中国海关担任天津税务司的德国人德璀琳推荐了条件良好的胶州湾。光绪二十三年十月初七日（1897 年 11 月 1 日），“巨野教案”发生。德国意识到机不可失，不顾事实，迅速派遣舰队来华。二十日，三艘德国军舰就开到了胶州湾。已经毫无抵抗能力和信心的清政府只能放任德国军队登陆，然后再进行交涉。

清政府将解决此事的希望寄托在刚刚和自己订立了攻守同盟的俄国身上。李鸿章等人想不到的是，俄国在条约中早已将其承担的义务基本规避了，签订“中俄密约”的主要目的是趁火打劫。一个月后，俄国舰队以助中抗德为名，开进了旅顺港。对抗德国是假，实际上是想借机占领旅顺港和大连湾。在这一过程中，德国和俄国开始明暗结合，狼狈为奸，都想借此机会获得他们想要的军港和租借地。另外几个列强看到这一情形，不是伸张正义，而是迅即加入瓜分队伍，各自向清政府提出土地租借和划分势力范围的要求。

英国公使看到德国和俄国的侵华策略即将成功，明确向总理各国事务衙门提出，如果他国取得租借权，英国也将有所要求。清政府此时才意识到，帝国主义列强是一起扑来，情势非常严峻，中国面临的是被列强瓜分的局面。军机处在寄给刘坤一、王文韶和张之洞的电旨中说：“联盟分占之说，朝廷亦早有所闻。

图 17-3 李鸿章与俾斯麦

李鸿章访问欧洲和美国是当时轰动的大事。李鸿章当时被外国人称为中国最伟大的总督和外交官。各国都清楚李鸿章在战后借款等问题上的价值，极力争取，他受到各国首脑、政要和机构的欢迎。在德国，他被称为“中国俾斯麦”，受到德国皇帝威廉二世和铁血宰相俾斯麦的热情欢迎。图为法国画报刊登的俾斯麦与李鸿章会面场景。作者翻拍于合肥李鸿章故居陈列馆，2023 年 11 月。

此时机括全在胶澳，胶澳不退，则各国蜂起。”［《军机处寄刘坤一、王文韶、张之洞电旨》（1897 年 12 月 19 日）］清政府虽然意识到了危机，却找不到任何解决办法。为什么呢？因为在侵华问题上，帝国主义列强有着基本一致的利益，并暗中勾结。

俄国和德国本是盟友，在侵华问题上互相勾结颇为顺畅。俄国承认山东是德国势力范围，支持德国租借胶州湾；德国则承认东北、直隶和新疆是俄国的势力范围，支持俄国租借旅大。英国虽然与俄、德不是盟友，但是以同意俄、德的要求为条件换取它们同意自己租借威海卫。从此，京师海上咽喉全部落入帝国主义列强手中。这也是此后侵华八国联军能够快速集结的一个远因。英国的胃口显然不是威海卫能满足的，它还趁机强租了香港新界。

一直在亚洲谋求殖民扩张的法国自然不会错失良机，不仅提出云南和两广地区是法国势力范围，还强租包含湛江等地在内的广州湾及附近海面。已经割占了台湾的日本，也不甘落后，很快提出了将福建划为其势力范围的要求。

面对这种局面，手中无权、朝中无才、囊中无钱、国中无兵的光绪帝除了咆哮，还能做点什么呢？受严厉责难的大臣们，也只能一起痛哭以谢君王了。

从甲午战争爆发到光绪二十五年中法《广州湾租界条约》签订，这五六年时间是中华民族历史上的至暗时刻之一。数年之间，中国就从一个主权和领土基本完整的国家，沦落到被帝国主义列强瓜分的地步。中学历史教科书上那幅《时局图》，是对当时局势最生动的描写，给一代代中国人留下了深刻印象。当时身处瓜分狂潮中的中国人，面对国家的危亡，自然不会坐以待毙，而是群情激愤，集体觉醒，要求救亡图存。

图 17-4 《时局图》

这幅《时局图》是对瓜分狂潮最生动的描写。此图原来由革命党人谢瓒泰绘制于光绪二十五年（1899），题目是《远东时局》，反映的是"光绪戊戌六月"的情况。该图后来被改绘成各式各样的《时局全图》或《时局图》，被印制成明信片等，广泛流传，激发了无数中国人的爱国心。黄遵宪有一首《〈时局图〉题诗》："沉沉酣睡我中华，那知爱国即爱家。国民知醒宜今醒，莫待土分似裂瓜。"目前流行的《时局图》可能绘制于光绪二十八年，是朱士嘉发现于美国国家图书馆，刊登于 1954 年的《近代史资料》，后来被选入中国历史课本。该图与最初版本相比已有所不同，除了瓜分狂潮外，还突出反映了"恐俄"与"反俄"，与当时兴起的"拒俄运动"有关。图片转引自程方毅《语境交织与媒介跨越——清末〈时局图〉再探》，《史林》2021 年第 4 期。

集体觉醒

《马关条约》签订的消息传回国内后，群情激愤，大家把怒火都指向了李鸿章，甚至有人提议杀李鸿章以谢天下。这种观点当然是充满情绪的非理性语言，但是也体现出当时国人面对惨败的不甘。从中国历史发展的宏观角度来看，甲午惨败是中国读书阶层集体觉醒的起点，救亡图存成为中国人此后几十年的奋斗目标。为什么这么说呢？我想有三个方面的内容支撑这一观点。

第一是读书阶层开始在世界格局中思考中国的危机，突出表现就是公车上书。除了一些特殊时期，中国读书人，特别是清代的读书人，一般都是“两耳不闻窗外事，一心只读圣贤书”，对科举功名非常热心。读书考试，主要目的是高中科举，光宗耀祖。在没有考中进士乃至于进入中高级官员序列之前，这些人很少就朝政公开发表意见，尤其是批评性意见。一来是清朝的文字狱让很多读书人谨言慎行；二来是这样的行为可能得罪当朝官员，对自己的科举之路产生负面影响。

两次鸦片战争之后，一些对西方有所了解的读书人开始就一些政治问题发表自己的意见，比如王韬、郑观应等人。这些人大多在通商口岸工作，基本放弃了科举之路，他们的人数在整个读书阶层中所占比例非常小。甲午惨败之后，这种局面开始发生显著变化，越来越多的读书人开始主动了解世界，并在世界格局中思考中国面临的危机，寻找救亡图存的路径。最轰动的事件就是“公车上书”。

光绪二十一年三月（1895 年 4 月），《马关条约》签订的消息传回国内后，引起了比甲午惨败更大和更广泛的震动。战败是个笼统的消息，但是割地赔款都是实实在在的内容。当时全国各地共有四千七百多名举人在北京参加会试，听说此事后群情激愤。在这些举人当中，康有为、梁启超是比较了解国际局势的，早就有变法维新的思想。在他们的奔走呼号和暗中组织下，这些参加会试的举人中有一千三百多名决定联合上书光绪皇帝，警告如果条约成真，将民心尽失，列强接踵而至，中国将面临被“瓜分豆剖”的严重局面。举人们公开提出：“下诏鼓天下之气，迁都定天下之本，练兵强天下之势，变法成天下之治。”（《上清帝第二书》）这几句话概括起来就是“拒和、迁都、变法”，可以说是一千多名举人对时局的基本主张。虽然这个上书被都察院以《马关条约》已经签订为由拒绝了，但这个行为和主张已经在包括各级官僚在内的知识阶层中投下了震撼弹。

为什么这么说呢？举人是已经获得了正途功名的读书人，是将来朝廷依赖的治国理政人才。这些人在参加会试的关键敏感时刻，不安心复习考试，而是聚集在一起对时局发表强烈抗议，起草万言书，然后又有来自全国各省份的一千三百多人签字，用通俗的话来说，这是在关键时刻、关键地点、关键人群中爆发的群体性事件，产生的冲击波可想而知。“公车上书”可以说是开启了近代知识阶层集体对时局表达主张的先河，对此后知识阶层群体的发展影响不小。

“公车上书”的政治主张，是甲午惨败后知识阶层面对危机的一个清晰的政治方案。方案虽然有理想主义的色彩，与当时的政治条件并不吻合，但反映了中下层知识阶层的情绪和愿望。从另一个角度看，变法自强的呼声，与朝廷中一些高级官员的呼吁形成了和声共振，让有意变法自强的翁同龢、李鸿章、张之洞等人注意到了康有为、梁启超等人，为戊戌变法的发生提供了前提。从另一个角度看，举人们的情绪和愿望没有得到满足，反而转化为此后救亡图存的行动动力。不少参与"公车上书"的举人（特别是康有为、梁启超等人）意识到，变法维新要成功推行，需要唤起更多人的觉醒和支持，他们开始将精力投入现代报刊的创办等方面，试图发动更多的人参加维新变法。

第二是中国人自己主办的现代报刊涌现，思想和知识革命浪潮初现。人才评价选拔办法和考察内容是青年人才学习和努力的指挥棒，在甲午惨败之前，中国绝大多数读书人眼中只有科举考试，所学内容也以四书五经为主。虽然介绍世界历史地

图 17–5　杨椒山祠（左，即松筠庵）和嵩云草堂

位于北京达智桥胡同的松筠庵，又名杨椒山祠。其斜对面的嵩云草堂是清末时期北京最大的河南会馆。两地是康有为等人进行"公车上书"和参与戊戌变法的主要场所。据文物铭牌介绍，当时有二百余人在此集会（学界有不同意见）。这在当时是令人非常惊讶的行为。嵩云草堂由户部侍郎毛树棠和漕运总督袁甲三等人修建。在袁世凯的支持下，康有为在嵩云草堂创办了强学会和《万国公报》。杨椒山祠后来成了大杂院，嵩云书院一部分成为学校被拆毁，南边一部分也成为大杂院。现在两处正在进行腾退修复工作。作者自摄照片，2023 年 11 月。

理、政治风俗和科学知识的书在鸦片战争后已经较多出现，但对于肩负着“十年寒窗、一举成名”希望的普通士子来说，了解世界大事、关注现代政治，是不务正业之举。甲午战争惨败前，且不说一般劳动人民，就是读书阶层对世界和日本的了解也非常少，有的读书人可能都没听说过日本，或不知道日本在哪里。

泱泱中华，居然能被过去视为“岛夷”“倭寇”的日本打败，这对于沉醉于科举的读书阶层是一个重大冲击。古语说“知己知彼，百战不殆”。实现救亡图存的目标，首先要让广大知识阶层开眼看世界，了解中国形势之危急，其次要让更多人认识到维新变法的重要性，愿意参加到维新变法之中。在这种认识下，康有为、梁启超、唐才常等人投身到现代报刊的创办和图书的出版工作中。在甲午惨败之前，中国已经出现了《格致汇编》《申报》等现代报刊，但这些都是外国人主办的，基本没有中国人自己创办的。甲午惨败之后，康有为等人就开始创办报刊，为变法自强鼓与呼。康有为先在北京创办了《万国公报》，后来改为《中外纪闻》，后来又创办了《强学报》。梁启超、唐才常等人创办了《时务报》《知新报》《湘学新报》《经世报》等。

此一时期包含现代内容的图书不仅数量迅速增加，而且传播范围更广。李提摩太翻译的《泰西新史揽要》、康有为编纂的《日本变政考》是其中的代表。李提摩太对《泰西新史揽要》非常自信，自己在序中将该书比喻为暗室之孤灯、迷津之片筏、救民之良药、保国之坚壁，并希望光绪帝降旨，天潢贵胄高级官员人手一本，以为“先路之导”。有研究者指出，《泰西新史揽要》各种版本加起来印了一百多万册。在读书阶层人数也就 100 多万人的时代来说，这个数量实在过于惊人！

新报新刊带来了知识和思想的现代化浪潮，进而产生了全方位的影响。最为根本也最为直接的影响，是读书阶层对现状普遍产生不满，要求清政府必须尽快承担责任，拿出切实可行的变法自强措施，挽救中华于危亡。清末维新变法的核心参与者梁启超曾说，甲午惨败让他和一些关心国事的知识青年去思考追问中国为什么积弱到这步田地，不如人的地方在哪里，政治上的耻辱应该什么人负责任，怎么样才能打开一个新局面。

泰西新史攬要

二十三卷附記

一卷

初名泰西近百年來大事記

上海廣學會譯著

图 17-6 《泰西新史揽要》光绪二十四年铅印版扉页

《泰西新史揽要》可谓中国人集体觉醒的教科书。广学会是英美新教传教士在中国成立的最有影响的教会出版机构之一。其前身是光绪十三年在上海成立的同文书会，光绪二十年改名广学会。威廉臣是第一任总干事。光绪十六年威廉臣病逝后，李提摩太接任。林乐知、丁韪良、李佳白、慕维廉、艾约瑟等人是主要会员。这些人都是晚清推动“西学东渐”最主要的人。

对这些问题的追问，又促使他创办报刊，撰写文章，促进思想和知识更新的加速，推动变法自强的发展。到了民国年间，他对这一现象有一个简洁的概括：“因政治的剧变，酿成思想的剧变，又因思想的剧变，致酿成政治的剧变。前波后波辗转推荡，至今日而未已。”（《中国近三百年学术史》）

第三是读书人开始组织现代知识和政治团体，推进现代化实践。衡估晚清的历史发展脉络，大致可以分为两个阶段。第一阶段是甲午惨败之前。此一时期包括普通读书人在内的人民大众，对于世界是不了解的，对于政治的期盼还基本停留在传统明君贤臣的范围内，因此洋务运动是政府推着人们向前走，从学习制造现代枪炮，到开办现代工业，无不如此。人民大众有时候还因为传统认知，反对一些新事物，比如长期反对修造铁路。第二阶段是甲午惨败之后。读书阶层已经集体觉醒，主动了解世界，对变法自强产生了想法，对政府有了要求，并会用这种想法和要求来评判政府。但是主导政府的权力执掌者和广大官员，思想观念已经落伍于青年读书阶层，特别是康梁等变法者的想法和要求。政府从推动者变成了被推动者。

知识阶层组织各种学会是最早的民间现代化实践活动。1895 年夏天，康有为与杨锐、沈曾植等人在北京发起成立强学会。强学会的旗号虽然是办报刊、传播新知识等，但是由于参加者都是有新思想的官员和知识阶层，其核心目的自然是维新变法、救亡图存。京师强学会被弹劾关闭后，康有为又在张之洞的支持下到上海成立了上海强学会。虽然上海强学会后来也因为张之洞和康有为的学术思想和政治观念差异等问题很快停办了，但是风气已成，此后各种学会在中国各地出现。有研究者统计，戊戌变法时期出现的学会有七十多个。这些学会有的是地域性的，比如闽学会、蜀学会、苏学会、南学会等；有的是学术性的，比如农学会、算学会、公法学会、不缠足会（有医学性质）等；有的是职业性的，比如译书公会等。这些学会虽然宗旨都是讲求新学、传播新知、团结同志，但是实际上都有期盼维新变法以救亡图存的导向。在维新变法进行过程中，这些学会基本是呼吁者和支持者。

讲到这里，读者朋友们或许已经发现，我们多次提到了一个人——康有为。康有为是在甲午惨败后登上历史舞台的维新变法领袖，有必要介绍一下。

图 17-7 康有为

这是康有为最著名的照片，但是拍摄时间地点不详。康有为的弟子欧阳石芝精于摄影术，于光绪十五年在上海创办了著名的宝记照相馆。这张半身照应该是拍摄于戊戌政变前，构图、光影、神情等均是上乘，有可能出于欧阳石芝之手。康有为的研究众多，但是影像资料研究似乎不足。图片选自朱诚如主编《清史图典》第 11 册，第 65 页。

康有为这个人

康有为最为人熟悉的身份就是维新变法的领袖。康有为在光绪二十一年才考上进士，为什么就能成为维新变法的领袖呢？这里面当然有风云际会的因素，但绝不是这么简单，而是有好几个深层次原因。

第一，康有为出身不错，人脉很广。根据康有为自述可知，康家为广东名门，世代官宦。他高祖曾任广西布政使，曾祖曾任福建按察使，祖父曾任广州府学教授，父亲曾任江西知县。更重要的是，其叔祖父康国器属于湘军系，曾跟随左宗棠等人南征北战，由军功升任广西布政使、护理广西巡抚。换句话说，康有为是个典型的官宦世家子弟，而且是与湘军系有关的世家。康有为在青年时期，又跟随岭南大儒朱次琦学习多年，可谓师出名门。这两点为他奠定了比较好的人脉基础。除了家世和学缘，还有一个因素是同乡。康有为在北京推动变法的过程中，获得了他的同乡前辈张荫桓的支持和提携。张荫桓是总理各国事务衙门大臣，兼有财政和外交职权，是当时最重要的大臣之一。中法战争之后，康有为经常外出游历，还结识了曾纪泽等一批在北京的比较开明的高级官僚贵族，早已在士大夫阶层中获得了一定的知名度。另外，他还因为主持“万木草堂”等讲学活动，培养了梁启超、陈千秋等好多位能干的学生。

第二，康有为的世界视野和西学知识远超时人。康有为很早就开始了解西方世界，并且学习西学知识。他在光绪五年

（1879）22 岁时，就游历香港，被英国人的市政建设和管理水平折服，此后开始主动讲求西学，阅读《瀛寰志略》《万国公报》等书刊。康有为自己在日记中说，到了光绪九年，也就是他 26 岁时，已经放弃科举，专攻西学了。康有为这里有点儿睁眼说瞎话，如果他那时真的“绝意试事”的话，他此后怎么考上进士呢？不过康有为在这一时期将很多精力放在西学知识学习上，应该是真的。也正是因为此，他才具备了在变法期间作为领袖所应具备的世界视野、现代观念和知识。

第三，康有为是最早直接向皇帝上书呼吁维新变法的人。早在光绪十四年，康有为到顺天参加乡试，就大胆向光绪皇帝上书，呼吁变法自强。与此同时，他开始主动将自己掌握的西方现代知识和中国传统学问结合，为维新变法提供学术支持。他在光绪十七年就写了影响很大的《新学伪经考》。在光绪二十一年“公车上书”前，康有为已经“有时名”，具备了召集众多举人响应的影响力。康有为对维新变法的一贯主张和他的地位影响，让他成为“公车上书”的核心策划组织者。

第四，康有为在光绪二十一年新中了进士。在明清时期，进士出身一直是一个人硬实力的最直接体现，是能快速获得精英阶层认可的基础，是获得官员身份的最高等通行证，类似于现在获得了海内外名校的博士学位，而且比现在的博士学位还稀缺得多。有了这个身份，他的言论就不会被人视为疯话狂话，而是有分量、有水平的话。吴稚晖曾因孙中山“不是科第中人，不是经生文人”，不仅对孙中山没有信服感，甚至怀疑他不识字（《我亦讲中山先生》）。由此可见，康有为在光绪二十一年高中进士，对于他成为维新变法领袖，是有非常正面的加分作用。

以上四点分析，也能说明，机会都是给那些有准备的人。康有为经过前面二十余年的努力，终于站在了时代的潮头之上，为维新变法大声鼓与呼。

虽然康有为是维新变法时期最引人注目的领袖之一，但是维新变法确实是非常复杂的政治变革运动，并非康有为一人能够推动，最终以悲剧结束。

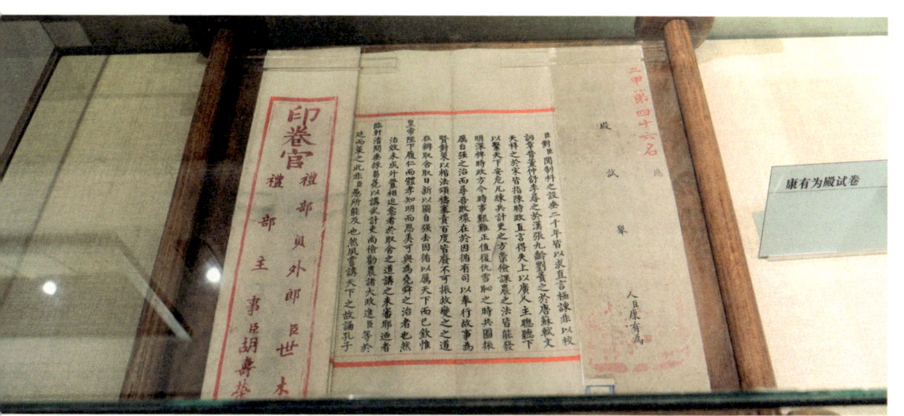

图 17-8　北京国子监博物馆展示的康有为殿试卷

光绪二十四年的康有为，对于变法维新是非常真诚的。他在殿试卷中写道："方今时事艰难，宜明复仇雪耻之风，共图蹈厉发扬之治。寻百度败坏，在于泄沓。有司以奉行故事为贤，对策以楷法颂祷塞责。若不亟变，不可振救。变之之道，在辨取舍。取日新以图自强，去因循以厉天下而已。"这句话不由得让人想起本书第二章中重点提到的，嘉庆帝临死都还在骂官员"因循怠玩"。作者自摄照片，2023 年 12 月。

第十八章　戊戌变法的是与非

自古变法多悲壮。戊戌变法毫无疑问是最悲壮的。

词典给悲壮的解释是“悲哀而壮烈”。戊戌变法的壮烈在于当时中国最有前途、最有地位的一些中青年士大夫为拯救中华民族奋不顾身，甚至舍生取义。戊戌变法的悲哀在于变法者热血有余而谋篇布局不足，这是一场注定不会成功的变法。

戊戌变法是中国近代史上最著名的大事件之一，对中国历史进程产生了深远影响。理解清末最后十几年历史发展和政治人物命运沉浮的钥匙就在戊戌变法。变法之后，慈禧太后与光绪帝之间从嫌隙变为仇恨，官员或处死，或流亡，或罢黜，或显贵，政局完全改变。

戊戌变法也是中国近现代史上最为复杂的历史事件之一。截止到现在，还有很多事情没有研究清楚。由于当时不少事情很秘密及一些亲历者有意销毁了一些证据，有些事情可能永远也研究不清楚了。戊戌变法虽然复杂，但是我们抓住两个问题，就会有一个相对清晰的认识：第一，维新变法从想法到实践的历程怎样；第二，变法为什么注定会失败。

变法舆论的形成

遇到危机后变法自强，在中国历史上循环上演，这可以说是一种政治智慧和传统。《马关条约》让中国人觉得非常屈辱，随之而来的瓜分狂潮又让中国人真切意识到处于亡国亡种的危险之中。损失如此之大，危机如此之急，对变法自强的呼吁也就前所未有的强烈。呼吁和支持变法自强的人，除了我们熟知的康有为、梁启超、严复等，还有很多是朝廷高官、封疆大吏，其中包括跌入人生谷底的李鸿章。

李鸿章在赴日谈判前，就向光绪帝提出要知荣辱、能屈伸，以割地赔款的耻辱为动力“力图自强之计”。和日本人谈判过程中，他又公开表达了对日本改革取得巨大成绩的羡慕，并认为惨败将让中国从长夜迷梦中觉醒。回到天津后，他立即向光绪帝报告了和约签订情况，再次表达了对维新变法的期望：“深盼皇上振励于上，内外臣工齐心协力，及早变法求才，自强克敌，天下幸甚。”（《中日会议和约已成折》）此后李鸿章在奏折中又多次呼吁变法自强，在私下里也多次向朋友下属表达愿望。他与康有为等人不熟悉，对康有为等人的主张也不全部认同，但是对维新派变法自强的呼吁和行动较为支持，主动给强学会提供资金支持。

李鸿章不是没心没肺的卖国贼。他对清朝是有感情的，对变法自强是真心的。不过，“我本将心向明月，奈何明月照沟渠”。康有为这些舆论领袖对李鸿章唯恐避之不及。

图 18-1 《点石斋画报》“伏阙陈书”

“公车上书”活动可能没有留下照片，《点石斋画报》中的这幅画，多少能反映一些当时的情形。图片选自《点石斋画报》第 411 期，1895 年，第 3~4 页。

割地赔款和瓜分狂潮的刺激、“公车上书”等事件的推动，让维新变法很快成为一个席卷全国的话题。朝堂之上，年轻的光绪帝不甘屈辱，希望变法自强。他在因《马关条约》发布的两道“罪己诏”中都提出要打破积习、改革自强。在光绪二十一年五月（1895 年 6 月）看到康有为《上清帝第三书》后，变法的想法更加强烈。与光绪帝关系亲密的军机大臣翁同龢和总理各国事务衙门大臣张荫桓等人也比较支持维新变法。甚至一直被认为是顽固派的大学士徐桐都提出了一些改革建议。在封疆大吏中，湖广总督张之洞、两江总督刘坤一、湖南巡抚陈宝箴、新疆巡抚陶模等人也都明确支持变法，提出了一些建议。盛宣怀、伍廷芳等人也提出了变法的建议。另外，谭嗣同、徐致靖、黄遵宪等中青年官员也是维新变法的支持者。

朝堂之外，希望维新变法的声浪借助新式书刊一浪高过一浪。为变法鼓与呼的主要力量有三个。一是李提摩太等对华友好的传教士及华人教会工作者，二是严复等洋务运动中成长起来的中国新式知识分子，三是梁启超等觉醒的青年士大夫。他们借助新式报刊，分析时局，从中外历史中寻求经验教训，论证变法的不可抗拒性和紧迫性。梁启超在著名的《变法通议》中说过这样一句话："变亦变，不变亦变。变而变者，变之权操诸已，可以保国，可以保种，可以保教；不变而变者，变之权让诸人，束缚之，驰骤之。"这句著名的话，源于《易经》通变致久思想，概括出当时的形势，也说出了大家的心声。

可以说，在甲午惨败后的一年多时间里，变法维新的舆论和共识已经基本形成。从这个情况来看，全国性的变法运动应该在光绪二十二年就正式启动，迟也不过应该在光绪二十三年，为何到了光绪二十四年四月二十三日（1898 年 6 月 11 日）才自上而下推进呢？这大概有如下四个原因。

一是借款纷争和瓜分狂潮让皇帝和军机大臣等人没有精力对变法进行谋划。

二是慈禧太后没反对变法，但也没指示如何变，让很多本

图 18-2　梁启超

梁启超因撰写《变法通议》而声名鹊起，从此“康梁”并称。梁启超是清末民初最有才华和最博通之人，被誉为“烂漫天才”。“不惜以今日之我非昨日之我”的态度，使他一直保持着开放、纯真和反省的良好品质。民初能与之相提但不能并论者，是胡适。胡适为何不能与之并论？一是胡适没有梁启超这样曲折的政治经历，二是没有梁启超这样的开放进取精神。我有时想，梁启超就像近代中国的一个映像——在泥淖中乐观跋涉，屡错屡试也不甘沉沦，对未来永远保持着信心。图片选自朱诚如主编《清史图典》第 11 册，第 70 页。

来就疲沓腐败的官员持观望态度。

三是光绪帝确实还不能“乾纲独断”，也未获得大多数核心大臣的支持。

四是重新出山的恭亲王奕䜣对变法的态度很微妙。他还延续着洋务运动的思路，积极支持有利于国家富强的具体事务改革，但是对涉及中央和皇族权威的政治体制改革则坚决反对。几十年的历练沉浮，让他对政局保持着清醒的判断：体制机制改革是以绝对实力为基础的，而现在光绪帝显然连基本实力都不具备。光绪帝推行一些具体措施，只做加法，尚且举步维艰，如何大破大立呢？

第四点最不彰显，但可能最重要。奕䜣的独特地位，让他在已经显露出矛盾的光绪帝和慈禧太后之间起到了一定的平衡作用。慈禧太后对奕䜣尚有几分忌惮，光绪帝对奕䜣这个唯一在世的亲伯伯则比较敬重。既然奕䜣对于根本性、全国性的变法持保留态度，他也不敢贸然行事。

图 18-3　晚年奕䜣

奕䜣虽然赋闲了十年，但仍然是大家都接受的大清朝“压舱石”之一。奕譞死后，他也成了唯一能抗衡慈禧太后的人和光绪帝唯一的依靠。甲午战争期间重新出山后，虽然言行不多，但对局势稳定起到了关键作用。图片选自朱诚如主编《清史图典》第 12 册，第 250 页。

可以说，此时朝廷内外、举国上下都希望变法，但是对于如何变法还没有共识。对于大破大立，更没有做好心理预期。问题也恰恰在此！

变法启动

光绪二十四年春天，瓜分狂潮进入了高潮。一直希望奋发图强的光绪帝已经忍无可忍。胸中怒火可以说是每一天都在冲击着紧咬的牙关，要喷薄而出。就在此时，奕䜣病逝了。

光绪二十四年四月初十日（1898 年 5 月 29 日），年老多病且被慈禧太后反复折磨的奕䜣走完了曲折坎坷的一生。道光帝诸子自此全部谢幕。光绪帝得到消息后“嗷然而哭”。这四个字可以看出光绪帝发自肺腑的悲伤。

奕䜣之死，对所有人都是一个具有冲击力的消息。官员们大多意识到奕䜣之死必将引起朝局大变动，不过反应却是两极：一些人对朝局颇悲观，认为“大局从此危矣”；一些人则认为维新变法的最大阻碍之一得以消除，变法可以尽快展开。

一直希望尽快变法的康有为，就有一种“天亮了”的感觉。在得到奕䜣死讯后，他立即上书翁同龢，请其抓住时机立即变法。他又连续请御史杨深秀、李盛铎，侍读学士徐致靖等年轻官员递呈奏折，促请光绪帝下决心“明定国是”，迅速变法。[1]

光绪帝虽然悲伤，但也感觉时机到来了，开始进行紧张的

---

1 康有为在戊戌变法时期的地位与作用，学术界一直有较多争论。笔者认为真实的情况应是没有康有为自己说得那么重要，但也得承认他确实对光绪帝和社会大众的变法思想产生了很大影响。

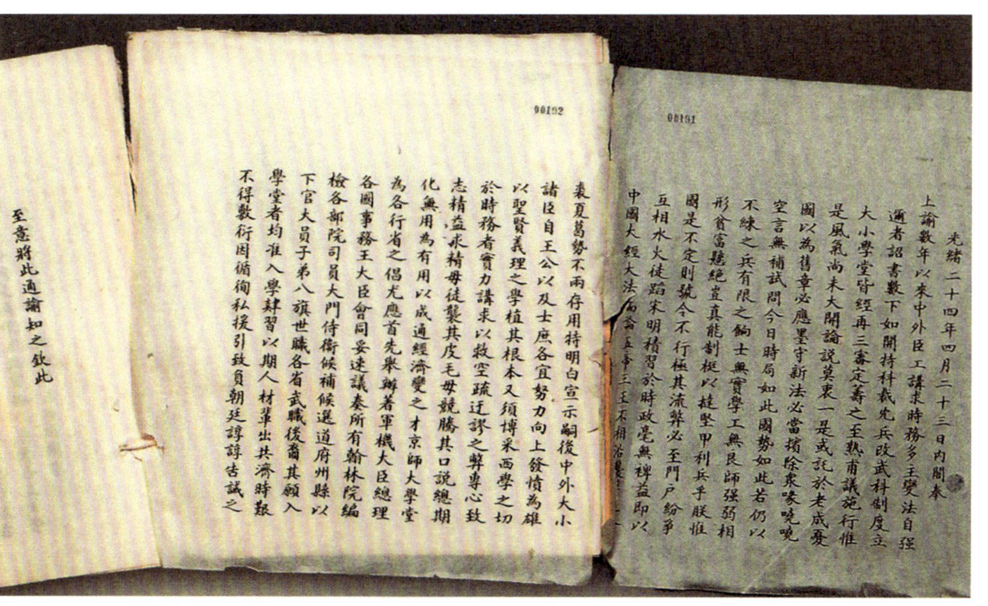

00191

光緒二十四年四月二十三日內閣奉
上諭數年以來中外臣工講求時務多主變法自強
邇者詔書數下如開特科裁冗兵改武科制度立
大小學堂皆經再三審定籌之至熟甫議施行惟
是風氣尚未大開論說莫衷一是或託於老成憂
國以為舊章必應墨守新法必當擯除衆喙嘵嘵
空言無補試問今日時局如此國勢如此若仍以
不練之兵有限之餉士無實學工無良師強弱相
形貧富懸絕豈真能制梃以撻堅甲利兵乎朕惟
國是不定則號令不行極其流弊必至門戶紛爭
互相水火徒蹈宋明積習於時政毫無裨益即以
中國大經大法而論五帝三王不相沿襲

00192

裘夏葛勢不兩存用特明白宣示嗣後中外大小
諸臣自王公以及士庶各宜努力向上發憤為雄
以聖賢義理之學植其根本又須博采西學之切
於時務者實力講求以救空疏迂謬之弊專心致
志精益求精毋徒襲其皮毛毋競騰其口說總期
化無用為有用以成通經濟變之才京師大學堂
為各行省之倡尤應首先舉辦著軍機大臣總理
各國事務王大臣會同妥速議奏所有翰林院編
檢各部院司員大門侍衛候補候選道府州縣以
下官大員子弟八旗世職各省武職後裔其願入
學堂者均准入學肄習以期人材輩出共濟時艱
不得敷衍因循徇私援引致負朝廷諄諄告誡之

至意將此通諭知之欽此

图 18-4 《明定国是诏》

诏书前半段内容是给之前是否变法的争议定调，明确要求进行变法。后半段主要是要求自上而下推行新教育，“以圣贤义理之学植其根本，又须博采西学之切于时务者，实力讲求，以救空疏迂谬之弊”，力争“化无用为有用，以成通经济变之才”。图片选自中国第一历史档案馆编《御笔诏令说清史——影响清朝历史进程的重要档案文献》，第 198 页。

人事布局，准备变法。这一段时间里，他频繁前往颐和园陪同慈禧太后，除了处理奕䜣葬礼外，很可能也在对慈禧太后进行说服和汇报工作。四月二十二日（6 月 10 日），朝廷人事发生变动。协办大学士兵部尚书荣禄升任大学士，管理户部事务，刑部尚书刚毅调为兵部尚书、协办大学士。二十三日，光绪帝发布《明定国是诏》:“特明白宣示，嗣后中外大小诸臣，自王公以及士庶，各宜努力向上，发愤为雄。”在诏书里，他还布置了两个重要的事情，一是要尽快创办京师大学堂，培养改革需要的人才；二是要求各省督抚尽快保荐人才。《明定国是诏》的颁布，标志着“百日维新”的正式开始。

诏书发布后，光绪帝迅速发布推进变法的一些谕令。二十四日，光绪帝要求各省督抚就设置商务大臣、宗人府就选派宗室王公游历各国等事进行布置。二十五日，光绪帝谕令 3 天后召见康有为、张元济，并令黄遵宪、谭嗣同送部引见，总理各国事务衙门考察梁启超。二十八日，光绪帝破格召见康有为，长时间询问变法事宜，并破格提拔康有为“在总理各国事务衙门章京上行走”。此后一段时间，光绪帝又先后召见了张元济、梁启超、黄遵宪、谭嗣同、刘光第、林旭、杨锐、严复、袁世凯等有志于变法的中青年官员。

变法终于启动，各种改革政策陆续推出。概而言之，主要集中在三个方面。

一是改科举、兴学堂、办报纸、编译外国书籍、派遣留学生等文化教育方面。从整体情况来看，虽然在八股存废、学堂开设等问题上有一些纷争，但因为不涉及根本性的政治体制和人事问题，所以这些工作尚能有一些推进。

二是讲求商务、发展农工、发展路矿、创设银行、保护专利等经济振兴方面。久经积贫积弱折磨和身处瓜分狂潮煎熬之中，国富民强是大家所共盼，而且还有此前洋务运动打下的基础，因此这方面的改革推进阻力也不大。但是也必须承认，由于专业人才的缺乏，一些实务开展的效果不尽如人意。

真正让变法遭遇巨大阻力并最终导致政变的，主要是第三个方面——政治方面的改革。

政治改革本就是康有为等人变法的核心。维新派希望主动学习西方，大刀阔斧进行政治体制改革，设立议会制度。康有为在光绪二十四年初被总理各国事务衙门王大臣约见时，就提出“宜变法律，官制为先”。被光绪帝召见时，也建议光绪帝在宫中开设制度局，选择具备新学知识和视野的人帮助皇帝进行维新变法的“全局之谋”。维新派一直认为开制度局或议政处是推进维新变法的关键措施。康有为在五月初一日（6 月 19 日）的奏折中指出：“皇上不欲变法自强则已，若欲变法而求下手之端，非开制度局不可也！”（《为推行新政请御门誓众开制度局以统筹大局革旧图新以救时艰》）光绪帝对于开制度局也意有所动，要求总理各国事务衙门大臣庆亲王奕劻等人拿出意见。奕劻被难住了。这意见他拿不出来，也不敢拿出来。

以前上学时总是想不明白，不就是设个机构给皇帝提供变法咨询意见吗，为啥阻力这么大呢？工作很多年后，多少经历了一些事情，才明白，大臣们若不是真正秉承“天下为公”的信念或誓死效忠皇帝的忠诚，还真是积极不起来。因为，开制度局或议政处可不是一件小事情，实质是要削夺军机处和总理各国事务衙门的权力，甚至于慈禧太后的权力，进行中央政治体制改革。奕劻等人很清楚这一点，也没有“天下为公”的信念或誓死效忠皇帝的想法，在实在敷衍不过去的情况下，启用了光绪帝他爹奕譞套在光绪帝脖子上的缰绳——向慈禧太后汇报。

在得到不可行之事只管驳议的指示后，奕劻等人对康有为开制度局和变法整体方案进行了一一反驳，基本否定。对于奕劻等人的意见，光绪帝甚不满意，要求“另行妥议具奏”。奕劻此时不是领班军机大臣，而是负责总理各国事务衙门。光绪帝为何非要奕劻先拿意见呢？除了总理各国事务衙门负责涉外、涉新事务外，可能还有另一个考虑，那就是奕劻的身份很不一样。按辈分，奕劻是光绪帝的叔叔。奕䜣死后，他在宗室里已经是最显赫的长辈了，还是宗人府的右宗正（宗人府二把手）。如果奕劻支持变法，那当然就非常有利于局面的打开。可是奕劻是慈禧太后的人，也不想革自己的命。光绪帝一再让他表态，他被夹住了。

奕劻毕竟是奕劻，一生经营，老奸巨猾四个字还是撑得起来的。他采用一拖二推的策略，成功脱身了。奕劻先是拖了一段时间，拖得光绪帝有些不耐烦了，然后回奏说康有为的建议主要是内政改革，总理各国事务衙门主要是涉外，不方便说太多，方案最好是由军机处会同总理各国事务衙门议奏。奕劻说的也没毛病，总理各国事务衙门基本不参与内政处理，内政事务都是军机处负责。无奈之下的光绪帝，又命令军机大臣和总理各国事务衙门大臣一起筹议具奏。此时的领班军机大臣是礼亲王世铎，一个比奕劻还会糊弄的人。世铎还是宗人府宗令，是宗室事务的一把手。我们在甲申易枢时就说过他的无欲无求，尸位素餐。一位当了十几年领班军机大臣的铁帽子亲王，《清史稿》传记不足二百字，百度百科介绍也很短，关于这个人就不用多说了吧？

图 18-5　中年奕劻

奕䜣死后，奕劻成为清末最后十几年最重要的宗室。他在戊戌变法和政变中，坚定地站在了慈禧太后一边。获得慈禧太后信任的奕劻成为清末十几年最重要的政治人物之一。但是如此重要的人物，连一份详细的年谱都没有。图片选自赵省伟编《遗失在西方的中国史：海外史料看庚子事变》，第 85 页。

领班军机大臣礼亲王世铎和总理各国事务衙门大臣庆亲王奕劻没法“一推六二五”，但是两大“糊弄学”顶级高手联动，可以一拖再拖。执掌着军机处和总理各国事务衙门，同时还是宗人府一把手、二把手的两位亲王对变法的态度，让其他大臣和宗室都清楚了该如何面对皇帝的变法冲动。光绪帝虽然并无实际权力，但毕竟是皇帝，军机大臣也好，总理各国事务衙门大臣也罢，对变法都持保守态度，但并不能公然违抗圣旨，只能拖延或敷衍。一直拖到花儿谢了，皇帝改主意了。

皇帝不是偃旗息鼓了，而是换个思路。新气象的制度局开不了，那就回归传统，效法祖宗。康有为等人看到开制度局阻力太大，又想到了借助清代开懋勤殿议政的先例，希望在内廷开懋勤殿，借机让自己和有志于维新变法的青年人到光绪帝身边，推动变法。“开懋勤殿”，说得好听，实质还是想取代军机处，甚至连带总理各国事务衙门的一些职能，特别是建议和决策职能！维新派的这些想法，自然被世铎、奕劻等久经宦海的军机大臣和总理各国事务衙门大臣看得一清二楚，见招拆招。

六月初十日（7 月 28 日），总理各国事务衙门大臣奕劻和军机大臣孙家鼐分别对开懋勤殿之事提出了反对意见，认为可能导致朋党等问题。六月十五日（8 月 2 日），领班军机大臣礼亲王世铎领衔上奏，虽然肯定了变法的必要性，但是对于大规模更改制度和开设制度局等事情，则基于政治传统和维护稳定，提出了变通办法，算是对光绪帝一再要求回复的交代。在制度局和懋勤殿均无着落的情况下，康有为在 8 月中旬又提出了开设议院的建议。结果自然可想而知。

对设立制度局和开懋勤殿推三阻四，是奕劻、世铎等人太顽固吗？他们当然不会为国家、为光绪帝赤胆忠心，但是换作我们也未必欣然为之。从政治传统看，传统中国的历次变法，都是走到政治体制机制改革时遭遇最大阻力，并最终失败。从现实状况看，政治体制机制改革牵涉每一个官员，很多人会因改革丢掉饭碗，他们没有这个魄力。从他们个人来看，作为军机大臣和总理各国事务衙门大臣，之所以居于中枢，就是可以直接向皇帝建议，参与决策，现在等于是要他们靠边站。

光绪帝满心热切盼望的戊戌变法，且不说走进深水区了，而是直接搁浅在寻找走进深水区工具的阶段。别说削夺军机处和总理各国事务衙门决策权了，就是一些小的政务运行方式改革，推行得都不顺利。鼓励天下官民上书言事、要求各部门修订过去形成的行政文件和案例、尝试用电报发布上谕传达各部门行政命令等技术性改革，都遭到了不少官吏的非议。

一边是急于推行改革的皇帝和维新派，一边是拖延甚至敷衍的核心大臣、督抚，甚至是整个官吏体系。僵持之下，光绪帝越来越急躁，形势越来越危险。

变法走向激烈

六月二十三日（8 月 10 日），光绪帝借庆祝自己“万寿节”的机会，再次明发上谕，又一次解释变法的必要性，总结变法遭遇的问题，要求大小臣工详细讨论、锐意整顿。同时，上谕发出了严厉的威胁，将对敷衍塞责、有意阻挠变法者进行严惩。上谕对大臣同时明确传递出期盼和惩罚两种信息，意味着光绪帝对此前的改革局面比较失望，但还抱有幻想。但是到了七月初，他的耐心已经基本耗尽。七月初十日，他明发上谕严厉斥责两江总督刘坤一、两广总督谭钟麟等观望敷衍的督抚。第二天，再次明发上谕严厉斥责一些官员，尤其指出一些部长级官员在三令五申的情况下依然阳奉阴违，苟且敷衍，执行变法政策不力，并明确指出一经发现将严惩不贷。

这几个谕令让变法的激烈气氛一下子提升了不少，也把光绪帝置于危险的境地。因为有慈禧太后对变法的保留态度，这些大臣显然听不进去光绪帝的劝导乃至威胁。光绪帝可能觉得，要真正推行变法，只能在人事问题上拿出足够手段，一方面大刀阔斧地任命一些真心改革的官员到重要岗位上，一方面罢免一些敷衍苟且的阻碍变法的官员。但现实是，高层人事权紧紧掌握在慈禧太后手中，并非光绪帝可单独决定，核心大臣和督抚都看慈禧太后的眼色行事。

坚决希望尽快取得变法成效的光绪帝或许是有意冲破这个束缚，朝着裁撤机构、提拔新人、罢黜顽臣的方向猛踩油门。给光绪帝递“红牛”的，就是后来被称为“官屠”的岑春煊。

七月初七日（8 月 23 日），太仆寺少卿岑春煊以自我革命的勇气提出了对变法的十条意见，其中一条是建议裁撤詹事府、大理寺、通政司、太常寺、光禄寺、鸿胪寺、太仆寺、河道总督等一堆在新时代没啥用处的中央和地方机构（官职）。十四日，在没有预警的情况下，光绪帝突然发布了裁撤机构和冗员的谕令：中央层面，通政司、光禄寺、鸿胪寺、太仆寺、大理寺等机构裁撤归并到内阁和礼部、兵部、刑部等部门；地方层面，湖北、广东、云南同时设有总督、巡抚，巡抚均裁撤；河道总督职权因为已经缩减到只管河南段河工事务，也被裁撤，河道事务归河南巡抚管辖；各省非编制机构，也要在一个月内尽可能裁并。这一谕令的力度前所未有，震惊朝野，引起了内外各级官吏尤其是中下级官吏的惊慌不满。

还没等各级官员消化这一重大改革谕令，新的冲击又很快到来。七月十六日（9 月 1 日），光绪帝要求对礼部尚书怀塔布、许应骙等6位堂官（类似今天一个部委的领导班子）阻挠礼部主事王照上书言事一事进行议处。十九日，光绪帝认为吏部对上述官员降三级调用的处理太轻，谕令将6位堂官即行革职，同时赏给王照三品顶戴，以四品京堂候补，以示奖励。礼部六堂官事件对高级官员产生的震撼，远比裁并机构冗员来得大。对王照的越级提拔，虽然显示了光绪帝锐意改革的决心，但也鼓励了一些投机取巧的人。

二十日，光绪帝又投下了第三个人事震荡弹。命杨锐、刘光第、林旭、谭嗣同均以四品卿衔在军机章京上行走，参与新政事宜。啥意思呢？就是这四个人都担任军机处见习秘书，专

图 18-6　杨锐

杨锐时年44岁，此前任内阁侍读，正六品，入张之洞幕府，与张之洞关系密切，由陈宝箴推荐。杨锐是几位章京中阅历最多也最沉稳的人。图片选自闵杰编著《晚清七百名人图鉴》，第635页。

图 18-7　刘光第

刘光第时年40岁，此前任刑部候补主事，正六品，由陈宝箴推荐。图片选自闵杰编著《晚清七百名人图鉴》，第301页。

图 18-8　林旭

林旭时年 23 岁，此前任内阁候补中书，正七品，沈葆桢孙女婿，曾入荣禄幕府，由王锡蕃推荐。四人中林旭最年轻。图片选自闵杰编著《晚清七百名人图鉴》，第 289 页。

图 18-9　谭嗣同

谭嗣同时年 34 岁，此前任江苏候补知府，从四品。谭父虽是湖北巡抚谭继洵，但其主要与康有为等人关系密切，由徐致靖推荐。他们四人，在当时政局中，绝对算“人微言轻”。图片选自闵杰编著《晚清七百名人图鉴》，第 491 页。

门负责新政事务。光绪帝还赋予这四个人对天下变法上书有初步批拟意见的权力。不过光绪帝缓和了一下，并未让这四人直接和自己联系，而是令四人所拟条陈由军机大臣呈递。军机章京是个啥官呢？实质就是军机处的秘书，负责协助军机大臣处理政务。按照今天的说法，就是司局级专职秘书。谕令一发布，震撼效果完全不比前两个小。朝廷内外都心知肚明，这是光绪帝通过任用小臣的办法对军机处进行变相调整。

开制度局不是不同意吗？开懋勤殿不是不同意吗？好吧，光绪帝这次不征集意见了，直接在军机处掺沙子。读者可能会说，四人对全国变法上书的签批意见，要经过军机大臣呈递，他们没啥权力。但不要忘了，前有礼部六堂官事件，哪个军机大臣还敢说不呢？康有为在自编年谱中说，四个人“实宰相也”，“军机大臣同于内阁，实伴食而已”。从正面效果看，四军机章京上任后，光绪帝有了较为得力的助手，变法节奏明显加快；从反面效果看，破格提拔的四位军机章京，削夺了军机大臣的权力。如此，老臣们谁还能真心支持变法呢？

三个人事大动作，本是要破除阻力，推动变法尽快开展，但是实际效果犹如三颗大炸弹，把各级官员炸蒙了，把成千上万的官吏饭碗炸碎了，变法的阻力更大了。欲速则不达，此之谓也。

车速太快，容易出事故，甚至翻车。光绪帝的凌厉手段，很快带来了反作用。

政变发作

就在光绪帝不顾一切大力变法的时候，形势突然出现异常变化。八月初二日（9 月 17 日），光绪帝以明发上谕的方式，要求康有为迅速前往上海督办官报局，不得迁延。正常情况下，这种事情根本用不着明发上谕，采用这种方式，内容又涉及光绪帝对其与康有为关系的解释，显然是别有用意。有研究者指出，这是光绪帝向慈禧太后表达自己的立场，公开解释自己和康有为的关系不像传言那样的紧密。这也说明，慈禧太后对变法的干预比此前强烈清晰，有“清君侧”的考虑。

形势急转直下！

初三日，军机处在给慈禧太后的关于各奏折处理的报告中指出:“均签拟办法，恭呈慈览，俟发下后，再行办理”。[《军机处上谕档》(光绪二十四年八月初三日)] 有研究者认为这表明慈禧太后已经走上前台，收回了光绪帝独立处理政务的权力。也有研究者认为并不是如此，只是将官员人民有关变法的上书审阅权力移交给了慈禧太后，以达到限制四章京权力的效果。不管怎么说，形势确实大不一样了，光绪帝的权力被明显削减，慈禧太后开始重新参与具体政务运行了。

初四日，光绪帝前脚刚离开颐和园返回宫中，慈禧太后就突然决定当天从颐和园返回西苑(就是今天的中南海和北海)。光绪帝亲政以后，慈禧太后长住颐和园，没有特殊的理由，很少回西苑。这次回宫既突然，又没通知光绪帝。光绪帝很晚才从奕劻处得到太后回宫的消息，慌忙去西苑瀛秀门外跪接。皇帝不知道太后回宫，奕劻却知道，是不是很反常?极不平常!反常必有妖。政变已经风雨欲来!

为什么慈禧太后会突然秘密地回宫呢?研究者大多认为是慈禧太后看到了御史杨崇伊的密折。密折不长，但内容极为震撼。开头第一句就是:“大同学会蛊惑人心，紊乱朝局，引用东人，深恐贻祸宗社，吁恳皇太后即日训政，以遏乱萌。”[《掌广西道监察御史杨崇伊折》(光绪二十四年八月初三日)] 啥意思呢?简单说就是杨崇伊告发康有为等维新派迷惑皇帝，蛊惑人心，准备借助日本前首相伊藤博文等人，发动政变，危害国家，恳请慈禧太后重新执掌权力，稳定政局。

这份奏折，可以说完全击中了慈禧太后的心。为什么?

第一，慈禧太后对于权力极为敏感，对政局稳定非常看重。

第二，清朝自建政以后，就吸取明朝的教训，严禁结党拉派搞党争，康有为搞大同学会祸乱朝政，非同小可。

图 18-10　珍妃

从现存史料看，珍妃深度参与了光绪帝的政治决策与运作，真心帮助光绪帝进行变法维新。这应是她被杀的根本原因。珍妃是光绪帝前半生不多的亮色与温暖，也加重了他后半生的凄苦。当他被幽禁之时，一定会时常想念珍妃。图片选自刘北汜、徐启宪主编《故宫珍藏人物照片荟萃》，第 68 页。

第三，从英法联军攻陷北京，她对外人就警惕惧怕，光绪帝又要邀请伊藤博文担任变法顾问直接介入朝政，岂能容忍？变法以后，传到她耳朵里的信息都是混乱和不满。她对狂飙的变法已经有颇多不满和警惕，倘若伊藤博文真的被聘用了，日本势力介入中枢权力运行，她将更难稳住局势。

聘用伊藤博文是怎么回事呢？这主意可能来自珍妃的老师文廷式。他曾与日本汉学家内藤虎次郎（内藤湖南）讨论，认为可邀请日本人在中国政府任职，帮助中国变法成功。谁最有这样的资格呢？当然是日本首任首相、政治常青树伊藤博文。我们不能确定慈禧太后回宫前知不知道文廷式参与其中的内情，但可以确定的是，她知道光绪帝要接见伊藤博文并希望伊藤博文帮忙推动变法。

慈禧太后回宫后，一切看似尚平稳。八月初五日（9 月 20 日）上午，光绪帝仍然正常接见了伊藤博文，但是没提聘请伊藤博文之事。但是第二天，光绪帝突然发布上谕，以自己能力不足为名宣布慈禧太后重新训政。持续百日的维新变法运动以悲剧的方式宣告失败。康有为、梁启超逃亡日本，张荫桓、徐致靖等人随即被捕。康广仁、杨深秀、杨锐、刘光第、林旭、谭嗣同八月十三日在菜市口刑场不审而诛。“戊戌六君子”从此成为历史名词。谭嗣同刑前在狱中留下了“我自横刀向天笑，去留肝胆两昆仑”的豪迈诗句，进一步增添了戊戌变法的悲壮色彩。

变法为什么会失败

短暂的戊戌变法虽然失败了，但是在中国历史上留下了浓重的一笔，也留下了一个永远值得反思的问题：变法为什么会失败？为什么注定会失败？

从最高权力格局架构来看，变法缺少强大稳定的权力基础。前面我们讲了，光绪帝亲政的时候，醇亲王奕譞等人请求慈禧太后保留了训政之权。所以归政之后，慈禧太后还遥控朝政，掌握着任命高级官员的权力，并且有随时出山训政的合法性。在变法之前几年，清朝内忧外患达到前所未有的高度，但是朝局总体上平稳，主要原因是最高权力格局基本上处于相对稳定的平衡状态。慈禧太后遥制于上，光绪帝以及拥护他的恭亲王奕䜣、翁同龢等人与奕劻、世铎等拥戴慈禧太后的大臣分居于下，政局维持基本的平衡。但是到了变法发动的时候，这种相对平衡被打破了。奕䜣病逝，慈禧太后和光绪帝之间最重要的制约力量，也是最重要的缓冲力量失去了。短暂稳定的政治格局倾斜一角。奕䜣去世后，光绪帝迅速启动变法，慈禧太后也随即采取了预防和反制措施。最高权力格局进一步趋于不稳定。

四月二十七日（6 月 15 日），即《明定国是诏》颁布的第 4 天，光绪帝在颐和园连发 5 道谕旨，引起了广泛又强烈的反响。实际上，这应该是慈禧太后主动勒缰绳的征兆了。

第一道要求臣工获慈禧太后赏项及补授文武一品暨满汉侍郎，均要在慈禧太后前谢恩。第二道要求今后光绪帝在颐和园之日，各衙门遇有应行引见之员，着一体带领引见。这两道谕令最重要的信息是向所有中高级官员提示慈禧太后仍然是最高权力掌控者，而且又大大增加了她和高级、中级官员的直接接触机会。第四道谕旨宣布由光绪帝亲自选拔近支王公出洋游历，意味着前一日谕令宗人府保荐宗室王公出洋游历遭到激烈反对。这也隐喻着皇族宗室力量对变法的反对态度。

最令人震惊的是第三道和第五道谕旨。第三道谕旨严厉斥责军机大臣翁同龢，称其“渐露揽权狂悖情状，断难胜枢机之任”，本来应该严惩，但是念其担任帝师多年，着即开缺回籍，以示保全。第五道谕旨命直隶总督王文韶迅速来京陛见，荣禄署理直隶总督。虽然朝野内外在奕䜣去世后都知道朝局将有大变动，但是如此变动则令人惊讶。本来翁同龢是光绪帝最信任的人，也是最支持变法的核心大臣，在变法开始之后，却被斥责罢黜回乡，实在出人意料。

面对翁同龢被罢黜这一重大人事变动，过去普遍认为是后党对帝党的打击。我对这一说法持商榷的态度。为什么呢？因为翁同龢一直试图提升光绪帝的权力，希望恢复皇帝的乾纲独断，但是实际上大家都清楚，最高权力一直在慈禧太后手中，除了翁同龢等几位与光绪帝亲近的大臣外，何来的帝党呢？对于四月二十七日的谕令，当时美国、英国等国的驻华使节敏锐地观察到，这5道谕令其实是一场隐形政变，意味着慈禧太后重新掌握了权力，北京政局将会有严重且不平静的发展。事情发展证明了这些外交人员的判断颇有道理。翁同龢是帝师，长期担任军机大臣，非常熟悉朝廷内外局势，是奕䜣之外慈禧太后和光绪帝之间最主要的缓冲力量，也是变法节奏最合适的掌控者之一。他被突然罢黜，不仅让慈禧太后和光绪帝之间的缓冲力量基本消失，也使变法失去了基本的控制。

北伐在即，出发时罢黜了诸葛亮。不管怎样，这都是一个非理性的决定。也有一种观点，认为翁同龢被罢黜是光绪帝此时对其守旧稳重态度已经有所不满，再加上他在甲午战争中主战等原因引起不少人弹劾，光绪帝于是将其罢黜。[1]但是把四月二十七日发布的5道上谕连在一起看，似乎是慈禧太后打的一套组合拳。

如果说翁同龢被罢黜是“攻”，那荣禄担任直隶总督就是“守”。王文韶虽不是非常守旧之人，但显然也不是光绪帝亲近之人，入京取代翁同龢，绝非光绪帝所愿。王文韶入军机，不是重用王文韶，最实质的意义是慈禧太后直接掌控了京畿。直隶总督出缺，荣禄接任，看似很正常的人事安排，实际却是慈禧太后的大招儿。直隶总督本就是总督之首，同治九年之后更是将掌控京畿安危、决策外交洋务、通商、北方三口海关税收

1　崔志海等:《当代中国晚清政治史研究》，第289~291页。

图 18-11　翁同龢

清朝皇室虽然是满族，但是非常尊师重教。嘉庆帝以后，帝师无不是皇帝的重要支持力量，担任极为重要的职位。光绪帝在戊戌变法前，有两个重要的支持力量，一个是亲伯伯恭亲王奕䜣，另一个是他的老师翁同龢。在戊戌变法启动前后，他这两大支柱都消失了。翁同龢两任帝师，但是同治帝和光绪帝都不得善终。他是成功呢，还是失败呢？他在戊戌政变前就被罢黜，光绪三十年病逝，或许是上天对他的眷顾吧。图片选自朱诚如主编《清史图典》第 11 册，第 79 页。

支等重要权力集于一职，影响巨大。同治七年曾国藩担任直隶总督以后，该职位一直控制在湘淮系手中。经过此次人事调整，这一职位重新回到慈禧太后非常信任的荣禄手中，拱卫京畿的军队重新在握，在此后政变中发挥了关键作用。

这5道上谕集中在一起，向天下传递了一个非常显著的信息：对于光绪帝的变法，慈禧太后态度比较消极，而且太后又重新掌握了一切。这可以说是变法过程中绝大多数大臣采取观望敷衍态度的根源，也是政变发生的根源。

从变法开展的过程来看，其激进急促又无章法。面对瓜分狂潮，变法图强是包括慈禧太后和奕䜣等人在内的大多数人的愿望。但是在如何变法这个问题上，意见分歧比较大。光绪帝和康有为等人希望改变包括政治体制在内的很多制度，应变尽变；慈禧太后和奕䜣等人希望延续洋务运动的思路，改革具体事务，不要触碰政治体制。光绪帝和维新派尽快变法以挽救危亡的理想非常值得肯定，发现的问题也都是真问题，但是变法凶险艰难，稍有不慎就会失败。从保留的文献来看，尽管康有为等人不断从中外历史中汲取变法的经验，但是对如何变法缺少整体细致的规划。光绪帝居于深宫之中，西学知识更少，获得信息更难，仅仅通过阅读《泰西新史揽要》《日本变政考》等书是无法达到领导变法的要求的。在变法过程中，光绪帝主要依靠上书言事的方式获得变法思路，导致变法更无章法可言，举措上缺乏深思熟虑，不是循序渐进推出，而是激进急促，很快失控。

从变法的群众和社会基础来看，社会也无法承担这样激进又全面的变法的后果。如果说早期在文化教育领域的改科举、育人才、译西书、开风气和经济改革在当时确实具有一定基础，在措施上也有相对可行性的话，那么在政治领域的改革措施和人事处置不仅毫无基础，而且过于激进。詹事府、通政司等机构确实是作用不大的机构，政府也确实有太多冗员，从现代政府构建的角度说，裁撤是必要的。但是从维持稳定的角度来说，则不能在没有妥善安排布置的情况下轻易裁撤。因为一旦裁撤，这些机构容纳的很多官员和办事人员就会失业，既给变法带来巨大阻力，也造成社会动荡。当时担任顺天府尹的陈夔龙指出："戊戌政变，首在裁官。京师闲散衙门被裁者不下十余处，连带关系因之失职失业者将及万人，朝野震骇，颇有民不聊生之戚。"(《梦蕉亭杂记》)。改革从来都要涉及人事问题。尽管改革的理想很好，但是对于被打翻了饭碗的人来说，就成了存活问题。

为了存活，任何理想都成了罪恶。活不下去了，管你对错，一定拼死反对。光绪帝在没有预案和托底措施的情况下，急促地进行如此大的机构裁并和人员裁减，打翻了无数人的饭碗，势必引起巨大反弹。而此时，慈禧太后一心求稳，并不愿触及体制问题。

从人事关系处理上看，光绪帝和维新派的处理也有很多问题。高级官员任免，本来都是要经过慈禧太后批准的，但是光绪帝趋于激进后，在人事问题上很可能不想再报请慈禧太后批准。将礼部六堂官一起撤职和任用军机四章京，严重挑战了慈禧太后维护权力的底线。慈禧太后对于这几个官员的去留倒未必在意，但是对于自己的权威是非常在意的。光绪帝挑战自己的权威，一定会让她心生不悦。杨锐就曾劝光绪帝："太后亲挈大位授之皇上，皇上宜以孝先天下，遇事将顺。变法宜有次第，进退大臣不宜太骤。"(《清史稿·杨锐传》)

七月二十二日（9月7日），光绪帝又突然免去李鸿章和敬信的总理各国事务衙门大臣职务。李鸿章在失去直隶总督后，又失去了总理各国事务衙门大臣这一职位，真正成为“光头大学士”。李鸿章何许人也，岂能受此侮辱。李鸿章尚且被如此对待，其他人在光绪帝眼中，岂不是如草芥！这进一步加剧了朝中大臣们的恐慌。

李鸿章被罢斥，成为政变的导火线。这些人通过各种渠道将这种恐慌不安的信息不断传递到慈禧太后耳边。慈禧太后听多了，逐渐意识到问题的严重性。七月三十日，光绪帝在给杨锐的密诏中明确指出，慈禧太后不愿进行根本性变法，更反对罢黜“老谬昏庸之大臣”，并对自己的地位表达了隐忧。此时，杨崇伊等人已经上下活动，包括密访直隶总督荣禄和庆亲王奕劻等人，基本摸清楚了慈禧太后的态度。八月初三日（9 月 18 日），杨崇伊关于维新派正在密谋政变的密折就由奕劻送到慈禧太后手中。

杨崇伊是谁？他的官方身份是可以“闻风奏事”的监察御史。他的私人身份是李鸿章儿子李经方的儿女亲家，并且与慈禧太后倚重信任的直隶总督荣禄有一定交情。这三重身份，让他成为最适合给维新派致命一击的人。

戊戌变法的失败是中国现代化进程中一个重大的挫败，对慈禧太后和光绪帝的关系也是致命一击，对清朝和很多人的命运产生了深远影响。慈禧太后和光绪帝从母子变成仇人，直接引发了己亥建储；己亥建储又引发了庚子事变；庚子事变引发了清末新政和日俄战争；清末新政和日俄战争引发了丙午改制；丙午改制引发了丁未政潮；丁未政潮第二年，慈禧太后和光绪帝两天内先后去世，阅历不深的载沣仓促摄政，请愿运动一波连着一波；最后武昌枪响，清朝覆亡。

二三十年前刚开始接触中国近现代史时，我感觉慈禧太后和反对变法的“顽固派”非常可恨，康有为、谭嗣同等变法派多么可敬。人到中年，经历了一些事情，感觉到这种认识也需要反思。

正义、正确的事情也得讲策略、有章法。激进、激烈的变法固然壮烈，但结局一定悲哀！悲剧一旦上演，就不会立即停止。

母子离心，清朝的崩解进入了最后的显性阶段。

图 18-12　颐和园玉澜堂大门前的“母子石”

颐和园玉澜堂原本是光绪帝在颐和园的寝宫。戊戌政变后，光绪帝在颐和园期间，这里仍然是他的寝宫，同时是他的幽禁之所。深秋时节，中外游人如织。为了拍这张人少的照片，我在玉澜堂里外停留了一个小时。但是这一个小时并不浪费，让我断断续续旁听了十几位导游的解说。导游在给游客介绍说这座“天子监狱”时，对慈禧太后和光绪帝的评说，基本可以分为三种态度：慈禧太后很坏、光绪帝不孝顺、两人都有错。一位导游领着一些老年游客近距离观摩门前的两块大石头，然后说：“一般大门前要放两个狮子，这里为啥放两个石头呢？这是戊戌变法之后慈禧太后让人亲自放的，意思是告诫光绪帝，顽石尚有母子之情，而你却连顽石都不如，忘恩负义，不可教化，立你当皇帝，抚养你长大，你却勾结外人谋害我。”针对这对“母子石”，我特意查了一下。颐和园的导游词基本是这样写的。园林建造的书籍则认为这是园林建造中“对置”的造景法。根据相对官方的文献，这对“母子石”可能是在戊戌变法前就放置了。慈禧太后责骂光绪帝的说法反映了一种民间的历史评说。作者自摄照片，2023 年 11 月。

第十九章　意料之外的庚子事变

从悲壮又无章法的戊戌变法到悲哀又失控的庚子事变，用了大约两年时间。

在民间，庚子事变还有一个更通俗的说法——八国联军进北京。从中国近现代史发展大脉络来看，如果说甲午惨败是清王朝全面危机出现的话，庚子事变就是统治根基的基本动摇。此后再经过几个风波的拉扯，这个延续了二百六十多年的王朝，就轰然倒塌了。高楼巍峨，从晃动到倾倒，不过十几年的光景。

己亥建储

戊戌变法和庚子事变之间，是己亥建储。要说清楚己亥建储，又不得不回溯到戊戌变法时期的“围园劫后”密谋。

八月初六日（9 月 21 日）戊戌政变发生后，对谭嗣同等被逮捕的变法核心人员的处置是个难题。慈禧太后本来是要按《大清律》规范办案，谕令军机大臣会同刑部等机构官员严加审讯，但是十三日突然又下令不再审讯，将谭嗣同、康广仁等六人立即处斩。掌握整个国家权力的慈禧太后下令杀几个人，这不正常吗？实际上，这太不正常了！清朝对死刑非常慎重，处死犯人有一套严密规程，“不审而诛”是严重破坏“祖宗之法”的行为。《清史稿・刘光第传》载，刘光第在临刑前对“未讯而诛”提出抗议，坚决不跪，杨锐对他说“跪！跪！遵旨而已”，最后才跪下受刑。“戊戌六君子”不审而诛，实在是太蹊跷了。为什么会“不审而诛”呢？这是因为谭嗣同等人牵涉“围园劫后”的惊天密谋。

在“六君子”被处死的第二天，光绪帝用朱笔写了谕令交给内阁，对“不审而诛”进行解释。里面有这样一句话：“前日竟有纠约乱党，谋围颐和园劫制皇太后及朕躬之事。幸经觉察，立破奸谋。”[《军机处上谕档》（光绪二十四年八月十四日）] 这是目前能够找到的关于“围园劫后”最权威的文献了。这说明“围园劫后”这事确实不是瞎编的，至于真实细节，目前相对清晰的就是袁世凯的说法了。袁世凯后来自我辩解说，康有为等人看到变法迟迟无法推动，处处受阻，而且光绪帝的地位也处于危险之中，决定冒险采取武装行动。谭嗣同在八月初三日（9 月 18 日）晚上去找袁世凯，说皇帝危急，要其先带兵到天津杀了荣禄，然后迅速入京，一半兵包围颐和园劫制慈禧太后，一半兵守护紫禁城。“围园劫后”这个事，虽然细节上有一些争议，但是史学界基本认为是真的。最大的争议就是，光绪帝对于这个密谋到底知不知道？是谭嗣同矫诏还是光绪帝真的参与了？光绪帝到底有没有血诏？由于谭嗣同等人已经在未经审判的情况下被杀了，光绪帝又没留下任何记录，事情的真相可能永远被湮没了。

不过真相已经不那么重要了。因为慈禧太后始终相信光绪帝参与了密谋，并对他和珍妃进行了疯狂报复。有人说，历史是任人打扮的小姑娘。“历史”这个概念，包括了历史本体、历史记载、历史研究、历史书写、历史传播与接收五个层次。除了历史本体之外，另外四个层次的主观性是依次递增的。对于人的认知来说，你相信什么是“真”，比到底什么是“真”重要得多。

对于慈禧太后来说，她认为光绪帝密谋要杀她是真。戊戌变法时期担任起居注官的恽毓鼎回忆，慈禧太后曾经当面责骂光绪帝，“我抚养汝廿余年，乃听小人之言谋我乎？”（《崇陵传信录》）“围园劫后”这件事对两个人的关系产生了根本性的、不可挽救的破坏。慈禧太后的一生是战斗的一生，一辈子没有感受到太多的亲情。最亲近的光绪帝的背叛，让她心如刀绞，一直到死。

虽然已找不到太多文献的证据，但是我认为只有从这种锥心之痛才能理解此后 11 年慈禧太后的行为。可以说此后 11 年清朝的重大政治变动，都与慈禧太后这种仇恨心理有关系。仇恨是魔鬼，时刻盘旋在脑中，噬咬着心灵，让人无法平静。仇恨让慈禧太后失去了理智，也彻底动摇了清朝的统治根基。

图 19-1 慈禧太后扮普陀山观音大士像

慈禧太后晚年自誉为观音化身，特爱扮演“普陀山观音大士”。这不能仅仅视为自娱自乐，还应该视为慈禧太后一种心理反射，也可能是一种心理调适。这张照片中的另外三个人，都是慈禧太后最后几年最信任之人，在暗中影响政局甚深。右一扮韦陀者，是李莲英（又作李连英），一个让奕劻、岑春煊都得主动套近乎的太监。左二侍女是四格格，奕劻之女，当寡妇后朝夕在太后身边。左一侍女应该是荣禄之女瓜尔佳·幼兰，慈禧太后的干女儿，后来被慈禧太后指婚给载沣，是载沣能够成为摄政王的重要主观因素。这三人能够对清末政局影响如此之大，根源在于慈禧太后与光绪帝母子失和的悲剧。照片拍摄时间不详，或是光绪三十年之后，图片来自网络。

战斗力强的人报复心都强。因此，慈禧太后对光绪帝的负面情绪显然不是责骂就可以消解的。现在和光绪帝本就淡薄的亲情彻底消失，以她的残忍性格和毒辣手段，没有进一步的动作是不可想象的。她对谋划此事的康梁等人，四处追杀，永不原谅。对于积极参与变法、支持光绪帝的官员，严厉处置，很多人死得不明不白。这都不能真正解气。惩罚鞭子只有落在光绪帝及其宠爱的珍妃身上，才能解心头之恨。你不孝别怪我不慈！对光绪帝最严厉的惩罚，就是罢黜他，另立新皇帝。

稍有点历史知识的人都知道，皇帝活着的时候被罢黜，大多就意味着生命危矣。宫廷斗争的失败者，即使活下来，也生不如死。慈禧太后对光绪帝的凶猛报复，在戊戌政变后就开始了。

第一步，严厉惩处清洗光绪帝和珍妃身边的太监和宫女，重新安排自己信任的太监和宫女。从中国历史进程这样的宏观视角看，这都是小事儿。仅以死得冤、死得惨 6 个字交代这些被清洗的太监和宫女的结局吧。

第二步，散布皇帝病重的消息。八月初十日（9 月 25 日），即政变发生的第四天，明发上谕，称皇帝病重，要求各地立即保荐精通医理之人。这一上谕非同小可！深谙中国政治文化的人都懂，纷纷猜测慈禧太后可能要以“病重”为名除掉光绪帝。轻则废黜，重则夺命。事情后续发展进一步证实了这种可能性。

第三步，软禁光绪帝。八月二十三日（10 月 8 日），光绪帝开始被软禁在瀛台，等待着命运判决。从九月初一日（10 月 15 日）起，慈禧太后命令总管内务府大臣每天带医生给光绪帝看病，并向各衙门大臣通报光绪帝病情比较严重，全身都是病。光绪帝危在旦夕！

图 19-2　中南海瀛台

瀛台是中南海的最高点。光绪帝被囚瀛台时期，应该是他最危险之时。后来能到颐和园等处，已是危险缓和后的事情。图片选自朱诚如主编《清史图典》第 11 册，第 85 页。

虽然光绪帝已经被软禁了，但是要正式废黜他，可是天大的事。面对这个可能的重大政治变动，各方面反应不一。对于国内文武官员来说，换不换皇帝那本是人家爱新觉罗家的家事，外人不容置喙。这可以说是清朝政治运行的一条铁律。经历戊戌变法的胡思敬在《戊戌履霜录》中载光绪帝请杨锐带密诏商量保全之策时，杨锐回复“此陛下家事，当谋之宗室贵近。小臣惧操刀而自割也”。这一说法得到杨锐儿子的佐证，应该不虚。彼时政变尚未发生，面对光绪帝的当面请求，杨锐既申明这一点，可见这一条是当时大臣们都很清楚的。政变之后，风雨飘摇，风声鹤唳，大臣们默不作声，静观其变，是最佳选择。环顾宇内，再次复出的慈禧太后权势达到了前所未有的高度。为什么呢？因为已经彻底无人能够制约她了！恭亲王奕䜣死后，道光帝的儿子们死光了，光绪帝的莽撞变法行为又被定性为大逆不道，慈禧太后站在了宗法与道德的最高处！此时，无论是权力、宗法还是道德，她要废黜光绪帝，似乎不费吹灰之力。令所有人意外的是，既不是宗室，也不是满人，而是曾被光绪帝点名斥责的两江总督兼南洋通商大臣刘坤一站出来了。

刘坤一是谁？他湘军出身，跟随湘军名将刘长佑（刘坤一辈高年少，刘长佑系其侄子）南征北战，战功卓著，同治四年就升为江西巡抚，同治十三年署两江总督，光绪二年实授两江总督兼南洋通商大臣。此后他多次担任两江总督，掌管中国最富庶之地，是湘军系后期的领袖。李鸿章倒台后，刘坤一是唯一一个手握重权的湘淮系名臣。他比慈禧太后大 5 岁，此时快 70 岁了，是朝廷内外为数不多称得上德高望重的老者。无论资历、名气还是实力，在地方督抚中都首屈一指。

他本来想和湖广总督张之洞联合劝阻废立之事，但是张之洞自知不敢和刘坤一比，自己的门生及在京坐探杨锐牵涉其中，担心触怒慈禧太后而不敢行动。于是刘坤一径直单衔上书，相当直接地说："国家不幸，遭此大变。经权之说须慎，中外之口宜防。"[《寄总署》（光绪二十四年八月二十八日）] 这句话的意思是，国家遭遇不幸的大变之后，谣言四起，列强环伺，现在最好是太后和皇帝尽可能团结面对危机，不要有废立的想法，避免给列强侵略提供借口。虽然是拿列强说事，但是刘坤一反对废立的态度表达得非常清晰和强烈。另外，据说他又给慈禧太后最为信任的荣禄写了密信，阐述其中利害。经刘坤一明里暗里的努力，负责军机处的礼亲王世铎、负责总理各国事务衙门的庆亲王奕劻和军机大臣荣禄等人先后对废立表达了不同意见。光绪帝渡过了最危险的时刻。

刘坤一拿来说事的外国压力真实存在吗？还真不是刘坤

图 19-3　刘坤一

甲午战争淮军节节败退之际，光绪帝决定重新起用湘军，任命刘坤一担任钦差大臣，督办军务。可是湘军早已不是原来久经战阵的湘军，赴战场后亦连战连败，让光绪帝感到确实无力再战。刘坤一虽然早就位列封疆，但是大放异彩却是在生命的最后几年：一是力抗废黜光绪帝，二是庚子事变时倡议东南互保，三是上奏“江楚会奏变法三折”推动清末新政。图片选自朱诚如主编《清史图典》第 12 册，第 250 页。

一瞎说。以英国为首的列强，确实不希望光绪帝被废掉。各国驻华公使认为光绪帝是一个相对开明和愿意承认西方文明的皇帝。从马戛尔尼访华开始，西方列强和传教士就希望中国皇帝能够承认、尊重西方文明，也希望中国能“西方化”，融入西方。光绪帝是第一位明确主动向西方学习的中国皇帝。所以各国驻华公使对光绪帝有一定的好感，再加上要维护已经取得的利益，自然不希望光绪帝被废黜，更不希望光绪帝被杀害。外国公使得到光绪帝生病的消息后，迅即向总理各国事务衙门施压，要求派遣一位外国医生给光绪帝诊断检查。迫于压力，清政府同意法国公使馆医生给光绪帝检查身体。法国医生的结论是光绪帝得了肾病，但并不致命。对于慈禧太后来说，刘坤一等人的反对虽有压力，但外国公使的意见，她更得考虑。

矛盾冲突就这样出现了。一边是慈禧太后试图以生病为由废黜光绪帝，另立新君，出这口恶气；一边是维护光绪帝的各国公使和大臣中的实力派。慈禧太后的想法遇到了强大阻力！

慈禧太后想要立的新皇帝是谁呢？就是端郡王载漪的次子溥儁。端郡王载漪是道光帝的亲孙子，但是很早就过继给嘉庆帝四子瑞亲王绵忻的儿子瑞敏郡王奕誌为嗣。因此，溥儁虽然宗法上已经不是道光帝的曾孙了，但血缘上算近支宗室。溥儁入了慈禧太后的眼，还离不开另一个身份。载漪原配福晋是慈禧太后侄女，这就是《清史稿》载“载漪福晋，承恩公桂祥女，太后侄也”的原因。桂祥女儿病死后，慈禧太后将在宫中服侍自己的蒙古阿拉善亲王贡桑珠尔默特之女博尔济吉特氏指婚给载漪作为继福晋，即溥儁之母。据说博尔济吉特氏八面玲珑，嘴巴很甜，把慈禧太后哄得很开心。从宗法上讲，载漪原配福晋桂祥之女虽然已死，但仍然是溥儁嫡母，溥儁算是慈禧太后娘家人。综合以上原因，就基本能理解慈禧太后为何要用溥儁取代光绪帝了。

溥儁本人是个浪荡公子，没什么野心能力，但是他的父亲端郡王载漪还是有点想法的。或许他觉得要不是自己早就过继出去，自己也有可能当皇帝吧。现在机会来了，搏一搏，单车可能变摩托。载漪联合贝勒载濂等宗室和军机大臣刚毅等人，积极联络，支持慈禧太后废黜光绪帝。不过他们的行为并没有获得很多人的支持，因此一直未能实现。

就这样拉拉扯扯过去了一年，时间来到了光绪二十五年（1899）的下半年，光绪帝还是没被罢黜。根据恽毓鼎的记载，载漪、徐桐等人本来谋划运动争取最得慈禧太后信任的荣禄的支持，没想到荣禄并不支持直接废黜光绪帝。荣禄单独向慈禧太后建议，先立溥儁为大阿哥，兼祧同治帝和光绪帝两人。大阿哥也就是储君，迟早要继承帝位。慈禧太后是个复仇心很重的人，这口恶气一定得出。这个方案虽然不彻底，但是毕竟出了恶气。她最终接受了。光绪二十五年十二月二十四日（1900 年 1 月 24 日），慈禧太后以光绪帝的名义发布上谕，称自己生病一直没有康复，“仰遵慈训，封载漪之子溥儁为皇子”，明年正月初一日大高殿、奉先殿、寿皇殿代行礼，并入弘德殿读书。虽然废立事件已经拉扯一年多了，但是消息一出，仍然举世皆惊，纷纷抗议。光绪二十五年是己亥年，这就是著名的“己亥建储”。

客观地说，荣禄立大阿哥的建议是高明务实的。既暂时保全了光绪帝，又让慈禧太后出了气，还没彻底得罪载漪等人。

图 19-4　溥儁

溥儁生于光绪十一年（1885），此时虚岁 15 岁，刚开始进入青春期。他不爱读书，也没有雄心壮志，沉迷于吃喝玩乐。所以，他也只是一个工具人。图片选自朱诚如主编《清史图典》第 12 册，第 271 页。

荣禄为何有这样的能耐？这里需要介绍一下荣禄。荣禄，字仲华，瓜尔佳氏，满洲正白旗人。从履历上看，荣禄进阶之路是比较顺畅的。他只比慈禧太后小一岁，野史传言两人有情人关系，因此被慈禧太后信任重用。这事实在难以考证。客观地说，荣禄出身上三旗，祖父、父亲和伯父均曾统兵并战死，荣禄自己也颇有才华，因此官场之路顺畅也是合理的。荣禄曾在恭亲王奕䜣手下负责编练神机营，文祥比较欣赏他。同治四年（1865），29 岁的荣禄就获赏副都统衔，进入部级干部的行列。同治十三年，任总管内务府大臣。这职位是内朝中最重要的官职之一，职责就是皇家大总管，非两宫太后信任者不可能担任。光绪元年（1875）兼署步军统领（俗称九门提督），皇家事务总管和京师安危系于一身，真心腹也。此后荣禄在官场中也经历了浮浮沉沉。甲午战争爆发，在恭亲王奕䜣的推荐下，荣禄复任步军统领，会办军务。甲午战争结束后，荣禄又任兵部尚书，并支持因甲午惨败而失落的袁世凯编练“新建陆军”。光绪二十四年四月（1898 年 6 月）接替王文韶担任直隶总督兼北洋大臣。就是在荣禄担任直隶总督期间，发生了戊戌政变。荣禄是袁世凯名副其实的贵人和靠山，谭嗣同还去建议袁世凯率兵杀掉荣禄，可见谭嗣同等人在政治上确实有不成熟之处。荣禄仅仅担任直隶总督四个月，戊戌政变结束后，就被召回京，担任军机大臣，管理兵部事务，并以练兵钦差大臣名义节制武卫军各军及北洋各军。

荣禄最主要的政绩是迅速编练了拱卫京畿的武卫军。他感到甲午惨败之后京师空虚，军务混乱，乃奏设武卫军，由他统领。他自领万人住丰台南苑，为中军，以聂士成驻天津芦台为前军，董福祥驻天津蓟州为后军，宋庆驻山海关为左军，袁世凯驻天津小站为右军。这就是为什么中国在经历了甲午惨败几年后，还能和八国联军激战多时。《清史稿・荣禄传》说他“久直内廷，得太后信仗。眷顾之隆，一时无比。事无巨细，常待一言决焉”。这是非常准确的历史评价。可以说，在光绪二十四年至二十九年这几年的大风大浪中，荣禄虽然不是领班军机大臣，但他才是慈禧太后之下的第一实权人物。

图 19-5　荣禄

说句玩笑话，就从荣禄晚年形象来看，慈禧太后未入宫前若是倾慕荣禄，绝对算是有眼光。两人若是互相倾慕，也是郎才女貌。荣禄忠心耿耿，手握重兵，心思细密，凡事留后路。在戊戌政变、庚子事变这两件大事上，绝对是慈禧太后的“定心丸”。若不是他，或许政局已经出现颠覆性变化。图片选自朱诚如主编《清史图典》第 11 册，第 83 页。

可是，立大阿哥之事并未获得中外理解。对慈禧太后等人来说，听荣禄建议立溥儁为大阿哥，已经是后退一步的妥协。国内外一些士绅反对也就罢了，外国驻华公使仍然不接受，明确表示不会承认溥儁。慈禧太后和载漪等人对列强的一再阻挠相当痛恨，但是苦于无力对抗。此时，有人向载漪报告，山东地界上出现了一个志在“扶清灭洋”的义和拳，刀枪不入，可以用来对抗洋人。

就这样，事情的冲突点就逐渐从“废皇帝”走向了“灭洋人”。整个局势变得更加复杂，性质也从内政变成外交。

八国联军

关于义和团，中小学的教科书上已经有比较多的介绍，就不多说了。[1]帝国主义列强掀起瓜分狂潮后，对中国内地的快速渗透迫使平静乡村“启动”了“危机模式”——抱团取暖，对抗不公。对抗行为最为严重的地区，就是义和拳兴起的山东、直隶等地。义和团在直隶和山东交界处出现后，快速发展，基层教会不断遭受攻击，这让列强感受到了不小压力。各国驻华公使联合向清政府施压，要求尽快解决。光绪二十五年十一月（1899 年 12 月），朝廷任命工部右侍郎袁世凯署理山东巡抚，取代被认为纵容义和团的毓贤。袁世凯可不是空着手去上任，而是带着他编练的武卫右军前往。这是袁世凯人生的又一次大转机。

1 关于义和团到底是起源于白莲教还是习武团体等，一直有争议。路遥等学者认为，义和团可能上承接白莲教余绪，下与八卦教等民间教门混合，是一个比较庞杂的团体，具有鲜明的旧式农民斗争特征，它的出现植根于外国教会势力渗透到内地后引起的民、教矛盾。

义和团在袁世凯的严厉镇压下，生存困难，开始向直隶等地转移。直隶本是拱卫京师的重地，义和团怎么转向直隶呢？此时的直隶总督裕禄，注意到慈禧太后和端王等人有意笼络利用义和团，政策就由剿变成了抚。裕禄一松手，义和团就蜂拥进入天津、保定等地。动静越闹越大，人数越来越多，团民也开始向北京渗透，形势越来越不好控制。

清朝内部的政局动荡和政治倾向，让列强愈加不安。以“灭洋”为口号的义和团进军京津地区进一步加剧了这种情绪。光绪二十六年三月初七日（1900 年 4 月 6 日），英、美、德、法驻华公使联名向中国提出，如果两个月内清政府不能将义和团剿灭，各国将派军队进入山东、直隶“代剿”。列强进一步施压并未让形势好转。

义和团的声势越来越大，攻击行为越来越严重。到了四月，列强内部一些人已经意识到，北京的局势失控了，义和团的目标就是要消灭在华外国人和信教华人。到了四月底，三万多名义和团团民占领京师南边的门户涿州，焚毁了丰台等处的火车站，地方官府无力控制。事情到了这个地步，形势几乎失控。清政府最高层对于蔓延的义和团态度模糊，一直不采取果断的武力措施。各国公使如坐针毡，决定采取行动，一边向各自政府要求尽快向中国派遣军队，一边开始从天津调集军队进入北京使馆区和教堂，加强防守。到了五月，各国使馆卫队人数增加至近千人。

在废立事情上憋了一肚子火的载漪等人，将使馆增兵的举动视为列强敌意的上升，利用义和团对抗洋人的想法更加坚决。五月初三日（5 月 30 日），刑部尚书赵舒翘和顺天府尹何乃莹两人联名上奏提出正式招抚义和团。初七日（6 月 3 日），朝廷谕令军机大臣荣禄，拳民“究系朝廷赤子”，不得孟浪剿办，激成变端。这说明朝廷对待义和团的态度有了清晰的转变。两天后，有心利用义和团的慈禧太后派赵舒翘与何乃莹两人到涿州等地宣抚拳民。第二天，慈禧太后又派刚毅以“劝散”为名赴涿州等地考察，目的是看看义和团到底能否靠得住。与此同时，在华的外国人也越来越不安。初十日，驻扎大沽口的各国舰队司令官举行会议，同意在必要时采取一致行动。会议后，各国立即向天津租界调集军队，为局势升级做准备。

事情到这里，如果慈禧太后够冷静的话，应该立即给事态降温。可是她心里的不痛快使她憋得难受，她又添了一把火。十三日慈禧太后召集了一个秘密会议，载漪“拳民忠勇”“神术可用”等观点占了上风，招抚团民以抗洋人的思路基本形成。会议结束当天，载漪和刚毅就把聚集在京城南部外面的大量团民引进城里。第二天，慈禧太后谕令端郡王载漪取代庆亲王奕劻掌管总理各国事务衙门，调董福祥甘军从南苑进京。反对招抚义和团的奕劻等人靠边站和京城防务的调整，传递的信息很明确，就是慈禧太后要依靠义和团对抗洋人。由于载漪等人掌握的禁卫军等相关守卫部队的默许，一时间十万多团民涌进京城，这些团民声称要除掉“一龙二虎”。一龙就是光绪帝，二虎就是与列强关系紧密的奕劻和李鸿章。一时间，京城内家家念咒，处处设坛，连王公大臣也纷纷加入，以求自保。

事态从失控走向疯狂。快速变化的北京局势，进一步刺激了列强，它们决定派兵入京。五月十四日，由英国海军中将西摩尔率领的一支约 2000 人的联军部队从天津开往北京，企图继续加强使馆安全保卫。十五日，西摩尔联军行至廊坊时，遭遇

图 19-6　甘军士兵

目前几乎没有留下清晰的义和团团民照片。这张广泛流传的照片，被认为是义和团士兵，出现在一些博物馆展板、著作中。实际上这张照片中的士兵是董福祥统领的甘军。士兵们穿着统一制服，前排右侧士兵衣服上写着“甘军”（“甘”字不清晰）、“亲兵”等字，前排左侧士兵衣服上写着“少保”等字，与董福祥的信息都对得上。甘军士兵因为是回民，故缠头；因为是武卫军，武器装备比较先进，故腰间缠着两排步枪子弹。三人身后还能隐约看到倚在墙边的步枪。图片选自刘香成编著《壹玖壹壹：从鸦片战争到军阀混战的百年影像史》，第 227 页。

图 19-7　被逮捕的义和团团民

这张照片可能是真实的义和团团民。他们都是贫苦的农民，缺少统一的制服和先进的武器装备，最简单的辨识方法就是头上系上统一颜色的布。这位义和团团民的头巾与甘军士兵的头巾不一样。图片选自刘香成编著《壹玖壹壹：从鸦片战争到军阀混战的百年影像史》，第 222 页。

图 19-8 “红灯照”

照片中有屏风、太师椅，该女子缠足，衣服是精美的绫罗绸缎，或许此女子不是底层人民。照片可能拍摄于北京。图片选自胡志川、陈申合编《中国旧影录：中国早期摄影作品选（1840~1919）》，第 72 页。

义和团和清军，双方发生战斗。这支联军队伍此后不断遭遇袭扰拦截，最终也没到达北京。十六日，北京城内的情形更加复杂严峻。这天，义和团开始火烧京城教堂和教徒的房屋；更严重的事件是，前往马家堡火车站迎接西摩尔联军的日本驻华使馆书记官杉山彬，被在火车站周边布防的董福祥甘军在永定门外杀了。这个突发事件，让慈禧太后相当意外，招来董福祥斥责，并准备派员查办，以给各驻华公使有个交代。

没承想，慈禧太后遭遇了“名场面”。造反起家的董福祥不客气地告诉慈禧太后，如果杀甘军一人，必然生变。慈禧太后无可奈何，只能搁置了查办。事后端郡王载漪拍着董福祥的后背说，你真是好汉！董福祥确实是“好汉”，过去从未有人敢这样顶撞慈禧太后。这也意味着，局面失控了。

也就是这天，朝廷谕令直隶总督裕禄调聂士成率武卫前军驻扎在天津附近铁路沿线，阻止外国军队进京。同一天，驻守北京使馆的外国士兵开始射杀过往的义和团团民，双方开始在京城发生战斗。十七日，端郡王载漪又给本已升温的局势淋了一瓢油。他正式召见在京义和团各师兄，鼓励打气，团民情绪更加高涨。十九日，拳民开始围攻驻扎有法国和意大利士兵的西什库天主教教堂。

图 19-9　西什库天主教教堂侧面

西什库教堂建成于光绪十三年，哥特式建筑，平面呈十字结构，建筑高大有遮挡物，墙体坚固且多折角，非常有利于居高临下防守，一般冷兵器和步枪根本无可奈何。虽然教堂中防守士兵只有法国士兵 30 人和意大利士兵 10 人，及三四千名教民，但是上万名义和团团民围攻用尽办法，包括挖地道爆破等，一直到七月二十二日（8 月 16 日），持续了 63 天，都没有攻破。作者自摄照片，2023 年 9 月。

四次御前会议

面对即将失控的局势，该如何收场呢？慈禧太后感觉到大势不妙，自身安危都有问题，倾向于急刹车。十九日，她急调两广总督李鸿章和山东巡抚袁世凯进京，并且要求袁世凯带兵进京。李鸿章和袁世凯素来是主张剿灭义和团的，而且与列强关系较好。研究者们普遍认为，这一举措意味着慈禧太后有意尽快控制局势。也就是在这一天，直隶总督裕禄上奏，以当前中国的兵力、财力，与一国尚不能战，何况要和各国为敌？现在无论如何不能与各国失和。他请求慈禧太后明降谕旨，派兵保护各国使馆和洋人住所。裕禄也是慈禧太后比较信任的人，因此才得以继荣禄之后担任直隶总督。这些话，说的也是实在话。慈禧太后不会听不进去。

还得提一句，裕禄也是挖坑的人，此前正是他给义和团进入直隶开了绿灯。现在他看到情势危急，想从坑里爬出来。不过，太晚了，他最终还是没爬出来，丢了性命。人类的文明史反反复复证明，挖坑者一定不会独善其身。但是挖坑者仍然自诩高人，前赴后继，挥汗如雨。这真是值得玩味的现象。

五月二十日（6月16日），慈禧太后召集第一次御前会议，商讨如何对待义和团和列强。无论在朝大臣还是地方督抚，要求剿灭义和团的呼声并不算弱小。但是载漪等人以“失人心”为由坚决反对。事情暂时没有结果。也就是在这天，团民在大栅栏焚烧“老德记”西药房，火势失去控制，繁华的前门大街一带千余商家被焚毁，正阳门门楼也被烧塌了，京城百业消歇，人心惶惶。冲天大火，满城哭号声就在紫禁城外，慈禧太后焉能不知？当天，慈禧太后一方面下令刚毅和董祥福等人对义和团亲加开导，勒令解散，年轻精壮者招抚成军，严加约束；另一方面下令在直隶的提督马玉崑接到谕令后率所部马、步队星夜赴京，不能有片刻延误。这些更显示出慈禧太后对义和团的态度发生了根本性转变，要由利用转向控制，不然的话她自己的安危都成问题。

图 19-10　燃烧的正阳门城楼

大栅栏火起后，引起了正阳门城楼失火。正阳门俗称前门，在今天安门广场南面，慈禧太后在哪儿都能看到这个滚滚浓烟。图片选自刘香成编著《壹玖壹壹：从鸦片战争到军阀混战的百年影像史》，第 216 页。

就在此时，一个极其意外的情况出现了。当天晚上，荣禄接到了从上海传来的一个绝密情报，说是各国公使已经决定联合向朝廷提出四项要求：一是指明一地令中国皇帝居住，二是各国代收各省钱粮，三是代掌天下兵权，四是勒令皇太后归政。这个情报虽然事后被证明子虚乌有，但是却对慈禧太后的态度产生了关键影响。辛酉政变至此已经近四十年，权力就是慈禧太后的命。要她归政，就是要了她的命。她除了鱼死网破、放手一搏，不会做别的选择。此前劝她与列强和好的荣禄等人，因为深度参与了戊戌政变，如果太后归政给光绪帝，自然大祸临头，也不再劝阻。

二十一日下午，慈禧太后召开第二次御前会议，直接宣告说刚得到洋人四条照会，亡国在即，若拱手相让，我无颜见祖宗，坐等灭亡，不如战斗而亡。大臣们全部表态愿效死力。载漪等人也激昂言战。慈禧太后于是高声宣谕："今日之事，诸大臣均闻之矣。我为江山社稷，不得已而宣战，顾事未可知，有如战之后，江山社稷仍不保，诸公今日皆在此，当知我苦心，勿归咎予一人，谓皇太后送祖宗三百年天下。"（恽毓鼎：《崇陵传信录》）亲历者恽毓鼎的这段记载显示出这次御前会议与第一次御前会议相较一百八十度的大转弯。参加会议的官员们只听慈禧太后说了四条照会中的前三条，有点摸不着头脑，但是气氛已经烘托到了，只能集体大声说"臣等同心报国"！会议结束后，很多人去找总理各国事务衙门大臣询问照会具体内容，总理各国事务衙门大臣也一头雾水。后来才知道是荣禄得到的密报。

会议结束后，慈禧太后谕令各省督抚迅速组织军队，星夜驰赴京师勤王，并令直隶总督裕禄将天津等地的义和团编成军队，以资捍卫。在紫禁城进行战前动员的时候，天津的事态已经扩大了。京津之间的电报在十四日已中断，北京使馆毫无消息。十八日，在大沽口的各国舰队与西摩尔联军也断了联系。二十日夜，各国舰队联合要求大沽炮台守将罗荣光在夜里两点钟前让出炮台，被罗荣光拒绝。凌晨，各国舰队开始攻击大沽炮台，六个小时后大沽炮台失陷。当天，天津紫竹林租界区各国军队也向中国军队发起进攻。

二十二日，慈禧太后召开第三次御前会议，批准载漪进攻使馆的请求。同日谕令载漪与徐桐、崇绮等人办理军务。载漪至此几乎取得了全部军事、外交和政务大权，再加上他是大阿哥溥儁的父亲，其权势真正到了慈禧太后一人之下、万人之上的地步。二十三日，裕禄将联军索要大沽炮台的最后通牒送达慈禧。这个新的信息，进一步向慈禧太后印证了此前列强要她归政情报的可信度。但是裕禄留了一手，没有报告大沽炮台已经失守。他也是糊弄学专家。

当天，慈禧太后召集第四次御前会议，要求照会各国驻华使馆，24 小时内离京赴津。接到照会的各国公使立即陷入极度恐慌。外界信息全部中断，京城内外全是义和团，说来但是一直没到的西摩尔联军联系不上，现在清政府又下了最后通牒，不恐慌才不正常。各国公使连夜开会，都找不到办法。德国驻华公使克林德建议天亮后公使们一起前往总理各国事务衙门，要求宽限离京的时间。其他公使觉得街面上现在这么乱，出去太危险。公使们都不同意克林德的建议，但是也没人反对克林德自己去。二十四日，有点单纯的克林德带着秘书乘坐轿子到东单西总布胡同路口时，被清军神机营的枪手误杀了。

图 19-11　外国士兵击杀义和团画作

当时留下的义和团与外国军队战斗的照片很少，但是莫理循保存的一张图则反映了当时的一次战斗。五六十名坎字营的团民被莫理循带领的士兵全部打死。图中也可以看出双方装备水平相差之大。图片来自 https://collection.sl.nsw.gov.au/record/92eVAO6Y/yl0OXVRAoNdmx。

事已无可挽回！如果说之前清政府和列强的外交关系还勉强维持着，慈禧太后还保留着能将刹车踩到底的可能性，那么到现在，已经没有可能性了。外交官是受国际公法保护的。外交使团将各处传教士和教民尽可能接到使馆区，组织严密防守，抵抗清军和义和团的进攻。二十五日，清政府发布正式上谕。其中说："朕今涕泣以告先庙，慷慨以誓师徒，与其苟且图存，贻羞万古，孰若大张挞伐，一决雌雄。"诏书并无宣战具体国家，只有一个"彼"，这是向各国一起宣战了。

此后一个多月，义和团和董福祥率领的甘军围攻使馆，一度战斗激烈。老奸巨猾的荣禄心里清楚，装备落后的义和团和

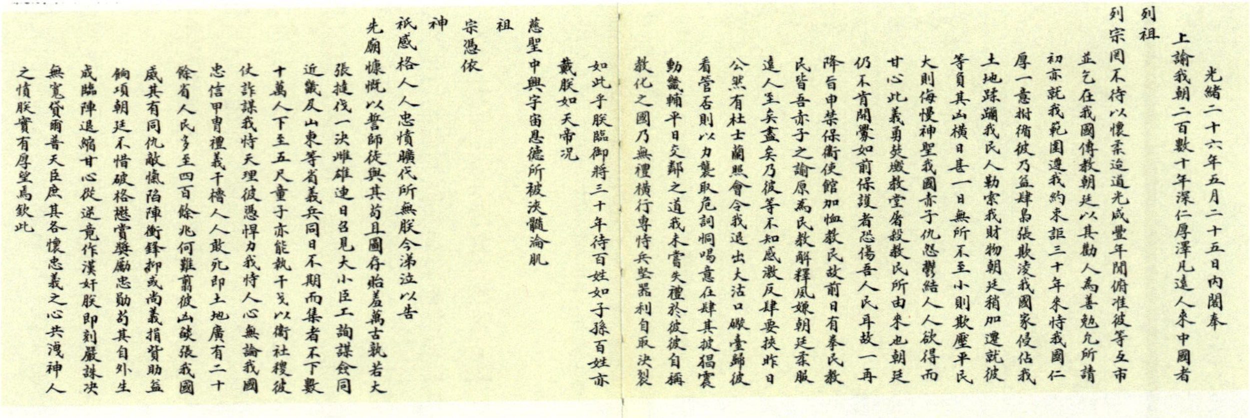

光緒二十六年五月二十五日內閣奉
上諭我朝二百數十年深仁厚澤凡遠人來中國者
列祖
列宗罔不待以懷柔迨道光咸豐年間俯准彼等互市
並乞在我國傳教朝廷以其勸人為善勉允所請
初亦就我範圍遵我約束詎三十年來恃我國仁
厚一意拊循彼乃益肆梟張欺凌我國家侵佔我
土地蹂躪我民人勒索我財物朝廷稍加遷就彼
等負其凶橫日甚一日無所不至小則欺壓平民
大則侮慢神聖我國赤子仇怨鬱結人人欲得而
甘心此義勇焚燬教堂屠殺教民所由來也朝廷
仍不肯開釁如前保護者恐傷吾人民耳故一再
降旨申禁保衛使館加恤教民故前日有拳民教
民皆吾赤子之諭原為民教解釋夙嫌朝廷柔服
遠人至矣盡矣乃彼等不知感激反肆要挾昨日
公然有杜士蘭照會令我退出大沽口礮臺歸彼
看管否則以力襲取危詞恫喝意在肆其披猖震
動畿輔平日交鄰之道我未嘗失禮於彼彼自稱
教化之國乃無禮橫行專恃兵堅器利自取決裂
如此乎朕臨御將三十年待百姓如子孫百姓亦
戴朕如天帝況
慈聖中興宇宙恩德所被浹髓淪肌
祖
宗憑依
神
祇感格人人忠憤曠代所無朕今涕泣以告
先廟慷慨以誓師徒與其苟且圖存貽羞萬古孰若大
張撻伐一決雌雄連日召見大小臣工詢謀僉同
近畿及山東等省義兵同日不期而集者不下數
十萬人下至五尺童子亦能執干戈以衛社稷彼
仗詐謀我恃天理彼憑悍力我恃人心無論我國
忠信甲冑禮義干櫓人人敢死即土地廣有二十
餘省人民多至四百餘兆何難翦彼凶燄張我國
威其有同仇敵愾陷陣衝鋒抑或尚義捐貲助益
餉項朝廷不惜破格懋賞奬勵忠勳苟其自外生
成臨陣退縮甘心從逆竟作漢奸朕即刻嚴誅決
無寬貸爾普天臣庶其各懷忠義之心共洩神人
之憤朕實有厚望焉欽此

图 19-12　向各国宣战上谕

上谕内容值得一说。首先指出朝廷对列强能给予、能允许、能迁就的都答应了，但是彼等不知感激，反而变本加厉，肆意要挟恐吓。其次指出“与其苟且图存，贻羞万古，孰若大张挞伐，一决雌雄”。接着说大小臣工同心协力，义兵集结不下数十万人，“五尺童子亦能执干戈以卫社稷”，地有二十余省，民有四百余兆，有信心赢得战争。最后要求“普天臣庶其各怀忠义之心，共泄神人之愤”。这个上谕与第二次御前会议慈禧太后所讲基本对得上。图片选自中国第一历史档案馆编《御笔诏令说清史——影响清朝历史进程的重要档案文献》，第 208~209 页。

甘军，并不能轻易地攻下使馆区。如果使馆真的被攻占，后果不堪设想。他不仅暗中阻挠进攻，让他领导的装备了先进武器的武卫中军基本没有发挥作用，还暗中接济使馆内各国卫队食物，还有传言说他以隐蔽变通的方式接济使馆枪支弹药。另有一种说法是，荣禄命令他掌控的炮兵故意将炮口调高或调低，炮弹大多落到使馆外，一部分落到了逃难教民的区域，甚至居民区。于是围攻使馆区时就出现了一个怪现象，炮声隆隆，就是打不准，要么高要么低，就是没有给突破使馆防线带来帮助，更没有把西什库教堂炸毁。其实清军从李鸿章的淮军开始就装备了克虏伯炮等西方现代大炮，威力巨大。从亲历者的记述也可知，当时动用了现代大炮。真要是想攻破使馆区，估计

图 19-13　东交民巷街垒及俄国士兵

这种砖块堆垒的防卫设置，在抵挡轻武器和冷兵器进攻时有效，在野战炮面前几乎没有抵抗能力。当时在东交民巷内的外国亲历者，一开始对清军火炮也非常担忧，后来看到炮弹命中率如此低，也明白了清政府正规军并未真心攻击。图片来自 https://collection.sl.nsw.gov.au/record/9Bv7r009/g7x2BmWZbmv6D。

也就是很短时间的事情。在现代重武器面前，教堂建得再好，也没有什么抵抗力。

关于大炮轰击不准是不是荣禄暗中要求的，有一些争议，现在也很难有确证材料了。不过必须指出的是，没有给使馆区的外国人带来大规模致命伤害这个结果，救了荣禄，也救了慈禧太后。使馆虽然一直没有被攻陷，但是在北方各地的外国人和教民被杀死众多，其中以毓贤担任巡抚的山西最为严重。当然，毓贤后来受到的惩罚也是最严重的。他有点亏，坚决执行了朝廷命令，后果却是他承担。

在大沽的八国联军遭遇了聂士成等人率领的武卫军的坚决抵抗。六月十三日（7 月 9 日），聂士成在天津西八里台力战而死。十八日，联军才以不小的代价攻下天津。聂士成和马玉崑统领的清军体现出的战斗力让八国联军不敢轻视。另外联军也吸取西摩尔联军的教训，未仓促立即派遣军队入京，而是等待各国援军。

七月初十日（8 月 4 日），在各国援军都到达后，侵华联军才组织 2 万余人分两队直扑北京。面对来势汹汹的八国联军，清军虽然坚决抵抗，但是仍节节败退。十二日，直隶总督裕禄在杨村自杀，清军防务呈现溃败之势。二十日，八国联军突破清军北京防线，进入使馆区。[1]

二十一日凌晨，眼见大势已去的慈禧太后仓皇出逃，她

1　八国联军各阶段情况不太一样：八国联军酝酿阶段，法国比较积极；从保卫使馆到西摩尔联军进犯，英国总体上起到了领导和主导作用；攻占天津时俄国是主力军，出兵最多，破坏最大；进攻和占领北京阶段，先锋和主力是日本；最后一个阶段则是德国主导。俄国、日本、德国都将这次事件视为扩大在华利益的大好机会。俄国希望占领中国东北，日本认为加入联军是“脱亚入欧”的跳板，并希望占领厦门等地，德国则想扩大在山东的势力范围。

图 19-14　聂士成

聂士成统领的武卫前军还是有一定战斗力的，因此能够在天津有效阻止联军前进。聂士成应该是淮军后期最有将才之人，可惜没有受到李鸿章高度重视。甲午战争时期，如果是他在朝鲜半岛统率指挥军队，估计淮军不至于如此崩溃。在辽西大战中，他取得大高岭胜利，被授予直隶提督。聂士成并不认可义和团，也不希望同列强开战，但是作为武卫前军统帅，只能遵从朝廷命令，力战而死。图片选自朱诚如主编《清史图典》第 12 册，第 240 页。

一生两次随皇帝“巡狩”，在清朝也是独一份。只不过，那一次跑到承德就停下了，这一次慈禧太后一口气逃到西安才停下。她也不想跑这么远，担心八国联军在身后一路追击，使她不得不跑这么远。

慈禧太后出逃第一天走到了今天北京市昌平区阳坊镇，在西贯寺清真寺内留宿一晚。这一天一晚，应该是她一生中最担惊受怕的一天一晚。溃兵四处劫掠，她也没有多少兵马护卫，挨饿不说，生命随时都有危险。后来她为感念救助之恩，不仅封赏了当时一些管事人职务，还敕令清真寺可用黄色琉璃瓦。第二天逃到怀来县，遇到比较能干的怀来县令吴永，才稍得喘息休整。由于担心向东北、蒙古地区跑距离俄国太近不安全，决定折向山西。由于山西巡抚毓贤排外，山西外国人死伤严重，山西也不安全，又决定赴西安。

慈禧太后这条线路走得很奇怪，也较有智慧。在她向西逃亡之际，荣禄、崇绮、董福祥等人向保定方向逃亡。据荣禄和崇绮后来报告，为了吸引联军注意，荣禄等人在卢沟桥设炮以作疑兵，"使敌深信驻跸于此"，并伪装皇帝乘舆奔向保定（《西巡大事记》）。此说很难确证，但是联军确实未向西北追击，而是挥兵攻击保定，并追击到石家庄井陉关。

慈禧太后逃跑出京后，京城陷入兵乱，很多人家被烧杀抢掠，有人被八国联军杀死，有的自杀，史载"尸积如山"。一些曾经支持义和团的达官显贵结局更是悲惨，未能及时逃出的多被凌辱折磨。最悲惨的应该是崇绮一家。崇绮是大学士赛尚阿之子，蒙古正蓝旗，后因父镇压太平天国不力被连坐革职。同治五年中状元，旗人中整个清朝唯此一人。女儿阿鲁特嫁同治帝，在怀有身孕的情况下被慈禧太后逼死，崇绮亦因此被冷落。崇绮此后一直寻机东山再起。在己亥建储时，他是最积极支持端王载漪的几个人之一。八国联军攻入北京时，他仓皇逃出，家人被留在城中。"其眷属尽为联军所拘，驱诸天坛，数十人轮奸之。"（《梵天庐丛录》）后其妻率家人十三口自尽。

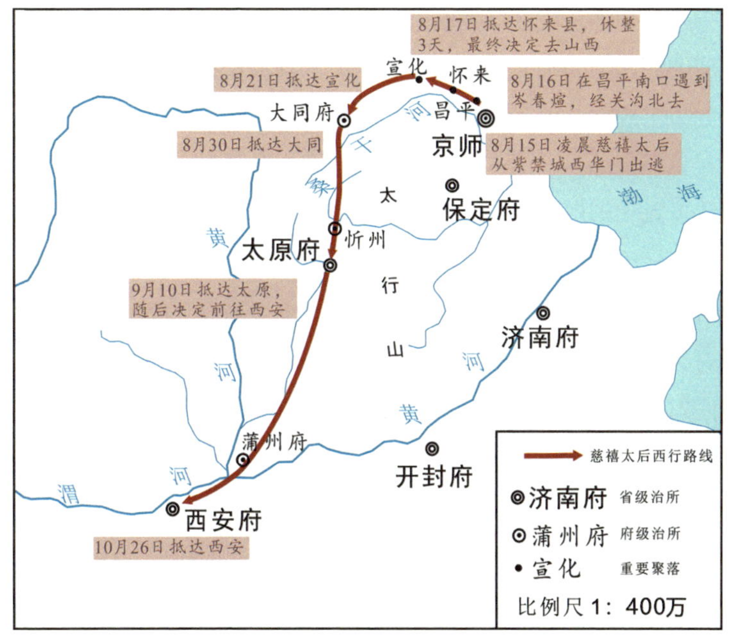

图 19-15　慈禧太后西逃路线

慈禧太后西逃的前两天最为凄苦险恶。可参阅吴永《庚子西狩丛谈》、岑春煊《乐斋漫笔》等。地图由陈路绘制。

东南互保

庚子事变给以京津地区为中心的华北民众带来了深重灾难。百姓接连遭遇八国联军、溃兵等抢掠，死伤无数，财产损失惨重。但是东南地区却因为东南互保而平静如常，没有遭受冲击。东南互保不仅保护了山东以南的百姓，也给清政府留下了一口元气。因此有必要简要交代一下。

东南互保简单地说就是中国东部和南部省份的督抚联合在

一起与列强达成区域性临时和平协议。前面讲过汉人督抚在晚清的崛起。到了光绪二十六年前后，汉人督抚势力虽然已经不如甲午战前，但还是人数不少。此时较为重要的汉人督抚是两江总督刘坤一、两广总督李鸿章、湖广总督张之洞、山东巡抚袁世凯和闽浙总督许应骙。这些人刚好管理着从山东到广东的沿海省份。他们在义和团问题上，均主张严厉镇压。东南地区对外商贸发达，外国人也比较多，北京日趋混乱的形势和清朝对列强的宣战，让他们也感受到了压力。不过他们也都清楚，面对联军的进攻，朝廷抵挡不了太久；对于勤王派兵的命令，做做样子就行。他们真正考虑的是，如何保住东南的稳定。就在正式宣战的前一天，朝廷向各省督抚发布了一道密旨，要求各省督抚尽快联络一气，商量如何应对危机。这个内容有些奇怪的密旨实际上赋予了各省督抚便宜行事的权力，希望各督抚能保护辖区，并尽量对朝廷提供力所能及的帮助。

五月二十五日（6 月 21 日），清政府发布宣战诏书的当天，两广总督李鸿章收到军机大臣荣禄发来的密信，告知不必再对北京谕旨高度重视。荣禄的密信迅速在东南各督抚和西方外交官中传开了。大家对这个谕旨和密信的共同看法是端郡王载漪等人可能篡夺了朝廷的决策权，慈禧太后已经身不由己，才会让最信任的荣禄给李鸿章发出这个有指示性的信息。但是此时朝廷的谕令仍然是勤王，东南地区该不该加入战争，依然是个严峻急迫的问题。各督抚此时多管齐下：一方面象征性地做出勤王的布置；一方面尽量维持地方稳定局面；一方面开始秘密和各国领事接触，力保东南地区和平；一方面也在准备备案，一旦北京失守，两宫不测，他们该如何联手应对。

二十六日，在轮船招商局工作的郑观应建议铁路大臣盛宣怀，为避免损失，可将一些中国公司转换到外国名下。这一商业建议启发了盛宣怀，他在二十八日致电李鸿章、刘坤一、张之洞，提议直接和各国领事谈判，上海租界由各国保护，各地则由地方督抚保护，两不相扰。盛宣怀的提议很快获得了三人的肯定，他们又联络东南各省督抚共同讨论，随后派上海道台余联沅与各国驻上海领事谈判。上海的领事们也不想打仗，双方一拍即合。三十日，盛宣怀和余联沅与各国驻上海领事签订了《东南互保章程》九条。一方面，“东南互保”客观上保证了东南地区的稳定，避免了整个中国陷入战火中；另一方面，“东南互保”也显示出朝廷对地方督抚的控制力进一步削弱了，这对清政府来说也不是什么好事。

《辛丑条约》

残破之局，如何收拾？慈禧太后任命奕劻和李鸿章为全权大臣与列国谈判求和。李鸿章也是够倒霉，还得来收拾烂摊子。

光绪二十七年七月二十五日（1901 年 9 月 7 日），总理各国事务衙门大臣庆亲王奕劻、李鸿章与交战的十一国在西班牙使馆内签订了《辛丑条约》，基本答应了列强所有条件，包括赔款 4.5 亿两白银，允许各国派军队保护使馆区，拆毁从大沽口到北京的炮台等。

两个月后，九月二十七日（11 月 7 日），李鸿章病逝于北京。《辛丑条约》是他最后的谢幕。[1]

庚子事变本可以避免，但最终还是发生了。

对慈禧太后来说，后果是遭受了人生最大苦难。

对中华民族来说，地位和尊严跌到了谷底。

图 19–16 关沟（居庸关段）

关沟正式名称军都陉，是太行八陉最北边的一个。南起昌平南口，北至八达岭关城。过了八达岭，就是塞外，经张家口可去山西，也可去内蒙古。现在从北京去八达岭长城，进山以后就是在关沟里走。慈禧太后第二天在南口遇到岑春煊之后，经关沟逃往怀来。她是成功逃跑了，但是留下了更加残破的山河。作者自摄照片，2023 年 5 月。

1 《辛丑条约》的中文名字是《辛丑各国和约》，简称《辛丑条约》。英文名字是 Austria-Hungary，Belgium，France，Germany，Great Britain，Italy，Japan，Netherlands，Russia，Spain，United States and China，Final Protocol for the Settlement of the Disturbances of 1900。可翻译为《中国与十一国关于赔偿 1900 年动乱最后议定书》。从英文名称可以看出，1900 年的事件被定性为动乱，而不是清政府与各国的正式战争。怎么从“八国联军”变成“十一国”呢？这是因为比利时、西班牙、荷兰三国的使馆和人员也被攻击，但三国未派兵。

第二十章　箭在弦上的清末新政

庚子事变是中国历史进程中关键时期的关键事件。庚子事变带来了两大影响：清末新政的启动和知识阶层的离心倾向。

我不认同清末新政就是糊弄老百姓的传统看法。清末新政是中国第一次深刻的现代化政治改革运动。虽然是被动发起、过程曲折、结局悲怆，但不能一概否定。

清末新政从启动到结束，都是被动的。这是它最值得检讨之处，也最有历史警戒意义。

八国联军攻进北京后，清朝统治真可谓站在了悬崖之上：八国联军四处扫荡，所到之处无人能够抵挡；慈禧太后强迫光绪帝和他一起仓皇西逃，惶惶不可终日；东南各督抚心有异念，密谋应对乱局之策。这一段时间，清朝随时都有可能“关门结业”。可是为什么半年后峰回路转，慈禧太后不仅逃脱惩罚，清政府还重整河山，又延续了十年的统治呢？其中原委，就是在于清末新政的启动。清末新政，不仅关系到对整个清末十年历史发展进程的理解，还是理解中国现代化道路的关键之一。

庚子事变为什么能够引发清末新政？回答这一问题，既需要从现代化的宏观视角出发，也需要从慈禧太后、荣禄等人逃脱惩罚的微观视角出发。

中国现代化视角下的庚子事变

从整个中国历史来看，庚子事变是传统中国向现代中国转变过程中六个最具有转折意义事件中的第四个。

第一次鸦片战争是第一个，从此国门洞开，以农耕文明为基础的中国开始受制于以工业文明为基础的西方。第二次鸦片战争是第二个，中国人以“自强”为目标开始主动学习西方的军事和现代工业。甲午惨败是第三个，从此知识阶层集体觉醒，主动开展知识和学术的现代化，并要求政治的现代化改革。庚子事变是第四个，从此广大普通民众不再排斥西方，政治现代化全方位启动。辛亥革命是第五个，推翻了两千余年的帝制，结束了两千余年的王朝政治，完成了政治体制机制的根本性革命。新文化运动是第六个，从此学术文化的现代化取得决定性进展，马克思主义传入中国。

为什么说庚子事变之后，广大普通民众不再排斥西方呢？在西方文明向中国扩张的过程中，中国人态度总体上比较复杂。晚清中国始终存在着两种对立的对外态度和情绪。一是在“师夷长技以制夷”导向下学习西方的科技观念并与之竞争，二是非理性地抗拒与反对西方文明。从历史进程来看，学习西方是主流，但是非理性的反对与抗拒声音也一直存在，甚至一度很显著。伴随西方文明一起而来的侵略行为和经济渗透对社会正义与民众生计影响越强烈，这种非理性反对与抗拒也就越强烈。因此，庚子事变可以说是帝国主义列强瓜分中国狂潮之后的反作用力，是一个必然的历史产物。但是庚子事变的结果，也用最大的惨痛代价证明了非理性反对和抗拒之路行不通。中华民族要生存发展，还得走“师夷长技以制夷”这条路。庚子事变之后，很长一段时间，这种非理性心理和行为都维持在一个低水平状态。

放眼人类文明史，这种对外来强势文明和力量的两种对立态度和情绪，非常常见。两种态度和情绪其实都是源自对外来强势力量的一种矛盾心理——既倾慕又惧怕。晚清出现了关于西方传教士吃小孩等一系列谣言，以及义和团神功护体刀枪不入的宣传，本质上是惧怕心理的表现。大约从戊戌变法开始，逐渐出现一种西方强国怎么样，我们就应该怎样学习的表达句式。庚子事变以后，很多老百姓以惨痛代价见识到了西方列强的强大，对“洋”从惧怕转为倾慕。无论是“言必称西方”的论述习惯，还是“外国月亮比中国圆”的社会认知，都是“慕强”心理的表现。中国人群体“慕强”心理的确立，就是在庚子事变之后。

为什么说庚子事变之后，政治现代化全方位启动呢？从整个清朝历史来看，庚子事变是清朝政治合法性丧失的转折点。清朝作为非汉族政权，通过强调“大一统”、“忠孝治国”和科

图 20-1　魏源

魏源在《海国图志》中提出的"师夷长技以制夷"，是影响中国近现代历史进程最深的论断之一。这句话提出 20 年后，洋务运动启动，中国开始学习西方的坚船利炮。近 60 年后，中国人对"长技"的理解又进到"制度"。庚子事变后，又开始向第三个层面进发，那就是文化。这一过程一直持续到新文化运动。图片选自朱诚如主编《清史图典》第 9 册，第 6 页。

举制等儒家学说和制度，非常不容易地取得了政治合法性。鸦片战争之后，内忧外患虽然不断，但是读书阶层基本上并未否定清朝政权的合法性。甲午惨败，国家陷入存亡绝续危机；戊戌政变，维新人士流血牺牲，都没有导致合法性大规模流失。但是庚子事变却导致了清政府合法性的重大危机，有理想、有抱负的一些中青年知识人，对政府产生了明显的离心倾向。

慈禧太后等人相信义和团刀枪不入的愚昧行为，和儒家“子不语怪力乱神”是完全冲突的；因贪恋权力而攻击使馆等毫无底线的非理性行为，让一些读书人看透了慈禧太后等人的蒙昧自私。觉醒者们意识到，这样的政府完全不具备救亡图存的能力，也承载不了国家复兴的希望。他们开始放弃传统的功名思想，脱离体制。一部分相对平和的人走上了实业救国等道路，比如张元济等；一部分相对激进的人走上了反满革命的道路，比如黄兴、蔡元培、章太炎等。庚子事变后，革命之火呈燎原之势，根源就在于不少读书人对清政府彻底失望和愤怒。过去我们总把改革和革命对立起来。其实，无论是改革还是革命，都是政治现代化的表现。两者最主要的差别，是路径不一样而已。

从清末十几年的历史看，庚子事变对清末政局起到了承上启下的作用。长期担任光绪帝身边近臣的恽毓鼎在 1911 年说：“甲午之丧师，戊戌之变政，己亥之建储，庚子之义和团，名虽四事，实一贯相生，必知此而后可论十年之朝局。”（《崇陵传信录》）简单地说，一方面，庚子事变以比甲午惨败更大的代价相对平复了过去五六年的剧烈动荡，给甲午惨败以来一系列的政治剧烈动荡画了一个逗号；另一方面，为了自保的慈禧太后开启了清朝最后十年的政治基调：推行新政，试图打造一个开明、开放的现代政府。清末新政改革力度前所未有，中国政治的全面现代化从此开始。

几年前阻挠和镇压戊戌变法的慈禧太后，为何又大力提倡新政呢？并不是慈禧太后的思想进步了多少，而是她自知犯了滔天大错，要努力“开明”以逃脱列强的惩罚。中国有句古话，“识时务者为俊杰”。慈禧太后虽然老了，但这点儿智慧还是有的。

图 20-2 《辛丑条约》签订后的合影

自左至右是十一国公使。右一是奕劻，右二是李鸿章。《辛丑条约》的签订和《马关条约》的签订相当不同。《马关条约》签订时，清廷从上到下都愤恨难平。《辛丑条约》签订时，从上到下对列强的条件没有异议，都盼着尽快签约。《马关条约》签订时，日本恨不得把中国都吞下，《辛丑条约》签订时，各国也不再像前几年一样，想着吞并、肢解中国。光绪二十七年就有人撰写文章，指出义和团亦有正面意义，就是让列强深刻感受到了四万万中国人的反抗意识。图片选自刘香成编著《壹玖壹壹：从鸦片战争到军阀混战的百年影像史》，第 228 页。

慈禧太后逃脱惩罚

庚子事变的最主要责任人慈禧太后，最终却逃脱惩罚，安然无恙。意不意外？这一结果不仅在今天看来难以理解，在当时被围困在使馆区的一些外国人眼中，也是如此。慈禧太后为什么能逃脱惩罚呢？可能有两个方面的原因。

第一，在战前和战争中大耍两面派手法，给列强营造出朝政失控，她被劫持、不是开战主使者的印象。以下这些事情对这一印象的营造产生了帮助。

（1）直到宣战前，慈禧太后采取的都是阳剿阴抚的政策，即使宣战前公开发布的对义和团的命令，也是“劝散”。

（2）战争爆发以后，荣禄向李鸿章传递的那封著名密信，营造出一种朝廷失控、慈禧太后和皇帝被劫持的感觉。

（3）甘军和义和团攻击使馆区时，荣禄悄悄向使馆区接济物资，大炮失准，在力所能及的情况下帮助外国人，进一步营造出攻击行为不是出于慈禧太后和荣禄本心的感觉。

（4）在战事失利、弃城逃跑前的危急关头，慈禧太后下令把此前一直反对与列强开战的许景澄、袁昶、徐用仪等五大臣全部杀掉，营造出义和团和乱政者对主和者的残暴，又避免政见异己者向列强透露实情。

第二，在逃路上迅速采取了一些有利于塑造自己开明友好形象的措施。这些措施，明确表达了她维护与列强关系、改革自新的意愿。

（1）发布罪己诏，承认错误，恳请原谅。光绪二十六年七月二十六日（1900年8月20日），出逃第6天的慈禧太后终于可以喘口气了，赶紧以光绪帝名义发布罪己诏，承认了东南互保，要求刘坤一等人对各口商务如约保护。

（2）再发罪己诏，表达知错就改的态度。七月二十八日，慈禧太后再以光绪皇帝的名义发布罪己诏，表示要痛改前非，鼓励“有奏事之责者”就皇帝之错误、政事之缺失、民生之休戚，随时提出，希望内外臣工团结一致，共支危局，救弊扶衰。前面讲过，罪己诏是皇帝挽救政治重大过失或稳定局面的手段之一。这次的罪己诏自然也是希望起到内稳人心、外示友好的意图。为了让外国列强看到，这一谕令还被要求刊发在《京报》上。

（3）谕令严厉镇压义和团。八月十四日（9月7日），明令各省剿办“拳匪”。现在的义和团已经不是“民心可用”的义和团，而是“肇祸之由”，必须“严行查办，务净根株”（《有关义和团上谕》）。

图 20-3　清军杀害义和团团民

八国联军在进入北京和各地后，对逮捕的义和团团民或疑似义和团团民进行了残酷的杀戮。朝廷谕令发出后，各地清军也开始逮捕杀戮义和团。照片中几名清军正在将团民砍头，中国人、外国人都在围观。这可能是未经审讯的“就地正法”。图片选自刘香成编著《壹玖壹壹：从鸦片战争到军阀混战的百年影像史》，第239页。

（4）“甩锅”端郡王载漪等人。闰八月初二日（9月25日），上谕此次中外开战“实非朝廷本意”，而是庄亲王载勋、端郡王载漪等人“纵庇拳匪，启衅友邦”，这些人才是“祸首”，应予以严惩（《有关义和团上谕》）。载漪、载勋等人自然是罪有应得，但是他们此时也起到了另外一种意想不到的作用，那就是给慈禧太后背锅。

慈禧太后是晚清最富有政治斗争经验的人，没有之一。她上位的四十余年里，多少英雄豪杰，没有一人是她的对手。虽然她没有什么国际视野，但是翻手为云、覆手为雨的政治手段炉火纯青，天下无敌手。她这样一正一反，就是要将自己的形象从一个狂妄愚昧的独裁者转变为一个对内开明、对外友好的慈祥老太太。可是从镇压戊戌变法到围攻各国使馆，愚昧狠毒的事儿实在是太多太大。所以，她自己也知道，仅仅依靠这两

图 20-4　坐在乾清宫宝座上的八国联军将领

英法联军进北京时，火烧了圆明园，抢掠了三山五园，但是没有进入紫禁城。八国联军进入北京后，不仅派兵进驻紫禁城、天坛等地，还抢夺了其中不少贵重物品。各国将领还进入宫殿中，坐在宝座上拍照。皇室尊严、朝廷脸面、政治合法性，全都被踩在地上。如何尽快找回来，是个非常大的挑战。图片选自朱诚如主编《清史图典》第 12 册，第 285 页。

手，实现不了树立国际新形象、收拢天下人心、逃避惩罚的目标。要达到这个效果，必须拿出更大气魄，开展规模和力度不小于戊戌变法的政治改革才行。

光绪二十六年十二月初十日（1901 年 1 月 29 日），刚刚在西安稳下来的慈禧太后再度以光绪帝名义发布上谕，宣示推行新政的决心。这个诏书就是著名的“母子一心变法诏书”。这次启动的政治改革运动是清朝继洋务运动、戊戌变法后的第三次革新运动，史称清末新政。清末新政整个过程，一直持续到辛亥革命清朝灭亡。

诏书发布以后，新政次第推行，外国人对慈禧太后的观感开始明显改变。比如赫德就在信中说慈禧太后已经悔过自新，要带领国家走上现代化道路。慈禧太后也抓住这一点，通过致各国的国书和让参与谈判的大臣带话，反复强调正在力图新政，祈求各国理解宽恕。各地督抚也士气一振，重新看到希望，也通过各种方式向列强求情。慈禧太后最终逃脱了被惩罚的命运，又一次保住了自己的权位。

“母子一心变法诏书”

“母子一心变法诏书”是一份深刻改变了中国的文件，也是一份很值得分析的上谕文本。它不仅内容丰富、层次清晰，表达技巧也颇有艺术性。

上谕第一部分先讲变法理论根据，指出世界上没有一成不变的制度，制度实行久了就产生积弊，有积弊就得改革，目的是强国利民。这是在理论上否定了“祖宗之法不可变”的观点，为推行新政变法建立理论依据。想想梁启超几年前写的《变法通议》，是不是有点熟悉？为什么那个时候不能变，现在就能变了呢？那个时候慈禧太后的理论认识还达不到这个水平吗？当然，这个打脸的问题自然是没人再追问了。

第二部分接着对此前几年的政治纷扰进行总结，为新政排除思想障碍。这一部分又分几个意思。

第一个意思是自从逃出北京后，皇太后和皇帝痛定思痛，认为数十年的积习不改，因循粉饰，导致了这次重大政治危机。这句话是甩锅庚子事变的责任，但味道是不是也很相似？从嘉庆帝起就一直这样说。

第二个意思是现在正值议和，内政必须切实整顿，渐图富强。这句话是强调现在为什么着急推行改革，潜台词是要在议和期间拿出变法的实际行动，让列强看到朝廷的悔过自新。形势危急，再不立即改革，现在就完蛋。

第三个意思是对戊戌变法定性，将这次变法改革与戊戌变法区别，避免天下臣民犯迷糊。诏书指出康梁之祸害超过义和团，康梁的新法，是乱法，不是变法。皇太后看到了这种危害，才重新训政，挽救皇帝于极度危险中。这句话是给慈禧太后再次训政辩护，给康梁定性，也是给此前的“母子失和”解套。

第四个意思是皇太后是一直支持改革变法的，皇帝也不是要全盘西化，今后皇太后和皇帝母子一心，把握好变法尺度，择善而从。这句话是要传递两个信息：一是这次皇太后和皇帝没有分歧，大家不要再心存芥蒂，胡乱猜测；二是变法的尺度不是完全西化，是要以中庸之道力求融会中西优长。至于废立等事，一笔勾销，再不要提了，大家要一起向前看，想办法保住江山，保住太后！

第三部分重在分析过去改革的问题和当前行政面临的困难挑战。中国过去弱于习气太深、文法太密、私心太重，官僚主义横行，敷衍消磨。改革也仅仅是学习语言文字、制造器械等西方皮毛，没有学到富强本源。这次要动真格了，不能再仅仅限于表象皮毛，而是要勇于走向改革深水区。说来说去，还是干部队伍质量与时代发展要求不匹配。

第四部分强烈表达了改革自新的决心，要求军机大臣等中央要员、出使大臣、各地督抚，结合现在形势，参考中西政治，就政治体制、吏治民生、学校科举、军事财政等各方面如何改革，认真研究，于两个月内回复。慈禧太后觉得这个力度还不够，近期屡屡下诏求言，可是臣工们都没有认真对待，有的是抄袭报馆文章应付，有的是拘于书生之见，这一次不提高声调，还会被敷衍。于是，上谕最后还来了个“胡萝卜加大棒”：这次大家要积极认真发言，公而忘私，实事求是，新政改革一定会选贤任能；再乱讲一通敷衍了事，或者省事偷安，一定会严惩不贷。这是试图恢复此前的威严，告诫臣下这次是真的要变法，认真积极会被提拔重用，糊弄轻视会被惩罚撤职。

整个上谕，细密谨严，层层递进，既有传统公文的套路，又非常清晰地传递出来这次新政高层有非常不一样的决心。整个上谕最精要的一句话是：“懿训以为取外国之长，乃可补中国之短；惩前事之失，乃可作后事之师。”[《变法上谕》(光绪二十六年十二月初十日)]这句话不仅将慈禧太后对内开明、对外友好、包容担当的形象言简意赅地树立起来，还给天下官员传递了一个清晰的信号：此次新政改革，是慈禧太后主导的！至于强调“母子一心”，那信息就更明白不过了。过去几年的纷争，里里外外都知道是慈禧太后和光绪帝闹别扭。现在意见一致了，大家不用再考虑站队问题了。

慈禧太后是真的要洗心革面、推行新政，还是敷衍欺骗？我觉得不能这么简单地理解。对于慈禧太后来说，无所谓旧政还是新政，永远只有一个核心，就是维护自己的绝对权威，紧紧抓住权力。守旧也好，革新也罢，其实都是她巩固权力的手段。上谕显示的推行新政决心，并不是源自她自己观念思想的改变，而是外界迫不得已的压力。此时推行新政的压力有好几个。

第一是在谈判前线的李鸿章等人不断传回列强要求新政改革的信息。不力推新政以重塑形象，在一再要求惩罚“祸首”的列强那里真过不了关。列强维护支持光绪帝的关键就在于光绪帝有开明求新的形象，所以慈禧太后必须建立新形象，以逃脱惩罚。

第二是荣禄等心腹需要通过推动新政来摆脱因围攻使馆而可能带来的惩罚。作为慈禧太后甲午惨败后最倚重、最信赖的心腹，荣禄对慈禧太后的影响力中外皆知。义和团活跃时，慈禧太后被载漪等人包围着，现在西安没有这些人了，只要慈禧太后痛斥顽固派，速行新政，荣禄功莫大焉，自然就和载漪等人划清了界限。据说这个“母子一心变法诏书”就是在荣禄的指导下写的。

第三是刘坤一、张之洞等实力派督抚联合一起，督促朝廷推行新政，以向列强展示发愤图强之心。现在京师沦陷，华北糜烂，朝廷靠着东南督抚支撑，实在也不敢让这些人都彻底寒了心。早在慈禧太后到达太原时，她就专门派出吴永与俞启元分赴湖广与两江，传达朝廷信息、督促粮饷、搜集情报。湖广总督张之洞与两江总督刘坤一对于变法多有建议。大阿哥溥儁出宫之事，即是张之洞托吴永向慈禧太后报告的。

第四是反满革命思潮已经呈燎原之势。孙中山等人倡导于

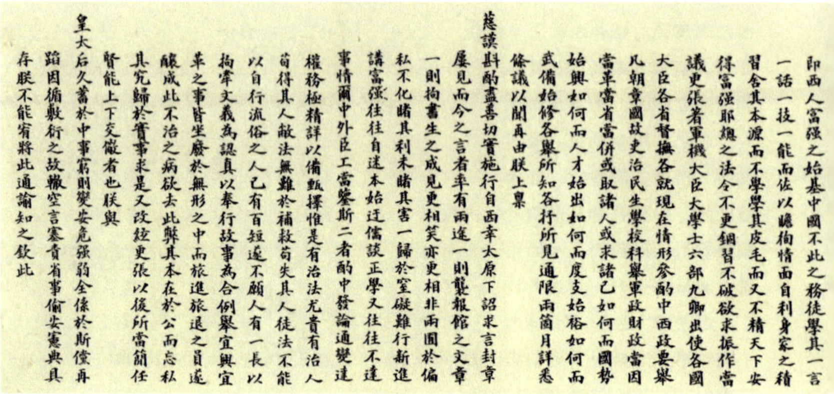

即西人富強之始基中國不此之務徒學其一言
一話一技一能而佐以瞻徇情面自利身家之積
習舍其本源而不學學其皮毛而又不精天下安
得富強耶總之法令不更錮習不破欲求振作當
議更張著軍機大臣大學士六部九卿出使各國
大臣各省督撫各就現在情形參酌中西政要舉
凡朝章國故吏治民生學校科舉軍政財政當因
當革當省當併或取諸人或求諸己如何而國勢
始興如何而人才始出如何而度支始裕如何而
武備始修各舉所知各抒所見通限兩箇月詳悉
條議以聞再由朕上稟
慈謨斟酌盡善切實施行自西幸太原下詔求言封章
屢見而今之言者率有兩途一則襲報館之文章
一則拘書生之成見更相笑亦更相非兩囿於偏
私不化睹其利未睹其害一歸於窒礙難行新進
講富強往往自迷本始迂儒談正學又往往不達
事情爾中外臣工當鑒斯二者酌中發論通變達
權務極精詳以備甄擇惟是有治法尤貴有治人
苟得其人敝法無難於補救苟失其人徒法不能
以自行流俗之人已有百短遂不顧人有一長以
拘牽文義為認真以奉行故事為合例舉宜興宜
革之事皆坐廢於無形之中而旅進旅退之員遂
釀成此不治之病欲去此弊其本在於公而忘私
其究歸於實事求是又改弦更張以後所當簡任
賢能上下交儆者也朕與
皇太后久蓄於中事窮則變安危強弱全係於斯儻再
蹈因循敷衍之故轍空言塞責省事偷安憲典具
存朕不能宥將此通諭知之欽此

图 20-5　“母子一心变法诏书”

皇帝诏谕一般都很短。非常时候、非常事件才配有这么长的诏书。这篇诏书层层递进、委婉有力，是中国主动现代化历程上的关键性文献。图片选自中国第一历史档案馆编《御笔诏令说清史——影响清朝历史进程的重要档案文献》，第 215~216 页。

外，唐才常等人行动于内，不少汉族知识发子开始将对朝廷的不满意转变为革命行动。这些信息，慈禧太后都有所掌握。面对如此局面，她心里清楚，无论是她自己还是清朝，尽快推行让大家能感受得到的新政，是唯一可能管用的还魂丹。

大力度进行新政变法的谕旨放出去，只是第一步。对于此时的慈禧太后和政局中的人来说，说“要变法”容易，说“如何变法”就不容易了。尤其是这次变法诏书明确给戊戌变法定了性，不能让变法像是戊戌变法的翻版，这进一步增加了“如何变法”的难度。在这种情况下，不论是朝廷还是封疆大吏，都把目光集中到两江总督刘坤一和湖广总督张之洞身上。半年之后，他们二人联名上奏“江楚会奏变法三折”，给清末新政提供了一个整体方案，基本解决了“如何变法”的问题。“江楚会奏变法三折”为何会有这么大影响力呢？因为其代表了天下督抚的共识。

光緒二十六年十二月初十日內閣奉
上諭世有萬古不易之常經無一成不變之治法窮
變通久見於大易損益可知著於論語蓋不易者
三綱五常昭然如日星之照世而可變者令甲令
乙不妨如琴瑟之改絃伊古以來代有興革即我朝
列祖
列宗因時立制屢有異同入關以後已殊瀋陽之時嘉
慶道光以來豈盡雍正乾隆之舊大抵法積則敝
法敝則更要歸於強國利民而已自播遷以來
皇太后宵旰焦勞朕尤痛自刻責深念近數十年積習
相仍因循粉飾以致成此大釁現正議和一切政
事尤須切實整頓以期漸圖富強
懿訓以為取外國之長乃可補中國之短懲前事之失
乃可作後事之師自丁戊以還偽辯縱橫妄分新
舊康逆之禍殆更甚於紅拳迄今海外逋逃尚以
富有貴為等票誘人謀逆更藉保皇保種之妖言
為離間宮廷之計殊不知康逆之談新法乃亂法
也非變法也該逆等乘朕躬不豫潛謀不軌朕籲懇
皇太后訓政乃拯朕於瀕危而鋤奸於一旦實則翦除
亂逆
皇太后何嘗不許更新損益科條朕何嘗概行除舊執
中以御擇善而從
母子一心臣民共見今者恭承
慈命壹意振興嚴祛新舊之名渾融中外之迹我中國
之弱在於習氣太深文法太密庸俗之吏多豪傑
之士少文法者庸人藉為藏身之固而胥吏倚為
牟利之符公事以文牘相往來而毫無實際人才
以資格相限制而日見消磨誤國家者在一私字
困天下者在一例字至近之學西法者語言文字

“江楚会奏变法三折”的产生过程

“母子一心变法诏书”要求各重要大臣、督抚、使臣，限期两个月内各举所知、各抒己见，参酌中西，实事求是，向朝廷提出改革变法的具体建议。可是上谕发布以后，大臣们并没有立即上奏，而是在互相联络交流。联络交流啥呢？一是在互相打探慈禧太后推行新政变法的决心和力度到底有多大？二是在商量着如何上奏最合适。

打探慈禧太后的变法决心自然得向在西安的军机大臣们打探。各省督抚都使出本领，命令自己在西安的坐探四处活动，得出的消息也是各有差异。湖广总督张之洞直接写信给军机大臣鹿传霖。鹿传霖还有另外一个身份，他是张之洞的姐夫。就是因为这层关系，过去二人为了避免猜疑，忌讳过多直接私下交流。鹿传霖不仅告诉张之洞，慈禧太后推行新政的决心很大，而且他很希望张之洞能领衔上奏变法方案。电文中说："此大举动大转关，尤要一篇大文字，方能开锢蔽而利施行，非公孰能为之？极盼尽言。"(《辛丑正月初十日鹿尚书来电》) 这就是说，慈禧太后要变法是真的，大变局的关口，朝廷急需一个高屋建瓴的建议，希望你能立即着手写一个有高度、系统性的改革方案出来。

除了向朝廷打探消息，各省督抚也在商量如何上奏、上奏什么内容。两江总督刘坤一率先给湖广总督张之洞、山东巡抚袁世凯发电，希望能大家一起联合上奏，以凸显地方督抚，尤其是东南各省督抚的一致性意见，推动变法真正开展起来。张之洞已得到鹿传霖的消息，明白慈禧太后这次是真要新政，于是不仅同意刘坤一的提议，而且通知了四川总督、两广总督、闽浙总督、云贵总督等。于是一时间各省督抚电文往返，互相商量。除了商量要写什么内容外，大家也在商量该如何联合上奏。基本意见是，由两江总督刘坤一和湖广总督张之洞撰写文本并领衔上奏。

为什么满朝上下都希望刘坤一和张之洞领导此事呢？我们得从这一时期的官员结构来分析。首先，经过庚子事变，端王载漪、山西巡抚毓贤等人被惩处，大学士刚毅、直隶总督裕禄等人或自杀，或病死，甲午之后处于上升势头的满蒙力量再度衰微。其次，甲午惨败后元气大伤的李鸿章虽然重新担任直隶总督，但是一边忙于议和，一边也颇为收敛，无心参与新政事宜。此时，论资历、论才华、论实力，两江总督刘坤一和湖广总督张之洞确实是大家公认的领袖人物。

论资历、论实力，两江总督刘坤一是第一。前面在反对废黜光绪帝时，已经简单介绍过刘坤一的履历了。经过反对废黜光绪帝和“东南互保”两件事，刘坤一的声望达到了前所未有的高度。

论才情、论关系，湖广总督张之洞是第一。张之洞比刘坤一小一些，虽无军功，但正途科举出身，而且是探花。这在科举时代，可是让人心服口服的硬实力。同治二年，张之洞以探花授翰林院编修，此后被军机大臣李鸿藻提携培养成为清流派核心之一。光绪五年，因上折痛斥崇厚丧权辱国受慈禧太后赏识。光绪七年实授山西巡抚，开始位列封疆大吏。中法战争期间，升任两广总督。光绪十五年，调任湖广总督。张之洞在两湖地区大力推进洋务运动，创办工厂，编练新军，声名日益显著。张之洞不仅久任湖广总督，被慈禧太后当成自己人，而且有个在慈禧太后身边的军机大臣姐夫鹿传霖。这种关系在当时督抚中几乎无人能及。

或许在刘坤一和张之洞看来，天下督抚中，资历、才华、实力，确实也以自己二人为最。对于其他督抚希望两人领衔上奏，两人倒是没怎么推辞谦虚。可是两人之间倒是谦虚起来，你推我，我推你，耽误了不少时间。两人之间怎么还推让起来了呢？这里面有官场的传统和各自的心理在里面。

论资历，张之洞自知还不能和刘坤一比。刘坤一是以赫赫战功起家的，位列封疆大吏之时，张之洞对于督抚这种职位估计想都不敢想。论才华，刘坤一很清楚，自己确实要逊于张之洞。张之洞是探花，又是清流派领袖，那是以一支笔打天下的主儿。两个人一个说您是前辈，您排第一；一个说您是才子，您排第一。他们这样来来往往地谦虚客套，耗费了不少时间。这里面有没有观望或担心自己排第一承担太多风险的因素，就不得而知了。

图 20-6　张之洞

张之洞虽然很早获得慈禧太后信任，位列封疆，但他终究不像左宗棠、李鸿章、刘坤一等人一样战功赫赫，所以不够硬气，庚子之前并不凸显。他在政局中地位凸显，主要是庚子事变之后，尤其是李鸿章和刘坤一去世之后。其实把他列入“中兴四大名臣”有点牵强。按笔者的认识，“同光中兴”在“甲申易枢”后就结束了。图片选自朱诚如主编《清史图典》第 11 册，第 74 页。

“母子一心变法诏书”是光绪二十六年十二月初十日下的，限期两个月。可是到了期限，几乎没什么变法建议。有些着急的朝廷于光绪二十七年三月初三日（1901 年 4 月 21 日）下令设立督办政务处，并再次催促各督抚和驻外使节提出新政建议。督办政务处大臣由庆亲王奕劻、大学士李鸿章等当时最核心的大臣担任，并要求刘坤一、张之洞“遥为参与”。这个谕令点了刘坤一、张之洞的名，既是督促，又解决了两人的排名问题。当然也带来了另一个影响，就是此前商议的各省督抚联名上奏不再合适，刘坤一和张之洞现在不仅仅是督抚了，还进入了新政事务领导班子。最后督抚们商议，各省上各省的，刘坤一和张之洞两人联合上奏。随后刘坤一和张之洞又商议，各自组织班子撰写初稿，最后由张之洞汇总统稿。到了五月下旬，两个人才把整个新政建议上奏。这些建议合在一起就是著名的“江楚会奏变法三折”。

“江楚会奏变法三折”的内容

“江楚会奏变法三折”为什么如此著名？一言以蔽之，这是中国第一个系统完整的现代化改革方案。更为重要的是，这个方案也是第一个被全面执行的现代化改革方案。“三折”实际上是由三折一片组成。

第一折是《变通政治人才为先遵旨筹议折》。核心意思是：要变通政治，必须培养适应现代政治的人才；要培养人才，就得参照西方各国之法建立现代教育体系，无论文武人才，都要通过现代学校培养；要想现代教育尽快被接受，就得改革过去

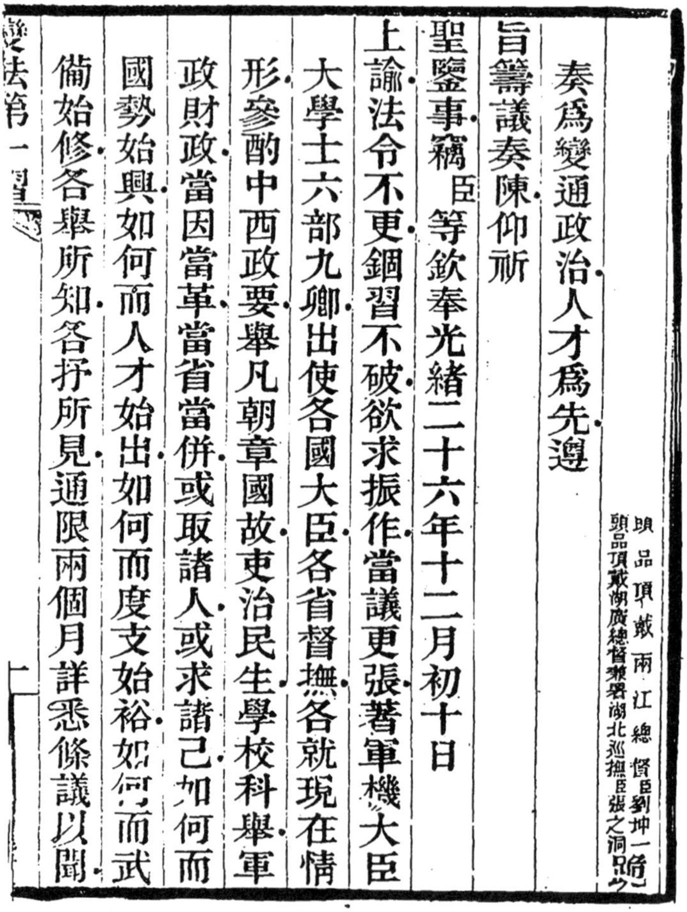

頭品頂戴兩江總督臣劉坤一跪
頭品頂戴湖廣總督兼署湖北巡撫臣張之洞跪
奏為變通政治人才為先遵
旨籌議奏陳仰祈
聖鑒事竊臣等欽奉光緒二十六年十二月初十日
上諭法令不更錮習不破欲求振作當議更張著軍機大臣
大學士六部九卿出使各國大臣各省督撫各就現在情
形參酌中西政要舉凡朝章國故吏治民生學校科舉軍
政財政當因當革當省當併或取諸人或求諸己如何而
國勢始興如何而人才始出如何而度支始裕如何而武
備始修各舉所知各抒所見通限兩個月詳悉條議以聞

變法摺 一

图 20-7 “江楚会奏变法三折”刻印本书影

由于“三折”成了朝廷变法的纲领性文件，所以这三折一片也就成了少数能够公开刊行的奏折。光绪二十七年九月，“三折”由张之洞领导的两湖书院刻版印刷。

一直是读书人进身之途的科举制度，教育内容现代化，考核方式现代化；要开设大量新式学堂，就要解决能够承担现代教育任务的师资严重不足的问题；要大量培养能够适应现代教育的教师，就要大力鼓励出国留学；出国留学不仅能够解决师资问题，还能开阔视野、提升认识，尽快培养出能够推行新政的实用人才。原折是这样说的：“非育才不能图存，非兴学不能育才，非变通文武两科不能兴学，非游学不能助兴学之所不足。”

第二折是《遵旨筹议变法谨拟整顿中法十二条折》。十二条建议核心内容概括起来，主要是五个方面。

（1）整顿吏治。政治的败坏，无不与吏治败坏有关。因此任何时代的改革，都必然要整顿吏治。刘坤一、张之洞自然也会有此认识。所以他们“整顿中法”，必然要整顿吏治。怎么整顿呢？第一，崇节俭，要求朝廷带头厉行节俭，各级官员廉洁自律；第二，通过高薪养廉的方式惩治腐败、消灭灰色收入；第三，裁汰胥吏差役，让官员都自己担负起实际工作，规范裁撤办事人员，避免权力灰色运行，让政治高效规范运作。

（2）打破常规，选用真才实学之人。如果说整顿吏治是提升既有官员质量的话，那么要推动变法，还得拿出勇气，打破过去用人的规定和习惯，提拔一批有真才实学的青年才俊，悉心培养，委以重任，担任新政变法的排头兵。

（3）参照西方司法制度，改良司法。要禁止办案期间官吏的勒索，避免刑讯逼供，减轻对办案人员不能如期结案的惩罚，减少冤假错案的发生，此外还要改造监狱，改善罪犯生活条件等。

（4）下决心革除已经不切实用又开支浩大的弊政，其中尤以为漕运而设的卫所和绿营兵最为突出。

（5）满人的生计问题到了必须解决的地步。既然不再需要旗人全员军事化，就不应该再由朝廷养着他们，而应允许旗人自谋生计，鼓励旗人自食其力。

这十二条可以说每一条都是实实在在的问题，提出的办法也有一定可行性。但是仅仅如此，显然不能解决政府面临的新问题和急迫问题，于是他们同时提出了《遵旨筹议变法谨拟采用西法十一条折》，借鉴西方改革经验。这十一条总体来说，就是要通过学习西方，实现富国强兵。具体来说，可概括为以下几个方面。

（1）通过游历，解放思想。刘坤一、张之洞意识到，几十年来中国现代化的最大阻力其实是满蒙上层，因此建议强制派遣王公大臣和各级官员赴各国考察，开阔眼界，解放思想，破除改革阻力，学习西方经验。另外还要鼓励尽量翻译外国书籍，为全国人民能够学习西方、解放思想提供资源。

（2）推行现代军事改革，全部装备现代军械，用西法练兵，开设现代军事学校，构建现代军事指挥管理体系。鸦片战争以后就暴露的严重问题，终于被明确提出来了。除了武卫军消耗五分之四、京师空虚的现实需求外，这一条还和“整顿中法”中的裁撤卫所、绿营和改革满人生计有关。

（3）全面推行经济改革。农业方面，兴农学，修农政，设立专门的农政管理大臣；工业方面，大力鼓励开设工矿企业，举办工业产品展销会，开设工艺学堂，奖励现代工业技术人才；社会经济方面，制定现代经济法规，让社会经济和商业运行都有法可依，保护国家利权；金融税收方面使用银圆，推行印花税，让鸦片贸易合法化；大力发展现代邮政事业。

如此庞大的改革方案，如果要执行，经费从哪里来？刘坤一和张之洞两人久历封疆，对此自然不会忽视。他们特别附上《请专筹巨款举行要政片》，要求下令让督办政务处大臣、户部大臣和各省督抚于赔款外，专筹巨款以推行新政。不过，对于具体如何筹款，两人并未细说。两人的分寸把握得很好。其实两人心里都清楚，督抚手里有厘金。

虽然刘坤一和张之洞的这些变法主张，其他督抚也各有陈奏，但是如此中西融合、层层递进、环环相扣的方案，确实是独一份。这个全面、系统且充分考虑了执行难度的新政方案，正是鹿传霖所期望的“大手笔”。方案上奏后，慈禧太后不仅没有批评二人逾期上奏，反而立即批准，要求各省参照执行：“昨据刘坤一、张之洞会奏整顿中法以行西法各条，其中可行者，即着按照所陈，随时设法择要举办。各省疆吏亦应一律通筹，切实举行。”（朱寿朋编《光绪朝东华录》）

奏折上来第二天就批准并以全国性文件颁行，要求各地根据实际执行，既可以看出慈禧太后对此方案的满意，也能看出她对于新政的着急。此后新政的推行，虽然还有一些调整，但大体上是按照刘坤一和张之洞这一方案开展的。

新政“生不逢时”

一百年来，一代代人学习晚清历史，在一些事情上都会不由自主地产生“假如”的冲动。任何一个“假如”成真，历史进程都一定会改写。后来者的每一个“假如”，都是对当时执政者决定的否定、对错失历史机遇的惋惜与伤痛。每次看到“江楚会奏变法三折”，笔者都有一种抑制不住的感慨。假如慈禧太后这个“母子一心”的态度出现在戊戌变法时期，假如刘坤一、张之洞这个变法方案出现在戊戌变法时期，庚子事变很可能就不会发生，民心还可用，国家财政还可担负，中国的历史就真正改写了，或许此后中国人遭遇的很多苦难，就能避免。对于慈禧太后来说，清王朝或许不会如此走向灭亡，她死后遭遇破棺抛尸的悲剧也就可以避免。

刘坤一、张之洞联手制定的中国现代化启动方案不能说不系统，全国上下推动新政变法的决心也不能说不大，为什么新政既没能完成中国现代化的历史任务，又没能挽救清朝崩解的命运呢？只能说清末新政“生不逢时”。经过庚子事变，时移世易，物是人非，新政已经没有了顺利推行的主客观条件了。我们可以简要对比一下，就很清楚了。

第一，老百姓的心理和财产状况差异很大。庚子事变前，包含京津在内的整个华北地区，已经约三十年没有战乱，社会秩序良好，人丁兴旺，不少城市家庭有一定的财产积累。经过庚子事变，义和团和八国联军让整个华北地区特别是京津地区遭受了巨大破坏。北京和天津两座北方最大的城市，靠近发生战斗地区的商业设施和民居毁坏严重，很多地方沦为废墟。这两座城市的不少家庭死伤众多，流离失所，财产也被洗劫一空。除了城市居民，参加义和团的很多人被镇压杀害。这种大面积的巨大心灵创伤，在短时间内很难愈合，财产的损失也使很多家庭无力参与新政中的经济改革。

第二，国家财政情况差异很大。《辛丑条约》规定要赔偿列强 4.5 亿两白银，加上借款折扣和利息等一系列盘剥，总还款近 10 亿两白银。如果说几年前的《马关条约》总负担超过 6 亿两白银的赔款已经让中国四处借贷的话，这一次则是要把家底搜罗得干干净净，还要卖身还债。条约签订后，新政开始之时，无论是支付赔款，还是推行新政的经费，从中央朝廷到地方官府，都只能想方设法加大对老百姓的搜刮。即使如此，新政开办经费仍然缺口很大。假如没有《辛丑条约》这个赔款，新政开办的经费筹措要从容得多。《辛丑条约》还让中国完全失去了对关税和盐

图 20-8　被焚毁的东交民巷

庚子事变，不仅京津两个大城市被严重破坏，整个直隶地区凡是溃兵和八国联军所及之处，无不受到严重劫掠破坏。损失的财产无法统计。图片选自刘香成编著《壹玖壹壹：从鸦片战争到军阀混战的百年影像史》，第 221 页。

税的控制权以及很多干线铁路修筑和重要矿产开发的主动权。这些利权的丧失，进一步削弱了清政府的财政造血能力。

第三，权力格局和运行情况差异很大。从《马关条约》到《辛丑条约》，清朝这艘巨舰能够最终穿过这段惊涛骇浪，从权力运行角度来看，主要得益于荣禄调和中央、李鸿章交涉列强、刘坤一等人稳定地方。可是当清政府要大力推行新政时，这三个人接连去世。首先是李鸿章于光绪二十七年九月二十七日（1901 年 11 月 7 日）病逝，朝廷失去了最善于和列强交涉的人。接着是光绪二十八年九月初五日（1902 年 10 月 6 日）两江总督刘坤一病逝，朝廷失去了最老成持重的总督，东南失去主心骨。李鸿章和刘坤一的先后去世，也标志着曾经缔造同光中兴辉煌的湘淮系政治人物基本退出权力核心。湘淮系力量是同光两朝的压舱石，中央虽有波动，但是以湘淮系督抚为主的东南和华北各地，总体上是平稳有序的。光绪二十九年三月十四日（1903 年 4 月 11 日），军机大臣荣禄病逝。荣禄是甲午惨败之后慈禧太后最信任的人，也是军机处实际上的主导者。他虽然参与了镇压戊戌变法，但是他不极端，头脑比较清醒，既能为内外各种政治力量接受，又能勉强驾驭平衡各方力量。接替荣禄的奕劻，各方面都比不上他，很快导致了“丁未政潮”，朝廷内部两种力量公开对决，两败俱伤。荣禄之死，某种程度上意味着清朝这艘巨舰失去了最后一个靠谱的大副。李鸿章、刘坤一和荣禄三人接连去世，导致清朝从中央到地方的权力格局和政治运行大洗牌，政治稳定度大幅下降，政治运行更加不顺畅。

第四，民心前后差异很大。“民心”是个看不见摸不着的东西，却是影响中国几千年政治运行最重要的因素之一。中国人吃苦耐劳，安土重迁，在大家都能安稳过日子的时候，一般对政治没什么意见。可是一旦民心不稳，天下骚动，就说明政治运行出了大问题。对于这种民心波动，如果统治者能够清醒地把握分寸与时机，则能转危为安，甚至缔造中兴。甲午惨败之后，举国震惊，老百姓一直期盼皇帝能带领大家救亡图存，真正是“民心可用”。但是慈禧太后不仅没能善用这个“民心”，还因为自己的不痛快，酿成了庚子事变。庚子事变严重削弱了国人团结一致、救亡图存的信心，破坏了政府的权威，将真正可用的“民心”化为乌有，通过变法来救亡图存的共识已经破碎。严复在庚子事变后悲痛地说：“庚子一变，万事皆非，仰观天时，俯察时变，觉维新自强为必无之事。”（《致张元济书·十一》)。严复此时还不知道即将要推行新政，但是他其实已经对清朝必将覆亡的命运下了判断。

第五，世界局势变化很大。进入 20 世纪，帝国主义瓜分世界的狂潮正在走向列强集团性对抗的新阶段。新政进入实践之时，正是英日同盟形成之际，新政刚刚有一点眉目，就爆发了日俄战争，进而引发国内反弹。急剧变化的世界局势带来了很多冲击，让新政不可能按部就班有序推进。

但是，谁都不能否认，清末新政的启动，深刻改变了中国的政治和社会。在清末新政的浪潮中，新学生、新军人、新工商业业主，都如雨后春笋一样出现，并成为改变中国的中坚力量。

图 20-9　东交民巷法国旧使馆大门

第二次鸦片战争结束后，英、法、美、德、意、奥、比、荷、日等国相继在东交民巷建立使馆。庚子事变中，东交民巷各国使馆受到很大破坏。《辛丑条约》将东交民巷划为“使馆界”，所有事务均由外国管辖，中国政府不得干预。此后三十年，“东交民巷”成为中国政治绕不开的存在。1959 年之后，各国使馆迁往建国门外，原使馆建筑被收归中国政府使用。作者自摄照片，2022 年 11 月。

第二十一章　新兴阶层趁势崛起

清末新政作为中国第一次系统的现代化改革，在推行后迅速产生了广泛的影响。最深刻的影响，应该是改变了中国社会构成，促使一个新兴社会的诞生。新兴社会到底“新”在哪里？对中国发展产生了什么影响？这是认识晚清历史不能回避的问题。

新教育带来了“洋学生”

从甲午惨败开始，越来越多的人认为中国之所以积贫积弱，关键原因就是老百姓弱，老百姓弱的原因是教育弱，教育弱的原因是八股取士和缺少新式学校，要鼓民力、开民智、新民德，就必须进行教育改革，建立现代教育体系。兴学育才，挽救危亡，是朝廷所想，也是全国士绅所愿。这些认识最后汇聚到刘坤一、张之洞的“江楚会奏变法三折”中，并成为清政府推行新政的启动内容。在科举制实施了千年的古老中国，建立现代教育体系的难度还是不小的。这个难度主要体现在需要有足够的勇气进行大破大立。

所谓大破，就是要改科举、废八股，为新教育扫除发展的障碍。改科举、废八股六个字现在看起来好像没什么，但是当时可是了不得的大事。这一举措甚至断送了无数传统读书人获取功名的道路，特别是很多“两耳不闻窗外事，一心只读圣贤书”的中下层中青年读书人。这就好比临近考试了，突然宣布考试范围、试题重点和题型全部改了，改成不是过去所学的知识。改科举、废八股的谕令在光绪二十七年七月十六日（1901 年 8 月 29 日）发布后，少数有新学基础的人欢欣鼓舞，大多数一直在准备科举考试的人则愤怒哀鸣。走科举之路的传统读书人此时或许想不到，现在虽然改了考试范围和试题，总还是有科举考试。几年以后，也就是光绪三十一年，连科举考试都被废除了。

所谓大立，就是要建立学堂、鼓励留学，从软、硬两个角度将新教育发展落到实处。什么是“软”，就是国家育人、选人、用人导向。清末新政启动的观念是“为政之道，首在得人”。大破也是为了大立，最终都是为了培养可以承担救亡图存责任的人才。改科举、废八股、建学堂、鼓励留学，在主观上都起到了传递育人、选人、用人新导向的作用。在这些举措中，最能体现这种导向的，就是鼓励出洋留学。一方面育人是个系统工程，需要较长的时间；另一方面国家在危急关头，实在急需人才。刘坤一、张之洞等人想到的对策就是大力鼓励出洋留学。

力度有多大呢？首先是给予政治待遇。给予那些“安分用

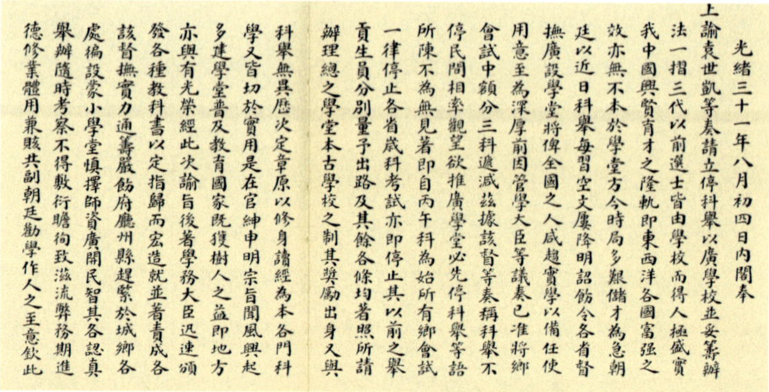

光緒三十一年八月初四日內閣奉
上諭袁世凱等奏請立停科舉以廣學校並妥籌辦
法一摺三代以前選士皆由學校而得人極盛實
我中國興賢育才之隆軌即東西洋各國富強之
效亦無不本於學堂方今時局多艱儲才為急朝
廷以近日科舉每習空文屢降明詔飭令各省督
撫廣設學堂將俾全國之人咸趨實學以備任使
用意至為深厚前因管學大臣等議奏已准將鄉
會試中額分三科遞減茲據該督等奏稱科舉不
停民間相率觀望欲推廣學堂必先停科舉等語
所陳不為無見著即自丙午科為始所有鄉會試
一律停止各省歲科考試亦即停止其以前之舉
貢生員分別量予出路及其餘各條均著照所請
辦理總之學堂本古學校之制其獎勵出身又與
科舉無異歷次定章原以修身讀經為本各門科
學又皆切於實用是在官紳申明宗旨聞風興起
多建學堂普及教育國家既獲樹人之益即地方
亦與有光榮經此次諭旨後著學務大臣迅速頒
發各種教科書以定指歸而宏造就並著責成各
該督撫實力通籌嚴飭府廳州縣趕緊於城鄉各
處徧設蒙小學堂慎擇師資廣開民智其各認真
舉辦隨時考察不得敷衍瞻徇致滋流弊務期進
德修業體用兼賅共副朝廷勸學作人之至意欽此

图 21-1　停科举兴学堂谕旨

“时局多艰，储才为急”，“科举不停，民间相率观望”，“严饬府厅州县赶紧于城乡各处遍设蒙小学堂，慎择师资，广开民智。其各认真举办，随时考察，不得敷衍瞻徇，致滋流弊”。一千多年的科举制在光绪三十一年（1905）终结，是中国现代化的一大步。可惜这一步来得晚了。现代化人才培养问题，先阻于“同文馆之争”，后阻于戊戌政变，这次终于启动。不幸的是，此时思想激进化已经成风，新学堂的快速建立，刚好为之提供了依托。图片选自中国第一历史档案馆编《御笔诏令说清史——影响清朝历史进程的重要档案文献》，第 218~219 页。

功学成回国”的学生一定的科举功名：在普通中学堂学五年得优等文凭，给予拔贡出身；在高等学堂及实业学堂毕业得优等文凭，给予举人出身；在大学堂学习毕业得到文凭，给予进士出身；在“日本国家大学堂”或相当之官设学堂三年毕业得学士学位，给予翰林出身；在“日本国家大学院”五年毕业得博士文凭者，除了给予翰林出身外，还予以翰林升阶［《筹议约束鼓励游学生章程折》（光绪二十九年八月十六日）］。功名一直和利禄联系在一起，对深谙科举文化的读书人来说，非常有吸引力。这种待遇在博士就业不易的今天，实在是难以想象。

其次是给予资金支持。朝廷要求各省筹措经费，选拔优秀青年出国留学。在职官员和王公子弟自费留学，免扣资俸。这就像我们曾经的创业保留工资待遇政策一样。朝廷鼓励留学的政策明确后，留学顿时成为一个热潮，连一些本身已经取得科举功名或低级官职的人也出国留学去了。有研究指出，光绪二十七年赴日本留学的学生有 280 名左右，第二年就有 500 人，第三年到了 1300 人，到了光绪三十一年，则达到 8000 人的规模。我们熟知的很多近现代人物，比如鲁迅等人，都是这个时候到日本留学的。

图 21-2　两江师范学堂附属小学堂学生合影

癸卯学制规定，小学分为初小和高小，要学习读经、修身、数学、语文、历史、地理、体育、劳动等科目，不学英语。总体上看，当时小学生比现在小学生学得更加全面，也更加注重实践能力。课程合理性不比现在差。图片选自朱诚如主编《清史图典》第 12 册，第 409 页。

什么是“硬”？就是迅速建立从幼儿园到大学堂的现代教育系统。教育改革是系统性工程，既要中央明确给出政策导向，又要地方按照政策落实执行。在清末新政启动后，朝廷在光绪二十七年底任命张百熙为管学大臣，并命令他结合中外经验制定办学章程。光绪二十八年，张百熙提出了从蒙学堂（类似今天的幼儿园）到大学堂的办学章程。当时是农历壬寅年，因此这个学制也被称为“壬寅学制”。作为中国第一个系统的现代学制，其制定时主要参考学习了西方国家（包括日本在内）的学制。这一学制颁布后，也被人认为是过于向西方学习，对忠君爱国重视不够，引起了一些异议。朝廷随后加派荣庆和张之洞与张百熙一起重定新学制。光绪二十九年，三人提出了更加细密严谨的《奏定学堂章程》并获批准。因当时是癸卯年，所以该学制被称为“癸卯学制”。

图 21-3　直隶高等工业学堂上课情景

初小 5 年、高小 4 年、中学 5 年，然后可入高等学堂学习。对应现在学制，进入高等学堂学习的学生，已经是现在大学三年级了。各省城设高等学堂一所，令普通学堂毕业愿继续深造者入学，3 年毕业。高等学堂教育的目标一是为大学预备，二是为培养专长。这一阶段已经开始职业技能教育。高等学堂毕业再入大学堂 3~5 年。彼时大学堂毕业，学制等同于今日硕士甚至博士毕业。图片选自朱诚如主编《清史图典》第 12 册，第 403 页。

“癸卯学制”的制定和实践，对新式教育的发展产生了重要的影响。当时有人在报刊上撰文指出：“近今所最亲最爱最重最可期望为中国前途生色者，万口同声，佥曰教育。”［朱鹏:《敬告教育诸公》(1903 年 4 月 12 日)] 认识到位了，政策明确了，在落实上也获得了地方官员和士绅的大力支持，新式教育快速发展起来。在兴办教育的热潮中，袁世凯、刘坤一、张之洞等地方督抚都很积极。比如山东巡抚袁世凯，在光绪二十七年九月二十三日（1901 年 11 月 4 日）向朝廷上奏汇报改设学堂的办法，并以“为天下储人才，为国家图富强”为指导思想创设山东大学堂。袁世凯的上奏迅速获得了慈禧太后的肯定，要求各省立即仿照举办，不得延宕。这就是为什么现在很多中国大学都有百年历史。各省除了将省城的书院改设为大学堂外，还在原来县学、府学基础上建立了新式中小学校。据统计，在光绪二十八年，新式学堂的学生约有 6912 人，但是到了光绪三十一年，已经增加到 25 万多人，此后更是连年暴增。到了光绪三十三年，学生数已经超过了 100 万人，此后每年以超过 30 万人的规模增加，到了 1912 年，在新式学堂上学的学生人数接近 300 万人。

现在看来，一二百万学生没什么了不起，可是在当时全国大多数人是文盲、半文盲的世界里，有一二百万名接受现代教育的青少年，已足以形成非常大的力量。这些新式学堂的学生在当时有一个专门针对的名词——洋学生。根据一些人的回忆，当时这些洋学生也常常有意以具体行动宣告他们已经构成一个新的、先进的社会阶层。比如小学生穿着漂亮的制服穿过大街，宣示新教育的成果；高年级学生则投身到政治运动中，如 1905 年上海等地的抵制美货运动。

在动荡时势中成长的新学生逐渐发展为一个有政治要求的阶层，让大力提倡新学的官员们始料未及。在推行新政的时候，张之洞等人最开始只看到了兴学育才在挽救危亡方面的积

图 21-4　宣统二年山西大学堂毕业生与教职员工合影

清末新政在正式推行前后，几位积极的督抚就开始了创办学堂的工作。其中山东巡抚袁世凯和山西巡抚岑春煊最为积极。袁世凯以"为天下储人才，为国家图富强"为理念，于光绪二十七年奏请创办了山东大学堂，领各省兴建大学堂之先。颇重视教育的岑春煊延请李提摩太，后者以山西教案赔款为经费，于光绪二十八年奏请创办了山西大学堂。图为宣统二年山西大学堂毕业生与教职员工的合影，第一排戴博士帽者右数第一位即为李提摩太。图片选自朱诚如主编《清史图典》第 12 册，第 409 页。

极作用，没有注意到发展现代教育对朝廷可能产生的危机。清政府虽然推行了新政，但是本质上还是一个传统朝廷，而接受现代教育的学生大多受到民主、自由、富强等现代价值观念的影响，又有了一些绝大多数中国人所没有但很敬畏的新知识、新思想。这就导致了新式学生一定会与朝廷产生冲突，进而引发革命浪潮。经过"拒俄运动"的洗礼，留日学生中不少人对清政府产生了失望情绪，加入或同情革命。这就是同盟会在日本成立的原因之一。

进入民国后，一位清朝遗老发表撰修《清史稿》意见时指出："兴学专志万不可，此痛心事也。兴学、练兵，亡国之媒。"

（吴庆坻:《致缪荃孙》）吴庆坻反对在《清史稿》中设立一个《兴学专志》，是因为他认为新政推行的新教育和练新军，正是清朝灭亡的直接原因。当然，吴庆坻作为一个遗老，站在清王朝的立场检讨历史发展，才会认为兴学练兵是痛心事。我们站在中华民族伟大复兴的角度看，兴学练兵，特别是新教育，是有重大正面意义的。

图 21-5　京师大学堂足球队合影

清末新教育除了教授现代知识，还很看重学生体魄锻炼与思想教育，官方的教育宗旨是：忠君、尊孔、尚公、尚武、尚实。在尚武思想引领下，学生从小学就开展类似今天军训的兵操学习，开展各类体育活动。图片选自朱诚如主编《清史图典》第 12 册，第 401 页。

“编练新军”与新军人的崛起

“编练新军”是理解近代中国的一把钥匙，涉及庚子事变、袁世凯崛起、丁未政潮、辛亥革命、北洋军阀等一系列大问题。有必要简单捋一捋。

清朝军队的现代化始于曾、左、李镇压太平天国，尤其是李鸿章不遗余力地追求军事装备的现代化。虽然淮军也聘请了外国军事顾问帮助整训军队，开办了现代军事学堂，但这个时候还说不上是“编练新军”。清政府正式编练新军开始于甲午战争之后，主要的目的是保卫京师。光绪二十四年秋，练兵钦差大臣荣禄节制北洋各军，决定成立武卫军，将聂士成部武毅军编为武卫前军，董福祥部甘军编为武卫后军，宋庆部毅军编为武卫左军，袁世凯部新建陆军编为武卫右军，荣禄自己统领一支部队为武卫中军。甲午惨败之后，朝廷还能仓促间编练出这样一支军队，可见家底还是挺厚的。但是武卫军在和八国联军作战时，四支队伍损失惨重，只有袁世凯带到山东的武卫右军（新建陆军）保存了实力，并不断扩编。

图 21-6　天津水师学堂学生合影

李鸿章对现代军事的理解并不深刻，只追求武器先进性，忽略了现代军事指挥人才的培养。淮军在甲午战争中崩溃，根源就在于将领水平太低。李鸿章在军事人才培养方面有所努力的是在海军方面。为了创办北洋水师，李鸿章于光绪七年奏设天津水师学堂。严复就在这个学校担任教习，军事教学方面由英国军官讲授。该学堂在庚子事变中被毁。图片选自朱诚如主编《清史图典》第 12 册，第 401 页。

庚子事变成了袁世凯崛起的契机。光绪二十七年，袁世凯开始担任直隶总督兼北洋大臣，一直到光绪三十三年。这给袁世凯扩充实力提供了最佳时机。一来是京师空虚，朝廷迫切需要他编练扩充军队保卫京畿，二来是编练新军是推行新政的重要内容，大力编练新军是面子、里子都有。袁世凯对于这样的机会，自然牢牢把握，努力发展。几年的时间，就在武卫右军基础上扩充到了6个镇（相当于6个师）的规模，成为国内最强大的军事力量。由于袁世凯兼任北洋通商大臣，很多事是以“北洋”命名，比如北洋武备学堂等，他编练的军队也被称为北洋新军。[1]民国成立后，袁世凯及其编练北洋新军时期的一众帮手，把持着民国初年的中央政府，所以民国时期的北京政府就被俗称为“北洋政府”。清末新政期间，除了袁世凯编练的北洋新军，还有一支新式军队编练得有模有样，这就是湖广总督张之洞的湖北新军。引爆武昌起义的是湖北新军，通电要求清帝退位的是北洋新军。所以吴庆坻会将练兵看作颠覆清朝的两大原因之一，不是一点儿道理没有。[2]

清末新政时期“编练新军”之“新”，并不侧重武器的新，而是侧重组织、指挥体系和官兵的更新。组织体系方面，仿照西方现代军队的组织方式，设立了镇、协、标、营、队、排、棚这样的编制，类似今天师、旅、团、营、连、排、班的

1　过去一提到“北洋”就和军阀挂上了钩并否定之。这一倾向其实值得检讨。北洋新军能够在庚子事变后迅速成长发展，填补中国北方尤其是京师地区防卫的空虚，是有正面价值的。另外，北洋新军在辛亥革命时期也不是完全负面的，张绍曾、吴禄贞等人领导的北洋新军很有力地支援了革命。

2　清末到底编练了多少新军，至今没有公认的准确数字。估算比较高的有30万人，估算低的有16万人，也有人认为大约24万人。由于当时每个省都要求编练新军，可能24万人是比较接近的数字。

军制。在军官选用方面，不再是通过武科举或从八旗子弟中选拔，而是通过兴办现代军事学堂来培养军官。清政府规划了四级陆军学堂：陆军小学堂、陆军中学堂、陆军兵官学堂、陆军大学堂。为了满足编练新军对现代军事人才的需要，还设立了陆军速成学堂和速成师范学堂。此外，为了避免断层，让现职军官能够在职提升素养，还在各省省会设立了讲武学堂。为了尽快培养军队高级指挥人才，清政府还公费选派有为青年到日本军事院校学习。

图 21–7　光绪二十九年张之洞与英国军官合影

编练新军时，从装备、师资到课程，都有外国人参与其中。晚清军事现代化最早受英国影响较大，后来是德国，到了最后几年，由于留日学生的归国，日本影响大增。图片来自 https://collection.sl.nsw.gov.au/record/9Bv7r009/RazRAeOmDpgRl。

新建现代军事学堂，培养现代军事人才在性质上也是新教育的一个组成部分，为什么这里要单独列出来呢？这是因为军事学堂的学生虽然比普通学堂的学生人数少，但是他们构成了清末民初在政治社会中具有重要影响力的新的社会阶层——新军人。清末新政期间培养了多少现代军官呢？有研究指出，到光绪三十四年，仅陆军学堂的学生就达到 1 万人左右。这些人毕业后，基本进入军队担任下级军官，并逐步升迁。在这些人中，最著名的有阎锡山、李宗仁、朱德等。阎锡山是光绪二十八年考入山西武备学堂的，两年后被公派到日本学习军事；李宗仁光绪三十四年考入广西陆军小学；“小诸葛”白崇禧则比李宗仁早一年考入广西陆军小学，只不过因病很快退学了；朱德则是宣统元年考入云南讲武堂，宣统三年七月（1911 年 8 月）提前毕业后进入军队担任司务长，得以参加了辛亥革命。

在编练新军中投入最多的袁世凯，在创办军事院校方面自然也特别投入。他先是在光绪二十八年创办了北洋行营将弁学堂、练官营、参谋学堂、测绘学堂，此后又创办了北洋陆军师范学堂、北洋陆军武备速成学堂、宪兵学堂、马医学堂、军医学堂、军械学堂、陆军军官学堂、北洋陆军讲武堂等。北洋陆军武备速成学堂就是保定陆军军官学校的前身，光绪三十二年至三十三年，蒋介石在此学习一年。袁世凯利用这些学校，培养了一大批各层级军事人才。这些人不仅成为北洋系的中坚力量，也成为对 20 世纪上半叶的中国影响最大的一批人。

关于新军人这个群体，数量更少但是影响更大的是当时到日本留学学习军事的人。有研究指出，到光绪三十四年，公派到日本学习军事的留学生已经超过一千人。在这些人中，大多数是先进入振武学校学习日语，然后进入日本陆军士官学校学

图 21-8　北洋第六镇司令部军官合影

袁世凯虽然早年受李鸿章提携，但甲午惨败后与李鸿章疏离。李鸿章非常看不起他，称袁世凯是“真小人”。李鸿章出使欧美回国后，袁世凯在与一众青年官员拜谒时，向其汇报正在练兵，被李鸿章当众羞辱：“呸，小孩子，你懂得什么练兵！”李鸿章实在看轻了袁世凯，袁世凯不仅接收了不少淮军旧部，更重要的是他练兵确实比李鸿章高一筹，那就是迅速建立一套现代军事学堂体系，培养各兵种各级现代军官。因此，北洋新军才成为中国第一支现代陆军。照片可见当时中国这支最现代军队的将领，大约都是三十岁。照片中间可能为时任第六镇统制赵国贤。这张照片可能拍摄于光绪三十二年彰德秋操时。图片选自朱诚如主编《清史图典》第 11 册，第 196 页。

习军事，学成回国后，很快被委以重任。一位学者在 1933 年说：“二十年来中国军界之重要人物底姓名，几十之九可以从明治四十年振武学校一览之学生名册中查出，其影响于中国军政者可谓大矣。”（舒新城：《近代中国留学史》）这些人由于手中掌握了枪，所以迅速成为一个特别有力的阶层，成为中央政府难以掌控的力量，左右了中国政治的发展，先是以革命者或镇压者的身份参与辛亥革命，后来又发展成大大小小的军阀。

在这些人中，最幸运的是光绪二十八年至三十二年回国的几百人，如吴禄贞、张绍曾、蔡锷、蓝天蔚、阎锡山等。所谓早起的鸟儿有虫吃。他们出国早，毕业早，回国后刚好赶上全国编练新军大潮，急需接受了现代军事系统教育的高级军事人

图 21-9　南军司令官计划进攻

照片为光绪三十三年近畿陆军第一、第六镇在涿州附近演习时，南军司令官指挥进攻时的照片。从军官的装束来看，唯一与现代陆军不匹配的，就是每个人都还拖着大辫子。此时是袁世凯北洋六镇中的四镇被收归陆军部之后，满人凤山担任督练大臣。因此这一批照片中，由凤山在照片旁边进行批注解释。图片选自故宫博物院编《最后的皇朝：故宫珍藏世纪旧影》，封底。

才。他们一回国就获得重用，屡屡升迁，迅速成长为军队中的中高级将领。

张绍曾光绪二十五年到日本士官学校炮科学习。光绪二十八年毕业归国，正赶上袁世凯在保定编练北洋新军。张绍曾被袁世凯委任为炮兵队官，第二年升任北洋常备军第二镇第五标帮统，光绪三十年调任北洋督练公所参谋总办，光绪三十二年任第五混成旅正参谋官。此后张绍曾屡被调派升官，并于宣统三年正月升任第二十镇统制（类似师长），当时才 32 岁。蔡锷在光绪三十年回国后，先后在江西、湖南、广西、云南等地编练新军，辛亥革命爆发前，在还不到 30 岁的年纪，就被提拔为云南新军的协统（相当于旅长）。辛亥革命爆发时，他在昆明发动起义，成功后担任了云南都督。

振兴实业与民族资本家、工人阶级的诞生

清末新政中可以和兴学育才、编练新军并列的重大措施是振兴实业。何以挽救危亡？那就要追求富强。富强富强，就是既富且强，而且富在前，强在后。如果说兴学育才、编练新军都是为了求“强”的话，那么振兴实业则是求“富”。寻求富强的思想，在洋务运动时期就产生了。在甲午之后，尤其是戊戌变法之后，在追求富强观念的基础上，产生了实业救国的观念。可是无论是寻求富强还是实业救国，在清末新政之前，都未能取得预期的效果，尤其是未能充分发动现代民营经济。这是为什么呢？关键原因是政府在体制、观念、政策和法规方面，还是传统的，不能与之配套。也就是说，生产关系的更

新滞后于生产力的发展。清末新政的推动者们显然也认识到了这个问题，不仅强调“农工商业，为富强之根本”（朱寿朋编《光绪朝东华录》），而且意识到振兴实业，必须尽快更新体制、法规和提升工商业的社会地位。

通观中国改革史，我们会发现当中央政府决定改革时，最早开始的一般是法律法规和体制机制的更新。清政府要振兴实业，自然也是先从这两方面入手。光绪二十八年初，皇帝谕令设立专门机构，参照西方发达国家的工商业法律法规，编纂中国的现代工商业法律法规。这些法律法规涉及开矿、修路和商业流通等，内容颇为丰富先进。比如这时期已经制定了商标注册，保护专利、版权的法律。这一系列的政策、法规等，让民间资本投入工商业有了法律依据，价值不言而喻。光绪二十九年，在商业法还没修订完成的情况下，清政府就宣布成立商部，将原来归属于不同机构的工商业管理职能划归过来，以推动现代工商业的发展。商部成为振兴实业的总机关，设立时在政府各部中位列第二，仅次于外务部，较好地体现了清政府对振兴实业的重视。

制定法律和成立商部，确实显示了中央政府对振兴实业的重视。但是仅有这些显然还不够，如何给工商业主吃下定心丸，让包括华侨在内的民间资本敢于、勇于投资办企业，也非常重要。清政府在这方面也是颇为重视，从两方面采取了措施。在民间资本投资方面，政府通过制定法律法规，对商人的身份、经商权利等进行明确，给予商办企业合法平等的地位，保护工商业者的人身和经济利益。此外，还制定了《破产律》，对投资工商业破产者予以必要的保护。在让民间资本勇于投资方面，颁布《奖给商勋章程》，对在投资办厂、创造发明等方

图 21-10　京张铁路西直门车辆段

在大力提倡实业的政策导向下，政府主导的各种基础设施建设也在快速发展，取得了一些成绩。其中最为国人熟知的就是詹天佑担任总工程师的京张铁路。该路于光绪三十一年动工，宣统元年建成，是中国首条不使用外国资金及人员，由中国人自行设计投入营运的铁路。詹天佑克服翻越居庸关、长城八达岭段的“人字形”设计是中国近代自强不息的代表性故事。图片选自故宫博物院编《最后的皇朝：故宫珍藏世纪旧影・工业卷》，第 138 页。

面有独特贡献者，颁给商勋，给予政治待遇，予以明确奖励。这样说可能读者朋友感受不到力度大小，咱们来看一下《奖给商勋章程》第一条：“凡制造轮船，能与外洋新式轮船相埒者，能造火车汽机及造铁路长桥在数十丈以上者，能出新法造生电机及电机器者，拟均奖给一等商勋，并赏加二品顶戴。”啥意思呢？就是你要是能制造出世界一流的轮船、火车、铁路大桥、发电机、新式电器等，不仅颁给第一等的商业勋章头衔，还赏给相当于副部级官员的荣誉。

光绪三十三年，朝廷为了进一步发展实业，直接亮出了“爵位”的家底儿。该年颁布的《办理实业爵赏章程》规定，投资实业10万元以上者，奖赏不同爵位品级，最高2000万元以上赏一等子爵，最低10万元赏五品衔。这一刺激力度要比《奖给商勋章程》大很多，可以说是亮出了家底儿。要认识这个力度到底有多大，还得简单解释一下清代的“民爵”制度。清代“民爵”，就是授予非宗室人员的爵位，分为公、侯、伯、子、男五级。如果说清代在卖官方面比较开放的话，在爵位授予方面就一直非常谨慎。谨慎到什么程度呢？看看曾国藩等人就知道了。镇压太平天国后，曾国藩才被授予一等侯爵，李鸿章、左宗棠才被授予一等伯爵，授予一等子爵的是鲍超等出生入死的前线统兵大将。后来政府觉得10万元仍然是个很多人达不到的规模，本着鼓励小企业发展的目的，又规定出资1万~8万元营业确有成效者，可以授予九品至七品官衔。

制定系统法规保障工商企业和企业主权益，将发明创造、投资办厂与政治待遇和社会地位挂钩，是当时清政府为推动实业发展能够拿出的不多的刺激手段，力度之大，也显示了政府的决心。

在这些努力下，中国近代企业有了明显的发展，一些基本民生领域，比如纺织业、面粉业、火柴业、水泥业、印刷业、自来水业、电力工业等现代企业都略具规模，民间资本甚至参与了一些修铁路和开矿产等重工业的投资。光绪二十七年至宣统三年，新设厂矿企业接近400家，投资额度接近9亿元。这一时期涌现了一批颇具规模并且发展迅速的企业，比如张元济等人创办的商务印书馆、张謇等人创办的大生纱厂、荣宗敬创办的茂兴面粉厂等。

图 21-11　宣统三年成都劝业会颁奖仪式

为了将发展工商业和实业的政策尽快落实，不少地方在政府支持下成立了“劝业会”，将以前的商业场所改成“劝业场”，有的大城市还在劝业场成立商品陈列馆，在劝业场举办颁奖仪式等。现在天津、成都等城市还有劝业场地名，它们都是清末出现的。图片选自刘香成编著《壹玖壹壹：从鸦片战争到军阀混战的百年影像史》，第 308~309 页。

清政府振兴实业的本来目的是寻求富强，可却产生了未曾料到的社会变革效果。

首先是颠覆了中国重农抑商的传统观念。中国从春秋战国时期农战思想出现后，就产生了重农抑商的观念，并长期被各王朝作为基本国策执行。戊戌变法时期，清政府也颁布了鼓励发展工商业的政策，但是由于很快陷入政治动荡，并没有落实执行好，影响有限。清末新政的奖励工商，导向更加坚定明确，法规更加完善，奖赏更加诱人，因此也就产生了更加显著的效果，基本上颠覆了几千年重农抑商的观念。

其次是传统的“士农工商”社会体系解体了。从春秋战国开始，与传统“重农抑商”政策配套的社会构成观念就是“士农工商”这样的四民体系。在奖励工商的政策下，四民社会解体了，工商业者不仅不再处于社会观念的底层，而且借助清政府的奖励机制，可能获得很高的政治待遇和荣誉，与“士”等同了。也就是说，过去受到各种打压和歧视的商人，一跃变成“商绅”，不仅跻身于“士绅”的行列，且有超越取代之势。这些“商绅”，就是我们教科书中所说的“民族资本家”。

再次是产生了中国大规模的产业工人。现代工商企业的创办，大多集中在纺织、食品、矿产、交通等方面，多是劳动密集型企业，因此也就吸纳了不少城市贫民和农村剩余劳动力。这些在工商企业工作的青壮年，被培养出现代生产技能，适应了城市生活，就成了中国现代产业工人。

从更宏观的视角来看，清末新政中振兴实业带来的以上三个社会变革，对此后中国有什么影响呢？

首先是农民沦落到了社会最底层。20世纪前半叶，可以说是中国农民最被剥削和欺压的几十年，无论经济地位还是社会地位，都是历史最低点。其次是工商业者作为一个新的社会阶层出现，不仅在经济上寻求富强，在政治上也有了新的要求。这些工商业企业主往往按照地域或行业成立了规模不一的商会，既团结起来保护自身经济利益，也在关键时候要求政治改革。在随后的立宪运动中，东南沿海的商绅们就是积极活跃分子。导致辛亥革命爆发的“保路运动”，就是四川等地的绅商为保护自身经济权益发起的政治性运动。第三是产业工人作为一个新的社会组成出现、发展壮大，最终在民国时期成为革命的依靠力量之一。

总而言之，兴学育才、编练新军、鼓励工商作为清末新政的三个重要内容，不仅在改革直接预期目标上发挥了作用，超出改革设计和实践者们预料的是，这些措施还带来了中国社会阶层的大变动，造就了一个新兴社会。新教育造就了新学生，编练新军造就了新军人，发展工商业造就了民族资本家和产业工人。

新的社会阶层，已经不同于传统的士农工商，而是有着新知识、新技能和新观念的现代人，对于知识、思想和政治都有着自己的理解和要求，对于挽救危亡有了多重思考。当政府的改革能够满足他们对政治、经济发展的期望和要求时，他们就支持政府；当政府不能满足他们的期望和要求时，他们就会联合起来，对政府施压，甚至站在政府的对立面。清末最后几年的立宪运动、保路运动以及辛亥革命，这些新阶层都是领导者或是核心参与者。刘坤一、张之洞等清末新政的设计者，估计不会想到他们期望的改革，最后培养了清朝的掘墓人。

一言以蔽之，蓬勃兴起的新社会阶层，让本已有离心倾向的知识阶层，获得了斗争的先锋队。

图 21-12　太和殿广场

从现代化视角来看清末新政，确实应该高度肯定。从经济建设角度来看，工商业发展的制度法规基本建立，基础工程建设、工业、商业都取得不错成绩。从军事建设角度来看，短短数年初步建立了现代军事教育和指挥体系。更重要的是，几年间建立了从幼儿园到大学的现代教育体系，在全国范围内实施了系统的现代教育。但是，这凸显了清朝改革的问题。犹如跑 800 米，前面 700 米龟速甚至停滞，最后 100 米冲刺，不仅无济于事，而且容易因为心急而绊倒。在如火如荼的新政之中，紫禁城走入了黄昏。图片来自网络。

第二十二章　革命已成燎原之势

离心倾向、思想解放、新社会阶层崛起，带来了一个朝廷最不想看到的新事物——革命！

革命是个老词，最早出现在《周易》中。《革卦·彖传》里有一句话："天地革而四时成，汤武革命，顺乎天而应乎人，革之时大矣哉。"这句话后来演变成一个成语——顺天应人。

要把中国语境下"革命"这个词讲清楚，还得回到中国人关于"天"的信仰。中国古代，中国人的信仰分为三个层级。第一个层级，也是比较低的层级，是祖宗崇拜，各家祭祀各家的祖先，各家的祖先也保佑各家的子孙。这一观念，直到现在还深刻影响着我们的生活。第二个层级，也是出现相对较晚的层级，是负责各专项事务的神，这些神超越各家各姓，但只负责某一方面，比如财神。第三层级，也是最高的层级，是超越各家各族共同的神，这就是天。天似乎无知无觉，但又似乎能知觉一切。它将“天命”授予某人来管理人间，这个人就是天子。殷商灭亡后，“天命有常”的观念深入人心。也就是说，如果天子不能有德，天命就会转移到别家，就会出现“革命”。这就是《易经》中为什么会有关于“汤武革命”顺天应人的解释。

对于中国人生活来说，有八个字最重要——敬天法祖、慎终追远。“天命”是几千年传统中国政治合法性的根源，每一个王朝都要时刻恭敬地对待“天命”。除了诚心敬意外，还有不少形式的设计，比如将京师所在地命名为顺天府，在京师建设天、地、日、月祭坛，四时祭拜等。“祖宗之法”是几千年传统中国政治合理性的根源，每一个皇帝都要小心、谨慎地面对“祖宗之法”。开国皇帝在“鉴前代之失”的基础上制定“祖宗之法”（家族则是家训），立规矩，约束后代言行。清朝虽然不是汉人政权，但是已经基本汉化，对待“天命”和“祖宗之法”非常认真。

前面讲嘉庆帝写罪己诏时提过清朝皇帝面对“天命”的态度，在讲甲申易枢和庚子事变时，也讲过慈禧太后的祖宗意识。慈禧太后是个非常矛盾的人，她很相信阴阳风水等传统文化，心中真的有“敬天法祖”的意识。但是她也很狡猾，常用维护“敬天法祖”的言辞去做破坏“敬天法祖”之事。比如庚子事变时，向列国宣战，宣称的就是要对得起祖宗。正是这次要对得起祖宗的放手一搏，真正开启了“天命”转移和“宗庙”坍塌之门。

美国著名汉学家芮玛丽曾说，“历史上没有哪一年能像1900年对于中国那样具有分水岭般的决定性意义”（柯文:《历史三调：作为事件、经历和神话的义和团》）。这句话可能有些武断，但也不无道理。庚子事变之后的十年，是清政府一步步走向崩解的十年，是革命者不断发展壮大的十年，也是皇朝政治的最后十年。这里想探寻两个问题：革命思潮是如何发展起来的？有什么关键的人和关键的事？

革命之路

革命是如何发展起来的？最简要的答案就是“失了民心”。《尚书·泰誓》有言：“天视自我民视，天听自我民听。”民心就是天命。失了民心，就是丢了天命，政权也就没有了合法性，革命自然而然到来。

“民心”是中国传统政治词语，含义丰富，涉及人民对于中央政府支持度、信任度和认同感等多个方面。清朝的民心在咸丰朝前后，出过一次大危机。“同光中兴”让大家安居乐业一段时间，回血不少。到了清末，短短几年之内，三次大失民心。甲午惨败是第一次大失民心，镇压戊戌变法是第二次大失民心，庚子事变是第三次大失民心。志在救亡图存的仁人志士对清朝的失望越来越转变为愤怒。愤怒和仇恨，让革命的星星之火演变为燎原之势。爱国又有才华的青年们，对于体制内的新政变法已经不感兴趣，而是越来越多走向体制外，加入为清朝挖掘坟墓的队伍中。孙中山、章太炎这些清末反满革命者的成长环境和路径各异，但是革命之路却有着比较相似的经历，那就是从支持体制内的维新变法走向倡导体制外的武装革命。

我们先来看看孙中山的革命经历。虽然孙中山自述从中法战争战败中看到了清朝的腐败和依靠清朝政权抵抗外国列强入侵的无望，立志走上革命之路，逐渐将斗争思想明确为反满革命。但是此时孙中山才二十几岁，思想处于不成熟的阶段虽然具备一定的反满思想，但也不是完全放弃了维新改良道路，仍然在期盼良善政府。他于光绪二十年成立兴中会前，撰写了《上李鸿章书》，并于当年6月北上天津，向李鸿章请愿。在此之前，英国驻香港总督罗便臣通过英国驻华公使向李鸿章推荐过孙中山，李鸿章请其来京候缺。研究已经证实，孙中山与同乡前辈郑观应熟识,《上李鸿章书》受到了《盛世危言》等影响。经郑观应介绍，孙中山又认识了晚清另一位传奇人物王韬（太平天国的状元），并请王韬为《上李鸿章书》润饰修改。也就是说，这篇《上李鸿章书》是孙中山精心准备的，凝聚了当时中国思想最先进的口岸知识分子的思想。

《上李鸿章书》很清晰地展现了孙中山此时对于政府变法改良的期盼，也明确表达了自己希望被李鸿章重视支持、实现建设民富国强中华的经世抱负。孙中山在这篇洋洋洒洒的文章中提出，为了国家富强，朝廷需要做到“人能尽其才，地能尽其利，物能尽其用，货能畅其流——此四事者，富强之大经，治国之大本也”。这话说得很精彩，但当时中国的体制机制确实做不到这四点，尤其是第一点。

虽然在能不能将孙中山这种思想倾向视为改良主义的问题上，学术界有一定争议，但是史料确实反映了孙中山受到当时改良思想的影响，而且也确实在政治改良实践上有实际行动。李鸿章此时正在忙于应对即将爆发的中日战争，对此并未重视，也未接见孙中山。孙中山的天津之行不仅未能促进改良理想实现，而且看到了中国的腐败。在他回到檀香山之时，正是清政府在甲午战争中节节败退之际。辱国丧师的现实进一步刺痛了他，让他进一步明确了振兴中华的理想。光绪二十年十月二十七日（1894 年 11 月 24 日），檀香山兴中会成立。《盟书》中明确提出要“驱逐鞑虏，恢复中国，创立合众政府”。孙中山从此坚定地走上了反满革命道路。

图 22-1　早年孙中山

前面讲洪秀全时说过，革命者大多是边缘人。早年孙中山也是一位边缘人，游走于中国与美国、内地与香港、乡村与城市。关于他是不是客家人，还有争议。如果他是客家人，这种边缘性又增加了一层。边缘人中一旦出现知识、格局、能力、精神都很出众的人，就可能成为革命领袖。孙中山恰是集现代知识、世界格局、个人能力和坚韧精神于一体之人。图片选自朱诚如主编《清史图典》第 11 册，第 157 页。

辛亥革命，孙、黄并称。辛亥革命时期与孙中山齐名的黄兴，虽然和孙中山一样，幼年就受到太平天国反清起义的影响，但是真正走上革命之路比孙中山还要晚。根据黄兴自述，他在 24 岁之前，也就是光绪二十四年之前，还在传统的书院中读书，走的是科举路子，没有革命思想。也就是这一年，他进入两湖书院后，才开始接触一些革命史书籍，有一些革命思想的萌芽，但是总体上还是品学兼优的好学生，多次在考核中名列第一。这一年他进入张之洞在武汉开办的两湖书院深造，并因为表现优异被选派到日本游学。庚子事变时，黄兴并不支持自立军起义。此时的黄兴，总体上还是一位以忠君爱国思想为主导的青年，在政治方面希望进行维新改良。虽然他不支持自立军起事，但是唐才常等人被残忍杀害反而刺激了黄兴，使他意识到非进行反满革命不可。

走上革命之路的黄兴没有立即组织队伍，而是“潜伏”下来，暗中发展革命力量。考虑到从事革命需要进行各种布置，他还是按捺住革命的激情，在体制内努力打拼。光绪二十八年夏，他再次接受张之洞派遣赴日本留学，入弘文学院（或称弘文书院）速成师范科学习。再次到达日本学习的黄兴，开始暗中积极进行革命组织工作。经过一年多的组织谋划，于 1904 年 2 月在长沙创建了华兴会。黄兴在两湖地区积极发展的革命力量，正是此后武昌起义的基础之一。

图 22-2　华兴会核心成员合影

前排左一为黄兴，左三为胡瑛，左四为宋教仁，后排左一是章士钊、左四为刘揆一。这几位都是辛亥革命时期非常核心的革命党人，对武昌起义爆发有着重要影响。黄兴、宋教仁等华兴会成员原本都是在体制内发展的好苗子，但是对现实的失望和救国热情让他们毅然放弃荣华富贵和安逸生活，走上了凶险艰辛的革命之路。图片选自朱诚如主编《清史图典》第 11 册，第 159 页。

孙、黄之外，当时颇有号召力的革命领袖人物之一是章炳麟。章炳麟，字太炎。在革命史领域，叫章炳麟的多；在学术领域，叫章太炎的多。他同治八年生于浙江杭州，家境要比孙中山和黄兴好不少，不仅颇有资产，而且是汉学世家。章炳麟在光绪十六年进入著名的诂经精舍读书，拜著名经学大师俞樾为师。诂经精舍并不特别在意科举，而是重点培养学问家。章炳麟此时的目标，也是成为著名青年学者。他家学深厚，天分极高，努力勤奋，又得一代大儒俞樾七年指导，学问自然不断精进。在诂经精舍学习的过程中，章炳麟开始阅读江南制造局等机构翻译的一些西学书籍，逐渐打开了一个新的知识世界。甲午惨败使他痛切地感受到，要救亡图存，必须学习西方，进行维新变法。从此，他第一次调整了自己的人生道路，成为康、梁的追随者。康有为光绪二十一年在上海组织强学会时，章炳麟捐款 16 元，并报名入会。随后他离开诂经精舍，到上海进入梁启超担任主编的时务报社，走向了维新变法的第一线。

章炳麟从事维新工作时，不仅与康梁有较多交往，还结识了谭嗣同等人。本来章炳麟的学术流派是古文经学，康有为的学术流派是今文经学，但是为了维新变法，章炳麟选择了搁置学术立场的不同。戊戌变法被镇压后，章炳麟流亡到日本占领下的台湾，思想也开始发生变化。此时的他，对于维新变法还抱有希望，对光绪帝还有好感，但是也出现了反满革命的思想。废立风波和庚子事变彻底击破了章炳麟对光绪帝和维新变法的幻想，以非常决绝的态度走上了反满革命道路。光绪二十六年七月初九日（1900 年 8 月 3 日），他剪去了辫子，撰写并发表了《解辫发》。大家都知道，从清军入关时，就有“留头不留发”之说。章炳麟自然很清楚辫子是效忠顺从清朝的符号，剪掉辫子，就是宣示革命。他非常沉痛地写道“满洲政府不道，戕虐朝士，横挑强邻，戮使略贾，四维交攻。愤东胡之无状，汉族之不得职”(《解辫发》)。意思就是说，现在清政府胡作非为，我很愤怒，决心走上反满革命的道路。光绪二十七年，回到苏州的章炳麟被自己的老师俞樾批评不忠不孝，他又写下了著名的《谢本师》，不仅拒绝自己老师的无理责难，还批评了自己老师对朝廷的顺从态度。章炳麟具备深厚的学术功底，又有一定的西学知识和创办新式报刊的经验，很快就在革命宣传方面做出了巨大贡献。1904 年 10 月，他与蔡元培、陶成章等人在上海成立了旨在反满革命的复兴会。

图 22–3　断发易服后的章太炎

章太炎学问大，脾气也有点古怪，但是他并非不尊师重教之人。他痛斥自己老师这个事，既起到了革命宣传的效果，实际上也起到了保护老师俞樾的效果。图片选自朱诚如主编《清史图典》第 11 册，第 167 页。

如果不是非常失望或绝望，真正的爱国者，谁会放弃改良而走上革命之路呢？

孙中山、黄兴和章太炎基本上代表了清末反满革命者走上革命之路的三种情况。孙中山等人开风气之先，有丰富的海外经历和广大华侨的支持。黄兴等人本是内陆青年，在失望中萌生出革命思想，放弃了传统的功名之路。他们背后是广大的中下层社会。章炳麟本来就是社会精英，也曾是希望自上而下进行维新变法的人之一。他加入革命阵营，代表着一部分维新派人士的激进化。原本这三种力量各自进行革命，成功的概率都比较低，但是这三种力量汇合在一起，革命成功的概率就大增。为什么呢？因为孙中山等人有武装革命的决心和通过华侨募款的能力，黄兴等人有联系和发动中下层民众的能力，章炳麟等人有进行舆论宣传的能力。

除了孙中山、黄兴、章炳麟等人，还有一些人的革命之路半途而废，比如梁启超、刘师培等。梁启超的革命之路虽然没有走到底，但是他对革命思潮的形成却产生了举足轻重的影响。

梁启超与革命思潮

教科书中的梁启超，一直是变法者、保皇派的代表人物，怎么和革命思潮产生关系了呢？其中的原因，主要是清末大变局中的人们，思想和经历都比较复杂。

梁启超，号任公，广东新会人，同治十二年出生于一个耕读之家。他自幼就是神童，四五岁开始读书，8 岁开始学写文章，到 9 岁就能下笔千言，12 岁中秀才，17 岁中举。这不仅在晚清时期是了不得的成就，估计在整个中国科举史上，速度都是排得上号的。后来他开始跟随康有为学习，思想日渐现代化，成为康有为的得力助手。甲午战争爆发后，他和康有为一起在京考进士。相传梁启超年轻气盛，试卷上洋洋洒洒地写了很多新思想，而康有为则是按照传统科举的路子，写得中规中矩。阅卷人以为梁启超的卷子是康有为的，故意黜落。此时正值变法前夕，落榜后的梁启超就一心一意投身到维新变法的事业中，参与主持《时务报》等活动，撰写了《变法通议》等影响深远的文章，一时间声名鹊起，逐渐“康梁”并称。戊戌变法被镇压时，梁启超在日本人的帮助下逃到日本，此后再也没有机会考进士了。

在日本逃亡的梁启超，心绪难平，处于撕裂痛苦之中。一方面，谭嗣同等同志被杀的血腥事实，让他心中的汉族革命思想越来越强烈；另一方面他的恩师康有为仍在大力推进保皇事业和宣扬维新变法。从事革命，则背叛恩师；继续宣传维新变法，则违背自己的情感。他在自己主办的《清议报》中发表了一系列文章，一方面歌颂光绪帝，痛斥慈禧太后等人，一方面宣扬民权等现代思想。这些文章不仅反映了他的矛盾心理，更是让广大中国人意识到光绪帝实质上就是一个傀儡，不足以领导自上而下的改革。被唤醒的民众越来越多，青年的反满革命意识也越来越强烈。

庚子事变进一步刺激了梁启超，使他在反满革命道路上又进一步。他发表文章宣称慈禧太后掌权的政府，是中国的病根所在，是中国人的仇敌，也是世界各国的仇敌，呼吁大家与之势不两立，一起将其拔除掉。梁启超在日本，慈禧太后也奈何

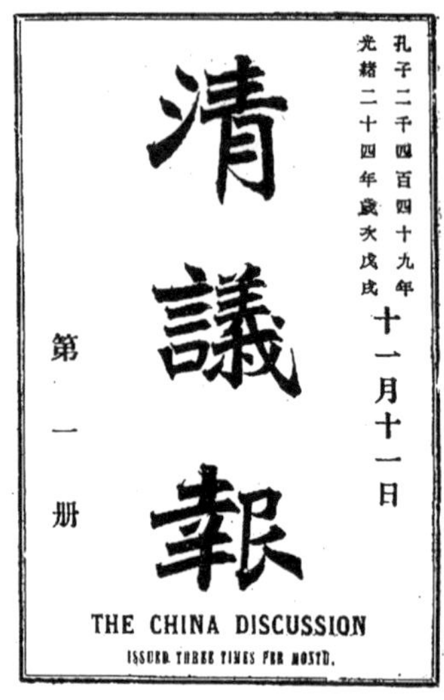

图 22-4 《清议报》第一册封面

梁启超逃亡日本两个多月后，就在华侨的帮助下创办了《清议报》。第一册刊登的前三篇文章分别是《论变法必自平满汉之界始》《论八月之变乃废立而非训政》《戊戌政变记》。《戊戌政变记》透露了戊戌变法和政变发生的很多信息，举世注目。梁启超的这些论著，本是要刻画一个开明进取的光绪帝和顽固老朽的慈禧太后形象，但是实际上增加了慈禧太后的仇恨感，更加不利于光绪帝的生存。图片来自网络。

不了他，但绝对是对其恨之入骨。这种恨，吞噬了理性，成为清末朝廷政治中一个挥之不去的因素。丁未政潮中，奕劻和袁世凯就是靠着慈禧太后对康梁的这种恨，反败为胜。

梁启超此时为什么还没有直接走上革命道路呢？是因为他的老师康有为。康有为比梁启超大不少，在学识等方面给予梁启超不少启发，后来又带领梁启超走上了维新变法的道路。当时就有人指出来，梁启超特别尊敬甚至有些敬畏他的老师康有为。康有为此时也意识到了梁启超等弟子思想中的革命倾向，画了一个大饼给弟子和追随者们。什么大饼呢？就是还銮归政。康有为说由于列强对慈禧太后深恶痛绝，在慈禧太后和光绪帝回京后，就会要求慈禧太后彻底将权力移交给光绪帝，光绪帝就可以大刀阔斧地进行变法改革，到时候大家不仅都能够被赦免，还可以被朝廷重用，放开手脚进行变法自强。

饼画得够大够圆，但是如果不能兑现，带来的负面影响也就很大。光绪二十七年十一月底（1902年1月初），慈禧太后与光绪帝等人带着浩大队伍返回北京后，梁启超等人左等右等，都没有看到一丝还銮归政的动向。意识到自己被骗了的梁启超，开始明确了反满革命思想。他直接向康有为挑明了自己的想法，清政府已经彻底无望，完全承担不了救亡图存的历史责任，目前只能以反满革命为首要目标。此时《清议报》已经停刊，他创办的《新民丛报》影响更大。梁启超先后发表了《新民说》《新史学》《论民族竞争大势》等一系列重磅文章，明确阐述救亡图存的自上而下道路已经行不通了，只能走自下而上的道路。梁启超的思想，此时仍在纠结矛盾中。一方面他意识到中国内部各个不同民族团结的重要性，另一方面也不断流露出汉族意识。他总体上是倾向于改良变法，但有时候也愤激地提倡暗杀革命。梁启超是清末民初最有才华的人之一，被誉为"一支笔抵十万兵"。他的这些文章，对于革命思潮的发展壮大，作用巨大。

严复在清朝统治被推翻后认为，亡大清者，康梁也，清朝尤其亡于梁启超这支有魔力的笔。严复是这样说的："至于主暗杀、主破坏，其笔端又有魔力，足以动人。主暗杀，则人因之而倜然暗杀矣；主破坏，则人又群然争为破坏矣。"（《与熊纯如书·三十》）严复的观点不是完全没有道理。胡适等不少人都表达过曾经深受梁启超影响。胡适还说，虽然梁启超后来不主张激烈的反满革命了，但是深受梁启超影响的青少年们已经群情激愤，停止不下来了。还有研究表明，梁启超的思想对孙中山、邹容等反满革命者影响也很明显。邹容那本著名的《革命军》，其中不少内容摘抄自梁启超不同时期的文章。

"革命马前卒"邹容就是冲上去的革命青年代表人物之一。

图 22-5 《新民丛报》创刊号封面

梁启超到日本后，进入思想高速发展变化阶段。最重要的发展就是，他的思想开始具有独立性和原创性，放弃了自上而下的改革变法思路，转向自下而上的思路。通过在《新民丛报》发表《新民说》《新史学》等文章，他构建了一个“新史—新民—新制度—新政府”的中国现代化路径。当时正是中国新式报刊蓬勃发展之际，信息传播现代化浪潮席卷中国，梁启超的思想得以快速传播，他成为名副其实的青年导师。图片由中国人民大学图书馆提供。

邹容与《革命军》

几十年来的中国人都从教科书中听说过邹容及其《革命军》，但是绝大多数人应该没读过。这本书一出现就成了舆论焦点，也是清末最有影响的书之一。

“文章合为时而著。”这本书在当时之所以能产生这样大的影响，一是反满革命思潮的风起云涌，二是邹容参与的“苏报案”引起了持续关注。

邹容是重庆人，光绪十一年出生于一个商人家庭。邹容天资聪颖，才华横溢。他的父亲虽然比较富有，但是没有什么社会地位，很希望自己的孩子们能通过科举光宗耀祖。但是不承想，他这个天资聪慧的儿子，却有游侠之风，讨厌科举，无论如何都不肯应试。戊戌变法时期，邹容跟着进入重庆的日本军人简单学习了英语和日语，开始接触到现代知识。邹容父亲送邹容学习英语、日语，是为了将来发展商业等考虑，但是没想到却将邹容送上了革命的道路。本来邹容就是一个有激情、有理想的青年，再接受了日本军人有倾向性的教育，思想自然迅速向反满革命发展。

光绪二十七年夏，邹容选上了四川赴日官费留学生，但是最终被除名。这件事对他是一个巨大的刺激，他决定自费赴日。在他父亲的坚持下，邹容先到上海广方言馆补习英语和日语，为东渡日本做准备。也就是在此时，邹容接触到了《苏报》《新民丛报》等新式报刊，并从中汲取养分。光绪二十八年八月（1902年9月），邹容来到日本同文书院留学。此时，孙中山、章炳麟等革命领袖齐聚在日本，留日学生不断增加，革命气氛也愈加浓厚。这年三月，章炳麟在东京发起了“支那亡国四百四十二年纪念会”。纪念会活动遭日本警察干预，敷衍潦草，甚至被章炳麟戏称“大吃一顿”，但这却是留学生第一次公开进行反满活动，影响颇大。同年六月、七月间，又发生了留日学生抗议和公开声讨清朝驻日公使蔡钧拒绝担保自费生入成城学校学习陆军的行为。光绪二十九年正月初二日（1903 年 1 月 30 日），六百多名留日学生在留学生会馆举办新年演说会。马君武当着到日本参观博览会的宗室载振等官员的面，公开揭发清朝丧权辱国，强调只有排满才能重振国威。这场演说对邹容影响很大，他的革命思想变得清晰，立志要做革命的“马前卒”。

光绪二十九年三月（1903 年 4 月），邹容回到上海。此时的上海，正在变得热闹。革命思想在青年学生中传播，学界风潮在南洋公学等学校里激荡。邹容进入蔡元培等人创办的爱国学社，并在这里结识了章炳麟等革命前辈。章炳麟在革命前辈中脾气比较怪，邹容在革命青年中脾气比较怪，两个怪脾气的

图 22-6　邹容

立志当革命“马前卒”的邹容，既如愿成了为革命鼓与呼的先锋队，也确实是战斗而死。这可谓两个意义的“马前卒”。辛亥革命成功后，为表彰邹容对革命的贡献，民国政府追赠他大将军荣誉。另外，邹容可能也是客家人。图片选自朱诚如主编《清史图典》第 11 册，第 168 页。

人在一起，“负负得正”，非常投缘，一见如故。此时的邹容，正在奋笔疾书，以“革命军中马前卒”的名义撰写了影响巨大的《革命军》。

人类历史上，革命运动众多，情况各异。但是任何一个革命运动能够发动起来，都离不开成功的宣传。孙中山早期的革命活动，一直参与者很少，其中一个原因就是革命宣传不到位。长期跟随孙中山进行革命的冯自由曾说，兴中会成立初期，文人墨士非常缺乏，创办的《中国日报》“短于欧美新思想，颇不为学者所重视”(《革命初期之宣传品》)。但是这种局面在章炳麟、邹容等人加入革命队伍之后迅速改变。如果说梁启超的系列文章对反满革命宣传是无心插柳的话，那么邹容的《革命军》则是有心栽花。

这本通俗的小册子只有两万多字，并没有深奥的学理，在内容上也多是汲取梁启超等人的文章，但是却很好地运用现代学术的形式，将此前各种有关反满革命的论述融为一体，坚定地提出革命是“世界的公理”，痛陈清朝统治的残暴腐败，明确将满人和汉人进行种群区分，大声疾呼要革命独立。章炳麟还为《革命军》撰写了序言。该书出版后，迅速填补了孙中山等人过去革命宣传的空白，获得了革命青年的喜爱。这部书在清末广泛传播，至少印了一百多万册，是推动反满革命发展最有力的宣传品之一。很多革命青年从日本回国闹革命，包里装的就是《革命军》。吴趼人在《上海游骖录》里写道，王及源说《革命军》“这就是谈革命的第一部书了，真是言人所不敢言，言人所不能言。将来铜像巍巍，高出云表，自当首推邹蔚丹先生了”。

《革命军》为什么能引起如此巨大的革命效果？因为它有两个非常突出的特点。一是汇集当时非常流行的“人种学”知识，判定满人和汉人不是一个人种，将“非我族类其心必异”的传统认知现代化，制造出了清晰的“自我”与“他者”对立。二是利用《扬州十日记》等文献唤起族群的血仇记忆，族群对立感性化，也卸下了革命者反满行动的心理包袱。但是也必须指出，这两个特点也是其问题。第一，“人种学”的知识并没有那么科学，而且随着族群理论的发展，现代国家族群和谐建构，也在淡化生物性因素。第二，利用族群的血仇记忆撕裂族群，虽然可以在短时间内形成革命号召，但是革命之后并不容易消除。革命党人在发展中，迅速认识到了《革命军》等反满宣传的弊端，在同盟会成立后就开始调整，并通过《革命方略》等文献纠偏，指出要驱逐的是无道的清政府，而不是满人，满族也是中华民族一分子，大家要团结实现“五族共和”。“五族共和”思想的出现，也标志着同盟会越来越成熟。

必须指出的是，说出《革命军》有缺点，并不是否定革命、否定邹容。邹容的探索和牺牲精神，是永远值得肯定的。

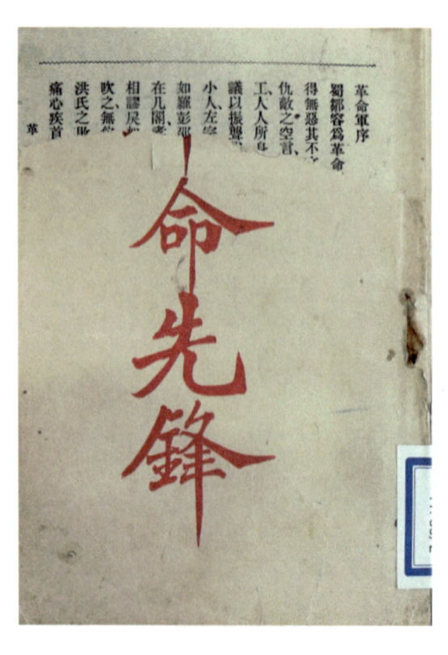

图 22-7 《革命先锋》书影

《革命军》被查禁后，革命者巧妙地采取变换书名的方式再版重印。现在可知的有香港中国日报社的《革命先锋》、新加坡陈楚楠等人出版的《图存篇》、冯自由在日本将其与章太炎《驳康有为论革命书》合刊的《章邹合刻》等。中国人民大学图书馆藏有一部《革命先锋》残本，里面内容依次有邹容《革命军》、章太炎《驳康有为书》、邹容《逐满歌》《革命歌》、王秀楚《扬州十日记》。图片由中国人民大学图书馆提供。

“苏报案”

《革命军》在该年四月（5 月）出版后，章士钊担任主笔的《苏报》立即发表了《读革命军》《介绍革命军》等文章宣传，称《革命军》“宗旨专在驱除满族，光复中国，笔极犀利，文极沉痛”(《介绍革命军》)。还说凡是有种族思想的人读了，都会拔剑起舞，参加革命。《革命军》迅速为人所知，当然也会被朝廷注意到。《苏报》在这个月发表了不少宣传反满革命的文章，其中就有章炳麟那篇著名的《驳康有为论革命书》。该文不仅明确驳斥康有为革命不可行的观点，更是直接称呼光绪帝为“载湉小丑”。《革命军》的出版和《苏报》此一时期的相关文章，是中国反满革命者第一次以现代书刊的方式在中国境内公开宣传反满革命。这一动向，迅速引起了清朝当局的紧张和仇恨，决定对《苏报》动手。

上海在两江总督辖区内，两江总督魏光焘自然不敢视若无睹，立刻将情况上报。朝廷接到魏光焘上奏后，下旨要严密查拿，随时惩办。可是苏报馆在租界里，有治外法权，魏光焘并不能直接处理。闰五月初五日（6 月 29 日），清政府请上海租界工部局派巡捕去苏报馆捕人，但没捕到重要人物。第二天，又赴爱国学社逮捕了章炳麟等人。本来邹容已经躲藏起来，没想到章炳麟却致书邹容，希望他能够投案自首。邹容本有为革命奋斗的理念，又不愿章炳麟一人在狱中受苦，自己毅然到巡捕房投案。闰五月十三日（7 月 7 日），苏报馆被查封。

章炳麟和邹容的被捕，实际上有一种主动为革命牺牲的可能。为什么这么说呢？在开始捕人前，清朝在上海的主要负责人之一俞明震就约见了吴稚晖，出示了朝廷的命令。这个意图实际上很清楚，请吴稚晖通知各位革命者快跑！俞明震为何将消息提前透露给革命者呢？可能是觉得这是个各方都能交代的圆滑方案：对朝廷，我们上报了、抓人了；对革命者，我们提前沟通了，没找着；对他们自己来说，既尽了职责，又没有捅马蜂窝。

闰五月初五日，巡捕去苏报馆捕人时，也没有特别认真，当面放走了报馆主人陈范。就这样，捕人的消息从小范围交流变成了广泛公开传播。可是，历史在这里开始不按预定剧本演了，而是朝着反方向发展去了。为什么？因为遇到了一个有心"自投罗网"的"犟种"。

这个"犟种"就是章炳麟。章炳麟有充分逃走的机会，也有人劝他逃走，但是他偏不逃，选择被逮捕。他不仅不逃，还召唤小兄弟邹容"自投罗网"。邹容本已逃走，在"大哥""召唤"下又入了狱。这种行为，符合他们的性格，也符合他们为革命奋斗的理想，更符合革命的需要。在当时，现代报刊已有很大发展，遍布全国，而且大多还掌握在革命者或比较开明的新兴知识分子手中。这种"舍生取义"的革命故事自然成了关注焦点。在反满革命还不太为国内广大民众知晓的情况下，有什么事能比得过一件中外关注的政治案件的传播效果呢？

章炳麟和邹容对于入狱，有一种慷慨激昂的牺牲精神。章炳麟在入狱后写了《狱中赠邹容》。后四句是："英雄一入狱，天地亦悲秋。临命须掺手，乾坤只两头。"邹容亦写诗回赠，后四句是："一朝沦地狱，何日扫妖氛？昨夜梦和尔，同兴革命军。”(《狱中答西狩》)这些诗随着案件的审理，也广为流传。

书读得多，还是不一样!

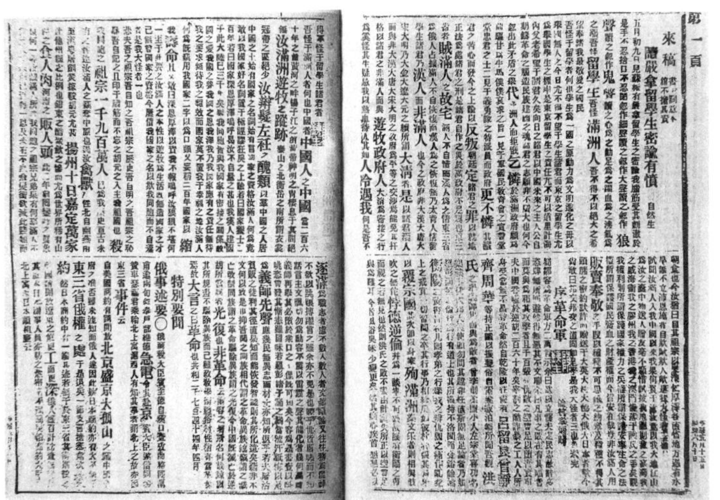

第一頁

來稿

讀嚴拿留學生密諭有憤

序革命軍

特別要聞

图 22-8　光绪二十九年五月十五日（1903 年 6 月 10 日）《苏报》第 1~2 页

这一天的《苏报》刊登了章炳麟《序革命军》和张继《读严拿留学生密谕有愤》，前一天的《苏报》刊登了章士钊《读革命军》等文。“仇满”“排满”“贼满”“革命”等词不仅毫无忌讳，而且还加粗加大予以凸显。实事求是地说，不管是清政府，还是其他政府，不管是历史哪个时期的政府，对这种公开反对现政府的行为，都不能视若无睹。图片选自周勇主编《邹容与苏报案档案史料汇编》，第 176~177 页。

清政府本来想把章炳麟、邹容等人押解到南京杀掉。但是由于二人是在公共租界中被捕，清政府没有独立的司法裁判权，因此各国领事不同意将犯人交给清政府。几经交涉后，清政府作为原告，在公共租界起诉章炳麟、邹容等人污蔑皇帝、诋毁政府、图谋不轨等。让官员们颇感意外的是，章炳麟、邹容等人对于指控完全承认。

“苏报案”的审判，进一步让该事件变成公共事件、舆论热点，对《革命军》起到了更大的宣传作用，进一步助推了革命思潮的兴起。此后由于涉及主权等问题，清政府和租界各国在引渡问题上进行反复交涉，审判一直拖延，新闻报道热点持续输出。光绪三十年四月初七日（1904 年 5 月 21 日），法庭最终判决邹容监禁两年，章炳麟监禁三年，出狱后驱逐出租界。

在接近一年的时间里，清政府兴师动众，以政府名义在租界的法院中控告几个中国人，想引渡不成，想杀掉也不成，想判处重罪也不行，不仅打击镇压革命党的目的没有达到，反而弄得威信扫地，极大地传播了革命思想。革命者通过这些斗争，也逐渐找到了宣传革命的方法技巧，从此革命形势一日千里。

“苏报案”到此并未完全结束。光绪三十一年二月二十九日（1905 年 4 月 3 日），邹容在狱中病死，实际年龄还不满 20 岁，距离出狱还剩不到 90 天。邹容之死又给革命添了一把火，革命者把对邹容的追悼活动变成革命动员和教育活动。反满革命之火，已成燎原之势。

如果说孙中山、黄兴等领袖是革命的发动机，《革命军》和“苏报案”等舆论事件是革命的鼓风机，那么拒俄运动和日俄战争则是革命者的制造机。

图 22-9　广州中山纪念堂

革命为什么越来越有吸引力？因为革命者整合了传统与现代资源进行宣传。传统资源有三个："天下为公"的理念、华夷之辨和八旗入关的血色记忆。现代资源有三个：民主富强、平等自由与以人种学为基础的"他者"建构。作者自摄照片，2023 年 3 月。

第二十三章　日俄战争重伤清朝

面对已成燎原之势的革命思潮，清政府一方面严厉镇压，一方面继续推行新政，试图软硬结合，将其扑灭。不幸的是，屋漏偏逢连夜雨。就在此时，一件对世界局势和中国发展而言是“灰犀牛”级别的事件发生了。这就是光绪三十年初爆发的日俄战争。

这场主要发生在中国东北地区的战争，不仅对日俄两国，而且对世界局势产生了深刻影响，甚至影响了第一次、第二次世界大战。中国虽然不是参战方，但是却被重伤：日本发动战争的过程在中国引发了“拒俄运动”，成为反满革命者的“制造机”；日本大获全胜的结果在中国引起了“立宪运动”，成为国内士绅的“离心机”。日俄战争，是了解中国现代历史进程绝对绕不开的重大历史事件。

日俄矛盾的源流

俄国和日本本是两个不接壤的国家，但是这两个国家产生矛盾冲突是历史的必然。为什么呢？这是因为俄国一直有着向东侵略扩张的战略，日本一直有着向西侵略扩张的战略。俄国彼得一世的改革和日本明治维新的改革让两个国家走向了现代化，实力大增，向外侵略扩张的步伐自然加快了。到了19世纪末期，俄国与日本的角力开始在东北亚地区上演。甲午战争爆发前，面对日本咄咄逼人的气势，朝鲜国内的一些政治人物想到了借助俄国的力量。只不过此时的俄国和日本是朋友，对清政府实力也有所忌惮，不太愿意过多介入朝鲜问题。

俄国和日本曾经是朋友这事儿，需要简要回顾一下。咸丰五年（1855），日俄两国签订了《日俄和亲通好条约》，建立正式外交关系。俄国在远东的扩张，始终面临一个突出的困难，就是舰队没有不冻港，后勤补给困难。俄国把眼光瞄向了日本。1866年之后，俄国的太平洋舰队将长崎作为冬季停泊的港口，只在夏季前往符拉迪沃斯托克，也就是我们熟知的海参崴。即使光绪十七年发生了俄国皇太子在日本被刺的“大津事件”，俄国人仍然将日本视为可以信任的朋友，认为两国不存在根本的利益冲突。当然，这种可以信任的朋友是一种强势者感受到的假象。日本人可不这么看。

谁强和谁做朋友，这是日本的传统。日本人的“慕强”心理非常强烈，可以说是根植于文化基因之中。但是这只是日本文化的一面。勇于认怂的另一面，是心有不甘。和强者做朋友，最终目的还是要干掉你。这确实有点儿“师夷长技以制夷”的味道。对于日本人来说，与俄国建立外交关系本来就是被迫的，而且俄国不断向东扩张，挤压了日本的发展空间。尤其是俄国为了增强对东北亚控制而修建西伯利亚大铁路后，日本人的担忧和警惕也就更加严重。日本警察刺杀前来参加西伯利亚铁路开工仪式的俄国皇太子，其实就是日本社会对俄国东扩的担忧和警惕已经转化为仇恨的表现。不过此时的日本既没有能力也没有信心对抗俄国，他们的主要侵略目标是中国。前面我们讲甲午战争时已经讲过了，日本长期觊觎朝鲜，但是朝鲜是中国的藩属国。要侵略朝鲜，就要打败中国。日本经过多年准备，最终在甲午战争中大获全胜。战胜的日本狮子大开口，向中国提出了苛刻的议和条件，其中就包括割占中国辽东半岛。此时刚刚即位的俄国沙皇尼古拉二世更加重视在东北亚地区的扩张，日本对中国的要求，特别是割占中国辽东半岛的要求，与俄国的战略发生了直接矛盾。在这种情况下，俄国联合法国和德国，要求日本放弃割占辽东半岛，代以清政府另外赔偿 3000 万两白银。

“三国干涉还辽”看似以各方妥协的方式平稳结束，实际上却为此后的日俄战争埋下了种子。首先，日本特别愤怒，举国上下都感觉受到了侮辱，迅速将俄国确定为复仇的对象。这种仇恨情绪甚至在小学生中都很普遍。当时正在读小学的一位日本人回忆：“大家全部流着眼泪，发誓要卧薪尝胆。我向大家提议背诵归还辽东半岛的敕谕。”（大杉荣:《日本脱出记》）在大胜中国之后，“三国干涉还辽”让日本人上下一心，迅速以一种卧薪尝胆的心情投入对俄作战的准备中。一方面利用中国赔

图 23-1　今日旅顺港

俄国带头干涉还辽的根本原因是为了自己今后侵占辽东半岛。最让俄国垂涎的是辽东半岛最南端的旅顺港。该港是世界级天然良港，不仅可以作为俄国太平洋舰队的母港，还可扼渤海咽喉，前出黄海至太平洋。旅顺港原本是北洋舰队的主要基地和船坞，俄国租借旅大后，花费重金将其打造成太平洋舰队母港。日俄战争中，围绕旅顺港的海陆争夺战最为激烈。日俄战争结束后，该港口为日军占据。关东军司令部就设在港口上边。第二次世界大战末期，苏联红军又占领旅顺港。新中国成立后，赫鲁晓夫想租借旅顺港，被毛泽东拒绝。这里目前是解放军军港。著名歌曲《军港之夜》描写的就是旅顺港。照片左侧是船坞，最早是为北洋舰队修建的。右侧是军舰锚地。一艘军舰正在缓慢航行。作者自摄照片，2023 年 8 月。

款以更大幅度扩军备战，一方面通过学术和舆论打破白种人不可战胜的观念。此时俄国也在一定程度上感受到日本在东北亚咄咄逼人的气势和对自己的仇视，在东北亚特别是中国东北地区积极经营，以应对可能发生的冲突。

“三国干涉还辽”后，日俄关系迅速恶化，俄国太平洋舰队需要寻找长崎以外的驻泊地。光绪二十三年十一月（1897 年 12 月），俄国以帮助中国抵抗德国为名侵占旅顺港，并于光绪二十四年三月强迫中国租借旅大。俄国还决定将铁路一直修建到旅顺，以支持军港建设。这些行为进一步刺激了日本国内的仇恨情绪，但是俄国总体上对日本还保持着轻蔑态度，没想到战争已经日益逼近。

图 23-2　光绪二十九年十二月之前的旅顺港

俄国占据旅顺后，以最快速度开始进行建设。不仅整修了甲午战争中被破坏的军港和城市，还修建了中东铁路，将辽东半岛与俄国本土连接起来。旅顺港也成了俄国太平洋舰队的母港。此图是英国《图片报》光绪二十九年十二月二十八日（1904 年 2 月 13 日）刊登的旅顺军港照片。照片主体四方形海面为船坞，远处可见排列的俄国军舰。日军于光绪二十九年十二月二十三日突袭旅顺港，俄国太平洋舰队作战失利，损失惨重。照片可能是战前拍摄。图片选自赵省伟编《遗失在西方的中国史：欧洲画报看日俄战争》（上），第 18 页。

事情发展到这里，国际上又发生了一个“黑天鹅”级别的事件。突然爆发的义和团运动让帝国主义列强之间暂时放下了冲突，组成八国联军。俄国除了参加从天津向北京的进攻外，还出动了近 18 万军队占领中国东北地区。此时的俄国，张着血盆大口，最大程度地扩大侵华成果。先是在光绪二十七年试图通过谈判剥夺中国对东北地区的主权，随后在《辛丑条约》签订后又迟迟不肯按条约规定撤军。直到光绪二十八年三月（1902 年 4 月），俄国才和清政府签订撤兵协议，俄军计划分三批 18 个月逐渐撤出东北大部分地区。

俄国对中国和朝鲜的侵略野心，在中日两国都引起了很大的反响。俄国对于撤兵协议，并没有想认真执行。在第一期撤兵的最后期限，俄国才将原来驻扎在奉天（沈阳）、牛庄、辽阳等城市的军队调至中东铁路两侧，敷衍中国。到了 1903 年初，俄国又决定延期从中国东北撤兵，不仅原来的军队无限期留驻，还重新抢占了奉天等地。愤怒的中国爱国青年们发动了著名的“拒俄运动”。

此时的日本，不仅警惕地关注着俄国在东北亚的一举一动，还在加紧进行对俄作战准备。除了国内的扩军备战，这次日本更狡猾了，在国际上搞起合纵连横。作为对俄作战准备的一部分，日本于光绪二十七年十二月（1902 年 1 月）与俄国的老对头英国签订了《日英同盟条约》。条约规定，如果日本与俄国因为朝鲜问题发生战争，英国要保持中立，如果第三国加入俄方对日作战，英国就要加入日本一方作战。这个条约对在日俄战争中阻止俄国盟国特别是法国参战，起到了重要作用。这个条约的签订，也意味着日本对俄作战的准备基本就绪了。

俄国撕毁撤军协定，一方面是严重损害了中国的主权，爱国青年们组织了“拒俄义勇队”，另一方面也损害了日本的侵华利益。日本陆海军和外务省达成一致意见，认为应该抓住这次机会，以日本国运为赌注，在东北亚发动一场对俄国的战争。对俄开战，不仅在日本政府高层有了共识，光绪二十八年五月（1902 年 7 月）之后，经过新闻媒体的宣传，开战论还成为日本国内最主流的舆论。此时日本政府多次向俄方提出了有利于自己的谈判条件，但是俄国根本没把日本放在眼里，敷衍了事。一边是俄国对谈判提议的敷衍和对日本备战信息的藐视，一边是日本国内不断高涨的开战舆论。日本政府认为，战争已经无法避免！

图 23-3　东乡平八郎书“皇国兴废在此一战　各员一层奋励努力”条幅

“皇国兴废在此一战，各员一层奋励努力”在战争爆发前已是日本举国上下共同的信念，也是日俄战争中日本军队的口号。日本联合舰队司令官海军大将东乡平八郎以此语作为攻击训令，使其闻名于世。这句话直到第二次世界大战时，还被山本五十六等日军将领使用。照片中的炮弹及弹壳为日军的。照片系作者拍摄于旅顺日俄战争史料收藏馆，2023 年 8 月。

战争经过

战争爆发时的情形，犹如饿狼扑向睡眼惺忪的猎物。

光绪二十九年十二月二十一日（1904 年 2 月 6 日）上午 9 点，日本参谋本部向联合舰队司令官海军大将东乡平八郎发出作战指令，要求首先击溃驻扎在旅顺港的俄国舰队。下午 4 时，日本外相召见俄国驻日公使，宣布与俄国断交。接到作战任务的日本舰队当天即占领了朝鲜镇海湾，控制了釜山。

日俄战争爆发。

俄国人对局势的判断出了问题。没有做好战争准备的俄国在战争爆发后陷入一片混乱，损失惨重。

首先是信息滞后混乱。停泊在仁川港内的俄国巡洋舰“瓦良格”号舰长还是从英法等国军舰舰长那里得知了日俄断交的信息。当他向俄国驻朝鲜公使询问时，得到了很模糊的信息。信息模糊，是因为此时朝鲜的电报局等信息传递机构已经被日本人控制。日本人是世界上最早从现代信息谍战中获取显著利益的国家之一。甲午战争及《马关条约》谈判时，这一招儿就让他们获益颇丰。

其次，俄国军队从上到下都没有进入战备状态。俄国关东省总督兼驻军司令和太平洋舰队司令阿列克谢耶夫，不仅没意识到战争已经爆发，而且没有提醒下属进入战备状态。十二月二十二日，他只将日俄断交的消息告诉了很少的驻旅顺俄军高级将领，其中还不包括旅顺陆军要塞司令。此时，东乡平八郎指挥的日本联合舰队正在全速向旅顺进发。二十三日晚上，日本联合舰队主力抵达了旅顺港附近，进入作战状态，而俄国舰长们直到日本开始袭击前的半个小时，才就布置鱼雷防御网达成一致。会议结束时，俄军舰队参谋长还在说“战争不会发生吧”。日本的蓄谋已久和俄国的因循怠慢，又让人不由得想起甲午战争爆发前的情形。

此时俄国舰队 7 艘战列舰、6 艘巡洋舰都停泊在旅顺港外的停泊地，几乎没有战斗防御准备。当晚 11 点 30 分，日本舰队开始对俄国太平洋舰队发起猛烈的鱼雷攻击。几乎无准备的俄军乱作一团，毫无还手之力。大约半个小时的攻击，日本以损失一艘鱼雷艇的代价取得了相当辉煌的战果：俄军 2 艘吨位最大、性能最强的装甲战列舰和 1 艘巡洋舰严重受损，基本丧失战斗能力。第二天双方舰队再次发生大规模海战，俄军又有

图 23-4　光绪三十一年日本军官俯视旅顺港

图为日军攻占旅顺港后日本军官俯视旅顺港的情形。可以清晰地看到，军港内有多艘沉在水中的俄国军舰。俄国太平洋舰队的装备水平要比北洋舰队高，但是战果比北洋舰队还惨，根本原因就是俄军备战和指挥水平太差了。图中还可以看到左上角出海水道老虎口处有一条隐约的黑线，可能是日军封锁旅顺港时留下的沉船，其中可能也有被炸沉的俄军军舰。图片选自刘香成编著《壹玖壹壹：从鸦片战争到军阀混战的百年影像史》，第266页。

1 艘战列舰和 3 艘巡洋舰严重受损。

漫不经心、准备不足的俄军损失并不止于此。二十四日，停泊在仁川港的 1 艘巡洋舰和 1 艘炮舰被日本舰队围殴，最终全部沉没。二十六日，另一艘在大连的布雷舰在作业时发生意外，导致爆炸。前来营救的 1 艘巡洋舰被俄军自己布置的水雷炸沉。在随后几天的袭击中，俄军的舰队继续损失，旅顺港的出海航道也受到一定程度的影响。俄国向旅顺港运送物资的海路航道也被日军截断，一艘向旅顺运送炮弹和物资的货轮被日军扣押，2.7万枚炮弹和80万个肉罐头落入日军之手。还有俄国货轮为了避免物资落入敌手，选择自沉。也就是说，战争开始的前几天，俄国太平洋舰队7艘战列舰中的3艘受损严重，7艘巡洋舰中的2艘沉没，3艘受损严重，并损失了相当数量的军火和后勤补给。日军虽然没有完成全歼俄国太平洋舰队的任务，但是短短几天就重创之，战绩辉煌。在现代战争史上，日本军队常常运用突袭战术。这种情形，又让人不由得想起几十年后的珍珠港事变。

损失惨重的俄国以维护远东和平为名，在十二月二十四日正式向日本宣战。日本则在第二天以保全韩国（1897年朝鲜国王李熙改国号为大韩帝国）为名向俄国宣战。这两个帝国主义国家争夺东北亚的战争，都打着正义的旗号，这是多么的讽刺！更讽刺的是，战争发生地的两个国家，中国和朝鲜，都宣布保持中立。

对战争进行长期谋划和准备的日军除了海上袭击外，陆军开始源源不断地在朝鲜登陆，并很快占领了朝鲜首都汉城。光绪三十年正月初八日（1904年2月23日），日本强迫朝鲜签订《日韩议定书》，朝鲜成了日本的保护国。几年之后，也就是宣统二年，日本正式吞并朝鲜。朝鲜最终被号称要保全它的日本变成殖民地。

此时对避免战争失去幻想的俄军也开始积极准备。俄军任命颇具指挥能力的马卡罗夫担任太平洋舰队司令。马卡罗夫就任后，迅速组织抢修受损战舰，安抚士兵，起到了稳定军心的作用。不过，他在二月二十九日（4月14日）乘坐战列舰出海时，触发日军悄悄布置的水雷，战列舰在一分半钟内沉没。马卡罗夫当场死亡，与他一起沉入海底的还有俄国太平洋舰队司令部。俄国太平洋舰队刚刚燃起的希望被扑灭了。此后日本联合舰队虽然也有损失，但是通过沉船和布置水雷、军舰，牢牢将俄国太平洋舰队封锁在港口内，基本控制了制海权。

图 23-5　旅顺口白玉山塔

在旅顺口风景区白玉山上有一座白玉山塔。此塔原名“表忠塔”，系在日本联合舰队司令东乡平八郎和陆军第三军军长乃木希典的倡议下修建，以表彰在日俄战争中为天皇效忠的日本官兵。该塔光绪三十三年开工，宣统元年建成，外观设计如蜡烛和烛台的组合。该塔基座花岗岩石取自日军用于封闭港口航道的石头，塔顶烛尖仿制日军 280 mm 榴弹炮炮弹。1945 年，“表忠塔”三个字被苏军铲除，改为白玉塔。1986 年中国正式定名白玉山塔。作者自摄照片，2023 年 8 月。

海战爆发的同时，两国的陆军也在行动。日军继续北上，俄军南下，双方开始在平壤发生接触。散漫和缺少训练的俄军在朝鲜并未组织起有效的抵抗，迅速退却到鸭绿江布防，准备凭借鸭绿江防御日军。这情形和甲午战争时清军的情形颇相似，结局也相似。俄军并未能有效组织起鸭绿江防御战，兵力过于分散。最终日军以 4 万人和近百门火炮的优势兵力，击溃俄军由 6000 名士兵和 20 门火炮组成的守河部队，包围了九连城。虽然俄军在九连城进行了坚决的抵抗，但是最终仍以惨败告终。十年前，日军也是在这个地方强渡鸭绿江并彻底突破清军鸭绿江防线的。俄国海陆军在短时间内都遭到日军重创，终于让俄国高层意识到过去的狂妄自大是多么愚蠢。

大规模进入中国东北地区的日本陆军，迅速挺进辽东半岛，于四月初切断了旅顺港与外界的联系，并且开始向金州和

图 23-6　俄军东鸡冠山堡垒被日军炮火击中时的情形

俄军在旅顺港外围修建了坚固的陆上防卫线，日军为了夺取这些要塞进行了疯狂轰炸和冲锋，双方死伤都很惨重。该图是光绪三十年十月二十日（1904 年 11 月 26 日）日本随军摄影师拍摄的日军用 280 mm 榴弹炮轰炸东鸡冠山俄军要塞的情形。现在这些遗址遍布树木，当时都没有树木。图片选自刘香成编著《壹玖壹壹：从鸦片战争到军阀混战的百年影像史》，第 265 页。

图 23-7 旅顺日俄战争史料收藏馆展示的日军 280mm 榴弹炮炮弹

该炮弹由 280mm 榴弹炮发射，重量约 217 公斤，威力惊人。该炮在日军攻击旅顺俄军陆上东鸡冠山堡垒群等战斗中发挥了重要作用。作者自摄照片，2023 年 8 月。

图 23-8 被日军炸毁的东鸡冠山北堡垒俄军司令部

俄军东鸡冠山北堡垒修建于光绪二十四年，宽 10 米，深 6 米，南面是指挥部，西南部是两层的士兵宿舍和军需仓库，东北部是百米长暗堡，堡垒主要由从俄国运来的水泥浇筑而成，驻守俄军三百多人。日军用了 4 个月时间，以伤亡八百多人的代价才夺下堡垒。光绪三十年十一月初九日（1904 年 12 月 15 日），令日军付出惨重代价的俄军陆防司令康特拉琴科在此被日军 280 mm 榴弹炮炮弹击中死亡。作者自摄照片，2023 年 8 月。

旅顺进攻，试图海陆联合作战围歼旅顺港附近的俄国海陆军。俄军旅顺要塞司令在南山修建了强大的防御工事，配备 12000 名士兵和 70 多门大炮。四月十一日（5 月 25 日）开始，日军海陆军联手对俄军南山要塞发动了疯狂进攻，最终以极大伤亡代价占领了要塞。这场战斗日军虽然伤亡惨重，但是收获也巨大，不仅攻破旅顺港指日可待，而且让俄军陷入极大恐慌。

开战后三个多月的战局，已经决定了战争走势：日本胜券在握，要考虑的是胜多胜少的问题；俄国败局已定，要考虑的是失败到什么程度的问题。但是俄军并未完全放弃，而是依托此前构筑的堡垒防线进行激烈抵抗。其中以东鸡冠山北堡垒、203 高地、二龙山堡垒等争夺战最为激烈，死伤人数最多。

此后的战争过程，俄军兵败如山倒，不必再详细讲了。陆军方面，经过了辽阳会战、沙河会战和奉天会战，俄国陆军几十万大军节节败退，损失惨重。海军方面，在被围攻 148 天后，驻旅顺俄军于光绪三十年十一月二十七日（1905 年 1 月 2 日）投降，俄国太平洋舰队被日军消灭。

为了夺回制海权，俄国海军倾巢而出，向东北亚地区派遣了一支由 38 艘战舰组成的庞大舰队。光绪三十一年四月二十四日至二十五日（1905 年 5 月 27 日至 28 日），著名的对马海战爆发，结果日军几无损失，俄国舰队几乎全军覆没。光绪三十一年六月（1905 年 7 月），日军占领了库页岛，日俄战争基本结束。

在美国总统西奥多·罗斯福的提议下，日俄两国于光绪三十一年七月初开始谈判，并于八月初七日（9 月 5 日）签订了《朴茨茅斯和约》。俄国承认了日本对朝鲜的控制权和在中国东北地区的主导权，将库页岛南部割让给日本，将旅大租借权转给日本。

图 23-9　法国画报上的对马海战

俄军舰队冒着黑烟滚滚而来，世界各地报纸争相报道，东乡平八郎等人早已搜集好了情报，制订好作战计划，坐等俄军舰队进入伏击圈。俄国 38 艘战舰被击沉 21 艘，被俘 9 艘，士兵死亡近五千人，被俘六千余人。俄国在节节败退之际倾全国海军主力组织第二太平洋舰队，并不仅仅是心有不甘，其实还是对日军实力了解不足，有轻敌情绪。这两种情况，恰都是战争中最忌讳的两点。值得一提的是，发出“十月革命一声炮响”的“阿芙乐尔”号巡洋舰，就是对马海战中俄军仅存的几艘战舰之一。图片原刊登于 1905 年 6 月 11 日法国《小巴黎人报》，选自赵省伟编《遗失在西方的中国史：欧洲画报看日俄战争》(上)，第 669 页。

日俄战争的影响

这一章我们为什么用相当长的篇幅来梳理日俄战争爆发的原因和过程呢？并不仅仅因为这场战争与此前的甲午战争和此后的珍珠港事变有相似之处，还因为这场战争对世界和中国都产生了深远的影响。正如一位历史学者说的那样：“这场战争是远东历史乃至世界历史的一个重要转折点。”(斯塔夫里阿诺斯：《全球通史》) 这场战争被认为是现代世界第一场激烈的军事冲突，是 20 世纪第一场大国战争，不仅给交战双方带来了直接影响，也改变了东亚地区的力量对比和国际关系。

俄国的惨败直接导致国内革命思潮高涨，并最终引发 1905 年革命。1905 年革命虽然失败了，但是推翻沙皇统治的种子已经发芽，"十月革命"的炮声已经不远。学术界一般认为，日俄战争是沙皇俄国覆灭的导火线。日俄战争还影响了俄国对国际关系的处理。实力大损的俄国为了寻求自身安全及对德国不满，背离了此前的盟友德国，转而与英国结盟，形成了与德国和奥匈帝国对峙的局面，为第一次世界大战埋下伏笔。日俄战争对俄国的影响还不止于此。如此屈辱的惨败成了俄国人不能

图 23-10　旅顺 203 高地遗址

日本虽然因为胜利扫平了侵占东北亚的障碍，但是也付出了一定代价。比如被日本人称为"战神"的乃木希典指挥的旅顺要塞争夺战，日军就死伤惨重。他的两个儿子均是在旅顺战死。旅顺 203 高地争夺战是最激烈也是伤亡人数最多的战斗，日军总计伤亡 1 万余人，包括乃木希典的小儿子。战争结束后，乃木希典将 203 高地改名"尔灵山"（谐音），并以在此山搜集的炮弹壳、废旧武器冶炼铸成一座 10.3 米高、形似日军步枪子弹的战绩碑。作者自摄照片，2023 年 8 月。

忘却的仇恨。这种仇恨一直延续到第二次世界大战苏军对日军的痛击才结束。1945 年 9 月 2 日，也就是日本天皇签署投降书的当天，苏联举办了日俄战争四十周年纪念活动。斯大林在讲话中直白地宣布，这个国家污点终于被抹去了。

大胜让日本赢得了加入世界大国俱乐部的权利，但也导致日本军国主义势力的快速膨胀。首先，日本很快完全吞并了朝鲜，在朝鲜开始了长达 35 年的殖民统治。其次，日本不断扩大对中国东北地区的控制，并计划全面侵占中国，最终演变为全面侵华战争。最后，自信心极度膨胀的日本开始将美国视为假想敌，进行了新一轮的扩军备战，为此后第二次世界大战埋下伏笔。

这场主要发生在中国东北地区的大战对中国的影响也是多方面的。遭受最直接影响的是中国东北地区的老百姓。战争进行中，俄军和日军都把中国人民视为任其宰割支配的奴隶，烧杀抢掠，强拉民夫，破坏房屋庄稼等，有不少中国人在炮火和日俄军队的抢掠中丧命。对中国的影响就止于此吗？显然不是！在日俄战争结束 6 年之后，清王朝就正式崩解了，比沙皇俄国还早 6 年。日俄战争给清王朝带来了多方面负面且重大的影响。

首先是国际地位和政府信誉的进一步下降。光绪二十九年十二月二十七日（1904 年 2 月 12 日），别无选择的清政府宣布“局外中立”。清政府甚至公布了《局外中立条规》，划定战区以及明确的行为限制等。清政府不仅不能制止两个列强在自己国家土地上展开战争，还煞有介事地制定这些规定，显示出清政府的极度虚弱和毫无国际地位。虽然日本和俄国都宣布尊重中国中立，但是真正战争开始后，《局外中立条规》完全没有约束力，战火最终扩及东北中南部地区。这一地区还是清王朝的龙兴之地、祖陵所在。

《朴茨茅斯和约》谈判期间，清政府被完全排斥在谈判外，日俄瓜分了中国东北。条约签订后，涉及中国的部分需要清政府承认才具法律效力，因此日本又于光绪三十一年底逼迫中国签订了《中日会议东三省事宜正约》。俄国虽然是战败国，但战后仍然占据着中国东北的北部地区，继续通过中东铁路强占土地、采矿，掠夺财富，倾销商品。任人宰割，就是这样的情形。

面对东北前所未有的复杂局势，清政府决定改变东北治理模式，于光绪三十三年三月（1907 年 4 月）改盛京将军为东三省总督，东北地区设奉天、吉林、黑龙江三个行省。第一任东三省总督是后来担任过民国大总统的徐世昌。

其次，反满革命浪潮更加凶猛。中国的爱国志士们从光绪二十七年得知俄国的野心后就发起了“拒俄运动”，人们通过发传单、集会等方式提出“力拒俄约，以保危局”等请求。在撤兵协定签订后，俄国并不认真执行。俄国的无赖行径引起了中国爱国人士的广泛愤怒，“拒俄运动”不断高涨。一些知识青年，特别是留日学生，愤怒于清政府的无能，要求组织“拒俄义勇军”，到东北与俄国开战。

爱国青年的这些主张不仅没有得到清政府的支持，还被定性为“名为拒俄，实则革命”，遭到严厉压制。清政府的行为，将本来爱国的“拒俄运动”变成反满革命者的“制造机”，有志难酬的爱国青年纷纷调转矛头，转向公开的反满革命。张继在看到《苏报》刊登的严拿留学生密谕后，非常生气地说道：“势至此，尚何言哉！故吾敢以一大语奉于我同胞曰：不顾

事之成败，当以复仇为心；不顾外患之如何，当以排满为业。”（《读严拿留学生密谕有愤》）

在拒俄运动的影响下，革命团体纷纷建立。华兴会、光复会等革命团体的创办，都与“拒俄运动”关系紧密。日俄战争改变了很多中国爱国青年的人生走向。我们最为熟知的，一个是鲁迅弃医从文，一个是陈天华投海自杀。更多的青年开始有了革命意识，投身到革命之中。有的人甚至意识到以军人身份进行革命更有价值，乃投笔从戎，打入清政府内部。还有不少革命者意识到，只有革命者联合起来，才能实现革命的胜利。光绪三十一年七月二十日（1905 年 8 月 20 日），以兴中会、华兴会、光复会为基础的中国同盟会正式成立。[1]

最后，立宪运动高涨。君主立宪最早可能是郑观应在甲午惨败后提出来的。康有为自述其在光绪二十三年十月（1897 年 11 月）首言立宪。在他的《日本变政考》中，确实介绍了日本立宪的情况。戊戌变法时期，康有为主张开设制度局，其中包含了编制宪法的设想。庚子事变爆发后，唐才常等人领导的“中国国会”，其中一个主张就是请光绪帝掌握权力，推行君主立宪改革。逃亡日本的梁启超在光绪二十七年四月发表了《立宪法议》，提出逐步实现君主立宪的方案。同年，在慈禧太后要求各大臣就推行新政条陈意见时，出使日本大臣李盛铎提出应效仿日本进行君主立宪。“君主立宪”主张以官方途径

1　过去通常认为同盟会乃联合兴中会、华兴会、光复会等革命团体而成。也有研究者认为这并不符合历史事实。孙中山在 1900 年以后就不太用兴中会的身份活动了，光复会的领袖蔡元培、陶成章等人也不知情。同盟会是孙中山联合在日本的革命分子组织的革命团体，其中不少人有兴中会、华兴会、光复会的经历。同盟会成立后，华兴会、光复会均不再独立行动。1910 年，陶成章又脱离了同盟会，重建了光复会。

图 23-11　日军处决亲俄中国人

日俄战争爆发后，清政府宣布中立。当地一些居民由于种种原因为俄军或日军服务。图为 1905 年 4 月 2 日法国《朝圣者报》刊登的日军处决亲俄清朝官员的情形。但从衣服上看，应该不是政府官员，应该是普通老百姓。这张图片让人想起鲁迅《藤野先生》中的片段："偏有中国人夹在里边：给俄国人做侦探，被日本军捕获，要枪毙了，围着看的也是一群中国人。"图片选自赵省伟编《遗失在西方的中国史：欧洲画报看日俄战争》（上），第 661 页。

进入朝廷视野。满人英敛之光绪二十八年在天津创办的《大公报》，是倡言君主立宪的主要报纸。光绪二十九年六月二十六日（1903 年 8 月 18 日）在庆祝光绪皇帝寿辰时，该报在报头处用特大号字体刊出："一人有庆，万寿无疆；宪法早立，国祚绵长。"（《恭贺大清国大皇帝万寿圣节》）以上这些呼吁，虽然从民间逐渐传递到了朝廷，但是总体上影响不大。

早期呼吁君主立宪的民间人士或官员，大多受到了日本明治维新的影响。日俄战争爆发后，不少人将这次战争视为立宪与专制政体的决斗，并希望日本获胜。战争进行两三个月后，主张立宪的中国人比较激动，因为战争走向不仅证明了君主立宪的正确性，而且日本的不断获胜也证明了黄种人不比白种人差。两者结合，自然得出中国只要尽快推行君主立宪，则一定可以像日本一样复兴的结论。在今天看来，这种认识显然是比较理想化甚至是有些幼稚的。但是在当时，这却是非常有动员力的一种认识。

日俄战争爆发后，君主立宪很快演变为一种关注度很高的政治主张。随着日本在战场上的节节推进和最终胜利，中国支持君主立宪的人数也越来越多。《东方杂志》在光绪三十一年底的一篇"社说"里说："今者立宪之声，洋洋遍全国矣。上自勋戚大臣，下逮校舍学子，靡不曰立宪立宪，一唱百和，异口同声。"（《中国未立宪以前当以法律遍教国民论》）

这一时期君主立宪主张群体最大的变化，是"勋戚大臣"的加入。如果说光绪二十七年的李盛铎还是人微言轻的话，现在公开主张君主立宪的官员已经越来越多。日俄战争爆发后不久，出使法国大臣孙宝琦认为新政成效不明显的一个原因就是"未立纲中之纲"，奏请尽快立宪（《出使法国大臣孙上政务处书》)。几个月后，署理云贵总督林绍年奏请立宪。到了光绪三十一年，公开主张立宪的官员越来越多，层级越来越高。在日俄谈判期间，为了应对日俄和议和东三省善后事宜，朝廷命令各省督抚和出使大臣密陈应对办法，直隶总督袁世凯、两江总督周馥、湖广总督张之洞、两广总督岑春煊均奏称只有立宪才可救亡。此时最受慈禧太后信任的军机大臣兼外务部尚书瞿鸿禨等人都对君主立宪产生了兴趣。君主立宪的政治实践呼之欲出。激进强烈的政治诉求，遇到希望稳妥保守的朝廷，结果自然是广大士绅对朝廷离心离德。

简而言之，中国虽然不是日俄战争的参战国，但是日俄战争却对中国产生了强大的冲击力。假如清王朝是一座大厦的话，这场战争就类似于在大厦承重支柱边上引爆了一颗炸弹。经过这场战争，不仅旨在推翻清朝的革命运动获得很大发展，逐渐走向革命同盟，而且旨在维护清朝统治的君主立宪运动也空前高涨。

外有革命之火熊熊燃烧，内有立宪呼声日渐高涨，内外交困的朝廷，决定开展“预备立宪”，以应对危局。

图 23-12　东鸡冠山望台炮台

望台炮台因为遗留了两座俄军大炮而被当地人称为“二杆炮”。此地是日俄战争旅顺要塞争夺战最后战斗之地。日军占领此炮台的第二天，旅顺俄军与日本签订投降协议。这两座炮是彼得堡奥布哈夫军工厂于 1899 年生产的 150 mm 口径舰炮。在海战失利后，俄军组织数百人，将此舰炮拉到东鸡冠山最高的炮台上，火力可以覆盖周边地区。日本“满洲战绩保存会”于 1916 年在此修建了炮台纪念碑。俄军残炮和日军纪念碑共存于此，讲述着一个令中华儿女永感耻辱的历史事件。作者自摄照片，2023 年 8 月。

第二十四章　预备立宪踉跄而行

日俄战争对中国的反满革命和立宪运动都产生了很大的推动作用。有一个历史事件恰好能同时反映这一影响。这就是出洋五大臣被炸案。

光绪三十一年八月二十六日（1905 年 9 月 24 日）上午，北京正阳门车站热闹异常。天还没亮，就有军界人士列队敲鼓而来，随后又有学生身着制服，在军乐队伴奏下歌唱而来。此后报馆记者、外务部和商部等政府官员，各国驻华公使等，陆续来到车站。不用说，这是个大日子。什么日子呢？代表清政府出洋考察宪政的五大臣出洋的日子。

几个大臣出洋考察，为啥动静这么大呢？这是因为中外各界都认为，清政府派遣由重要王公大臣组成的政治考察团出洋考察宪政，是其顺应时代要求，积极推进政治改革的标志性事件。上下中外对此都颇欢迎兴奋，有人认为这是“大梦方醒”的表现，“转弱为强之日”(《出洋五大臣临行遇险事》)。朝廷为了显示重视，特别准备花车车厢1节，头等车厢3节，二等、三等车厢各2节，各车厢高插大清龙旗。场面那是相当壮观，人山人海，锣鼓喧天。11点前后，火车开动铃声响起，五大臣与送行者挥手告别，欢送气氛到了最高点。

正在此时，砰的一声，考察团中地位最尊贵的镇国公载泽所在的车厢发生了剧烈爆炸，惊天动地。车站随即乱作一团，大家纷纷奔逃。几分钟后，没有新的爆炸响起，人们才陆续爬起来，到爆炸车厢查看。只见载泽血流满面，黄马褂上也溅满血迹，徐世昌和绍英都受了伤，一些随行人员受伤较重，车内外3人被炸死。这就是著名的出洋五大臣被炸案。被炸死的3人中，其中一位是执行爆炸活动的革命党人吴樾。

出洋五大臣被炸案是清末历史上一个相当著名的事件。这

图24-1　吴樾

吴樾是安徽桐城人，20岁时放弃科举，开始有革命思想。在族人莲池书院山长吴汝纶的推荐下，考入保定高等学堂。在《革命军》等反满革命书籍的影响下，创办《直隶白话报》宣传革命，并产生暗杀慈禧太后和铁良的想法。他在《自杀时代自序》中说:“予愿予死后化一我而为千万我，前者仆，后者起。”他的行为的确激励了很多革命者。秋瑾在《吊吴烈士樾》中写道:“前仆后继人应在，如君不愧轩辕孙！”图片选自朱诚如主编《清史图典》第11册，第178页。

个事件有两重意义。一方面，革命者的行动越来越激进，针对政府高层的暗杀第一次出现在京城，离紫禁城不远，目标直接针对皇族，震惊中外。吴樾的行为也的确鼓舞影响了其他革命者，此后针对朝廷高官显贵的暗杀接连出现。另一方面，五大臣被炸，也让朝廷内外稍微明白事理的人意识到，推行政治改革的社会基础已经动摇，必须加快君主立宪的步伐。预备立宪就是在这种政治氛围下仓促展开的。要把预备立宪说明白，还得先从五大臣出洋考察说起。

五大臣出洋

日俄战争爆发后，明确关注和支持君主立宪的士绅和官员越来越多。其中有几位人物特别重要。

第一位是张謇。他曾是淮军将领吴长庆的高级幕僚，还受吴长庆之托，教导过袁世凯。光绪二十年，张謇高中状元，授

图 24-2　张謇

甲午之后，特别是庚子之后，官员难当。此时随着新政推行，提倡工商实业，给当时一些具有敏锐意识的士人提供了新的发展路径。张謇就是新时代转向的代表人物。但是他的成功是三个因素的融合：新时代到来可谓天时，老家江苏南通靠近上海可谓地利，过去官场经历和状元身份积累的丰富人脉可谓人和。图片选自朱诚如主编《清史图典》第 11 册，第 153 页。

翰林院修撰。在科举时代，这是不得了的荣耀。光绪二十一年，他抱着实业救国的理想，创办大生纱厂，成了现代民族工业的开创者之一。由于张謇独特的经历，他与不少王公大臣、封疆大吏都有交情。再加上商业经营成绩斐然，财力雄厚，张謇成为一位在朝野颇有影响力的人。他在光绪二十九年赴日考察后，就希望仿照日本进行改革。日俄战争爆发后，他开始与两江总督魏光焘、湖广总督张之洞等人联络，游说他们奏请立宪。

第二位是张元济。张元济光绪十八年中进士，后来担任过总理各国事务衙门章京等职。他在戊戌变法时期已是颇有名气的维新派人士，和康有为同一天受到光绪帝召见。戊戌变法失败后，张元济告别官场，投身到教育和出版事业，成为商务印书馆的主要创办人之一和学术掌舵者。商务印书馆是清末民国时期中国最大和最先进的出版机构，不仅出版书籍，还拥有《东方杂志》等报刊群，是当之无愧的执中国舆论界牛耳者。张元济虽然离开了官场，但是对国家前途依然关心。日俄战争一爆发，他就和张美翊、赵凤昌等人一起运动盛宣怀等高官，希

图 24-3　张元济

张元济是近代传奇人物之一。科举之路颇顺，思想进步，戊戌变法时期担任总理各国事务衙门章京，属于被光绪帝重用信任之人。戊戌政变逃过一劫，进入商务印书馆，成为中国现代出版业第一批开拓者，对中国现代学术思想传播影响巨大。他还没有放弃学术研究，是民国著名的版本目录学家，1948 年当选第一批中央研究院院士。1949 年之后，担任上海文史馆馆长等职务。图片选自闵杰编著《晚清七百名人图鉴》，第 756 页。

望他们能支持立宪。

第三位是汤寿潜。汤寿潜是浙江萧山人，和张元济是同年中进士，曾经短暂担任知县，后急流勇退，担任书院山长等。庚子事变中，他与张謇一起倡议东南互保。光绪二十九年担任两淮盐运使。日俄战争爆发后，积极主张君主立宪。光绪三十一年发动旅沪浙江同乡抵制英美侵夺苏杭甬铁路修筑权，集股自办全浙铁路，担任“浙江全省铁路公司”总理。后来朝廷授汤寿潜为四品京卿，总理全浙铁路事宜。汤寿潜经历丰富，为人正直清廉，在浙江人中有很强动员能力。

需要特别指出的是，此时担任外务部尚书兼军机大臣的瞿鸿禨光绪十一年至十四年担任浙江学政，因此张元济、汤寿潜与他都算有师生关系。张謇、张元济、汤寿潜等江浙士绅联合起来推动君主立宪，反映了立宪运动已经初步形成了。

江浙地区是清代的经济文化中心，江浙地区又有很多官员及官员幕僚，因此以江浙为核心的东南官员和士绅在清代政治社会运行中一直是一个颇为重要的力量。在晚清督抚崛起和现

图 24-4　汤寿潜

辛亥革命期间，汤寿潜于宣统元年（1909）担任浙江谘议局议长，成为请愿运动的核心领导者之一。宣统二年被朝廷革除全浙铁路公司总理职务，不准干预路政。辛亥革命爆发后，被杭州新军推举为浙江军政府都督，后又被孙中山任命为中华民国临时政府交通总长。图片选自闵杰编著《晚清七百名人图鉴》，第 497 页。

代工商业发展的背景下，像张謇这样有科举身份的人不断加入绅商阶层，让他们的活动能力变得更强。单在清末，他们就组织、推动了两个大事件。一个是庚子事变时期的东南互保，另一个就是他们现在正在组织推动的立宪运动。

张謇、张元济、汤寿潜等人为了推动君主立宪，利用一切可以利用的资源，多管齐下：上层方面，努力影响权力中枢，特别是利用和瞿鸿禨的师生之谊，不断影响瞿鸿禨并通过他影响慈禧太后；中层方面，不断游说督抚，特别是张之洞、岑春煊、袁世凯、魏光焘等几位最有影响力的督抚；下层方面，利用新兴的报刊媒体扩大宣传呼吁，让更多的士绅和知识青年加入阵营。

此时国内立宪派的言论行动颇多，不能一一列举。单举一个小例子。光绪三十一年三月（1905 年 4 月），外务部尚书兼军机大臣瞿鸿禨专门召见了户部主事陈黻宸，询问君主立宪情况。瞿鸿禨为什么找陈黻宸咨询？因为陈黻宸是浙江人，也算瞿鸿禨学生，出了名的厚道人。陈黻宸虽然实在，但是思想不守旧，从戊戌变法时期就积极支持政治改革。陈黻宸面陈尽快立宪之后，又专门写了一个条陈给瞿鸿禨，赋予君主立宪无上威力："以今日而言外交、言内治，惟立宪二字，强于百万之师。"（《上瞿夫子条陈数事》）陈黻宸说的这句话看起来夸张，但却是当时不少人的认识。今天看，这显然是时人对现代政治的误解。但是也不能不承认，这确实强烈反映了时人对政治体制机制改革的期盼。

此时瞿鸿禨面临的情况是这样的：国际上列强根本不把中国当回事，就连惨败的俄国都还继续损害中国权益，他这个外务部尚书很痛苦；朝廷内外，公开呼吁进行君主立宪的高级官员越来越多，连自己的盟友岑春煊都上奏朝廷，要求尽快立宪；国内各主要媒体都是君主立宪的鼓吹者，宣扬非立宪不足以救国，非立宪不足以富强；自己比较有能力的学生以各种途径鼓励自己推动君主立宪。

经过一段时间之后，瞿鸿禨有了自己的决断。他请慈禧太后批准他亲赴欧美考察政治，看看到底咋回事。有人说瞿鸿禨请求出洋考察是耍手腕，但我更相信他是真想出去看看欧美的真实情况。慈禧太后面临的情况和瞿鸿禨差不多，只不过信息少一些而已。事已至此，无论推不推行君主立宪，都得对朝野如此强烈的呼声有所回应。

从光绪三十一年六月（1905 年 7 月）起，朝廷开始讨论派员出洋考察政治的问题，并决定八月出发。在考察团人员方面，经过几番讨论，最终决定由光绪帝堂弟、镇国公载泽领

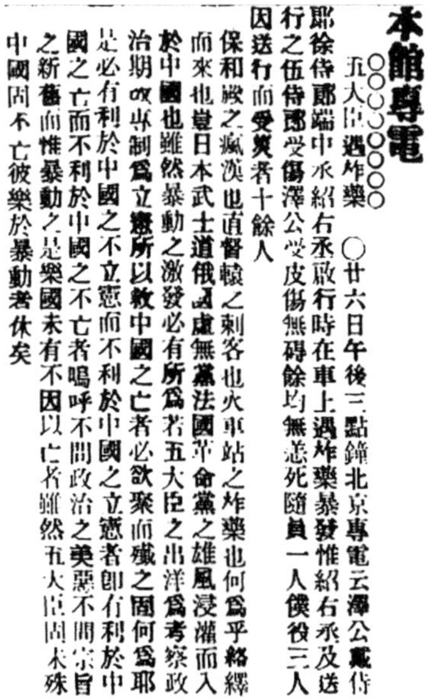

本館專電

〇〇〇〇〇〇五大臣遇炸藥　〇廿六日午後三點鐘北京專電云澤公戴侍郎徐侍郎端中丞紹右丞啟行時在車上遇炸藥暴發惟紹右丞及送行之伍侍郎受傷澤公受皮傷無碍餘均無恙死隨員一人僕役三人因送行而受傷者十餘人

保和殿之瘋漢也直督轅之刺客也火車站之炸藥也何爲乎絡繹而來也豈日本武士道俄國虛無黨法國革命黨之雄風浸灌而入於中國也雖然暴動之激發必有所爲若五大臣之出洋爲考察政治期改專制爲立憲所以救中國之亡者必欲聚而殲之固何爲耶是必有利於中國之不立憲而不利於中國之立憲者卽有利於中國之亡而不利於中國之不亡者嗚呼不問政治之美惡不問宗旨之新舊而惟暴動之是樂國未有不因以亡者雖然五大臣固未殊中國固不亡彼樂於暴動者休矣

图 24-5 《新闻报》“五大臣遇炸药”报道

五大臣出洋考察是当时的舆论焦点，各大报纸追踪报道。五大臣被炸案发生以后，各大报纸更是迅速报道，举国关注。当时主流大报对爆炸基本持批评态度，认为破坏了立宪进程。如《新闻报》在报道中说：“五大臣之出洋为考察政治，期改专制为立宪，所以救中国之亡者。必欲聚而歼之，固何为耶？”“彼乐于暴动者休矣。”图片选自《新闻报》光绪三十一年八月二十七日（1905 年 9 月 25 日）报道。

衔。载泽还有一个更重要的身份，就是慈禧太后二弟桂祥的大女婿。这说明，慈禧太后还是要派个自己信得过的人去一看究竟。出洋大臣还包括户部右侍郎戴鸿慈、刚担任军机大臣的徐世昌、湖南巡抚端方。六月十四日（7 月 16 日），朝廷特别发布了遣使出洋考察政治的上谕，给出相对清晰的预期：“分赴东西洋各国，考求一切政治，以期择善而从。”（《派载泽等分赴东西洋考察政治谕》）意思是说，这次出洋考察各国政治后，将会学习借鉴其中的良善者进行改革。

上谕发布后，立宪派欢欣鼓舞。国内舆论对出洋考察寄予厚望，将此理解为实践君主立宪的重要突破，产生了考察之后朝廷即将切实推行君主立宪的政治预期，纷纷建言献策。列强各国对此举也持欢迎态度。七月，应载泽之请，又增派商部右丞绍英前往。五大臣出洋考察团正式确定。

在一片兴高采烈中，政府公布考察团于八月二十六日（9 月 24 日）正式出发。立宪派和朝廷上下谁也想不到，会有一颗炸弹已经在暗处等待了。这个时候朝廷上下对革命党人的暗杀活动了解并不多，也没有现代警察制度，因此车站也没有什么警戒措施，吴樾很轻易地接近了考察团的专列，走进了车厢。

五大臣出洋及被炸案是透视此时中国社会情形的好案例。体制、观念僵化的朝廷面对滔滔巨变，一直行动迟缓，被动改变，外不能抵御外患，内不能顺应民心。革命力量潜滋暗长，日益激进。国内士绅对朝廷还存有希望，在现代报刊帮助下政治组织力大大增加，政治介入意愿越来越强，容忍度却在显著下降。另外，反满革命派和立宪派政治主张的分歧，也由此案曝光于公众。爆炸案发生后，立宪派大为恼火，强烈批评反满

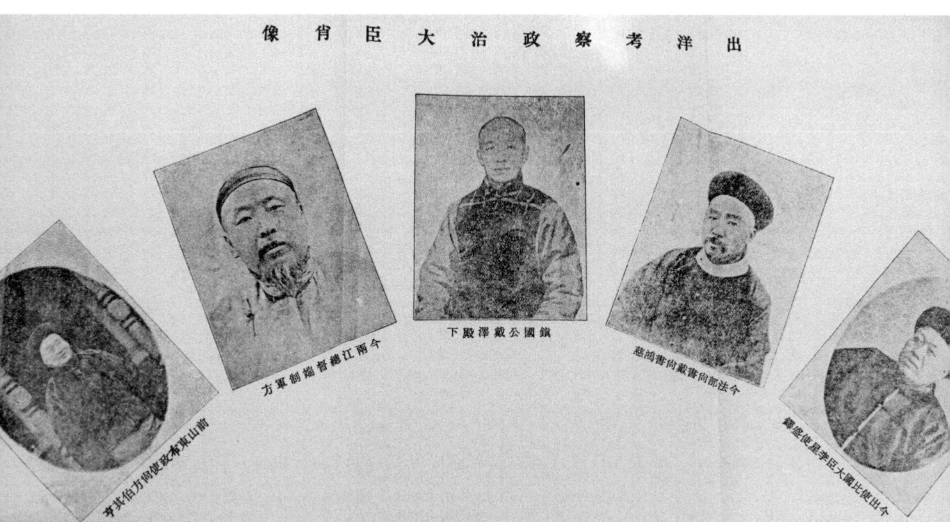

图 24-6　出洋五大臣

最终出使的五大臣是：镇国公载泽、法部尚书戴鸿慈、两江总督端方、驻比利时公使李盛铎、山东布政使尚其亨。图片选自《东方杂志》第 3 年第 13 期临时增刊《宪政初纲》，1907 年，中国人民大学图书馆供图。

革命的激进行为，呼吁朝廷不能动摇推行君主立宪的决心。随后立宪派和革命派围绕中国该立宪还是该革命进行了一场大辩论。

惨烈的爆炸案让朝廷认识到，革命的力量已经不可忽视。革命者破坏五大臣出洋考察，证明了立宪确实不利于革命。随后清政府一方面成立巡警部，加强安保工作，预防革命党破坏；另一方面继续安排出洋考察，加快改革步伐，安抚立宪派。九月初十日（10 月 8 日），下令成立巡警部。十月二十九日（11 月 25 日），下令成立考察政治馆，编选各国宪法资料，供朝廷参考。十月十一日、十五日，调整后的出洋考察团分两批秘密出洋。

预备立宪

重新组织的考察团兵分两路。戴鸿慈、端方一行先出发，经日本赴美国，然后去了英国、法国、德国、奥匈帝国等，于光绪三十二年六月二十一日（1906 年 8 月 10 日）回京复命。载泽、李盛铎、尚其亨一行经日本赴美国，然后赴英国、法国和比利时，于光绪三十二年六月初三日（1906 年 7 月 23 日）回京复命。考察团共考察了 14 个发达国家，参观了各国议会、政府、学校、监狱等机构，调查研究了各种制度运行情况，还请各国政治家、学者讲解宪政与原理等。考察团还通过获赠、购买等方式搜集了约四百种外文图书资料，编辑了 67 种图书，并将其中的 30 种撰写提要进呈慈禧太后和光绪皇帝。考察团出发前对社会各界的预期心知肚明，各国见闻也让他们眼界为之大开，认识到了主动推行政治现代化改革的益处。考察团在考察过程中，向朝廷发送了阶段性报告，归国后又上奏了正式报告。

综合来看，考察团越来越认识到中国和世界各国在物质和文化上的差距，封闭是导致中国落后的主要原因，尽快推行君主立宪是正确的出路。载泽上奏了《吁请立宪折》，戴鸿慈和端方上奏了《请定国是以安大计折》等，一致认为无论是挽救危亡，还是寻求富强，以及保存大清王朝，除了实行君主立宪制，别无他路可走。他们在慈禧太后召对时，都力陈立宪的好处，建议立即行动起来，以安人心。

当然，两个考察团的汇报也有差异。有研究者指出，载泽建言的核心在于强调模仿日本进行政体改革的迫切性和必要性，侧重于消除慈禧太后和政府官员对立宪的疑惑。戴鸿慈和端方建言的核心在于如何进行全面系统的君主立宪改革，侧重于具体方案。这也比较容易理解，载泽身份特殊，宗室贵戚，虽没有担任重要官职，但说的话更容易被慈禧太后相信。戴鸿慈和端方有明确的官职，行政能力较强，侧重于具体工作建议也很合理。

推行君主立宪，就是变更国体，兹事体大。晚清以降，地方督抚崛起，凡是大事，皇帝和太后一定得征求中央和地方重臣的意见。推行君主立宪改革这是一等一大事，自然也得征求意见。然而获得的意见却有些意外：原本支持立宪的丁振铎又

图 24-7　宪政考察团合影

图片未标注出处时间，不过可以辨认出前排右 5 是端方，右 6 是戴鸿慈。综合各方面信息来看，可能是光绪三十二年四月（1906 年 6 月）经罗马回国前，端方、戴鸿慈与随员拍摄的合影。图片选自朱诚如主编《清史图典》第 11 册，第 149 页。

不赞成立宪了，一直主张学习西方的张之洞却认为民智未开，反对立即宣布立宪，此前倡议立宪的岑春煊建议预备立宪以十年为期，此外官员中也有一些人或明或暗反对立宪。袁世凯、周馥和赵尔巽则同意宣布立宪。

是否立即推行君主立宪，在考察团归国之后，反而成为一个疑问。事态紧急之下，载泽于七月初四日（8 月 23 日）独自上奏《奏请宣布立宪密折》，提出了两个有力的观点：第一，"宪法之行，利于国，利于民，而最不利于官"；第二，立宪之利有三——皇位永固、外患渐轻、内乱可弭。

从奏折或政论角度来看，载泽这个奏折水平很高，从正反两个方面充分论证了尽快推行君主立宪的必要性。他对反对立宪的言论一一驳斥，直接指出官员反对立宪的根本原因说白了就是不想让自己的利益受损，又从正面言简意赅地阐述立宪的"三大利"，坚定慈禧太后对立宪的态度。这三点，确实是慈禧太后所想。最后，载泽又诚挚地以自己的身份担保所言绝对真情实意，是为了皇太后、皇上和大清江山着想。

此折有理有据有情，确实是很有说服力。据说慈禧太后览奏，大为感动。有意思的是，这份"密折"很快流传出来，并被《时报》《东方杂志》等刊登，获得了各方好评。《东方杂志》将此折收录在光绪三十二年十二月（1907 年 2 月）出版的《宪政初纲》中，并以"记者案语"的形式指出，"吾国之得由专制而进于立宪，实以此折为之枢纽"。很显然，这是有意为之，制造舆论压力。

载泽这份奏折确实起到了作用。七月初六日（8 月 25 日），慈禧太后命令醇亲王载沣和 7 位军机大臣、4 位大学士及政务处大臣张百熙、参预政务大臣袁世凯阅看考察政治大臣条陈的文件。初九日，阅看文件的大臣们一起讨论是否实行立宪。在这个最高等级的研讨会上，载沣、奕劻、瞿鸿禨、袁世凯、张百熙、徐世昌均支持立宪。这六位也是地位最重要、权力最大和最得慈禧太后信任的人。鹿传霖、王文韶、铁良、荣庆对立宪持保留态度。十日，慈禧太后召见载沣等人，确定了预备立宪的方针。

光绪三十二年七月十三日（1906 年 9 月 1 日），朝廷发布预备立宪的上谕。其中说道："时处今日，惟有及时详晰甄核，仿行宪政，大权统于朝廷，庶政公诸舆论，以立国家万年有道之基。"（《宣示预备立宪先厘定官制谕》）意思是啥呢？就是说，太后和皇帝已经充分认识到了立宪的好处，立宪之后，最终大权还在太后和皇帝手中，政治运行按照民主方式进行，确

图 24-8 《宪政初纲》封面

《宪政初纲》是《东方杂志》光绪三十二年（丙午年）最后一期。《东方杂志》由张元济等人主持的商务印书馆主办，是宣传立宪运动的主要阵地之一。《宪政初纲》不仅刊布了载泽的密折，还有《出使各国大臣奏请宣布立宪折》《编纂官制大臣镇国公载等奏厘定官制宗旨大略折》《总核官制大臣庆亲王等奏编定阁部院官制折》，以及《阁部院官制草案》《立宪纲要》《舆论一斑》《外论选译》《立宪纪闻》《君主立宪国宪法摘要》等。可以说是当时立宪和官制改革最权威文件的汇总。图片选自《东方杂志》第 3 年第 13 期临时增刊《宪政初纲》，1907 年。中国人民大学图书馆供图。

保国家长治久安。

很不幸，在这句话之后，有一个“但”字。大家都知道这个“但”字的威力。但是民智未开，条件不足，只能先“预备立宪”。从某种程度说，大清王朝就毁在这个“但”字上。国内外营造了这么久的立宪期盼氛围，等来了一个“预备”。立宪派的失望可想而知。更糟的是,“预备”没有明确时限，最终让朝廷人心尽失。

从清末十年来看，宣布“预备立宪”，是清末政治发展的转折点。它把清末新政分成前后两期，前期重点在改科举，发展新教育和工商业，这都属于技术性改革，后期的重点在于改官制，定宪法，这都属于体制性改革。改革触及体制机制，就是进入了深水区，就是容易出事的危险期。

官制改革

怎么“预备立宪”呢？大家认为得先从官制改革入手。

经济基础决定上层建筑，生产关系要适应生产力的发展。时代不断向前发展变化，政治体制和政府机构要不断主动调整，以适应经济和社会发展的需要。这种朴素的马克思主义理论认识，在今天可以说是接受过初中以上教育的中国人都了解的。可是当时的人并不知道。理论是理论，现实是现实。戊戌变法时期就有很多人提出来中国的政治体制和官制已经非常不适于现代世界竞争，但是刚一实行改革官制，就引起了滔天巨浪。清末新政启动后，久经宦海的刘坤一和张之洞虽然提出了一些政治改革的意见，但是并不敢深度触及这一问题。

历史的车轮走到光绪三十二年，官制改革终于没有了可退的空间，也没有了从容的时间。这犹如在逼仄的墙角斗牛，凶多吉少。一线生机就在于最高权力执掌者的观念和意志。

“预备立宪”从改革官制入手是戴鸿慈和端方的建议。两人认为现在国内对于立宪期望值很高，可是国内还没做好立即进行政治大改革的准备，因此希望以十五年或二十年为“预备”期限。在预备时期，如果毫无作为，将会人心大失。现在朝廷机构设置很落后，与改革很不匹配，官员又用着不顺手，因此，最好仿照日本，在正式立宪前先从官制改革入手。在他们看来，官制改革的好处很明显：“未改官制以前，任人而不任法；既改官制以后，任法而不任人。”（戴鸿慈、端方：《奏请改定全国官制以为立宪预备折》）也就是说，传统的政治是人治，主要看人能不能干；改革之后，主要是法治，主要看法善不善。实现法治以后，政治运行就不会随着人的去留沉浮产生大的波动，即使是中人之才也能把政治运行得不错。这种看法在当时很先进，也有一定道理，但是具体怎么改呢？

戴鸿慈和端方建议中央官制和地方官制一起改。中央官制怎样改呢？应仿照日本等国的改革经验，在中央仿行责任内阁制以求中央行政统一。地方官制怎么改呢？根据各国经验，实行三级制管理，完善地方行政机构和倡导地方自治。实事求是地说，不管戴鸿慈和端方的具体建议是否恰当，他们看到的问题是真的问题。此时清朝的国家治理已经出现了非常大的问题，到了濒临崩溃的边缘，确实到了不改不行的地步了。

第一，中央决策机构运行效率低下，已经部分“脑梗死”。

军机处是真正的中枢决策机构，向来无定员，且是兼差而不是官职，虽然有领班大臣，也不是正式的任命，大家都是根据资历及皇权执掌者信任度来判断谁主导军机处。所以军机处商议事情时，效率非常低，哪怕是十万火急，也是互相客气推诿。前面我们讲中法战争时就提到过这种现象。不过那个时候恭亲王虽然消极，但是还有李鸿藻、翁同龢等人支撑着。现在领班军机是贪腐老迈奸猾的庆亲王奕劻，军机大臣里面比较清廉能干是瞿鸿禨，可是瞿鸿禨和奕劻很不对付。至于内阁，从军机处成立后，就成了个没有实权的机构。

第二，中央执行机构领导设置混乱，五脏六腑都不能好好运转。各部尚书是第一长官，类似今天的部长，可是满汉各 1 位，尚书下面是左右侍郎，类似今天的副部长，满汉各 2 位，上面还有管部的亲王或大学士，一个部可能有 7 位负责人。关键是在实际运行中，遇到硬碴儿，不一定有人负责。尚书和侍郎都是直接向皇帝负责，类似总督和巡抚这样的关系，侍郎要是兼任军机大臣，实际权力可能比尚书还大。管部的亲王或大学士，也是虚虚实实。你想想，一个单位都是领导，而且领导之间互不隶属，能运转得好吗？过去皇帝非常勤政且能“乾纲独断”时，这些官员尚且“因循怠玩”，现在光绪帝不能管，慈禧太后日益衰老，处理政务时间越来越少，军机处的老大和老二又不对付，朝廷还能运转好吗？此时的清朝，可以说是五脏六腑都不正常了。

第三，中央对地方控制力越来越弱，全身骨骼开始发生错位。从秦始皇开始，中国向来是中央集权体制。“中央集权”这四个字听起来不是太好听，但确实是国家稳定的关键。中央怎样集权？主要有 4 种途径：人事、财政、军事和司法。从太平天国起义开始，中央在这四个方面的控制就不断减弱，后来又经过一系列重大历史事件，尤其是庚子事变的冲击，中央权威快速消耗，地方督抚是要人有人，要钱有钱，要枪有枪。这种情况下，朝廷有点事都要和地方督抚商量，而不是像过去一样直接命令。

第四，中央和地方部门之间沟通困难，官员互相推诿扯皮，可谓经络不通。环境变得越来越复杂，事情变得越来越烦琐。各部门内部就运行不畅，更别说各部之间的沟通协作了。需要相互沟通、通力合作的事，往往演变成一等二靠三落空。官员之间钩心斗角，扯皮推诿，能少干就少干，能不干就不干，能躺着绝不站着。从嘉庆帝开始，皇上就反复痛斥臣下的疲沓怠玩，不负责任。一百年了，从未根治。现在中央集权松动消解，愈演愈烈。

此外，机构新旧参半，权责不清。以中央为例，此前在列强压力下，清政府已经将总理各国事务衙门改为了外务部，又为推行新政先后成立了商部、学部、巡警部、练兵处等机构。这些新机构和六部等旧机构有些权责是交叉重叠的。不用想都知道，权责不清、运行不畅才是常态。

戴鸿慈和端方到欧美各国考察了一大圈，深刻认识到中国的政治体制机制是真的落后，因此会提出学习西方近代政治组织模式来进行中央和地方官制改革的建议，希望建立一个权责分明、精简高效的现代行政机构。理念是先进的，建议是系统的，在当时也确实是颇有针对性。不过，他们对现实阻力考虑得不够。

虽然清政府此时的体制机制到了必须改的地步，但是真要改起来，阻力仍然巨大。整个政府进行全方位改革，兹事体大。朝廷决定组织个大班子，来专门讨论如何改革官制。七月十四日（9月2日），朝廷任命载泽、荣庆、徐世昌、袁世凯等人共同编纂官制，要求端方、张之洞、岑春煊等总督派遣官员来京参与讨论，奕劻、孙家鼐和瞿鸿禨总负责。十八日，又成立了专门的编制馆，研究相关事情。

体制机制改革的实质就是权力的再分配，就是人员的再组织。可是很多人一旦进入政府机构，就变成吃政府、吃机构。机构裁并必然导致不少人特别是没什么能力的人失去位置，丢掉饭碗。对于有能力的人来说，此处不留爷，自有留爷处，被迫丢掉饭碗也许是人生转折点。但是，越是没什么能力的人越担心失去饭碗，越会激烈反抗。因为，饭碗就是生死的问题。毕竟，能力不足或惰性思维已经养成的人，还是占大多数。

因此，从开始正式讨论改革官制起，激烈的斗争就开始了。暗地较劲，公开争吵，以及流言蜚语，全部出现。就连太监都卷入了。有人传言说内务府要裁撤，今后宫里不需要太监了，全部要出宫。得到消息的太监们，跑到慈禧太后面前哭诉，要老佛爷开恩救命。各种负面消息弄得慈禧太后心烦意乱，对官制改革的支持有所动摇。

争议大，最高决策者也拿不定主意，决定公开听取更多人意见。八月上旬（9月底），朝廷采纳御史的意见，允许百官发表意见。在中国古代，广泛征求意见的潜台词就意味着后退。果然，各级官员反对声浪非常大，很多人认为责任内阁弊端太多，败坏国家。不少人还把矛头指向袁世凯，导致袁世凯被慈禧太后严厉斥责。恐惧之下，袁世凯以检阅彰德秋操为由，紧急出京。载泽为了挽救体制改革，希望能向慈禧太后当面解释，但后者不予召见。载泽此后也不再被慈禧太后信任，政治生涯被按了暂停键。

面对如此复杂的局面，慈禧太后要求负责官制改革的大臣们团结起来，妥善处理。奕劻这些老妖精，自然明白慈禧太后这个要求的用意：稳定第一！于是官制改革相较于戴鸿慈和端方提出的建议，大幅度后退，到了慈禧太后最后拍板的时候，再度后退。

九月二十日（11 月 6 日），朝廷发布了裁定中央官制上谕，军机处和内阁都不动，户部改度支部，以财政处并入；兵部改陆军部，以练兵处、太仆寺并入；太常、光禄、鸿胪三寺并入礼部；工部和商部合并，改为农工商部；轮船、铁路、电报、邮政等事务归新成立的邮传部。其他机构基本不变或只改个名字。这个方案差不多是戊戌变法时期机构改革的诉求。

图 24-9　镇国公载泽

载泽是康熙帝六世孙，其父过继给道光帝弟弟惠亲王绵愉为嗣。这样载泽的身份就比较有意思，血缘上是远支宗室，名分上是近支宗室。他因为是公爵，因此可以娶慈禧太后二弟桂祥长女为妻，成了慈禧太后的娘家人。他因为独特的情况，在宗室中比较淡然，也比较开明，出国考察大开眼界，著有《政治考察日记》。慈禧太后死后，他再度被起用，在“皇族内阁”中担任度支大臣。图片来自网络。

客观地评价，这次改革相比过去中央机构的设置和运行，显然是有进步的。这个方案若是放在戊戌变法时期，乃至于放在清末新政开始推行的时期，都是了不得的进步。但是此时已经是光绪三十二年了，全国的主流民意希望的是君主立宪制。现在“预备立宪”不仅预备期不明，为“预备”设计的责任内阁完全不可能，连一个相对有力度的官制改革都不能实现。俗话说，希望越大，失望也越大，愤怒也就越大。翘首以盼的立宪派看到消息后，人人失望愤怒。清朝失去了最后一次自救的机会。人民大众的愤怒喷涌而出之际，中央也因为官制改革爆发了一场激烈的权力大战。

这就是著名的丁未政潮。

图 24-10　光绪三十年的慈禧太后

光绪三十二年前后的中国，体制机制改革迫在眉睫，纷繁复杂；中枢核心官员和地方督抚“清”“浊”两派渐成水火；光绪帝作为名义上的皇帝无法负起责任。更致命的是，慈禧太后日渐衰老，出现倦勤倾向，很多事情也拿不准，拖而不决。政局危矣。图片选自故宫博物院编《最后的皇朝：故宫珍藏世纪旧影·帝后卷》，第 94 页。

第二十五章　丁未政潮满盘皆输

光绪三十二年是丙午年，光绪三十三年是丁未年。中国古代的谶纬学说有著名的“红羊劫”之说，即每六十年就会出现一次“丙午丁未之厄”。这个时候，国家大概率会发生显著的变故。按照阴阳五行的说法，天干之丙属阳之火，地支之午也属阳之火，天干之丁属阴之火，地支之未属阴之烬。五行相生相克，火生土，即火在灼烧后会化为灰土。这些玄学当然不科学，但是朝廷高层这两年斗争的火气真是很大。

光绪三十二年的官制改革，雷声大雨点小，敷衍收场。官制改革引发的矛盾却没有收场，延续到了光绪三十三年。光绪三十三年这场激烈的朝廷政治斗争，好似一场熊熊大火，不仅把瞿鸿禨、岑春煊等人的功名利禄烧为乌有，也烧断了清朝的一个支撑柱。政潮之后，大厦已倾。这场激烈又充满戏剧性的政治斗争，史称丁未政潮。

纵观整个晚清史，丁未政潮是和辛酉政变、甲申易枢、戊戌政变、庚子事变一样深刻改变朝廷政治格局的重大政治事件。政潮之后，权力格局又一次大改写；以奕劻、袁世凯为核心的浊流官员内伤不轻；以瞿鸿禨、岑春煊为核心的清流官员基本被驱逐出权力体系。丁未政潮和前几次政治大斗争显著不同。前几次是最高掌权者之间的斗争，即慈禧太后和其他人的斗争。这一次的特别之处是，这是效忠于慈禧太后的核心大臣之间的激烈斗争。

要把这次政潮说清楚，得先从清流、浊流这个背景知识说起。什么是清流？什么是浊流？所谓"清""浊"，是对官员操守品德的一种笼统概括。"清流"多是科举出身，道德感较强，品格纯正，恪守儒家信条，为官较清廉正直。"浊流"多非科举出身，道德感相对较弱，世俗变通，为达目的不择手段，为官常贪腐敛财。物以类聚，人以群分。官员模糊地分成清流、浊流，其实是中国传统政治中常见的现象。前面我们讲甲申易枢时，曾分析过同光时期的清流派及其在甲申易枢中起到的作用。甲申易枢之后颇长的一段时间，因为不再需要"清流派"制约恭亲王奕䜣，清流与浊流之分似乎没有那么明显。到了清末几年，官员清浊区分又一次出现。外务部尚书兼军机大臣瞿鸿禨、两广总督岑春煊是清流的代表人物；军机大臣庆亲王奕劻、直隶总督兼北洋通商大臣袁世凯是浊流的代表人物。此时这四人是朝廷中最有权势的人，又各有人数较为可观的门生故吏，一时间势均力敌，尖锐对立。

奕劻－袁世凯

四人之中，地位最尊贵的是庆亲王奕劻。书上常说奕劻昏庸贪墨，其实是不准确的。他的一生，就是精明计算的一生，只不过这种精明计算没用在江山社稷上，而是用在攫取个人利益、用在了“庆记公司”的经营上。至于“庸”和“贪墨”，也就是治国理政上视野能力都不行，又拉帮结派、贪腐敛财，还是描述得很准确的。大贪官和清朝掘墓人之一，是他永远推翻不了的历史定位。奕劻死后，谥曰“密”（意思是“追补前过”），这是溥仪对他的审判。这些评价，基本体现了历史正义。

奕劻虽然是宗室，但少年贫寒（相对显贵而言），颇尝人间冷暖，因此显贵后特别看重钱财，通过卖官鬻爵、操办婚寿节庆等方式，收敛了大量钱财。光绪三十年御史蒋式瑆就公开弹劾奕劻“贿赂公行，门庭如市”。此后弹劾奕劻父子的奏折不断，但是奕劻的地位却很稳固。这是为啥呢？

第一，论关系，奕劻算是慈禧太后的“娘家人”。奕劻字写得好，善绘画，为人圆滑。承袭辅国将军爵位后，奕劻与慈禧太后娘家住得近，刻意巴结慈禧太后的弟弟照祥、桂祥。兄弟二人文化程度不高，与慈禧太后的通信多是奕劻代笔。奕劻也因此入了慈禧太后眼，开始派遣各种差使。奕劻又趁热打铁，与桂祥结为儿女亲家，正式成了慈禧太后的娘家人。这可是了不得的资源。慈禧太后特别照顾娘家人。

第二，论辈分血缘，奕劻已是宗室第一人。论辈分，奕劻是乾隆帝的曾孙，和恭亲王奕䜣、醇亲王奕譞一个辈。论血缘，到光绪帝这里刚出五服，虽算不上近支宗室，但也不是特别远。道光帝一支的男性宗室本来就不多，又不断凋零，奕劻的地位逐渐凸显出来了。甲申易枢后，恭亲王奕䜣和醇亲王奕譞兄弟失和，奕劻取代奕䜣担任总理各国事务衙门大臣，进入权力中枢。光绪十六年醇亲王奕譞病逝，光绪二十四年恭亲王奕䜣病逝。奕劻在宗室里的地位更加凸显。光绪二十九年荣禄

图 25-1 晚年奕劻

中国古代有相面术，属于玄学的一种。晚年奕劻这形象，活脱脱“奸相”“奸臣”“老狐狸”“腐朽”的既视感。按相面术的看法，面相反馈的信息可以分为两个层次，一是先天遗传的生物信息，二是后天的生活心理信息。从中年奕劻的照片看，他还没这么“奸”。地位越高、权力越大，私心私欲也越大，由内而外逐渐侵染，“奸相”就越严重。图片选自刘北汜、徐启宪主编《故宫珍藏人物照片荟萃》，第 249 页。

死后，奕劻进入军机处，成为领班军机。

第三，论权术，奕劻深得慈禧太后的信任。贫困落魄的经历让奕劻隐忍机敏，善于经营。在政治上，他坚定支持慈禧太后，无论慈禧太后做什么决定，他都坚决支持，包括戊戌政变和幽禁光绪帝。在生活上，他处处尽心讨好慈禧太后。慈禧太后已经无儿无女，又和光绪帝反目，他让自己守寡的女儿四格格长期在慈禧太后身边服侍。他是挪用海军经费兴修颐和园的主角之一，也是慈禧太后六十大寿庆典的核心操持人。尽管地位尊崇，他还注意细节，对李莲英等太监也很客气大方。所以，地位一直稳固。

奕劻的盟友是袁世凯。四人之中，最有实力的是袁世凯。袁世凯不是科举出身，洞悉人性人情，不尚清高，能屈能伸，身段灵活，平时八面玲珑，善于结交，关键时候心狠手快，简直是“曹操第二”。袁世凯的崛起，是很值得分析的一件事。袁世凯的背景并不强大，又不是科举出身，为什么能在清末最后十几年的惊涛骇浪中快速发展？最关键的原因就是他对形势的一次次精准判断：甲午惨败后，李鸿章大势已去，他毫不犹豫地转投荣禄；戊戌变法中，一开始支持维新，到了必须选择时，又坚定选择了荣禄和慈禧太后；署理山东巡抚后，奏请带走军队，不顾朝廷风向毫不手软镇压义和团；朝廷需要推行新政，又姿态鲜明地支持，大张旗鼓地推行；接任直隶总督后，看到京畿防务空虚，急朝廷之所急，立即全力投入编练新军；荣禄死后，毫不犹豫地向奕劻靠拢，并与之结盟。

荣禄死后，他判断奕劻即将出任领班军机，当即派人携带十万两银票拜见奕劻。既向奕劻表达了忠心，又击中了奕劻的贪心。此后奕劻家里大小事情，袁世凯都投其所好，为之操办。奕劻就爱这一套，很快就和袁世凯关系紧密起来，成为隐形政治盟友。袁世凯当然知道，慈禧太后才是终极“大BOSS”。所以他不仅交结奕劻，更尽心伺候太后。他和奕劻一样，都很注意细节，对李莲英等人也尽力结交。此时的袁世凯，不仅是直隶总督，还兼着北洋大臣、政务处参预政务大

图 25-2　袁世凯戎装像

精准判断形势，巧妙拿捏分寸，妥善处理各种关系，可以说是袁世凯乘风破浪的三大法宝。这让袁世凯在清末就有了很复杂的评价，李鸿章骂他是“真小人”，光绪帝骂他是“叛徒”，奕劻、李莲英和一般老乡同僚都觉得他厚道，政治对手觉得他狡猾又手辣，改革派和外国人觉得他是“开明之巨手”。袁世凯这一生，就一次没能精准判断形势，那就是最后阶段的复辟称帝。图片选自朱诚如主编《清史图典》第 11 册，第 125 页。

臣、练兵处会办大臣、督办邮政大臣等 8 项差使，地位和实力都超过当年的曾国藩和李鸿章。梁鼎芬在光绪三十三年参劾袁世凯的奏折中说：“自见奕劻后，交形日密，言无不从，袁世凯之权力，遂为我朝二百余年满汉疆臣所未有。”（《奏为密陈直隶总督袁世凯狼抗朝列虎步京师事》）梁鼎芬还真是有见识，一语道破了袁世凯的实力及奕劻和袁世凯互相勾结的严重后果。

奕劻和袁世凯在官场深耕多年，又善于培植个人力量。除了他两人外，一伙儿的还有军机大臣世续、奕劻之子农工商部尚书载振、袁世凯儿女亲家两江总督端方、东三省总督徐世昌等人，实力明显高于瞿鸿禨和岑春煊。他们的致命弱点在于奕劻父子的贪赃枉法及慈禧太后对袁世凯的提防，这是此后被清流官员猛烈攻击之处。

瞿鸿禨－岑春煊

四人之中，出身最低的是瞿鸿禨。瞿鸿禨的父亲最高官职是六品刑部主事。他的父亲虽然没有给他一个显赫的背景，但是却给了他一个好脑袋和一张好面容。瞿鸿禨聪颖异常，勤奋好学，父亲又亲自教导，科举之路相当顺利。同治九年（1870），瞿鸿禨乡试中举，第二年又考中进士入翰林院。当时的清流派领袖李鸿藻比较看重他。瞿鸿禨自己也争气，在光绪元年的大考中名列一等第二名，特授侍讲学士。两宫太后召见时，发现瞿鸿禨长得很像同治帝。瞿鸿禨亲家余肇康在《瞿文慎公行状》中描写了这次召见情形：“时穆宗毅皇帝方弃臣民，两宫皇太后言次泣下，垂询家世，奖勉交至。公受先朝特达之知实始此。”两宫太后看到瞿鸿禨，就想到了刚去世的同治帝，都控制不住哭了起来，一齐夸奖鼓励他。两宫太后何许人也？例行召见一位刚晋升的年轻干部会一起流泪？这其实就是委婉地指出瞿鸿禨和同治帝长得很像这件事。瞿鸿禨长得特别像同治皇帝，这一点绝不是野史。曾经担任安徽巡抚的冯煦在瞿鸿禨挽联中直接写“音容疑毅庙”。要知道行状和挽联可不是闹着玩的，尤其是在那个注重礼法的时代。此后瞿鸿禨虽然不如张之洞升得那么快，但仕途也是比较顺利的。先后典试河南、福建、广西等省，又担任河南、浙江、四川、江苏学政等职务，逐步升至礼部右侍郎。

庚子事变让慈禧太后栽了大跟头，却给瞿鸿禨带来了命运的巨大转机。瞿鸿禨当时正在湖南老家养病，闻讯后立即上奏请安，申请前往慈禧太后停留的太原效力。这种关切，估计让处于人生最低谷的慈禧太后感受到了儿子一样的温暖。光绪二十六年九月，瞿鸿禨被提拔为都察院左都御史，同月又晋升为工部尚书。瞿鸿禨也是一片赤诚，不待病假结束，不顾风雪严寒，就从湖南直奔慈禧太后驻跸的西安。光绪二十七年元宵节当天到达，第二日就被慈禧太后召见。此时的慈禧太后内心凄苦无比。仓皇西逃，一路上风餐露宿，担惊受怕。对光绪帝恨之入骨，又拿他没办法，还得接受他天天在自己眼前晃。慈禧太后再是女强人，再心狠手辣，也是有情感的。凄苦至极，一个和自己死去多年的儿子极像的人出现在面前，一片热情忠诚，任谁都绷不住。《瞿文慎公行状》写瞿鸿禨觐见时，“君臣相对泣下”。从此之后，瞿鸿禨就成了慈禧太后情感上最亲近的人之一。慈禧太后可能产生了某种移情效应，瞿鸿禨在她眼中并不仅仅是一个大臣。据野史记载，慈禧太后心里难过或不舒服时，总是把瞿鸿禨叫来，像对儿子一样倾诉，甚至是哭诉，瞿鸿禨就像儿子一样跪在慈禧太后身边，一声不响地倾听。

图 25-3　同治帝朝服像（局部）

图片来自网络。

图 25-4　光绪三十一年的瞿鸿禨

瞿鸿禨比同治帝大 6 岁，光绪三十一年的瞿鸿禨 66 岁。同治帝的朝服像画于 17 岁亲政以后。虽然其中相差了四十多年，但是依然看得出两人确实长得很像。瞿鸿禨这容貌、这态度，完全击中刚刚经历了逃亡的慈禧太后。可能她心中无数次地想，要是自己儿子活着，可能就是这样子。瞿鸿禨的照片很少。这张照片是从一张合影中截取。根据徐家宁考证，这张照片是光绪三十年十一月二十七日（1905 年 1 月 2 日）各部长官贺十三国驻京公使新年活动时拍摄。图片来自 https://collection.sl.nsw.gov.au/record/npAdXK61/eMqGZ4zVMjJJW。

瞿鸿禨从此青云直上，成为绝对的权力核心之一。光绪二十七年四月（1901 年 5 月），他进军机处担任军机大臣，同时派充政务处大臣，六月任外务部会办大臣兼尚书，八月随扈回銮，赏加太子太保衔，十二月充路矿会办大臣、经筵讲官。第二年三月兼财政处大臣，与奕劻一起会同户部办理财政。除了军事参与不多，一年不到的时间，瞿鸿禨就负责和参与了外交、财政、人事等方面的事务，在军机处的地位仅次于奕劻。这种状况一直持续到丁未政潮被罢黜。

四人之中，岑春煊的地位最低。岑春煊生于咸丰十年（1860），也就是英法联军进北京那年。岑春煊能力不错，科举不太行。不过他有个厉害的爹——担任云贵总督多年的岑毓英。通过捐纳、报效海军经费等形式，岑春煊进入仕途，并逐步成为中高级官员，担任太仆寺少卿等职务，后因为生病开缺回家养病。从岑春煊的出身来说，他大概率应该是个“浊流”，但是他却成了晚清政坛上一个敢说敢干的“清流”。

岑春煊干的第一件大事发生在戊戌变法时期。戊戌变法时，光绪帝召见岑春煊，见他强毅刚直，相当欣赏，特旨简授广东布政使。岑春煊受到赏识后，撸起袖子加油干，上书奏请光绪帝大规模裁并机构，裁汰冗员，引发了相当大的官场震荡。戊戌变法时期获得光绪帝青睐提拔的官员基本遭了殃，或许是因为已离京赴广东就任，或是因为他父亲，岑春煊并未受到太多牵连。到广东上任以后，岑春煊因为查办贪腐官员与两广总督谭钟麟发生冲突。谭钟麟出身湘系，受左宗棠看重，在收复新疆时负责粮草后勤，因功跻身封疆大吏，也不惯着岑春煊。此处插播一句，谭钟麟有个儿子叫谭延闿，国民党元老之一。岑春煊在广东待不下去，朝廷把他调到甘肃任布政使。从富庶的广东调动到苦寒的甘肃，本不是什么好事，却为他此后进入权力中心留下了转机。

庚子事变爆发后，担任甘肃布政使的岑春煊本可以冷眼旁观，但是他却立即向陕甘总督陶模请兵勤王。不用自己麻烦张罗还能完成朝廷任务，陶模自然支持。于是岑春煊带着数万两军饷和两千多骑兵长途奔驰，日夜兼程奔赴京师。兰州虽然距离京师很远，岑春煊部却是第一支到达京师的勤王军队。此时八国联军合围之势已成，荣禄接受陈夔龙的建议，让岑春煊驻扎昌平南口，以备慈禧太后和光绪帝西逃时护驾。几天后，慈禧太后和光绪帝仓皇西逃，过南口时，侍从皆散，食宿无着，安全亦无保障。不仅有八国联军的追击，身边还有军纪涣散的乱兵溃卒，甚至有士兵在慈禧太后车驾前持枪追逐喧哗。岑春煊听闻太后和皇帝出逃后，立即率部奔走寻访，在南口附近找到仓皇失措的慈禧太后和光绪皇帝一行人，当即担负起护卫服务之责。据说，岑春煊晚上总是带着刀枪睡在慈禧太后房间外，一听到动静，就大声说“臣岑春煊在此”。他犹如天神下凡，雪中送炭，安全保护，吃饭住宿，鞍前马后，不辞辛劳。慈禧太后落难之时遇到这样一个属下，那是相当的感动，到达西安后立即将其提拔为陕西巡抚，以示感谢。岑春煊从此位列封疆大吏，成为慈禧太后最信任倚重的人之一。

岑春煊贵公子出身，性格任侠好义，不像袁世凯那样世故圆滑，因此被一群老臣看不顺眼。在军机大臣的排斥下，岑春煊旋调任山西巡抚，此后历任四川总督、两广总督等职务。岑春煊所到之处，勤政爱民，廉洁奉公，惩治贪腐毫不手软，被时人称为“官屠”。瞿鸿禨和岑春煊都属于清流，看不惯奕劻和袁世凯，再加上政治斗争需要，二人逐渐亲近。无论是两广

图 25-5　岑春煊

岑家本是广西的土司，乾隆年间改土归流。岑春煊父亲岑毓英因平定云南回民起义有功而跻身封疆大吏，长期担任云贵总督。岑毓英共有七个儿子，每个人都是知府、道员以上官员。岑春煊是三子，故外号“岑三”，最为显赫。其次是五子岑春蓂，1905 年跻身封疆大吏，后一直担任湖南巡抚，宣统二年被革职查办。岑春煊叔叔岑毓宝曾署理云贵总督。岑家也被人称为“一门三总督”。图片来自 https://collection.sl.nsw.gov.au/record/9Bv7r009/RazRAeOmDpgRl。

总督还是云贵总督、四川总督，地位都低于军机大臣和直隶总督，而且远离政治中心。

瞿鸿禨、岑春煊两人都是廉洁正直之人，关系紧密但不是奕劻和袁世凯那样的政治利益团伙。朝廷中相对支持瞿鸿禨的有军机大臣林绍年等，不过也构不成政治团伙。瞿、岑两人最大的政治资本是非常时期和慈禧太后产生的情感关系。这是他们最大的优势，也是他们的致命弱点。此后被奕劻和袁世凯抓住，予以致命一击。

大家可能疑惑了，既然双方实力悬殊，怎么会爆发冲突呢？而且还是瞿鸿禨和岑春煊先出手的。其中可能有瞿鸿禨和岑春煊错估形势的因素，也有岑春煊性格的因素。

岑春煊率先发难

奕劻、袁世凯和瞿鸿禨、岑春煊之间本就气质不符，彼此暗中较量，渐渐势成水火。虽然他们都赞同立宪，但是在官制改革问题上各有各的打算。奕劻和袁世凯因为戊戌政变背叛光绪帝等缘故，强力支持端方等人成立责任内阁的主张，企图由此控制中枢，虚化皇权。一旦责任内阁成立，即使光绪帝亲政了，对二人也无可奈何。瞿鸿禨看出奕劻和袁世凯的打算，向慈禧太后力陈实行责任内阁制会带来不可估量的后果，尤其是皇权将被虚化，反对将内阁与军机处合并。最终公布的方案，比较接近瞿鸿禨的主张。奕劻、袁世凯不仅盘算落空，权力还受到削弱。军机处大改组，奕劻、瞿鸿禨留任，其他人全部退出，新增世续和林绍年。世续比较亲近奕劻和袁世凯，林绍年比较亲近瞿鸿禨和岑春煊。军机处一下子呈现势均力敌的局面。袁世凯在改制中吃亏最大，被迫辞去八项兼差，交出四镇北洋新军。

按岑春煊的说法，是奕劻和袁世凯先动的手。光绪三十二年七月（1906 年 9 月），奕劻和袁世凯借口片马交涉非岑不可，将岑春煊由两广总督调任云贵总督。岑春煊认为这是奕劻和袁世凯故意削弱他，称病不肯赴任。岑春煊的判断大概没错，但是朝廷任命的封疆大吏久不赴任，这在清朝可能还没有过。好在他深得慈禧太后信任，也没人弹劾追究他。奕劻又生一计，于光绪三十三年正月十九日（1907 年 3 月 3 日）奏请任命他为四川总督，并要求直接赴任，不必进京请训。这一谕令就强硬了很多，被逼无奈的岑春煊只好带着一肚子愤怒启程赴四川。就在此时，奕劻和袁世凯送来了把柄！

把柄就是新成立的东三省官员任命。此时的奕劻和袁世凯，是削弱瞿－岑与加强自己两手都要抓。三月初八日（4 月 20 日），东三省改制方案公布，总督为徐世昌，奉天巡抚唐绍仪，署吉林巡抚朱家宝，署黑龙江巡抚段芝贵，全是袁世凯系人马，朝野哗然。赴四川就职的岑春煊走到武昌后，电请入京觐见，希望向太后和皇帝面陈情况。为防止奕劻主持的军机处驳回请求，他不待批准即乘火车直接北上，于三月十七日抵京。封疆大吏不经批准擅自进京，这在以前是大罪。但是由于患难时期的真情感，慈禧太后不仅未责备他，反而连续三天召见。政坛的滔天巨浪正式掀起。

岑春煊在召见中向奕劻猛烈开炮，弹劾奕劻贪庸误国、卖官鬻爵，导致人心离散、纲纪败坏，并请留京给太后当一个"看家恶犬"。岑春煊的忠诚勇猛获得了慈禧太后的肯定，三月二十一日（5 月 3 日），他被任命为相当重要的邮传部尚书。岑春煊就任邮传部尚书觐见时，又补了一炮，向慈禧太后当面弹劾邮传部左侍郎朱宝奎，指其贿买侍郎，他羞与为伍。慈禧太后当天特旨将朱宝奎革职。岑春煊搏命式的政治冲锋，完全不按常理出牌，奕劻和袁世凯措手不及，满朝皆惊。当时有人在日记中写道："岑尚书乃一活炸弹也，无端天外飞来，遂使政界为之变动，百僚为之荡恐，过吴樾怀中所藏者远矣！"（孙宝瑄:《忘山庐日记》）意思是说岑春煊放的这一炮，对官场的冲击，比吴樾炸火车炸弹的威力大多了。

不去上任反而擅自入京，然后在最高权力执掌者面前猛烈炮轰亲王兼领班军机，接着就被任命为实权在握的尚书，上任当天就弹劾侍郎，后者在未经查证的情况下就被特旨革职，一连串的情况在整个清朝可以说是前所未有。这些显示出岑春煊确实得到了慈禧太后的信任，锋芒气势一时无两。瞿鸿禨和岑春煊趁热打铁，联手甩出了“王炸”——杨翠喜案。

杨翠喜案

要把这事儿梳理清楚，得从东北改行省说起。日俄战争动摇了清朝在东北的行政运行基础，朝廷被迫将中国东北地区改为三个行省。这是很大的事，必须慎重研究。于是朝廷派遣民政部尚书兼军机大臣徐世昌和奕劻之子商部尚书载振去实地考察。路过天津时，袁世凯命令亲信段芝贵负责陪伴招待。其间在天津大观园看戏，载振见到名伶杨翠喜，为之倾倒。段芝贵此时是天津巡警总办，善于逢迎巴结，颇得袁世凯信任。段芝贵将载振的心思看在眼里，让一商人以 12000 两银子为杨翠喜赎身，然后将其送给载振。随后段芝贵以祝寿为名送奕劻 10 万两银子，谋求升官。待东三省官员发布时，段芝贵居然以道员直升署黑龙江巡抚，直接跨越了按察使、布政使两大步，相当引人注目。奕劻得了钱，载振得了美人，段芝贵得了官，袁世凯扩大了势力，这事看起来皆大欢喜。但是，他们也给自己埋了一颗炸弹。因为瞿鸿禨和岑春煊正虎视眈眈，等待这样的机会！

图 25-6　杨翠喜

杨翠喜精通河北梆子，在天津戏园中演出后走红，被天津名士李叔同等人追捧。李叔同还曾写《菩萨蛮·忆杨翠喜》词两首。其中有“燕支山上花如雪，燕支山下人如月；额发翠云铺，眉湾淡欲无”等描写其形象的字句。丁未政潮发生后，杨翠喜名声大噪。光绪三十三年上海新小说社还出版了《杨翠喜》一书。图片选自杨鸣起、冯立主编《西青大运河诗钞》，第 328 页。冯立根据真实照片彩化。

为什么说很可能是瞿鸿禨和岑春煊联手的呢？我们看一下人物关系和事情发生的前后顺序即可。岑春煊三月十七日（4 月 29 日）抵京前，御史赵启霖赴保定迎接岑春煊并一同返京。赵启霖是谁？他是瞿鸿禨的老乡，刚担任御史不久，勇于言事，颇敢弹劾权贵。三月十八日，汪康年主办的《京报》以《特别贿赂之骇闻》爆出段芝贵以钱色贿赂奕劻父子内情，引起国内外舆论哗然。汪康年是谁？他是瞿鸿禨的学生，与瞿鸿禨经常有走动。三月十九日（5 月 1 日）岑春煊获召见，向慈禧太后严厉弹劾奕劻。岑春煊对奕劻最重要的指控是“内而侍郎，外而督抚，皆可用钱买得”（《乐斋漫笔》），就是败坏纲纪严重到京官的侍郎、外官的督抚，皆可用钱购买。岑春煊虽然刚猛，但也是久经宦海，绝不是无头脑的愣头儿青。他在慈禧太后面前弹劾奕劻连部长级、省长级职位都敢卖，这可是前所未有的大罪，是要有证据的。显然他是有备而来。三月二十一日岑春煊就任邮传部尚书后，立即面参朱宝奎贿买侍郎，这是举证了卖侍郎这一部分。卖巡抚呢？那就是段芝贵。岑春煊和段芝贵并无工作联系，岑春煊又不是监察官员，并不适合直接弹劾。汪康年《京报》放出的子弹已经飞了一会儿，估计也传到慈禧太后的耳朵里了。赵启霖于三月二十五日正式上奏，把刀子递到了慈禧太后的手中。赵启霖是御史，干这事名正言顺。

东三省改制，本是迫不得已的挽救危亡之举，没想到如此重大的政治布局，居然成了毫无廉耻的权色、权钱交易。慈禧太后勃然大怒，下令立即撤去段芝贵布政使衔和署理黑龙江巡抚职务，同时命令醇亲王载沣和武英殿大学士孙家鼐彻查此案。按照惯例，为了照顾颜面，弹劾宗室亲贵的折子一般留中不发，都是私下处理。但是这次，不仅未留中，反而派出光绪帝亲弟弟醇亲王载沣和帝师武英殿大学士孙家鼐彻查，且未经调查就将段芝贵直接撤职，也显示出慈禧太后相信了参奏内容。奕劻和袁世凯已经不是被动，而是很危险了。要是真被查实，奕劻父子和袁世凯即使性命无忧，荣华富贵绝对是没有了。面对这一局面，袁世凯甚至有些心灰意冷，在给端方的密信中甚至预想了丢掉直隶总督的结局。

奕劻和袁世凯当然不会坐以待毙，迅速将杨翠喜安排得明明白白，并串谋了口供。奕劻则以退为进，利用报纸传递自己因病请辞的消息。在面见慈禧太后时，他也多次请辞，表现出不恋栈的姿态。现在的关键就在于载沣和孙家鼐的调查。这两人的搭配挺有意思。载沣 24 岁，涉世未深，胆小怕事。孙家鼐 80 岁，久经宦海，圆滑世故。载沣地位最尊，按说是主持的人，但是要查的是他叔字辈的奕劻，确实不好办。据说，他找到军机大臣世续商量，世续建议他听孙家鼐的。前面讲了，世续其实和奕劻是一伙的。孙家鼐对形势观察得很到位，并不愿意站在瞿鸿禨和岑春煊一边。据传他曾跟载沣说，奕劻是亲王，即使惩处，也无法出京，今后还常能见到慈禧太后，奕劻四女儿还朝夕在慈禧太后身边伺候，袁世凯掌握北洋如故，奕劻随时都可以卷土重来，且认为瞿鸿禨和岑春煊并不能完全打倒奕劻和袁世凯，处理不好反而会因为自己帝师的身份牵连光绪帝。

孙家鼐 80 岁还屹立在朝廷中，毋庸置疑也是“糊弄学”大师。他的态度决定了两人调查的方法，迅速走了一番过场，将奕劻和袁世凯早已准备好的答案上报。四月初五日（5 月 16 日），慈禧太后发布上谕，批评赵启霖以“毫无根据之词”攻击“亲贵重臣”，将赵启霖革职。奕劻之子载振也以“人言可畏”和皇家脸面提出了辞职。第二天，上谕批准载振开去一切职务，并有所慰勉。这算是平衡处理，两边各打五十大板。

载沣缺少雄才大略，从此事可以一览无余。当他摄政之

图 25-7　载沣

载沣受奕譞"退潜"家风影响较大，没有政治野心，性格也比较温顺，这就决定了他会人云亦云，听从孙家鼐的建议。另外，此时的载沣可能也完全没想到，几年之后会突然摄政。青年载沣忠厚、壮实、帅气，比较符合现在清宫剧中王爷的形象。图片选自刘北汜、徐启宪主编《故宫珍藏人物照片荟萃》，第 84 页。

后，或者清朝倾覆以后，不知有没有回想过这个时刻，为错失这个一举干掉清朝两个掘墓人的机会而扼腕叹息。

排岑与倒瞿

"杨翠喜案"的调查结果让奕劻和袁世凯稳住阵脚，并开始猛烈反击。奕劻和袁世凯是浊流，心狠手辣，不择手段。由于岑春煊冲锋在前，当务之急是想办法把他弄出京城，掐断瞿鸿禨和岑春煊的紧密联系。理由是什么呢？就是南方不稳，亟待岑春煊去稳定局势。四月十一日，孙中山领导的革命党人在广东黄冈等地发动起义。奕劻抓住这个机会，让两广总督周馥、闽浙总督松寿夸大情况，传递出地方危急的信息。十六日，奕劻在和慈禧太后独对时，借机提出非岑春煊不能平定南方动乱，提议让岑春煊重任两广总督。慈禧太后采纳了这一建议，旋即明发了岑春煊重任两广总督的上谕。本来把岑春煊从两广总督职位上调离，是为了打击他。现在让他重任两广总督，也是为了打击他。政治斗争，有的时候是没道理可讲的。

瞿、岑二人对此毫无防备，无计可施。只担任了邮传部尚书 25 天就被排挤出京，岑春煊又惊又气。岑春煊面见慈禧太后想挽回，无功而返。贵公子出身的岑春煊本来就是个有个性的人，此时政治智慧又出了大问题。朝廷命令已下，京城已经无法停留，他又不愿赴粤，走到上海后，以养病为名，停留观望。一年不到的时间里，任命三个总督均不赴任，这在清朝历史上前无古人后无来者。可是这也极度消耗了慈禧太后对他的信任，更何况此时两广是有革命起义的，慈禧太后很盼他能稳定南方。岑春煊的任性负气及言行的不谨慎，给奕劻和袁世凯提供了致命一击的机会。

就在排岑初步成功时，奕劻和袁世凯意外得到了一个击倒瞿鸿禨的机会。一个月来对奕劻的揭发弹劾，大家都知道背后是瞿鸿禨，但是瞿鸿禨毕竟没有正式出面，奕劻和袁世凯也拿他没办法。就在此时，国内外流传出瞿鸿禨即将取代奕劻成为领班军机大臣的消息。这是怎么回事呢？

图 25-8　汪康年

汪康年是浙江人，光绪十五年考中举人。彼时瞿鸿禨正担任浙江学政。瞿鸿禨与汪康年的师生关系就是这样来的。汪康年曾在王文韶家担任塾师，中举后又应张之洞之邀为其孙子授课，并担任两湖书院史学教师。甲午惨败后，他积极参与上海强学会和创办《时务报》事务，邀请梁启超担任主编，成为知名的报人和政论家。光绪三十年任内阁中书，三十三年创办《京报》，旋即卷入丁未政潮。图片选自汪林茂编校《汪康年文集》，扉页。

综合各方面记载来看，事情可能是这样的。各种弹劾确实动摇了慈禧太后对奕劻的信任，考虑用瞿鸿禨取代奕劻出任领班军机大臣。瞿鸿禨把这个事告诉了自己的妻子，结果瞿鸿禨妻子没管住自己的嘴，在打牌时将消息透漏给了汪康年和曾广铨的妻子，汪康年在《京报》刊发了消息，曾广铨又告诉了英国的《泰晤士报》。绝密消息泄露，中外皆知，让慈禧太后非常不快。五月初六日（6 月 16 日），被奕劻和袁世凯买通的侍读学士恽毓鼎上折弹劾瞿鸿禨。第二天，瞿鸿禨就被开缺回籍，罪名是“暗通报馆，授意言官，阴结外援，分布党羽”（朱寿朋编《光绪朝东华录》）。

瞿鸿禨是被慈禧太后在情感上高度信任依赖的人，何以会被如此无情摒弃？此事过去解释多侧重在走漏要罢黜奕劻的消息上。这种解释有可能简单化了。我们有必要逐条解释这四点。

第一，“暗通报馆”如何解？除了泄露有意罢黜奕劻的消息外，不要忘了此前《京报》对“杨翠喜案”的揭露。汪康年和他的关系，大家都是知道的，所以恽毓鼎弹劾瞿鸿禨折里，专门弹劾了汪康年和曾广铨。

第二，“授意言官”如何解？不要忘了，弹劾奕劻的赵启霖和瞿鸿禨是同乡，而且此时不少御史都属于清流，和瞿鸿禨走得近。

第三，“阴结外援”如何解？有人指瞿鸿禨曾密奏宽宥康梁，因此引发慈禧太后不满。此事尚无确证，结合下面要讲的假照片事件可知，这里很可能是指瞿鸿禨和康梁有联系，而康梁又流亡海外。

第四，“分布党羽”如何解？谕令中明令将瞿鸿禨儿女亲家法部左参议余肇康革职。如果因为一个司局级干部与瞿鸿禨是儿女亲家就算是拉帮结派的话，实在是天大笑话。这里很可能是指瞿鸿禨与岑春煊等人的关系。

在以上四个罪名里，真正有杀伤力的是第三条。有研究者指出，瞿鸿禨曾密请慈禧太后赦免康梁，以和解姿态将戊戌政变翻篇，奕劻和袁世凯据此诬陷瞿鸿禨勾结康梁，希望归政光绪帝，触及慈禧太后最忌讳之事，导致瞿鸿禨彻底失去信任，直接被解职。此说应该是切中要害。为啥呢？虽然很难找到确凿的证据，但是从一系列旁证中，大概可以推论出来。

第一，慈禧太后最痛恨的人是康梁，永不宽赦，谁和康梁扯上关系，就是对自己的背叛。光绪三十年慈禧太后在七十大寿前曾大赦天下，但是谕令中明确说康有为、梁启超、孙文三人谋逆立会，罪大恶极，不予赦免。康梁这个时候还扛着“保皇”的大旗在海外与孙文领导的革命党斗争呢，但在慈禧太后心中，他们是比孙文更可恶的人。

第二，虽然恽毓鼎的弹劾奏折找不到了，但是恽毓鼎自己在日记里说的弹劾重点是“居心巧诈，蠹政害民，交通报馆，漏泄机密”（《澄斋日记》）。“居心巧诈”正是要动摇慈禧太后

图 25-9　储秀宫

储秀宫是慈禧太后在紫禁城里的寝宫。在光绪十年她五十大寿时，花费 63 万两白银装修。储秀宫边上的体和殿是慈禧太后的饭厅。晚年的慈禧太后，一边不愿放手权力，一边希望能安度晚年。没想到最后又经历了一次撕心裂肺的政潮。作者自摄照片，2019 年 11 月。

对瞿鸿禨的信任。恽毓鼎的奏折系袁世凯心腹杨士琦操刀，绝对是有的放矢，一箭射中要害。随后袁世凯面见慈禧太后时，据说重点提示了瞿鸿禨与康梁的关系，里外映衬，增加了可信度。

第三，罢黜瞿鸿禨谕令下后，与瞿鸿禨亲近的军机大臣林绍年公开抗辩，称此不足以服人，要求派人查案。慈禧太后推诿不过，派孙家鼐和铁良查办，又说“不知如何查法”。孙家鼐请求将恽毓鼎奏折下发，慈禧太后回答“汝查而已，何必原折？”[《盛宣怀档案资料》(第 3 卷)] 显然这是表明了慈禧太后是情感大于理性，奏折中有她不想让人知道的内容。

第四，岑春煊也因为和康梁扯上关系而彻底丢官。这就是著名的“假照片事件”。

“假照片事件”

“假照片事件”在清末为人津津乐道，也是丁未政潮中袁世凯等人不择手段的形象体现。岑春煊到上海后逗留不前，给袁世凯留下了进一步攻击的机会。袁世凯给两江总督端方发密电，要其时刻观察，搜集证据。瞿鸿禨被开缺后，袁世凯等人就要清除岑春煊了。最后的“王炸”就是一张康有为、梁启超和岑春煊的假合影。

岑春煊早就认识康梁。光绪二十一年，岑春煊列名上海强学会，成为戊戌变法的积极参与者。光绪三十二年底，当岑春煊逗留上海时，康梁就通过康有为的女婿麦孟华和他建立了关系，并以舆论等方式隐秘地参与了政潮。这些事情，也逐渐被袁世凯知晓，并成为反击瞿、岑的利器。瞿鸿禨被果断罢黜，显示出奕劻和袁世凯的反击击中了要害。要彻底击倒岑春煊，也要打这一点。五月二十八日（7 月 8 日），有御史弹劾岑春煊屡调不赴，骄蹇不法，二百余年来罕见，不仅列出贪、暴、骄、欺四大罪，还着重提到岑春煊与康梁逆党的关系。不过慈禧太后阅折后留中不发，可见并未完全采信。奕劻和袁世凯随即使出了高科技杀招——假照片。

关于这张照片，说法有四五种之多。有的说是康、梁与岑春煊的合照，有的说是梁启超和岑春煊的合照。综合清末各种掌故记载，包括岑春煊自己所说，虽然细节各有差异，但是基本叙事是：袁世凯亲信蔡乃煌花重金找到康、梁和岑春煊独照各一张，然后利用暗房技术将照片合成一张，交给袁世凯，袁世凯交给奕劻，由其在面见慈禧太后时带入呈交。慈禧太后在回京后，思想大为进步，逐渐喜欢上了照相等洋玩意儿，她不知道的是，照片还能造假。[1]

此时，弹劾瞿鸿禨的恽毓鼎再次发挥作用。七月初二日（8 月 10 日），恽毓鼎上折弹劾岑春煊在上海逗留不前，与康梁诸逆过从甚密，密谋勾结倾覆朝局。其中有“岑春煊本系戊戌年保国会领袖，然朝廷倚畀甚隆，不应再有异志。乃逗留不前，反与康有为、梁启超、麦孟华诸逆密相勾结，臣不知其是何居心”等语（《奏为两广总督岑春煊勾通逋贼情迹可疑事》）。这几句话，可以说直击要害。恽毓鼎在奏折中还提醒慈禧太后要特别提防与瞿鸿禨、岑春煊亲近的军机大臣林绍年走漏消息。恽毓鼎在日记中，记载了七月初一日自己缮写弹劾奏折时，被认为是合成照片具体负责人的蔡乃煌与他长谈的情形。这是不是又从侧面印证了假照片的事儿？

据恽毓鼎日记记载，慈禧太后看到奏折后明面上并未立即有所反应，而是密电湖广总督张之洞迅速来京，面询要事。这反映出慈禧太后对弹劾奏折将信将疑，想找个第三方的人来咨询分析一下。不过张之洞老奸巨猾，不愿蹚这趟浑水，以生病为由推脱不能迅速进京。七月初四日，上谕两广总督岑春煊开缺养病。奕劻如果要给慈禧太后递送照片的话，很有可能就是在该日。据说奕劻还对慈禧太后说，岑春煊与康有为在上海

1　岑春煊的回忆如下：“（袁世凯）阴使人求余小照，与康、梁所摄，合印一帧，若共立相语然者。所立地则上海时报馆前也。”（岑春煊《乐斋漫笔》，中华书局，2007，第 32 页）这可能是已知中国最早 ps 照片最精确的信息。另据刘成禺等人记载，这张照片是革命党人陈少白制作，后来岑春煊又求李莲英用李与慈禧太后扮观音与韦陀的合成照片向慈禧太后关说。

密谋像戊戌时候一样废后拥帝。御史上奏，照片在手，亲王报告，不能不信啊。好家伙，这是又要把戊戌变法时期的事情再来一遍呀！估计慈禧太后听到这个，心脏都抽搐，最痛苦的记忆一下子都复活了。阶级敌人时刻在想着反攻倒算，难道还要吃两遍苦、受两茬罪吗？有掌故记载“后览相片无讹，默对至时许，叹曰‘春煊亦通党负我，天下事真弗可逆料矣！虽然彼负我，我不负彼！可准其退休’”（费行简:《慈禧传信录》）。这段记载不知真假，但结果确实如此。不仅岑春煊被允许开缺养病，同日岑春煊保举的军机大臣林绍年也被逐出军机，改授河南巡抚。

这场激烈的丁未政潮至此落幕，众人全盘皆输。

政潮的影响

复盘这场政潮，我们可以感受到清流与浊流的差别，以及此时清朝政治运行的危机。瞿鸿禨、岑春煊出于对慈禧太后和清朝的忠心，本想借着慈禧太后的情感信任，罢黜败坏纲纪的奕劻，扳倒羽翼渐丰的袁世凯，没想到载沣等人并没意识到这一点而提供支援，袁世凯等人斗争手段更加毒辣，不择手段地瓦解了慈禧太后对自己的信任，反而将自己彻底罢黜。

丁未政潮过后，一地鸡毛，政治格局大变。这场激烈的政治斗争，没有赢家。瞿鸿禨和岑春煊的政治生命从此葬送。瞿鸿禨被迫回到湖南老家隐居，心灰意冷。岑春煊在辛亥革命爆发后虽然被重新起用，但是和朝廷已经离心，反而成为共和国的赞同者。更重要的是，从此清廉之士在清朝内部很难凝聚成一种力量，没人再敢弹劾奕劻和袁世凯，政治崩坏的气息更加浓厚。

奕劻和袁世凯虽然保住了位置，但是权力也被慈禧太后削弱了。原本慈禧太后想把奕劻一并开缺，但是孙家鼐、鹿传霖等老臣认为动作太大，无人能接手执掌军机处，奕劻因此得以保住职位。慈禧太后随即命令醇亲王载沣入军机处。作为此时最尊贵的亲王，载沣入军机处显然是牵制奕劻。由于瞿鸿禨开缺和林绍年外调河南巡抚，除了老好人鹿传霖重入军机处外，另调湖广总督张之洞和直隶总督袁世凯担任军机大臣。对于张之洞来说，他已经担任湖广总督近二十年了，一直有入军机处的呼声。但是由于军机大臣鹿传霖是他姐夫，不便两人同在军机处。这次晋升体仁阁大学士并不避嫌疑地进入军机处，是慈禧太后对他的褒奖和信任。至于袁世凯，虽然他取代了瞿鸿禨成为外务部尚书兼军机大臣，但是不能再担任直隶总督，可谓调虎离山。

经过这样连环操作，朝局暂时稳定了下来，慈禧太后不仅再一次掌控了局面，而且还不动声色地削弱了奕劻和袁世凯。慈禧太后就没有损失吗？她可能在情感上受了伤。慈禧太后无论多么强悍，终究是个人，而且是个年迈的女人。丈夫、儿子早已死去，甚至曾经的那些对手也全都死去。经常在眼前晃的这个光绪皇帝，已经毫无亲情可言。戊戌年以来十年间的风风雨雨，外臣中能够给予她一些慰藉的主要就是像儿子的瞿鸿禨和雪中送炭的岑春煊，现在他们却都被指出和可恨至极的康梁勾结，试图再来一次政变。“围园弑后”的背叛让她锥心刺骨。几年来最信任的人再一次“背叛”，这让她情何以堪？一怒之下，罢黜两人，但是之后呢？至少每当自己难过孤单时，再也找不到一个像儿子一样的人倾听自己的哭诉了。满朝文武，不过是政治工具而已，谁还能像岑春煊那样莽撞忠诚？有传闻说慈禧太后曾痛斥瞿鸿禨和岑春煊没良心，可见心中之难过。

清朝的崩解已经隐约可见。更猛烈的风暴即将来临。

图 25-10　保和殿内景

保和殿匾联是乾隆帝御书。匾额“皇建有极”，对联“祖训昭垂，我后嗣子孙尚克钦承有永；天心降鉴，惟万方臣庶当思容保无疆”。“皇建有极”出自《尚书·洪范》“皇建其有极”，意谓君王以中道建立政事。这副匾联的意思是，子孙后代要谨遵祖训，敬畏天命，以包容恭谨教化人心，以公平公允安定天下，让大清永远健康存续。匾联反映的正是清朝治国理政的核心理念，恰好也解释了清朝的崩解原因。丁未政潮破坏的正是清朝统治最核心的因素——“中道”。图片来自网络。

第二十六章　载沣摄政昏招迭出

光绪三十四年十月二十一日（1908 年 11 月 14 日）18 点 33 分，光绪帝在紫禁城突然死亡，时年 38 岁。光绪帝可怜、可悲、可叹的一生，终于画了句号。有研究者说光绪帝是近代中国统治阶级上层的爱国者、失败了的改革者、历史悲剧的扮演者。这是一个比较公允的评价。在晚清众多政治人物中，光绪帝最让人扼腕叹息。壮志难酬，一生凄凉。

历史滚滚向前，不会因为光绪帝之死而停止。悲剧也是连续剧，也不会因为光绪帝之死而暂停。

光绪帝死后，新的悲剧主角自然就登场了，这就是醇亲王载沣和他儿子宣统帝溥仪。光绪帝驾崩后，慈禧太后迅速发布懿旨，命令载沣之子溥仪入宫继承大统为新皇帝，兼祧同治帝和光绪帝。但是溥仪只有3岁，载沣被授予摄政王头衔，与光绪帝皇后隆裕太后一起执掌朝政。

传递的是权力，也是悲剧。

光绪帝这么年轻，怎么就突然死了呢？

光绪帝之死

从丁未政潮结束到光绪三十四年十月初十日（1908年11月3日）慈禧太后万寿节，这一年多的时间，是大清朝最后一点儿相对平静的时光。已经进入权力中枢且越来越受慈禧太后重视的载沣，多次在日记里留下天降祥瑞的字样。慈禧太后万寿节这天，慈禧太后召见了他，赏了一挂菩提念珠，对他“温谕有加”。既喜悦又害怕的他，在日记里写道：“竟日祥云奄映，更沾瑞露缤纷也。”（《醇亲王载沣日记》）载沣此时或许没有意识到，在这个天上飘着白云、草木挂着露水的欢乐时刻，一个巨大的阴谋和悲剧正在上演。天降祥瑞的实质，是回光返照。

十天之后，光绪帝突然驾崩。不到一天，慈禧太后也死去。因此，要把光绪帝之死说清楚，得从慈禧太后之死说起。

光绪三十四年十月二十二日，1908年11月15日14点45分，也就是光绪帝驾崩20小时12分后，慈禧太后死去。此时距离辛酉政变几乎整整47年，距离慈安太后死亡也已27年，距离清朝灭亡，还有3年。

皇帝和太后相隔一天先后死亡的消息一出，天下震惊，议论蜂起。社会的这种反应，非常正常。天下震惊的不是光绪帝

图 26-1　光绪帝读书像轴

清朝宫廷画师称为“画史”，其重要政治任务就是给皇帝、皇后、太后画各种服装的像。这种画像不仅要美，还要保持基本的真。光绪帝好像没有照片留存下来，只有朝服像等几幅宫廷画师画的像。这张是成年之后常服像，可能是比较接近其真实形象的画。从这形象看，光绪帝也不像病恹恹的样子。结合道光帝、奕譞、载沣、溥杰四代人的健康情况来看，他也没有大的家族遗传疾病。图片选自朱诚如主编《清史图典》第11册，第77页。

和慈禧太后各自的死，而是两人前后脚的死亡。从常情来看，38岁的光绪帝死在74岁的慈禧太后前一天的概率是极其小的，小到比今天中双色球头奖的概率还小。可是，这样一个小概率事件，居然真的发生了。发生在最高权力者中间的如此离奇的事，经过报刊等各种途径的消息传递，老百姓当然非常震惊。民间传言凶猛，以至于几天后，朝廷直接命令严禁造谣，不许妄谈朝政。

光绪帝到底是怎么死的呢？朝廷公布的原因是病亡，民间则多不信。此后关于光绪帝之死，出现了各种各样的说法，成了清朝一大谜案。时间过了一百年，“清光绪帝死因研究课题组”用科学手段对光绪帝的头发、骨骼和衣服等进行了化验，得出了结论：光绪帝系砒霜中毒死亡。准确地说，是急性胃肠型砒霜中毒。通俗地说，就是被投毒，患者大剂量摄入砒霜，可于数小时至数天内死亡。课题组通过大量文献梳理分析，认为光绪帝最有可能是在十月十七日（11月10日）下午5点晚餐时，吃下了慈禧太后赏赐的含有砒霜的食物，其间未能得到医治，4天后死亡。目前对于课题组的这一结论虽然还有一些质疑，关于光绪帝之死的讨论仍在继续，但是“毒死说”已经为不少人接受。

慈禧太后为什么要毒杀光绪帝？这一问题也是说法各异。其中影响最大的是长期担任起居注官的恽毓鼎的说法，即有人在慈禧太后面前进谗言，说光绪帝听闻太后病重后有喜色，这引起了慈禧太后的杀心。不过我更倾向于认为，慈禧太后要杀了光绪帝，不是一时之念。前面已经多次讲过此事。戊戌政变后，慈禧太后想废杀光绪帝的想法就出现了。到了光绪二十五年己亥建储第一次大白于天下。由于刘坤一等大臣和外国公使坚决反对，这一计划才未能得逞。以慈禧太后阴狠毒辣之性格，庚子事变所受屈辱和颠沛流离之苦，只能增加她对光绪帝之恨。待到回銮和政局趋稳之后，慈禧太后想杀了光绪帝以解心头之恨的念头，并未完全消失，只是不敢动手而已。但是这种念头，对身边人时有流露。据当时传说，慈禧太后对身边的人说，自己绝不能死在光绪帝前头。这种信息传播的范围，不断扩大，一些在京官员和外国公使也知道了。光绪三十年，外务部右侍郎伍廷芳在与日本驻华公使内田康哉密谈时就透露了这一信息。内田向日本外务省报告时说："伍话中之意，皇太后驾崩诚为皇上身上祸起之时。今围绕皇太后之宫廷大臣，及监官等俱知太后驾崩即其终之时。"（日本外务省外交史料馆藏《各国内政关系杂纂》）

伍廷芳光绪三十年密谈中提及的信息，在光绪三十四年就真的发生了。这会是巧合？以此来看恽毓鼎所说太后病重光绪帝面有喜色之事，显然也是有人故意刺激慈禧太后。让她在感觉不久于人世前，对光绪帝痛下杀手。

光绪帝之死，对清朝的负面影响是极为深刻的——失去了最后一位被天下接受、可以稳住政局的人。

慈禧太后的政治布局

就事论事，不得不佩服慈禧太后，在生命的最后时刻，还能把权力交接安排得明明白白。

也许从让载沣进入军机处开始，慈禧太后就在琢磨身后的政治布局了。因此，光绪帝一驾崩，她就命令载沣的儿子溥仪入宫继承大统。溥仪继承大统，只是皇位交接。3 岁的孩子当

图 26-2　慈禧太后朝服像

从光绪三十年慈禧太后七十大寿时拍摄的照片来看，似乎没有这么苍老。照片或许是慈禧太后最后的形象？直到最后一刻，她也没有消解心中的仇恨。不管怎么样，她也逃脱不了生老病死的自然规律。图片选自朱诚如主编《清史图典》第 11 册，第 5 页。

皇帝，只是个符号。真正的皇权运行，还得说清楚。临死前，她发布了最后一道懿旨，对死后的皇权运行进行了如下安排："特命摄政王为监国，所有军国政事，悉秉承予之训示裁度施行。现予病逝危笃，恐将不起，嗣后军国政事，均由摄政王裁定，遇有重大事件必须请隆裕皇太后懿旨者，由摄政王随时面请施行。"（《宣统政纪》）

慈禧太后这道懿旨主要传递了三个意思。第一，我赋予摄政王监国之权，他听命于我。这是让大家明白，载沣权力的合法性来自慈禧太后。第二，我现在病得重，可能要死了，赋予摄政王载沣最高行政决定权，你们要听他的命令。这是扶上马还要送一程，请臣下把对慈禧太后的忠诚转移给载沣。第三，皇权的最高执掌者是隆裕太后，极其重要的事情载沣还得和隆裕太后商量。这是对侄女及娘家的一个政治安排，避免被人反攻倒算。

为什么载沣会被慈禧太后选中？有必要简要介绍一下载沣。

载沣是道光帝亲孙子、醇亲王奕譞的第五子、光绪帝同父异母的弟弟。载沣 7 岁时，父亲奕譞病死。载沣承继醇亲王爵位。虽然父亲死得早，但是他在奕譞培植的谦退家风中长大，性格谦和宽厚，德行相当不错。载沣发育得不错，年轻时面容俊伟，相当体面，如果生在今日，简直有成为明星的潜质。载沣虽然不是慈禧太后妹妹所生，但是按照满人规矩，慈禧太后妹妹是嫡母，慈禧太后还是他名义上的大姨。不过慈禧太后很厌恶奕譞一家，并不待见载沣。

载沣的转机起自慈禧太后的危机。光绪二十七年，载沣作为头等专使大臣去德国为德国公使克林德被杀道歉。他去德国赔礼道歉，主要是因为地位尊贵以示诚意。第一次在国内外露脸，却是这样一个不好办的差事。没想到，在荫昌等人的帮助下，载沣顺利完成了任务。此后，载沣才入了慈禧太后的眼。慈禧太后在回銮路上，将荣禄之女幼兰指婚给他。幼兰人称“八姑娘”，曾被慈禧太后养于宫中，是慈禧太后的干女儿，活泼伶俐，精明能干，颇得慈禧太后宠爱（本书第十九章慈禧太后扮观音那张照片，左一侍女可能就是她）。如果说奕劻之女是老年慈禧太后生活起居中最信任的人的话，那么幼兰就是满足慈禧太后情感需要之人。孤寂衰老的慈禧太后的生活，非常需要这样一位生机勃勃的人物。

幼兰嫁给载沣后，还时常在慈禧太后身边服侍。娶了幼兰的载沣，开始被授予各种职务，安排各种差事，比如参加官制改革讨论等。光绪三十二年，他的儿子溥仪诞生，给子嗣稀少的道光帝一系增添了些许生气，他的重要性进一步提升。丁未政潮后，载沣进入军机处，开始学习日常政务处理。一年后，光绪帝和慈禧太后先后死亡，他就成了摄政王。也就是说，载沣能担任摄政王，客观因素是他是道光帝的亲孙子，又有一个儿子；主观因素是他娶了荣禄之女幼兰，获得了慈禧太后的信任。

从个人角度看载沣，他可谓乱世中的一股清流，颇有可称道处。生在帝王之家，他的人生是没有自由的。当上摄政王，完全是被动的，失去摄政王，也完全是被动的。在他退位监国摄政王没多久，清朝就被推翻。清末诸位政治人物中如此大起大落，只有载沣一人。面对风高浪急的历史大变动，他都能平和以对。这实在是极难得的。此后无论是两次复辟还是北京政变，无论是伪满洲国成立还是日本侵华，他都守住底线，不再参加政治活动。更难得的是，在皇室优待条件被减少及停止后，虽然经济状况不断恶化，但是他都尽力照顾好子女家人，这也是颇值得肯定的。

从国家治理的角度来看载沣，他确实是运气差、能力弱。年纪轻轻就被历史的风浪推上了最高权力执掌者的位置，相当仓促地去驾驭大清这艘四处漏水的大船，确实不能说是运气好。更为糟糕的是，慈禧太后给载沣组建的执政团队，没能够维持三个月。

图 26-3　摄政王载沣与小皇帝溥仪

这张图可能是溥仪登基之后艺术加工的明信片，原图上有“大清国宣统皇帝陛下及摄政醇亲王殿下御尊像”。如果说载沣还有一点像的话，溥仪几乎全是想象。图片选自朱诚如主编《清史图典》第 11 册，第 174 页。

罢黜袁世凯

在光绪帝驾崩整整一个月后，摄政王载沣正式在养心殿开始代替皇帝处理政务。连遭大丧，幼帝登基，对初掌国柄的摄政王载沣和隆裕太后来说，挑战可想而知。当务之急是笼络住朝廷重臣，维持政务正常运转。几天后，载沣以宣统帝的名义宣布，庆亲王奕劻公忠体国，功绩卓著，特别加恩以亲王世袭罔替，就是俗称的铁帽子王，这是不得了的恩典。庆亲王是清朝最后一个铁帽子王，也是时间最短的铁帽子王。三年之后，大清亡了，帽子也没了，奕劻也成了爱新觉罗家的罪人。其他几个军机大臣，张之洞、袁世凯赏加太子太保衔，世续、鹿传霖赏加太子少保衔，几人均赏用紫缰。从常理来说，载沣笼络这些军机大臣，也显示出要稳定政局的倾向，以安抚内外人心。这符合大家预期。谁知道，半个月后，风云突变。

十二月十一日（1909 年 1 月 2 日），载沣突发谕令，将外务部尚书兼军机大臣袁世凯直接罢黜回家了。上下中外一片惊愕！

根据各种史料和传闻可知，载沣一开始可能不是要罢黜袁世凯，而是要杀了他。载沣为何在执政之初就对袁世凯下手，但是又由杀改罢呢？由于文献的缺失，此事已经很难有确凿的解释了。综合各方面信息，应该有以下几种可能，也或许是几种情况的综合。

首先，载沣对袁世凯有旧恨新仇。袁世凯在戊戌变法时期的告密一定程度上导致光绪帝被囚禁，是旧恨。丙午改制冲突中，据说载沣要枪毙袁世凯，是新仇。不过两人都是举国注目的大人物，再加上慈禧太后的威严，所以两人还要维持着基本的礼仪。载沣和袁世凯在丁未政潮后都进入军机处，袁世凯入京后就主动拜会载沣，载沣也还之以礼。在光绪三十四年七月（1908 年 8 月）袁世凯五十大寿时，载沣还去贺了寿。从载沣所受教育和一生经历来看，他不是一个睚眦必报和有雄才大略之人，而是颇为谨小慎微，甚至有些懦弱。他应该不会仅仅因为这个就去杀了或罢黜在政局中有举足轻重地位的袁世凯。溥仪后来回忆说摄政王要杀袁世凯为兄报仇，是缺少有力证据的。但要是说这个因素一点都没有，同样缺少有力证据。

图 26-4　颐和园玉澜堂厢房藕香榭门内的砖墙

光绪帝夏季主要居住在颐和园玉澜堂。戊戌政变后，为了惩治光绪帝，慈禧太后命令将玉澜堂厢房藕香榭和霞芬室的门用砖封死。这堵墙，是戊戌政变所有参与者心中那堵墙的形象化。慈禧太后和光绪帝虽然死了，这堵墙依然在。作者自摄照片，2023 年 11 月。

其次，光绪帝遗诏诛杀袁世凯。关于光绪帝遗诏诛杀袁世凯一事，最早见诸文字的是与康有为、梁启超有关系的新加坡《南洋总汇新报》和上海《时报》于光绪三十四年十二月（1909年1月）发布的消息，称光绪帝留下约五百字的朱谕，最后一句是“袁世凯宜即处斩”。有研究者认为，这很可能是康梁为了彻底扳倒袁世凯制造的假信息。光绪帝遗诏诛杀袁世凯，还有其他的信息来源。进入民国后，一些不同于上述两报所载的光绪帝遗诏信息刊布。其中最值得关注的是长期担任张之洞幕僚的陈衍在其自撰年谱中的记载。光绪帝死后，隆裕太后整理他的书案等遗物，在其中发现了一些纸条，上书“袁世凯凌迟处死”等字样。另外还有胡思敬《国闻备乘》说隆裕太后奉光绪帝遗诏要诛杀袁世凯，但是载沣与张之洞并不同意；御史赵炳麟知道内情后，立即上书弹劾袁世凯，最后演变为罢黜。

几条史料虽然都不是直接证据，但是连在一起似乎可以构成一个说得通的解释。光绪帝痛恨袁世凯想杀了他，见于吴永《庚子西狩丛谈》等各种掌故书，应该实有其事。“围园劫后”最终被坐实，最关键的证据就是袁世凯的告密。这导致了慈禧太后对光绪帝不能原谅的仇恨。光绪帝长期被囚，愤恨难平，留下诛杀袁世凯的纸条，可能性确实很大。陈衍是张之洞最信任的幕僚，彼时正在京城协助张之洞，而张之洞是最知道内情者之一，陈衍将此事以“相传”的形式写在自己年谱中，显然是有意为之。第二条材料的作者胡思敬，彼时正在京城担任御史之职，与上书弹劾袁世凯的御史赵炳麟是朋友和同事。赵炳麟在丙午改制中与瞿鸿禨一起反对袁世凯的主张，又在丁未政潮中猛烈弹劾奕劻父子，反被处置。赵炳麟等御史认为背后是袁世凯的主意，对袁世凯颇为痛恨。此时听到遗诏的消息，赵炳麟等人立即弹劾，也是相当合理的。胡思敬写此内容时，特别指出当时御史弹劾大臣时都是先探寻上层意旨，也增加了事件的可信度。

再次，满洲亲贵为了防止袁世凯尾大不掉，促请载沣动手。提出这一说法的是载沣的七弟载涛。载涛和载沣是一个爹妈生养的亲兄弟，载涛比载沣小四岁。从载沣日记里就能看出来，他经常和载涛走动，罢黜袁世凯后，载涛被载沣重用。载涛晚年回忆，载沣虽然没有雄才大略，但是并不糊涂，清楚奕劻和袁世凯的勾结会让自己大权旁落。肃亲王善耆和镇国公载泽两人向载沣秘密进言，内外军政皆是袁之党羽，慈禧太后一死，袁世凯无人钳制，此时不迅速除掉，将来羽翼更丰，恐将引起叛变。善耆和载泽是清末王公中头脑最明白、能力最强的两人，载沣也部分采纳了他们的建议，要将袁世凯革职交法部治罪。

假如载沣或隆裕太后真的想杀袁世凯，杀得掉吗？答案是正常途径不行！为什么？因为慈禧太后已经绑住了他们的手脚。慈禧太后临死前设计的摄政时期政治运行机制是互相牵制的：最高皇权在隆裕太后手里，但是没有行政权；载沣虽然是监国摄政王，有行政权，但谕旨非经军机大臣副署不能发表；军机大臣主要是执行，但是对于摄政王命令可不同意不签名。袁世凯本身就是军机大臣不说，领班军机大臣奕劻和袁世凯是长期的政治盟友，自然不能同意。另一个重要的军机大臣张之洞则说主少国疑，不可轻易诛戮大臣，极力反对。也就是说，载沣即使真心想杀袁世凯，在现有政治运行机制下也做不到。

无论是上面三种因素的哪一种或三种合力，大概的历史事实是：光绪帝确实留下了诛杀袁世凯的手谕；隆裕太后和一些王公因为各种原因要除掉袁世凯；袁世凯确实有性命之忧；现行机制并不利于诛杀袁世凯；奕劻、张之洞等军机大臣坚决反对。几经妥协，袁世凯最终以一个相对体面的方式被罢黜回家。谕令是这样说的："军机大臣、外务部尚书袁世凯夙承先朝屡加擢用，朕御极后复予懋赏，正以其才可用，俾效驰驱，不意袁世凯现患足疾，步履维艰，难胜职任，袁世凯着即开缺回籍养疴，以示体恤之至意。"(《宣统政纪》)

谕旨表达了三个意思：一是袁世凯能力强，前朝备受重视，不断提拔，很对得起他；二是新朝原本很尊重他，想继续用他，但是他自己患病无法工作了；三是让袁世凯回老家养病体现了朝廷对他的体恤。这其实是给罢黜袁世凯提供了一个看起来冠冕堂皇但是很拧巴的官方解释，目的还是想在处理袁世凯后维持政治的稳定。

这三层意思逻辑看起来很顺畅，为什么说拧巴呢？第一，"开缺回籍"在晚清的政治话语里，是一个有倾向性的词语，比如前面的瞿鸿禨、岑春煊，对他们用的也是这个词。有些官员会主动向朝廷提出因病等"开缺回籍"，但是朝廷想挽留的，都会一再给予病假；不想留的，才顺势批准。像瞿鸿禨、袁世凯这些人，自己都没主动申请，因此"开缺回籍"就是罢黜的体面说法。第二，真的要治病，京城中西医会聚，肯定是治病最佳之处，为什么要回到农村去呢？回老家养病其实就是逐出权力中心的体面说法。如果说政治的决策是复杂的力量角力的话，那么政治的表达就是虚伪高超的语言艺术。也有研究者指出，不能说这个谕旨中的信息完全不可信，因为袁世凯此前确实以患足疾为由请过假。

袁世凯可能在慈禧太后和光绪帝死亡前的九月十三日（10月7日）以足疾为由上过请假折。袁世凯的脚可能确实有些小毛病，但是此时请病假，应该和时局有关系。进入九月，慈禧太后的身体就开始出现明显的恶化。十三日给袁世凯写请假折子的许宝蘅当时担任军机章京，也在日记里提到前一天直隶总督杨士骧推荐的中西医进宫看病。此时袁世凯担忧政局走向而预留后退空间是比较合理的。他是戊戌政变的关键参与者，光绪帝对其恨之入骨的传闻，他应该不会完全没听说过。万一慈禧太后去世，光绪帝亲政后第一个要清算的就是他，这也符合大家的预期。此时以足疾为由提出请假，可进可退。他没想到的是，足疾这个理由既为载沣罢黜他提供了由头，也给此后他复出要挟朝廷提供了空间。

慈禧太后死后，袁世凯内心一直很恐慌。此时隆裕太后和载沣真要是像康熙帝除鳌拜那样不按常理出牌，当机立断杀了他，他还真的没有太多成功反抗的机会。有人说他为了自保，建议向欧美各国派大使，并自荐担任驻美大使，借此远避国外。此说尚未得到官方文献证实，但是提出此说的是袁世凯的门生，可能并非子虚乌有。如果真能出使美国，绝对是可进可退的高招。为什么要改派大使呢？因为原来都是公使，品级低，袁世凯这样的正一品大员没法担任。

袁世凯再老奸巨猾，也是个人，遇到生死存亡的大事情，也慌得不行。开缺谕令下达后，袁世凯当天夜里如同惊弓之鸟，便服逃到天津法租界。直隶总督杨士骧是袁世凯提拔上来的，得知消息后立即晓以利害，指出袁世凯此时是奉旨穿孝大臣，未经批准，擅脱孝服离京，又不遵旨回籍，如被发现才是死罪难逃。杨士骧派专车连夜将其秘密送回京，并叮嘱第二天立即启程回河南。和杨士骧看法近似并传递消息给袁世凯的，可能还有世续、王祖同等人。一代枭雄袁世凯虽然有些惊慌失措，但头脑还是清醒的，及时采取了这些建议，第二天就大大方方离京返乡，留住了日后东山再起的机会。这天晚上发生的事，既反映了载沣可能真的不想杀袁世凯，也反映了他确实没有雄才大略。若他是个心狠手辣、雄才大略之人，在袁世凯被罢黜后就会严密监视他，并以擅自脱孝私自潜逃为名，光明正大将其治罪杀头。如此，于法于情于势，拥戴袁世凯的北洋军队都很难叛乱。

突然罢黜袁世凯，是载沣摄政后第一个大的政治措施，从历史进程来看，这对清朝政局的稳定产生了致命的负面影响，深刻影响了近代中国的历史进程。为什么这么说呢？我们需要借助一个比喻才能更好理解这一点。

庚子事变之后，清朝之所以能够摇而不坠，关键是还有三条腿支撑着大清这只鼎。第一条腿是满蒙八旗，第二条腿是瞿鸿禨、岑春煊等人代表的汉人清流官员，第三条腿是袁世凯代表的汉人浊流官员。他们之间一直有争斗冲突，但是在拥戴慈禧太后和维护清朝稳定这个问题上，目标是基本一致的。这三条腿，支撑着清朝，虽有风浪颠簸，但是尚不至于倾覆。光绪三十三年的丁未政潮，瞿鸿禨和岑春煊被罢黜，朝廷内的清流派官员为之丧气，三条腿可以说是断了一条。袁世凯突然被罢黜，等于是断了第二条腿！

被罢黜是袁世凯的人生分隔符。在被罢黜之前，袁世凯虽然是浊流，但应该还是清朝坚定的支持者，最大的野心也不过是内阁总理大臣。现在差点丢了性命，以昭告天下的方式被逐出权力格局，一次性消耗了他对清朝的忠诚。袁世凯回乡后很快须发尽白，51 岁却像六七十岁的人，可见此次死里逃生对他消耗之严重。载沣罢黜袁世凯又没杀死他，相当愚蠢。袁世凯可不仅仅是一个人，他的背后是六镇精兵和与他结交的无数官员。对于他，要么尽释前嫌极力笼络，要么以合法理由除而后快。载沣以罢黜的方式将袁世凯暂时逐出权力中心，斩草而未除根，等于是给自己养了一只伺机反扑的仇恨之狼。

最后剩下满蒙八旗这一条腿情况怎样呢？载沣也是迅速地将其削得越来越细，方法就是重用亲贵。

图 26-5　袁世凯垂钓

袁世凯被罢黜回家后，并不是回到原籍周口项城，而是回到彰德府（今安阳），居住在彰德城北门外洹上村。袁世凯将其住宅取名“养寿园”，风轻云淡，自在垂钓，处处体现出淡泊隐居的样子。袁世凯为何居住在此？一个原因是袁世凯埋葬生母刘氏时与同父异母哥哥袁世敦产生矛盾，从此断绝了与袁世敦的往来。二是他购买的田产、房产等主要在豫北彰德府。三是安阳在芦汉铁路线上，交通方便，消息灵通。洹上村在当地叫袁寨，距离后来举世闻名的殷墟只有三四里地。图片选自朱诚如主编《清史图典》第 11 册，第 195 页。

重用满蒙亲贵

袁世凯被罢黜的当天，满人叶赫那拉·那桐替补担任军机大臣。看姓氏就知道，那桐与慈禧太后、隆裕太后是同族。慈禧太后有优待娘家人的一贯作风，娘家人里出了这么个能干又八面玲珑的人，虽然血缘已经很远了，但提拔也要比别人快不少。因此，那桐的升迁之路是相当顺利的。光绪十一年中举后，他被任命为户部主事，到了光绪二十六年冬天被奕劻保荐，升任户部右侍郎。此后担任过户部尚书、外务部尚书、步军统领等重要职务，此时是东阁大学士兼外务部会办大臣。按资历，那桐递补入军机处是完全没问题的，可是按照惯例，就很有问题。军机处发展成熟后，军机大臣配备的不成文原则是满汉对等。作为汉军机的袁世凯被罢黜，应增补一位汉人大臣进军机处才对。那桐违反常规进入军机处，实质上反映的是载沣摄政时期的一个重大政治变化——重用满蒙亲贵。

重用满蒙亲贵最早主要体现在军事机构的人事任命上。在那桐进入军机处之前八天，载沣已经任命他的亲弟弟载涛和贝勒毓朗、陆军部尚书铁良担任训练禁卫军大臣，直接归载沣统辖调遣。宣统元年五月二十八日（1909 年 7 月 15 日），谕令根据宪法大纲，皇帝担任海陆军大元帅，职权暂由监国摄政王载沣代理，同时成立军谘处作为辅助机构。军谘处职责是掌管秉承皇帝的诏书命令，辅佐制定军事策略，实质就是总参谋部。可以看出来，控制军权是载沣摄政第一年的重点之一。选择自己信任的人编练禁卫军并由自己直接掌控，这没什么问题。作为监国的摄政王，尽快掌握军队控制权，也合情合理。但是载沣的用人，问题就很大了。任命他最信任的七弟载涛担任禁卫军统领是合适的，但是在二十八日任命贝勒毓朗管理军谘处事务后，第二天就又加派载涛管理军谘处事务。而且在二十八日，还任命了他的六弟载洵担任筹办海军大臣。载沣、载洵、载涛是一母所生的三个亲兄弟。这种人事任命，且不说载洵、载涛能否胜任，单从观感就可想而知。

这里有必要解释一下“亲贵”这个词。“亲”主要是指情感上的信任，“贵”主要是指由血缘产生的尊贵地位。所以“亲贵”可以是载洵、载涛这样又亲又贵的人，也可以是荫昌这种亲而不贵的人。这样就清楚了，“亲贵”其实是个很小的圈子，不包括所有满人和蒙古人。也就是说，本来载沣的执政基础是满蒙八旗，但是他没有选贤任能，而是只提拔自己信得过的一小部分人，有些能力出众但是不在他小圈子里的满蒙人才，也被边缘化了。在军事机构人事任命上，载沣最大的败笔是将铁良排除出了军事决策圈。

铁良生于同治二年（1863），属镶白旗，自幼立志要重振八旗雄风。铁良曾担任荣禄幕僚，并由此接触军事，参与到北洋新军的编练工作中。为了牵制袁世凯，才能出众的铁良颇受慈禧太后重视，很快升任兵部侍郎等要职。光绪二十九年清政府为了统一全国军事，集中兵权，设立练兵处，任命奕劻担任总办大臣，袁世凯为会办大臣，铁良为襄办大臣。光绪三十一年，铁良被任命为军机大臣、署理兵部尚书。铁良不仅是全国军政的执掌者，实际上还是当时满蒙军事将领中唯一能与袁世凯分庭抗礼之人，与北洋军诸将领联络紧密。光绪三十二年官制改革，兵部改为陆军部，练兵处归入其内，铁良担任陆军部

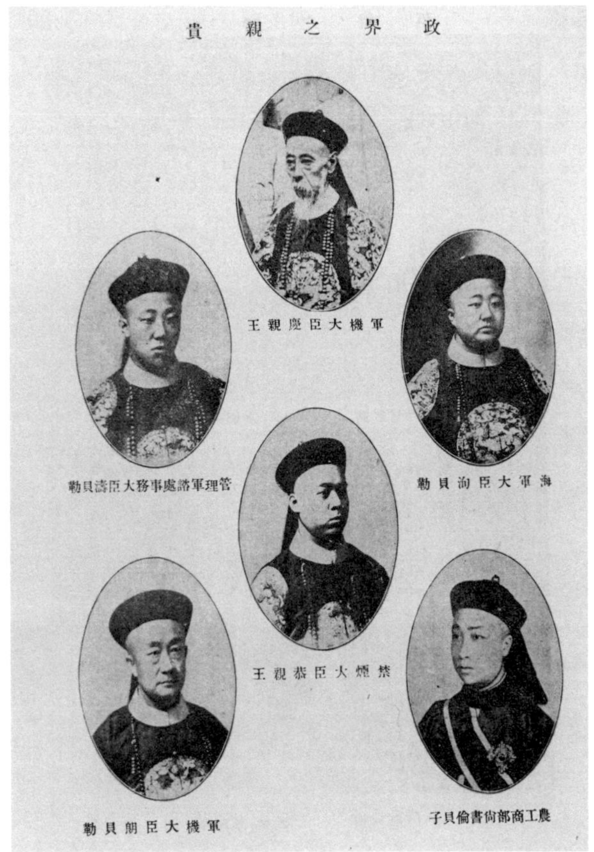

图 26-6 《东方杂志》刊登的“政界之亲贵”

载沣摄政以后，用人倾向不是“任人唯贤”，而是“重用亲贵”。更致命的是，这种倾向举国皆知。“重用亲贵”，凸显的是摄政王载沣对整体官员队伍的“不信任”。此时本已是人才凋零、离心离德，再来一个“重用亲贵”，让绝大多数不是“亲贵”的官员丧失奋斗目标，其杀伤力可想而知。这张图片中的几个人，只是“亲贵”的核心。图片选自《东方杂志》第 8 卷第 1 期，1911 年 3 月。中国人民大学图书馆供图。

尚书，慈禧命令北洋六镇中的第一、第三、第五、第六镇由袁世凯划归陆军部管辖。这是慈禧太后多年布置的高招，铁良是北洋六镇成军时的主要领导，现在又是陆军最高长官，能笼络将领、稳定军心，驾驭各部。在他担任陆军部尚书期间，一直坚持练兵的权力必须集中在朝廷，各省各镇的统兵将领，必须朝廷任命，他向各地委派了不少将领。可以说，铁良能力强，眼界宽，善于识人用人，军中资历突出，又忠心耿耿，为人谦和，是能够协助年轻的载沣稳住军事体系运转的最佳人选。可惜载沣并未领会慈禧太后的布局用意，没有认识到铁良的价值，而是将铁良边缘化了。

铁良的边缘化是逐步的。宣统元年正月（1909 年 2 月），载沣以筹划海军事宜，免去铁良的训练禁卫军大臣职务。当年五月（7 月），军谘处从陆军部独立出去，铁良的职权受到进一步削弱，海军也没他什么事儿。由于不受重视，并被猜忌排挤，宣统二年二月（1910 年 3 月），铁良被迫以生病为由辞职。

图 26-7　张之洞、铁良与袁世凯等人合影

这张照片是光绪二十九年张之洞、铁良、袁世凯与英国军官在保定的合影。从位次不难看出来，在刚开始编练北洋新军时，铁良的地位并不比袁世凯低。图片来自 https://collection.sl.nsw.gov.au/record/9Bv7r009/QpoWMvmAroGaV。

顶替铁良担任陆军部尚书的是荫昌。从血缘上讲，荫昌也不是宗室，不是“贵”。可是荫昌的经历，让他成了“亲”。他曾经在同文馆学习德语，后来被派往德国，在德国军事学校学习地雷操作技术时认识了当时也在校的德国皇储威廉二世，而且处得还不错。这成为他此后的政治资本，并因此被载沣赏识。甲午惨败后，荫昌担任过北洋武备学堂总办，向袁世凯举荐了冯国璋、段祺瑞、王士珍。庚子事变后，荫昌因为和德皇威廉二

图 26-8　载沣光绪二十七年赴德国赔罪途经香港时的合影

中坐者为载沣，左五为荫昌。载沣和荫昌的命运都是由这次赔罪之行改写的。没有荫昌，载沣真未必能顺利完成任务。因此，载沣摄政之后感谢重用荫昌，也符合常情。但是他没有领会慈禧太后的布局，识人不明，在关键岗位用错了人。图片选自刘香成编著《壹玖壹壹：从鸦片战争到军阀混战的百年影像史》，第 236 页。

世的关系，陪同载沣到德国去谢罪，并帮助载沣顺利完成了与德国的和解。载沣因此入了慈禧太后的眼，荫昌也走了运。此后荫昌官运亨通，先后担任江北提督、陆军部右侍郎、驻德公使等职务。通过以上梳理可知，荫昌虽不是昏庸无能之辈，和军队也一直有些关系，但是论能力、资历和品格，确实与铁良相去甚远。品格是如何看出来的呢？荫昌在民国成立后，担任了袁世凯的侍从武官长。其人品人格如何，由此可知。

铁良被迫辞职对清朝的影响如何呢？曾经担任张謇助手的刘厚生，作为清末历史的亲历者，对此事有一段相当精辟的分析。他说能够镇住北洋新军的人除了袁世凯，就只有铁良。铁良是旗人中比较干练而有计划的人，军事能力不低于袁世凯。“不料载沣听先入之言，罢斥铁良，而用荫昌（有名的脓包），不啻自坏长城也。”（《张謇传记》）刘厚生说，任命荫昌为陆军大臣的上谕宣布之后，估计袁世凯和吴禄贞都会非常高兴。袁世凯不用解释了，吴禄贞是谁？是当时潜伏在清朝军队中职务最高的革命党人之一。铁良被免职后，朝廷军事决策人物，就是 28 岁的载沣、26 岁的载洵、24 岁的载涛、33 岁的良弼以及长期负责警察事务的毓朗和“脓包”荫昌。他们在辛亥革命爆发后，指挥不动北洋各镇，难道不合乎情理吗？

载沣不但在军事上重用亲贵，昏招迭出，在处理日渐动荡的国内政治事务时，也是如此。

图 26-9　醇亲王府正门

醇亲王府坐落在什刹海边上，五开间的大门，威严气派。按照清朝宫廷规定，王府里出了皇帝，就成为潜龙邸，不能再居住。此处醇亲王府应该被作为潜龙邸。原本计划在西苑建造一座新的摄政王府，未及建成清朝已亡。载沣成为摄政王后，仍然居住在醇亲王府。此处因此在清朝最后三年成为引人注目之地。立宪派第三次请愿运动时，曾经来此寻找摄政王载沣。此地现在是国家宗教事务局办公地，不对外开放。作者自摄照片，2023 年 11 月。

第二十七章　请愿运动急湍澎湃

前面的二十六章，笔墨好像主要集中在帝王将相，对于人民群众关注的不多。为什么呢？这是因为，人民群众，日常都是沉默的芸芸众生，他们的力量，只有在挑战现存政治秩序的时候才能凸显！

历史书写关注人民群众之时，天下无不处于鼎沸之势。

压倒清朝的最后两个历史事件，请愿运动和辛亥革命，就是人民群众对清朝发出的最后怒吼，就是人民群众力量的凸显，就是天下鼎沸之势。

从甲午惨败到载沣摄政，虽然只有十余年的时间，但是滔天剧变不仅让中国知识阶层集体觉醒，而且几乎根本性地更新了中国人的知识体系和观念意识。以现代化的政治改革作为救亡图存的关键，这种共识在日俄战争之后成为席卷全国的政治浪潮。宣布预备立宪后，国内不同阶层的人对于国家现代化建设的认知和呼声越来越高。中国已经不再是传统的中国，中国人也不再是传统的中国人。但是，摄政的载沣显然没有充分认识到这一点，对局势的把控也出了问题，应对迟缓，方向错误，导致事态越来越失控，最终促成了清朝的崩解。

有朋友可能会说，把清朝崩溃的主要责任算在摄政王载沣头上，是成王败寇倾向，是不公平的。从私德角度说，载沣是个很不错的人；从国家治理的角度说，他却是个很失败的执政者。属下的一切错误，最终都要由权力最高执掌者概括承受，这是历史铁律，不是成王败寇。

载沣和他的军机处

载沣治国能力不足，但德行不错，倘若得一二良臣尽心辅佐，应该不至于三年就让大清朝分崩离析。但是，他运气太差了，没有遇到“一二良臣”，他自己也不知道谁是“良臣”。其实且不说“良臣”了，他这三年，军机处都一直在动荡调整之中。

袁世凯被黜和那桐进入军机处，是军机处第一次大变动。令载沣想不到的是，第二次、第三次的大变动来得非常快。张之洞、鹿传霖、戴鸿慈三位汉人军机大臣相继病逝，想找个资历德行配得上军机大臣的汉人大臣都困难。

影响最大的是张之洞的病逝。宣统元年八月二十一日（1909 年 10 月 4 日），军机大臣张之洞因为工作辛劳和心情抑郁病逝。张之洞从“江楚会奏变法三折”开始，就逐渐成为朝廷重大决策的核心参与者，甚至被誉为和曾国藩、左宗棠、李鸿章并列的“中兴名臣”。慈禧太后在丁未政潮后将其调入军机处，就是要借重他的智慧。丁未政潮之后的汉人官员中，他是唯一一个可以在能力和资历方面超过袁世凯的人。虽然载沣不能充分认识到张之洞的价值，但在罢黜袁世凯等关键问题上，也采纳了张之洞的建议。张之洞一生自认秉持大公至正的精神，对清朝有着发自内心的感恩认同，因此在遗折中还处处提示载沣如何执政。其中有一句特别重要：“所有因革损益之端，务审先后缓急之序，满汉视为一体，内外必须兼筹。”

图 27-1　武汉辛亥革命博物馆所立张之洞展板

张之洞为清朝鞠躬尽瘁死而后已，但是辛亥革命爆发后，却有一种“大清亡于张之洞”的观点。在武汉辛亥革命博物馆“辛亥革命武昌起义史迹陈列”中，第二部分一开始就是张之洞的大照片和曾经张之洞赏识提拔的张继煦《张文襄公治鄂记》中的一段话：“辛亥革命曷为成功于武昌乎？……实公二十年缔造之力也。”张继煦认为张之洞励精图治，在精神上、物质上为革命提供了土壤。“大清亡于张之洞”看起来有道理，实际犯了“倒果为因”的错误。作者自摄图片，2023 年 12 月。

张之洞对清朝真可谓“鞠躬尽瘁，死而后已”，生命最后一刻还在提醒载沣要“稳”，要注意满汉平衡、中外平衡。可惜载沣悟性太差，不能领会这肺腑之言，最后就是在这两个方面出了大问题。

作为“同光中兴”最后一位去世的名臣，张之洞被认为是清朝最后一根柱石。他的病逝，不仅让执政团队失去了最有智慧之人，还使朝廷失去了可以制衡奕劻、袁世凯势力的力量。前面讲过，张之洞是鹿传霖的妻弟。慈禧太后不避嫌疑地让两人同时进入军机处，有可能是在瞿鸿禨和岑春煊被罢黜后，再扶植一股可以制衡奕劻和袁世凯的力量。但是张之洞和鹿传霖都没活过奕劻和袁世凯。

接替张之洞入军机的是戴鸿慈。戴鸿慈虽然在晚清政局中也算是不错的人，但是智慧和资历明显逊于张之洞和袁世凯。令载沣想不到的是，戴鸿慈入军机处不到五个月，也因病去世了。接替戴鸿慈入军机的是吴郁生，资历比戴鸿慈更低。吴郁生一生中最著名的事情是在光绪十九年广东乡试中让康有为中了举。也正是这个原因，他此后仕途并不顺畅。宣统二年正月（1910 年 2 月），他以内阁学士担任军机大臣。他怎样能够以如此资历当军机大臣，都是个谜。吴郁生资历不够，能力一般，不到七个月就罢值，连实习期都没过。他大概是清朝最没存在感的军机大臣之一。

令载沣更想不到的是宣统二年七月，鹿传霖也病逝了。鹿传霖生于官宦之家，久经历练，光绪九年就升任河南巡抚，位列封疆。鹿传霖真正获得慈禧太后信任，也是因为庚子事变。当时鹿传霖正担任江苏巡抚，一方面参加了东南互保，一方面组织了三营人马亲自带着去保护慈禧太后。在大同遇到慈禧太后，就一直被留在身边，担任军机大臣，并先后任礼部、工部（兼署）、户部、吏部尚书。丙午改制后，退出军机处。丁未政潮后，再次担任军机大臣。鹿传霖虽然生于官宦之家，但是青年时期经历不少磨难，从地方官一步步干起来，知百姓疾苦，政治经验丰富，为官相对清廉，不依附奕劻，确实是不错的军机大臣人选。他的病逝，是对载沣执政决策能力的又一个明显削弱。此处需要补一句，后来在北京政变时进宫要求溥仪立即出宫的鹿钟麟，是鹿传霖的同宗。

载沣随即在接替鹿传霖人选上又犯了一个错。错在哪儿？他选择徐世昌接替鹿传霖入军机处。徐世昌早年就结交袁世凯，后来又在袁世凯资助下考取进士。甲午战争爆发后，袁世凯奏调徐世昌到天津小站帮助其练兵。从此，徐世昌就和袁世凯紧密地捆绑在一起。此次徐世昌再入军机处，等于是在中枢给袁世凯埋伏了一个内应，给此后袁世凯东山再起和威逼清帝退位埋下了伏笔。

不到两年的时间，张之洞、鹿传霖、戴鸿慈三位汉人军机大臣先后去世，军机处中的汉人军机大臣全部更换，这在清朝历史上是比较罕见的。张之洞临死前感叹“国运尽矣”，可谓智者之言。三人去世之后，军机处的组成变成奕劻、那桐、毓朗、徐世昌。载沣以毓朗代替吴郁生担任军机大臣，是重用亲贵的进一步行动，也进一步破坏了满汉平衡的原则。军机处这种满人独大的组成也为随后出现的“皇族内阁”埋下了伏笔。此时的局面是：无雄才大略的载沣带领着清朝历史上最没有代表性、平衡性，甚至是能力经验最差的军机处，应对着最复杂的局面。

朽木撑危厦，焉有不倾覆之理？

这样一比较，就更能感受到瞿鸿禨、岑春煊被罢黜对清朝的伤害之大。试想一下，假如此时的军机处是瞿鸿禨、那桐、铁良、岑春煊、毓朗、林绍年组成，历史会怎样发展？也许载沣在处理请愿运动和革命起义时不会如此被动，至少不会出现“皇族内阁”。

此时载沣面临的最复杂的局面是什么呢？简单地说，就是请愿运动和反满革命在救亡压力下风起云涌，国内渐成鼎沸之势。在各种事务中，载沣最棘手的就是士绅阶层此起彼伏的请愿运动。请愿运动是如何兴起的呢？还得从“预备立宪”说起。

立宪团体和请愿观念的出现

人一旦有了理想，就有了力量。如果努力取得了一些成绩，劲头就更足了。请愿运动就是这样发展起来的。

“预备立宪”的启动，虽然没有达到预期，但是也切实鼓舞了希望尽快立宪的各地士绅。立宪派认为既然要准备立宪，就应该允许政党或社团存在，立宪团体应运而生。光绪三十二年十月十九日（1906 年 12 月 9 日），宪政研究会在上海成立。宪政研究会还出版《宪政月刊》，进行理论介绍和舆论宣传。几天后，由张謇、岑春煊等人支持的预备立宪公会也在上海成立，以郑孝胥为会长，张謇和汤寿潜担任副会长。预备立宪公会的宗旨是“使绅民明晰国政，以为预备立宪基础”（《预备立宪公会报简章》）。预备立宪公会除了出版《预备立宪公会报》作为研究和宣传阵地外，还出版了《日本宪法解》等书。预备立宪公会的参加者多与工商业者有关系，在推动谘议局成立等事情上产生了较大的影响力。在上海立宪派的带动下，此后立宪团体在国内外各地纷纷成立，如吉林自治会、广东地方自治研究社、贵州自治学社等。

图 27-2　广西桂林公学运动会主席台悬挂“立宪万岁”匾额

这张照片是桂林容芳斋照相馆拍摄，一般认为拍摄于光绪三十一年。广西史学者林志捷通过相关一组照片中“桂林陆军小学堂”等相关信息认为，这张照片实际拍摄于光绪三十三年。此说大概能成立。光绪三十二年七月（1906 年 9 月）朝廷才正式颁布“预备立宪”谕旨，官方才可能在公共活动中悬挂这种牌匾。图片来自 https://collection.sl.nsw.gov.au/record/1Drmj039/jQB4e40V7xdyG。

在海外团体中，最重要的是梁启超主导的政闻社和杨度主导的宪政讲习会（后改名宪政公会）。这两个团体都是在日本成立的，因为当时留日学生数量特别多，梁启超和杨度也主要在日本活动。原本梁启超和杨度是想合作成立一个叫宪政会的团体，但是由于合作没有实现，两人分别组织了团体。梁启超成立的机构叫政闻社，以《政论》月刊作为宣传阵地。政闻社主张君主立宪，希望实行国会制度和责任内阁。由于梁启超的特殊身份，政闻社迅速成为立宪团体中比较知名的团体，也同样因为梁启超的特殊身份，政闻社处于革命派和朝廷的夹击中，发展比较困难。此时梁启超代表的立宪派和孙中山领导的革命派大论战还没完全结束，双方矛盾对立已经很明显，因此革命派对于政闻社的成立是很不满的。梁启超在光绪三十三年九月十一日（1907 年 10 月 17 日）政闻社成立大会上演讲时，就遭到同盟会会员张继等十余人的闹场。由于此前丁未政潮时瞿鸿禨和岑春煊的遭遇，此时国内官员也不敢公开和梁启超有交往，政闻社在国内未能获得合法发展的资格，并在光绪三十四年七月（1908 年 8 月）被明令查禁。

杨度主导的团体叫宪政讲习会。宪政讲习会的主张和政闻社大同小异。光绪三十三年六月（1907 年 7 月），宪政讲习会发表意见书，公开谴责清廷冥顽不灵，不负责任，要救中国必须发动国民强迫朝廷推行立宪，成立责任内阁。宪政讲习会背后有袁世凯和张之洞等人支持，因此很快发展到国内，并于光绪三十四年五月获得民政部批准，改名宪政公会，并在各地建立支部。杨度可以说是此时推动宪政最激进的人，他以《中国新报》为阵地进行立宪舆论宣传。

杨度颇能把握住当时舆论的力量，并且号召国民应该以和平请愿的方式向朝廷施压。光绪三十三年十月，宪政讲习会议决联络国内各政治团体，进行国会请愿之举。一个月后，宪政讲习会、政闻社、预备立宪公会、宪政研究会等立宪团体就联合在一起，发动各省士绅签名请愿，分头派人到江苏、浙江、安徽等地活动联络。速开国会的请愿倡议很快向全国各地传播发展，最终演变成声势浩大的请愿运动。

图 27-3　杨度

杨度是清末民国传奇人物之一，经历特别丰富。他是湖南湘潭人，早年师从王闿运，光绪十九年中举，此后未考中进士；光绪二十八年留学日本，参与创办《游学译编》等新式报刊，思想开始激进，与黄兴等人交往。光绪三十一年前后，杨度与梁启超等人往来密切，思想开始转向君主立宪，为宪政五大臣撰写《实施宪政程序》等文；光绪三十四年杨度被袁世凯和张之洞联名奏保"精通宪法，才堪大用"，以四品京堂候补入宪政编查馆，成为立宪派著名人物。图片选自闵杰《晚清七百名人图鉴》，第 633 页。

杨度在清末几年横跨政学两界，在政治、法律改革等方面都有颇大影响。但是我认为他对中国历史进程最大的影响就是提倡和平请愿这种形式与发动组织立宪请愿运动。

请愿运动为什么能够迅速壮大为全国性的政治活动？主要的原因应该有这几个。第一，士绅阶层群体觉醒，接受现代教育的青年越来越多，对现代化中国的追求更加明确强烈。此时的中国知识群体大量出国，接受西方知识和观念，有着越来越急迫强烈的救国思想，而且坚信开国会、立宪法是救危亡图富强最直接有效的途径。他们从一个个个体，逐渐凝聚成一个个团体，力量被充分放大了。

第二，立宪派很好地掌握利用了现代报刊这个现代化信息传递与舆论制造工具。立宪派各团体的实际领导者都是知名人士，其中很多人见多识广、能力超群，比较充分意识到了现代报刊在理论宣传、舆论制造方面的力量，因此几乎每个团体都创办了自己的报刊，这些主张立宪的报刊很快形成了强大的舆论力量。现代报刊在清末的出现与高速发展，和今天新媒体的情形有点像，深刻改变了信息传播渠道和舆论掌控格局。

第三，清廷内政外交上一些事情不妥当的处理，推动了立宪派对尽快立宪的愿望。光绪三十三年下半年苏杭甬路权风潮对江浙地区绅商权益的损害，让不少人觉得只有通过立宪限制朝廷权力才能保护民权。光绪三十四年正月（1908 年 2 月）的“二辰丸”事件，让很多广东士绅认为朝廷过于无能，需要速开国会来让国民担负国家义务。

第四，朝廷对民意，尤其是青年学生的意见反应很迟钝，一些违背民意的措施反而助推了请愿声势。光绪三十三年底，为了压制请愿运动，朝廷谕令学部申诫学生不准干预政事，谕令民政部严厉查禁演讲等。光绪三十四年二月，清廷先后公布了《结社集会律》和《报律》，对政治结社、集会和报刊等进行管控。载沣等人没有意识到，新式学生已经是一股强大的政治力量，新式报刊已经掌控了舆论导向，这些措施让当时不少人觉得朝廷在内政外交上无能，却在维护专制统治方面雷厉风行，对朝廷之恶感快速上升。

光绪三十四年四月，资政院总裁溥伦注意到各省请愿运动声势越来越大，建议朝廷尽快确定召开国会期限以舒缓民望。但是这个重大问题一提出，官员间又产生了很大分歧争论，朝廷只能下令大臣们公开讨论。六月二十四日（7 月 22 日），朝廷批准了《各省谘议局章程》和《谘议局议员选举章程》，谕令各省一年内成立谘议局。

这个措施的本意，是既希望先成立省级参政议政机构以缓解尽快召开国会的压力，又希望为召开国会进行准备。没想到，却起到了意想不到的效果。

谘议局和请愿运动

批准各省成立谘议局，虽然没有满足立宪派速开国会的愿望，但显然也是朝廷的妥协和立宪派的重大突破。到了宣统元年九月（1909 年 10 月），除了新疆缓办外，全国 21 个行省的谘议局均如期成立。载沣或许还意识不到，省谘议局的成立将会完全改变绅商参与政治活动的形式，加速朝廷的覆亡。这是因为，省谘议局的成立，赋予了非官员人士参与政治活动的合法身份，省谘议局也成了推动速开国会活动的合法机构。对于谘议局的成立，立宪派欢欣鼓舞。当时的大报《时报》特别在各省谘议局第一次开会日"敬祝各省谘议局开局"，并称"本年之九月初一日，为我国人民获有参政权之第一日"！(《预祝本年之九月》,《时报》1909 年 10 月 14 日)

就在各省谘议局成立的时候，中国的亡国危机再一次凸显。当时日本强迫清政府签订了《图们江中韩界务条款》(即《间岛协约》)，东北危机进一步加深。也就在此时，传出来帝国主义列强在海牙和平会议上讨论监管中国财政的可行性，举国震惊。国家危机再次点燃了绅商和知识阶层的爱国热情，刚获得参政机会的谘议局议员们自然而然成了领导者。立宪派认为，国家衰弱如此，根源是内政不修，外交失败。挽救的办法有两条，第一是速开国会，让国会成为砥砺监督政府和团结国人的枢纽；第二是尽快成立责任内阁，让政府真正担负起国家责任。

这些爱国热情是怎么转化为京师的请愿运动的呢？这可谓

图 27–4　湖北省谘议局旧址

各省成立谘议局后，一些财力雄厚的省份新建了气派的谘议局大楼。目前保存最好并对外开放的，是湖北省谘议局大楼。这座楼宣统二年建成，作为湖北省谘议局办公地。从谘议局大楼的气势就能看出来，各地士绅对待参政议政是认真的、投入的。武昌起义后，该楼被用作“鄂军都督府”。湖北省谘议局在武昌最核心的区域，在蛇山脚下，左上角最远处即为黄鹤楼。作者自摄图片，2023 年 12 月。

事有巧合、水到渠成。

宣统元年八月三十日（1909 年 10 月 13 日），也就是各省谘议局正式开会的前一天，江苏省谘议局议长张謇和江苏巡抚瑞瀓等官员和立宪派骨干沟通，一方面由张謇联络国内各省谘议局，倡议速开国会，一方面由瑞瀓联系各省督抚要求朝廷尽快成立责任内阁。

随后张謇还提议各省谘议局在第一次会期结束后派代表到上海进行深入商讨。张謇的提议获得了国内立宪派和不少官员的支持，各省谘议局代表在十一月初（12 月中旬）陆续到达上海并进行讨论，成立请愿国会代表团，向朝廷递交速开国会请愿书。这些行为既爱国又合法，朝廷无法阻拦。但是按照相关规定，这些没有高级官员身份的谘议局代表要递请愿书，需要都察院代递。

此时的都察院又出了个新规定，本意是限制人们表达意见，结果反而助推了请愿运动的持续。啥规定呢？就是要求都察院的代奏，须有过半数署名者亲自到京递交。为了达到人数规定，聚集于上海的各省代表在拟定了请愿书后，便从上海前往京师了。这些到京师的各省代表在父老乡亲的支持下，坚定了不达目的不罢休的态度，开始长住北京，成了请愿运动的直接领导力量。

既然是请愿，必定得声势浩大。宣统元年十二月初六日（1910 年 1 月 16 日），各省代表列队前往都察院呈递了请愿书。当天，京师学界 1000 余人召开大会，欢迎请愿代表并商议筹还国债。三天之后，京师绅商学界又召开了欢迎请愿代表大会，孙洪伊等代表当众发表了慷慨激昂的演讲，有人被感动得痛哭流涕。第一次请愿运动就这样走向了高潮，并从极少数人的政治主张变成群众运动。

各地士绅也行动起来，呼应京师的行动。从中国几千年的政治史看，请愿运动的出现是极为重要的一个转折，群众走上街头表达政治诉求，这是第一次。这也是中国人第一次以合法的方式进行大规模动员所开展的政治活动。立宪运动自上而下地快速开展，反映了随着新社会阶层的发展，人民群众的社会动员能力已经相当强大。载沣反应迟钝，没有意识到这种历史剧变，未能善待并加以正确引导，最终导致原本忠君爱国的人与朝廷离心离德。

各省代表从人民呼声中感受到了支持的力量，决定将请愿运动进一步组织化、长期化。十二日，各省代表决定成立请愿速开国会同志会，并拟订《规约》，在代表资格、经费、运行办法等方面达成共识。代表们除了走群众路线外，还分别运动官员、拜访军机大臣等。在请愿代表的带动下，一些开明的满人也明确支持速开国会的主张。但是速开国会和成立责任内阁的最大阻力，还是来自军机处和载沣。军机处大臣世续等人怀疑国民有二心，更担心失去权力，反对开国会和成立责任内阁。载沣对于请愿行动态度比较开明包容，但是不知深浅，没有主见，看到军机大臣坚决反对，于是在肯定代表们爱国心的同时拒绝了请求，坚持按照既定的预备立宪计划。

对于这样的结果，代表们或许有心理预期。但是他们并不气馁，第一次失败了，就再来一次。宣统二年二月二十五日

图 27-5　第一次请愿代表合影

第一次请愿代表人数并不多，都是各省立宪派的领袖人物，也多在各省谘议局有职务，有的还是科举出身，原本有官品，所以言论都比较温和，行事也多按传统亦公亦私的方式进行。如果这个时候摄政王载沣及其他军机大臣能警觉，并立即态度鲜明地让步，朝廷失血不至于过多，也许就不会有后面越来越激烈的请愿活动了。图片选自中国历史博物馆编《中国近代史参考图录》，第 402 页。

（1910年4月4日），请愿即开国会同志会改名国会请愿同志会，刊布了长达万言的《国会请愿同志会意见书》。此后各省谘议局、教育会、商会和立宪团体均积极支持代表继续请愿。全国掀起了签名支持活动，据称签名的有三十多万人。五月初十日（6月16日），各省代表再次齐聚都察院，递交了10份请愿书，明确要求一年内，也就是在宣统三年开国会。有了前面斗争积累的经验和勇气，这次代表们不仅集会演讲、运动官员、拜访军机大臣，更是直接前往摄政王府向载沣递交请愿书。在载沣推辞不见的情况，代表们就将请愿书通过邮局寄给载沣。但是遗憾的是，载沣还是没有意识到民意的汹涌，再一次拒绝了请愿代表的要求，只是交代军机处拟旨时要注意措辞的感人得体。

五月二十八日（7月4日），日俄签订了第二次协定以维护两国在中国东三省的特殊利益。七月十八日（8月22日），日本正式吞并朝鲜。丧权辱国和更加不利的国际局势，让立宪派对朝廷救亡图存的信心进一步下降，对于速开国会成立责任政府的心情也就更加急迫。七月初六日（8月10日），谘议局联合会正式成立，汤化龙当选为主席，蒲殿俊当选为副主席。联合会的成立进一步加强了请愿的组织工作，通过了一系列文件，政治要求也更明确。九月初一日（10月3日），新成立的资政院开院。代表团通告全国，由于时势逼人，国家旦夕间就可能四分五裂，代表团决定“抵死请愿”。此后全国希望速开国会的人的行为越来越激进，特别是一些青年试图通过写血书乃至自杀等行为刺激政府。初七日，代表团向资政院递交了187人署名的请愿书，明确要求先速开国会，然后成立责任内阁。二十日，溥伦执掌的资政院通过了速开国会的议案，代表们深受鼓舞。随后代表团又公开上书载沣，指出在主少国疑、内外交困之际，只有博采众议俯顺民心，才可转危为安。最后呼吁：“吾王辅翼冲主，独不欲固皇祚安邦本乎？人心向背，皆在朝廷一举动间，以为标准。”（《中国大事记》，《东方杂志》第7卷第11期，1910年）

图 27-6　第二次请愿代表合影

第二次请愿运动决心比第一次大，声势比第一次大，激烈程度比第一次强，全国士绅和青年学生的参与程度比第一次广，可谓势在必得。但是并未实现目标。这个时候朝廷是否还有回转的余地呢？其实除了当机立断接受人民的呼声，已经没有其他好的对策了。但是摄政王载沣并没有这样做。图片选自中国历史博物馆编《中国近代史参考图录》，第403页。

话说到这份上，既是披肝沥胆，实际上也是暗含威胁。对于这个国家，我们竭尽全力了；对于大清，我们也拥戴守护了，是不是速开国会，是不是成立责任内阁，摄政王你看着办吧！朝廷谕令各地督抚将自己省的代表解散并接回去，可是此时全国已成鼎沸之势，他们压力也很大。二十三日，东三省总督锡良、湖广总督瑞澂等 19 个总督、巡抚、将军、都统联名致电军机处，要求立即组织责任内阁，并答应代表们明年开国会。这封电报迅速传播，得到社会各界的颂扬。封疆大吏们又将皮球踢回了载沣和军机大臣这里。此后传闻军机处决定 1913 年召开国会，锡良等人再次联衔致电军机处，绝对不能再伤民心。载沣见此情况，亲自主持政务处会议，讨论对策。十月初三日（11 月 4 日），颁布谕旨，国会于 1913 年提前三年正式成立，并要求立即解散请愿代表团。

对于这样的结果，一些立宪派人士对朝廷相当失望，甚至是绝望。虽然在京的请愿代表团被迫解散了，但是东北、直隶等一些地方的绅商和知识青年仍然要求速开国会。为了安抚各地人民，载沣在十一月二十四日（12 月 25 日）命令宪政编查馆草拟内阁官制，计划在宣统三年先成立责任内阁。让立宪派与朝廷完全决裂的“皇族内阁”由此登场。

资政院与皇族内阁

前面提到溥伦执掌的资政院是个什么机构？为什么如此支持速开国会？它在清末最后几年政治运行中起了什么作用？这里有必要梳理一下。

成立资政院是“预备立宪”的重要内容之一，定位类似于美国的参政院或英国的上议院。经过紧张筹备，资政院在宣统二年八月二十日（1910 年 9 月 23 日）召集议员，正式成立。九月初一日（10 月 3 日），也就是请愿团代表正式发动第三次请愿的那天，资政院举办了颇为隆重的开院典礼。摄政王载沣带领军机大臣等重要官员莅临典礼，并发表训词，希望议员们“殚竭忠诚，共襄大计，扩立宪之功用，树议院之楷模”（《醇亲王载沣日记》）。他在日记中写道，一切秩然整肃，天气晴朗，足以表明国家还在受着上天的眷顾。他甚至连着写了两个“曷幸如之”！井井有条、庄严肃穆的气象，让载沣相当高兴。说实话，载沣不是坏而是太单纯，又不够聪明。他对于立宪、开国会和成立责任内阁这些事情态度其实是支持而开明的，只是他不知道情势危机和民心所向已经远超过他的了解。他更想不到，整整一年前正式成立的各省谘议局，正是这一年来此起彼伏请愿运动背后最大的推手，眼前这个自己寄予希望的资政院又成为此后大半年时间里朝廷政治动荡的策动地。

资政院的总裁是宗室溥伦，副总裁是沈家本，其中不少议员是宗室王公等钦选。按说资政院应该是完全站在载沣和军机处这里，没承想资政院刚一成立，就展现了独立参与政治运作的热情。第一件大事就是通过了速开国会案，大大鼓舞了第三次国会请愿运动。接着就发动了弹劾军机大臣案，公开站在了奕劻等人的对立面。这是怎么回事呢？

首先得讲讲溥伦。溥伦原本是乾隆帝儿子永瑆一系，后来过继给道光帝长子奕纬为嗣孙。他在宗室里的地位，血缘上是远支，名义上是近支。野史记载同治帝驾崩后，他本是可能得皇位者之一，但被慈禧太后阻止。这个记载不太可信。因为那个时候他才一岁多，血脉上又不是道光帝一系。溥伦后来娶了慈禧太后弟弟桂祥儿子的女儿，成为慈禧太后的娘家人。光绪三十年，美国举办圣路易斯世界博览会，清政府派溥伦率团参展，这是中国第一次正式以官方名义登上世博会。溥伦在美国

图 27-7　溥伦全家合影

溥伦可谓清朝的忠臣、良臣。他政治思想开明，在朝廷风雨飘摇之际，希望将朝廷向现代政府方向带领。清朝崩解以后，溥伦不离不弃不怨，认真服务，勤勉至死。图片选自闵杰编著《晚清七百名人图鉴》，第 409 页。

停留了两个多月，游历了华盛顿、纽约、芝加哥等地，对西方先进之处有了深刻体会。也有研究者认为，溥伦此次考察，对于“五大臣出洋”也产生了促进作用。溥伦因为对西方的先进有直接感受，所以政治观念比较现代，支持立宪主张。另外溥伦能力出众，品格优良，早就看不惯奕劻的贪腐无能。在亲贵中，他和载泽、善耆等人观点比较接近。

其次讲讲资政院章程。按照章程，资政院有裁决地方谘议局与督抚争议的权力，这种争议在谘议局成立后出现多起，所以资政院一成立，就着手处理。资政院作为议会性质的机构，自觉有监督政府之责，于是多支持谘议局。随后在湖南发行公债一事上，资政院认为军机处以命令更改法律，轻视资政院。此后议员们对军机处的不满愈增，在多件事情上与军机处发生不愉快，开始酝酿弹劾军机大臣。其间军机大臣们和载沣也想着调和，但最终没能成功。十一月十七日（12 月 18 日），资政院正式将弹劾军机大臣的奏折上奏，奕劻等军机大臣也在大怒之下集体辞职。

论公，资政院对上了军机处；论私，年轻的亲贵溥伦对上了年老的亲贵奕劻；论宗法，孙子对上了爷爷。裁判官是摄政王载沣，叔叔辈的。这可难坏了本就优柔寡断的载沣！一时不知如何是好！

从国家运行和现代政治改革的角度来看，资政院和军机处的矛盾，是必然的不可调和的矛盾，本质就是立法权与行政权

图 27-8　资政院议场大楼

资政院成立时，还没有办公场所和议场，乃借用宣统元年开始建设的财政学堂校舍。议事之地是被称为工字楼的二层砖木结构教学楼。该楼后来作为民国众议院的办公场所、北平大学法学院教学楼。1949 年成为新华社办公楼，后被改建。图片选自《东方杂志》第 8 卷第 2 期，1911 年。中国人民大学图书馆供图。

的矛盾。军机处长期大权独揽，本来就对提倡开国会、成立责任内阁的立宪派很反感，不愿意也不适应头上套个枷锁。资政院根据现代政治理论，又坚持立法权大于行政权，亦认为军机处是不能尽快开国会、成立责任内阁的最大阻碍。所以，无论于法还是于情，两者的矛盾是无法避免的。可是载沣并没有意识到这一点，对于现代政治运行也不熟悉，面对如此局面，他选择站在了军机处这一边，连发两道谕旨，一边慰留军机大臣们，一边表示资政院不能监督军机大臣工作。谕令一出，反而激起了议员们更大的失望和愤怒，与朝廷的对立情绪也更加明显。有议员甚至公开说，要是这样不如把资政院解散算了！随后，因为赦免政治犯和开放党禁问题，资政院又和军机处顶上了。最后载沣想到一个解决办法，那就是把资政院正总裁溥伦和副总裁沈家本调离，调世续来担任正总裁，李家驹担任副总裁。这个人事变动招来了立宪派的强烈批评，他们对载沣更加失望了。

面对日益激烈的局面，摄政王载沣于宣统二年十一月（1910年12月）要求宣统三年成立责任内阁，然后再成立国会。这看起来是重大的让步，但却进一步激起了立宪派的不满。因为，这与立宪派先立国会再成立责任内阁的主张是反着的。

次序调了一下，可就是天壤之别了。先成立国会，再由国会选举成立责任内阁，就是标准意义的责任内阁制，立法权大于行政权，责任内阁的合法性是来自国会，是要向议会负责，而不是向皇帝负责。先成立责任内阁，再成立国会，名义上是责任内阁，实际上却不是，因为这个责任内阁的合法性来自皇帝，行政权大于立法权，责任内阁向皇帝负责而不是向国会负责。也正是因为这个原因，实质上已有一些国会性质的资政院对于载沣等人

图 27-9　假“皇族内阁”照片

这张广为流传的“皇族内阁”照片是假的。据徐家宁考证，这张照片是各部长官贺十三国驻京公使新年活动时拍摄。一共是两张，一张是奕劻领衔，一张是瞿鸿禨领衔。这张奕劻领衔的，前排自左向右分别是景沣、世续、奕劻，那桐、张百熙。徐家宁考证时将时间弄错，应是光绪三十年十一月二十七日（1905 年 1 月 2 日）。图片来自 https://collection.sl.nsw.gov.au/record/npAdXK61/6mNdbyalwJKkx#viewer。

的这个决定相当不欢迎。更让他们和立宪派失望甚至绝望的是，具有现代意义的内阁虽然成立了，但却是个“皇族内阁”！

宣统三年四月初十日（1911 年 5 月 8 日），朝廷任命国务大臣，正式成立具有现代色彩的内阁。原来的军机处首席军机大臣奕劻担任总理大臣，协理大臣为那桐和徐世昌，另有 10 位国务大臣。13 人中，满九汉四，9 位满人中有 7 位是皇族宗室，最重要的位置都是皇族或满人。这样的人事安排，不是给自己又埋了一颗炸弹，而是直接点燃了炸弹导火线。要知道，丁未政潮以后，重满排汉和重用亲贵的乌云就笼罩在汉人大臣和全国人民的心头，现在简直是更加赤裸裸地公之于众，掩饰都懒得掩饰了。老狐狸奕劻还是知道轻重的，听闻后多次请辞，并直接告诉载沣："诚不欲开皇族内阁之端，以负皇上者负天下臣民之望。"（《清末筹备立宪档案史料》）载沣此时无人可用，又比较迟钝，坚决不同意奕劻请辞。就这样，让世人惊诧的"皇族内阁"成立了，消耗了立宪派和汉人官员对清朝最后的拥戴。很多年以后，载沣回首往事，也直言办得最错误的事就是成立了"皇族内阁"。

客观上讲，"皇族内阁"虽然成员组成上问题很大，但是颁布的《内阁办事暂行章程》等文件，是中国历史上破天荒以法律形式确定最高行政部门合法性的文件，也对皇帝权限有一些明确限制。这是中国历史很大的进步。[1]只可惜，这种进步被人们对"皇族内阁"产生的厌恶感遮蔽了。不论是当时还是后来，这种遮蔽一直持续着。内阁成立后，迅即又给这种厌恶感添了几把柴。其成立次日，就副署发布了全国铁路干线国有政策的诏令，接着同英、法、德、美四国签订了湖广铁路借款合同。针对这些事情，愤怒的资政院议员们要求召开临时会议，可是奕劻等人一致反对。立宪派希望通过合法方式成立国会和责任内阁的政治愿望，走进了死胡同。

二十几年前，当我开始思考"谁推倒了大清"这个问题时，读到了雷颐的一段话，深以为然。二十几年后，依然深以为然。兹引于此：

---

1 侯宜杰认为进步主要体现在：明确了国务大臣的政治责任；诏旨署名已有本质区别，可以限制皇帝专制独裁；可以统一行政，提高工作效率，使行政机制趋向现代化等。参见侯宜杰《二十世纪初中国政治改革风潮：清末立宪运动史》，辽宁人民出版社，2020，第296~297页。

> 纵观晚清历史，每当还有一线希望、还能控制一定局面的时候，清廷总是拒不变化；直到时机已逝、丧失了操控能力的时候，它才匆匆忙忙地被动“变革”。改革愈迟，所付出的“利息”也将愈大。然而清廷对此似乎毫无认识，它总是在下一个阶段才做原本是上一个阶段应做的事情，而且拒不“付息”，不愿再多做一点让步和妥协，完全丧失了变革的主动权，完全是被“形势”推着走，改革的空间终于丧失殆尽。[1]

俗话说，天下大事，浩浩汤汤，顺天者兴，逆天者亡。何谓天？其实就是民意。立宪派通过合法方式进行救亡图存的梦想破灭了，但是人民觉醒已成燎原之势。合法、和平的道路走不通，就走不合法、不和平的道路。

几个月后，武昌起义爆发，清朝瞬间崩塌。

立宪派们开国会的梦想，由革命者实现了！

1　雷颐：《最后的丧失——清末新政的失败》，《图中日月》，山西人民出版社，2002，第50页。

图 27-10 《东方杂志》刊登的“皇族内阁”

既然像奕劻这样贪腐恋权的人都意识到成立“皇族内阁”会出现“负天下臣民之望”的政治效果，为何摄政王载沣还如此用人呢？一是丁未政潮，罢黜袁世凯，张之洞、鹿传霖死后，确实无人可用；二是越是没有能力胆识之人，越是相信任用自己身边熟络之人。此时的载沣就是面临既无人可用，又不敢任用自己不熟悉的人的窘境。“皇族内阁”成立后，可能没有拍摄合影。《东方杂志》刊登的是每个人的照片的合集。图片选自《东方杂志》第 8 卷第 3 期，1911 年。中国人民大学图书馆供图。

第二十八章　辛亥革命摧枯拉朽

纵观中国的王朝灭亡史，清朝是最特别的一个。

清朝灭亡的独特之处有很多，比如：朝廷花大价钱训练的新军在武昌开了第一枪，然后全国各地的新军群起响应；朝廷在各地庞大的官僚系统几乎都放弃了武装镇压，有的人甚至转身加入革命队伍；各地驻防八旗及任职的满蒙官员对于革命基本未有坚决抵抗，有的人甚至赞同革命；在天下尚未尽失的情况下，朝廷也没想着要退守北方鱼死网破，而是选择了和平退位；面对不再与革命为敌的满人和退位的皇室，全国官民的主基调是保护和优待。

怎样形容清朝的崩解呢？感觉就像是一栋巍峨的大厦，从外面看还很雄壮，但是一阵风吹过，摇晃了几下，就坍塌了。

这阵风，是武昌新军射出的革命子弹掀起的。子弹已经飞了一段时间。

屡仆屡战的革命党

“百折不挠，屡仆屡起”8个字，是孙中山对自己和国民党革命经历的概括。他说：“自庚子以后，或一年一次而革命，或二年一次而革命，总共革命之起不下十有余次，而每次失败，各位同志总没有灰心的。”（《人民心力为革命成功的基础》）关于清末反满革命的兴起，我们在前面已经有所梳理，这里主要讲讲辛亥前几年革命党是如何“百折不挠，屡仆屡起”的。

光绪三十一年同盟会成立后，反满革命武装行动进入了实践新阶段。在黄兴、宋教仁等人的支持下，原属兴中会、华兴会、光复会等地域性革命组织的同志于光绪三十一年七月二十日（1905年8月20日）在日本成立了全国性的革命组织——中国同盟会。为了改变革命散乱的局面，孙中山与黄兴、章太炎等人于光绪三十二年秋冬间在日本东京编制了《革命方略》。《革命方略》包括《军政府宣言》等11个文件，将反满革命的性质明确为国民革命，规划了革命和国家建设的次序。同盟会第一阶段的任务就是通过武装斗争推翻清朝建立革命政权。《革命方略》的制定和流传，是清末反满革命的分水岭，起到了统一革命者思想的作用。

路线明确了，怎么实施呢？孙中山决定将起义发动地放

图 28-1　辛亥革命博物馆复原的同盟会成立场景

“驱逐鞑虏，恢复中华，创立民国，平均地权”是同盟会的纲领。然而这一纲领有个缺陷，就是“驱逐鞑虏，恢复中华”虽然有一定动员效果，但是族群包容性不足，并不利于民主共和国的建立。因此在制定《革命方略》时，孙中山等人就开始调整政策，逐步明确了要驱逐的是满人政府，要建立的是包含满人在内的多民族共和国。后来这一主张凝聚为“五族共和”。这是革命理论的一大进步。作者自摄照片，2023 年 12 月。

在广东的某个近海口处。起义成功后，先在广东建立革命根据地，次取广西，然后逐步向云南、湖南、四川等地推进，并最终取得全国胜利。为什么要先在广东沿海发动起义呢？不仅因为这是孙中山等很多革命者的故乡，而且这些地方素有反清复明的传统和反清会党组织，交通便利，靠近香港、澳门，有利于起义人员到达和运输武器。孙中山的分析从理论上是颇有道理的，也说服了希望在长江中下游发动起义的黄兴等人。

光绪三十三年正月（1907 年 3 月），孙中山被迫从日本来到越南河内，开始策划广东潮州和惠州的起义。为了牵制清朝军队，同时在广西钦州、廉州发动起义。为了达到目的，他给黄兴、胡汉民等人分派了募捐、策应、发动新军等工作。在筹划未就绪时，潮州方面消息走漏，引来清军搜查，革命者被迫在四月十一日（5 月 22 日）仓促起事。参加潮州黄冈之役的革命者与清军激战了 5

天，最终因粮械短缺、寡不敌众而失败。惠州的革命者得到潮州革命者已发动起义的消息后，也于四月二十二日（6 月 2 日）对清军发动了袭击，战斗持续了十多天，最终也因寡不敌众而解散。广东的革命失败后，广西成了起义的重点。

经过孙中山的亲自策划，七月二十四日（9 月 1 日）革命者在广西钦州等地发动了起义。起义军虽然攻占了防城，队伍也一度发展到三千多人，但是在腹背受敌的情况下，坚持到 9 月中旬也失败了。随后孙中山和黄兴又亲自参加了镇南关之役，再一次失败了。到了光绪三十四年二月、三月（1908 年 3 月、4 月），孙中山和黄兴等人又在广西钦州、廉州、河口等地发动起义，最终也是失败。

《革命方略》的制定，鼓励了全国各地的革命者，起义此起彼伏，第一个武装革命的高峰随之而来。两广地区以外，革命最激烈、最有群众基础也最终取得成效的地区是长江中下游地区。

第一次革命高潮期间，在长江流域发动革命并引起震撼效果的是徐锡麟和秋瑾。

徐锡麟是浙江人，精通算术，任教于绍兴中学。他的另一个身份是光复会的领袖之一，平时特别注意培养青年和结交豪杰。陶成章、徐锡麟等革命者看到朝廷在大力编练新军后，就产生了打入军队内部谋握军权，然后进行武装暴动的念头。徐锡麟通过先后担任湖南巡抚、山西巡抚的表叔俞廉三捐官，并在俞廉三的推荐下拜见了杭州将军、署理浙江巡抚瑞兴，获得了去日本学习陆军的机会。徐锡麟到日本之后，由于不是官费生，被清政府驻日留学监督拒绝入学。徐锡麟随后改变策略，准备直接进入官场。此时安徽巡抚恩铭是俞廉三担任山西巡抚时的下属，受过俞廉三的指导提携，有较深情谊。恩铭又和瑞兴是连襟关系，两人都是奕劻的女婿。经过各方打点努力，徐锡麟最终在光绪三十二年秋成功被朝廷以道员职衔分发到安徽试用。

打入敌人内部的徐锡麟，目标是掌握安徽的军警力量。此时各地正在加紧编练新军，设置警察，对具有一定现代军事和体育知识的官员有较大的需求，再加上有俞廉三和瑞兴的推荐，徐锡麟被恩铭委派为安徽陆军小学堂的会办，相当于副校长的职务。对徐锡麟来说，他想谋取的是安徽督练处总办的职位，只有如此才能掌握全省军务。为了达到目的，他认真工作，努力搞好和恩铭的关系。

四个月后，获得恩铭信任的徐锡麟被提拔为安徽巡警处会办兼巡警学堂会办，随后又被任命为安徽陆军小学堂监督，成了安徽军警界的实权人物之一。更有利的是，兼任安徽巡警学堂总办的安徽按察使世善暴病而亡，接任的毓秀责任心不强，由徐锡麟主持一切。就这样，徐锡麟在很短的时间内就控制了安徽的巡警学堂，创造了革命暴动的有利条件。一个不是科举正途出身、此前也没有任何官场经历的人，靠着捐官和私人关系，能在几个月的时间里就成为一个省军警最核心的人物之一，可见此时清朝官场之腐化粗疏以及对革命党人的活动缺乏基本的警惕。

徐锡麟的重要战友，就是著名的鉴湖女侠秋瑾。徐锡麟在安徽站稳脚跟后，和出任绍兴大通学堂督办的秋瑾商议，由秋瑾于光绪三十三年五月二十六日（1907 年 7 月 6 日）以“光复军”的名义在浙江发动起义，徐锡麟在安庆组织响应。徐锡麟除了在巡警学堂、陆军小学堂发展革命者外，还积极

图 28-2　徐锡麟与光复会成员合影

长江流域的革命者与广东地区的革命者在身份上有一些差别。长江流域的革命者多是士绅家庭出身，具有一定的知识、资产和社会地位，因此在学校、军队中有动员能力。广东地区的革命者不少有会党背景，知识、资产和社会地位稍差，在学校、军队中的动员能力不足。图片中右下为徐锡麟。从图片中其他人的穿着可以看出，他们绝对不是寻常人家子弟。图片选自朱诚如主编《清史图典》第 11 册，第 179 页。

联络新军，进展顺利。不巧的是，徐锡麟突然有了暴露的危险。两江总督端方查获了密谋刺杀自己的革命党杨作霖和会党人物叶仰高等，叶仰高供出了光复会首领“光汉子”已经打入安徽官场。端方电令恩铭严密缉拿。他们不知道的是，“光汉子”就是徐锡麟。徐锡麟对此变化有些吃惊，再加上对革命力量发展估计过于乐观，认为革命时机提前到来，在接到浙江方面于五月二十六日起义的信息后，他决定在二十八日安徽巡警学堂的毕业典礼上邀请安徽所有重要官员来观礼，然后发动暴动，全部击杀。可是恩铭却因二十八日已有安排而要求典礼调整到二十六日，秋瑾那边又因会党组织被破坏而将起义日期推迟到六月初十日（7 月 19 日）。就这样，徐锡麟先发动起义了。

五月二十六日上午9点毕业典礼开始后，安徽重要的官员齐集安徽巡警学堂礼堂。徐锡麟将学生名册置于案上后，直接大声向恩铭说："回大帅，今日有革命党起事！"（陶成章:《徐锡麟起义》）这其实是动手的暗号。在恩铭还很蒙的情况下，接到徐锡麟发出动手暗号的陈伯平就向恩铭投掷了炸弹。炸弹并没有响，徐锡麟等人随后用手枪射击，恩铭当天死去，其他官员则四散逃跑。徐锡麟随后占领了安庆军械所，可是军械所弹药库的锁打不开，取不出武器。经过激战，安庆起义很快失败，徐锡麟等革命党人被捕。在审问徐锡麟时，他表示，恩铭厚我，属于个人私恩，我杀恩铭，乃是排满公理。徐锡麟的行动震惊了朝廷，第二天就被以先斩首、再挖心的方式杀害了。秋瑾也因暴露而被围攻，于六月初四日在大通学堂和清军战斗后被捕。她面对官府的审讯始终不肯出卖同志，在写下"秋风秋雨愁煞人"的名句后，于六月初六日被杀于绍兴轩亭口。

徐锡麟刺杀恩铭的行为产生的政治影响重大而深远。首先，直接助推了立宪的发展，朝廷意识到只有立宪才能消弭革命。徐锡麟被处死的第二天，朝廷重新颁布"预备立宪"谕令，慈禧太后并且命令广开言路，准许全国官民就如何有序推进预备立宪工作上奏。

其次，很可能直接影响了朝廷最高层正在发生的丁未政潮。徐锡麟激进的刺杀行为和激烈的反满言论当天就传到了朝廷中，据说慈禧太后闻讯后曾痛哭，下令厚葬恩铭。徐锡麟激烈反满的言论，可能让慈禧太后产生对汉人戒备之心，这也在情理之中。恩铭是奕劻的女婿，慈禧太后的这种戒备心理可能影响了她在罢黜奕劻一事上的决定。奕劻可能也实际上成了刺

图 28-3 秋瑾

这张“鉴湖女侠”的秋瑾照片，是中国近现代史上最著名的照片之一，给数代中国人留下深刻印象。秋瑾不仅是革命者，还是女性革命者。因此她的人生经历在反满革命之外，还有家庭革命和女性独立的成分。但是从世俗角度看，被她“革命”的对象，也承受了现实与历史的压力。图片选自朱诚如主编《清史图典》第 11 册，第 180 页。

杀事件的受益者。值得玩味的是，就在七月初二日（8 月 10 日）慈禧太后发布平满汉畛域懿旨的当天，她接到了侍读学士恽毓鼎弹劾两广总督岑春煊逗留上海与康梁“密相勾结”图谋不轨的奏折。初四日，岑春煊就被开缺。慈禧太后随后在用人方面出现的重用满人倾向，很难说与这件事没关系。

再次，激励了更多的革命者。徐锡麟和秋瑾的事迹迅速传遍全国，革命党人举办了规模颇大的追悼会，章太炎等人撰文表彰这种视死如归的革命精神，革命党人对“暗杀”行动更感兴趣。

最后，越来越浓烈的排满意识和激烈的手段震慑了很多满人高官。徐锡麟不顾私人恩情，不考虑自己前程，坚决杀掉满人恩铭，说明了此时在反满革命者的意识中，种族仇恨越来越深。徐锡麟以如此惨烈的方式刺杀恩铭，和此前吴樾引爆炸弹形成了呼应，朝臣骇然以惊，督抚悚然而恐。两江总督端方给陆军部尚书铁良写信说："吾等自此以后，无安枕之日。"（《皖案始末记》）

黄花岗七十二烈士

革命党在光绪三十三年、三十四年初发动的八次起义，均以失败告终。一些革命者有些灰心，阵营内也出现了一些矛盾，革命进入低潮。孙中山在宣统元年春天被迫远走美国，革命领导力量被进一步削弱。此时虽然革命起义少了，但是革命者暗中的努力并没有停止，各地因为苛捐杂税和饥荒引起的民变也在增加。

时间来到宣统三年。革命党的起义、各地的民变、绅商阶层的保路运动和朝廷高层的权力斗争逐渐形成了强大的合力，大厦将倾之局已成。

倪映典宣统二年广州新军起义失败后，孙中山和黄兴再次谋划，决定倾全党之力在广州起义，并由黄兴指挥。黄兴等人特意把指挥部选在了离两广总督署正门很近的一间民房里。从指挥部出来，沿着越华路，直线走到总督署门前不到500米。黄兴、赵声等人组织了包括林觉民、方声洞等在内的超过百

图 28-4　起义指挥部通往总督署大门今景

起义指挥部和两广总督署都在越华路上，距离只有 462 米，隔着一个路口，步行 8 分钟。当我体验完“革命之路”，感觉距离近有优点也有缺点。优点是发动时可以快速冲击最要害的总督署，缺点是容易暴露，尤其是几十上百个陌生的青壮年聚集在一起，里面还有不少外地人。两广总督署已经不复存在，现在是广东省民政厅所在地。指示牌中的英文翻译误将三月二十九日当作阳历。作者自摄图片，2023 年 3 月。

人的“选锋”，计划在三月十五日（4 月 13 日）分十路发动，先冲击两广总督署，占领军火库，迎接新军入城。可是三月初十日突发华侨青年温生才刺杀署理广州将军孚琦之事，军警巡查甚严，起义被迫改在了三月二十八日。黄兴二十五日到达广州后，发现武器要在二十八日才能运达，起义不得不推迟到二十九日。这时起义的风声已经传出，广州清军加强了戒备，收缴了新军的枪械。革命党内部关于是否如期举行起义有了分歧，一部分准备行动的革命党人退出了广州。黄兴认为改期形同解散，于是决定将十路行动改为四路，如期发动。

三月二十九日（4 月 27 日）下午 5 点半，黄兴率领大约 130 名“选锋”携带武器直扑两广总督衙门，虽然黄兴等人顺利冲入了总督署，但是两广总督张鸣岐听到枪声后已经逃跑。随后革命党人遭遇广东水师提督李准指挥的卫队和巡防营，激战到第二天，起义失败。林觉民、方声洞、喻培伦等人都英勇牺牲了。起义被镇压后，革命同志潘达微联合广仁善堂出面收殓烈士遗骸 72 具，葬于广州城郊的黄花岗。这就是黄花岗七十二烈士的由来。这次起义实际牺牲的有一百多人，能查到姓名的只有 86 人。

这次起义是历次起义中最认真充分的一次，孙中山、黄兴等人希望倾全党之力重振革命气势，为革命夺取一个根据地。但是现实的复杂导致这次起义还是不能完全按计划进行，最后

图 28-5　黄花岗七十二烈士墓园

起义结束后，没有暴露的革命党人潘达微以记者身份联合广仁善堂收殓了七十二位革命党人的遗骸，葬于黄花岗，此七十二人得名黄花岗七十二烈士，起义也因此被称为“黄花岗起义”。辛亥革命成功后，牺牲者并没有被遗忘。胡汉民和陈炯明先后担任广东都督，提议拨款 10 万元修建烈士陵园。1918 年方声涛募资继续修建，规模初具，1919 年参议院议长林森募资建碑及记功坊等。墓园直到 1935 年才基本建成，是辛亥革命牺牲者最壮观的墓园。“浩气长存”是孙中山 1921 年所书。作者自摄照片，2023 年 12 月。

仓促发动而失败。其实黄兴最后的四路计划也没有实现，只有黄兴带领的这一路行动了。但是这次起义是革命党武装力量第一次直接攻击占领了总督衙门，具有示范作用，成为武昌起义的先导。

林觉民等烈士视死如归的英勇牺牲精神给广大革命者带来了极大的精神鼓舞，悲痛不已的黄兴等人决定成立“铁血暗杀团”，开展暗杀活动，为死难者报仇。黄兴等人首先选定了数次镇压革命的广东水师提督李准。闰六月十九日（8 月 13 日），革命党人林冠慈、陈敬岳等埋伏在李准进城路上，将李准炸伤。被炸伤的李准心有余悸，派自己的弟弟到香港去和革命党通融说情，保证不再为难革命党。武昌起义枪响后，李准通电反正，对广东的快速光复产生重要推动作用。

武昌起义

当黄花岗起义失败、革命行动再次陷入低潮之际，武昌新军却射出了革命的子弹。武昌新军为什么会起义？这与革命党的发展策略有关。革命党人自知国内绅商阶层普遍支持立宪，因此将革命动员的主要目标锁定在华侨、留学生、新军、会党等群体。本来这些群体之间交集很少，但是清末新政编练新军政策的推行却让这些群体产生了融合。为什么呢？

一方面，编练新军急需接受过现代军事训练的教官，而这些人基本上是赴日学习军事的留学生，其中不少人在日本又加入了革命党，他们回到国内，迅速受到各省督抚的重用，走上了军事学堂教习或新军军官等关键岗位，然后就在军中悄悄发展革命力量。这样说可能有点笼统，我们可以举个例子。

辛亥革命元勋之一吴禄贞是湖北云梦人，光绪二十四年就被张之洞派遣到日本士官学校学习军事。作为第一期士官生，吴禄贞光绪二十八年回国后迅即被张之洞重用，先后被任命为营务处帮办、将弁学堂护军总教习、普通学堂会办等，光绪二十九年又被派到湖南筹设速成武备学堂。吴禄贞在新军中利用拒俄运动等机会，激发青年的爱国热忱，启迪革命思想，他也利用自己的职务便利，尽量介绍革命青年入伍参军。光绪二十九年底，朝廷设立练兵处。禁卫军统领良弼是吴禄贞日本士官学校的同学，过从甚密，乃将吴禄贞介绍到练兵处工作。[1]光绪三十年春，吴禄贞赴京上任。但是他和其他同志在两湖地区已经初步建立了革命基础。吴禄贞在清末并不是孤例，蓝天蔚、张绍曾、蔡锷、阎锡山、李书城、许崇智等人也多是如此。这些人到了辛亥革命时大多成为军队中高级将领，甚至掌控着一省的军事力量。武昌起义爆发后，他们领导的新军立即响应，多地迅即革命成功，原因正在此。

另一方面，清代秘密会党和民间结社一直盛行，向军队渗透也是会党一贯的做法。在科举停废之后，数量庞大的中下层读书人为了生存加入军队或会党，并产生了革命意识。参加过武昌起义的胡鄂公说武昌的新军“强半来自书房”，“当科举停废之日，而未青一衿者，又无缘得以考入官学，故少年学子，咸借入伍以为出身之地”（《辛亥革命北方实录》）。从他所见的

1　此时政坛上有一个很有意思的现象是良弼等亲贵大臣特别喜欢结交提拔留学小臣（见韩策《宣统二年汪荣宝与亲贵大臣的立宪筹谋及运作》,《广东社会科学》2016 年第 5 期）。但不少留学小臣，特别是军界人士，都有革命倾向，比如吴禄贞、张绍曾，都是因良弼提拔重用才能统领一镇精兵。

图 28-6　吴禄贞

吴禄贞在日本留学时，加入了兴中会。吴禄贞是革命思想在新军中传播的关键人物，也是新军中晋升最快的革命党人。武昌起义爆发前，他担任第六镇统制，与张绍曾、蓝天蔚互通声息，谋划北方革命。武昌起义爆发后，山西巡抚被杀，他被任命为山西巡抚，统兵前往山西镇压起义，在石家庄被人刺杀。关于刺杀主谋，或认为是袁世凯，或认为是满人，或认为是第六镇反吴军官。图片来自 https://collection.sl.nsw.gov.au/record/9Bv7r009/aayerLVaxyKLO。

情况来看，科举废除以后，此前没有获得功名的青年学生，如果考不上官学，大多入伍当兵谋出路了。湖广总督张之洞忠君爱国又爱惜人才，为了更好地编练新军，又从军队中选拔优异士兵进入陆军小学堂、讲武堂、武备学堂等学习，甚至资送出国留学。他想不到的是，这恰恰造成了革命领导者和革命群众的结合，有力促进了革命力量的迅速壮大。打响武昌首义第一枪的熊秉坤就承认工程第八营的革命种子是吴禄贞等人撒播的。熊秉坤等中下级军官在湖北新军士兵中发展革命者，并以暗号等会党的组织方法成立日知会、共进会、文学社等革命组织。在武昌打响第一枪的文学社，就是由日知会辗转发展多次改名而来。

到武昌起义爆发前，武昌新军有些队伍的士兵大半已是革命党人或倾向革命。这是战斗爆发后湖北新军有不少部队能成建制投入革命的原因。其实第八镇统制张彪等人早已知道军队中革命者不少，但是此时湖广总督瑞澂正想找机会将张彪撤职换成满人，因此张彪便密谕各营长官暗中维持局面，不可张扬。此时的张彪，也许想着在火药桶未点燃之前离开武昌，未必不是好事。可惜，他没能跑得了。清朝覆亡之后，遗老们总结教训，很多人认为清朝不是亡于革命党，而是亡于新学生和新军，并将矛头指向张之洞和张彪。

两湖地区的革命力量虽然在新军中有了一定的集聚，但是要士兵们真正扣动扳机，还要出现生死存亡危机才行。人人爱惜生命，革命者也不例外。但是到了危急时刻，以死相拼或许能换来帝王将相，这是陈胜吴广起义之后豪侠之士常有的一种生命计算思维，何况现在还有救亡图存的伟大意义。武昌新军起义的危急时刻是怎么到来的呢？历史在这里就和新成立的“皇族内阁”接上线了。

新内阁于宣统三年四月初十日（1911 年 5 月 8 日）成立，第二天就发布了全国铁路干线收归国有的命令。铁路国有的钱从哪里来？新内阁很快就和四国签订了湖广铁路借款合同。此事迅即引起了四川、湖南、湖北等地绅商的愤怒，掀起了规模颇大的保路运动。[1]四川局势日趋沸腾，保路同志会由和平请愿很快发展为武装起义。为了镇压保路风潮，朝廷决定从湖北新军抽调约 9000 人入川及分赴宜昌、襄阳、岳州等地，武汉只剩下约 8000 人。此时的武汉，人心惶惶。

无风不起浪。武昌新军中的革命者们确实在紧锣密鼓地谋划中秋节反满起义。

七月二十二日（9 月 14 日），文学社、共进会商议联合发动起义，并派人赴香港等地邀请黄兴等人来鄂主持。八月初二日（9 月 23 日），文学社和共进会商议出革命三人领导小组：蒋翊武任军事总指挥，专管战斗指挥；孙武为军政部长，专管军事行政；刘公任总理，专管民政事务。第二天，又商议在中秋节（10 月 6 日）正式发动起义。可是就在这一天，由于南湖炮队士兵与长官发生冲突，革命士兵拖出枪炮准备提前起义，被刘复基及时化解。但此事也导致起义被迫推迟。八月十八日（10 月 9 日）早晨，蒋翊武从岳州赶回武昌主持会议，决定暂缓起义。好巧不巧，当天下午 3 点前后，孙武在汉口俄租界宝善里试制炸弹时发生爆炸，革命机关被破坏，革命党名册和起义计划落入政府手中。下午 5 点蒋翊武、刘复基等人得到消息后，决定提前起义，并向各部队下达了起义命令：晚上 12 点各军听到南湖炮声后立即按计划向目标发动进攻，得手后除防守

1　仅仅从经济角度来看，铁路国有政策并不完全是错误的，一百多年的实践已经证明，铁路建设是资本密集型重工业，要人要钱要地要技术，商人自办确实太困难，官办效率更高。但是从政治角度来看，当时政府和以绅商为核心的立宪派关系已经很紧张，这一举动被认为剥夺了商人权益，进一步引发了绅商团体的愤怒。

图 28–7　武昌起义中的湖北新军

张之洞编练的湖北新军，从装备、训练到思想都已经实现初步现代化。这是宣统三年八月（1911 年 10 月）武昌起义中的年轻士兵。可以清楚地看到，士兵们肩上背着步枪，腰带上挂着弹药盒，缠着绑腿，制服统一。这在清末是唯一一支能与北洋新军抗衡的军队。所以武昌起义的胜利，并不仅仅是武昌新军敢于开第一枪那么简单，更重要的是已经革命或向往革命的士兵多，军队还有硬实力。武昌起义最初阶段，可以说是彰德秋操时南北军对垒演习的实战版。图片选自刘香成编著《壹玖壹壹：从鸦片战争到军阀混战的百年影像史》，第 303 页。

队伍外于早晨 7 点在谘议局前集合。

变化总比计划快。湖广总督瑞澂得到爆炸案消息后相当惊恐，立即召集文武官员开会，下令张彪、黎元洪等人严密查拿。当天晚上 8 点前后，一个知道起义计划的正目（类似今日的班长）向张彪告密了整个计划和指挥部地址。张彪一方面通知各部队长官高度重视，一方面派人前去抓人。当晚 11 点半前后，清朝官兵直扑小朝街 85 号起义总指挥部，蒋翊武、刘复基、彭楚藩等人被捕。蒋翊武在十九日（10 日）凌晨从警察局后花园逃跑，刘复基等人就义。起义还没发动，领导团队就受到重创，形势变得更加复杂了。

突然群龙无首，信息渠道一下子中断了。由于逮捕行动是在比较秘密的状态下进行的，很多革命党人还不知道。到了晚

图 28-8　武汉起义门城楼上的炮

在今天武汉起义门城楼上，放置着两门当时革命军炮击总督署的野战炮的复制品。不知道当时炮队是否就在此处发炮。楚望台军火库就在起义门的另一面，距离非常近。现在已经与起义门一起，规划成楚望台遗址公园。清末没有高楼，也没有如此多的树木，在此处几乎可以俯视总督署在内的武昌主要城区。作者自摄照片，2023 年 12 月。

上 12 点，准备起义的士兵还没等到炮声，却传来革命指挥部被破坏和正在严拿革命党的消息。天亮以后，全城果然在严密搜捕革命党，有三十多人被抓，文学社也被破获。不安情绪迅速在士兵中蔓延，到了死中求生的境地。当晚 7 点，第八镇工程营里的革命士兵和压制士兵的军官发生冲突进而引发战斗。在该营担任正目职务的熊秉坤当即决定起义，击毙营中反对革命的军官后，率领同志四十余人急赴楚望台军械库。熊秉坤等人占领军械库后，立即联络各处军队，并推戴驻守楚望台军火库的工程营左队队官吴兆麟担任总指挥。随后炮队入城，开始打炮，发出革命信号。炮兵还在楚望台架设 3 门炮，在蛇山架 2 门炮，向总督署射击。士兵们在吴兆麟、熊秉坤等人的指挥下，勇敢进攻总督署。

武昌起义与此前革命党人起义最大的不同是，这次是成建制的新军，组织性和战斗力自然不同。大明之后，组织起来的革命士兵与张彪等人率领的清军展开激战，到了二十日上午 9 时，总督署被攻破，瑞澂、张彪等人仓皇逃跑。2 个小时后，武昌为革命党占领。孙中山曾说，武昌的成功实在是意外，主因则是瑞澂的逃跑："倘瑞澂不逃，则张彪断不走，而彼之统驭必不失，秩序必不乱也。"（《建国方略》）瑞澂早在宣统二年十二月（1911 年 1 月）就以"患病日深"为由请求开缺，未被批准。

武昌的战斗结束了，但是同盟会领袖都不在武昌，群龙无首，谁来领导呢？二十日，革命军推戴第二十一混成协协统黎元洪为鄂军都督。被逼之下的黎元洪就这样被大馅饼砸中了，要不然他无论如何也不可能成为中华民国的大总统。

做人要厚道啊！厚道关键时候不仅救命，还能改变命运。黎元洪就是因为平时为人比较厚道，才被革命士兵拥戴而不是枪毙。这时候对朝廷早已绝望的立宪派也站了出来，明确支持革命士兵。湖北省谘议局局长汤化龙冒着风险，公开呼吁全省绅民支持革命士兵。

立宪派与革命党人就这样站到了同一个战壕里。[1] 两天之内，整个武汉都光复了。革命者和立宪派也正式联起手来，成为推翻清朝的两大力量。武汉因为是湖广总督驻地，省库有现金四百多万元，革命军队得到人民支持也迅速扩大，再加上外

1　过去主流观点认为立宪派窃取了革命果实。这一观点有其偏颇性，立宪派对于民国成立贡献不小。一是立宪派早已通过请愿运动推动国内政治的现代化发展，二是革命爆发后，如果不是各地立宪派迅速公开响应支持革命，革命军不一定站得稳。几乎所有立宪派核心人物的另一个身份，都是当地省一级绅商阶层的代表人物，他们对革命军的公开支持，对革命合法性树立、降低革命双方冲突激烈程度、稳定民心起到了非常重要的作用。

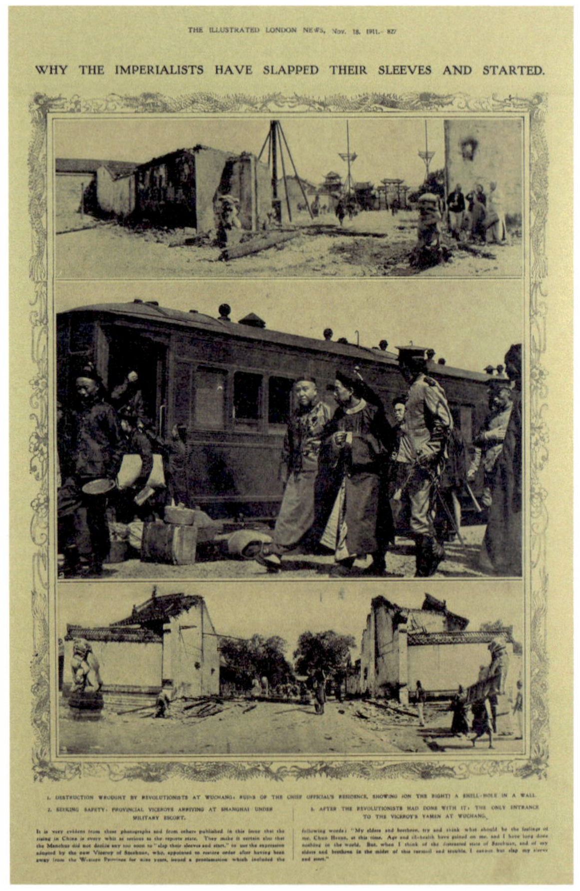

THE ILLUSTRATED LONDON NEWS, Nov. 18, 1911.- 827

WHY THE IMPERIALISTS HAVE SLAPPED THEIR SLEEVES AND STARTED.

1. DESTRUCTION WROUGHT BY REVOLUTIONISTS AT WUCHANG: RUINS OF THE CHIEF OFFICIAL'S RESIDENCE, SHOWING (ON THE RIGHT) A SHELL-HOLE IN A WALL.

2. SEEKING SAFETY: PROVINCIAL VICEROYS ARRIVING AT SHANGHAI UNDER MILITARY ESCORT.

3. AFTER THE REVOLUTIONISTS HAD DONE WITH IT: THE ONLY ENTRANCE TO THE VICEROY'S YAMEN AT WUCHANG.

It is very evident from these photographs and from others published in this issue that the rising in China is every whit as serious as the reports state. They make it certain also that the Manchus did not decide any too soon to "slap their sleeves and start," to use the expression adopted by the new Viceroy of Szechuan, who, appointed to restore order after having been away from the Western Provinces for nine years, issued a proclamation which included the following words: "My elders and brethren, try and think what should be the feelings of me, Chun Hsuan, at this time. Age and ill-health have gained on me, and I have long done nothing in the world. But, when I think of the distracted state of Szechuan, and of my elders and brethren in the midst of this turmoil and trouble, I cannot but slap my sleeves and start."

图 28-9 《伦敦新闻画报》关于革命爆发和瑞澂逃跑的报道

上下两张照片是总督署战后的情况，中间的照片是瑞澂跑到上海下火车后的情形。中间这张照片过去被错认是瑞澂在武汉大智门火车站逃跑时的情形。在炮火轰击和步兵冲击下，湖广总督署很快被攻克。瑞澂为什么逃跑呢？我去楚望台和湖广总督署旧址考察后，突然有一个想法。如果我是瑞澂，可能也要从总督署跑掉。为什么？一是这里没有任何坚固工事，根本抵挡不了现代火炮居高临下的轰击。二是总督署的后门就靠着长江，跑起来很容易。瑞澂从总督署跑掉问题不大，问题大的是他一口气跑到了上海。假设他视死如归，脱离炮火覆盖范围后，立即组织反攻，那武昌起义结果如何还得两说。总督署在革命中基本被荡平，后来变成了武昌造船厂，现在厂房也被全部拆除。图片选自 "Why the Imperialists have Slapped Their Sleeves and Started," *Illustrated London News*，18 Nov.，1911，p.827。

国列强宣布中立，武汉的形势稳固下来。

武昌起义成功的消息让革命如燎原之火，迅猛扩及全国。各省革命者纷纷响应，清朝一下子进入土崩瓦解的境地。九月初一日（10 月 22 日），焦达峰等人在长沙驱逐了湖南巡抚，张凤翙在陕西率兵响应。初三日，马毓宝等人在江西率兵响应。初八日，阎锡山在山西率兵响应。初九日，蔡锷在云南率兵响应。

革命形势为什么发展如此之快？根源在于人心。江苏巡抚程德全在九月初二日（10 月 23 日）致内阁电文中说："自武昌失陷以后，访闻长江一带无数少年纷纷渡汉。前日上海时报馆登载革军战败一条，即时有千百人前往攻诘。人心如此，良可慨痛！窃谓今日之大患，不患革党之猖獗，而患人心之涣散；不患武昌之失陷，而患各处之响应。"（《抚吴文牍》）程德全看到人心如此，转身响应了革命，变成了江苏都督。历史学家吕思勉作为辛亥革命的亲历者，也谈到了当时"一汉人可驱数十百满洲人，……此所谓土崩瓦解，非复人力所可支障者也"（《吕思勉先生编年事辑》）。

听到革命取得突破性进展后，黄兴匆忙赶往武汉，孙中山也匆忙从美国回国，革命行动越来越有组织性了。此时的朝廷，则陷入了极度的慌乱之中。

袁世凯复出与清帝退位

突如其来的起义消息让载沣很吃惊，他首先要做的自然是派兵镇压。八月二十一日（10 月 12 日），载沣派陆军大臣荫昌率两镇陆军前往镇压，萨镇冰率海军军舰援助。令载沣想不到的是，荫昌指挥不动北洋军，进军迟缓。这是效忠袁世凯的北洋军将领有意为之。这个时候，美国等国公使建议载沣重新起用袁世凯，总理大臣奕劻、协理大臣那桐和徐世昌等人也力荐袁世凯复出。载沣虽然极不乐意，但还是在二十三日任命袁世凯为湖广总督，督办剿抚事宜。

不料，袁世凯以足疾为名推辞。养敌自重也好，坐地起价也罢，报复载沣亦可，袁世凯就是不着急，一边观察局势，一边不断向朝廷提条件。反正他在罢黜之后就不想再当清朝的忠臣了。他也清楚，现在可是成建制的湖北新军起义，而不是孙文领导的一两百个会党暴动，北洋新军不出动，载沣镇压不下去。

局势恶化的速度比载沣和袁世凯想象的还快。九月初六日（10 月 27 日），在清军进攻武昌不断受挫的情况下，袁世凯被任命为钦差大臣，节制湖北水陆各军。就在这一天，驻扎滦州的第二十镇统制张绍曾联合第二混成协协统蓝天蔚等将领通电朝廷，要求速开国会、取消皇族内阁、特赦政治犯等。张绍曾还扣押了一列往南方运军火的列车，并致电黎元洪等人断不会南下与革命军作战。滦州素有“京畿锁钥，兵家咽喉”之称，距离紫禁城四百多里，是从北京到东北的重镇。这有点儿要断了满人退回东北后路的意思。

张绍曾的通电震惊了全国，鼓励了革命党。初七日，黄兴抵达武汉，就任革命军总司令，革命军气势大盛。初八日，太原新军起义，宣告山西光复。隆裕太后和载沣此时真的慌了神，甚至想逃往承德。正在北京开会的资政院议员们，也联合起来要求立即召开国会、取消皇族内阁等。袁世凯自然也会凑一脚，提出迅速召开国会，组织真正的责任内阁，授予他军事全权等要求。

初九日这天，辛亥革命进入了新的阶段。这一天发生了两件大事。一是袁世凯终于离开彰德前往信阳，着手接替前线指挥事宜。二是摄政王载沣连下四道上谕：第一道是罪己诏，向全国人民承认“用人无方，施政寡术”，恳请原谅；第二道是解除党禁，宽恕戊戌政变以来所有政治犯，不追究起义者责任；第三道是承诺迅速制定宪法；第四道是表示尽快组织责任内阁。很可惜，这些已经不能挽救已经绝望的人心了，且不说初步取得成功的革命者，就是张绍曾等将领都不满意。九月十一日（11 月 1 日），奕劻等人向载沣提出内阁总辞职，载沣当天任命袁世凯为内阁总理大臣，并命令他立即进京组织内阁。

十三日，朝廷颁布了《宪法十九信条》，其中第八条是总理大臣由国会选举。这样，惊慌失措的载沣又及时给袁世凯递上了一把子弹上膛的枪。

袁世凯以《宪法十九信条》为借口，称既然内阁总理由议会选举，他就不敢奉诏。他很明白，奉了载沣之命进京赴任，政事还得听载沣的，可是要是议会选举的总理大臣，行政独立性就大多了。情危势急，载沣被迫再一次妥协。十八日，资政院正式选举袁世凯为内阁总理大臣。就这样袁世凯不仅复出了，而且当上了梦寐以求的内阁总理大臣。二十六日，他组织了一个全是亲信的内阁，攫取了清政府几乎一切军政实权。

为什么说是“军政实权”而不是“军政全权”呢？因为袁世凯上面还有个摄政王载沣。《宪法十九信条》有陆海军直接归皇帝统领等规定，此时代行皇权的就是载沣。袁世凯一边指挥北洋军和革命军作战，一边和革命军进行谈判，一边想着如何推翻摄政王载沣。十月初二日（11 月 22 日），袁世凯以符合立宪制度为由，要求停止每日入对，并提出按照内阁官制调整政务运行办法，核心内容是除召见国务大臣外，其余召见官员均暂停止；

除国务大臣具奏外，其余衙门上奏均暂停止。这个要求实质上架空了载沣，切断了信息渠道，削弱了载沣对官员的驾驭。师出有名，载沣被迫同意。

十月十五日（12 月 5 日），袁世凯将与英国公使朱尔典一起拟定的继续停战协议上报给朝廷，并与载沣、奕劻一起“妥商弭乱政策”。具体说了啥不知道，但是第二天载沣就引咎退位。后来的研究发现，载沣退位除了袁世凯的压力外，还有来自外国公使团，特别是英国公使朱尔典的压力。

监国摄政王载沣还是太单纯了。他退位是希望一肩扛起政治责任，以“不再预政”换取南方革命军的让步。退位诏书还说：“嗣后用人行政，均责成内阁总理大臣、各国务大臣担负责任。”（《醇亲王载沣日记》）袁世凯至此获得了合法的军政全权，也开始了他逼迫清帝退位的操作。第二天，朝廷又取消了载沣对禁卫军的管辖调遣之权。十九日，袁世凯任命冯国璋为

图 28–10　朱尔典

朱尔典 1906~1920 年担任英国驻华公使，是清末民初对中国影响最大的外国人之一。作为资深驻华外交官，他在外国驻华外交官群体中有着很大的影响力。他一直看好袁世凯，是促成袁世凯复出的关键外部因素。图片来自 https://collection.sl.nsw.gov.au/record/n88EL04n。

图 28-11　宣统三年的隆裕太后与宣统帝

摄政王载沣退位以后，隆裕太后和宣统帝就真的成了“孤儿寡母”。如此两人怎么可能应对得了天下鼎沸之势？君主立宪已不可得，最合理的出路就是在得到生命财产安全保障的情况下退位。图片选自刘北汜、徐启宪主编《故宫珍藏人物照片荟萃》，第 98 页。

禁卫军总统官，取消了载涛对禁卫军的指挥权。载沣的退位，不仅给予了袁世凯最大权力，也让皇室失去了最后一个可以依靠的男人，只剩下任袁世凯任意拿捏的孤儿寡母。据说清朝覆亡以后，载沣对于他同意退位之事非常后悔。但是历史车轮已经滚滚向前，一切都来不及了。

后面的事情，大家都比较熟悉了。袁世凯完全掌控北方后，加紧和革命军谈判，希望担任中国第一任大总统。不过他有点扭扭捏捏，或者希望得到更多。没想到孙中山突然回国，并在 1912 年 1 月 1 日就任临时大总统。失望之余的袁世凯加紧逼迫清帝退位，在革命党暗杀和军事将领逼宫的帮助下，终于迫使隆裕太后接受退位条件。

1912年2月12日，宣统皇帝以遵奉隆裕太后之命宣布退位。诏书最核心内容如下：

> 人心所向，天命可知。予亦何忍因一姓之尊荣，拂兆民之好恶。是用外观大势，内审舆情，特率皇帝将统治权公诸全国，定为共和立宪国体。近慰海内厌乱望治之心，远协古圣天下为公之义。袁世凯前经资政院选举为总理大臣，当兹新旧代谢之际，宜有南北统一之方，即由袁世凯以全权组织临时共和政府与民军协商统一办法。总期人民安堵，海宇乂安，仍合满汉蒙回藏五族完全领土为一大中华民国。

这段话翻译成通俗的意思就是：现在天命已经转移，全国人民都期盼共和，皇帝也不能因为爱新觉罗一姓的尊荣来阻挡亿万人民的期盼。太后和皇帝综合内外各种意见信息，决定将统治权公诸全国，中国此后就成了共和立宪国体。这一决定既可以告慰当前海内外人民希望天下安定有序的愿望，也符合中国圣贤天下为公的传统。袁世凯是此前资政院选举出来的内阁总理大臣，现在危急之时，应该负起组织临时共和政府的责任。希望袁世凯和革命军领袖能够以天下大局为重，尽快实现停战，团结满、汉、蒙、回、藏各族人民，共同建设富强统一的中华民国。

虽然是退位诏书，但无论是观念高度还是立意行文，不失体面，滴水不漏。诏书不仅描绘了一位秉持天下为公理念的皇帝的形象，宣告清朝皇帝体面退位，还授予了袁世凯充分的政治合法性，更坚定明确了中华民族统一的态度。这就解释了为什么袁世凯会善待逊位皇帝及宗室，为什么我们要对清朝给予更高的评价。

268 年的清朝，在这一天正式结束。

两千余年的帝制时代，在这一天正式结束。

此处必须有热烈掌声！

掌声既送给勇于流血牺牲的革命者、和平斗争的立宪派，也送给最终以天下苍生为念的被革命者！[1]

从此之后，如何真正地把人民当作人民，成了全体中国人的核心命题！

图 28-12　庆祝中华民国成立的明信片

短短几个月，全国就从大清变成中华民国，很多国人还有点蒙。这张明信片就很有意思地反映了这种思想状态。在欢呼“共和万岁”“民国万岁”的同时，还有着“后来其苏”的期盼。“后来其苏”语出《尚书》，意思是待我君来，使我们得以休养生息，安居乐业。图中四人分别是孙中山（左）、袁世凯（中上）、黄兴（中下）、黎元洪（右）。图片选自 https://collection.sl.nsw.gov.au/record/9Bv7r009/Pw7N3ab7vyPa2。

1　也包括袁世凯。他在其中的各种协调实际上让各派的政治利益和诉求都得到了合理满足，避免了已经遭受很多战乱的中华大地再度陷入战争浩劫。不能因为复辟就全盘否定他的历史功绩。

结　语

晚清纷繁复杂，见仁见智，不容易看透。化繁为简，回到本书一开始提到的四对关系，再略做陈述。

传统与现代的撞击无处不在。传统的思想观念、体制机制、知识文化、技术装备，在一次次战败中被击溃，对于现代化中国的追求，中华民族伟大复兴的梦想，推着万千中华儿女探寻奔跑。在一次次失败、失望后，现代化思潮又产生了激进思潮，最终革命之火熊熊燃烧。

公心与私欲的较量无处不在。民族危亡、国家兴衰、朝廷稳定、人民富足，固然是所有人心之所想，但是最好是别人栽树自己乘凉，不能触及自己的官帽、印把子、饭碗。真正能为民族、国家、朝廷、人民鞠躬尽瘁者，少之又少。从嘉庆帝到摄政王载沣，对官员“因循怠玩”的批评责骂从未停止，也一直没有找到解决办法。为何？因为他们自己也未能克服一个“私”字。

得到与失去的衡估无处不在。满与汉、清与浊、中与外的平衡如何维持？关键就在于得到与失去能够维持平衡。这个平衡的“度”在哪里？在于“人心”。“人心”平，“世道”良，“天下”安。“人心惟危，道心惟微，惟精惟一，允执厥中”十六字心法，似乎俗烂，却是至真至纯的真理。

理性与感性的转换无处不在。无论是生于帝王之家还是起于陇亩之间，无论是久持权柄还是虎落平阳，人终究是人，远近分明，冷暖自知，难逃恩怨情仇。“君之心，政之本。”咸丰帝的感性多于理性，后果是战乱久久不能平息。慈禧太后的仇恨之心不能平息，带来的是动摇了王朝根基的庚子事变。

所以，究竟谁推倒了大清？

大清！

大清，不仅仅是慈禧太后的大清、爱新觉罗家族的大清、满蒙汉八旗的大清，也是四万万中国人的大清。

大清被推倒之后呢？

理想中国却没有如期而至，中国很快陷入了无秩序的混战与分裂之中。

很多人开始重新评估和怀念大清。

不少曾经体制内的革新先锋们，对自己支持新政变法的行为进行反思和忏悔，转身变成“遗老”。

不少曾经为革命目标冲锋的战士，带着对现实的失望，转身离开了革命队伍。

还有一些人，认为只有重回皇权时代，才能重建秩序，于是开始鼓吹复辟。

困扰了数代晚清知识人的那两个问题又萦绕在人们心中：

中国究竟应该是什么样子？

中国人究竟该怎么办？

孙中山给出的答案是：

天下为公！

图 29-1　孙中山在 1912 年 1 月题写的“天下为公”

图片选自《孙文全集》第 18 册，第 28 页。

资料引用说明

由于本书目标是写一部“简明”晚清史，因此在保持基本规范的同时尽量简化了资料引注信息。为了帮助阅读，兹将资料引用情况予以简要说明。

一、晚清史有大量的图像资料，但是图像资料过去使用非常不规范，因此本书使用的图像资料全部进行了相对规范的引注说明。

二、对于带引号的直接引文，全部用最简略的文字予以出处提示。

三、对于参考或引用的学术研究成果，标引尽量简化。如果是比较直接地借鉴吸收其他研究者的观点，一般用“有研究者认为”等方式提示，一些成果提示了作者等信息。

四、在写作中，对一些学术成果有较多参考借鉴，或颇受其启发，简要列举于下，以表达诚挚感谢！

资料类

郭孝成编《中国革命纪事本末》，商务印书馆，2011。

赵尔巽等:《清史稿》，中华书局，1977。

中国人民大学清史研究所编《清史编年》，中国人民大学出版社，2000。

中国史学会主编《鸦片战争》，上海人民出版社，1957。

中国史学会主编《第二次鸦片战争》，上海人民出版社，1978。

中国史学会主编《太平天国》，上海人民出版社，1957。

中国史学会主编《洋务运动》，上海人民出版社，1961。

中国史学会主编《中法战争》，上海人民出版社，1957。

中国史学会主编《中日战争》，上海人民出版社，1957。

中国史学会主编《戊戌变法》，上海人民出版社，1957。

中国史学会主编《义和团》，上海人民出版社，1957。

中国史学会主编《辛亥革命》，上海人民出版社，1957。

研究论著类

戴逸:《简明清史》，人民出版社，2003。

戴鞍钢:《晚清史》，复旦大学出版社，2020。

段昌国:《中国通史：近代史》，九州出版社，2010。

费正清、刘广京编《剑桥中国晚清史（1800~1911 年）》，中国社会科学院历史研究所编译室译，中国社会科学出版社，1985。

郭廷以:《近代中国史纲》，格致出版社，2012。

蒋廷黻:《中国近代史》，上海古籍出版社，1999。

金冲及:《二十世纪中国史纲》，三联书店，2021。

李剑农:《中国近百年政治史》，湖南教育出版社，2008。

李侃等:《中国近代史（1840~1919）》，中华书局，1994。

罗威廉:《最后的中华帝国：大清》，李仁渊、张远译，中信出版社，2016。

孟森:《清史讲义》，上海人民出版社，2014。

倪玉平:《晚清史》，人民出版社，2019。

王庚武:《1800 年以来的中英碰撞》，金明、王之光译，浙江人民出版社，2015。

王建朗、黄克武主编《两岸新编中国近代史》，社会科学文献出版社，2016。

张海鹏主编《中国近代通史》，江苏人民出版社，2009。

郑天挺、南炳文:《清史》，上海人民出版社，2020。

蔡乐苏、张勇、王宪明:《戊戌变法史述论稿》，清华大学出版社，2001。

陈捷先:《慈禧写真》，商务印书馆，2011。

陈旭麓:《近代中国社会的新陈代谢》，中国人民大学出版社，2012。

迟云飞:《晚清大变局：改革、革命与社会裂变（1901~1911）》，中国大百科全书出版社，2020。

崔志海等:《当代中国晚清政治史研究》，中国社会科学出版社，2017。

董丛林:《曾国藩传》，人民出版社，2014。

董守义:《恭亲王奕䜣》，人民文学出版社，2010。

和田春树:《日俄战争：起源和开战》，易爱华、张剑译，三联书店，2018。

侯宜杰:《二十世纪初中国政治改革风潮：清末立宪运动史》，辽宁人民出版社，2020。

黄宇和:《叶名琛与第二次鸦片战争》，广东人民出版社，2020。

姜鸣:《天公不语对枯棋：晚清的政局和人物》，三联书店，2015。

姜鸣:《秋风宝剑孤臣泪：晚清的政局和人物续编》，三联书店，2015。

姜鸣:《却将笑谈洗苍凉：晚清的政局和人物三编》，三联书店，2015。

孔祥吉:《晚清史探微》，巴蜀书社，2001。

雷颐:《李鸿章与晚清四十年》，山西人民出版社，2019。

李细珠:《地方督抚与清末新政：晚清权力格局再研究》，社会科学文献出版社，2018。

《罗尔纲全集》，社会科学文献出版社，2011。

罗志田:《清季十年的转折：革命的形成》，商务印书馆，2021。

马平安:《晚清政治地图》，团结出版社，2018。

马勇:《戊戌政变的台前幕后》，江苏人民出版社，2012。

茅海建:《天朝的崩溃——鸦片战争再研究》，三联书店，

2014。

茅海建:《苦命天子：咸丰皇帝奕詝》，三联书店，2022。

茅海建:《戊戌变法史事考》，三联书店，2005。

戚其章:《甲午战争史》，上海人民出版社，2014。

桑兵:《晚清学堂学生与社会变迁》，广西师范大学出版社，2007。

汤志钧:《戊戌变法史》，上海社会科学院出版社，2003。

唐德刚:《从晚清到民国》，中国文史出版社，2015。

王开玺:《晚清变局》，东方出版社，2019。

夏春涛:《太平天国与晚清社会》，北京师范大学出版社，2018。

夏东元:《洋务运动史》，华东师范大学出版社，2010。

杨东梁:《左宗棠》，人民文学出版社，2015。

杨鸣起、冯立主编《西青大运河诗钞》，天津人民出版社，2021。

苑书义:《李鸿章传》，人民出版社，2016。

张国骥:《清嘉庆道光朝时期政治危机研究》，岳麓书社，2012。

张朋园:《立宪派与辛亥革命》，吉林出版集团，2007。

张朋园:《梁启超与清季革命》，吉林出版集团，2007。

张瑞龙:《天理教事件与清中叶的政治、学术与社会》，中华书局，2014。

仲伟民:《茶叶与鸦片：十九世纪经济全球化中的中国》，中华书局，2021。

周勇主编《邹容与苏报案档案史料汇编》，重庆出版社，2013。

除以上著作，还参考了不少论著，此处就不再一一列出。再次向所有先进表示感谢！

在中国近现代历史进程中，由于摄像的引入，产生了大量的图像资料。此外还有一些画作也具有历史价值。本书为了让读者形成“具象真实”，使用了 303 张历史图片、田野考察照片、重绘地图、展览照片等。由于过去中国近现代史对图像资料的史料价值重视不够，使用不规范，因此本书对大部分图片交代了出处，除了自摄照片和少数来自网络的图片，均说明来源。所参考的图片集等，兹列于下（根据类别与重要性排列）。

原始照片类

George Ernest Morrison（莫理循）收藏的近代中国照片，下载于澳大利亚新南威尔士州立图书馆网站（https://collection.sl.nsw.gov.au/record）。

John Thomson，*Illustrations of China and Its People*：*A Series of Two Hundred Photographs*，*with Letterpress Descriptive of the Places and People Represented*，London：Sampson Low，Marston，Low，and Searle，1874.

Adolf Erazmovich Boiarskii（阿道夫·埃拉兹莫维奇·博亚尔斯基）在 1874~1875 年拍摄的照片，下载于美国国会图书馆（https://www.loc.gov/item）。

图画、照片合集类

故宫博物院编《最后的皇朝：故宫珍藏世纪旧影》，紫禁城出版社，2011。

胡志川、陈申合编《中国旧影录——中国早期摄影作品选（1840~1919）》，中国摄影出版社，1999。

刘北汜、徐启宪主编《故宫珍藏人物照片荟萃》，紫禁城出版社，1994。

刘香成编著《壹玖壹壹：从鸦片战争到军阀混战的百年影像史》，世界图书出版公司，2011。

闵杰编著《晚清七百名人图鉴》，上海书店出版社，2007。

泰瑞·贝内特:《中国摄影史（1842~1860）》，徐婷婷译，中国摄影出版社，2013。

泰瑞·贝内特:《中国摄影史——西方摄影师（1861~1879）》，徐婷婷译，中国摄影出版社，2013。

泰瑞·贝内特:《中国摄影史——中国摄影师（1844~1879）》，徐婷婷译，中国摄影出版社，2014。

中国第一历史档案馆编《御笔诏令说清史——影响清朝历史进程的重要档案文献》，济南教育出版社，2003。

中国历史博物馆编《中国近代史参考图录》，上海教育出版社，1986。

朱诚如主编《清史图典》，紫荆城出版社，2002。

谭其骧主编《中国历史地图集》，中国地图出版社，1996。

郭毅生主编《太平天国历史地图集》，中国地图出版社，1989。

张海鹏编著《中国近代史稿地图集》，地图出版社，1984。

陈悦:《中法海战》，台海出版社，2018。

赵省伟编《遗失在西方的中国史：海外史料看甲午》，沈弘、邱丽媛译，重庆出版社，2018。

赵省伟编《遗失在西方的中国史：海外史料看庚子事变》，侯芙瑶、邱丽君译，重庆出版社，2018。

赵省伟编《遗失在西方的中国史：欧洲画报看日俄战争》，聂书江、赵开放译，中国画报出版社，2019。

刘潞、吴芳思编译《帝国掠影：英国访华使团画笔下的清代中国》，中国人民大学出版社，2006。

张剑:《1840年：被轰出中世纪》，东方出版中心，2015。

H. B. Morse，*International Relations of the Chinese Empire*，Vol.1，*The Period of Conflict 1834—1860*，New York：Paragon Book Gallery，1910.

H. B. Morse，*International Relations of the Chinese Empire*，Vol.2，*The Period of Submission 1861—1893*，New York：Paragon Book Gallery，1918.

后记

三年多来，我最主要的精力都用来写这本《简明晚清史》了。

一开始意兴盎然，进展很快；写着写着就绞尽脑汁，笔端艰涩；最后殚精竭虑，四顾茫然。

一开始定位很高，字斟句酌，写着写着就寡味平淡，进退失据，最后忐忑不安，如履薄冰。

这三年多下来，真正体会到“写历史”真的要比“研究历史”难。难在何处？难在“通古今之变”！只有知识、认识、技巧的积累都到了一定程度，心到、眼到、手到，才可能在历史中体会时势之变、兴亡之变、成败之变、穷达之变。虽然已经学习和研究中国近现代史二十余年了，但这些对我来说依然是极限挑战。

为了能摸到“通古今之变”的边儿，写这本小书时，我要尽量消除预设立场，汲取众长。比如：努力将革命史范式、现代化范式、文明史范式、全球史范式以及中国传统历史书写的一些优点融合，以“代入”的方式去体会历史人物的心理，从“人情世故”去理解历史人物的行为，以“上帝视角”去梳理历史事件之间的因果链条。叙述时，尽量吸收已经被学术界普遍接受或我认为言之有理的学术研究成果，也在必要时大胆提出自己的推理和看法。效果如何，就只能等待读者检阅批评了！

落笔之后，整个人犹如被抽空，感觉比写之前两本专著加起来都疲累。没有欣喜莫名，没有自信满满，反而有一些彷徨惶恐。不知道这本有一些个人化的小书，能否顺利出版；不知道出版后能否经得起广大读者的检验。

近现代史太容易引人联想，太容易起争执，所以这个领域长时间写不出一部大家能普遍接受的贯通著作。这些话和本书一开始的引言，实质上是一种告解。观念认识方面还请读者多多包容！

伏尔泰说：“我可能不同意你的观点，但我誓死捍卫你说话的权利！”

这本小书之所以能够面世，首先要感谢“百家讲坛”的李峰老师。2020 年 6 月我侥幸评上了教授，想着还算年轻，可以相对自由地探索一段时间，就想写一本通俗的晚清史著作。机缘随后到来。8 月、9 月间，李老师邀请我到“百家讲坛”栏目录制《晚清史》。此后两年多的时间，就开始了这项工作。录制任务逼迫我一定要一两个月交两章的稿子，这就让我没有拖拉和退却的可能。疫情断断续续，录制的节奏拉得慢，给了我更长的思考和写作时间。写作过程中，在如何保持“通”的基础上讲故事，在如何巧妙地回避、化解历史认识争议等问题上，我和李老师有很多次的交流甚至交锋。从李老师身上，我学习到了很多智慧和技巧，化解了很多道难题，提升了故事性。虽然录制的节目因为种种原因可能短时间内难以播出了，但是我仍然很感谢李老师和栏目组的各位老师。这是人生中一次难得的体会、难得的锻炼、愉快的合作。

为了让这部小书更具有情景感，让读者形成“具象真实”，这两年除了北京外，我还先后考察了广州、东莞、武汉、威海、旅顺、盘锦、合肥、乌鲁木齐等地的近现代遗址或博物馆。还有一些应该去而未能去的地方，希望今后能进行更规范的考察。

这本小书在写作过程中得到了很多师长朋友的帮助，在此诚挚感谢！山东大学的徐畅老师是我本科时期“中国近代史”课程的任课老师，这本书最早的源头就在这门课上。初稿完成后，徐老师审阅了书稿，给出了肯定性意见和修改建议。同事好友张瑞龙老师治学严谨，耗费了很长时间通读并认真批改书稿，让我对书稿在硬知识方面有了一定底气。我入职中国人民大学后，和他先是桌挨桌，然后面对面，十几年无话不谈。这本小书也有他的智慧。同事好友张宏杰老师写史经验丰富，阅读了部分章节后给予的肯定，给了我一些信心。故宫博物院李文君老师、承德避暑山庄博物馆蒋秀丹老师、中国人民大学档案馆胡玲玲老师、学校图书馆朱小梅老师、历史学院资料室杨梅老师、博士生郑泽宇同学和陈路同学等师长朋友在资料搜集、图片扫描、地图改绘等方面提供了很多帮助和支持，在此一并表示诚挚感谢！

感谢仲伟民、安东强两位老师在书稿审读过程中给予的帮助！感谢李开元、罗新、杨念群、张宏杰、马伯庸五位老师的热情推荐。

这本小书能够顺利出版，必须感谢郑庆寰和陈肖寒两位老师。庆寰博士是社会科学文献出版社历史学分社社长。我告诉他有这部书稿后，他给予了及时、热情的回应，使我放心将书稿交给他。他不仅大力支持出版，而且尽可能尊重我的观点。肖寒博士是中国近代史专业出身，学风严谨、态度认真。他能作为这本书的责编，是我的幸运，也是这本书的幸运！本来我对这本书的硬知识颇为忐忑，他的逐字批改指正，使我稍稍有了一些信心。本书的表述，经过他的细心订正，也通顺了不少。我们两人的思想谱系并不相同，他提出的一些观点也让我更加注意表达的包容度。对于两位的支持、包容和严谨认真，再次诚挚感谢！

毕业来人大工作已有十四年。我的导师王学典老师一直像挂念远行的孩子一样关心着我、帮助着我。导师的关爱既是我的底气，也是我的动力。

最后，要感谢我的家人。家人是我永远的动力、永远的牵挂。家人也影响了我对历史和现实的基本立场：富强独立的国家、稳定平等的秩序、安定幸福的生活是最重要的！

图书在版编目（CIP）数据

简明晚清史 / 姜萌著 . -- 北京 : 社会科学文献出版社 , 2025. 4. --（鸣沙）. -- ISBN 978-7-5228-5039-9

Ⅰ .K252

中国国家版本馆 CIP 数据核字第 2025WB3891 号

·鸣沙·人文通识·

简明晚清史

著　　者 / 姜　萌

出 版 人 / 冀祥德
责任编辑 / 陈肖寒
责任印制 / 岳　阳

出　　版 / 社会科学文献出版社 · 历史学分社（010）59367256
地址：北京市北三环中路甲29号院华龙大厦　邮编：100029
网址：www. ssap. com. cn
发　　行 / 社会科学文献出版社（010）59367028
印　　装 / 南京爱德印刷有限公司

规　　格 / 开　本：889mm × 1194mm　1/32
印　张：22.75　字　数：530千字
版　　次 / 2025年4月第1版　2025年4月第1次印刷
书　　号 / ISBN 978-7-5228-5039-9
定　　价 / 108. 00元

读者服务电话：4008918866